SEITE 42 REISEZIELE IN ISLAND

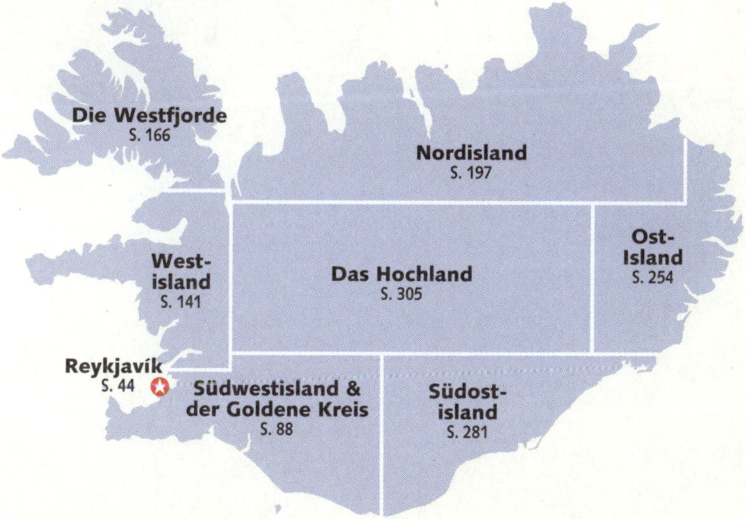

Island: Wunderland der Natur > S. 189

SEITE 331 PRAKTISCHE INFORMATIONEN

SCHNELL NACHGESCHLAGEN
Tipps für Unterkünfte, sicheres Reisen, Smalltalk und vieles mehr

Brandon Presser,
Carolyn Bain, Fran Parnell

Willkommen in Island

Symphonie der Elemente

Island ist buchstäblich ein Land im Entstehen – ein vulkanisches Labor, das von den Elementen der Natur mächtig in Gang gehalten wird: aus der Erde schießen Geysirfontänen, in Schlammtümpeln blubbert und brodelt es, arktische Stürme fegen durch stille Fjorde, aus den Tiefen eines indigoblauen Meers ragen Steintürme empor und Gletscher bahnen sich ihren Weg über rissige Lavafelder und die unerbittliche Tundra. Die Erhabenheit der isländischen Natur macht Prosaisches zu etwas Besonderem. Ein Bad im Pool wird zu einem wohltuenden Eintauchen in eine geothermale Lagune, ein ganz normaler Spaziergang kann zu einer Wanderung über eine glitzernde Eiskuppe werden, und eine gemütliche Nacht im Zelt ist gleichbedeutend mit einem Platz in der ersten Reihe, um das lodernde Spektakel des Polarlichts zu bewundern oder unter dem sanften Rosa der Mitternachtssonne zu schwelgen.

Ein individuelles Abenteuer

Die überwältigende Schönheit Islands, seine durch Extreme gekennzeichnete Natur, zieht jeden in ihren unwiderstehlichen Bann – kaum jemand verlässt das Land ohne Wehmut und den inbrünstigen Schwur, zurückzukehren. Island hat eine ganz besondere Wirkung auf Men-

MINT IMAGES / FRANS LANTING / GETTY IMAGES ©

Island, ein mythisches, Königreich, regiert von Elfen und der Energie der Arktis, ist der Ort, der Vergangenheit und Zukunft vereint – in einer Symphonie der Elemente Wind, Stein, Feuer und Eis.

(links) Gletschersee, Landmannalaugar (S. 126)
(unten) Reykjavíks Dächer mit der Hallgrímskirkja (S. 46) im Hintergrund

DAVID PARSONS / GETTY IMAGES ©

schen und lässt aus Rüpeln Poeten werden, aus Skeptikern wahre Gläubige. Und dann sind da noch die Isländer selbst, deren Warmherzigkeit in krassem Kontrast zum unterkühlten Klima des Landes steht – Islandreisende dürfen sich auf kleine Aufmerksamkeiten, ob Kuchen oder Kekse, ebenso freuen wie auf geistreich-witzige Plaudereien, Einladungen zu Kneipentouren, begeisterte Wandergefährten und nach der Heimkehr auf 50 neue Facebook-Freunde.

Nordische Seele & Sagen

Islands Klima und Natur sind so kraftgeladen wie seine alten Sagen, faszinierende Legenden über Helden und Schurken aus einer Zeit, als der europäische Kontinent unter Seuchen ächzte und im Nebel dumpfer Unwissenheit stocherte. Die mystischen Ruinen, bröckelnden Torfhäuser und Steinhaufen aus jener Zeit sind die fassbaren kulturellen Kontrapunkte zum zeitgenössischen visuellen Geschmack der Isländer. Das heutige Stilspektrum ist von den skandinavischen Nachbarn beeinflusst und gibt der Leichtigkeit eines knackigen arktischen Abends eine künstlerische Form. Der relativ bequeme Lebensalltag schafft Raum für einen ästhetischen Ausdruck, der die abgeschiedene Landschaft mit den Launen der kollektiven Phantasie perfekt in Einklang bringt.

Island

Polarkreis
Dänemark-straße
Halbinsel Tröllaskagi
Herrliche Aussichten abseits der Ringstraße (S. 207)
Hornstrandir
Bolungarvík
Suðureyri
Ísafjörður
Drangajökull
Norðurfjörður
Siglufjörður
Skagafjörður
Drangey
Húnaflói
Skagaströnd
Sauðárkrókur
Þingeyri
Bíldudalur
Patreksfjörður
Brjánslækur
Hólmavík
Blönduós
Hóp
Flatey
Breiðafjörður
Hvammstangi
Westfjorde
Majestätische Steintürme und stille Fjorde (S. 166)
Kerlingarfjöll
Das Binnenmassiv ist ein Wanderparadies (S. 309)
Búðardalur
Stykkishólmur
Hellissandur-Rif
Ólafsvík
Snæfellsnes
Grundarfjörður
Eiríksjökull (1675 m)
Hofsjökull
Langjökull
Halbinsel Snæfellsnes
Geborstene Lava und mächtige geologische Kräfte (S. 150)
Borgarnes
Faxaflói
ÞINGVELLIR-NATIONAL-PARK
Akranes
Geysir
Gullfoss
Reykjavík
Hier tobt das isländische Nachtleben (S. 44)
REYKJAVÍK
Kópavogur
Þingvallavatn
Fimmvörðuháls
Sprudelnde Wasserfälle und vulkanische Dämpfe (S. 121)
Keflavík
Njarðvík
Hafnarfjörður
Hveragerði
Selfoss
Landmannalaugar
Hella
Grindavík
Þorlákshöfn
Selvogsgrunn
Eyrarbakkabugur
Hvolsvöllur
Blaue Lagune
Entspannung pur im dampfenden Kieselerde-Kessel (S. 89)
Vestmannaeyjar
Zerklüftetes Archipel mit reichlich Vogelgeschrei (S. 134)
Mýrdalsjökull
Eyjafjallajökull (1450 m)
Skógar
Heimaey
Heimaey
VESTMANNAEYJAR
Surtsey
Vík
NORD-ATLANTIK

Polarkreis
Grímsey
Raufarhöfn
Þistilfjörður
Öxarfjörður
Þórshöfn
Bakkaflói
Bakkafjörður
Flatey
Ólafsfjörður
Húsavík
Dalvík
Eyjafjörður
JÖKULSÁRGLJÚFUR (VATNAJÖKULL-NATIONAL-PARK – NORD)
Vopnafjörður
Akureyri
Reykjahlíð
Mývatn
Egilsstaðir
Seyðisfjörður
Neskaupstaður
Eskifjörður
Reyðarfjörður
Fáskrúðsfjörður
Stöðvarfjörður
Breiðdalsvík
Djúpivogur
Kverkfjöll (1860 m)
Grimsvötn (1719 m)
Vatnajökull
Stafafell
SKAFTAFELL (VATNAJÖKULL-NATIONAL-PARK – SÜD)
Höfn
Hvannadalshnúkur (2119 m)
Skaftafell
Kirkjubæjarklaustur
Höhenstufe
1500 m
1000 m
500 m
200 m
0
Gletscher
0
100 km
Borgarfjörður Eystri
Wo Papageitaucher und Elfen wohnen (S. 264)
Seyðisfjörður
Wasserfälle umrahmen Fjord und Künstlerkolonie (S. 268)
Vatnajökull-Nationalpark
Europas größte Eiskappe ist eine Wintersportoase (S. 290)
Jökulsárlón
Eisberge treiben auf einer ätherischen Lagune (S. 296)

14 TOP ERLEBNISSE

Rein ins heiße Wasser

1 Islands innoffizieller Nationalsport ist das Herumplanschen in seinem Überangebot an geothermischem Wasser. Überall gibt es „Hot-Pots" – von der Innenstadt Reykjavíks bis zu den entlegenen Halbinselfingern der Westfjorde – und sie sind nicht nur unglaublich entspannend, sie sind auch eine tolle Möglichkeit, Einheimische zu treffen (und einen fiesen Kater zu kurieren!). Jeder weiß, dass die Blaue Lagune (S. 89) der große Zampano ist; ihre dampfenden Thermalbecken voller Kieselerde-Ablagerungen liegen in bequemer Nähe zum internationalen Flughafen Keflavík und sind damit ein perfekter Abschiedsstopp vor dem Heimflug. Mehr Infos dazu auf S. 19.

Blaue Lagune

Westfjorde

2 Islands beeindruckendes Repertoire an Superlativen der Natur erreicht mit den Westfjorden (S. 166) – dem Outdoor-Abenteuer par excellence – einen dramatischen Höhepunkt. Ausgedehnte Strände flankieren die Südküste. Die Region strotzt vor kreischenden Vogelkolonien. Fjordwände ragen auf und stürzen abrupt in die Tiefe und ein Netz von rötlichen Straßen schlängelt sich hindurch und verstärkt das Gefühl von Abenteuer. Die nördlichste Halbinsel der Region, Hornstrandir, ist die letzte Grenze; die Kliffs wirken bedrohlicher, das Wetter ist wechselhafter, und Wanderwege führen durch unberührte Wildnis, die praktisch den den Polarkreis küsst.

NIGEL PAVITT / GETTY IMAGES ©

JOHNATHAN AMPERSAND ESPER / GETTY IMAGES ©

ARCTIC-IMAGES / GETTY IMAGES ©

Jökulsárlón

3 Eine gespenstische Prozession von leuchtend-blauen Eisbergen treibt ruhig durch die 18 Quadratkilometer große Jökulsárlón-Lagune (S. 296), bevor sie hinaus aufs Meer gleitet. Diese surreale Szene (praktischerweise direkt an der Ringstraße) ist die perfekte Filmkulisse: Mancher hat sie sicher schon in *Batman beginnt* oder dem Bond-Film *Stirb an einem anderen Tag* gesehen. Das Eis bricht vom Gletscher Breiðamerkurjökull ab, einem Ausläufer der mächtigen Eiskappe des Vatnajökull. Beliebt sind Bootsfahrten zwischen den Eisbergen, oder man spaziert einfach am Seeufer entlang, beobachtet Robben und reizt die Speicherkarte seiner Kamera aus.

Polarlicht

4 Jeder will es erleben, das berühmte Polarlicht, das himmlische Kaleidoskop, das lange Winternächte in natürliche Lavalampen verwandelt. Das Licht, auch als Aurora borealis bezeichnet, entsteht, wenn Sonnenwindteilchen vom Magnetfeld der Erde zum Nordpol gelenkt werden. Dadurch bilden sich ätherische Schleier aus grünem, weißem, violettem oder rotem Licht, die schimmern und tänzeln wie ein stilles Feuerwerk. Am häufigsten zeigt sich die Aurora im tiefsten Winter, aber grundsätzlich besteht von Oktober bis April eine Chance, das Licht am klaren, dunklen Himmel zu sehen.

SUBTIK / GETTY IMAGES ©

5

ARCTIC-IMAGES / GETTY IMAGES ©

6

MAX HOMAND / GETTY IMAGES ©

ARCTIC-IMAGES / CORBIS ©

Die Ringstraße

5 Es gibt keine bessere Art Island zu erkunden, als mit einem eigenen Satz Räder eine Runde auf der Nationalstraße 1, auch als Ringstraße bezeichnet, zu drehen. Der eiförmige Betonstreifen windet sich um die die Insel und passiert grüne Täler mit herabstürzenden Stromschnellen, unheimliche Gletscherlagunen mit popcornartigen Eisbergen, einsamen Küstenstreifen und trockene Ebenen mit erstarrten Lavafeldern. Auf jeden Fall sollte man ab und zu von der Ringstraße abbiegen und ein paar Abstecher in die Wildnis machen. Mehr Infos dazu auf S. 30.

Vatnajökull-Nationalpark

6 Europas größter Nationalpark nimmt 13 % der Landesfläche ein und schützt den mächtigen Vatnajökull, die größte Eiskappe jenseits der Pole (dreimal so groß wie Luxemburg). Aus seiner frostigen Masse ergießen sich Gletscherzungen, im Untergrund dagegen befinden sich aktive Vulkane und Gipfel. Hier werden sämtliche Klischees von der Gegensätzlichkeit von Feuer und Eis widerlegt. Die Vielfältigkeit von Landschaft, Wanderwegen und Aktivitäten in diesem Park mit Übergröße ist beeindruckend. Angesichts seiner Ausmaße gibt es diverse Zugänge, z. B. Skaftafell im Süden (S. 290) oder Ásbyrgi (S. 247) im Norden. Wasserfall Dettifoss

Borgarfjörður Eystri & Seyðisfjörður

7 Zwei Fjorde im Osten. Der berggesäumte, wasserfallgeschmückte Seyðisfjörður (S. 268) kriegt die meiste Aufmerksamkeit – er liegt nur 27 (befestigte) Kilometer von der Ringstraße entfernt und begrüßt wöchentlich die Fähre aus Europa. Der schöne Borgarfjörður Eystri (S. 264) dagegen liegt 70 km von der Ringstraße entfernt, ein Großteil davon holprig und unbefestigt. Seine Reize sind weniger offensichtlich: Papageitaucher, versteckte Elfen, zerklüftete Rhyolitgipfel. Beide bieten reichlich natürliche Pracht. Wir können nicht anders und lieben sie beide. Seyðisfjörður

XAVIER ARNAU / GETTY IMAGES ©

NIVEK NESLO / GETTY IMAGES ©

Fimmvörðuháls

8 Wer nicht genug Zeit für einen von Islands mehrtägigen Treks hat, der kann seine Wanderlust mit einer Tageswanderung auf der Fimmvörðuháls-Hochebene (S. 121) stillen. Sie beginnt bei den schimmernden Kaskaden des Skógafoss und führt hinauf ins Hinterland, wo eine wahre Parade von Wasserfällen wartet. Dann überquert man behutsam auf Zehenspitzen die dampfenden Hinterlassenschaften des Eyjafjallajökull-Ausbruchs, bevor man an mit Wildblumen übersäten Steinterrassen entlangwandert, die im stillen Þórsmörk enden, einem von glazialen Kämmen bekrönten Camper-Paradies.

Halbinsel Tröllaskagi

9 Tröllaskagi (S. 207) zu erkunden ist eine Freude, besonders seit Tunnel die spektakulär gelegenen Orte Siglufjörður und Ólafsfjörður verbinden, die einst am Ende der Straße lagen. Die dramatische Landschaft der Halbinsel ähnelt eher den Westfjorden als den sanften Hügeln, die Nordisland weithin prägen. Neben der einzigartigen Kulisse und den guten Wandermöglichkeiten locken der perfekte Swimmingpool am Fjord in Hofsós, leckere heimische Produkte in Lónkot und das hervorragende Heringsmuseum in Siglufjörður, dazu Skigebiete, Walbeobachtungs-Touren und vorgelagerte Inseln.

10

HOLGER LEUE / GETTY IMAGES ©

11

AEVARG / GETTY IMAGES ©

Reykjavík: Café- und Kneipenkultur

10 Die isländische Hauptstadt ist vergleichsweise klein, aber ihr Verhältnis von Cafés zu Einwohnern ist zweifellos gigantisch. Das soziale Leben vor Ort dreht sich um diese zwanglosen Lokale, die zu späterer Stunde an Intensität zulegen, wenn der Tee gegen einen Drink eingetauscht wird und DJs den Laden in Schwung bringen. Mit äußerster Ernsthaftigkeit werden kunstfertige Lattes und Designer-Mikrobiere für Hipster mit schlabbrigen *lopapeysur* (isländische Wollpullover), asymmetrischen Frisuren und klobigen Stiefeln zubereitet. Details s. S. 74.

Halbinsel Snæfellsnes

11 Mit ihrem Reichtum an wilden Stränden und knisternden Schwefellava-Feldern ist die Halbinsel Snæfellsnes (S. 150) eine der schönsten Rückzugsorte Islands – sei es als Tagesausflug von der Hauptstadt oder als entspanntes langes Wochenende. Jules Verne hatte definitiv einen guten Riecher, als er die Gegend zum magischen Einstieg zum Mittelpunkt der Erde machte. New-Age-Typen strömen hier her, um von der natürlichen Kraft und Energie zu profitieren, und auch wer nicht an Erdchakren glaubt, wird entlang der überwältigenden Küste zweifellos große Kräfte am Werk sehen. Kirkjufell, Grundarfjörður

Heimaey & Vestmannaeyjar

12 Vestmannaeyjar (S. 134), ein zerklüftetes Archipel, liegt gerade einmal 30 Fähr-Minuten vor der Küste, aber man fühlt sich dort unendlich weit von allem entfernt. Eine Bootstour zu den verstreuten Inselchen führt zu kreischenden Seevögeln, aufragenden Klippen und Bilderbuchansichten von auf Felsen balancierenden einsamen Jagdhütten. Der Großteil der gut 4000 Inselbewohner lebt in Heimaey, einer Kleinstadt aus windumtosten Bungalows mit einem vernarbenden Ring aus erstarrter Lava, der mitten durch ihr Zentrum verläuft – eine eindringliche Erinnerung an Islands unbeständige Natur.

Kerlingarfjöll

13 Nur ein paar Monate im Jahr zugänglich (und wir fassen „zugänglich" hier mal sehr weit), liegt diese unberührte Bergkette tief im isländischen Hochland, abseits der Kjölur-Route. Früher ließ die Mär von Trollen und furchterregenden Gesetzesbrechern Reisende eilig über die Hochlandrouten hasten, und Kerlingarfjöll (S. 309) blieb bis ins vorige Jahrhundert unentdeckt. Heute nutzen immer mehr die langen, holprigen Busstrecken oder Geländewagen, um diesen entlegenen Gebirgszug zu erreichen. Sie erwartet ein Wandererparadies: Geysire und Thermalquellen, Gletscher und Rhyolith-Berge in herbstlichen Farbtönen.

12

13

ARCTIC-IMAGES / GETTY IMAGES ©

14

HARRY PRESSER ©

Papageitaucher & Wale

14 Islands zwei größte Trümpfe, was die Tierwelt betrifft, sind seine beiden charismatischsten Bewohner: der putzige Papageitaucher, der wie eine nervöse Hummel herumdüst, und der mächtige Wal, der mit Leichtigkeit seine beeindruckende Masse bewegt, während er durch das kühle Blau gleitet. Es gibt reichlich Gelegenheiten, die beiden zu Land und zu Wasser zu sehen. Details s. S. 35.

Gut zu wissen

Währung

» Isländische Krone (króna – ISK)

Sprache

» Isländisch (Íslenska)

Reisezeit

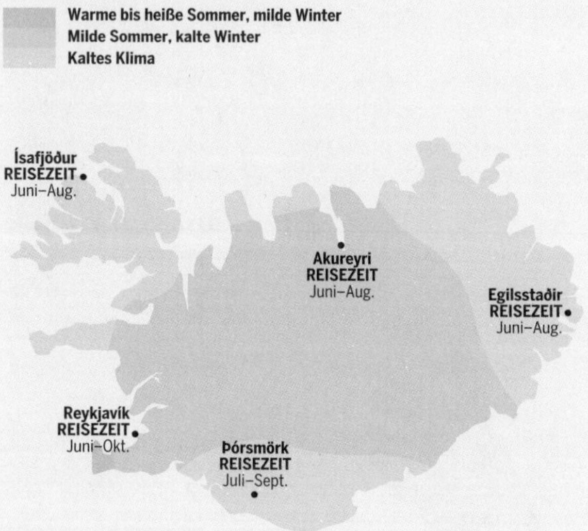

Hauptsaison
(Juni–Aug.)

» Besuchergedränge im ganzen Land und vor allem in Reykjavík

» Endloses Tageslicht und jede Menge mitternächtliche Partys

» Ideale Wandermöglichkeiten im trockenen Landesinneren

Zwischensaison
(Mai & Sept.)

» Frischeres Wetter; im Landesinneren stellenweise Schnee

» Ideale Bedingungen für alle, die mehr Wert auf einsame Landschaften als auf wolkenlosen Himmel legen

Nebensaison
(Okt.–April)

» Die meisten Nebenstraßen sind wetterbedingt gesperrt.

» Nordlicht flimmert am Himmel.

» Kurze Tageslichtstunden zwischen endlos erscheinenden Nächten

Tagesbudget

bis
15 000 ISK (100 €)

» Camping: 900–1500 ISK

» Schlafsaalbett: 2900–6000 ISK

» Grillimbiss oder Suppe: 1500 ISK

» Trampen, Fahrgemeinschaft, Bus (Reykjavík–Akureyri einfach): 11 800 ISK

15 000–30 000 ISK (100–200 €)

» Unterkunft im Bauernhaus: 10 000–15 000 ISK

» Essen im Café oder Fleischmahlzeit: 2000–3000 ISK

» Miete für Kleinwagen: 16 000 ISK

über
30 000 ISK (200 €)

» Boutique-Unterkunft: 28 000–40 000 ISK

» Feudales Menü: 6000–10 000 ISK

» Leihwagen mit Allradantrieb: 40 000 ISK

Geld
» Bezahlt wird praktisch überall mit Kreditkarten, selbst in den entlegensten Winkeln des Landes. In allen größeren Orten gibt es Geldautomaten.

Einreise
» EU-Bürger und Schweizer brauchen für die Einreise nur einen Reisepass oder Personalausweis, der drei Monate über das Ausreisedatum hinaus gültig ist.

Handy
» In den meisten Regionen kann mit jedem GSM-Handy per Roaming telefoniert werden; bei längeren Aufenthalten lohnt sich die Anschaffung einer isländischen SIM-Karte.

Autofahren
» In Island herrscht wie bei uns Rechtsverkehr.

Websites
» **Visit Iceland** (de.visiticeland.com) Offizielles Tourismusportal (auf deutsch).

» **Isländischer Wetterdienst** (http://en.vedur.is) Die beste Quelle für Wettervorhersagen.

» **Isländische Straßenverwaltung** (www.vegagerdin.is) Aktuelle Angaben zu Straßenverhältnissen und -sperrungen.

» **Icelandic Farm Holidays** (www.farmholidays.is) Ländliche Unterkünfte überall in Island.

» **Lonely Planet** (www.lonelyplanet.com/iceland)

Wechselkurse

Eurozone	1 €	160 ISK
Schweiz	1 sFr	131 ISK

Aktuelle Wechselkurse siehe www.xe.com.

Wichtige Telefonnummern

Notrufnummer, auch für Such- und Rettungsdienst	☎112
Telefonauskunft	☎118

Ankunft in Island
» **Internationaler Flughafen Keflavík (KEF)**
Der internationale Flughafen von Island liegt 50 km von Reykjavík entfernt. Der Flybus (www.flybus.is/flybus; 1950 ISK) verkehrt in Abstimmung mit dem Flugplan zum zentralen BSÍ-Busbahnhof der Hauptstadt. Von hier lässt sich die Weiterfahrt zur Unterkunft leicht arrangieren.
Am Flughafen stehen auch Mietwagen bereit – rechtzeitige Reservierung ist ratsam.
Es gibt keinen regulären Taxi-Service zwischen KEF und Reykjavík.

Preisentwicklung
Der Finanzcrash von 2008 scheint Island für Touristen aller Klassen geöffnet zu haben. Seit dem Niedergang der króna sind die Touristenzahlen pro Sommer um rund 20 % gestiegen. Das wiederum führte zu einem steilen Anstieg der Preise im Land, zumal der Staat exorbitante Bewirtungssteuern aufschlägt. Da die Inflationsrate immer noch deutlich über dem internationalen Durchschnitt liegt, ist damit zu rechnen, dass die Preise weiter klettern. Die Preishinweise in diesem Führer sind deshalb eher als Richtschnur und Vergleichsmaßstab zwischen den verschiedenen Anbietern zu verstehen – und weniger als exakte Preisangabe für ein bestimmtes Angebot. Mehr Infos dazu gibt es in dem Kasten auf S. 366.

Wie wär's mit …

Tierwelt

Islands dünne menschliche Besiedlung lässt viel Platz für beachtliche Tier-Populationen – springende Wale, schnürende Füchse und bunte Vögel sind tolle Fotomotive.

Papageitaucher auf Vestmannaeyjar Auf der malerischen Inselgruppe lebt die größte Papageitaucher-Kolonie der Welt. Im Sommer flattern Tausende dieser ulkigen Kreaturen über den Köpfen der Besucher, die mit der Fähre in den Hafen von Heimaey einlaufen. (S. 134)

Walsafaris von Húsavík Bei Bootstouren rund um die isländische Wal-Hochburg gibt es Wunder der Meeres- und Vogelwelt zu bestaunen. (S. 239)

Polarfüchse auf Hornstrandir Islands einziger heimischer Landsäuger fühlt sich in der einsamen Landschaft aus schroffen Steilküsten und bemoosten Felsen pudelwohl. (S. 181)

Vögel am Mývatn Ein Paradies für Vogelfreunde ist der „Mückensee", an dem sich durchziehende Gänse und andere Wasservögel sammeln. (S. 228)

Robben auf Vatnsnes Auf Boottrips von Hvammstangi oder einer Spritztour rund um die Halbinsel sonnenbadende Robben beobachten. (S. 201)

Unglaubliche Landschaften

Es gibt viele Argumente für einen Islandbesuch, doch die Topattraktion der Insel sind ihre surrealen Landschaften. Unter ihren unvergleichlichen Panoramen eine Auswahl zu treffen, fällt schwer, aber hier ein paar persönliche Favoriten:

Von Þingeyri nach Bíldudalur Für die grässliche Holperstrecke zwischen den beiden Orten entschädigt der unwirkliche Anblick der Landzungen zwischen den Fjorden, die wie steinerne Schlachtschiffe aufgereiht liegen. (S. 173)

Breiðafjörður In der weiten Bucht liegen Tausende von Inselchen verstreut, über die sich nach sommerlichen Schauern bunte Regenbogen spannen. (S. 151)

Von Höfn nach Skaftafell Glitzernde Gletscher, düstere Berge und eine Lagune voller Eisberge säumen den 130 km langen Abschnitt der Ringstraße an der Südostküste. (S. 296)

Ostfjorde Der prächtige Seyðisfjörður stiehlt allen die Schau, aber auch die Nachbarfjorde sind äußerst fotogen (S. 268)

Þórsmörk Bewaldete Märchenwelt zwischen schroffen Vulkangipfeln, wilden Steinwüsten und mächtigen Gletschern. (S. 132)

Wandern

Island zu Fuß zu erkunden, ist ein traumhaftes Erlebnis. Die wechselnden Bergpässe und Landzungen, die sich unterwegs ganz gemächlich ins Bild schieben, hinterlassen unauslöschliche Eindrücke.

Landmannalaugar & Þórsmörk Die beliebtesten Wanderreviere der Insel sind nur mit Geländefahrzeugen zu erreichen und versprechen schier endlosen Auslauf. Die Wanderroute, die beide Gebiete verbindet, wird Laugavegur genannt und ist der Inbegriff des Wildniswanderns (S. 126)

Hornstrandir Das Wanderparadies knapp unterm Polarkreis bietet unberührte Natur, so weit das Auge reicht (S. 181)

Skaftafell Hier können Wanderer nach Lust und Laune zwischen Krüppelbirken wandeln oder Steigeisen unterschnallen, um Ausläufer der gigantischen Vatnajökull-Eiskappe hinaufzukraxeln. (S. 290)

Jökulsárgljúfur Ein regelrechtes Smörgåsbord geologischer Wunder, zu denen donnernde Wasserfälle und Islands Antwort auf den Grand Canyon gehören. (S. 245)

Kerlingarfjöll Das einsame Hochlandmassiv erfreut sich zunehmender Beliebtheit. (S. 309)

EDUCATION IMAGES / UIG / GETTY IMAGES ©

» Grassodenhäuser und Kirche, Laufás (S. 228)

Whirlpools & Schwimmbäder

Badesachen nicht vergessen – im „Land aus Feuer und Eis" sprudelt allenthalben warmes Wasser aus der Erde. Und so ein molliges Bad ist nach einem langen Aktivurlaubstag das einzig Wahre.

Blaue Lagune So touristisch das Ganze sein mag: Das wohlige Planschen in dampfender Kieselerde-Brühe inmitten einer dramatischen Kulisse aus erstarrter Lava bleibt ein traumhaftes Erlebnis. (S. 89)

Naturbad Mývatn Das nördliche Gegenstück zur Blauen Lagune und ein ideales Mittel gegen Muskelkater. (S. 229)

Krossneslaug Ein geothermisches Paradies am Ende der Welt ist der von warmen Quellen gespeiste Pool am Ufer des eisigen Nordatlantiks. (S. 187)

Lýsuholslaug Ein Bad im mineralreichen Wasser dieses Schwimmbeckens macht die Haut seidenglatt und samtweich – es ist, als würde man sich in einem warmen Gin Fizz mit Algengarnierung aalen. (S. 163)

Hofsós Schon die traumhafte Fjordlage seines Freibads macht das verschlafene Dorf an der Nordküste besuchenswert. (S. 208)

Geschichte

Islands Geschichte, die diverse Wälzer literarisch bedeutsamer Sagas füllt, ist ebenso faszinierend und komplex wie seine Landschaften.

Reykjavík 871 +/-2 Genial gemachte Ausstellung rund um die Ausgrabungsstätte eines Wikinger-Langhauses (S. 48)

Landnahmezentrum Bietet mit schönen Holzfiguren tolle Einblicke in die Geschichte der Besiedlung Islands und die berühmte *Egils saga*. (S. 147)

Siglufjörður Die Heringsfischerei bescherte dem Ort hektische Betriebsamkeit und ungeahnten Reichtum; heute erinnert das hervorragende Heringsmuseum an den Fischboom.(S. 209)

Víkingaheimar Hauptattraktion des modernen Museums ist der exakte Nachbau des ältesten bekannten Wikingerschiffs, der 2000 bis nach Amerika segelte – zur Tausendjahrfeier der ersten Wikingerlandung. (S. 93)

Keldur Islands einziger erhaltener Grassodenbau aus der Sagazeit ist meist geschlossen, aber für Geschichtsfans selbst von außen absolut sehenswert. (S. 116)

Lakagígar Der Schauplatz einer der schlimmsten Vulkankatastrophen der Menschheitsgeschichte (S. 287)

Architektur & Design

Skandinavisches Design, Wetterwidrigkeiten und Elfenträume verschmelzen zu einem eigenwilligen Architekturdialog, der sich den Menschen und ihrer Umgebung nahtlos anpasst.

Kirchen Zu den wildesten Auswüchsen der modernen isländischen Architektur gehören einige kuriose Kirchen; besonders sehenswert sind die in Stykkishólmur (S. 152),Blönduós (S. 202) und natürlich Reykjavík (S. 46)

Harpa Das neueste architektonische Statement von Reykjavík ist ein spektakuläres Konzerthaus und Kongresszentrum, das im Dunkeln leuchtet wie das Schaltpult eines futuristischen Raumschiffs (S. 48)

Skyr-konfekt Die raffinierte Leckerei ist das Ergebnis einer preisgekrönten Zusammenarbeit zwischen einem Bauern und einer Designfirma und vielleicht das Leckerste, was so mancher während seines Aufenthalts zu kosten bekommt (siehe Kasten S. 165)

Grassodenhäuser Diese drolligen Hobbithäuser bieten als wunderbare Überbleibsel des vormodernen Islands interessante Einblicke in die Vergangenheit der Insel. (S. 264)

Wie wär's mit ... Elfen und Trollen? Da gibt es eine geheimnisvolle Parallelwelt steinerner Kirchen und heiliger Meeresfelsen zu entdecken. Besonders Interessierte können in Hafnarfjörður sogar eine Landkarte mit den Wohnorten des „Verborgenen Volks" erwerben. (S. 85)

Landesküche

Der beste Weg ins Herz des Landes führt durch den Magen – farmfrische Zutaten und bizarre Spezialitäten versprechen unvergessliche Geschmackserlebnisse.

Fischsuppe Jedes Restaurant, das auf sich hält, hat eine herzhafte Fischsuppe auf der Karte – dafür lohnt ein Abstecher auf die Halbinsel Snæfellsnes zu Narfeyrarstofa (S. 154) oder Gamla Rif (S. 159).

Lamm Ein zarter Traum für Verfechter der Regionalkost und in vielen Restaurants überall im Land zu genießen – unser Toptipp ist Heydalur. (S. 181)

Hákarl Übelriechende Hommage an Islands unappetitliche Vergangenheit – am besten probiert man die schwammige Kuriosität beim Bjarnarhöfn, bevor man den Schuppen voll „Gammelfleisch" hinterm Haus besichtigt. (S. 156)

Kaisergranat Die Fischereiflotte von Höfn holt aus den eisigen Heimatgewässern Unmengen der Krebse, die in den Restaurants des Orts gegrillt und mit Butter gereicht werden. (S. 301)

Skyr Jeder Supermarkt führt die leckere joghurtähnliche Creme.

Hverabrauð Das Roggenbrot, das im Erdofen mit Erdwärme gebacken wird, schmeckt am Mývatn am besten. (S. 233)

Wasserfälle

Island besitzt Hunderte filmreifer Wasserfälle – darüber, welcher nun der schönste im Land ist, lässt sich mit den Mitreisenden stundenlang debattieren.

Dettifoss Oha! Der donnernde Dettifoss, der mächtigste Wasserfall Europas, ist eine wahrhaft respekteinflößende Naturgewalt. (S. 249)

Goðafoss Der „Götterfall" strotzt von spiritueller Symbolik und sieht aus wie geradewegs dem Werbeplakat eines Reiseveranstalters entsprungen. (S. 228)

Skógafoss Besucher können nur einen Steinwurf von diesem märchenhaften Wasserspektakel entfernt campen, das von der Ringstraße 1 leicht zu erspähen ist. Auf einer Wanderung ins Hochland hinauf gibt es in unmittelbarer Nähe noch 20 weitere Wasserfälle zu entdecken. (S. 120)

Dynjandi Der Dynjandi ist quasi das Begrüßungsschild der zentralen Halbinseln der Westfjorde. Sein eisiger Wasserfächer plätschert über Felsterrassen, die an ein riesiges Stück Gugelhupf erinnern. Direkt vis à vis eröffnet sich eins der herrlichsten Fjordpanoramen des ganzen Landes. (S. 172)

Ausgefallene Nachtlager

In unvergesslichen Unterkünften kann man sein Haupt sanft betten und von den sagenhaften Abenteuern des kommenden Tages träumen.

Hótel Egilsen Ein heruntergekommenes Kaufmannshaus am Hafen, das mit sicherem Händchen in ein hinreißendes Boutiquehotel voll stilvoller Ausstattungsdetails verwandelt wurde. (S. 154)

Hótel Djúpavík In dem legendären Schlupfwinkel am Standort einer ehemaligen Heringsfabrik werden alle Fjordphantasien wahr. Die Band Sigur Rós drehte hier einen Teil ihres Dokumentarfilms. (S. 187)

Dalvík HI Hostel Das charmante, nostalgisch angehauchte Hostel ist anders als alles, was uns je untergekommen ist. Boutiquedekor zum Sparpreis. (S. 212)

Sólbrekka Am weltentrückten Mjóifjörður bieten zwei Hütten Ruhe und Einsamkeit mit phänomenaler Aussicht. (S. 273)

Álftavatn Das Nachtquartier am Seeufer auf halbser Strecke des Laugavegur ist ein willkommener Anblick nach einem langen Wandertag – eine tolle Backpacker-Atmosphäre in vollkommener Abgeschiedenheit. (S. 131)

Monat für Monat

Top-Events

1 **Iceland Airwaves**, Oktober

2 **Menningarnott**, August

3 **Þjódhátíð**, August

4 **Bræðslan**, Juli

5 **Polarlicht**, Oktober–April

Januar

Nach den Dezember-Festivitäten kommt der Partykater. In den ersten Wochen des neuen Jahres droht ein Stimmungstief – zu dem die ultralangen Nächte und das miese Wetter das Ihre beitragen.

Þorrablót

Das Winterfest der Wikinger (Ende Januar bis Mitte/Ende Februar) wird landesweit mit gewöhnungsbedürftigen Spezialitäten wie *hákarl* (gammeligem Haifleisch), *svið* (abgesengtem Schafskopf) und *hrútspungar* (Widderhoden) gefeiert. Dazu gibt's reichlich *brennivín* (einen hammerharten Schnaps mit dem Spitznamen „Schwarzer Tod"). Na, hungrig?

Februar

In weiten Teilen Islands der kälteste Monat, auch wenn das den Alltag der Hauptstadt nicht unbedingt tangiert. Die Landschaft liegt vielleicht unter einer Schneedecke, bleibt aber bei nur sieben bis acht Stunden Tageslicht meist düster.

Winter-Licht-Festival

Mitte des Monats glänzt Reykjavík mit einem breit gefächerten Festival rund um Licht und Dunkelheit. Dazu gehören Museums- und Schwimmbadnacht mit extralangen Öffnungszeiten, illuminierte Gebäude, Kulturveranstaltungen, Konzerte und Feiern zum Weltkindertag. Siehe www.vetrarhatid.is.

Food & Fun

Ein riesiger Kochwettbewerb, bei dem internationale Spitzenköche Teams mit heimischen Küchenchefs bilden. Ihre Meisterwerke kreieren sie natürlich aus besten isländischen Zutaten wie Lamm und Meeresfrüchten. Eine Liste der teilnehmenden Restaurants gibt es unter www.foodandfun.is.

März

Der Winter ist offiziell vorbei, aber zum Feiern ist es noch zu früh. Das Land erwacht allmählich aus seinem Schlummer und die längeren Tage werden fleißig für Wintersportaktivitäten wie Skilaufen genutzt.

Biertag

Kaum noch vorstellbar: 75 Jahre lang war Bier in Island verboten. An jedem 1. März feiern die Isländer die Aufhebung der Bier-Prohibition im Jahr 1989. An diesem Abend fließt das Bier in den Kneipen, Restaurants und Clubs von Reykjavík noch reichlicher als sonst.

April

Ostern wird mit Ostereiersuche und Lammbraten gefeiert. Ein Hauch von Frühling liegt in der Luft, die Tage werden länger und die Quecksilbersäule klettert. Nach der Schneeschmelze sprießt das Grün und Scharen von Zugvögeln treffen ein.

Sumardagurinn Fyrsti

Jetzt haben es die Isländer aber eilig: Schon am ersten Donnerstag nach dem 18. April feiern sie den ersten Sommertag mit karnevalsähnlichen Festivitäten und Umzügen, vor allem in Reykjavík. Das ist aber kein Zeichen von Winterkoller, sondern hat mit dem altskandinavischen Kalender zu tun, der das Jahr in nur zwei Jahreszeiten unterteilte: Winter und Sommer.

Papageitaucher-Parade

Zur Freude von Vogelbeobachtern und Fotografen fallen zur Brutsaison im April riesige Horden der putzigen Papageitaucher ein (geschätzte zehn Millionen Vögel). Mitte August verabschieden sie sich wieder in ihre Winterreviere. Papageitaucherkolonien gibt es rund ums Land; mehr Infos unter www.puffins.is.

Mai

Die Zwischensaison im Mai, bevor der Touristenrummel richtig losgeht, verspricht zivile Preise, länger werdende Tage, Wildblumenblüte und beste Aussichten für Hobbyornithologen.

Listahátið í Reykjavík

Der wichtigste Termin für Kulturfans ist das Reykjavíker Kulturfestival. Es präsentiert zwei Wochen lang Theater, Filme, Tanz, Musik und Kunst aus Island und dem Rest der Welt. Das Programm ist unter www.listahatid.is/en zu finden.

Wale beobachten

In isländischen Gewässern sind etwa 23 verschiedene Walarten zu Hause. Von Mai bis September sind sie am besten zu beobachten. Walbeobachtungstouren legen u. a. von Reykjavík und Umgebung und ein paar Orten nördlich von Akureyri ab, aber das Zentrum des Waltourismus ist Húsavík.

Juni

Hallo, Sommer! Jetzt beginnt die dreimonatige Touristensaison. Pro: das schönste Wetter, fast endloses Tageslicht, Riesenauswahl an Touren und Unterkünften. Kontra: Menschenmassen, happige Preise und der Zwang, alle Unterkünfte rechtzeitig zu reservieren.

Sjómannadagurinn

Die Fischerei ist tief im isländischen Alltag verwurzelt und am Seemannstag steigt in den Fischerdörfern die große Party. Am ersten Juniwochenende liegen alle isländischen Schiffe im Hafen und alle Seeleute haben Landgang. Am Sonntag feiern die Seebären mit Trink-, Ruder- und Schwimmwettbewerben, Tauziehen und simulierten Seenotrettungen.

Wikingerfest in Hafnarfjörður

Mitte Juni überfallen wilde Wikingerhorden den friedlichen kleinen Küstenort bei Reykjavík, um ein fünftägiges Fest zu feiern. Statt Raub und Notzucht stehen heutzutage aber Scheinkämpfe, Geschichtenerzähler, Bogenschießen und Musik auf dem Programm.

Unabhängigkeitstag

Der größte Festtag des Jahres mit Umzügen und patriotischem Frohsinn zur Feier der Republikgründung am 17. Juni 1944. Der Überlieferung nach soll an diesem Tag die Sonne nicht scheinen und meist hält sie sich auch daran!

Öffnung der Bergstraßen

Islands Hochlandregionen liegen im Allgemeinen bis weit in die wärmeren Monate unter einer Schneedecke. Die Öffnung der nur mit Allradantrieb befahrbaren Bergstraßen ist stark wetterabhängig. Meist erfolgt sie etwa Mitte Juni; manche Straßen können aber bis Anfang Juli gesperrt bleiben. Oft sind sie Mitte September schon wieder zu. Aktuelle Infos unter www.vegagerdin.is.

Mitternachtssonne

Bis auf die Insel Grímsey liegt Island knapp südlich vom Polarkreis. Trotzdem kann man um die Sommersonnenwende (21. Juni) vor allem im Norden die Mitternachtssonne erleben, d. h. die untergehende Sonne sinkt nicht ganz unter den Horizont.

Mittsommer

Der längste Tag des Jahres wird zwischen dem 21. und 24. Juni mit Mittsommerpartys und Freudenfeuern gefeiert, wenn auch nicht so hingebungsvoll wie im übrigen Skandinavien. Einige Abergläubische wälzen sich nackt im Mittsommertau, dem magische Heilkräfte nachgesagt werden.

Humarhátíð

Der leckere *humar* (eigentlich kein Hummer, sondern ein Kaisergranat) aus den isländischen Gewässern landet im Fischerort Höfn fangfrisch in verschiedenen schmackhaften Zubereitungsvarianten auf den Tellern. Ende Juni/Anfang Juli feiert der Ort ein Schlemmerfest rund

ARCTIC-IMAGES / GETTY IMAGES ©

(oben) Die zum Winter-Licht-Festival illuminierte Hallgrímskirkja (S. 46)
(unten) Konzertbesucher bei der Menningarnott

ARCTIC-IMAGES / GETTY IMAGES ©

um das köstliche Krustentier.

Juli

Islands Festivalgeschehen belebt sich parallel zum (hoffentlich) steigenden Thermometer und den wachsenden Besucherscharen. Wer jetzt kommt, muss mit vollen Straßen, Campingplätzen, Pensionen etc. rechnen und frühzeitig reservieren.

Listasumar á Akureyri

Akureyri, die Hauptstadt des Nordens, richtet von Ende Juni bis Ende August ein zehnwöchiges Sommerkulturfestival aus, das Künstler und Musiker aus ganz Island anzieht. Geboten werden Ausstellungen, Konzerte, Theater, Straßenfeste und ein Umzug.

Þjóðlagahátíð á Siglufirði

Bei dem kleinen, aber feinen fünftägigen Volksmusikfestival in Siglufjörður treten Anfang Juli Musiker aus dem In- und Ausland auf. Außer traditionellen Weisen gibt es auch Kurse in isländischer Musik, Kunst und Kunsthandwerk.

Sumartónleikar í Skálholtskirkju

Die Kirche der historischen christlichen Hochburg Skálholt veranstaltet über einen sechswöchigen Zeitraum von Juli bis Mitte August rund 40 Konzerte, Vorträge und Workshops. Der Schwerpunkt liegt auf Klassik und zeitgenössischer religiöser Musik. Siehe www.sumartonleikar.is.

Eistnaflug

In dem Städtchen Neskaupstaður in Ostisland geht es in der zweiten Juliwoche mächtig zur Sache. Dann verdoppelt sich seine Einwohnerzahl nahezu durch die Besucherhorden des Heavy-Metal-Festivals Eistnaflug, bei dem sich Metal-, Hardcore-, Punk-, Rock- und Indiebands die Bühne teilen. Siehe www.eistnaflug.is.

Bræðslan

Das heiß geliebte Pop-/Rockfestival Bræðslan hat sich einen Ruf für tolle Musik in heimeliger Atmosphäre gemacht. Am dritten Juliwochenende reisen einheimische (und ein paar internationale) Berühmtheiten an, um im winzigen, entlegenen Borgarfjörður Eystri aufzuspielen. Infos unter www.braedslan.is.

August

Die Touristensaison geht ihren Gang; jetzt kommen immer mehr europäische Urlauber. Um die Monatsmitte verabschieden sich die letzten Papageitaucher und einige Walarten. Ende August müssen die isländischen Kinder wieder in die Schule und die Nächte werden allmählich länger.

Verslunarmannahelgi

Das lange Feiertagswochenende (erstes Augustwochenende) nutzen die Isländer zu ländlichen Festen, Familiengrillpartys, Rockkonzerten und wüsten Campingpartys.

Þjóðhátíð

In Heimaey, Vestmannaeyjar, erinnert am langen Feiertagswochenende Anfang August diese ohrenbetäubende Veranstaltung an den Tag im Jahr 1874, als die Inselbewohner wegen des schlechten Wetters das Inkrafttreten der isländischen Verfassung nicht mitfeiern konnten. Dafür kommen heutzutage über 11 000 Besucher, um Bands und Feuerwerk zu erleben und jede Menge Alkohol in sich reinzuschütten. Siehe www.dalurinn.is.

Heringsfest

Ebenfalls am ersten Augustwochenende feiert Siglufjörður seine glorreiche Heringsära mit Schwof, Schmaus, Schnaps und fischigen Aktivitäten.

Kántrý Dagar

Mal was ganz anderes: Am dritten Augustwochenende findet in Skagaströnd das Festival der Countrymusic (S. 204) statt, organisiert von Hallbjörn Hjartarson, dem exzentrischen, selbsternannten isländischen Cowboy.

Menningarnott

Bei der Kulturnacht Mitte des Monats schwelgt ganz Reykjavík einen Tag und eine Nacht lang in Kunst, Musik, Tanz und Feuerwerk. Viele Galerien, Ateliers, Läden, Cafés und Kirchen bleiben bis spätabends geöffnet. Das komplette Veranstaltungsprogramm und Hinweise auf Führungen gibt es unter www.menningarnott.is.

Reykjavík Marathon

Ein Tag für Körper und Geist: Der Marathon findet zum gleichen Termin statt wie die Menningarnott. Außer Voll- und Halbmarathon werden auch Spaßläufe angeboten. 2012 schwitzten bei der Veranstaltung über 13 000 Teilnehmer mit. Infos unter www.marathon.is.

Jazzfestival Reykjavík

Ab Mitte August swingt Reykjavík zwei Wochen lang im Jazzrhythmus. Heimische und internationale Musiker hauen überall in der Stadt auf die Pauke; eine Hauptlocation ist das Konzerthaus Harpa. Infos unter www.reykjavikjazz.is.

Gay Pride

Schon seit 1999 bringt das selbstbewusste Festival am zweiten Augustwochenende buntes Karnevalstreiben in die Hauptstadt. Sein Höhepunkt ist die Gay-Pride-Parade am Samstag mit anschließendem Konzert. Jede Menge Tanz und Flirt gehören selbstredend dazu. Siehe www.gaypride.is.

Tango on ICEland

Von der Faszination, die der Tango auf die isländische Seele ausübt, zeugt dieses dreitägige Event in Reykjavík Ende August mit Tanz-Workshops und -Darbietungen. Siehe www.tango.is.

September

Eine gute Zeit für einen Besuch, denn die Zahl der Touristen fällt rapide und die Preise purzeln. Das Wetter mag noch angenehm sein; viele Hotels und Attraktionen sind aber schon geschlossen. Um die Monatsmitte werden normalerweise auch die Straßen ins Hochland gesperrt.

Réttir

Ein Herbst-Highlight ist das *réttir*, bei dem die Bauern, oft hoch zu Ross, die Schafe und Pferde zusammentreiben, die den Sommer über frei und wild grasen durften. Die Tiere werden in einen Pferch getrieben, um sie zu sortieren (Helfer und Zuschauer sind willkommen). Das Ganze wird natürlich von allen möglichen ländlichen Belustigungen begleitet.

Internationales Filmfestival Reykjavík

Das angenehm überschaubare elftägige Event mit eigenwilligem Programm präsentiert ab Ende September Independent-Filme aus dem In- und Ausland. Dazu gibt es Seminare, Workshops und ein „Talentlabor" für junge Filmemacher. Programminfos unter www.riff.is.

Oktober

Mit dem Oktober kommt der offizielle Wintereinbruch: kühlere Temperaturen, längere Nächte und Polarlicht am Himmel. Beim großen Musikfestival in Reykjavík feiern die Besuchermassen bis zum Umfallen.

Polarlicht

Die bunten Lichtschleier am Himmel entstehen durch elektrisch geladene Sonnenwindteilchen, die auf die Erdatmosphäre treffen. Sie sind nur am dunklen, wolkenlosen Nachthimmel zu beobachten. Am aussichtsreichsten dafür sind die Monate von Oktober bis April (mit viel Glück auch September); am häufigsten lässt sich das Polarlicht von Dezember bis Februar sehen.

Iceland Airwaves

Man könnte fast den Eindruck bekommen, dass Island eigentlich eine einzige gigantische Musikmaschinerie ist. Seit der ersten Ausgabe der Iceland Airwaves 1999 hat sich dieses phantastische Festival zu einer der weltweit wichtigsten Bühnen für neue Musiktalente aus Island und dem Rest der Welt gemausert. Infos unter www.icelandairwaves.is.

November

Der Sommer ist nur noch eine schwache Erinnerung. Der November ist ein ziemlich trostloser Monat mit immer längeren Nächten (die Sonne geht schon um 16 Uhr unter) und kühlerem Wetter. Am besten hält man vom warmen Whirlpool aus Ausschau nach dem Polarlicht.

Dagar Myrkurs

So geht's auch: Ostisland (Egilsstaðir und die Fjorde) feiert Anfang November das zehntägige Festival „Tage der Dunkelheit" und begrüßt den Winter mit Tänzen im Dunkeln, Gespenstergeschichten, Zaubershows und Fackelzügen. Infos unter www.east.is.

Dezember

In der düstersten Zeit des Jahres verbreiten Weihnachtsmärkte, -konzerte und -feiern festliche Stimmung. Und dann kommen ja schon die Silvesterpartys. Achtung: Viele Hotels schließen von Weihnachten bis Neujahr.

Silvester

Am 31. Dezember wird gefeiert, was das Zeug hält: Die Isländer begrüßen das neue Jahr mit Festessen, Freudenfeuern, Feuerwerk, Partys und Abtanzen bis in die frühen Morgenstunden.

Reise-routen

Ob für drei oder 30 Tage: Die folgenden Routenvorschläge liefern Anregungen für unvergessliche Entdeckungsreisen. Wer noch mehr Inspiration sucht, bekommt sie online im Chat mit anderen Reisenden unter lonelyplanet.com/thorntree.

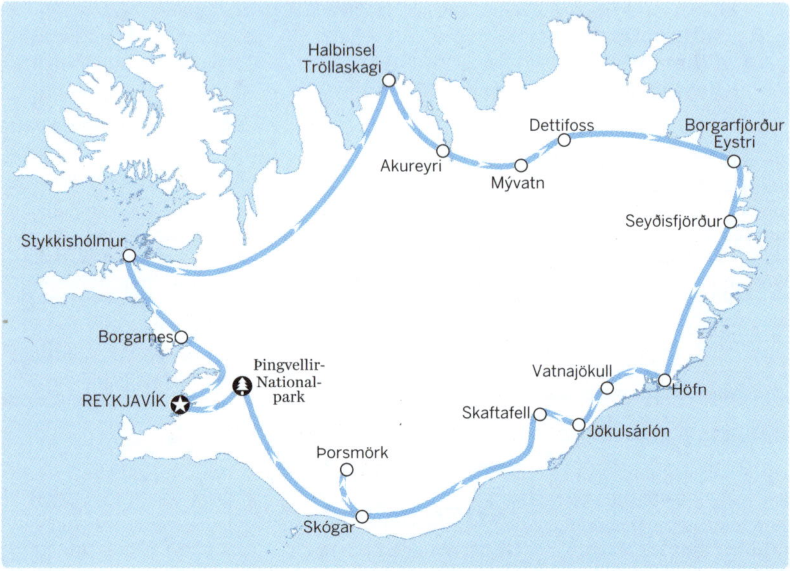

Zehn Tage

Island-Intro: Die klassische Ringstraßentour

Von **Reykjavík** geht es im Uhrzeigersinn über **Borgarnes** zum hübschen **Stykkishólmur** an einer von Inseln übersäten Bucht. Der nächste Abstecher von der Ringstraße gilt den urigen Ortschaften und den Küstenpanoramen der **Halbinsel Tröllaskagi**. Nach **Akureyri**, der inoffiziellen Hauptstadt von Nordisland, erreicht man den geheimnisvollen **Mývatn** und dann das atemberaubende Naturschauspiel des **Dettifoss**. Weiter östlich, bei **Borgarfjörður Eystri**, tummeln sich im Sommer Scharen von Papageitauchern. Nach einer Rast in **Seyðisfjörður** schlängelt sich die Straße an Dutzenden herrlicher Fjorde vorbei nach **Höfn**, wo es himmlischen *humar* zu schmausen gibt. Ein Stück weiter lockt eine Schneemobiltour auf den **Vatnajökull**. Dann passiert die Straße den Gletschersee **Jökulsárlón** und das schöne Wandergebiet des **Skaftafell**. Bei **Skógar** beginnt eine wunderbare Wanderroute zum grünen Binnental von **Þórsmörk**. Schließlich lohnt ein letzter Abstecher von der Ringstraße, um die Kontinentalkluft und den historischen Schauplatz der Volksversammlung im **Þingvellir-Nationalpark** zu bestaunen. Der Rest des Urlaubs geht für die vielfältigen Reize der Hauptstadt drauf.

Drei bis vier Wochen

Die große Rundreise

Nach Ankunft in **Keflavík** und Abholung des Mietwagens erholt man sich in der **Blauen Lagune** von der anstrengenden Anreise. Über die Küstenstraße geht's dann durch das alte Fischerdorf **Stokkseyri** und landeinwärts nach **Landmannalaugar**. Von hier führt eine legendäre mehrtägige Wanderroute ins verwunschene Tal von **Þórsmörk**. Zurück zur Ringstraße, in deren Nähe die Fähre zu den **Vestmannaeyjar** ablegt, wo Papageitaucher über Lavaströmen flattern. Nächste Station ist die grüne Oase **Vík**. Von **Kirkjubæjarklaustur** lohnt ein Abstecher nach **Lakagígar**, um sich über die verheerenden Laki-Ausbrüche zu informieren. Ein Stück weiter können sich Wanderer und Radler rund um den **Skaftafell** austoben. Oder wie wär's mit einer Bootspartie zwischen den Eisbrocken des **Jökulsárlón** und einer Schneemobilsafari auf den **Vatnajökull**, den größten Gletscher Europas? Auf den *humar*-Schmaus in **Höfn** folgt eine Erholungspause im beschaulichen **Breiðdalsvík**. Fjordstraßen führen in Haarnadelkurven weiter zum friedlichen **Eskifjörður** und zum malerischen **Seyðisfjörður**. Dann weisen Rhyolithgipfel den Weg hinunter nach **Borgarfjörður Eystri**, wo es Papageitaucher und Grassodenhäuser zu fotografieren gibt. Durch **Vopnafjörður** gelangt man auf die Grasebene der Halbinsel **Langanes** und über **Ásbyrgi** weiter zum hübschen Städtchen **Húsavík**, *dem* Startpunkt für Walbeobachtungstouren. Der malerische **Mývatn** lädt zu schönen Uferwanderungen und ist ein guter Ausgangspunkt zum Besuch des donnernden **Dettifoss** und für Abstecher zu Inlandsattraktionen wie der **Askja-Caldera** und den Eishöhlen der **Kverkfjöll**. Auf eine Prise Zivilisation in **Akureyri** folgt der Vorstoß zum Polarkreis, nach **Grímsey**. Dann eine kleine Wanderung durch **Dalvík**, ein Bummel durch **Siglufjörður** und eine Runde schwimmen in **Hofsós**. In **Hólmavík** kann man etwas über Hexerei lernen, in **Djúpavík** am Fjordufer schlafen und am **Norðurfjörður** im Thermalpool planschen. **Stykkishólmur** ist ein guter Ausgangspunkt, um die spannende Halbinsel **Snæfellsnes** zu erkunden, von Sandstränden und zerklüfteten Lavafeldern bis zu schimmernden Eiskappen und versteckten Thermalbecken. Hinter **Borgarnes** wartet der **Obere Borgarfjörður** mit Saga-Schauplätzen und urigen Höhlen. Der **Þingvellir-Nationalpark** bietet noch mehr Historie und einen tiefen Blick zwischen die Kontinentalplatten. Den Endpunkt der erlebnisreichen Rundreise setzt die isländische Kulturhochburg **Reykjavík**.

» (oben) Svartifoss (S. 292), Skaftafell
» (links) Stadthäuser an der Grettisgata, Reykjavík

Zwei Wochen
Das Beste vom Westen

Nach den Cafés, Bars und Museen von **Reykjavík** geht es auf den „Goldene Kreis“: Vom **Þingvellir-Nationalpark** mit seinen auseinanderdriftenden Kontinentalplatten über rosige Sonnenuntergänge am **Laugarvatn** bis zum spuckenden **Geysir** und dem glitzernden **Gullfoss**. Dann folgt die Kjölur-Allradpiste mit einem Abstecher zum imposanten **Kerlingarfjöll**. Weit im Nordwesten wartet ein wohltuendes Algenbad in **Reykhólar**, bevor man sich an die Erkundung des verzweigten **Ísafjarðardjúp** macht. Das muntere **Ísafjörður** oder das abgetakelte **Bolungarvík** sind gute Ausgangspunkte, um die Wildnis von **Hornstrandir** zu erwandern. Auf dem Weg durch das Herz der Westfjorde dient **Þingeyri** als Sprungbrett zu Fotomotiven wie dem Wasserfächer von **Dynjandi**. Die Baldur-Fähre bringt Besucher nach **Flatey**, um eine Auszeit von der Welt zu nehmen, und dann weiter zum netten **Stykkishólmur**. Über **Grundarfjörður** führt die Reise zum Erdchakra von **Hellnar** und zur Gletschersafari bei **Arnarstapi**. Dann noch schnell die müden Knochen mit einem Bad in **Lýsuhóll** verwöhnen und in **Borgarnes** in die Welt der Sagas eintauchen, bevor es in die Hauptstadt zurückgeht.

Drei bis vier Tage
Reykjavík-Kurztrip

Diese Route zu einigen Topattraktionen in Hauptstadtnähe eignet sich für einen mehrtägigen Zwischenstopp oder ein verlängertes Wochenende in Island. Nach der Landung in **Keflavík** wird erst mal in der **Blauen Lagune** der Jetlag ausgeschwitzt. Vom Bummel durch das qualmende Geothermalgebiet **Krýsuvík** führt die Küstenstraße weiter zum Meeresfrüchte-Schmaus in **Eyrarbakki**. Eine Unterkunft bei **Hella** oder **Hvolsvöllur** ist ideal für einen Reitausflug und um das Polarlicht zu bestaunen (in den kälteren Monaten). Aktivurlauber lockt die tolle Wanderung von **Skógar** über den Pass zwischen zwei mächtigen Gletschern (Schauplatz des Eyjafjallajökull-Ausbruchs von 2010) hinunter ins stille Märchenreich **Þórsmörk**. Wenn die Zeit knapp ist, tut's stattdessen auch eine Wanderung über die Gletscherzunge **Sólheimajökull**. Auf dem Rückweg nach **Reykjavík** noch schnell den brausenden **Gullfoss**, den speienden **Geysir** und die klaffenden Kontinentalspalten des **Þingvellir-Nationalparks** abklappern. Die isländische Hauptstadt selbst strotzt von trendigen Boutiquen, Galerien und Clubs. Und auf dem Rückweg zum Flughafen die Stippvisite beim „verborgenen Volk“ in **Hafnarfjörður** nicht vergessen.

Ringstraßenplaner

Die schönsten Abstecher von der Ringstraße

Halbinsel Snæfellsnes Die Halbinsel hat ihre eigene Ringstraße, die surreale Lavafelder, wilde Küstenabschnitte und eine beeindruckende Eiskappe passiert; Umweg: 200 km (S. 150).

Halbinsel Tröllaskagi Die Straßen Nr. 76 und 82 führen an der zerklüfteten Küste hinauf Richtung Arktis und bieten ähnlich schöne Panoramablicke wie in den Westfjorden; Umweg: 100 km (S. 207).

Borgarfjörður Eystri Auf der Straße Nr. 94 geht es zwischen Rhyolithhängen hindurch zu einem schnuckelig-verschlafenen Dorf, in dessen Nachbarschaft sich die Papageitaucher tummeln; Umweg: 150 km (S. 264).

Vestmannaeyjar Von Landeyjahöfn fährt die Fähre zu dem einsamen Grüppchen schroffer Inseln hinüber; Umweg 30 km plus 30-minütige Fährfahrt in jede Richtung (S. 134).

Þórsmörk Vom Parkplatz am Seljalandsfoss kann man per Bus in das bewaldete Wanderparadies weiterfahren; 50 km Umweg über eine Holperstrecke, die nur mit speziell dafür ausgelegten Fahrzeugen befahrbar ist; wahlweise auch per pedes zu erreichen (S. 132).

Selbst gestandene Weltenbummler brauchen sich nicht zu schämen, wenn sie noch nie von einer anderen isländischen Stadt als Reykjavík gehört haben. Außer der Hauptstadt gibt es hier kaum einen Ort mit mehr als 10 000 Einwohnern. Und natürlich ist es nicht ganz einfach, eine Rundfahrt über eine so große Insel zu planen, von der einem 99 % völlig unbekannt sind.

Doch zum Glück führt ein klar vorgezeichneter Weg einmal rund ums Land und zu den meisten seiner Topattraktionen. Die gut 1300 km lange und weitgehend asphaltierte Ringstraße (nicht mit dem „Goldenen Kreis“ zu verwechseln) ist die Hauptverkehrsstraße der Insel. Von ihr zweigen Nebenstraßen zu entlegeneren Abenteuern ab. Mehr Tipps hierzu gibt es auf S. 26.

Beste Reisezeit

Die Ringstraße ist ganzjährig befahrbar, doch viele Nebenstraßen sind während der kälteren Monate gesperrt. Uneingeschränkt befahrbar ist die Insel in der Regel nur im Juli und August. Die meisten Straßen sind aber schon Ende Mai oder Anfang Juni schneefrei.

Wer Island mit dem Auto befährt, findet unter www.vegagerdin.is detaillierte Infos über Straßensperrungen sowie unter www.vegur.is die aktuellsten Wetterprognosen.

Im oder gegen den Uhrzeigersinn?

Es ist egal, in welcher Richtung man die Ringstraße befährt – die Landschaft präsentiert sich aus beiden Blickwinkeln gleichermaßen spektakulär. Allen, die in der zweiten Sommerhälfte (Juli bis September) unterwegs sind, empfehlen wir die Fahrtrichtung im Uhrzeigersinn, um die Attraktionen im Norden zuerst abzuhaken. Im Süden hält sich das warme Wetter einen Tick länger.

Zeitplanung

Die reine Fahrtzeit rund um die Ringstraße, ohne Zwischenstopps, beträgt in den wärmeren Monaten etwa 16 Stunden. Bei einer einwöchigen Rundfahrt wären also im Durchschnitt ungefähr 2½ Stunden Fahrzeit pro Tag einzuplanen. Das ist nicht zu viel, da die Strecke landschaftlich außerordentlich schön und das Fahren somit eher Vergnügen als Strapaze ist. Wer weniger als sieben oder acht Tage zur Verfügung hat, konzentriert sich besser auf ein oder zwei Regionen, statt die gesamte Insel umrunden zu wollen.

Mit dem Auto

Ein Mietwagen ist in Island das bei Weitem praktischste Fortbewegungsmittel, allerdings, wie nicht anders zu erwarten, auch das teuerste.

Mietwagen

Wer einen preiswerten Mietwagen sucht, sollte nach Auskunft von Bergþor Karlsson, dem Geschäftsführer von Bílaleiga Akureyrar (Europcar; www.holdur.is) in Reykjavík, so früh wie möglich mit der Suche anfangen. Die beste Quelle ist das Internet. Dabei sollte man immer darauf achten, dass der Name des Autoverleihers auf der Reservierung steht, und sorgfältig prüfen, ob im Preisangebot alle Gebühren enthalten sind. Generell ist die Reservierung über eine international renommierte Firma am stressfreiesten.

Etappengliederung

Ganz wichtig: Besucher sollten die Ringstraße als eine Art Leitschiene sehen, die zu vielen spannenden Abstechern führt. Am besten wählt man sich entlang der Strecke fünf Zwischenstationen als Ausgangsbasis für weitere Erkundungen aus. Am einfachsten ist es, einen Zwischenstopp für jedes Kapitel dieses Buchs zu planen, das von der Ringstraße passiert wird: Westen, Norden, Osten, Südosten und Südwesten. (Wer nur wenig Zeit zur Verfügung hat, kann sich die Übernachtung im Südosten schenken.) Je nach Dauer der Reise kann man dann mehrere Übernachtungen pro Zwischenstation einkalkulieren, um die interessantesten Aktivitäten und Abstecher der Gegend (s. S. 30) auszukosten, bevor man zum nächsten Stopp weiterfährt.

F-Straßen

Islands „F-Straßen" (Hochlandstraßen) sind ein Abenteuer für sich. Sie führen zu einigen der schönsten und entlegensten Fleckchen der Insel, sind aber grässliche Holperpisten und für die meisten Autos ungeeignet. Wer eine F-Straße befahren will, *muss* ein dafür geeignetes Allradfahrzeug mieten. Mit einem solchen Fahrzeug kann man die Ringstraßentour stellenweise über Inlandsrouten abkürzen (s. S. 308).

Mit dem Bus

Das Busnetz ist für Alleinreisende die kostengünstigste Fortbewegungsmöglichkeit. Allerdings sollten sie für die Rundfahrt doppelt so viel Zeit veranschlagen wie ein Mietwagennutzer, sofern sie nicht den größten Teil der Reise durch ein verkratztes Fenster auf die schöne Landschaft starren wollen.

Zum Vergleich: Ein Buspass, der zwei Personen einmal rund um die Insel bringt, kostet etwa so viel wie vier oder fünf Tage Wagenmiete (ohne Benzin). Mehr Infos über Buspässe und Trends gibt es auf S.375.

Mit dem Fahrrad

Die schlechte Nachricht für Aktivurlauber: Für Radfahrer kann die Ringstraße zur nervenaufreibenden Strapaze werden. Die Strecke ist zwar größtenteils asphaltiert, aber der Seitenstreifen bietet kaum Platz, um sicheren Abstand vom motorisierten Verkehr zu halten. Und auf den einsameren Abschnitten neigen viele Fahrer zum Rasen, wobei sie Staub und Schotter aufwirbeln. Zur Erkundung ländlicherer Regionen kann das Fahrrad aber ideal sein (s. S. 376).

Trampen & Fahrgemeinschaften

Die billigste Methode, auf der Ringstraße voranzukommen, heißt: Daumen raus. Viele Hostels haben auch Pinnwände in ihren Foyers, auf denen Traveller Mitfahrmöglichkeiten suchen oder gegen Kostenbeteiligung anbieten können. Eine weitere Möglichkeit ist die Mitfahr-Website www.samferda.is. Im Sommer ist es durchaus machbar, den ganzen Weg um die Ringstraße zu trampen; mehr Infos, auch zu eventuellen Risiken, s S. 377.

Outdoor-Aktivitäten

Reisezeit

Mehrtägige Wandertouren Auf jeden Fall das Frühlingstauwetter abwarten; die beste Trekkingzeit geht von Juli bis Mitte September.

Reiten Optimal für Reittouren ist die Zwischensaison (April bis Mai und September bis Oktober); dann ist das Wetter kühler, aber mild, und es sind weniger Touristen unterwegs.

Polarlicht Nur in dunklen, wolkenlosen Nächten zu beobachten. Die beste Zeit dafür ist der Winter, aber grundsätzlich gibt es Nordlicht von September bis April.

Die besten Stützpunkte für Aktivurlauber

Südküste Eine ländliche Unterkunft irgendwo zwischen Hella und Höfn ist ideal als Sprungbrett für Gletscherwanderungen, Mountainbiketouren und Vulkanbesteigungen.

Ísafjörður Im größten Ort der Westfjorde oder seiner Umgebung wohnt man am praktischsten, um Hornstrandir, die kajakfreundlichen Fjorde des Ísafjarðardjúp und die wilden Halbinseln der zentralen Westfjorde zu erreichen.

Akureyri Islands „nördliche Hauptstadt" dient als Zugang zum Mývatn und zur zunehmend beliebten Halbinsel Tröllaskagi und als Startpunkt für Walbeobachtungstouren vor der Nordküste.

Islands atemberaubend schöne Natur und klare Luft erfrischen und beleben Körper, Geist und Seele. Die urwüchsige Insel lockt mit Europas größtem Nationalpark und mächtigstem Gletscher außerhalb der Polarregionen, einem Meer voller Wale, den größten Papageitaucherkolonien der Welt, einsamen Bergen, versteckten Tälern, düsteren Schluchten, glasklaren Seen, gewundenen Flüssen und tiefen Fjorden. Wer sich aus Reykjavíks Dunstkreis losreißt, kann sich in dieser spektakulären Landschaft in endlose Abenteuer und Aktivitäten stürzen.

Aktivitäten

Boot- & Kajakfahren

Auf Touren mit Festrumpf-Schlauchbooten (in der isländischen Tourismusbranche RIB – *Rigid inflatable boats* – genannt) können Besucher Islands Naturschätze aus ganz neuen Blickwinkeln entdecken und das Meeresreich hautnah erleben, das von rollenden Wellen und riesigen Walen beherrscht wird.

Hotspots für Bootstouren

» **Heimaey** (S. 134) Zwischen den schroffen Steilküsten und den Vogelschwärmen der Vestmannaeyjar-Inseln herumschippern.

» **Stykkishólmur** (S. 151) Im stillen Breiðafjörður liegen unzählige Inseln verstreut.

» **Húsavík** (S. 239) Traditionelle Holzschiffe schaukeln im arktischen Wasser des historischen Hafens, von dem im Sommer beliebte Touren zu benachbarten Inselchen ablegen.

Die besten Gewässer für Kajaktouren

» **Hornstrandir, Ísafjörður & Ísafjarðardjúp** (S. 175) Seekajakfahren vom Feinsten, vom Tagesausflug zum Inselchen Vigur bis zu mehrtägigen Touren durch arktische Fjorde.

» **Seyðisfjörður** (S. 268) Schwer zu sagen, was hier die Hauptattraktion ist – der charismatische (und legendäre) Tourführer oder der schöne Fjord.

Radfahren

Kurze Fahrradausflüge sind eine gute Möglichkeit, die vielfältigen Naturschätze der Insel zu entdecken. In Reykjavík gibt es mehrere Fahrradläden (S. 53). Einige bieten Tagestouren zu nahegelegenen Attraktionen wie dem Goldenen Kreis an. Auch in anderen Orten des Landes kann man Räder leihen; mehr Infos dazu gibt es in den einzelnen Regionalkapiteln.

Eine Fahrradreise durch Island hat aber ihre Tücken. Das Wetter ist unberechenbar; Radfahrer müssen oft gegen heftige Winde ankämpfen. Die Fahrrad-Infrastruktur lässt zu wünschen übrig: Auf der Ringstraße fahren Radfahrer unmittelbar neben dem motorisierten Verkehr. Die beste Region für längere Radexpeditionen ist der Süden, wo zur Zeit der Recherche gerade neue Radrouten abseits der Ringstraße angelegt wurden. Hier gibt es auch mehrere Radtourveranstalter, von Hveragerði (S. 106) bis hinüber zum Skaftafell (S. 290).

Mehr praktische Infos über das Radfahren in und rund um Island s. S. 376.

Gletscherwanderungen & Schneemobiltouren

Eine Wanderung über die blendend weißen Eismassen kann zu den unwirklichsten und unvergesslichsten Erlebnissen einer Islandreise gehören. Zum Glück hat die Insel diverse Schneeoasen, die selbst an den wärmsten Tagen noch Winterfeeling garantieren.

Die eindrucksvollsten Gletscher & Eiskappen

» **Eyjafjallajökull** (S. 119) Ursprungsort der berüchtigten Aschewolke von 2010. Zuerst geht es per Superjeep auf die Eisfläche, dann zu Fuß weiter zum immer noch qualmenden Magni.

» **Vatnajökull** (s. Kasten S. 302) Die unendlichen weißen Weiten des größten europäischen Gletschers sind ideal für Schneemobiltouren.

» **Snæfellsjökull** (S. 159) Von Jules Verne als Startpunkt seiner *Reise zum Mittelpunkt der Erde* verewigt; lässt sich gut per Pistenraupentour von Arnarstapi erkunden.

» **Langjökull** (S. 55 und S. 149) In der Nähe von Reykjavík; wunderbar für Hundeschlittenfahrten.

» **Sólheimajökull** (S. 122) Tolles Ziel für eine Nachmittagswanderung – Steigeisen nicht vergessen!

Wandern

Island bietet schier endlose Wandermöglichkeiten, vom einstündigen Bummel bis zu mehrtägigen Wildniswanderungen. Wer auf Schusters Rappen umsteigt, kann riesige Regionen unberührter Natur entdecken, die unauslöschliche Eindrücke hinterlassen. Ein heikler Faktor ist allerdings das unberechenbare Wetter. Regen, Dunst und Nebel können eine schöne Wanderung zur nervtötenden Strapaze machen. Ausrüstungstipps gibt's auf S. 34.

Unsere absoluten Toptipps für mehrtägige Wanderungen in Island haben wir auf S. 189 aufgelistet.

Informationen

» **Ferðafélag Íslands** (Isländischer Wanderverein; www.fi.is) Betreibt Hütten und Campingplätze, bietet Wandertouren überall im Land und fundierte Infos - vor allem für den Laugavegurinn.

Die besten Kurzwanderungen

» **Skaftafell** (S. 290) Der beliebteste Abschnitt des Vatnajökull-Nationalparks bietet viele Kurzwanderwege zu glitzernden Gletschern, schäumenden Wasserfällen und grünen Hügeln.

» **Þórsmörk** (S. 132) Durch das grüne Märchenreich zwischen den abweisenden Bergen des Inselinneren führen diverse mittelschwere bis anspruchsvolle Wanderrouten.

» **Skógar** (S. 119) Landeinwärts warten über 20 Wasserfälle auf Wanderer; der Weg nach Fimmvörðuháls und dann nach Þórsmörk hinunter ist eine der schönsten Tageswanderungen Islands.

» **Halbinsel Snæfellsnes** (S. 60) Halbtägige Wanderungen durch bizarre Lavafelder und der tolle Küstenweg von Hellnar nach Arnarstapi.

» **Mývatn** (S. 229) Am platten Seeufer gibt es allerlei geologische Merkwürdigkeiten und Scharen von Zugvögeln zu entdecken.

» **Borgarfjörður Eystri** (S. 264) Entspanntes Wandern zwischen Rhyolithhängen oder auf die Landspitze hinauf, die tollen Ausblick bietet.

CHECKLISTE FÜR WANDERER

Auf dieser Liste stehen einige der wichtigsten Zutaten für ein gelungenes Outdoor-Abenteuer in Island. Noch mehr Tipps zum Packen gibt es unter www.mountainguides.is/PracticalInformation/EquipmentLists/AlpineMountaineeringDayTours.

Kleidung

Geeignete Kleidung für die isländische Witterung gibt es bei Bedarf auch vor Ort zu kaufen. Wer der isländischen Wirtschaft etwas unter die Arme greifen möchte, kann sich nach **66° North** (www.66north.com) umsehen, der besten isländischen Marke für hochwertige Outdoorbekleidung. Weitere Möglichkeiten sind **Cintamani** (www.cintamani.is) und **zo-on** (www.zo-on.is).

Zum Drunterziehen empfehlen sich statt Baumwolle Stoffe auf Merino-Basis, die umweltfreundlicher und erstaunlich angenehm zu tragen sind.

- ☐ Jacke mit Daunen- oder Mikrofaserfüllung
- ☐ atmungsaktive Regenkleidung
- ☐ leichter Wollpullover
- ☐ Merino-T-Shirts
- ☐ Funktionswäsche
- ☐ Wollsocken
- ☐ leichte, lose sitzende Hosen (auf keinen Fall Jeans)
- ☐ atmungsaktive Schneehose oder winddichte Hose
- ☐ Wollmütze
- ☐ lange Unterhosen

Fußbekleidung

Multifunktionsschuhe sind die Lösung, um mit leichtem Gepäck nach Island zu reisen. Am geeignetsten sind Schuhe, die wetterfest und wandertauglich sind, aber auch Gnade vor den Augen der modebewussten Einwohner von Reykjavík finden.

- ☐ wetterfeste Schuhe
- ☐ Wanderschuhe
- ☐ leichte Sandalen/Flip-Flops

Campingausrüstung

- ☐ Polarschlafsack für Minustemperaturen
- ☐ Zelt
- ☐ faltbarer Packsack für Campingzeug

Sonstiges

Gute Navigationshilfen (topografische Karten und GPS) sind ganz wichtig, weil viele Routen nur grob markiert sind. Nicht zu viele Toilettenartikel mitschleppen, aber unbedingt lebenswichtige Ausrüstung wie ein kleines Erste-Hilfe-Set und Sonnenschutzmittel einpacken. Eine kontraststarke polarisierende Sonnenbrille ist bei Gletscherwanderungen nützlich. Plastiktüten sind praktisch, um feuchte und trockene Kleidungsstücke zu trennen. Schirme sind nutzlos, da die arktischen Winde sie in Minutenschnelle zerfetzen.

Wanderer müssen allen Proviant selbst tragen und alle Abfälle mit zurückbringen (auch das Toilettenpapier). Energieriegel sind leicht und produzieren nicht viel Müll; Wasserflaschen aus Edelstahl sind eine gute Lösung für Flüssigkeiten. **SteriPen** (www.steripen.com) ist ein handlicher Wasserentkeimer, der zugleich als Taschenlampe dient.

Reiten

Pferde gehören zum isländischen Leben einfach dazu und man sieht sie überall im Land. Reiten ist sehr beliebt und die Islandpferde sind mit ihrem freundlichen Wesen auch für unerfahrene Reiter ideal.

Für Pferdefans besonders interessant ist das **Landsmót** (Nationales Pferdefestival; www.landsmot.is/en), das alle zwei Jahre (das nächste Mal 2014) in Skagafjörður in Nordisland stattfindet.

Die besten Regionen zum Reiten

» **Südliche Snæfellsnes-Halbinsel** (S. 36) Die einsamen schwarz- und hellsandigen Strände im Schatten eines schimmernden Gletschers sind ideal für einen Ausritt. Hier gibt es mehrere preisgekrönte Reitställe.

» **Hella** (S. 112) In den Ebenen um Hella, hinter denen die bedrohliche Hekla aufragt, bieten mehrere Pferdefarmen mehrtägige Wanderritte und kürzere Reitausflüge für Anfänger an.

» **Skagafjörður** (S. 203) Die einzige isländische Gemeinde, in der mehr Pferde als Menschen leben, ist stolz auf ihre lange Tradition der Pferdezucht und -dressur.

Wanderritte

Für eingefleischte Pferdenarren ist eine mehrtägige Tour durch die isländische Wildnis ein Traum. Mehrtägige Wanderritte müssen normalerweise rechtzeitig gebucht werden, da die Reitställe ihre Tourenpläne früh festlegen. Diese Touren sind in der Regel Komplettpakete inklusive Transport, Führer, Unterkunft und Mahlzeiten. In den oben aufgeführten Reitregionen gibt es jeweils mehrere seriöse Reiterhöfe – Kontaktdaten sind den jeweiligen Regionalkapiteln zu entnehmen.

Kürzere Ausritte

Das Islandpferd ist eine ganz einzigartige Rasse und eine freundschaftliche Begegnung mit diesen sanften Vierbeinern ist ein Erlebnis, das jeder Besucher in sein Reiseprogramm einplanen sollte. Viele Höfe überall im Land bieten kurze Ausritte für Anfänger an; es gibt sogar eine Handvoll Reitställe in direkter Nähe zu Reykjavík (S. 55). Eine Stunde Reiten kostet um die 4000 ISK. Detailliertere Infos gibt es in den jeweiligen Regionalkapiteln.

Tauchen & Schnorcheln

Island ist ein wenig bekanntes, aber ungeheuer lohnendes Tauchziel. Klares Wasser (100 m Sicht!), faszinierende Tierwelt, spektakuläre Lavaschluchten, Wracks und Thermalschlote sorgen für unvergleichliche Taucherlebnisse. Topziele sind die Silfra-Spalte im Þingvellir-Nationalpark (S. 98) und der Eyjafjörður mit seinen „Weißen Rauchern" (S. 219).

Anfänger können bei **Dive.is** (www.dive.is) einen PADI-Kurs machen. Ansonsten sollten Tauchurlauber mindestens zehn Tauchgänge vorweisen können und die Grundlagen des Tauchens im Trockenanzug beherrschen.

Schwimm- & Heilbäder

Dank der im Überfluss vorhandenen Geothermalwärme ist das Baden ein Nationalhobby der Isländer. Fast jeder Ort hat mindestens ein *sundlaug* (beheiztes Schwimmbecken). Die meisten Schwimmbäder bieten auch Hot Pots (kleine Warmwasserbecken im Freien), Saunen und Whirlpools. Der Eintritt kostet normalerweise etwa 400–500 ISK (für Kinder die Hälfte) bei unbegrenzter Aufenthaltsdauer.

In isländischen Schwimmbädern und für die natürlichen heißen Quellen gelten strenge Hygienevorschriften. Badegäste müssen sich *vor* Betreten des Schwimmbereichs ohne Badekleidung gründlich abduschen.

Beste Informationsquellen über Bademöglichkeiten

» **Friends of Water** (www.vatnavinir.is/home)

» **Swimming in Iceland** (www.swimminginiceland.com)

» **Thermal Pools in Iceland** (von Jón G. Snæland) Umfassender Führer zu Islands natürlichen Quellen (mit Bildern); in den meisten isländischen Buchläden vorrätig.

» **Blaue Lagune** (www.bluelagoon.com) Islands beliebteste warme Quelle und unangefochtene Topattraktion.

» **Visit Reykjavík** (www.visitreykjavik.is) Hier kann man sich zu der Handvoll Schwimmbäder in der Hauptstadtregion durchklicken.

Tiere beobachten

Islands Tierwelt ist nicht besonders artenreich, aber äußerst faszinierend. Es gibt kaum einen besseren Ort für Walbeobach-

THOMAS SCHMITT / GETTY IMAGES ©

» (oben) Strandreiten, Snæfellsnes (S. 150)
» (links) Polarfüchse (S. 296)

tungen und die gewaltigen Vogelfelsen an den Küsten sind eine Offenbarung für Vogelfreunde. Die sanften Islandpferde sind ideal für Reitanfänger und die wilden Augen des Polarfuchses bleiben unvergesslich.

Polarfüchse

Der Polarfuchs, der einzige heimische Landsäuger auf Island, ist so niedlich wie ein Schoßhund, aber so scheu wie ein Nager. Er lässt sich nur selten blicken, am ehesten noch an den folgenden Stellen:

» **Hornstrandir** (S. 181) Das Hauptrevier der Polarfüchse – hier schlagen die Polarfuchsforscher im Sommer ihr Lager auf.

» **Suðavík** (S. 180) Standort des Polarfuchszentrums, das auch verwaiste Füchse aufzieht.

» **Breiðamerkursandur** (S. 296) Eins der Hauptbrutgebiete für Raubmöwen lockt auch viele Polarfüchse auf der Suche nach leckeren Snacks.

Papageitaucher & andere Meeresvögel

An den Küstenfelsen rund ums Land brüten unzählige Meeresvögel, oft in riesigen Kolonien. Die beste Zeit für Vogelbeobachter geht von Juni bis Mitte August; dann wimmelt es von Tölpeln, Lummen, Tordalken, Dreizehenmöwen und Eissturmvögeln. Papageitaucher sind ab Ende April zu sehen, bevor sie Mitte August plötzlich en masse aufs Meer zurückkehren.

Die besten Vogelfelsen und -kolonien:

» **Vestmannaeyjar** (S. 134) Papageitaucher schwirren wie hektische Bienen über den Fähren, die in den Hafen von Heimaey tuckern. Auf praktisch jedem Steinhaufen, der hier aus dem Meer ragt, nisten irgendwelche Flattermänner.

» **Hornstrandir** (S. 181) Zu dem wunderbar weltentrückten Naturreservat gehört eine endlos lange Felswand, die unter grünen Wiesen senkrecht ins Meer abfällt – für die Dauer der Brutsaison wird sie zum Zuhause für unzählige Vögel.

» **Borgarfjörður Eystri** (S. 264) Der schnuckelige Ort ist einer der besten Plätze in Island, um die knuffigen Papageitaucher zu beobachten, die ihre aufwendigen Bruthöhlen nur einen Meter von den Beobachtungsplattformen entfernt anlegen.

» **Látrabjarg** (S. 170) An dem legendären Vogelfelsen in den Westfjorden brütet eine ganze Reihe von Vogelarten.

» **Mývatn** (S. 228) Die sumpfige Landschaft des „Mückensees" bietet ein ganz anderes Ökosystem als die schroffen Vogelfelsen der Fjorde und ist ein Paradies für Zugvögel.

» **Skálanes** (S. 272) Die abgestuften Küstenfelsen bieten endlose Terrassen für Vögel wie die spaßigen Papageitaucher. Da Besucher einen Fluss durchqueren müssen, um herzugelangen, hat man die Gegend oft ganz für sich.

POLARLICHT

Die Inuit hielten die Lichterscheinungen für die Seelen der Toten; nach skandinavischem Volksglauben waren es die Geister unverheirateter Frauen. Die Japaner prophezeiten einem unter den flackernden Strahlen gezeugten Kind ein glückliches Leben. Die moderne Wissenschaft erklärt das Polarlicht dagegen deutlich prosaischer.

Die märchenhaften Farbschleier am nordischen Nachthimmel entstehen durch den Sonnenwind – einen Strom von Sonnenteilchen, der in den oberen Atmosphärenschichten mit Sauer-, Stick- und Wasserstoff kollidiert. Diese Kollisionen erzeugen die phantastischen Grün- und Purpurtöne. Durch das Magnetfeld der Erde wird der Sonnenwind in Richtung der Polarregionen gelenkt.

Um einen Blick auf das Polarlicht zu erhaschen, braucht man nur eine dunkle, wolkenlose Nacht und etwas Glück. Viele isländische Tourveranstalter bieten teure „Northern Lights Safaris" an. Aber eigentlich bringen sie die Besucher nur in Gegenden mit möglichst wenig „Lichtverschmutzung", um die Chancen auf eine Polarlicht-Sichtung zu verbessern. Stattdessen bucht man besser ein paar Nächte in einer ländlichen Pension, wo man während des (kurzen) Tages die Umgebung erkunden und abends in aller Ruhe auf die Lightshow warten kann. Viele Hotels bieten sogar Weckrufe an, falls die Lichter mitten in der Nacht aufflimmern, wenn die Gäste schon schlummern.

Die beste Zeit, um das Nordlicht zu beobachten, sind die Monate von Oktober bis April, aber manchmal ist es auch im September zu sehen.

Robben

Robben sind in Island nicht so allgegenwärtig wie Vögel, aber die speckigen Meeressäuger, die sich auf sonnigen Felsen anblaffen und im eisigen Küstenwasser planschen, sind ungemein unterhaltsam zu beobachten.

» **Hvammstangi & Vatnsnes-Halbinsel** (S. 200) Ein Robbenmuseum, Beobachtungstouren und eine felsige Halbinsel, auf der sich die pelzigen Sonnenanbeter aalen.

» **Ísafjarðardjúp** (S. 179) Seine verzweigten Nebenfjorde und felsigen Strände sind ideal, um den Robbenbauch in die arktische Sonne zu halten.

Wale

Island gehört zu den besten Orten der Welt, um Wale und Delphine zu beobachten. Die geräuscharmen Tourenboote mit Holzrumpf stören die Tiere nur wenig, sodass man erstaunlich nah an sie herankommt. Am häufigsten sind Zwergwale, aber auch Buckel-, Finn-, Sei-, Blauwale u. a. gibt es hier zu sichten.

Eine zwei- oder dreistündige Tour kostet um die 50 €. Die Touren werden ganzjährig angeboten; die Chancen, dabei tatsächlich Wale zu sehen, sind von Mitte Juni bis August am besten.

Islands Topspots für Walbeobachtungen:

» **Húsavík** (S. 239) Islands traditionelle Wal-Hochburg, mit einem interessanten Walmuseum. Im Sommer 99%-ige Erfolgsquoten.

» **Tröllaskagi** (S. 207) Neues Sprungbrett für Touren in dieselben Gewässer wie die von Húsavík.

» **Reykjavík** (S. 53) Hauptstadtbesucher können vom alten Hafen am Stadtzentrum zur Walbeobachtungstour starten.

Touren

Angesichts des schwierigen Terrains und hohen Preisniveaus können organisierte Touren in Island selbst für Reisende attraktiv sein, die sonst lieber auf eigene Faust unterwegs sind. Touren können Zeit und Geld sparen und spektakuläre Landschaften erschließen, die mit einem normalen Mietwagen nicht zu erreichen sind. Es gibt Touren mit Bussen, Allradfahrzeugen, Superjeeps, aber auch per Schneemobil, Quad oder Kleinflugzeug. Die meisten lassen sich mit Abenteueraktivitäten wie Wildwasser-Rafting, Schneemobilfahren, Reiten und Eiswandern kombinieren.

Wer plant, eine feste Unterkunft in Reykjavík zu beziehen und die isländische Landschaft auf Tagesausflügen zu erkunden, sollte sich klarmachen, dass er viel Zeit damit verbringen (oder auch verschwenden) wird, von der Hauptstadt zu den Naturschätzen der Insel zu pendeln. Dann ist es schon sinnvoller, einen ländlichen Stützpunkt zu wählen, der näher an den Sehenswürdigkeiten liegt, die einen besonders interessieren.

Hier eine Liste einiger der größten Tourveranstalter in Island; ihre Websites bieten einen Überblick über das jeweilige Tourangebot. Fast alle übrigen Tourveranstalter und -angebote sind in den Regionalkapiteln aufgeführt (Ausflüge von Reykjavík s. S. 52).

» **Air Iceland** (www.airiceland.is) Islands größte Inlands-Fluggesellschaft bietet eine ganze Reihe von Flug-, Bus-, Wander-, Rafting-, Reit-, Walbeobachtungs- und Gletschertouren von Reykjavík und Akureyri an, außerdem von Reykjavík auch Touren nach Grönland.

» **Eskimos** (www.eskimos.is) Maßgeschneiderte Tourangebote für eine zahlungskräftige Klientel.

» **Ferðafélag Íslands** (Isländischer Wanderverein; www.fi.is) Geführte Sommerwanderungen von Landmannalaugar nach Þórsmörk sowie einige Bustouren und Skiwanderungen.

» **Iceland Excursions** (Gray Line Iceland; www.grayline.is) Der Bustourveranstalter hat nicht nur Tagesausflüge, sondern auch Reit-, Walbeobachtungs- und Tauchtouren sowie Touren für Selbstfahrer im Programm.

» **Icelandic Mountain Guides** (www.mountainguides.is) Breites Angebot an Wander-, Berg- und Eisklettertouren, Ausrüstungsverleih und Privatführer für ambitioniertere Bergsteiger.

» **Reykjavík Excursions** (www.re.is) Der beliebteste Veranstalter von Tagesausflügen ab Reykjavík bietet sein umfangreiches Tourenprogramm ganzjährig an.

» **Útivist** (www.utivist.is) Veranstaltet freundliche, familiäre Wandertouren in praktisch jeden Winkel des Landes.

Island im Überblick

Reykjavík

Kultur ✓✓
Nachtleben ✓✓
Aktivitäten ✓✓

Kulturhauptstadt

Inmitten endloser Weiten urwüchsiger Natur ist Reykjavík die unangefochtene Bastion der isländischen Kultur, von ansprechenden Museen und superschicken Galerien bis zur wummernden Musikszene und der bunten Riege von Kunsthandwerkern und Designern. Das ganzjährige Festivaltreiben erhellt selbst die düstersten Winternächte mit herzerwärmenden Festen aller Formate, Formen und Farben.

Weiße Nächte

Reykjavíks berühmt-berüchtigte Nachtschwärmerszene ist klein, aber oho! Die schönsten Partyabende starten in einem von Dutzenden uriger Cafés und führen dann von Vorglühdrinks bei Freunden weiter über einen Kreuzzug durch die Bierkneipen bis zum Abhotten auf einer urplötzlich improvisierten Tanzfläche um 4 Uhr morgens.

Safaris für Kurzbesucher

Dank seiner idealen Lage zwischen Europa und Nordamerika hat sich Reykjavík geschickt als perfekter Zwischenstopp zwischen den Kontinenten etabliert. Stadtrundgänge und Radtouren klappern die Hauptsehenswürdigkeiten der Hauptstadt ab, aber gleich jenseits der Stadtgrenzen entfaltet sich der wahre Zauber der Insel – und die gut geölte Tourismusmaschinerie der Stadt bringt Besucher ruckzuck per Auto, Bus, Jeep, Boot oder zu Fuß in die weite Wildnis.

S. 44

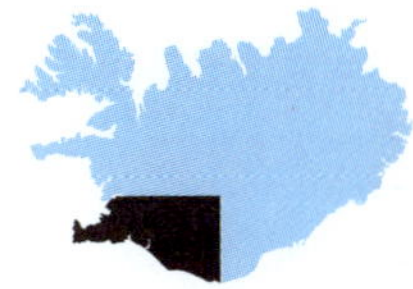

Südwestisland & der Goldene Kreis

Landschaft ✓✓✓
Aktivitäten ✓✓✓
Tierwelt ✓✓

Im Schatten der Vulkane

Der Slogan für den Südwesten könnte lauten: „Je weiter du kommst, desto besser wird es." Wer ins Landesinnere hineinwandert, erlebt sagenhafte Panoramen im drohenden Schatten grummelnder Vulkane.

Wanderer, Radler & Wikinger

Oben in den Bergen wartet ein Paradies auf Wanderer; weiter unten an der Südküste und rund um die Reykjanes-Halbinsel locken bei geeignetem Wetter viele Radrouten. Dazu noch ein paar interessante Überbleibsel aus der Sagazeit – und fertig ist das Menü für jeden Besuchergeschmack.

Vogelperspektive

Die malerische Inselgruppe Vestmannaeyjar beherbergt die größte Papageitaucherkolonie der Welt. Als standesgemäßes Begrüßungskommando schwirren die ulkigen Vögel wie orientierungslose Knallkörper über den einlaufenden Fähren umher.

S. 88

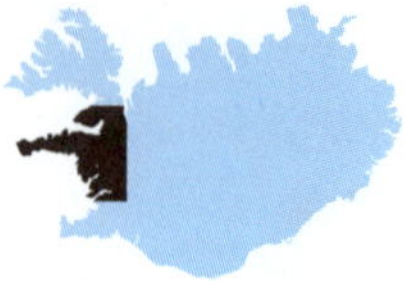

Westisland

Landschaft ✓✓
Aktivitäten ✓✓
Tierwelt ✓

Inseln ohne Ende
Die Halbinsel Snæfellsnes ist ein Technicolor-Traum mit bizarren Lavalandschaften, karibisch klarem Wasser und einer unwirklich schimmernden Eiskappe. Den eindrucksvollsten Anblick bietet aber der weite Breiðafjörður, in dem Tausende von Inselchen verstreut liegen.

Strände, Steine, Sagas
Die lange Halbinsel bietet endlose Möglichkeiten für Aktivurlauber – lange Küstenspaziergänge, Wanderungen durch Lavafelder und Touren über die Eiskappe des ruhelosen Vulkans. Geschichtsfans sind hier in ihrem Element: Der Westen wird wegen seiner spannenden Wikingervergangenheit auch Sagaland genannt.

Pferdefüße
Die Südküste der Snæfellsnes-Halbinsel gehört zu den besten Gegenden, um die legendären Islandpferde zu reiten – auf goldsandigen Stränden oder zu versteckten Thermalquellen in den wilden Hügeln.

S. 141

Die Westfjorde

Landschaft ✓✓✓
Aktivitäten ✓✓✓
Tierwelt ✓✓✓

Willkommen in Mordor
Die spektakuläre Meer- und Felslandschaft der Westfjorde lässt an ferne Fantasywelten denken. Die Landfinger zwischen den Fjorden liegen wie steinerne Schlachtschiffe aufgereiht, die sich zum Gefecht auf einem Meer aus Dämmerlicht bereit machen.

Arktisabenteuer
Islands Wilder Westen am Rand der Arktis, der mit gezackten Landzungen begehrlich nach Norden ausgreift, ist die ideale Kulisse für rustikales Mountainbiking, Seekajaktouren, Segeltörns, Skitouren und atemberaubende Wanderungen durch das einsame Hornstrandir-Reservat.

Fuchsige Freunde
Hauptattraktionen sind die Vogelfelsen am Rand des Nordpolarmeers und die vereinzelten Füchse, die zwischen den Grashügeln umherschnüren. Wer mag, kann als Freiwilliger bei der Beobachtung des einzigen heimischen Landsäugers helfen.

S. 166

Nordisland

Landschaft ✓✓
Aktivitäten ✓✓✓
Tierwelt ✓✓✓

Von allem etwas
Es gibt eigentlich nichts, was es in Nordisland nicht gibt. Küstennahe Inseln, einsame Halbinseln, eisbedeckte Gipfel, idyllische Pferdefarmen, blubbernde Schlammtöpfe, verschlafene Fischerdörfer, donnernde Wasserfälle, zerklüftete Lavafelder, springende Wale …

Eingenordet
Ideal für Reiter ist der Nordwesten. Der Mývatn ist *das* Ziel für Vogelbeobachter, aber auch die entlegene Langanes-Halbinsel und die arktische Insel Grímsey haben ihre Reize. Wanderer zieht es in die nördlichen Gefilde des Vatnajökull-Nationalparks, Skiläufer auf die Halbinsel Tröllaskagi.

Wal-Wunderland
Robben räkeln sich am Ufer der Vatnsnes-Halbinsel; Papageitaucher und andere Meeresvögel nisten überall. Auch der Mývatn wimmelt von Wasservögeln. Für Walbeobachtungstouren ist Húsavík der Hit; Alternativen sind Orte am westlichen Eyjafjörður, wie Akureyri.

S. 197

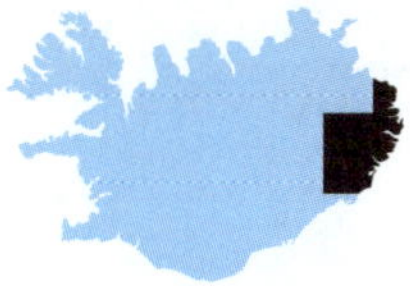

Ostisland

Landschaft ✓✓✓
Aktivitäten ✓
Tierwelt ✓✓

Phan-fjord-tastisch
Besonders dramatisch ist die Landschaft der Ostfjorde um die nördlichen Fjorddörfer herum, hinter denen Wasserfälle die steilen Bergflanken herabstürzen. Landeinwärts locken der malerische See Lagarfljót und der Wald an seinem Ostufer sowie der 1833 m hohe Snæfell im Vatnajökull-Nationalpark.

Zu Land & zu Wasser
Kajaktouren im Seyðisfjörður sind ein Highlight; Landratten trösten sich mit Mountainbiketouren am Fjord entlang. Húsey ist prima zum Reiten und für Vogelbeobachtungen. Auch bei Wanderern sind die Ostfjorde sehr beliebt.

Rentierherden
Wilde Rentiere durchstreifen die Berge. Im Lagarfljót wohnt Islands Pendant zum Ungeheuer von Loch Ness. Topziele für Vogelbeobachter sind die entlegenen Höfe Húsey und Skálanes oder die Papageitaucher-Beobachtungsplattform bei Borgarfjörður Eystri.

S. 254

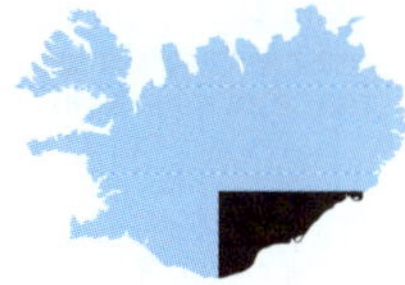

Südostisland

Landschaft ✓✓✓
Aktivitäten ✓✓
Tierwelt ✓✓

Gletscherglamour
Nicht umsonst gehört der Südosten zu den meistbesuchten Regionen von Island: Er trumpft mit glitzernden Gletschern, rauschenden Wasserfällen, den Eisbergen des Gletschersees Jökulsárlón und Islands beliebtestem Wanderrevier (Skaftafell). Einen schroffen Kontrapunkt setzt die trostlose Gletschersandwüste.

Expeditionen ins Eis
Außer Eisklettertouren, Gletscherwanderungen, Schneemobil-, Quad- und Wandertouren locken auch Bootfahrten zwischen den Eisbergen des Jökulsárlón, Mountainbiketrips im Skaftafell und das als Sportart unterschätzte Krebsscherenknacken in Höfn.

Vogelvielfalt
Als nette Dreingabe gibt es am extrem fotogenen Jökulsárlón auch Robben. Im Sander brütende Raubmöwen schikanieren andere Vögel und menschliche Besucher. Ingólfshöfði wimmelt von Papageitauchern und anderen Meeresvögeln.

S. 281

Das Hochland

Landschaft ✓
Aktivitäten ✓
Tierwelt ✓

Schroffe Schönheit
Auf einer Reise durchs Hochland erlebt man Abgeschiedenheit in einer ganz neuen Dimension. Die Einsamkeit ist berauschend, der Blick unendlich weit. Manche Besucher sind angesichts der völligen Ödnis der endlosen grauen Sandwüste enttäuscht, andere voller Ehrfurcht vor der Natur in ihrer rauesten und kargsten Form.

Extremwandern
Wander- oder Radtouren durchs Landesinnere sind ungeheuer hart, aber ebenso lohnend. Kerlingarfjöll und die Askja-Region haben erstklassige Wanderrouten, Hveravellir heiße Quellen. Viele Besucher erkunden die Sehenswürdigkeiten aber lieber mit einer komfortablen Allradtour.

Lebloses Land?
Die Region ist praktisch unbewohnt – es gibt keine Städte oder Dörfer, nur Sommerhütten und -unterkünfte. Außer vereinzelten Schafen sind hier kaum Lebewesen anzutreffen.

S. 305

Alle Einträge sind von unseren Autoren empfohlen, und ihre Lieblingsunterkünfte, -restaurants usw. sind zuerst aufgeführt.

Empfehlungen von Lonely Planet:

LP TIPP Topempfehlung unserer Autoren | Nachhaltig und umweltverträglich | GRATIS Hier bezahlt man nichts

Alle in diesem Buch vorgestellten Reiseziele listet das Register auf.

Reiseziele in Island

Reykjavík

202 300 EW

Inhalt »

Gut essen

» Bergsson Mathús (S. 71)
» Snaps (S. 71)
» Kaffismiðjan (S. 70)
» Sægreifinn (S. 71)

Schön übernachten

» Icelandair Hotel Reykjavík Marina (S. 68)
» Hótel Borg (S. 68)
» KEX Hostel (S. 64)
» Reykjavík Downtown Hostel (S. 64)
» AirBnB (S. 66)

Auf nach Reykjavík

Die nördlichste Hauptstadt der Welt ist ein Mix aus bunten Häusern, eigenwilligen Menschen, poppigem Design und wildem Nachtleben – mit verheerender Wirkung: Die meisten Besucher verlieben sich hoffnungslos und fangen nach ihrer Rückkehr gleich an, für den nächsten Besuch zu sparen.

Gemessen an internationalen Standards ist die Hauptstadt der Insel kaum eine Stadt, aber für ihre Größe ist Reykjavík auf vielfältige Weise ausgesprochen weltstädtisch. Wer hinter die glänzende Urlaubsfassade blickt, stößt auf einen herrlich urigen Ort, in dem Wert auf Gemütlichkeit gelegt wird und jeder seinen Nachbarn kennt.

Der Zauber der Stadt entsteht durch ihre eigentümlichen Kontraste, die wie beim Aufeinanderprallen tektonischer Platten die Energie eines Erdbebens freisetzen. Dazu kommen die schneegekrönte Gebirgskulisse, der schäumende Ozean, eine Luft so kalt und klar wie gefrorene Diamanten und von der Mitternachtssonne glühende Nächte – wer will da behaupten, dass es eine tollere Stadt auf der Welt gibt?

Entfernungen (km)

	Reykjavík	Borgarnes	Ísafjörður	Akureyri	Egilsstaðir	Höfn
Borgarnes	74					
Ísafjörður	457	384				
Akureyri	389	315	567			
Egilsstaðir	698	580	832	265		
Höfn	459	519	902	512	247	
Vík	187	246	630	561	511	273

Highlights

1 Mit den Einheimischen nachmittags in eins der öffentlichen Thermalbäder abtauchen, z. B. in **Laugardalur** (S. 52),

2 Den *lopapeysa* anziehen, das MacBook greifen und mit den Hipstern in einem der schrägen **Cafés** der Stadt (S. 69) einen Kaffee schlürfen

3 Beim Besuch der grandiosen Ausstellung **Reykjavík 871 +/-2** (S. 48) rund um die ausgegrabenen Reste eines Wikingersaals in die isländische Geschichte eintauchen

4 Im **Harpa** (S. 48), dem neuen strahlenden Kulturzentrum der Hauptstadt, eine Aufführung erleben oder einfach nur in den bequemen Loungesesseln entspannen

5 Bei einem **djammið** (S. 47), einer wilden Kneipentour, die winzigen, aber abgefahrenen Bars und Clubs von Reykjavík entdecken

6 Vom modernen Kirchtum der **Hallgrímskirkja** (S. 46) auf die Stadt hinabschauen

Geschichte

Der norwegische Landesflüchtling Ingólfur Arnarson wurde 871 n. Chr. der erste offizielle Isländer. Der Legende nach warf er seine *öndvegissúlur* (Hochsitzpfosten) über Bord und siedelte dort, wo die Götter sie an Land treiben ließen. Das war bei Reykjavík, der „Rauchbucht", wie er sie nach dem Dampf ihrer Thermalquellen taufte. Nach Aufzeichnungen aus dem 12. Jh. baute Ingólfur seinen Bauernhof an der Aðalstræti, wo bei Ausgrabungen tatsächlich ein Langhaus aus der Wikingerzeit gefunden wurde (s. S. 48).

Jahrhundertelang blieb Reykjavík eine bloße Ansammlung von Bauernhäusern. 1225 entstand auf der Insel Viðey (S. 83) vor der Küste ein bedeutendes Augustinerkloster. Es wurde allerdings während der Reformation im 16. Jh. zerstört.

Im frühen 17. Jh. verhängte der dänische König ein erdrückendes Handelsmonopol, das Island in Hunger und Armut stürzte. Um die Handelssperre zu umgehen, richtete Landvogt Skúli Magnússon, der „Vater von Reykjavík", in den 1750er-Jahren Webereien, Gerbereien und Wollfärbereien ein.

Reykjavíks großer Boom kam im Zweiten Weltkrieg. Die Stadt hatte die britischen und US-amerikanischen Soldaten zu versorgen, die in Keflavík stationiert waren. Danach wuchs Reykjavík in schnellem Tempo fast ungebändigt weiter, bis die Stadt im Zuge der Weltwirtschaftskrise 2008 (S. 330) herbe Rückschläge einstecken musste. Wütende Proteste vor dem Parlament führten im Februar 2009 zum Rücktritt von Premierminister Geir Haarde. Heute sorgen die beständig wachsenden Besucherzahlen im Zentrum von Reykjavík für touristisches Flair – vor allem im Sommer.

Sehenswertes

Die Stadt erstreckt sich auf einer kleinen Halbinsel. Reykjavíks Inlandsflughafen und der BSÍ-Bahnhof für Überlandbusse befinden sich auf der südlichen Hälfte der Halbinsel. Das malerische Stadtzentrum und der Hafen nehmen die nördliche Hälfte ein. Der internationale Flughafen liegt 48 km entfernt in Keflavík und ist mit Flughafenbussen ans Reykjavíker Zentrum angebunden.

Das Stadtzentrum ist sehr übersichtlich. Hier befinden sich auch die meisten Attraktionen der Stadt. Die Haupteinkaufsstraße ist der Laugavegur. An seinem östlichen Ende befindet sich die Busstation Hlemmur, einer der beiden zentralen städtischen Busbahnhöfe. Weiter westwärts säumen mondäne Modegeschäfte, Bars und Restaurants das schmale Einbahnsträßchen. Auf dem Weg durchs Zentrum wechselt es seinen Namen in Bankastræti, dann in Austurstræti. Von der Bankastræti zweigt im spitzen Winkel die Künstlerstraße Skólavörðustígur ab. Sie endet am spektakulären modernen Kirchenbau der Hallgrímskirkja.

Die zweispurige Lækjargata verläuft quer zur Bankastræti/Austurstræti. Westlich davon liegt die Altstadt von Reykjavík, nordwestlich Reykjavíks betriebsamer Hafen und südwestlich der Stadtsee Tjörnin sowie der Inlandsflughafen.

Informationen zu den beliebten Vulkanshows stehen auf S. 77 und der Kasten auf S. 343 enthält Einzelheiten über die isländische Designszene.

LP TIPP Hallgrímskirkja KIRCHE

(Karte S. 62; ☎510 1000; www.hallgrimskirkja.is; Skólavörðuholt; ⏰Juli & Aug. 9–21 Uhr, Sept.–Juni 9–17 Uhr) Reykjavíks aufsehenerregendstes Bauwerk ist die riesige Betonkirche Hallgrímskirkja – Motiv auf Tausenden von Postkarten und noch aus 20 km Entfernung zu sehen. Die Fahrt mit dem Aufzug auf den 79 m hohen **Turm** (Eintritt 600 ISK) garantiert einen tollen Blick über die Stadt.

Im krassen Kontrast zum dramatischen Äußeren ist das Innere der Kirche puritanisch schlicht. Ins Auge springt am ehesten die gewaltige **Orgel** mit 5275 Pfeifen, die irgendwie an moderne Waffentechnik denken lässt.

Die radikale Architektur der Kirche löste heftige Diskussionen aus und ihr Architekt Guðjón Samúelsson erlebte ihre Fertigstellung nicht mehr. Sie dauerte mühsame 34 Jahre (1940–1974). Die Säulen an beiden Seiten des Turms sollen vulkanischen Basalt darstellen – ein Lieblingsmotiv der isländischen Nationalisten. Die Hallgrímskirkja wurde nach dem Dichter und Pfarrer Hallgrímur Pétursson getauft. Er schrieb Islands beliebtestes Gesangbuch.

Wer im Sommer nach 17 Uhr ein Ticket für die Fahrt auf den Turm löst, unterstützt damit zahlreiche soziale Projekte der Stadt. Es gibt auch viele Gelegenheiten, Kirchenmusik zu hören – von Mitte Juni bis Mitte August finden mittwochs, donnerstags und samstags um 12 Uhr und sonntags um 17 Uhr Konzerte statt. Die Sonntagsgottes-

REYKJAVÍK ...

... an einem Tag

Der Tag beginnt mit einem Spaziergang um den **Tjörnin** und die **Altstadt von Reykjavík**, der einem etwas Überblick verschafft. Dann geht's weiter auf der Bankastræti und mit Stippvisiten in den kleinen Kunstgalerien durch die Künstlermeile **Skólavörðustígur** hinauf bis zur mächtigen Betonkirche **Hallgrímskirkja**, dem majestätischsten Gebäude der Stadt. Ihr Turm bietet einen unübertrefflichen Blick auf Reykjavík.

Lohnenswert ist auch der Besuch in einem der ausgezeichneten Museen der Stadt, wie dem eindrucksvollen **Reykjavík 871 +/-2** oder dem **Nationalmuseum**. Danach ist die Zeit reif für einen Spaziergang am **Alten Hafen** und wer Lust hat, schließt noch eine Walbeobachtungstour an.

Am Nachmittag dreht sich alles ums Leutebeobachten – eine Lieblingsbeschäftigung der Isländer. In einem der angesagten Cafés, wie dem **Kaffismiðjan** oder **Tiú Droppar**, kann man die Welt wunderbar an sich vorbeiziehen lassen. Oder noch viel besser: in die mineralischen Wasser von Laugardalslaug eintauchen und dem Geplauder der Einheimischen lauschen.

Der Abend sollte nicht völlig verplant werden, da viele der entspannten Restaurants – wie das **Vegamót** – sich nachts in eine wilde Partyhölle verwandeln. Nach dem Essen kann es da sinnvoll sein, noch einmal ins Hotel zurückzukehren, um kurz aufzutanken oder sich herauszuputzen. Wer am **djammið** teilnimmt, der berühmt-berüchtigten orgiastischen Kneipentour, braucht definitiv Ausdauer. Es ist in Island eher unüblich, sich in einem Lokal für den Abend einzurichten, stattdessen ziehen die Leute von Bar zu Bar. Das immerwährende Lieblingslokal **Kaffibarinn** ist ein guter Ausgangspunkt, dort kann man sich Einheimischen anschließen, die einen im Laufe der Nacht sicherlich zu den angesagtesten und besten Kneipen führen werden.

... in zwei Tagen

Nach der langen Nacht erst einmal ausschlafen und danach den ausgiebigen Brunch im **Bergson Mathús**, **Grái Kotturinn** oder **Laundromat Café** genießen.

Es gibt zwei gute Gründe, nach der Stärkung von der Lækjartorg Bushaltestelle mit dem Bus Nr. 18 nach **Perlan** zu fahren: Erstens das herrliche **Sagamuseum**, in dem die Frühgeschichte Islands zum Leben erweckt wird, und zweitens die sechseckige **Aussichtsplattform**, von der sich ein phantastischer Ausblick bietet.

Nach der Rückkehr in die Stadt bleibt noch etwas Zeit, um sich mit tollen Designstücken einzudecken, bevor es weiter in eines der feineren Restaurants geht. Wer ein authentisches, festliches Mahl von Reykjavíks besten Köchen genießen möchte, sollte unbedingt einen Tisch reservieren, z. B. im **Dill**, **Friðrik V** oder **Fiskfélagið**.

Nach dem Essen bietet sich eine Show im **Harpa** an. Wenn dort gerade nichts stattfindet, kann man sich stattdessen vor dem Essen eine **Vulkanshow** anschauen und danach ins Restaurant aufbrechen – die Vorstellung endet gegen 20 Uhr.

... in drei Tagen

Wer nur für drei Tage auf Island ist, sollte vor der Rückreise möglichst einen Tag für die wüsten Landschaften rund um Reykjavík einplanen. Empfehlenswert sind kombinierte Angebote mit einer Bus- oder Superjeepfahrt zum **Goldenen Kreis**, verbunden mit ein paar aufregenden Aktivitäten. Viele Organisatoren schnüren Kombipakete, die zu verschiedenen landschaftlichen Attraktionen führen. Es ist aber auch nicht schwer, so eine Tour selbst zu organisieren, s. Kasten „Auf eigene Faust" S. 99.

Wer plant, das Landesinnere nach dem dritten Tag in der Stadt zu erkunden, sollte es den Einheimischen gleichtun und sich z. B. in **Mosfellsbær** mit günstigen *lopapeysur* (isländische Wollpullover) eindecken oder das Thermalbad in **Árbærlaug** ausprobieren. Besonders interessant ist es, nach **Hafnarfjörður** zu fahren, wo es die größte Konzentration an Mitgliedern des „verborgenen Volks" (Elfen, Trolle, Zwerge u. Ä.) geben soll. Außerdem finden sich hier ein paar ausgezeichnete Museen und Restaurants.

Und die **Blaue Lagune**? Islands Topattraktion lässt sich auf dem Weg zurück zum Flughafen einschieben. In dem warmen, saphirblauen Wasser zu planschen, gehört sicherlich zu den besten letzten Erinnerungen, die man mit nach Hause nehmen kann.

dienst beginnt pünktlich um 11 Uhr (am letzten Sonntag im Monat auf Englisch) und jeden Mittwochmorgen gibt es um 8 Uhr eine kleine Messe.

Vor der Kirche schaut eine **Statue** des Wikingers Leifur Eiríksson hochmütig in die Ferne. Die Statue des ersten Europäers, der zufällig auf Amerika stieß, war ein Geschenk der USA zum 1000. Geburtstag des Alþing (Isländisches Parlament).

Harpa KULTURZENTRUM

(Karte S. 62; http://en.harpa.is; Austurbakki 2) Reykjavíks strahlendes neues Ensemble von Konzerthalle und Kulturzentrum Harpa ist das Signal des Wohlstands einer Wirtschaft, die die Krise überwunden hat. Harpa kann in Größe und Symbolkraft locker mit der Oper in Sydney mithalten. Das Gebäude verführt die Augen mit einem aufwendigen Gitter aus konvexen und konkaven Glasscheiben, die in der Nacht wie das Schaltpult eines Raumschiffs funkeln. Einige finden das übertrieben, aber die meisten – vor allem die Einheimischen – schätzen Harpa als Symbol des Fortschritts und als Vorboten all der großartigen Veranstaltungen und Künstler, die noch kommen werden.

Neben den faszinierenden Aufführungen lohnt sich der Besuch außerdem wegen der exquisiten Designboutiquen im Eingangsbereich, wegen der bequemen Loungesessel entlang der ausladenden Treppe und für ein Gourmetabendessen in einem der Restaurants im Obergeschoss. Es werden auch Führungen durch das Gebäude angeboten (1500 ISK, tgl. 15.30 Uhr).

Alter Hafen STADTVIERTEL

(Karte S. 62; Geirsgata) Der sogenannte Alte Hafen diente bis vor Kurzem als Fischerhafen und mausert sich mehr und mehr zu einem beliebten Touristenziel, das einem kleinen Erwachsenen-Disneyland ähnelt. Es gibt Fotomotive im Überfluss und Schiffsglocken, die durch den leichten Wellengang zum Läuten gebracht werden, eingerahmt von Aussichten auf schneebedeckte Berge am Horizont. Schiffsausflüge zur Beobachtung von Walen oder Papageitauchern starten am Kai und auch viele der Rundgänge durch die Stadt beginnen hier. Außerdem gibt es noch ein ganzes Bündel hervorragender Restaurants, Cafés und Souvenirläden und es wird ein Dokumentarfilm über die temperamentvolle Tektonik des Landes gezeigt.

Reykjavík 871 +/-2 MUSEUM

(Landnahme-Ausstellung; Karte S. 62; ☎411 6370; www.reykjavik871.is; Aðalstræti 16; Erw./erm. 1100 ISK/frei; ⏲10–17 Uhr) Die beste Ausstellung der Stadt wurde um die Überreste eines Wikingerhauses aus dem 10. Jh. aufgebaut. Sie zeigt, wie wunderbar die thematische Verschmelzung von Technik, Archäologie und Phantasie wirken kann. Die Zauberkunst des 21. Jhs. lässt Flammen aus der Feuerstelle lodern und an den Wänden geisterhafte Siedler auftauchen, die Felder bestellen, jagen, ein Boot zu Wasser lassen und ihre Toten bestatten. Die Informationen auf den Ausstellungstafeln sind erfreulich sachlich und vermitteln eine ausgewogene Darstellung von Islands Besiedelung. Interessant ist, dass Wissenschaftler keinerlei Hinweise darauf gefunden haben,

WIE DIE EINHEIMISCHEN

Sechs Tipps für alle, die nicht auffallen möchten:

» Bei Gesprächen über Partys in der Hauptstadt das Wort „runtur" vermeiden. Das benutzen vor allem Jugendliche vom Land, die herumfahren statt sich in einer Kneipe treffen. Städter sagen „djammið" (S. 47).

» Wer über die verschiedenen Gebiete von Reykjavík spricht, sollte die Postleitzahlen kennen. Das Zentrum heißt einfach 101.

» Niemals einen Regenschirm tragen. Die Einheimischen haben nie einen dabei und der Wind würde ihn eh in Stücke zerreißen.

» Katzenfans sind auf der sicheren Seite. Es gibt unzählige streunende Katzen in der Stadt, die ihre Köpfe aus allen möglichen Ecken und Schlupflöchern stecken.

» Unverhohlenes Protzen mit anstößigem Reichtum wird als „so 2007" bezeichnet (das bedeutet so viel wie: vor dem Währungscrash des Landes).

» Die Aussprache von Eyjafjallajökull lernen. Es klingt in etwa wie „Ey-ja-fja-dla-jö-küdl".

dass Religion bei den ersten Siedlern eine Rolle gespielt hat.

Auf der anderen Straßenseite liegt eine aktuelle Ausgrabungsstätte, wo Archäologen weitere Gegenstände aus der Wikingerzeit ausbuddeln. Am Schalter gibt es Auskunft über tägliche Führungen durch dieses Gebiet – werktags um 11 Uhr, meist auf Englisch.

Tjörnin & Altstadt STADTVIERTEL

Wie eine wertvolle Halskette sind in der Altstadt im Zentrum der Hauptstadt die Sehenswürdigkeiten aneinandergereiht. Sie sind das Hauptziel der vielen historischen und allgemeinen Stadtrundgänge. Das Gebiet liegt rund um den **Tjörnin** (Karte S. 62), einen kleinen See mitten in der Stadt. Er hallt wider vom Rufen, Kreischen und Quaken der über 40 Vogelarten an seinen Ufern – darunter Schwäne, Gänse und Küstenseeschwalben. Das Entenfüttern ist ein äußerst beliebter Zeitvertreib für Knirpse im Vorschulalter. Radfahrer und Jogger nutzen die Wege der hübschen Grünanlage am Südufer, in der allerlei Skulpturen stehen. Im Winter ziehen abgehärtete Naturen Schlittschuhe an und verwandeln den Teich in eine Eisbahn.

Nicht weit entfernt liegen die Grünanlagen des **Austurvöllur** (Karte S. 62), die einst zu den Heuwiesen des ersten Dauersiedlers Ingólfur Arnarson gehörten. Heute ist es ein beliebtes Plätzchen für Mittagspicknicke und Sonnenbäder, manchmal auch für Freiluftkonzerte und politische Demonstrationen. Die Statue in der Platzmitte stellt Jón Sigurðsson dar, den Vorkämpfer der isländischen Unabhängigkeitsbewegung.

Zwischen Park und Teich stehen einige sehenswerte Gebäude, z. B. am Seeufer Reykjavíks **Ráðhús** (Rathaus; Karte S. 62; Vonarstræti; Eintritt frei; ⌚Mo–Fr 8–19, Sa & So 12–18 Uhr), ein postmodernes Bauwerk, das man nur lieben oder hassen kann. Betonpfeiler, getönte Fensterscheiben und bemooste Wände lassen es wie eine Kreuzung aus Vogel und Gebäude erscheinen, die sich aus dem Tjörnin erhebt. Drinnen lockt eine grandiose **3D-Landkarte von Island** – überall Berge und Vulkane, zwischen deren Gipfeln winzige Örtchen kauern.

Interessant ist auch das **Alþingi** (Karte S. 62; www.althingi.is; Túngata), das ursprünglich, also vor einigen Tausend Jahren, in Þingvellir stand. Das moderne Alþingi (das isländische Parlament) ist 1881 hierher gezogen; 2002 wurde der schicke Anbau aus Glas und Naturstein fertig. Besucher sind während der Sitzungszeiten zu den **Parlamentssitzungen** (⌚Okt.–Mai 4-mal wöchentl.) willkommen.

Im Vergleich zum himmelstürmenden Gigantismus der Hallgrímskirkja nimmt sich Islands Hauptkathedrale, die **Dómkirkja** (Karte S. 62; www.domkirkjan.is; Lækjargata 14a; Eintritt frei; ⌚Mo–Fr 10–17 Uhr), eher bescheiden aus. Beim Übertritt des Landes zum Luthertum spielte sie jedoch eine entscheidende Rolle.

Perlan & das Sagamuseum MUSEUM

(Karte S. 56; www.perlan.is; ⌚10–22 Uhr) Perlan sieht aus wie eine Hälfte von Barbarellas Büstenhalter. Der Komplex mit mehreren riesigen Heißwassertanks liegt auf dem Hügel Öskjuhlíð, etwa 2 km vom Stadtzentrum entfernt (Bus 18 ab Hlemmur).

Seine Hauptattraktion ist das liebenswert blutrünstige **Sagamuseum** (www.sagamuseum.is; Erw./erm. 1800/800 ISK; ⌚April–Sept. 10–18, Okt.–März 12–17 Uhr). Es erweckt Islands Geschichte mit unheimlichen Silikonpuppen und einer Geräuschkulisse aus Axthieben und haarsträubendem Geschrei zum Leben. Besucher sollten sich nicht wundern, wenn sie einige der Gestalten in der Stadt herumlaufen sehen – Reykjavíker Einwohner haben für die Figuren Modell gestanden (der Betreiber des Museums ist Ingólfur Arnarson, seine Töchter sind die irische Prinzessin und das kleine Sklavenmädchen, das an einem Fisch kaut!).

Die sechseckige **Aussichtsplattform** bietet einen großartigen 360-Grad-Panoramablick auf Reykjavík und die Berge mit mehrsprachigen Erläuterungen vom Tonband. Auf derselben Ebene befindet sich ein gut besuchtes **Café** (⌚10–21 Uhr), aus dem sich die schöne Aussicht bei klirrender Kälte zu Kaffee und Crêpes bewundern lässt. In der verspiegelten Kuppel über den Tanks residiert das gleichnamige Perlan, ein wunderbares Restaurant für ein feines Abendessen.

Zwei **künstliche Geysire** sind der Hit bei kleineren Kindern: Drinnen sprudelt es alle paar Minuten los, draußen fängt die Aktion erst nachmittags an. Der Hügel ist voller Spazier- und Radwege; einer davon führt hinunter zum Thermalstrand Nauthólsvík.

Nationalmuseum MUSEUM

(Þjóðminjasafn; Karte S. 62; www.nationalmuseum.is; Suðurgata 41; Erw./erm. 1200 ISK/frei; ⌚Mai–Mitte Sept. 10–17 Uhr, Mitte Sept.–April

Di–So 11–17 Uhr) Die Ausstellungen im Nationalmuseum sind gut konzipiert und geben einen ausgezeichneten Überblick über isländische Geschichte und Kultur. Am besten ist die Abteilung über die Besiedlungszeit mit Schwertern, Silberschätzen und einer schönen kleinen Bronzefigur des Thor. Das am sorgsamsten gehütete Exponat ist eine wunderschöne Kirchentür aus dem 13. Jh., in die die rührende Geschichte eines Ritters und seines treuen Löwen eingeschnitzt ist! Im Obergeschoss bekommen die Besucher eine eindrückliche Vorstellung davon, welch bittere Armut die folgenden 600 Jahre im Land herrschte. Jedes Fitzelchen Abfall wurde zur Herstellung schlichter Haushaltsgegenstände genutzt. So gibt es z. B. Spielsteine aus den Gehörknöchelchen des Kabeljaus zu sehen und eine Holzpuppe, die gleichzeitig als Küchengerät genutzt wurde.

Þjóðmenningarhúsið MUSEUM

(Kulturhaus; Karte S. 62; www.thjodmenning.is; Hverfisgata 15; Erw./erm. 1000 ISK/frei, Mi frei; ⌚11–17 Uhr) Die dämmrigen Räume des Kulturhauses sind ein aufregendes Erlebnis für Sagafreaks. Die Dauerausstellung beschäftigt sich mit der Geschichte der Sagas: von einem Who's Who der nordischen Götter bis zum tragischen Leben von Árni Magnússon. Er widmete sein Dasein der Rettung isländischer Schriften und starb an gebrochenem Herzen, als seine Kopenhagener Bibliothek in Flammen aufging.

Sólfar SKULPTUR

(Karte S. 56; Sæbraut) Reykjavík wimmelt nur so von faszinierenden Statuen und abstrakten Monumenten, aber die Phantasie der Besucher scheint vor allem Jón Gunnar Árnasons schiffsähnliche Skulptur Sólfar (Sonnenfahrer) zu beflügeln. Grund dafür könnte die Lage direkt am Meer sein oder auch die merkwürdig skelettartige Form der Skulptur. Sie erinnert zugleich an menschliche Rippen und einen Schiffsrumpf. Mit den schneebedeckten Bergen im Hintergrund liefert die Skulptur ein tolles Fotomotiv, besonders in den hellen Sommernächten.

GRATIS **Fotografiemuseum Reykjavík** MUSEUM

(Ljósmyndasafn Reykjavíkur; Karte S. 62; www.photomuseum.is; 5. OG, Grófarhús, Tryggvagata 15; Entritt frei; ⌚ Mo–Fr 12–19, Sa & So 13–17 Uhr) Trotz seines hochtrabenden Namens ist das Fotografiemuseum Reykjavík eigentlich nur ein Ausstellungsraum über der Stadtbibliothek, aber unbedingt einen Besuch wert. Seine typisch skandinavischen Ausstellungen sind kostenlos zu besichtigen und voller Denkanstöße. Wer mit dem Aufzug hochfährt, sollte durchs Treppenhaus wieder runtergehen. An den Wänden hängen ulkige alte Schwarz-Weiß-Fotos.

Seefahrtmuseum Víkin MUSEUM

(Víkin Sjóminjasafnið ; Karte S. 56; www.sjominjasafn.is; Grandagarður 8; Erw./erm. 1200 ISK/frei; ⌚Juni–Mitte Sept. 10–17 Uhr, Mitte Sept.–Mai Di–So 11–17 Uhr) Das kleine Seefahrtmuseum Víkin ist passenderweise in einer alten Kühlfabrik für Fisch untergebracht. Es widmet sich der Seefahrtgeschichte des Landes, vor allem den Fischtrawlern, die Island den wirtschaftlichen Aufschwung brachten. Die meisten Erläuterungen sind isländisch, aber das Stummfilmmaterial, das die Trawlermannschaften in Aktion zeigt, ist durchaus sehenswert. Die Eintrittskarte erlaubt auch die Besichtigung des Küstenwachtboots *Óðin*, eines Veteranen der Kabeljaukriege der 1970er-Jahre. Damals zankten sich isländische und britische Fischer hitzig um die Fischereirechte im Nordatlantik. Besichtigung im Rahmen von Führungen um 13, 14 und 15 Uhr (im Winter nur am Wochenende um 14 und 15 Uhr, Jan. und Feb. geschl.). Zum Museum gehört auch das herrliche Café **Bryggjan** (Hauptgerichte 800–1790 ISK; gleiche Öffnungszeiten wie das Museum), das einen malerischen Blick auf den mit Booten gefüllten Hafen bietet.

Isländisches Phallusmuseum MUSEUM

(Hid Íslanska Reðasafn; Karte S. 56; www.phallus.is; Laugavegur 116; Erw./erm. 800 ISK/frei; ⌚12–18 Uhr) Klar, die Witze sind alle schon gemacht. Das einzigartige Museum beherbergt eine schräge Penissammlung. Über 300 getrocknete, ausgestopfte oder in Alkohol konservierte Exemplare in den verschiedensten Formen und Größen wurden zusammengetragen. Es gibt u. a. Exemplare von einem Walross sowie silberne Abgüsse der Mitglieder der isländischen Nationalmannschaft und der kürzlich verstorbene, ehemalige Besitzer des Museums hat dem Museum das erste echte, menschliche Stück hinterlassen. Niemand muss sich beeilen, es ihm nachzumachen: Drei weitere Spender haben dem Museum ihre Männlichkeit bereits versprochen (die unterschriebenen

Verträge hängen an der Wand). Es geht aber noch sonderbarer: die Texte auf den Schautafeln sind u. a. in Esperanto.

Einar Jónsson Museum MUSEUM
(Karte S. 62; www.skulptur.is; Njarðargata; Erw./erm. 600 ISK/frei; ⌚Juni–Mitte Sept. Di–So 14–17 Uhr, Mitte Sept.–Nov. & Feb.–Mai Sa & So 14–17 Uhr) Islands führender Bildhauer Einar Jónsson (1874–1954) wurde durch seine eindringlichen, symbolistischen Werke berühmt. Seine gemeißelten Allegorien der Hoffnung, der Erde, des Frühlings und des Todes brechen aus Basaltfelsen hervor, weinen über nackten Frauen, spreizen ihre Flügel und erschlagen Drachen. Eine Kostprobe gewährt der dem Künstler gewidmete **Skulpturengarten** (Eintritt frei) hinter dem Museum mit 26 Bronzeskulpturen, die in der Abenddämmerung am ausdrucksvollsten sind. Fans von Schauerästhetik können dann im faszinierenden Museum selbst schneeweiße Marmorskulpturen mit ähnlicher Thematik bewundern. Das Gebäude wurde vom Künstler persönlich entworfen und beherbergt seine karge Penthousewohnung mit ungewöhnlichen Ausblicken auf die Stadt.

GRATIS **Städtisches Kunstmuseum Reykjavík** MUSEUM
(Listasafn Reykjavíkur; www.listasafnreykjavikur.is) Die Sammlung des hervorragenden Kunstmuseums verteilt sich auf drei Ausstellungsorte – Ásmundarsafn, Hafnarhúsið und Kjarvalsstaðir.

Ásmundur Sveinssons monumentale Betonskulpturen reizen unwiderstehlich zum Anfassen – davon kann sich jeder Besucher im **Garten** des weißen Kuppelbaus **Ásmundarsafn** (Ásmundur Sveinsson Museum; Karte S. 56; Sigtún; ⌚Mai–Sept. 10–17 Uhr, Okt.–April 13–17 Uhr) selbst überzeugen. Drinnen stehen kleinere, kantigere Werke aus Holz, Ton und Metall zu verschiedenen Themen von Folklore bis Physik. Auch das Gebäude stammt von Ásmundur (1893–1982) selbst. Die Stadtobrigkeit ließ sich später vom Geist des Ensembles dazu inspirieren, eine igluförmige Bushaltestelle vor das Gebäude zu setzen. Die Busse 14, 15, 17, 19 und S2 fahren hier vorbei.

Hafnarhús (Karte S. 62; Tryggvagata 17; ⌚Fr–Mi 10–17 Uhr, Do bis 20 Uhr), ein ehemaliges Lagerhaus, präsentiert sich heute als minimalistische Kunstgalerie ganz in Stahl und Beton. Am meisten Platz wird hier den eigenwilligen und beunruhigenden Comic-Gemälden von Erró (Guðmundur Guðmundsson; geb. 1932) eingeräumt. Der politisch motivierte Künstler hat dem Museum Tausende seiner Werke gestiftet. Ansonsten beherbergt das industriemäßig gestylte Interieur wechselnde Installationen mit zeitgenössischer Kunst wie etwa fluoreszierende Moosgemälde, einen kaleidoskopischen Sarg und Arbeiten des japanischen Popart-Künstlers Yoshitomo Nara, die im Laufe der letzten Jahre aufgenommen wurden. Das Café bietet tollen Hafenblick.

Jóhannes Kjarval (1885–1972) arbeitete als Fischer, bis seine Mannschaft ihm ein Studium an der Akademie der Schönen Künste in Kopenhagen finanzierte. Er gehört zu Islands beliebtesten Künstlern. Seine überirdischen Landschaften sind im eckigen Glas-Holz-Bau **Kjarvalsstaðir** (Karte S. 56; Flókagata; ⌚10–17 Uhr) zu besichtigen – neben weiteren wechselnden Ausstellungen.

Isländische Nationalgalerie MUSEUM
(Listasafn Íslands; Karte S. 62; www.listasafn.is; Fríkirkjuvegur 7; Eintritt 1000 ISK; ⌚Di–So 11–17 Uhr) In der Isländischen Nationalgalerie am Ufer des Tjörnin hängen surreale Landschaften in Schlamm- und Violetttönen neben Visionen von Trollen, Riesen und wandelnden Toten. Islands bedeutendste Kunstgalerie gewährt auf jeden Fall interessante Einblicke in die nationale Mentalität. Neben einer riesigen Gemäldesammlung von Islands Lieblingskindern des 19. und 20. Jhs. (darunter Künstler wie Ásgrímur Jónsson, Jóhannes Kjarval und

GALERIEN IN REYKJAVÍK

In Reykjavík gibt es unzählige kleine moderne Kunstgalerien. Die folgenden sind besonders interessant:

ASÍ Art Museum (www.listasafnasi.is/english/; Klapparstígur 33)

Gallerí Fold (www.myndlist.is; Raudararstígur 14–16)

i8 (www.i8.is; Tryggvagata 16)

Kling & Bang (http://this.is/klingogbang; Hverfisgata 42)

NÝLO (Nýlistasafnið; www.nylo.is; Skúlagata 28)

Studio Umbra (studio.umbra@isl.is; Lindargata 14)

Nína Sæmundsson) hütet sie auch Werke von Picasso und Munch.

Sigurjón Ólafsson Museum MUSEUM
(Karte S. 62; www.lso.is; Laugarnestangi 70; Erw./erm. 500 ISK/frei; ⌚Juni–Mitte Sept. Di–So 14–17 Uhr, Mitte Sept.–Nov. & Feb.–Mai Sa & So 14–17 Uhr) Das Sigurjón Ólafsson Museum ist ein friedlicher kleiner Ausstellungsort für das abwechslungsreiche Werk des Bildhauers Sigurjón Ólafsson (1908–82). Es reicht von Porträtbüsten über Totempfähle aus Treibholz bis zu abstrakten Fußballspielern. Eine salzige Meerbrise weht durch die holzverschalten Räume, in denen sich auch Reykjavíks einziges Ufercafé eingerichtet hat. Von Anfang Juli bis August finden hier dienstags um 20.30 Uhr klassische Konzerte statt. Die Busse 12 und S5 halten in der Nähe.

Árbæjarsafn FREILUFTMUSEUM
(www.reykjavikmuseum.is; Kistuhylur 4; Erw./erm. 1100 ISK/frei; ⌚Juni–Aug. 10–17 Uhr, Sept.–Mai Mo–Fr nur mit Führung 13 Uhr) Allerlei pittoreske alte Gebäude wurden an ihren ursprünglichen Standorten zerlegt und im Freilichtmuseum Árbæjarsafn wieder aufgebaut. Im „Häuserzoo", 4 km vom Stadtzentrum jenseits der Laugardalur, gibt es Häuser aus dem 19. Jh., eine Kirche mit Grassodendach und diverse Ställe, Schmieden, Scheunen und Bootshäuser. Im Sommer wird alte Handwerkskunst vorgeführt. Kleine Besucher können hier nach Herzenslust toben und Dampf ablassen. Anfahrt mit Bus 12.

GRATIS **Botanischer Garten** GARTEN
(Karte S. 56; www.grasagardur.is; Skúlatún 2; ⌚Gewächshaus April–Sept. 10–22 Uhr, Okt.–März bis 15 Uhr) Im Botanischen Garten von Reykjavík sprießen über 5000 subarktische Pflanzenarten und je nach Saison farbenprächtige Blüten. Außerdem tummeln sich hier zahlreiche Vögel (vor allem Graugänse und ihre flauschigen Küken). Im Sommer verwöhnt ein Café die Besucher mit Kaffee und Waffeln.

Laugardalur STADTVIERTEL
(Karte S. 56) Laugardalur – das „Tal der heißen Quellen" – war einst die Hauptquelle für Reykjavíks Warmwasserversorgung. Es umfasst ein recht großes Gebiet am östlichen Rand der Stadt. Die meisten Touristen machen sich hierher auf, um sich in dem großen öffentlichen Pool zu entspannen, der von einer dampfenden geothermischen Quelle aufgeheizt wird. Aber es gibt noch einige andere interssante Stellen zu entdecken, z. B. einen **Bauernmarkt**, ein altes Waschhaus und einige andere Überreste vergangener Zeiten. Die Busse 14, 15, 17, 19 und S2 halten wenige Hundert Meter vom Tal entfernt.

Seltjarnarnes STADTVIERTEL
(außerhalb Karte S. 56) Ein Besuch der Küste bei Seltjarnarnes ist ein seltsames Erlebnis. Nur 1,5 km westlich vom Gewusel des Lækjartorg erreicht man einen rot-weißen **Leuchtturm**, einen schmalen Lavastrand und einen windgepeitschten Golfplatz. Die Wellen plätschern an Land, die Luft ist voller Meersalz, Fischtrockengestelle säumen den Strand und über all dem kreisen kreischende Küstenseeschwalben – Reykjavík scheint Lichtjahre entfernt.

Seltjarnarnes ist ein Paradies für Vogelfreunde: Hier wurden schon 106 Arten gezählt. Die vorgelagerte Insel **Grótta** mit dem Leuchtturm ist bei Niedrigwasser zu Fuß erreichbar, aber in der Brutzeit von Mai bis Juli für Besucher gesperrt. Über den Fjord hat man einen phantastischen Blick auf die Esja (909 m).

Die schönste Möglichkeit, nach Seltjarnarnes zu gelangen, ist eine Wanderung oder Radtour über den Küstenweg. Eine Alternative ist Bus 11 ab Hlemmur oder Lækjartorg.

Aktivitäten & Touren

So herrlich die Sehenswürdigkeiten der Hauptstadt auch sind, richtig wundervoll ist Reykjavík für alle, die sich austoben wollen. Die Stadt ist die perfekte Basis für die Erkundung aller Naturwunder in der weiteren Umgebung. Erlebnisführungen haben die Stadt im Sturm erobert, aber es gibt noch jede Menge andere Möglichkeiten für Ausflüge, die zu den besten Sehenswürdigkeiten und Zielen führen (Kasten S. 60). Superjeeps und Busse bringen die Touristen zu zahlreichen Ausflugszielen – einige werden dem Begeisterungssturm gerecht, andere ähneln während der wärmsten Monate des Jahres einer Touristenfalle. Diese Ausflüge passen wunderbar für Reisende, die nur wenige Tage auf Island verbringen. Wer aber länger als nur ein verlängertes Wochenende bleibt, sollte die Wunder der Insel auf eigene Faust entdecken.

Wanderungen

Das kleine Reykjavík eignet sich großartig für selbst gestaltete Erkundungen. Als Orientierungshilfe sind Broschüren mit den wichtigsten Infos zu den beliebtesten Sehenswürdigkeiten hilfreich, die die Touristeninformation verteilt.

Unternehmen und private Wanderführer passen ihre Touren regelmäßigen den Wünschen der Touristen an (vor allem im Sommer). Zum Zeitpunkt der Recherchen für das Buch war das Angebot der **Free Walking Tours** (www.freewalkingtour.is) sehr beliebt; während der warmen Monate gab es Führungen um 12 und 14 Uhr. Stadtspaziergänge werden außerdem von **Go Ecco** (www.goecco.com) und von **Haunted Iceland** (www.hauntedwalk.is) angeboten, Letztere bieten Führungen mit thematischen Schwerpunkten.

Zwischen den Ticketschaltern der Walbeobachtungsschiffe steht eine Bude der Touristeninformation, wo die aktuellen Angebote für Wanderungen und Führungen aushängen. Man kann sich hier auch für Wanderungen in die Umgebung anmelden. Die „weiße Nachtwanderung" (22 500 ISK/Pers.) führt auch in die dampfende Umgebung von Reykjadalur – Start 17 Uhr, Rückkehr um Mitternacht; Wein und Suppe sind inklusive.

Fahrradtouren

Reykjavík Bike Tours FAHRRADTOUR

(Karte S. 62; ☎694 8956; www.reykjavikbiketours.is) Diese phantastische deutsch-isländische Partnerschaft bietet Touren durch die Hauptstadt und in die Umgebung an. Im Angebot sind die Classic Reykjavík Bike Tour (2½ Std., 7 km), die die wichtigsten Sehenswürdigkeiten der Stadt abklappert; die Coast of Reykjavík Bike Tour (2½ Std., 18 km), die entlang der Küste rund um die Stadt führt und herrliche, weite Blicke bietet; die Golden Circle & Bike Tour (8 Std., 25 km auf dem Fahrrad), die nach Gullfoss, Geysir und Þingevellir führt; und die Vestmannaeyjar & Bike Tour (12 Std., 11 km auf dem Fahrrad), die eine einzigartige Möglichkeit bietet, die herrliche Schärenlandschaft an der Südküste zu erkunden. Die Touren kosten ab 4800 ISK. Man kann auch ein Fahrrad mieten und ohne Führung losfahren (3000/5000 ISK für einen halben/ganzen Tag).

Kría FAHRRADTOUR

(Karte S. 56; ☎5349164; www.kriacycles.com) Dies ist die Hipsterantwort Reykjavíks auf den Fahrradhandel. Kría vereint eine schicke Boutique, eine Kaffeebar und eine Anlaufstelle für Leute, die ein Fahrrad mieten oder an einem der Tagesausflüge in die Umgebung teilnehmen wollen. Die Ausflüge kosten ab 95 €.

Season Tours FAHRRADTOUR

(www.seasontours.is) Auf den E-Bike- oder Motorroller-Ausflügen dieses kleinen Unternehmens fährt sozusagen man in die Geschichte Islands. Teilnehmer entdecken seine Wikingersiedlungen und verschiedene Kuriositäten in der Stadt. Im Angebot sind verschiedene Ausflüge, zu Fuß oder motorisiert.

Quad-Touren

Während Fahrradtouren vor allem Sehenswertes und Schönes von Reykjavík und der Umgebung im Blick haben, geht es beim Quadfahren ausschließlich um das Abenteuer des Geländefahrens auf ATV-Fahrzeugen. Die meisten Touren führen durch die scharfen Lavafelder auf der Halbinsel Reykjanes. Eine Stunde kostet rund 9000 ISK, für eine sechsstündige Tour muss man 42 000 ISK hinblättern.

Quad Safari QUAD-TOUREN

(☎414 1533; www.quad.is) Gemeinsam mit Eskimos, einem der Touranbieter für maßgeschneiderte Ausflüge, bietet Quad Safari aus Mosefellsbær zahlreiche holprige ATV-Touren durch die nahen Berge. Im Sommer macht es besonders viel Spaß, nach dem Abendessen in die Mitternachtssonne hineinzufahren und auf die Lichter der Hauptstadt hinabzublicken.

Walbeobachtung

Für ihre Walbeobachtungsangebote sind vor allem die nördlichen Gewässer rund um Akureyri und Húsavík bekannt. Aber auch Reykjavík lässt sich nicht lumpen, wovon vor allem diejenigen profitieren, die nur einen kurzen Aufenthalt auf der Insel planen.

Ein zwei- bis dreistündiger Ausflug kostet etwa 7500 ISK. Wenn in der Zeit kein Wal auftaucht, bekommen die Teilnehmer einen Gutschein für eine kostenfreie zweite Tour. Die Touren werden in der Regel ganzjährig angeboten, aber in den warmen Monaten, der besten Zeit für die Walbeobachtung, fahren die Boote häufiger hinaus.

Zum Zeitpunkt der Buchrecherchen eroberten gerade Schlauchboote mit einem statischen Rumpf (RIB-Boote) die Insel. Anbieter solcher Schnellboottouren sind im Hafen zwischen den anderen Anbietern von Walbeobachtungsfahrten zu finden.

Die folgenden Unternehmen bieten auch Touren für **Hochseeangler** an sowie besondere Ausflüge zu den Brutgebieten der

DIE THERMALQUELLEN VON REYKJAVÍK

Reykjavíks wunderbare Heißwasserquellen bilden das Herz des gesellschaftlichen Lebens der Stadt. In den Bädern spielen Kinder, flirten Teenager, werden Geschäfte abgeschlossen und Neuigkeiten ausgetauscht. Vulkanische Hitze hält die Temperatur auf molligen 29 °C und die meisten Bäder haben zusätzlich noch *heitir pottar* (Hot Pots) – whirlpoolähnliche Becken mit Temperaturen von 37 bis 42 °C. Der Eintritt beträgt in der Regel 500 ISK für Erwachsene (etwa die Hälfte für Kinder). Wer Handtücher und Badezeug mitbringt, spart sich eine Extragebühr. Mehr Infos gibt's unter www.spacity.is.

Was die Reykjavíker wirklich in Rage bringt, sind schmuddelige Touristen in ihren schönen, sauberen Pools (mit gutem Grund, denn die städtischen Bäder sind chemiefrei). Um ernstliche Entrüstung zu vermeiden, *müssen* sich Besucher gründlich ohne Badekleidung abduschen, bevor sie ins warme Nass hüpfen.

Laugardalslaug (Karte S. 56; Sundlaugavegur 30a; ganzjährig Mo–Fr 6.30–22.30 Uhr, April–Okt. außerdem So & So 8–22 Uhr, Nov–März Sa & So 8–20 Uhr) ist Islands größtes und bestausgestattetes Schwimmbad: mit olympiatauglichem Hallenbecken, Freibad, vier Hot Pots, einem Whirlpool, einem Dampfbad und einer 86 m langen, gewundenen Wasserrutsche. Das moderne Fitnesszentrum und **Laugar Spa** (Karte S. 62; www.laugarspa.is; ganzjährig Mo–Fr 6.30–22.30 Uhr, April–Okt. außerdem Sa & So 8–22 Uhr, Nov.–März Sa & So 8–20 Uhr) liegen direkt nebeneinander. Anfahrt mit Bus 14.

Wunderbar ist auch das schick aufgemachte **Árbæjarlaug** (Fylkisvegur, Elliðaárdalur; ganzjährig Mo–Fr 6.30–22.30 Uhr, April–Sept. außerdem Sa & So 8–22 Uhr, Okt.–März Sa & So 8–20.30 Uhr), das als bestes Familienbad gilt. Halb Hallen-, halb Freibad bietet es eine Menge Wasserattraktionen (Rutschen, Wasserfälle und Massagedüsen), um kleine Wasserratten bei Laune zu halten. Anfahrt mit Bus 19; es liegt etwas außerhalb der Stadt, Richtung Mosfellsbær.

Im Stadtzentrum gibt es noch **Sundhöllin** (Karte S. 56; Barónsstígur 16; Mo–Fr 6.30–21.30, Sa & So 8–19 Uhr). Reykjavíks ältestes Schwimmbad ist noch deutlich vom Flair „städtischer Badeanstalten" geprägt; es ist das einzige Hallenschwimmbad in der Stadt. **Vesturbæjarlaug** (Karte S. 56; Hofsvallagata; Mo–Fr 6.30–21.30, Sa & So 8–19 Uhr) ist vom Stadtzentrum aus gut zu Fuß zu erreichen (oder mit den Bussen 11 und 15). Das Bad hat eine heimelige Atmosphäre mit einem großen 25-m-Schwimmbecken, einem Kinderbecken und einigen Hot Pots.

Neben den geothermisch beheizten Bädern gibt es in Reykjavík auch den niedlichen, sauberen **Thermalstrand Nauthólsvik** (Karte S. 56; 511 6630; Mitte Mai–Mitte Aug. 10–20 Uhr) am Atlantikufer. Hier drängeln sich im Sommer fröhliche Badegäste, die den feinen, aus Marokko importierten Sand und das angenehm warme Wasser genießen, das durch eine künstliche heiße Quelle auf 18 bis 20 °C gehalten wird. Dazu gibt es geselligkeitsfördernde Hot Pots, eine Snackbar und Umkleiden (200 ISK). Anfahrt mit Bus 19.

Papageitaucher (allerdings sieht man diese auch häufig auf kleinen Inseln, wenn man zur Walbeobachtung hinausfährt).

Elding Whale Watching WALBEOBACHTUNG
(Karte S. 62; 555 3565; www.elding.is) Elding steht für authentisches Flair bei den Walbeobachtungen vor der hauptstädtischen Küste. Sie gelten als die professionellsten und auch umweltfreundlichsten Anbieter, die den Energieverbrauch ihrer hölzernen Boote so gering wie möglich halten. An Bord werden Erfrischungen verkauft und an jedem Ausflug nimmt ein Walexperte teil. Bevor die Teilnehmer auf das Schiff kommen, gehen sie durch einen kleinen Ausstellungsraum mit Informationen und Hintergründen zum Leben der Wale rund um Reykjavík. Elding betreibt auch eine Fähre nach Viðey (S. 83). Die Mittagstour startet im Alten Hafen.

Life of Whales WALBEOBACHTUNG
(Karte S. 62; 562 2300; www.hvalalif.is) Der günstigste Anbieter von Walbeobachtungen mit den größten Booten der Gegend braucht etwa 30 bis 40 Minuten, um die vielversprechendsten Stellen im Ozean anzusteuern.

Special Tours WALBEOBACHTUNG
(Karte S. 62; 892 0099; www.specialtours.is/whale-watching) Dieser Anbieter verfügt über

die kleinsten und schnellsten Boote. Special Tours benötigt nur 20 Minuten, um die besten Stellen in der Bucht zu erreichen. Das für 60 Personen ausgelegte Schiff geht auf Tuchfühlung mit den riesigen Tieren. Für ihre Papageitaucherausflüge kommen sogar noch kleinere Boote zum Einsatz. Diese Touren finden in der Hochsaison im Sommer fünfmal täglich statt, Walbeobachtungen starten dreimal am Tag.

Reiten

In der Mitternachtssonne durch wüste Lavafelder zu reiten, ist eine unvergessliche Erfahrung. Die meisten Reiterhöfe rund um Reykjavík bieten das ganze Jahr über Touren für Reiter jeden Alters – von blutigen Anfängern bis zu alten Hasen – und holen sie auch gern vom Hotel ab.

Die Ställe sind sehr flexibel und bieten verschiedene Dienste an, vom 90-minütigen Ausritt bis zum ganztätigen Abenteuer oder mehrtägigen Touren. Die Reitausflüge können auch mit anderen Aktivitäten kombiniert werden, wie mit dem Erkunden des Goldenen Kreises oder einem Besuch der Blauen Lagune. Wer sowieso plant, mit dem Bus durch das Land zu fahren, kann die Reitausflüge günstig mit anderen Zielen verbinden. Ein 90-minütiger Ausritt kostet etwa 50 €.

Eldhestar REITEN
(☎480 4800; www.eldhestar.is; Vellir) Eldhestar liegt in der Nähe von Hveragerði und gehört zu den etabliertesten Reitställen Islands. Die Ausritte führen über die flache Graslandschaft der Umgebung.

Íshestar REITEN
(☎555 7000; www.ishestar.is; Sörlaskeið 26, Hafnarfjörður) Íshestar ist einer der ältesten Ställe der Insel und einer der größten mit gut organisierten Ausritten durch die zerklüfteten Lavafelder. Besonders bei deutschen Touristen sehr beliebt.

Laxnes REITEN
(☎566 6179; www.laxnes.is; Mosfellsbær) Der kleine Familienbetrieb wird von einem älteren Paar geführt, dessen Neffen auch Reitanfänger ganz entspannt zum Traben bringen.

Íslenski Hesturinn REITEN
(☎434 7979; http://islenskihesturinn.is; Fjárborg) Eine jüngere Ergänzung des Reitangebots rund um Reykjavík. Die Betreiber legen besonderen Wert darauf, für jeden Reiter das passende Pferd zu finden.

Viking Horses REITEN
(☎660 9590; http://vikinghorses.is; Kópavogur) Dieser Stall wird von einer kleinen Familie geführt und ist vor allem im Sommer sehr beliebt, wenn die begehrten Ausritte durch die von der Mitternachtssonne beschienenen „weißen Nächte“ angeboten werden.

Tauchen und Schnorcheln

Wenige werden darauf kommen: Island hat einige der besten und einzigartigsten Schnorchel- und Tauchgebiete der Welt zu bieten. Das Wasser ist so klar wie in einer Kristallspalte, sodass man sich fühlt, als würde man fliegen. Folgende Anbieter erfüllen diesen Tauchertraum in Silfra, einer Spalte in der Nähe von Þingevllir auf dem Goldenen Kreis.

Der Wettbewerb zwischen den Konkurrenten ist groß, ein Schnorchelausflug kostet etwa 11 900 ISK, ein Tauchgang etwa 29 900 ISK. Im Juni und Juli werden auch mitternächtliche Tauchgänge bei hellem Sonnenschein angeboten.

Dive.is (☎663 2858; dive.is) ist der älteste Anbieter auf Island, **Scuba Iceland** (☎892 1923; www.scuba.is) hat wegen seiner kleinen Gruppen einen guten Ruf und **Arctic Adventures** (☎562 7000; www.adventures.is) richtet sich an junge Reisende und bietet noch eine Reihe von anderen Wassersportaktivitäten, wie Wildwasserfahrten.

Es ist notwendig, im Voraus zu buchen. Die genannten Anbieter holen die Teilnehmer in der Stadt ab oder man organisiert die Anfahrt selbst.

Rafting und Schnellboot

Der Fluss Hvitá, der entlang des Goldenen Kreises verläuft, ist in der Umgebung von Reykjavík ein beliebtes Ziel für Wildwasserrafting und Ausflüge mit dem Schnellboot. Hier gibt's Spaß für die ganze Familie. Die Ausflüge starten in **Reykholt** (mehr Informationen auf S. 103), man kann sich aber auch im Stadtzentrum von Reykjavík abholen lassen. Touren am Vormittag kosten etwa 9900 ISK, am Nachmittag zahlt man 15 900 ISK, Grillen inklusive.

Schneemobil

Es gibt unzählige Möglichkeiten, mit dem Schneemobil durch das Land zu rasen; die besten liegen weit entfernt von der Hauptstadt. Wer vor allem in Reykjavík bleibt, kann sich an die verschiedenen Tourenanbieter ins nahe gelegene Langjökull wenden. Die folgenden Anbieter verfügen über eigene Schneemobile. Es gibt keine Tagesausflüge

Reykjavík

nach Mýrdalsjökull und bei Tagesreisen nach Vatnajökull erfolgt die Anreise durch die Luft. Die besten Schneemobilanbieter in Reykjavík sind **Mountaineers of Iceland** (☎580 9900; www.mountaineers.is) und **Arctic Adventures** (☎562 7000; www.adventures.is).

Gletscherwanderungen und Eisklettern

Über eine knackende Eisdecke zu laufen kann eine beglückende Erfahrung sein, die sich stark von der Eigentümlichkeit der Hauptstadt abhebt. Touren führen zum **Sólheimajökull**, einer Gletscherzunge des

mächtigen Mýrdalsjökull. Wanderungen finden ganzjährig statt; Eisklettern wird nur von September bis April angeboten. Wer Eisklettern möchte, sollte in guter Form sein (z. B. das eigene Gewicht hochziehen können). Eine kurze Gletscherwanderung kostet um 19 900 ISK, für's Eisklettern muss man etwa 26 900 ISK berappen. Für diejenigen, die sich irgendwo an der Südküste ein Quartier suchen und das Eis von dort in Angriff nehmen, wird es erheblich günstiger.

Reykjavík

Sehenswertes

1 Ásmundarsafn ... F3
2 Isländisches Phallusmuseum ... D3
3 Kjarvalsstaðir ... D4
4 Perlan & Sagamuseum ... D5
5 Botanischer Garten ... H3
6 Sólfar ... D2
7 Seefahrtsmuseum Víkin ... B1

Aktivitäten, Kurse & Touren

8 Kría ... B1
Laugar Spa ... (siehe 9)
9 Laugardalslaug ... G2
10 Thermalstrand Nauthólsvík ... C6
11 Reykjavík Excursions ... C4
12 Reykjavíker Eislaufhalle ... G3
13 Sundhöllin ... D3
14 Vesturbæjarlaug ... A2

Schlafen

15 4th Floor Hotel ... D3
16 Baldursbrá Guesthouse ... C3
17 Galtafell Guesthouse ... C3
18 Grettisborg Apartments ... D2
19 Hilton Reykjavík Nordica ... F3
20 Icelandair Hotel Natura ... C5
21 KEX Hostel ... D2
22 Campingplatz Reykjavík ... G2
23 Reykjavík City Hostel ... G2
24 Snorri Guesthouse ... D3

Essen

25 10-11-Supermarkt ... F2
26 10-11-Supermarkt ... E2
27 10-11-Supermarkt ... D2
28 Argentína ... D2
29 Baan Thai ... E3
Bónus-Supermarkt ... (siehe 36)
30 Dill ... B3
31 Friðrik V ... D2
32 Nauthóll ... C6
33 Roadhouse ... D3
Vox ... (siehe 19)

Ausgehen

KEX Bar ... (siehe 21)
Vínbúð ... (siehe 36)

Unterhaltung

34 Stadttheater Reykjavík ... F5

Shoppen

35 Handknitting Association of Iceland ... D2
36 Kringlan-Einkaufszentrum ... F5

In Reykjavík ansässige Anbieter sind **Arctic Adventures** (☎562 7000; www.adventures.is) und **Icelandic Mountain Guides** (☎587 9999; www.mountainguides.is).

Höhlenklettern und Lavaröhrenwanderungen

Wer sich anschaut, wie es unter Islands wildem Gelände aussieht, kann sehr viel über die geologische Geschichte der Insel lernen. Nur wenige Spalten können auf eigene Faust erkundet werden. Sich einer geführten Wanderung anzuschließen ist da die beste Lösung. Viele der Höhlen und Lavaröhren liegen auf der zerklüfteten Halbinsel Reykjanes, aber auch Ausflüge zum oberen Borgarfjörður (S. 148) bieten sich an. **Arctic Adventures** (☎562 7000; www.adventures.is), **Iceland Excursions** (☎540 1313; www.grayline.is) und **Icelandic Mountain Guides** (☎587 9999; www.mountainguides.is) gehören zu den besten Anbietern von Höhlenerkundungen. Für eine dreistündige Exkursion muss man mit rund 9500 ISK rechnen.

Inside the Volcano ABENTEUER
(☎863 6640; www.insidethevolcano.com; Eintritt 37 000 ISK) Als die Vulkanexpedition 2012 gegründet wurde, sorgte das für großes Aufsehen. Bei diesem einmaligen Erlebnis kann eine begrenzte Anzahl von Abenteuerlustigen in die einzige, perfekt erhaltene Magmakammer der Welt hinabfahren. Für geologisch Interessierte ist dies eine wahrhaft überwältigende Erfahrung. Die Besucher werden in Vierergruppen in einem offenen Seillift auf den Grund einer vasenförmigen Spalte hinabgelassen, in der einst die Lava brodelte. Das Licht ist nur schwach und die Zeit sehr begrenzt, aber mit etwas Phantasie fühlt man sich in den Fußstapfen von Jules Verne auf dem Weg zum Mittelpunkt der Erde. Nach der Rückkehr aus den Eingeweiden der Erde erwartet die Abenteurer eine herzhafte Schüssel mit hausgemachtem Lammeintopf. Während der Recherchen zum Buch wurde gemunkelt, dass die Ausflüge touristenfreundlicher (größere Gruppen) gemacht werden sollen. Aktuelle Infos stehen auf der Website.

Polarlichttouren

Auch wenn Nordlichttouren der Inbegriff des Kitsches sind, liegen sie dennoch voll im Trend in Reykjavík. Die Veranstalter der Touren (meist auch Anbieter von Super-jeep-Touren) bringen die Schaulustigen während der kälteren Monaten hinaus aufs Land, um den städtischen Lichteinflüssen zu entfliehen und die prächtig schimmernden Leuchtvorhänge zu erleben. Die Ausflüge dauern rund vier Stunden – meist von 22 bis 2 Uhr – und es gibt keine Garantie, das Polarlicht auch wirklich zu sehen.

Ein verlässliches Rezept, das Polarlicht zu entdecken, existiert nicht, und auch kein Ort auf der Insel, an dem es besser oder häufiger zu sehen ist als anderswo. Deswegen ist es sinnvoll, sich einer der organisierten Polarlichtexpeditionen anzuschließen, die in Reykjavík angeboten werden. Dabei ist es empfehlenswert, eine oder zwei Nächte auf dem Land zu bleiben, um die Wahrscheinlichkeit zu erhöhen. (Ganz nebenbei: das Polarlicht kann durchaus auch von der Hauptstadt aus gesehen werden.) Viele ländliche Hotels bieten ein spezielles Polarllicht-Wecken an, damit ihre Gäste es auch nicht verpassen.

Bustouren und Aktivitäten

Eine eintägige Bustour von Reykjavík ist eine der besten und günstigsten Möglichkeiten, einige der spektakulärsten Naturwunder des Landes zu besichtigen, besonders wenn der Urlaub nur kurz ist. Außerdem lässt sich auf Bustouren das Sightseeing prima mit aufregenden Aktivitäten kombinieren, wie Schneemobilfahren, Reiten, Rafting oder Tauchen.

Die Touren müssen im Voraus gebucht werden (entweder in der Touristeninformation, im Hotel bzw. Hostel oder direkt beim Veranstalter), da sie abgesagt werden, wenn sich nicht ausreichend Teilnehmer angemeldet haben oder das Wetter nicht mitspielt. Kleine Kinder reisen meist kostenlos oder zu ermäßigten Preisen.

Jedes Jahr tauchen neue Anbieter auf, im Folgenden sind einige der etablierteren aufgeführt.

Iceland Excursions BUSTOUR
(Gray Line Iceland; Karte S. 62; ☎540 1313; www.grayline.is; Hafnarstræti 20) Ein Bustourenveranstalter mit einem umfassenden Angebot an Tagesausflügen, die häufig mit einer Aktivität am Zielort kombiniert werden, wie Wildwasserrafting oder einem Reitausflug. Wer online bucht, kommt in den Genuss von Rabatten; die Reisegruppen sind groß.

Reykjavík Excursions BUSTOUR
(Kynnisferðir; Karte S. 56; ☎580 5400; www.re.is; BSÍ-Busbahnhof, Vatnsmýrarvegur 10) Der beliebteste Anbieter von Bustouren hat ein

REYKJAVÍK IM WINTER

Es ist bitterkalt und die Sonne klettert kaum über den Horizont, aber auch der isländische Winter hat einiges zu bieten. Am Sensationellsten ist natürlich das geisterhafte Leuchten des Polarlichts (S. 59).

Außerdem öffnet im Winter die **Reykjavíker Eislaufhalle** (Karte S. 56; ☎588 9705; www.skautaholl.is; Múlavegur 1, Laugardalur; Erw./Kind 850/500 ISK, Schlittschuhverleih 400 ISK; ⏲Sept.–April Mo–Mi 12–15, Do auch 17–19.30, Fr 13–20, Sa & So 13–18 Uhr) ihre Tore. Manche Schlittschuhläufer drehen ihre Runden auch auf dem zugefrorenen Tjörnin (S. 49).

Die **Skisaison** dauert je nach Schneefall von November bis April. Die Organisation **Skíðasvæði** (☎530 3000; www.skidasvaedi.is; Pósthússtræti 3–5) betreibt drei Skigebiete in der Nähe von Reykjavík (Bláfjöll, Hengill und Skálafell). Islands beliebtestes Skigebiet **Bláfjöll** (☎561 8400; ⏲Mo–Fr 14–21, Sa & So 10–17 Uhr) ist 84 km² groß. Es hat 14 Skilifte, Abfahrtpisten, Langlaufloipen und ein Snowboardareal und wird von skiwütigen Städtern überschwemmt, sobald die ersten Flocken fallen. Es liegt 25 km südöstlich von Reykjavík an der 417, nicht weit von der Ringstraße 1. Ein Shuttlebus fährt in der Skisaison einmal am Tag von der Haltestelle Mjódd im Südosten der Stadt – Auskunft über die Abfahrtszeit erteilt Skíðasvæði.

Auch im Winter werden erstaunlich viele Bustouren (S. 59) angeboten. Sie versprechen überraschende Eindrücke von bekannten Orten: am weiß gefrorenen Gullfoss, in Höhlen voller Eiszapfen und auf schneebedeckten Bergen.

ZIELE FÜR TAGESAUSFLÜGE

Reisende mit etwas Zeit haben mehr davon, die entfernteren Wunder der Insel auf eigene Faust zu erkunden. Denn dann können sie sich das ständige Hin und Zurück in die Hauptstadt sparen.

Dies sind die beliebtesten Ziele für einen organisierten Ausflug von der Hauptstadt:

» **Goldener Kreis** (S. 99) Umfasst drei umschwärmte Sehenswürdigkeiten – Þingevellir, Geysir und Gullfoss. Der Goldene Kreis ist die ultimative Ansammlung von Anziehungspunkten jenseits der Stadtgrenze. Hier bekommen Reisende auf Kurzvisite einen Eindruck von der isländischen Landschaft. Es ist einfach und günstig, einen Ausflug in die Gegend mit quasi jeder Form von Aktivität zu kombinieren, z. B. mit Fahrten in Geländefahrzeugen oder Schneemobilen, Schnorcheln, Wildwasserrafting oder Höhlenklettern. Ganztägige Touren starten meist um 9 Uhr mit Rückkehr gegen 18 Uhr oder es geht erst mittags los mit Rückkehr um 19 Uhr. Für diejenigen mit einer sehr engen Zeitplanung bieten sich im Sommer auch Nachttouren an (19 Uhr bis Mitternacht).

» **Blaue Lagune** (S. 89) Ein Muss für die meisten Besucher. Die Blaue Lagune während eines Islandaufenthaltes nicht zu besuchen, ist wie in den Louvre zu gehen, ohne die Mona Lisa zu sehen. Viele Tagesausflüge von der Hauptstadt können den Abstecher zur Bucht leicht einbauen. Der lässt sich aber auch problemlos auf dem Weg vom/zum internationalen Flughafen in Keflavík einschieben.

» **Südküste** (S. 106) Von der Ringstraße aus scheint sie nicht besonders attraktiv, aber sobald man die befestigte Straße verlässt, breitet sich eine wilde Wunderlandschaft aus mit aktiven Vulkanen, herrlichen Wanderwegen und glitzernden Eisdecken, die nur auf eine Erkundung warten. Ausflüge werden das ganze Jahr über angeboten.

» **Jökulsárlón** (S. 297) Die Gletscherlagune ist wirklich eine Augenweide. Sie liegt allerdings ein ganzes Stück von der Hauptstadt entfernt und ist damit der längste Tagesausflug dieser Liste. Die meiste Zeit des Tages sitzt man im Bus und in der Lagune selbst ist immer viel los. Der Besuch von Jökulsárlón wird häufig mit anderen Aktivitäten verknüpft, aber eigentlich ist es besser, sich für ein so entlegenes Ziel irgendwo an der Südküste einzuquartieren.

» **Halbinsel Snæfellsnes** (S. 150) Die Halbinsel ist ein weniger bereister Teil des beliebten Goldenen Kreises, obwohl sie kaum weiter entfernt liegt. Perfekt für kurze Wanderungen durch knirschende Lavafelder, Gletscherfahrten mit dem Schneemobil, einen Besuch in malerischen Fischerdörfern und Bootsausflüge zu den winzigen Inseln vor der Küste. Ausflüge werden ganzjährig angeboten.

» **Landmannalaugar** (S. 126) Tagesausflügler schaffen es nur mit einer Superjeep-Tour nach Landmannalaugar, wobei man die meiste Zeit auf dem hoppelnden Fahrzeug sitzt. Auf der Fahrt bieten verschiedene Zwischenstopps bei anderen geologischen Besonderheiten, wie dem Vulkan Hekla, schon mal einen Vorgeschmack auf das, was noch kommt. Am Vulkan beginnt der berühmte Laugavegurinn-Wanderweg nach Þórsmörk, weswegen es hier häufig sehr voll ist. Als Tagesausflug kann diese Tour etwas stressig werden, am Ende bleiben nur zwei Stunden, um die Umgebung zu erkunden. Touren werden ausschließlich im Sommer angeboten.

» **Þórsmörk** (S. 132) Eigentlich sollte es verboten werden, Þórsmörk in einem Tagesausflug von der Hauptstadt aus zu besuchen. Es gibt dort einfach zu viele tolle Wanderwege zu entdecken. Þórsmörk kann leicht mit einer Superjeep-Tour erreicht werden. Im Sommer bietet sich aber auch ein Ausflug auf eigene Faust an. Der Bus fährt so, dass er mittags ankommt und bis zum frühen Abend Zeit bleibt, durch das grüne Tal zu wandern.

Angebot für Sommer und Winter. Zu den Extras gehören Reiten und Schneemobilfahren und zu Festivals werden themenbezogene Touren geboten.

Iceland Horizons BUSTOUR

(☎866 7237; www.icelandhorizon.is) Ein kleiner Veranstalter mit 14-sitzigen Bussen. Die Teilnehmer schwärmen in höchsten Tönen von den Touren, vor allem wenn der witzige David am Steuer sitzt.

Gateway to Iceland BUSTOUR
(☎534 4446; www.gatewaytoiceland.is) Gateway to Iceland wird von Backpackern hoch gelobt, weil die Touren im Minibus kürzer sind als diejenigen der großen Veranstalter, aber länger als die exklusiven Superjeep-Touren. Genau die richtige Alternative für alle, denen das Geld nicht zu locker in der Tasche sitzt, die aber trotzdem guten Service wünschen.

Bustravel BUSTOUR
(☎511 2600; www.bustravel.is) Sehr beliebt in der Hostelszene. Bustravel verfügt über viele gut informierte Fahrer, die Reisegruppen sind groß, aber dafür ist es günstig.

Arctic Adventures BUSTOUR
(Karte S. 62; ☎562 7000; www.adventures.is; Laugavegur 11) Mit seinen jungen und begeisterungsfähigen Mitarbeitern hat sich dieser Veranstalter auf aktionsreiche Touren spezialisiert: Rafting, Quad-Touren, Gletscherwanderungen usw.

Guðmundur Jónasson Travel BUSTOUR
(☎511 1515; www.gjtravel.is; Borgartún 34) Bietet bewährte Ausflüge entlang der Ringstraße oder in die Highlands an und kann auch Superjeep-Touren, Gruppenreisen oder individuelle Autorundreisen organisieren.

Superjeep- und Supertruck-Touren

Wenn es das Urlaubsbudget gestattet, kann eine Superjeep-Tour ein individuelleres Reiseerlebnis als die übliche Bustour bieten. Grundsätzlich erreicht man seine Ziele viel schneller und man kann viel weiter in die Wildnis vordringen und weniger besuchte Stellen entdecken. Die Reisegruppen bei diesen Touren sind in der Regel sehr klein (vier bis sechs Personen) und sie sind im Vergleich zur Geländewagenmiete die günstigere Möglichkeit, in das Landesinnere vorzudringen.

Eskimos ABENTEUERTOUREN
(☎414 1500; www.eskimos.is) Ein Luxusveranstalter mit verschiedenen, individuell auf Kundenwünsche zugeschnittenen Superjeep-Angeboten. Organisiert auch Reisen für alle, die von Reykjavík aus Eishöhlen erkunden oder mit dem Hundeschlitten durch das Landesinnere rasen wollen. Auf Wunsch werden auch mehrtägige Superjeep-Ausflüge zusammengestellt.

Mountaineers of Iceland ABENTEUERTOUREN
(☎580 9900; www.mountaineers.is) Hervorragende, gut informierte Führer, von denen viele im nationalen Rettungsdienst gearbeitet haben. Sie sind wahre Naturliebhaber und Outdoorfanatiker, die mit ihrer Begeisterung für das Land ansteckend wirken.

Weitere interessante Veranstalter: **Gateway to Iceland** (☎534 4446; www.gatewaytoiceland.is), **Ice Limo** (☎554 4000; www.luxurytravel.is), **Superjeep.is** (☎660 1499; www.superjeep.is).

Rundflüge

Island ist überraschend groß und für Leute, die nur für kurze Zeit im Land weilen, sind Autotouren zu einigen Sehenswürdigkeiten außerhalb von Reykjavík nicht zu schaffen. Wer es sich leisten kann, hat die Möglichkeit, auch entferntere Ziele in einem Tagesausflug mit dem Flugzeug zu erreichen, wie Akureyri, die dampfende Erde der Südküste, Vestmannaeyjar oder sogar Grönland (S. 80).

Zwei Veranstalter bieten Rundflüge an: **Eagle Air Iceland** (☎562 4200; www.eagleair.is), mit einem Extraangebot an Aktivitäten, und **Air Iceland** (☎570 3000; www.airiceland.is), das nahtlose Anschlüsse zu den meisten wichtigen Zielen des Landes anbietet. Beide starten vom Inlandsflughafen Reykjavík.

Kurse

Die **Icelandic Culture and Craft Workshops** (☎566 8822; www.cultureandcraft.com) bieten halbtägige Strickkurse an, bei denen reine Islandwolle verwendet wird. Die Kurse beginnen morgens um neun an verschiedenen Orten der Stadt. Aktuelle Informationen finden sich auf der Website.

Festivals & Events

Die Festivals, die in Reykjavík mit fröhlicher Ausgelassenheit gefeiert werden, sind im Abschnitt Monat für Monat aufgelistet (S. 21). Anstehende Konzerte werden auf www.musik.is angekündigt.

Schlafen

Übernachtungsmöglichkeiten gibt's in Reykjavík reichlich, vor allem Pensionen der mittleren Preiskategorie und Businessclass-Hotels. Von Juni bis Ende August sind die Quartiere allerdings schnell ausgebucht; dann ist Reservierung unbedingt notwendig. Die meisten Unterkünfte sind ganzjährig geöffnet (auf reine Sommerquartiere wird im Folgenden ausdrücklich hingewie-

Reykjavík Zentrum

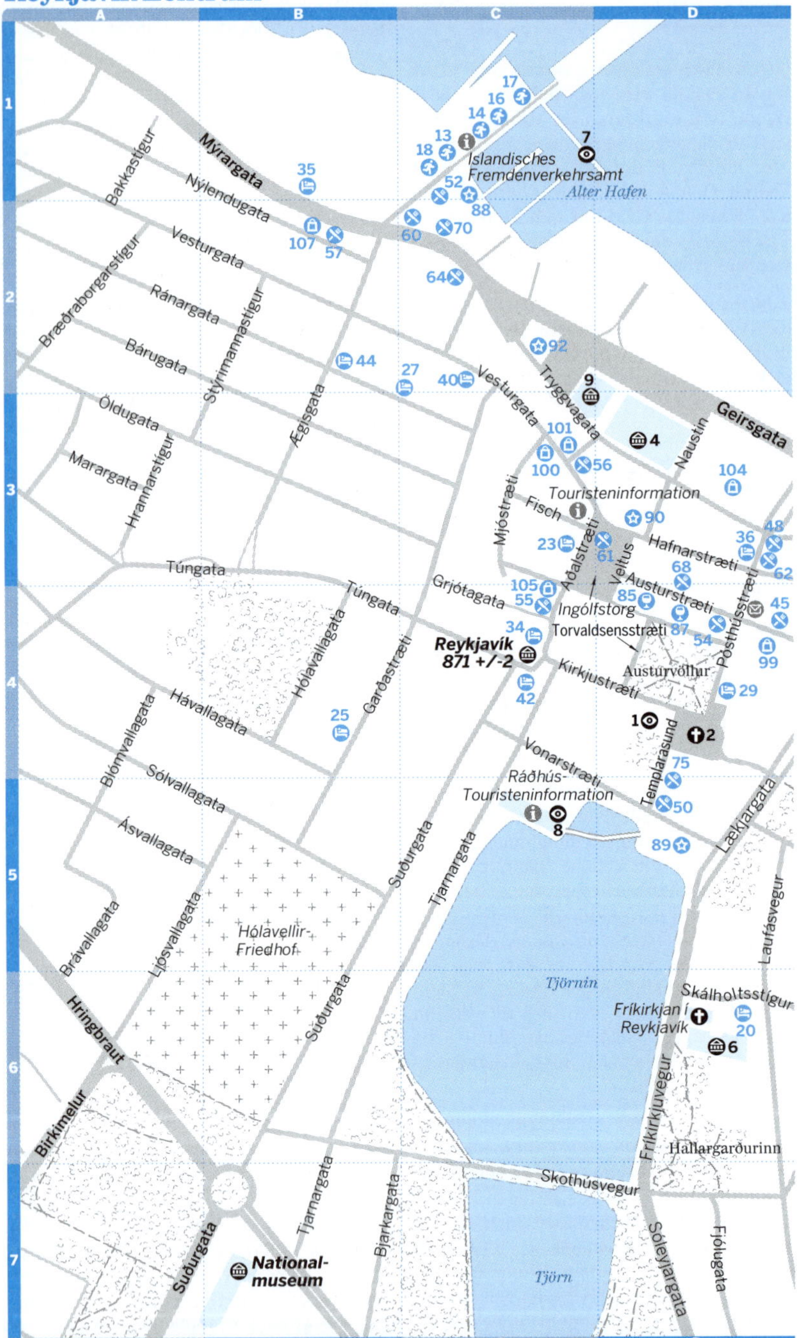

0
200 m
E
F
G
H
1
2
3
4
5
6
7
NORD-
ATLANTIK
Harpa
Faxagata
Kalkofnsvegur
Sæbraut
Geirsgata
Tryggvagata
Lækjargata
Ingólfsstræti
Skúlagata
Sölvhólsgata
Árnarhóll &
Ingólfur
Arnarson-Statue
Lindargata
Hverfisgata
Smiðjustígur
Bankastræti
Icelandic
Travel
Market
Skólastræti
Amtmannsstígur
Veghúsastígur
Vatnsstígur
Klapparstígur
Skólavörðustígur
Vegamótastígur
Þingholtsstræti
Bókhlöðustígur
Hallveigarstígur
Bergstaðastræti
Laugavegur
Grettisgata
Miðstræti
Spítalastígur
Óðinsgata
Týsgata
Njálsgata
Frakkastígur
Bjargarstígur
Grundarstígur
Bjarnarstígur
Kárastígur
Hellus
Baldursgata
Freyjugata
Þórsgata
Lokastígur
Nönnugata
Bragagata
Urðarstígur
Njarðargata
Eiríksgata
Hallgrímskirkja
3
5
10
11
12
15
19
21
22
24
26
28
30
31
32
33
37
38
39
41
43
46
47
49
51
53
58
59
63
65
66
67
69
71
72
73
74
76
77
78
79
80
81
82
83
84
86
91
93
94
95
96
97
98
102
103
106
108
109

Reykjavík Zentrum

sen) und senken von Oktober bis April ihre Preise spürbar.

Budgetunterkünfte

Günstige Übernachtungsplätze in Reykjavík fallen in die gleiche Preisklasse wie in anderen europäischen Hauptstädten. Wer nicht viel ausgeben möchte, sollte sich auf Hostels und Campingplätze einstellen.

KEX Hostel HOSTEL €
(Karte S. 56; ☎561 6060; www.kexhostel.is; Skúlagata 28; 4/16BZ 5100/3200 ISK, DZ ohne Bad 14 400 ISK; 📶) Das Mega-Hostel KEX ist das inoffizielle Hauptquartier der Backpackergemeinde. Der Einrichtungsstil ist eine Mischung aus 20er-Jahre-Varieté und Western und es gibt viel Platz für Geselligkeit. Insgesamt ist es hier nicht so ordentlich wie in den anderen Herbergen dieser Kategorie und die Bäder werden von vielen Personen geteilt, aber wer gute Stimmung und eine schöne Bar sucht, ist hier gut aufgehoben.

Reykjavík Downtown Hostel HOSTEL €
(Karte S. 62; ☎553 8120; www.hostel.is; Vesturgata 17; B ab 9400 ISK; @📶) Blitzsauber und gut geführt ist dieses ungezwungen freundliche Hostel, das von Backpackern so gelobt wird, dass es regelmäßig größere Gruppen und ältere Pfennigfuchser anzieht.

Reykjavík Loft Hostel HOSTEL €
(Karte S. 62; ☎553 8140; www.hostel.is/Hostels/Reykjavikloft; Bankastræti 7; B/DZ 5300/18 400 ISK; @📶) Das neueste Mitglied der Hostelfamilie in Reykjavík eröffnet im Frühjahr 2013 am oberen Ende der lebhaften Einkaufsstraße Bankastræti. Das Haus

53	Café Loki	G7
54	Café Paris	D4
55	Fischmarkt	C4
56	Fiskfélagið	C3
57	Forréttabarinn	B2
58	Grái Kötturin	F4
59	Grillmarkadurinn	E4
60	Hamborgara Búllan	C2
61	Hlölla Bátar	D3
62	Hornið	D3
63	Humarhúsið	E4
64	Icelandic Fish & Chips	C2
65	Kaffi Mokka	F5
66	Kaffismiðjan	G6
67	Lækjarbrekka	E4
68	Laundromat Cafe	D3
69	Noodle Station	G6
70	Sægreifinn	C2
	Snaps	(siehe 33)
71	Sushisamba	E4
72	Svarta Kaffið	H6
73	Tíu Droppar	G5
74	Vegamót	F5
75	Við Tjörnina	D5
76	Þrír Frakkar	E7

Ausgehen

77	Bakkus	G5
78	Boston	G5
79	Dillon	G5
80	Gay 46	G5
81	Hemmi & Valdi	G5
82	Hressingarskálinn	E4
83	Kaffibarinn	F5
84	Lebowski Bar	G5
85	Micro Bar	D4
86	Prikið	F4
	Slippbarinn	(siehe 35)
87	Vín Búð	D4

Unterhaltung

88	Cinema No2	C1
89	Iðnó Theater	D5
90	Let's Talk Iceland	D3
91	Nationaltheater	F4
92	Vulkanhaus	C2
93	Vulkanshow	E7

Shoppen

94	12 Tónar	F5
95	66° North	E4
96	Aurum	E4
97	Dogma	G5
98	Eymundsson	F5
99	Eymundsson	D4
100	Friða Frænka	C3
101	Gaga	C3
102	Geysir	F5
103	Handknitting Association of Iceland	F6
104	Kolaportið-Flohmarkt	D3
105	Kraum	C4
106	Leynibúðin	F5
107	Netagerðin	B2
108	Skífan Music	G5
109	Spark	G5

spricht vor allem ein jüngeres Publikum an und bietet Platz für Geselligkeit, saubere Schlafsäle, viele Möglichkeiten zum Abhängen und einen besonderen japanischen Kaffeekocher, der offenbar die beste Tasse der Welt brüht. HI-Mitglieder zahlen ermäßigte Preise.

Reykjavík Backpackers HOSTEL €
(Karte S. 62 ☎578 3700; www.reykjavikbackpackers.com; Laugavegur 28; B/DZ ab 4990/17 490 ISK; @📶) Die Zimmer in diesem Schwergewicht der hauptstädtischen Hostels sind tipptopp (die in den oberen Stockwerken sind besonders empfehlenswert), in der Eingangshalle stehen erstaunliche Bussitze und es gibt eine großartige Dachterrasse. Die alte Kletterwand hat einem Biergarten Platz gemacht und außerdem eröffnet 2013 ein Restaurant im Hostel.

Reykjavík City Hostel HOSTEL €
(Karte S. 56; ☎553 8110; www.hostel.is; Sundlaugavegur 34; B ab 6400 ISK; P@📶) Das erste Hostel in Reykjavík ist eine umweltfreundliche Anlage, die trotz ihrer Lage 2 km außerhalb des Stadtzentrums, eine beliebte Anlaufstelle für die Backpackergemeinde ist.

Campingplatz Reykjavík CAMPING €
(Karte S. 56; ☎568 6944; www.reykjavikcampsite.is; Sundlaugavegur 32; Stellplatz pro Pers. 1400 ISK; ⏱Mitte Mai–Mitte Sept.; 📶) Die einzige Campingmöglichkeit in der Stadt (unmittelbar neben dem City Hostel, 2 km östlich des Zentrums im Laugadalur-Tal) ist im Sommer sehr gut ausgelastet, aber bei drei Wiesen mit Platz für 650 Personen findet jeder ein Plätzchen. Zum Angebot gehören kostenlose Duschen, Fahrradverleih, Küchenbereich und Grillplatz.

ÜBERNACHTEN BEI EINHEIMISCHEN

Da Reykjavík sich im Sommer immer mehr in eine ausgewachsene Touristenstadt verwandelt, ist mit beharrlich steigenden Übernachtungspreisen zu rechnen. Geschäftstüchtige Einheimische haben angefangen, sich die Nachfrage zunutze zu machen, und bieten Schlafplätze in ihren zentral gelegenen Wohnungen und Häusern an. Die Preise für diese Apartments und Zimmer liegen meist unter den durchschnittlichen Hotelpreisen. Zwar muss man auf die üblichen Hotelstandards und -annehmlichkeiten verzichten, aber dafür kommt man meist günstiger dabei weg.

Um nicht zu weit vom Stadtzentrum entfernt zu landen, ist es sinnvoll, die Adressen der Übernachtungsplätze auf den Karten in diesem Kapitel zu überprüfen – insbesondere wenn der Aufenthalt nur kurz ist. Interessante Angebote gibt es auch auf **Airbnb** (www.airbnb.com) und **Couchsurfing** (www.couchsurfing.org).

Gästehaus der Heilsarmee HOSTEL €
(Karte S. 62; ☎561 3203; www.guesthouse.is; Kirkjustræti 2; B/DZ 3500/11 500 ISK; ⏲Juni–Aug.; 📶) Die winzigen, fast japanisch anmutenden Zimmer des christlichen Gästehauses sind sehr zweckmäßig und schnörkellos, aber etwas schäbig. Hier liegt einem allerdings ganz Reykjavík zu Füßen.

Mittelklassehotels

Reykjavík wimmelt nur so von *gistiheimili* (Pensionen) und jedes Jahr kommen neue dazu. Die meisten sind umgebaute Wohnhäuser, sodass sich die Gäste oft Bäder, Küchen und Fernsehzimmer teilen. Manche Pensionen bieten auch Schlafsackunterkünfte an. Oft ist es auch günstig, sich ein Apartment zu mieten.

Die meisten Zimmer in dieser Kategorie richten sich an Geschäftsreisende oder große Gruppen und sind deshalb eher schlicht.

Grettisborg Apartments APARTMENTS €€
(Karte S. 56; ☎694 7020; www.grettisborg.is; Grettisgata 53b; Apt. ab 145 €; 📶) Die Einrichtung scheint direkt aus einem Magazin für skandinavisches Design zu stammen. In den durch und durch modernen Apartments dominieren Grautöne, klare funktionale Linien und schicke Einbauelemente.

Baldursbrá Guesthouse PENSION €€
(Karte S. 56; ☎552 6646; baldursbra@centrum.is; Laufásvegur 41; DZ inkl. Frühstück ab 16 000 ISK; @📶) Die Betreiber dieser tollen kleinen Pension in einer ruhigen Straße unweit vom Tjörnin und dem BSÍ-Busbahnhof sind hilfsbereit und die Zimmer mit eigenem Waschbecken anständig bemessen und gemütlich. Der Clou ist das Drumherum – ein einladender Fernsehsalon und ein Garten mit tollem Hot Pot, Sauna und Grillplatz.

Castle House & Embassy Apartments APARTMENTS €€
(Karte S. 62; ☎511 2166; http://hotelsiceland.net; Skálholtsstígur 2a & Garðastræti 40; Apt. ab 20 500 ISK; 📶) Diese schönen Apartments für Selbstversorger liegen recht zentral und sehr ruhig beiderseits des Tjörnin. Sie sind persönlicher als ein Hotel, bieten aber trotzdem Zimmerservice: Jeden Tag gibt's frische Handtücher und das schmutzige Geschirr verschwindet wie von Zauberhand.

Guesthouse Butterfly PENSION €€
(Karte S. 62; ☎894 1864; www.kvasir.is/butterfly; Ránargata 8a; DZ mit/ohne Bad 130/105 €; ⏲Mitte Mai–Aug.; 📶) In einer ruhigen Wohnstraße nicht weit vom Zentrum bietet der „Schmetterling" adrette, schlicht eingerichtete Zimmer und eine Gästeküche. Bei den netten isländisch-norwegischen Inhabern fühlen sich die Gäste gleich wie zu Hause. Im Obergeschoss gibt es darüber hinaus zwei Apartments für Selbstversorger mit Küche und Balkon.

Sunna Guesthouse PENSION €€
(Karte S. 62; ☎511 5570; www.sunna.is; Þórsgata 26; DZ/Apt. ab 18 500/31 500 ISK; 📶) Die Zimmer mit honigfarbenen Parkettböden sind einfach und sonnig. Es gibt neun Zimmer mit eigenem Bad und einige Zimmer im vorderen Teil des Hauses bieten einen guten Blick auf die Hallgrímskirkja. Familien sind gern gesehen. Zum Angebot gehören auch schöne Studioapartments für eine bis vier Personen sowie größere Apartments für bis zu acht Personen.

Galtafell Guesthouse PENSION €€
(Karte S. 56; ☎551 4344; www.galtafell.com; Laufásvegur 46; DZ/Apt. 16 600/20 200 ISK; 📶) Dieses Gästehaus liegt spitzenmäßig in fußläufiger Entfernung von der Innen-

stadt im sogenannten Botschaftsviertel. Jedes der vier gepflegten Apartments hat eine komplett ausgestattete Küche, einen gemütlichen Sitzbereich und ein separates Schlafzimmer. Außerdem gibt es drei Doppelzimmer mit Gästeküchennutzung. Einziger Schönheitsfehler: Sie liegen im Souterrain mit Aussicht auf den Bürgersteig!

Guesthouse Óðinn PENSION €€

(Karte S. 62; ☎561 3400; www.odinnreykjavik.com; Óðinsgata 9; EZ/DZ inkl. Frühstück 13 500/16 900 ISK; 📶) Bunte Kunst verleiht den schlichten weißen Zimmern in diesem Familienbetrieb ein paar Farbtupfer und das hervorragende Frühstücksbuffet wird in einem hübschen Raum mit Meerblick serviert. Einige Zimmer haben sogar ein eigenes Bad.

Forsæla Guesthouse PENSION €€

(Karte S. 62; ☎551 6046, 863 4643; www.apartmenthouse.is; Grettisgata 33b; DZ/Apt. ab 17 200/26 800 ISK; 📶) Eine wirklich reizende Unterkunft im denkmalgeschützten Teil Reykjavíks. Star des Ganzen ist das hundertjährige Holz-Wellblech-Haus für vier bis acht Personen, das altehrwürdige Balken auf geschmackvolle Weise mit modernem Komfort vereint. Die drei Apartments haben kleine, aber gemütliche Schlaf- und Wohnzimmer, komplett ausgestattete Küchen und Waschmaschinen. Die Mindestaufenthaltsdauer beträgt drei Nächte.

Three Sisters PENSION €€

(Þrjár Systur; Karte S. 62; ☎565 2181; www.threesisters.is; Ránargata 16; Apt. ab 133 €; ⏱Mitte Mai–Aug.; @📶) Ein ehemaliger Fischer mit verschmitztem Lächeln betreibt die „Drei Schwestern", ein hübsches Stadthaus in der Reykjavíker Altstadt, das in acht Studioapartments unterteilt ist. Altmodische Sessel und hochmoderne Flachbild-Fernseher flankieren die bequemen Betten. Jedes Zimmer hat eine niedliche, komplett ausgestattete Küche mit Kühlschrank, Mikrowelle und einer Zweierkochplatte.

Room With A View APARTMENTS €€

(Karte S. 62 ☎552 7262; www.roomwithaview.is; Laugavegur 18; Apt.ab 28 000 ISK; 📶) Das unglaublich zentral gelegene Apartmenthotel hält im skandinavischen Stil eingerichtete Apartments mit ein bis vier Schlafzimmern parat. Alle haben ein eigenes Bad, Kochnische, CD-Player, TV und Waschmaschine. Die Hälfte der Apartments bieten tatsächlich den Meer- und Stadtblick, den der Name verspricht, und die meisten haben auch Zugang zum Whirlpool. Die Zimmer sind alle sehr unterschiedlich – am besten auf der informativen Website nachsehen. Der Nachteil der superzentralen Lage ist der Straßenlärm Freitag- und Samstagnacht.

Hótel Frón HOTEL €€

(Karte S. 62; ☎511 4666; www.hotelfron.is; Laugavegur 22a; DZ inkl. Frühstück ab 22 900 ISK; @📶) Vieles spricht für das leuchtend blaue Hotel, vor allem seine ausgezeichnete Lage am Laugavegur (allerdings können die Zimmer nach vorne raus am Wochenende recht laut sein) und die durchgestylten Apartments im neuen Flügel. Die älteren Zimmer geben nicht so viel her.

Hótel Leifur Eiríksson HOTEL €€

(Karte S. 62; ☎562 0800; www.hotelleifur.is; Skólavörðustígur 45; DZ inkl. Frühstück ab 25 500 ISK) Dieses Hotel kann mit einem der besten Standorte in Reykjavík protzen: Es liegt genau am Ende der Künstlermeile Skólavörðustígur und mehr als die Hälfte seiner 47 Zimmer haben einen Superblick auf die Hallgrímskirkja. Sie sind relativ klein und schlicht. Wer hier nächtigt, zahlt eher für die geografischen Koordinaten als für stilvolle Innenarchitektur.

4th Floor Hotel PENSION €€

(Karte S. 56; ☎511 3030; www.4thfloorhotel.is; Laugavegur 101; DZ inkl. Frühstück ab 20 900 ISK; @📶) Die 24 Zimmer in dieser Pension in der Nähe der Busstation Hlemmur kommen in unterschiedlicher Ausstattung daher. In den kleineren Zimmern, die nur über ein Gemeinschaftbad verfügen, wird alles in einen winzigen Raum gequetscht. Die teureren Zimmer mit Bad sind größer und vier von ihnen haben Meerblick, zwei sogar einen eigenen Balkon. Die schicken Studio-Apartments sind jede Krone wert.

CenterHótel Plaza HOTEL €€

(Karte S. 62; ☎595 8550; www.plaza.is; Aðalstræti 4; DZ inkl. Frühstück ab 215 €; @📶) Das jüngste Mitglied der CenterHótel-Kette liegt beneidenswert günstig in der Altstadt von Reykjavík. Die Zimmer richten sich an Geschäftsleute und bieten gebohnerte Holzböden und in den oberen Stockwerken auch tolle Ausblicke.

CenterHotel Klöpp HOTEL €€

(Karte S. 62; ☎595 8520; www.centerhotels.is; Klapparstígur 26; DZ inkl. Frühstück ab 180 €; 📶)

Skandinavischer Schick mit einem Hang zum Spartanischen bestimmt die Atmosphäre dieser edlen Herberge. Die Fassade erscheint eher eintönig und verwaschen, aber die Zimmer sind frisch gemacht. Viele bieten einen Blick auf die Bucht.

Snorri Guesthouse PENSION €€
(Karte S. 56; ☎552 0598; www.guesthousereykjavik.com; Snorrabraut 61; DZ mit/ohne Bad 21 200/15 400 ISK; 📶) Dieses kieselsteinbesetzte Haus an einer großen Kreuzung sieht nicht sehr vielversprechend aus, aber die in gedämpften Farbtönen gehaltenen sauberen Zimmer bieten ein gutes Dach über dem Kopf, insbesondere die etwas teureren „Familienzimmer". Die Pension ist etwa 20 Minuten zu Fuß vom Zentrum entfernt.

Spitzenklassehotels

Gäste können guten Service und schöne Zimmer erwarten, allerdings nicht auf dem Niveau der Spitzenklassehotels anderer Metropolen.

LP TIPP **Icelandair Hotel Reykjavík Marina** BOUTIQUEHOTEL €€€
(Karte S. 62; ☎560 8000; www.icelandairhotels.is/hotels/reykjavikmarina; Mýrargata 2; DZ 30 000 ISK; @📶) Dieser herrliche Beitrag zum hauptstädtischen Übernachtungsangebot liegt direkt am Alten Hafen. Im vierten Stock blicken die Zimmer mit geraden Nummern auf ihn hinab. Hinreißende Wandbilder, helles Holz, die angesagtesten Wohnaccessoires und eine optimale Raumnutzung machen die kleinen Zimmer zu einem echten Highlight. Auch der Eingangsbereich trumpft mit auffälligem Design, einer Mischung verrückter Möbel und einem Live-Satellitenbild von der Blauen Lagune auf.

101 Hotel BOUTIQUEHOTEL €€€
(Karte S. 62; ☎580 0101; www.101hotel.is; Hverfisgata 10; DZ ab 53 000 ISK; @📶) Das 101 spricht alle Sinne an – mit kuscheligen Daunenbetten, iPod-Sounddocks, Bose-Boxen, prachtvollen Holzböden und gläsernen Duschkabinen. Da ist die Versuchung groß, die Kneipentour ausfallen zu lassen und den Abend „daheim" zu verbringen. Ein Wellnessbereich mit Massagen, Fitnessraum und Schickimicki-Restaurant samt Bar komplettieren die Luxusorgie. Manche Gäste hatten sich vom Service mehr versprochen, aber alles in allem ist dies eins der besten Boutiquehotels der Stadt.

Hótel Holt LUXUSHOTEL €€€
(Karte S. 62; ☎552 5700; www.holt.is; Bergstaðastræti 37; DZ ab 255 €; @📶) Hier erwartet die Gäste eine Welt des Luxus: Original-Ölgemälde, -Zeichnungen und -Skulpturen schmücken die Zimmer und werden umschmeichelt von den warmen Farbtönen der Einrichtung und den rosaroten Teppichen – das Holt birgt die größte private Kunstsammlung in Island. Unten verzücken eine schöne Bibliothek in Bernsteintönen, eine Bar mit loderndem Feuer und einer riesigen Auswahl an Single-Malt-Whiskys sowie eines der besten Restaurants des Landes.

Hótel Borg LUXUSHOTEL €€€
(Karte S. 62; ☎551 1440; www.hotelborg.is; Pósthússtræti 9–11; DZ ab 325 €; @) Das geschichtsträchtigste Hotel der Stadt wurde 2007 komplett überholt und beeindruckt jetzt überall mit superschickem Dekor in Beige, Schwarz und Creme, Parkettböden und Flachbildschirm-TVs von Bang & Olufsen. Somit macht es jetzt einen sehr eleganten (und recht maskulinen) Eindruck. Zwar hat es einiges von seinem Art-déco-Charme eingebüßt, aber die riesigen Duschköpfe in den Bädern sind Gott sei Dank immer noch da! Der Wochenendlärm der Trunkenbolde wird durch die Vierfachverglasung ausgesperrt.

REY Apartments APARTMENTS €€€
(Karte S. 62; ☎771 4600; www.rey.is; Grettisgata 2a; Apt. 145–330 €; 📶) Wer private Unterkünfte einem Hotel vorzieht, geht ins REY. Im Angebot sind zahlreiche Apartments, die über mehrere, verwirrend verlaufende Treppen erreichbar sind. Dazu kommt ein kompletter Hotelservice, womit das Haus das wachsende Airbnb-Angebot überbieten kann.

Icelandair Hotel Natura HOTEL €€€
(Karte S. 56; ☎444 4503; www.icelandairhotels.com/hotels/reykjaviknatura; Nauthólsvegur 52; DZ 27 600 ISK; @📶) Der Name mag etwas in die Irre führen, da das Hotel direkt neben dem Inlandsflughafen liegt und nicht auf dem Land. Aber das Natura kann mit einem eigenen Stil überzeugen, der von örtlichen Künstlern entwickelt wurde und von der isländischen Landschaft inspiriert ist. Zu den Pluspunkten gehören ein kostenloses Ticket für die städtischen Busse, ein überdachter Thermalpool und eine „Gutenachtgeschichte" (einfach mal überraschen lassen).

Hilton Reykjavík Nordica HOTEL €€€
(Karte S. 56; ☎444 5000; www.hilton.com; Suðurlandsbraut 2; DZ ab 28 000 ISK; @📶) Autogrammjäger können im Nordica schon mal ihr Büchlein zücken – hier steigen häufig Promis von außerhalb ab. Die Herberge strotzt nur so von coolem Skandinavienschick. Zu ihren Annehmlichkeiten gehören Zimmerservice rund um die Uhr, Fitnesscenter, Wellnessbereich und das Gourmetrestaurant Vox (S. 73). Die lichtdurchfluteten Zimmer mit ihren riesigen Betten sind in zarten Creme- und Mokkatönen gehalten, die auf den oberen Etagen bieten zusätzlich herrlichen Meerblick. Das Hotel liegt etwa 2 km vom Stadtzentrum entfernt, bietet aber einen kostenlosen Shuttleservice in die Stadt.

Radisson SAS 1919 Hotel HOTEL €€€
(Karte S. 62; ☎599 1000; www.radissonblu.com; Pósthússtræti 2; DZ ab 199 €; @📶) Obwohl es zu einer großen Kette gehört, ist das etwas sperrig benannte Radisson SAS 1919 Hotel ein ungemein stilvolles Boutiquehotel. Die attraktiven Zimmer prunken mit Holzböden, großzügigen Betten, Flachbild-TV und WLAN. Schnörkelige Eisentreppen führen hinauf in den 3. Stock zu den weitläufigen, ansprechenden Suiten. Weitere Pluspunkte sind die phantastische Lage, der Fitnessbereich und das trendige Restaurant Gullfoss mitsamt Bar.

CenterHótel Arnarhvoll HOTEL €€€
(Karte S. 62; ☎595 8540; www.centerhotels.com; Ingólfsstræti 1; DZ ab 500 €; @📶) Das schicke neue Hotel am Wasser bietet unverbaute Ausblicke auf die Bucht und die Esja in der Ferne. Die großen Fenster lassen viel schönes nordisches Licht in die kühlen, skandinavisch inspirierten Zimmer mit ihren klaren Linien – es lohnt sich auf jeden Fall, ein paar Euro für den Meerblick draufzulegen. Insgesamt sind die Zimmer eher klein geraten, aber die extrem komfortablen Betten machen diesen typisch isländischen Mangel wieder wett. Schön sind auch die Sauna und das Dampfbad im Keller.

CenterHótel Þingholt HOTEL €€€
(Karte S. 62; ☎595 8530; www.centerhotels.com; Þingholtsstræti 3–5; DZ ab 220 €; @📶) Das kompakte, urige und vor Atmosphäre strotzende Þingholt öffnete 2006 die Pforten und macht nach wie vor einen unverbrauchten Eindruck. Entworfen wurde es von Architektin Gulla Jónsdóttir, die natürliche Materialien mit einigen sehr isländischen Ideen verknüpfte und so eines der einzigartigsten Boutiquehotels in Reykjavík schuf. Die Zimmer sind kompakt, wirken aber eher behaglich als beengt, u. a. dank gedämpfter Beleuchtung, stilvoller dunkelgrauer Fußböden und Möbeln aus schwarzem Leder.

Hótel Óðinsvé HOTEL €€€
(Karte S. 62; ☎511 6200; www.hotelodinsve.is; Þórsgata 1; DZ ab 28 900 ISK; @) Das Boutiquehotel mit viel Persönlichkeit beherbergt 43 sonnendurchflutete Zimmer mit Holzböden, Originalkunstwerken und zeitloser Einrichtung. Sie sind alle ganz unterschiedlich – manche erstrecken sich über zwei Ebenen, einige haben Balkon und viele auch Badewannen – aber nur Zimmer 117 kann mit einem eigenen Gespenst aufwarten! Zum Hotel gehören auch einige atemberaubende Apartments beim Gefängnis, ein kurzes Stück entfernt am Skólavörðustígur.

Hótel Reykjavík Centrum HOTEL €€€
(Karte S. 62; ☎514 6000; www.hotelcentrum.is; Aðalstræti 16; DZ ab 300 €; 📶) Seine interessante Architektur – Zwischengeschosse und ein Glasdach verbinden die beiden Gebäude – gibt dem zentral gelegenen Hotel etwas Leichtes und Beschwingtes. Es hat 89 gut proportionierte Zimmer in den Stilkategorien „traditionell" – mit gemusterten Tapeten und weiß lackiertem Mobiliar – und „de luxe" – mit Lederpolstern und modernerem Flair. Beide Sorten haben Safe, Minibar, Pay-TV (mit Filmen auf Bestellung), Teebereiter und Internetzugang über WLAN.

Essen

Das kleine Reykjavík bietet mit Hotdogs vom Imbiss bis zur Gourmetplatte auf weißem Tischtuch die ganze Palette kulinarischer Genüsse. Diese Speisekarte bietet zwar 80 Gerichte aus aller Welt, aber es geht nichts über die Vertreter der isländischen und neuen nordischen Küche mit ihren bewährten Variationen von Fisch- und Lammgerichten.

Unter allen Esslokalen gehören die lockeren und gemütlichen Cafés von Reykjavík zum Besten, was die Stadt zu bieten hat. Ausgedehntes Rumlungern ist hier keine Schande, sondern wird sogar mit Zeitschriften und kostenlosem WLAN-Zugang ermutigt. Cafés eignen sich bestens für den Morgenkaffee und leichte Mittagsmahlzeiten. Abends verwandeln sie sich: Kaffee wird zu Bier, DJs tauchen in dunklen Ecken auf und plötzlich ist das Café zur coolen Bar mutiert. Pure Zauberei. Entsprechend verschwommen ist die Trennlinie zwischen den Kategorien, s. deshalb auch den Abschnitt Ausgehen, S. 74.

Günstig

Günstige Restaurants sind in Reykjavík dünn gesät und gehören meist in die Kategorie Café. Zwar gibt es recht viele Fastfood-Läden, aber es geht doch nichts über eine dampfende Tasse Kaffee und hausgemachte Suppe oder ein Sandwich zum Mittag. Die gesünderen Cafés schließen meist früher als die Fastfood-Läden. Doch wer nach einem langen Tag in der Stadt ein paar Cent für ein etwas teureres Mahl am Abend aufgespart hat, wird belohnt.

LP TIPP Kaffismiðjan CAFÉ €

(Karte S. 62; www.kaffismidja.is; Kárastígur 1; Snacks 180–600 ISK; ⌚Mo–Fr 8.30–17, Sa 10–17 Uhr) Das Kaffeetrinken hat in Reykjavík etwa den Stellenwert einer Weinverkostung. Angeführt wird der Trend vom angesagten Kaffismiðjan, das leicht an seiner stilvollen Einrichtung aus Holztischen und Kaffeebohnensäcken erkannt werden kann, die in den warmen Sommermonaten auf dem gepflasterten Platz vor dem Café verteilt werden. Preisgekrönte Baristas servieren hier den perfekten Latte und wenn es draußen zu kühl ist, räkeln sich die Gäste auf samtigen Sofas.

Tiú Droppar CAFÉ €

(Karte S. 62; Laugavegur 27; Suppe 1290 ISK; ⌚9–22 Uhr; 📶) Etwas versteckt in einem gemütlichen Souterrain jenseits der Hauptstraße versprüht Tiú Droppar die Atmosphäre von Großmutters Wohnstube, mit blumigen Tapeten und Bildern von Seelandschaften in goldenen Rahmen an den Wänden. Durch die Fenster auf Höhe des Bürgersteigs können die Gäste die aktuelle Schuhmode der Einheimischen überprüfen, während sie an ihrer hausgemachten Suppe schlürfen. Am Abend verwandelt sich der Laden in das **Château des Dix Gouttes** und die Kaffeekarte wird gegen ein ausgesuchtes Weinangebot ausgetauscht.

Bakarí Sandholt BÄCKEREI €

(Karte S. 62; www.sandholt.is; Laugavegur 36; Hauptgerichte 250–980 ISK; ⌚Mo–Fr 7.30–18.15, Sa 7.30–17.30, So 8.30–17 Uhr) In der beliebtesten Bäckerei des Laugavegur wird die hohe Kunst des Brotbackens gepflegt. Die reiche Auswahl reicht von frischen Baguettes, Croissants und Pasteten bis hin zu leckeren Sandwiches – der perfekte Proviant für einen Tagesausflug oder eine kurze Wanderung. Im hinteren Teil gibt es ein paar Tische für alle, die es nicht eilig haben und noch einen Espresso trinken wollen.

Grái Kötturinn CAFÉ €

(Karte S. 62; Hverfisgata 16a; Hauptgerichte 800–1800 ISK; ⌚Mo–Fr 7.15–15, Sa–So 8–15 Uhr) Dieses winzige Café mit nur sechs Tischen (ein Lieblingscafé von Björk) sieht aus wie eine Kreuzung aus exzentrischer Buchhandlung und schräger Kunstgalerie – ganz reizend! Einheimische machen Witze darüber, dass dieses Café niemals geöffnet sei. Das stimmt zwar nicht, aber während der besten Tageszeit sind die Türen tatsächlich geschlossen. Wer es schafft hineinzukommen, kann sich über leckeres Frühstück mit Toast, Bagels, Pfannkuchen oder Eier und Speck freuen, die auf dicken, buttrigen Scheiben vom frisch gebackenen Brot serviert werden.

Noodle Station ASIATISCH €

(Karte S. 62; Skólavörðustígur 21a; Hauptgerichte 1080 ISK; ⌚Mo–Fr 11–22, Sa & So 12–22 Uhr) Einfache Nudelsuppen irgendwie asiatischer Art werden in diesem zuverlässigen, einheimischen Lokal schüsselweise ausgegeben. Entlang der Skólarörðustígur gibt es noch zahlreiche andere Imbisse – alle mit der Nudel im Namen und einem ähnlichen Angebot. Aber alle scheinen mit ihrer würzigen Brühe nach diesem unerschütterlichen Vorbild zu streben.

Hamborgara Búllan FASTFOOD €

(Karte S. 62; www.bullan.is; Geirsgata 1; Hauptgerichte 660–1990 ISK; ⌚11.30–21 Uhr) Auch wenn das Essen – gemessen am international üblichen Fastfood-Standard– nicht wirklich „schnell" ist, serviert der Burgerbräter im Alten Hafen leckere Bouletten, die jeden geheimen Wunsch nach McDonald's verstummen lassen. Russell Crowe wurde hier ein paar Mal gesichtet, als er während Dreharbeiten im Sommer 2012 zwischen den Szenen seine Energietanks auffüllte.

Kaffi Mokka CAFÉ €

(Karte S. 62; www.mokka.is; Skólavörðustígur 3a; ⌚9–18.30 Uhr) Reykjavíks ältestes Kaffeehaus ist etwas gewöhnungsbedürftig. Das Dekor ist seit den 1950er-Jahren fast unverändert geblieben und die Säulen und Kupferlampen wirken heute je nach Stimmung wie angesagter Retrostil oder wie der Mief von vorvorgestern! Das gemischte Publikum – ältere Leute, Touristen, trendige Jungkünstler – stärkt sich mit Sandwiches, Kuchen und Riesenwaffeln.

Bæjarins Beztu HOTDOGS €

(Karte S. 62; Tryggvagata; Hauptgerichte 320 ISK; ⌚So–Do 10–1, Fr & Sa 11–4 Uhr) Die Isländer sind süchtig nach Hotdogs und schwören auf die Variationen aus diesem umgebauten Imbisswagen am Hafen, der sogar Bill Clinton zu seinen Kunden zählte (vor dem Eingriff an seinen Herzkranzgefäßen). Der lebenswichtige Satz *Eina með öllu* („Einen mit allem") garantiert die volle Ausstattung mit Senf, Ketchup, Remoulade und Knusperzwiebeln.

Babalú CAFÉ €

(Karte S. 62; Skólavörðustígur 22a; Hauptgerichte 98 ISK; ⌚8–21 Uhr) Über eine Treppe gelangen die Gäste in dieses urige Café, das aussieht wie die Bude eines exzentrischen Freundes. Es gibt einen Haufen Bücher und Brettspiele, die besonders anziehend auf müde Backpacker ohne Ziel zu sein scheinen. Das günstige Chili füllt den Magen und die hausgemachten Kuchen (die Einheimischen stehen auf den Käsekuchen New Yorker Art) decken den Zuckerbedarf großzügig ab.

Café Haiti CAFÉ €

(Karte S. 62; Geirsgata 7b; ⌚Mo–Do 8.30–18, Fr 8.30–19.30, Sa 10–18 Uhr) Das winzige Café in Hafennähe ist ein Paradies für Kaffeefreaks: Besitzerin Elda bezieht ihre Bohnen aus ihrer Heimat Haiti, röstet und mahlt sie vor Ort und kocht den besten Kaffee im ganzen Land – sagen zumindest die Stammgäste!

Mittelteuer

Die mittelteuren Lokale der Hauptstadt bilden eine wunderbare Mischung aus Cafés und stilvollen Restaurants, sowohl mittags als auch abends.

LP TIPP **Bergsson Mathús** CAFÉ €€

(Karte S. 62; www.bergsson.is; Templarasund 3; Hauptgerichte 1190–1890 ISK; ⌚Mo–Fr 7–19, Sa & So bis 17 Uhr) Wenn dieses erstklassige, skandinavisch-pragmatische Café in der eigenen Stadt stünde, wäre es sicherlich einen regelmäßigen Besuch wert. Die Gerichte sind sorgfältig zusammengestellt und die Inhaber rühmen sich damit, die frischesten Produkte und Zutaten zu verwenden, die sie bekommen können. An Wochenenden treffen sich hier die Einheimischen und blättern in Magazinen oder tratschen ein bisschen zum üppigen Frühstücksteller mit gut gefülltem Brotkorb (dem besten überhaupt wohlgemerkt; 1890 ISK).

LP TIPP **Snaps** NORDISCHE KÜCHE €€

(Karte S. 62; www.snapsbistro.is; Óðinstorg 101; Hauptgerichte 1980–3100 ISK; ⌚11.30–23 Uhr) Das Erfolgsgeheimnis von Snaps ist einfach: leckere Fischgerichte zu erschwinglichen Preisen. Die Mittagsgerichte kosten günstige 1690 ISK und am Abend schont ein dreigängiges Menü für 4800 ISK die Geldbörse. Die Tische sind in einen hellen, geselligen Raum gequetscht, der an ein Gewächshaus erinnert; rund um den herrlichen Messingtresen kann man gemütlich entspannen.

Sægreifinn FISCH & MEERESFRÜCHTE €€

(Seebaron; Karte S. 62; Geirsgata 8; Hauptgerichte 1190 ISK; ⌚11–22 Uhr) In diesem Lokal wird das berühmteste Hummercurry der Hauptstadt aufgetischt. Wenn der namengebende Seebaron nicht gerade die üppigen Teller serviert, macht er im Obergeschoss wahrscheinlich ein Nickerchen in einem der Stockbetten. Wer mag, kann sich ihm anschließen; die Siesta ist inklusive.

Laundromat Café INTERNATIONAL €€

(Karte S. 62; www.thelaundromatcafe.com/en; Austurstræti 9; Hauptgerichte 990–3990 ISK; ⌚Mo–Do 8–1, Fr bis 3, Sa 10–3, So 10–1 Uhr) Dieser dänische Import hat nach der Eröffnung in einer der Hauptstraßen von Reykjavík eingeschlagen wie eine Bombe. Die Einheimischen lieben die großzügigen herzhaften Gerichte in dem vergnügten, mit zerfledderten Taschenbüchern ausgestatteten Lokal. Besonders empfehlenswert ist der „schmutzige Brunch" am Wochenende, mit dem sich wunderbar der Kater vom Vorabend vertreiben lässt.

Ban Thai ASIATISCH €€

(Karte S. 56; www.banthai.name; Laugavegur 130; Hauptgerichte 1690–1890 ISK; ⌚18–22 Uhr) Auf Island gibt es eine überraschend gute Auswahl an Thai-Restaurants, die *pad thai* bieten. Ban Thai liegt direkt hinter dem Hlemmur Busbahnhof nicht gerade zentral, ist aber bei den Einheimischen sehr beliebt.

Roadhouse INTERNATIONAL €€

(Karte S. 56; www.roadhouse.is; Snorrabraut 56; Hauptgerichte 1690–4290 ISK; ⌚Mo–Do 11.30–21.30, Fr–Sa bis 23, So 13–21.30 Uhr) Das Roadhouse wirkt wie eine Hommage an die Figur des Arthur Fonzarelli aus der Serie *Happy Days* und erfreut seine Gäste mit amerikanischem Flair - große Sitzecken und riesige Portionen, alte Nummernschilder, Coca-Cola-Flaschen und aus dem Lautsprecher tönen die Beach Boys.

Café Loki ISLÄNDISCH €€

(Karte S. 62; Lokastígur 28; Hauptgerichte 450–2590 ISK; ⏱Mo–Fr 10–18, So 12–18 Uhr) Hinter dem etwas grellen Äußeren dieses Cafés in der Nähe der Hallgrímskirkja verbirgt sich ein geschmackvolles Interieur. Im Café Loki kommen sehr traditionelle Gerichte auf den Tisch: kleine Snacks wie Eier und Hering auf selbst gebackenem Roggenbrot, Island-Teller mit Schafskopfgelee und Haifischfleisch usw. Das Essen ist nicht nur bei neugierigen Touristen beliebt, sondern auch bei den Einheimischen.

Svarta Kaffið FASTFOOD €€

(Karte S. 62; Laugavegur 54; Hauptgerichte 900–1750 ISK; ⏱So–Do 11–1, Fr & Sa bis 3 Uhr) Wer in dieses belebte, höhlenartige Café kommt, bestellt eine der dicken, hausgemachten Suppen (eine mit Fleisch, eine vegetarisch) - sie werden kochend heiß in leckeren Schüsseln aus Brot serviert.

Vegamót INTERNATIONAL €€

(Karte S. 62; www.vegamot.is; Vegamótastígur 4; Hauptgerichte 1300–3000 ISK; ⏱Mo–Do 11–1, Fr & Sa 11–5, So 12–1 Uhr) Das schicke Vegamót, das sich im Laufe des Tages vom Café zur Bar zum Club verwandelt, hat sich als Verwandlungskünster längst etabliert - Gäste kommen, um zu essen, zu trinken und um zu sehen bzw. gesehen zu werden. Es gibt eine große Auswahl an Gerichten aus aller Welt, darunter auch mexikanischer Salat, *quesadilla* mit Meeresfrüchten und, besonders lecker, das Louisiana-Hühnchen mit einer unglaublichen Menge an Barbecuesauce.

Icelandic Fish & Chips FISCH & MEERESFRÜCHTE €€

(Karte S. 62; www.fishandchips.is; Tryggvagata 8; Hauptgerichte 990–1590 ISK; ⏱12–21 Uhr) Eine Leserempfehlung: Hier gibt es, wie der Name schon sagt, herzhafte Portionen Fish & Chips. Für isländische Verhältnisse ist das Essen preisgünstig und die Betreiber verleihen dem Ganzen mit ihren „Skyronnaises" ihre persönliche Note - Saucen auf *skyr*-Basis, z. B. mit Rosmarin und grünem Apfel, was dem Traditionsgericht eine ungewöhnliche Frische verleiht.

Hornið ITALIENISCH €€

(Karte S. 62; Hafnarstræti 15; Hauptgerichte 1500–4000 ISK; ⏱11.30–23 Uhr) In dem Café-Restaurant im Art-déco-Stil sorgen Terrakottafliesen, Birkenfeigen und jede Menge Platz zwischen den Tischen für angenehm entspannte Stimmung. Die Pizza wird vor den Augen der Gäste frisch zubereitet, hübsch präsentierte Pastagerichte sättigen nachhaltig und wer mag, kann auch traditionelle isländische Fischspezialitäten probieren.

Café Paris INTERNATIONAL €€

(Karte S. 62; Austurstræti 14; Hauptgerichte 990–4990 ISK; ⏱So–Do 9–1, Fr & Sa bis 5 Uhr) Das altbewährte Lieblingscafé der Einheimischen ist einer der besten Orte der Stadt zum Leutegucken, besonders im Sommer an den Tischen auf dem Austurvöllur-Platz und abends, wenn zwischen den Ledersitzen Musik und Weingläser erklingen. Die wenig inspirierte Karte - Sandwiches, Hamburger und Salate - ist zweitrangig: die meisten Gäste kommen, um gesehen zu werden.

Teuer

Die Gourmetküchen Reykjavíks rühmen sich, unvergessene kulinarische Erlebnisse zu servieren. Gäste sollten aber in den meisten Lokalen Abstriche gegenüber der internationalen Spitzengastronomie machen. In dieser Preisklasse teilen sich die Restaurants in zwei Arten: Lokalmatadore, die sorgfältig zubereitete isländische Speisen anbieten, und Top-Restaurants, die die isländischen Geschmacksnerven in andere, weiter entlegene Regionen entführen.

Dill NORDISCH €€€

(Karte S. 56; www.dillrestaurant.is; Sturlugata 5; 3-Gänge-Menü ab 5900 ISK; ⏱11.30–14.30 & 17–22 Uhr) Dieses elegante, wenn auch einfache Lokal im örtlichen Kulturhaus trumpft mit neuer nordischer Küche, wie sie im Buche steht auf. Hier dreht sich alles ums Essen: Den Gästen wird eine Parade an Häppchen aus örtlichen Zutaten serviert. Die Inhaber sind mit den Betreibern des berühmten Noma befreundet und haben sich stark von dem gefeierten Kopenhagener Restaurant inspirieren lassen.

Friðrik V ISLÄNDISCH €€€

(Karte S. 56; www.fridrikv.is; Mittagstisch/3-Gänge-Menü abends 1590/5900 ISK; ⏱Di–Fr 11.30–13.30, Di–Sa 17.30–22 Uhr) Der gleichnamige Chefkoch dieses Spitzenlokals für isländische Gourmetküche ist ein Verfechter der Slow-Food-Idee in Island. Bei der Zubereitung der Mahlzeiten wird er von seiner lieben Familie unterstützt; verwendet werden ausschließlich sorgfältig ausgesuchte lokale Produkte, aus denen der Meister z. B. *skyr*-Brûlée, Carpaccio vom Filet Mignon, Rhabarbersorbet, Kaisergranat mit gebratenem Gemüse oder *skyr*-Mozzarella-Caprese zaubert.

Fiskfélagið INTERNATIONAL €€€

(Fish Company; Karte S. 62; www.fishcompany.is; Vesturgata 2a; Hauptgerichte 2900–5400 ISK; ⏲11.30–14 & 18–23.30 Uhr) Die „Fish Company" nimmt isländische Fischrezepte und verbindet sie mit Einflüssen anderer Kontinente, z. B. wenn ein lokal gefangener Fisch mit asiatischen Gewürzen mariniert wird. Serviert wird in einem Ambiente aus eigenwilliger Möblierung und glänzenden Kupferlampen.

Fiskmarkaðurinn FISCH & MEERESFRÜCHTE €€€

(Fischmarkt; Karte S. 62; ☎578 8877; www.fiskmarkadurinn.is; Aðalstræti 12; Hauptgerichte 1690–3390 ISK; ⏲Mo–Fr 11.30–14 & 18–23.30, Sa & So 18–23.30 Uhr) Vom Fischgrätenlogo sollte man sich nicht abschrecken lassen – dieses Restaurant versteht es meisterlich, isländische Meeresfrüchte mit fernöstlichen Aromen anzureichern. Bei den Zutaten überwiegen die regionalen Produkte. So gibt es ein „Bauernmarkt"-Menü mit isländischen Spezialitäten (Hummer aus Höfn, Lachs aus der Þjórsá, Heilbutt aus dem Breiðafjörður), die mit scharfen Chilis, Papaya, Mango, Kokosnuss, Saté-Glasur und *ponzu*-Sauce Bekanntschaft machen.

Sushisamba FUSION €€€

(Karte S. 62; www.sushisamba.is; Þingholtsstræti 5; Hauptgerichte 1490–8990 ISK; ⏲So–Do 17–23, Fr–Sa 11.30–14 & 17–24 Uhr) Hier sollen Tom Cruise und Katie Holmes ihre letzte gemeinsame Mahlzeit als verheiratetes Paar eingenommen haben (bei Vorabreservierungen können Gäste darum bitten, an ihrem Tisch platziert zu werden). Sushisamba setzt ganz auf rohen Fisch, der mit Latinoaromen aufgemotzt wird. Das isländische Festmahl (6 Gänge, 5990 ISK) lohnt sich.

Vox ISLÄNDISCH €€€

(Karte S. 56; ☎444 5050; www.vox.is; Suðurlandsbraut 2; Hauptgerichte 4600–5900 ISK; ⏲Di–Sa 18–22 Uhr) Das 5-Sterne-Restaurant des Hilton entspricht ganz und gar dem Lokal eines Hotels und kommt ein wenig gestrig daher. Aber der berühmte Sonntagsbrunch lockt noch immer massenweise Einheimische und Touristen an.

Forréttabarinn TAPAS €€€

(Tapasbar; Karte S. 62; www.forrettabarinn.is; Nýlendugata 14, Eingang Mýrargata; Hauptgericht 1390 ISK; ⏲So–Do 17–23, Fr–Sa bis 24 Uhr) Tapasrestaurants haben in der Hauptstadt stark an Beliebtheit gewonnen. Es gibt eine Handvoll toller Lokale, die kleine Portionen (zu hohen Preisen) kredenzen. Diese Bar am Hafen überzeugt mit seinen „Appetithappen vor dem Essen". Das Angebot ist groß und international; drei Gerichte pro Person machen satt.

Þrír Frakkar ISLÄNDISCH €€€

(Karte S. 62; ☎552 3939; www.3frakkar.com; Baldursgata 14; Hauptgerichte 3000–5300 ISK; ⏲Mo–Fr 12–14.30 & 18–22, Sa & So 18–23 Uhr) Úlfar Eysteinsson, Inhaber und Küchenchef in Personalunion, hat sich mit diesem schnuckeligen Restaurant – angeblich eines von Jamie Olivers Lieblingslokalen – einen ausgezeichneten Ruf erworben. Zu seinen Spezialitäten gehören gesalzener Kabeljau, Seeteufel und *plokkfiskur* (Fischeintopf) mit Schwarzbrot. Wer mag, bekommt auch andere Spezialitäten, z. B. Robbenfleisch, Papageitaucher, Rentier und Walsteak.

Austur India Félagið INDISCH €€€

(Karte S. 62; Hverfisgata 56; Hauptgerichte 2600–4000 ISK; ⏲ab 18 Uhr) Das nördlichste indische Restaurant der Welt gehört zur gehobenen Kategorie und verwöhnt in minimalistischem Interieur mit erlesenen Genüssen (empfehlenswert z. B. : Tandoori-Lachs). Dabei verzichtet es auf jeden Dünkel – die Atmosphäre ist locker und die Bedienung äußerst freundlich.

Við Tjörnina FISCH & MEERESFRÜCHTE €€€

(Karte S. 62; ☎551 8666; www.vidtjornina.is; Templarasund 3; 2200–5900 ISK; ⏲ab 18 Uhr) Wer das berühmte Fischrestaurant in der Nähe des Tjörnin einmal besucht hat, kommt immer wieder. Es serviert wunderbar angerichtete isländische Gaumenfreuden wie Trottellumme mit Portwein, Kaisergranat mit Knoblauch oder – Spezialität des Hauses – marinierte Kabeljaubacken (schmeckt viel besser, als es sich anhört!). Das Restaurant hat viel Charakter und erinnert an einen exzentrischen High-Society-Salon aus den 1950er-Jahren.

Lækjarbrekka ISLÄNDISCH €€€

(Karte S. 62; www.laekjarbrekka.is; Bankastræti 2; Hauptgerichte 3220–5580 ISK; ⏲11.30–23 Uhr)

Dieses erstklassige Restaurant hat sich seinen Ruf in über 20 Jahren aufgebaut. Es zelebriert traditionelle isländische Küche (Wild, Hummer, saftige Pfeffersteaks und Lamm) mit Rücksicht auf den Touristengeschmack.

Nauthóll ISLÄNDISCH €€€

(Karte S. 56; www.nautholl.is; Nauthólsvegur 106; Hauptgerichte 2090–6290 ISK; ⌚Mo–Sa 11–22 Uhr, So bis 17 Uhr) Diese tolle Alternative für isländisches Essen liegt etwas jenseits des Zentrums in einem Glaskasten direkt neben einem geothermischen Strand und bietet Blick aufs Wasser. Die Einrichtung ist puristisch – polierte Böden und Lederstühle mit hoher Rückenlehne.

Argentína STEAKHOUSE €€€

(Karte S. 62; ☎551 9555; www.argentina.is; Barónsstígur 11a; Hauptgerichte 3850–5980 ISK; ⌚So–Do 18–22.30, Fr & Sa bis 23.30 Uhr) Das schummerige Steakhaus ist zu Recht stolz auf sein saftiges einheimisches Rindfleisch – das Beste in ganz Reykjavík. Außerdem wird hier auch Lachs, Rentier, Lamm, Schwein und Huhn aufgetischt. Die Weinkarte liefert zu jedem Gericht den passenden Tropfen.

Humarhúsið FISCH & MEERESFRÜCHTE €€€

(Karte S. 62; www.humarhusid.is; Amtmannsstígur 1; Hauptgerichte 4100–6500 ISK) Das unaufdringliche, elegante Hummerhaus ist berühmt für seine saftigen Muscheln, Kaisergranate und Hummer. Außer zahlreichen Gerichten mit Schalen- und Krustentieren gibt es auch Wild, Fisch, Lamm, Rind und eine vegetarische Alternative.

Selbstversorger

Reykjavíks Supermärkte sind praktisch, um sich für einen Tagesausflug in die Umgebung mit Vorräten einzudecken. Wenn es mal schnell auf die Hand gehen soll, gibt es die üblichen internationalen Fastfood-Imbisse. Alkoholische Getränke sind in allen Bars und Restaurants teuer. Die einzigen Läden, die Alkoholisches verkaufen dürfen, sind die Filialen des staatlichen Monopolhandels Vínbúð. Im Großraum Reykjavík gibt es 13 davon.

Bónus SUPERMARKT

Kringlan Einkaufszentrum (Karte S. 56; ⌚Mo–Do 12–18.30, Fr 10–19.30, Sa 10–18, So 12–18 Uhr); Laugavegur (Karte S. 62; Laugavegur 59; ⌚Mo–Do 12–18.30, Fr 10–19.30, Sa 10–18 Uhr) Der billigste Supermarkt.

10-11 SUPERMARKT

(⌚24 Std.) Austurstræti (Karte S. 62); Barónsstígur (Karte S. 56); Borgartún (Karte S. 56); Laugalækur (Karte S. 56) Die allgegenwärtigen Läden der 10-11 Kette ähneln 7-Eleven in anderen Ländern. Sie haben lange auf, aber überhöhte Preise.

Vínbúð SPIRITUOSENLADEN

(⌚Mo–Do & Sa 11–18, Fr 11–19 Uhr) Austurstræti (Karte S. 62; Austurstræti 10a); Borgartún (Karte S. 56; Borgartún 26) Die Filiale im Zentrum liegt an der Austurstræti, eine weitere auf dem Weg nach Laugardalur in der Borgartún.

Hlölla Bátar FASTFOOD

(Karte S. 62; Ingólfstorg; Hauptgerichte 1290–2190 ISK; ⌚So–Do 11–2, Fr & Sa 10–7 Uhr) Wenn schon schnell und fettig, dann wenigstens einheimisch – mit Sandwiches von Hlölla Bátar.

Ausgehen

Manchmal ist der Unterschied zwischen Cafés, Bars und Clubs in Reykjavík kaum auszumachen. Denn wenn die Nacht hereinbricht (egal ob es hell bleibt oder dunkel wird), dimmen die Cafés der Stadt die Lichter, drehen die Musik lauter und tauschen das Cappuccino-Angebot gegen die Cocktailkarte. Einige verwandeln sich in den frühen Morgenstunden sogar in echte Clubs. Alle Infos darüber, wie in Reykjavík gefeiert wird, stehen im Kasten auf S. 47. Es lohnt auch immer wieder, ein Blick ins Kapitel Essen zu werfen, wo einige der Verwandlungscafés aufgeführt sind.

LP TIPP **Kaffibarinn** BAR

(Karte S. 62; Bergstaðastræti 1; 📶) Das alte Haus mit dem Londoner Underground-Schild über der Tür beherbergt eine der coolsten Bars von Reykjavík, die sogar eine Starrolle im Kultfilm *101 Reykjavík* (2000) spielte. Am Wochenende braucht man ein berühmtes Gesicht oder einen Rammbock, um reinzukommen. Zu anderen Zeiten hängen hier Künstlertypen mit ihren Macs ab.

LP TIPP **KEX Bar** BAR

(Karte S. 56; Skúlagata 28) Dies ist wahrscheinlich die einzige Bar eines Hostels, in die auch Einheimische gehen. Wer dort war, versteht auch warum: Hier herrscht die Atmosphäre von Las Vegas in den 1920er-Jahren – Saloon-Türen, ein altmodischer Barbierstuhl, abgenutzte Böden und im

Hintergrund nervöses Gemurmel und das Klingen der Spielautomaten. Das Essen hier ist nicht der Rede wert.

Micro Bar BAR

(Karte S. 62; Austurstræti 6) Biere aus kleinen Brauereien werden in diesem unaufgeregten Laden in der Nähe von Austurvöllur großgeschrieben. Bierflaschen verschiedener Marken und Länder stehen zur Auswahl, vor allem aber einige lokal gebraute Sorten der besten Mikrobrauereien Islands. Während der Happy Hour (17 Uhr) gibt's das Bier für 500 ISK.

Slippbarinn BAR

(Karte S. 62; Mýrargata 2) Jetsetter treffen sich in dieser skandinavisch angehauchten Hotelbar am Alten Hafen. Wer eine Pause von der unbarmherzigen Bierszene der Stadt braucht, findet hier die besten Cocktails von Reykjavík.

Bakkus BAR

(Karte S. 62; Laugavegur 22) Die zweistöckige Spelunke erfüllt alles, was ein *djammið* braucht: viel Platz zum Tanzen und eine Bar für einen tiefen Schluck. An Wochenenden wird die Nacht durchgefeiert.

Lebowski Bar BAR

(Karte S. 62; Laugavegur 20a) Benannt nach dem „Dude" der Filmgeschichte steht die ganz und gar amerikanisch gestylte Lebowski Bar mitten im Geschehen. Und die Karte enthält eine lange Liste White Russians – das Lieblingsgetränk der Hauptfigur aus dem Film.

Boston BAR

(Karte S. 62; Laugavegur 28b) Das Boston ist cool, macht einen auf Kunst und ist leicht zu verfehlen. Vom Laugavegur geht's durch eine Tür die Treppe rauf zu einer relaxten Lounge, dekoriert mit einer schicken schwarzen Tapete, über der sich silbrige Blätter ausbreiten. Gelegentlich treten Bands auf, sonst sorgen DJs für gute Musik.

Prikið PUB

(Karte S. 62; Bankastræti 12) Die Atmosphäre im Prikið liegt irgendwo zwischen einer Studentenkneipe und einem Saloon – es ist großartig für alle, die fettes Essen und Geselligkeit suchen. Je früher der Morgen, desto mehr wird getanzt, und wer die Nacht überlebt hat, kann mittags zum „Katersandwich" wiederkommen.

REYKJAVÍK FÜR SCHWULE & LESBEN

Reykjavík hat den Ruf, ein sehr schwules Reiseziel zu sein (vielleicht ja, weil die Regierungschefin offen lesbisch lebt). Man kann die Stadt als solche zwar als sehr homosexuellenfreundlich betrachten, aber kaum von einer großen Szene sprechen (wie auch, bei nur 200 000 Einwohnern).

Schwulenbars kommen und gehen, aber es gibt eigentlich immer wenigstens einen expliziten Szeneclub im Stadtzentrum. Zum Zeitpunkt der Buchrecherchen war dies das glamouröse Gay 46 (S. 76). Aber da sich Schwule und Lesben in Reykjavík sehr frei und ohne Stigmatisierungen bewegen können, ist es üblich, dass die Leute unabhängig von ihrer sexuellen Orientierung an geselligen Orten gemeinsam abhängen. Die jährliche Schwulenparade gehört in Reykjavík zu den am besten besuchten Veranstaltungen.

Die Schwulen- und Lesbenorganisation **Samtökin '78** (552 7878; www.samtokin78.is; 3. OG, Laugavegur 3; Büro Mo–Fr 13–17 Uhr) versorgt Interessenten während der Bürozeiten mit Informationen und fungiert als inoffizielles Zentrum der Schwulengemeinde. In den gleichen Räumen residiert auch **Pink Iceland** (562 1919; www.pinkiceland.is; Mo–Fr 9–17 Uhr), das einzige schwul-lesbische Reisebüro des Landes. Reisende sind herzlich eingeladen, vobeizuschauen und nach aktuellen Veranstaltungen oder Treffpunkten der örtlichen Szene zu fragen. Zum Zeitpunkt der Recherchen planten die Betreiber von Pink Iceland gerade, einige geführte Sparziergänge (3500 ISK, 90 Min.) und alle zwei Monate Circuit-Partys in ihr Programm aufzunehmen. Infos darüber gibt es direkt von Pink Iceland.

Besucher nutzen zunehmend moderne Kommunikationswege, um sich zu verabreden – die Apple-Anwendung Grindr ist weit verbreitet ebenso wie **Gay Romeo** (www.gayromeo.com). **GayIce** (www.gayice.is) bietet allgemeine Nachrichten aus der isländischen Szene.

DJAMMIÐ

Reykjavík ist bekannt für seine Wochenendpartyszene, in der die Nächte zum Tag werden. Im Sommer kann sich die Party auch auf den einen oder anderen Wochentag ausweiten. *Djammið* ist in der Hauptstadt die erwachsene Version der berüchtigten *rundtur*, bei der die isländische Jugend mit ihren Autos und wummernden Beats aus den Lautsprechern durch die Stadt fährt.

Die Party steigt in den Cafés und Bistros. Am Wochenende verwandeln sie sich in wilde, bierselige Bars. Es gibt aber auch „richtige" Kneipen und Clubs. Nicht die bloße Zahl der Trinkschuppen macht Reykjavíks Nachtleben so besonders, sondern die ungestüme Energie, die sie ausstrahlen!

Die meisten Lokale haben sonntags bis donnerstags bis 1 Uhr, freitags und samstags bis 3 Uhr oder länger auf. Vor den „In"-Läden bilden sich am Wochenende lange Schlangen. Aufgrund des ständigen Kommens und Gehens halten sich die Wartezeiten aber in Grenzen.

Schon wegen der hohen Alkoholpreise kommt das Geschehen erst spät in Schwung. Die Isländer stürzen sich erst mal ins Getümmel der staatlichen Alkoholläden Vínbúð (S. 74), um sich dann mit ihrer Beute zum Vorglühen nach Hause zurückzuziehen. Wenn sie gegen Mitternacht richtig in Stimmung sind, strömen sie in die Stadt, feiern bis 5 Uhr, essen einen Hotdog und kippen dann ins Bett oder in die Gosse. Angesichts der Alkoholmengen, die hier genossen werden, läuft das Ganze erstaunlich friedlich ab.

Statt sich für den ganzen Abend in einem Lokal einzunisten, stromern die Isländer lieber von Bar zu Bar und werden im Laufe des Abends immer hemmungsloser. Im Mittelpunkt der Action stehen Laugavegur und Austurstræti. Für einen ½ l Bier sind etwa 700 bis 800 ISK fällig. Einige Läden verlangen nach Mitternacht einen Mindestverzehr (um die 1000 ISK). Die Szene ändert sich hier schnell – aktuelle Veranstaltungstipps gibt's in *Grapevine*. Generell ist in Reykjavík Aufstylen angesagt, aber manche Kneipen sind auch salopper. An Leute unter 20 Jahren darf kein Alkohol ausgeschenkt werden.

Hemmi & Valdi CAFÉ

(Nýlenduvöruverslun Hemma og Valda; Karte S. 62; Laugavegur 21) „Hemmis und Valdis Kolonialwarenladen" ist noch so ein bunt zusammengewürfeltes und etwas abgewracktes, selbstironisches Café. Zwei junge Väter gründeten diesen relaxten Laden, um Kaffee, Bier und ... Babysachen (!) zu verkaufen. Die riesigen Fenster laden dazu ein, die Leute auf der Straße zu beobachten; außerdem gibt es hier heimelige getöpferte Kaffeebecher, einen herzlichen Empfang für Kinder und ein kleines Angebot an Kaffees und Kuchen. Abends wird aus dem Café eine tolle kleine Bar – die Alkoholpreise gehören zu den niedrigsten in ganz Reykjavík.

Dillon PUB

(Karte S. 62 Laugavegur 30) Bier, Bärte und fliegende Flaschen ... das urige Dillon ist eine rockige Kneipe mit einem ausgelassenen Publikum. Auf der winzigen Bühne gibt's regelmäßig Livekonzerte. Draußen lockt ein toller Biergarten, drinnen eine ausgefallene DJ-Besetzung – die weißhaarige, Weißwein und Rum schlürfende „Rockmamma" Andrea Jons, eine weiblich-isländische Ausgabe der englischen Radio-DJ-Legende John Peel.

Hressingarskálinn BAR

(Karte S. 62; www.hresso.is; Austurstræti 20; 📶) Die geräumige Bar, meist kurz „Hressó" genannt, serviert täglich bis 22 Uhr Sättigendes von der abwechslungsreichen Speisekarte (von Haferbrei bis *plokkfiskur*). Am Wochenende schüttelt sie ihre kultivierte Fassade ab und konzentriert sich auf Bier, Bar und Tanz. Hinterm Haus ist ein Garten zum Luftschnappen. Donnerstags stehen meist DJ-Abende oder Livemusik an.

Gay 46 SCHWULENBAR

(Karte S. 62; Hverfisgata 46) Die Schwulenszene von Reykjavík ist unbeständig wie das restliche Nachtleben. Zum Zeitpunkt der Buchrecherchen war dies der Treffpunkt für Jungs, die Jungs treffen wollen. Die Atmosphäre hat etwas von einem Lagerhaus (aber nicht auf die coole Art); hinter einer zweiten Tür gibt es einen „Nur für Männer"-Raum in Regenbogenfarben und mit nackten Männern an den Wänden.

✩ Unterhaltung

Kultur

Reykjavík hat mehrere Theaterensembles, Comedy Shows, ein Opernhaus und ein Symphonieorchester. Aktuelle Veranstaltungshinweise gibt es in *What's On in Reykjavík*, *Grapevine* oder den Tageszeitungen. Aufführungen, die Touristen isländische Geschichte, Kultur und seine Besonderheiten nahebringen wollen, werden vom **Iðnó Theater** (Karte S. 62; ☎551 9181; www.lightnights.com; Vonarstræti 3) und von **Let's Talk Iceland** (Karte S. 62; ☎699 7040; www.letstalk.is; Hafnarstræti 1–3) angeboten.

Nationaltheater THEATER

(Karte S. 62; ☎551 1200; www.leikhusid.is; Hverfisgata 19; ⏲Theaterferien Juli & Aug.) Das Nationaltheater betreibt drei Bühnen, auf denen pro Jahr ungefähr zwölf Theaterstücke, Musicals und Opern zu sehen sind – von modernen isländischen Werken bis zu Shakespeare.

Stadttheater Reykjavík THEATER

(Karte S. 56; ☎568 8000; www.borgarleikhus.is; Kringlan, Listabraut 3; ⏲Theaterferien Juli & Aug.) Produziert mindestens sechs Stücke und Musicals pro Jahr. Hier residiert auch die **Icelandic Dance Company** (www.id.is).

Livemusik

Die Reykjavíker Livemusikszene ist chaotisch und verändert sich ständig. Überall eröffnen neue Veranstaltungsorte und oftmals genau dort, wo vorher schon andere waren. Die aktuellsten Hintergrundinfos über die isländische Musikszene bietet die englischsprachige Gratiszeitung *Grapevine* (liegt überall aus). Alternative Informationsquellen sind die beiden unabhängigen Musikhandlungen der Stadt. Livekonzerte finden regelmäßig in zahlreichen Bars und Cafés statt, die in diesem Kapitel aufgeführt sind.

Vulkanshows

Viele haben große Ehrfurcht vor Islands Vulkanlandschaft. Ihre Entwicklung wurde im letzten Jahrhundert minutiös dokumentiert und es gibt in der Stadt mehrere Möglichkeiten, sich phantastische Filmszenen der größten Medienstars Islands anzuschauen, wie dem Surtsey, der Hekla, der Katla und natürlich dem berüchtigten Eyjafjallajökull. Folgende Shows laufen mehrmals am Tag, auch auf Englisch und Deutsch: **Volcano Show** (Red Rock Cinema; Karte S. 62; ☎845 9548; vknudsen2000@yahoo.com; Hellusund 6a; Eintritt 1500 ISK), **Cinema No2** (Karte S. 62; ☎899 7953; www.lifsmynd.is/cinemano2; Eintritt 1000–1500 ISK) und **Volcano House** (Karte S. 62; ☎555 1900; www.volcanohouse.is; Tryggvagata 11; Eintritt 2000 ISK).

Shoppen

Wer in Islands Hauptstadt einkauft, sollte die tolle Gelegenheit nutzen, die städtische Designkultur kennenzulernen, die in einem wunderbaren Kontrast zur natürlichen Umgebung steht. Die Möglichkeiten, sich ein Stück Reykjavík mit nach Hause zu nehmen, reichen von eleganten Geldbörsen aus Fischhaut und *lopapeysur* über einzigartige Beats auf den Alben örtlicher Musiker bis hin zu Flaschen mit isländischem *brennvín*. Es muss ja nicht immer eine Trollfigur aus Plastik sein.

Nicht vergessen: Alle Touristen haben Anspruch auf 15 % Mehrwertsteuerrückerstattung (Kasten S. 359).

Eymundsson BÜCHER

Austurstræti (Karte S. 62; Austurstræti 18; ⏲Mo–Fr 9–22, Sa & So 10–22 Uhr); Skólavörðustígur (Karte S. 62; Skólavörðustígur 11; ⏲Mo–Fr 9–22, Sa & So 10–22 Uhr) Dies sind die beiden größten Filialen einer Buchladenkette im Zentrum von Reykjavík mit einer tollen Auswahl englischsprachiger Bücher, Tageszeitungen, Magazine und Karten. An beide ist auch ein nettes Café angeschlossen.

LP TIPP **Kraum** SOUVENIRS

(Karte S. 62; www.kraum.is; Aðalstræti 10) Kraum entstammt der Idee einiger örtlicher Künstler. Übersetzt heißt es „schwelend“ – nach der ruckeligen Erde von Island und den kreativen Eruptionen seiner Einwohner. Im Angebot sind sorgfältig ausgesuchte, einzigartige Designstücke, wie Klamotten aus Fischhaut und Möbel aus Treibholz. Ausstellungs- und Verkaufsraum liegen im ältesten Haus der Stadt.

LP TIPP **66° North** KLEIDUNG

(Karte S. 62; www.66north.is; Bankastræti 5) Islands Outdoorlabel hat mit Allwetterkleidung für die Eismeerfischer angefangen. Daraus entwickelte sich eine wetterfeste, aber ultra-modische Streetwear-Kollektion – Jacken, Fleecepullis, Mützen und Handschuhe. Selbst die Mitglieder der isländischen Lebensrettungsgesellschaft werden von 66° North eingekleidet. Hier einzukaufen ist eine großartige Entschuldigung, die eigene Arktisausstattung zu Hause zu lassen. Die Filiale im Einkaufszentrum Kringlan ist donnerstags lange geöffnet.

Leynibuðin KLEIDUNG
(Karte S. 62; http://leynibudin.is; Laugavegur 21) Das Gemeinschaftsprojekt junger Designer ist ein stattlicher Minimarkt örtlich gefertigter Kleidungsstücke. Die Stücke gehen in Richtung Hipster und Grunge und bilden den aktuellen Made-at-Home-Trend in Reykjavík ab.

Dogma KLEIDUNG
(Karte S. 62; www.dogma.is; Laugavegur 30) Dieser skurrile T-Shirt-Spezialist ist genau der Hersteller, bei dem Reisende ihre „Big in Iceland"-Shirts oder die besonders populären T-Shirts mit der Aussprache von „Eyjafjallajökull" finden.

Netagerðin SOUVENIRS
(Karte S. 62; www.netagerdin.is; Nýlendugata 12) Dieses einzigartige Gebäude am Hafen war früher ein Lagerhaus für Fischernetze und beherbergt heute drei angesagte Designstudios und ein Musiklabel. Das Atelier wird auch als Verkaufsraum genutzt.

Spark DESIGN
(Karte S. 62; www.sparkdesignspace.com; Klappastígur 33) Dieser selbst ernannte Designraum bietet wechselnde Ausstellungen mit ausgewählten Stücken, die bei einzigartigen örtlichen Gemeinschaftsprojekten entstanden sind. Die Galerie verkauft die meisten gezeigten Stücke und verfügt über einen faszinierenden (und käuflichen) Vorrat an Gegenständen aus früheren Ausstellungen.

Geysir SOUVENIRS
(Karte S. 62; www.geysir.net; Skólavörðustígur 16) Geysir ist der Laden für alle, die nach eher traditionellen Souvenirs suchen. Im Angebot ist eine elegante Auswahl isländischer Klassiker: Pullover, Postkarten, Figuren usw.

Flohmarkt Kolaportið ANTIQUITÄTEN
(Karte S. 62; Geirsgata) Dieser Wochenendmarkt in einer großen Industriehalle am Hafen ist eine Reykjavíker Institution, das Angebot an Secondhand-Klamotten und altem Spielzeug könnte aber besser sein.

Fríða Frænka ANTIQUITÄTEN
(Karte S. 62; Vesturgata 3) Zweigeschossige Fundgrube für alles Mögliche von antikem Mobiliar bis zum Plastikkitsch der 1960er-Jahre. Der ganze Krimskrams ist mit gefährlicher Schlagseite bis unter die Decke in kleinen Nebenräumen gestapelt, was das Einkaufserlebnis um die Wirkung einer Kunstinstallation bereichert.

Gaga KLEIDUNG
(Karte S. 62; www.gaga.is; Vesturgata 4) Eigenwillige Strickwaren von Designerin Gaga Skorrdal.

Handknitting Association of Iceland KLEIDUNG
(Karte S. 62; www.handknit.is; Skólavörðustígur 19) Die Strickgenossenschaft verkauft handgestrickte Mützen, Socken und Pullover, aber auch Strickmuster! Sie betreibt auch noch eine kleinere Filiale (Karte S. 56; Laugavegur 64), die ausschließlich fertige Strickwaren verkauft.

Aurum SCHMUCK
(Karte S. 62; Bankastræti 4) Guðbjörg bei Aurum ist eine der interessantesten Schmuckdesignerinnen. Ihre raffinierten, hauchfeinen Silberkreationen sind oft von Blatt- und Blütenformen inspiriert.

12 Tónar MUSIK
(Karte S. 62; www.12tonar.is; Skolavörðustígur 15) Ein supercooler Ort zum Rumhängen ist 12 Tónar, das sich als Sprungbrett für einige neue isländische Bands verdient gemacht hat. In dem dreigeschossigen Laden kann man CDs hören, Kaffee schlürfen und vielleicht freitagnachmittags einen Liveauftritt miterleben.

Skífan Music MUSIK
(Karte S. 62; Laugavegur 26) Reykjavíks größte Musikladenkette bietet eine Riesenauswahl, Wühlkisten mit Sonderangeboten und Kopfhörer zum Reinhören vor schwerwiegenden Kaufentscheidungen. Im Einkaufszentrum Kringlan gibt es einen zweiten Laden.

Kringlan EINKAUFSZENTRUM
(Karte S. 56; www.kringlan.is; Kringlan) Reykjavíks größtes Einkaufszentrum, 1 km von der Innenstadt entfernt, mit 150 Geschäften. Anfahrt mit den Bussen S1–4, S6, 13 oder 14.

Praktische Informationen

Geld

Fast überall kann mit Kreditkarte bezahlt werden (außer in Bussen), es ist also nicht nötig, Bargeld mit sich zu führen. Die Wechselgebühren in Hotels oder privaten Wechselstuben können unverschämt hoch sein.

Íslandsbanki (☎440 4000; www.islandsbanki.is; Lækjargata 12)

Kaupþing (☎444 7000; www.kaupthing.com; Austurstræti 5)

Landsbanki Íslands (☎410 4000; www.landsbanki.is; Austurstræti 11)

Internetzugang

Am einfachsten kommt man im Hotel, in der Pension oder im Hostel ins Internet. Auch die meisten Cafés der Hauptstadt bieten kostenloses WLAN. Onlinedienste in der Touristeninformation und in den Bibliotheken der Stadt kosten 250 ISK pro Stunde.

Folgende Bibliotheken bieten Internetzugang:

Aðalbókasafn (☎411 6100; www.borgarbokasafn.is; Tryggvagata 15; ⌚Mo–Do 10–19, Fr 11–19, Sa & So 13–17 Uhr) Hervorragende Hauptbibliothek im Zentrum von Reykjavík.

Kringlusafn (☎580 6200; www.borgarbokasafn.is; Ecke Borgarleikhús & Listabraut; ⌚Mo–Do 10–19, Fr 11–19, Sa & So 13–17 Uhr) Zweigstelle beim Einkaufszentrum Kringlan.

Medizinische Versorgung

Gesundheitszentrum (☎585 2600; Vesturgata 7)

Læknavaktin (☎1770) Allgemeine medizinischeTelefonberatung zwischen 17 und 23.30 Uhr, nicht für akute Notfälle.

Lyfja (☎552 4045; Laugavegur 16; ⌚Mo–Fr 9–18, Sa 11–16 Uhr) Zentral gelegene Apotheke.

Lyfja Apótek (☎533 2300; Lágmúli 5; ⌚7–1 Uhr) Bis nachts geöffnete Apotheke in der Nähe des Hotels Hilton Reykjavík Nordica. Busse S2, 15, 17 und 19.

Zahnärztlicher Dienst (☎575 0505)

Notfall

Notrufnummer für Krankenwagen, Feuerwehr und Polizei ☎112.

Landspítali Universitätsklinik (☎543 2000; Fossvogur) Rund um die Uhr besetzte Unfallstation.

Post

Hauptpostamt (☎580 1200; Pósthússtræti 5; ⌚Mo–Fr 9–18 Uhr) Gut funktionierender Paketdienst, Philatelieschalter (www.stamps.is) und Postlagerdienst.

Telefon

Öffentliche Fernsprecher sind selten im handyverrückten Reykjavík. Am besten stehen die Chancen noch bei der Touristeninformation, beim Postamt an der Südwestecke des Austurvöllur, in der Lækjargata oder im Einkaufszentrum Kringlan.

Touristeninformation

Reykjavík hat eine sehr gute zentrale Touristeninformation und auch immer mehr kleinere Informationsstellen, die von Reiseagenturen betrieben werden und sich auf die Vermittlung von Touren spezialisiert haben.

In Reykjavík gibt es überall genügend Broschüren und Infohefte mit aktuellen Veranstaltungen, um sich damit die Wände zu tapezieren. Sie liegen meist in den Touristeninformationen und in den Lobbys der Hotels und Hostels aus.

Die ausgezeichnete englischsprachige Zeitung *Grapevine* ist vielerorts zu bekommen und verrät, was sich in der Stadt Neues tut.

BSÍ-Busbahnhof Infoschalter (Karte S. 56; Vatnsmýrarvegur 10) Informationsbroschüren.

Icelandic Travel Market (Karte S. 62; ☎552 4979; www.icelandictravelmarket.is; Bankastræti 2; ⌚Mai–Aug. 8–21 Uhr, Sept.–April bis 19 Uhr) Privat betriebene Touristeninformation.

Zentrale Touristeninformation (Upplýsingamiðstöð Ferðamanna; Karte S. 62; ☎590 1550; www.visitreykjavik.is; Aðalstræti 2; ⌚Juni–Mitte Sept. tgl. 8.30–19 Uhr, Mitte Sept.–Mai Mo–Fr bis 18, Sa bis 16 & So bis 14 Uhr) Freundliches Personal und Berge von kostenlosen Broschüren und Infoblättern; außerdem gibt es einige Landkarten zu kaufen. Vermittlung und Buchung von Unterkünften, Touren und Aktivitäten.

ℹ An- & Weiterreise

Bus

Fast alle Fernbusse halten am **BSÍ-Busbahnhof** (☎562 1011; www.bsi.is; Vatnsmýrarvegur 10) in der Nähe des Inlandsflughafens (der Name wird *bje es i* ausgesprochen). Dort kann man Busverbindungen in alle Ecken Islands buchen. Außerdem liegen Sommer- (Juni–Aug. oder Mitte Sept.) und Winterfahrpläne (Mitte Sept.–Mai)

REYKJAVÍK WELCOME CARD

Die **Reykjavík Welcome Card** (24/48/72 Std. 2400/3300/4000 ISK) gibt's bei der Touristeninformation und verschiedenen anderen Verkaufsstellen. Karteninhaber haben freie Fahrt mit den Stadtbussen und der Fähre nach Viðey sowie freien Eintritt zu Reykjavíks öffentlichen Schwimmbädern und zu den meisten größeren Galerien und Museen. Der Kauf lohnt sich für Besucher, die Busse und Schwimmbäder nutzen, aber nicht so sehr für solche, die nur ein paar Museen und Galerien besuchen.

ABSTECHER

EIN TAG IN GRÖNLAND

Praktisch zwischen Europa und Nordamerika gelegen hat sich Reykjavík zu einem angesagten Stopp zwischen den Kontinenten gemausert. Touristen mit knappem Zeitbudget nutzen den Aufenthalt in der Hauptstadt für ein paar malerische Tagestouren zu Gletscherlagunen, Geysiren, Lavafeldern und windumtosten Inseln in der Umgebung. Nur wenigen ist klar, dass auch ein Abstecher nach Grönland leicht in den Reiseplan einzubauen ist. Im Sommer bietet Air Iceland regelmäßige Flüge zu der entlegenen Gemeinde Kulusuk im Osten Grönlands. Kulusuk ist inmitten endloser eisig-weißer und kalt-blauer Flächen eine echte Grenzerfahrung.

Tagesausflügler nähern sich dem kleinen Dorf, in dem nur 360 Menschen wohnen (und es keine Toiletten mit Spülung gibt), langsam auf einem umwerfenden Spaziergang vom Flughafen. Die bunten Holzhäuschen in der Ferne wirken wie eine Illusion und werden erst durch die wild klickenden Kameras plötzlich Realität. Und auch wenn die Aufführung eines traditionellen Trommeltanzes eher kitschig ist, bleibt bis zum Ende das Gefühl, dass dies alles Teil eines gigantischen Traums ist. Zum Abschluss der Tour können die Reisenden entscheiden, ob sie von See oder über Land zum Flughafen zurückkehren wollen. Die Bootsfahrt (25 € extra) geht quer durch ein Feld von Eisbrocken, die wie Popcorn in der Bucht treiben, während die Wanderung die letzte Möglichkeit bietet, die herrliche Landschaft der schneebedeckten Klippen zu bewundern.

Die Tour kostet ab 66 520 ISK. Das ist natürlich teuer, aber wie viele Menschen können behaupten, sie hätten einen „Kalaallit Nunaat“-Stempel in ihrem Pass?

Weitere Informationen gibt es auf shop.lonelyplanet.com, wo der Lonely Planet Greenland & Arctic Guide als PDF-Download erworben werden kann.

sowie Touristenbroschüren zum Mitnehmen aus.

Im Sommer gibt es regelmäßige Direktverbindungen u. a. zu den im Kasten aufgeführten Zielen (den Rest des Jahres verkehren die Busse seltener oder gar nicht).

Wer andere Ziele in Nord- und Ostisland (z. B. Egilsstaðir, Mývatn und Húsavík) ansteuern will, muss in Höfn oder Akureyri umsteigen. Das ist manchmal nur mit Übernachtung zu machen.

Mehr Infos über die Reisemöglichkeiten zu den verschiedenen Orten im Land stehen im jeweiligen Kapitel des Zielortes.

Flugzeug

Reykjavíks **Inlandsflughafen** (Innanlandsflug; www.reykjavikairport.is) befindet sich südlich vom Tjörnin auf einem weiten, eingezäunten Stück Land. Von morgens bis abends verkehren Flugzeuge zwischen Reykjavík und Akureyri, Egilsstaðir sowie Ísafjörður, außerdem nach Grönland und zu den Färöern. Die Inlandsfluggesellschaft **Air Iceland** (Flugfélag Íslands; ☎570 3030; www.airiceland.is) hat einen Schalter am Flughafen, aber es ist günstiger, Flüge übers Internet zu buchen (zu diesem Zweck steht neben den Eincheck-Schaltern ein Computerterminal). **Eagle Air** (☎562 4200; www.eagleair.is) startet hier außerdem Sightseeingflüge.

Internationale Fluggesellschaften steuern den **Internationalen Flughafen Keflavík** (☎425 0600, 425 6000; www.kefairport.is) 48 km westlich von Reykjavík an. Die praktischste Verbindung dorthin ist der Flybus – s. S. 82. Internationale Fluggesellschaften s. S. 370.

Schiff

Infos zur Fähre nach Viðey s. S. 83.

Unterwegs vor Ort

Auto & Motorrad

Ein Auto ist in der Stadt überflüssig, da man problemlos zu Fuß und mit dem Bus herumkommt. Für diejenigen, die in die nähere Umgebung wollen und sich für Bustouren (S. 59) nicht begeistern können, lohnt sich ein Mietwagen.

Die Autofahrer in der Hauptstadt verhalten sich nicht immer rücksichtsvoll: Vorsicht vor Leuten, die in ihr Handy plappern (das ist übrigens verboten), ohne Vorwarnung die Spur wechseln oder an Einmündungen die Kurven schneiden.

PARKEN

Während der Geschäftszeiten ist das Parken begrenzt und teuer; montags bis samstags zwischen 18 und 10 Uhr und sonntags ist es kostenlos. Die meisten Hotels haben einige Parkplätze für ihre Gäste reserviert, aber tagsüber kann es schwierig werden, einen Platz zu ergattern. Das Fahrzeug an öffentlichen Orten, wie einem städtischen Bad, abzustellen, ist auch keine gute

Idee: die örtlichen Ordnungsbeamten verteilen fleißig Strafzettel.

ORIENTIERUNG FÜR SELBSTFAHRER

Aus der Stadt herauszukommen, ist kein Problem – einfach den Schildern zur Ringstraße (Straße 1) folgen. Von außerhalb nach Reykjavík hineinzufahren, kann etwas verwirrender sein. Es gibt Dutzende von Ausfahrten von der Schnellstraße und auf den Straßenschildern stehen statt vollständiger Straßennamen nur Abkürzungen. Als kleine Hilfe: Die Hauptstraße nach Reykjavík hinein ist der Vesturlandsvegur, der später Miklabraut und dann Hringbraut heißt. In Richtung Laugardalur beim Einkaufszentrum Kringlan abfahren, in Richtung Hallgrímskirkja an der Snorrabraut und in Richtung Stadtzentrum an der Suðurgata.

Bus

Reykjavíks **Strætó-Stadtbusnetz** (☎540 2700; www.straeto.is/english) sorgt für regelmäßige Busverbindungen in der Innenstadt und zu den Vororten Seltjarnarnes, Kópavogur, Garðabær, Hafnarfjörður und Mosfellsbær. Strætó hat kürzlich sein Netz entlang der Südküste erweitert – Informationen dazu s. S. 375.

Die aktuellsten Informationen über das Busnetz stehen in der *Welcome to Reykjavík City Map* mit einer sehr übersichtlichen Karte der Busstrecken. Es gibt sie an vielen Stellen in der Stadt, u. a. bei den Touristeninformationen und an den Busbahnhöfen.

Die Stadtbusse verkehren täglich von 7 bis 23 oder 24 Uhr (sonntags ab 10 Uhr) im 20- oder 30-Minutentakt. Freitags und samstags gibt es bis 2 Uhr früh einen eingeschränkten Nachtbusservice. Die Busse halten nur an den regulären Haltestellen, die mit einem gelben „S" markiert sind.

TICKETS & FAHRPREISE

Der Fahrpreis beträgt 350 ISK (es wird kein Wechselgeld herausgegeben). Es gibt auch 1- und 3-Tages-Pässe (800/2000 ISK), erhältlich an den beiden Busbahnhöfen, in den Einkaufszentren Kringlan und Smáralind und bei den größeren Schwimmbädern. Die Busfahrer geben *skiptimiði* (Umsteigetickets) an Fahrgäste aus, die umsteigen müssen, um ihr Ziel zu erreichen. Sie müssen innerhalb eines begrenzten Zeitraums (gewöhnlich 45 Min.) benutzt werden.

ABSTECHER

AUF DIE FÄRÖER

Flüge und Fähren (S. 79) geben Arktikabenteurern die Möglichkeit, drei oder vier Tage lang die wahrhaft magischen Färöer-Inseln zu erkunden. Eine halbe Woche reicht gerade, um die folgenden Highlights zu besuchen:

» **Tórshavn** Als Erstes fallen die Grassodendächer ins Auge, die praktisch jedes der bunten Häuser im Hafen bedecken. Besucher lassen sich von dem wundersamen Charme auf der Stelle einfangen, aber tatsächlich handelt es sich hier um die Hauptstadt. Zwar gibt es nicht besonders viel Sehenswertes in Tórshavn, aber die Stadt ist eine gute Ausgangsstation für mehrere Tagesausflüge. Und selbst wenn die milden Sommerabende einen gedanklich in Fischerdörfer im Mittelmeer oder in eine Außenstelle der Karibik entführen, wird durch das Heulen des Winds schnell wieder klar, dass die Färöer zur Arktis gehören.

» **Gjógv** Der Name des Ortes ist kaum aussprechbar („djaykf"), aber dies ist wohl das lieblichste Dorf der Welt, das alle sofort ins Herz schließen. Winzige Hütten mit Grassodendächern liegen rund um einen natürlichen Hafen versammelt, der aussieht als hätte hier ein Blitz das Gelände gespalten und eine schützende Bucht geformt. Die Umgebung eignet sich perfekt zum Wandern und der wunderbare Gasthof verführt geradezu zu einer Übernachtung im Ort.

» **Mykines** Hier liegt das westliche Ende der Inselkette. In Mykines (mii-chi-ness) erreicht die Landschaft ihren dramatischen Höhepunkt – zahllose Vogelkolonien (Pagageitaucher!) jagen nach Flutbasalt und ruhigen Einzelplätzen in den Klippen. Selbst für Färöer gilt dieser Teil der Inseln als entlegen (es gibt nur elf Einwohner), dennoch gibt es von hier Helikopterflüge und Fähren nach Vágar.

» **Hestur** Abgelegen versteckt sich das kleine Hestur südlich von Streymoy. Die Insel ist vor allem für ihre tiefen Höhlen bekannt, die von den ununterbrochenen Wellen in die Klippen gespült wurden. Auf www.tutl.com gibt's Informationen über einzigartige Jazzkonzerte in den Höhlen.

Die Reykjavík Welcome Card (Kasten S. 79) ist gleichzeitig ein Strætó-Buspass zur kostenlosen Nutzung der Stadtbusse.

HALTESTELLEN

Die beiden zentralen Busstationen sind **Hlemmur** am Ende der Hauptgeschäftsstraße Laugavegur und **Lækjartorg** im Stadtzentrum. Vor dem Einsteigen unbedingt checken, wo der jeweilige Bus langfährt, da nicht alle Busse an beiden Stationen halten.

Praktisch sind u. a. folgende Buslinien:

1 Busstation Hlemmur, Haltestelle Lækjartorg, Nationalmuseum, BSÍ-Busbahnhof, Krankenhaus, Haltestelle Hamraborg (Kópavogur), Haltestelle Fjörður (Hafnarfjörður).

14 Haltestelle Lækjartorg, Nationalmuseum, BSÍ-Busbahnhof, Krankenhaus, Busstation Hlemmur, Laugardalur (nächstgelegene Haltestelle zu Schwimmbad, City Hostel und Campingplatz).

15 Inlandsflughafen, BSÍ-Busbahnhof, Krankenhaus, Busstation Hlemmur, Laugardalur, Busstation Háholt (Mosfellsbær).

Fahrrad

Reykjavík hat ein gut beleuchtetes Radwegenetz, das von Jahr zu Jahr besser wird – einen Radwegeplan gibt es bei der Touristeninformation. Manchmal lässt es sich nicht vermeiden, auf verkehrsreichen Straßen zu fahren. Dabei ist Vorsicht geboten, denn Autofahrer nehmen wenig Rücksicht auf Radler. Sehr erfreulich: Radfahrer dürfen sogar die Bürgersteige benutzen, solange sie sich vernünftig verhalten und keine Fußgänger behindern.

Im Hotel helfen die Mitarbeiter am Empfang, ein Mietfahrrad zu besorgen, oder s. S. 53.

Vom/Zum Flughafen

Vom internationalen Flughafen Keflavík nach Reykjavík zu kommen ist einfach: der **Flybus** (☎580 5400; www.re.is) erreicht alle internationalen Flüge. Eine einfache Fahrt kostet 1950 ISK oder 2500 ISK für Leute, die direkt an ihrem Hotel abgesetzt werden möchten (der Bus hält immer erst am BSÍ). Tickets gibt's an einem Schalter beim Ausgang des Flughafengebäudes; sie können per Kreditkarte bezahlt werden. Die Fahrt nach Reykjavík dauert rund 50 Minuten. Mit dem Taxi zu fahren lohnt sich kaum; Taxis sind teuer und fahren etwa genauso lange wie der Bus.

Für die umgekehrte Richtung sollte die Abfahrt vom BSÍ-Busbahnhof für mehr als 2½ Stunden vor Startzeit des Auslandsflugs eingeplant werden. Das City und das Downtown Hostel sowie große Hotels organisieren auf Wunsch am Abend vor der Abreise den Transport zum Busbahnhof.

Passagiere, die in Garðabær und Hafnarfjörður aussteigen möchten, müssen dies im Flybus beim Einsteigen ansagen.

Der Inlandsflughafen liegt 1 km vom Stadtzentrum entfernt. Vor dem Flughafen gibt es einen Taxistand. Bus 15 fährt von hier zur Busstation Hlemmur.

BUSVERBINDUNGEN AB REYKJAVÍK

Im Winter fahren die Busse seltener.

FAHRTZIEL	PREIS	DAUER	HÄUFIGKEIT	GANZJÄHRIG
Akureyri	11 800 ISK	6 Std.	tgl.	ja
Blaue Lagune	1400 ISK	45 Min.	mehrmals tgl.	ja
Borgarnes	2400 ISK	1¼ Std.	2-mal tgl.	ja
Geysir/Gullfoss	3800-4400 ISK	2½ Std.	tgl.	Juni-Aug.
Höfn	13 700 ISK	8½ Std.	tgl.	Ja
Keflavík	1400 ISK	40 Min.	mehrmals tgl.	ja
Kirkjubæjarklaustur	8100 ISK	5 Std.	tgl.	ja
Landmannalaugar	7700 ISK	5½ Std.	tgl.	Mitte Juni–Aug.
Ólafsvík	6200 ISK	3 Std.	mehrmals tgl.	ja
Selfoss	1900-2000 ISK	1 Std.	viele tgl.	ja
Skaftafell	10 100 ISK	6½ Std.	tgl.	ja
Vík í Mýrdal	5900 ISK	4 Std.	2-mal tgl.	ja
Þórsmörk	6200 ISK	3½ Std.	2-mal tgl.	Juni–Mitte Sept.

Taxi

Die Taxipreise sind happig – die Grundgebühr beginnt bei etwa 500 ISK. Trinkgeld muss nicht sein. Die Fahrt vom BSÍ zum Downtown Hostel kostet z. B. etwa 1600 ISK.

Taxis warten normalerweise vor den Busbahnhöfen und dem Inlandsflughafen und am Wochenende vor den Kneipen und Bars (da bilden sich dann lange Schlangen). Alternativ **BSR** (☎561 0000) oder **Hreyfill-Bæjarleiðir** (☎588 5522) anrufen.

Zu Fuß

Reykjavíks kompaktes Stadtzentrum ist problemlos zu Fuß zu bewältigen. Die meisten Restaurants, Bars, Hotels und Attraktionen drängen sich in einem Gebiet von 1,5 km².

RUND UM REYKJAVÍK

Viðey

Bei schönem Wetter ist das winzige, unbewohnte Inselchen Viðey (www.videy.com/en/) ein wunderbares Ziel für einen Tagesausflug. Dieses natürliche Kleinod liegt nur 1 km nördlich vom Industriehafen Sundahöfn, ist aber eine Welt für sich. Sonderbare moderne Kunstwerke, ein verlassenes Dorf und Relikte von Schiffbrüchen verstärken seine melancholische Ausstrahlung. Hier verlangsamt sich das Leben – die einzigen Geräusche machen der Wind, die Wellen und die goldgelben Hummeln, die zwischen Büscheln von Wicken und Habichtskraut herumsummen.

Sehenswertes

Gleich oberhalb des Hafens stoßen Besucher auf die Villa **Viðeyarstofa** (in der im Sommer mittags Cafébetrieb ist), eine hölzerne **Kirche** aus dem 18. Jh. und ein kleines **Denkmal für Skúli Magnússon**. Bei Ausgrabungen der alten **Klosterfundamente** wurden ein paar Wachstafeln aus dem 15. Jh. und ein Liebesbrief in Runenschrift gefunden, die sich heute im Nationalmuseum befinden. Weniger kostbare Funde sind im Keller der Viðeyarstofa zu bewundern. Noch höher über dem Hafen steht Ólafur Elíassons interessante Kunstinstallation **The Blind Pavilion** (2003). Ganz in der Nähe befindet sich das neueste Kunstwerk der Insel, Yoko Onos **Imagine Peace Tower** (2007), ein „Wunschbrunnen", der zwischen dem 9. Oktober (John Lennons Geburtstag) und dem 8. Dezember (seinem Todestag) jeden Abend eine schillernde Lichtsäule in den Himmel schickt.

Die ganze Insel ist von **Wanderwegen** durchzogen. Manche sind sogar fahrradtauglich (beim Fähranleger stehen kostenlos Räder zur Verfügung), andere sind etwas holperiger. Am Hafen gibt es einen guten Übersichtsplan. Die Insel ist ein Tummelplatz für Vögel (hier brüten 30 Arten) und angehende Botaniker (über ein Drittel aller isländischen Pflanzen gedeiht auf der Insel). Im August kommen manche Reykjavíker hierher, um Wiesenkümmel zu pflücken, der ursprünglich von Skúli Magnússon angepflanzt wurde.

Vom Hafen führen Wege nach Südosten am natürlichen Schafpferch **Réttin** und der winzigen **Paradíshellir** (Paradieshöhle) vorbei zum **verlassenen Fischerdorf** von Sundbakki. Der größte Teil der Südküste ist Vogelschutzgebiet und von Mai bis Juni für Besucher gesperrt.

Wege nach Nordwesten führen an seichten Teichen, Gedenkstätten für verschiedene Schiffbrüche, den niedrigen Felsen von Eiðisbjarg und den **Basaltsäulen** von Vesturey an der Nordspitze der Insel vorbei. Richard Serras **Kunstwerk** aus gewaltigen, paarweise aufgestellten Basaltpfeilern bildet einen Ring um diesen Teil der Insel.

An- & Weiterreise

Die **Fähre nach Viðey** (☎533 5055) verkehrt hauptsächlich im Sommer. Von Reykjavík bis zur Insel braucht sie schlappe fünf Minuten. Sie legt von Mitte Mai bis Ende September jeweils um 11.15, 12.15, 13.15, 14.15, 15.15, 16.15 und 17.15 Uhr vom **Sundahöfn** ab und kehrt 15 Minuten später zurück. Im Winter verkehrt die Fähre nur am Wochenende (13.15, 14.15, 15.15 Uhr). Außerdem gibt es von Juni bis Anfang September eine Bootsverbindung vom Reykjavíker Hafen; dieses Boot legt jeweils um 12 Uhr ab und fährt um 15.30 Uhr zurück. Die Überfahrt (hin & zurück) kostet 1000 ISK (6–18 J. 500 ISK).

Kópavogur

30 000 EW.

Kópavogur, der nächstgelegene südliche Vorort von Reykjavík, ist nur eine kurze Busfahrt entfernt – aber weitab der Touristenpfade. Hier bietet sich Kulturbeflissenen

ABSTECHER

LITERATUR UND LOPAPEYSA

Der Außenbezirk **Mosfellsbær** (www.mosfellsbaer.is) ist eine großartige Ergänzung zur Tour auf dem Goldenen Kreis oder der Ringstraße.

Literaturnobelpreisträger Halldór Laxness verbrachte sein ganzes Leben in Mosfellsbær. In seinem ehemaligen Wohnhaus befindet sich heute das **Gljúfrasteinn Laxness Museum** (586 8066; www.gljufrasteinn.is; Erw./erm. 800 ISK/frei; Juni–Aug. tgl. 9–17 Uhr, Sept.–Mai Di–So 10–17 Uhr). Das Haus, knapp außerhalb des Ortszentrums an der Straße nach Þingvellir gelegen, ist ein hervorragendes Beispiel für ein Domizil der besseren Gesellschaft aus den 1950er-Jahren – mit Originalmobiliar und Laxness' Kunstsammlung. Highlights des 25-minütigen Rundgangs mit Audioführung sind das Arbeitszimmer, in dem Laxness seine bedeutendsten Werke schrieb, und sein geliebter Jaguar.

Bei plötzlichen Shoppinganfällen verspricht der Fabrikladen **Álafoss** (www.alafoss.is; Álafossvegur 23; Mo–Fr 9–18, Sa bis 16 Uhr) Abhilfe. Er ist wohl der beste Laden in ganz Island, um handgewebte *lopapeysur* aus reiner isländischer Wolle zu kaufen. Die Preise liegen hier erheblich unter denen der Touristenboutiquen im Zentrum von Reykjavík.

in dem Komplex neben der Kirche mit ihrer markanten Gewölbekonstruktion allerlei Interessantes.

Sehenswertes

Menningarmiðstoð Kópavogs MUSEUM

Der Kulturkomplex Menningarmiðstöð Kópavogs beherbergt ein **Naturkundemuseum** (Náttúrufræðistofa Kópavogs; www.natkop.is; Hamraborg 6a; Eintritt frei; Mo–Do 10–19, Fr 11–17, Sa & So 13–17 Uhr). Es beschäftigt sich mit Islands einzigartiger Geologie und Natur. Gezeigt werden u. a. ein Schwertwalskelett, ausgestopfte Tiere, geologische Exponate und ein Aquarium mit den seltsamen *Marimo*-Kugeln aus dem Mývatn-See.

Außerdem befindet sich hier der erste Konzertsaal Islands mit einer speziellen Ausstattung. **Salurinn** (570 0400; www.salurinn.is; Hamraborg 6) wurde komplett aus isländischen Baumaterialien errichtet (Treibholz, Fichte und Schotter) und hat eine phantastische Akustik. Einzelheiten des (vorwiegend klassischen) Konzertprogramms stehen auf der Website. Eintrittskarten kosten je nach Konzert zwischen 1000 und 4000 ISK.

Gerðarsafn-Kunstmuseum MUSEUM

(www.gerdarsafn.is; Hamraborg 4; Di–So 11–17 Uhr) Direkt neben Salurinn werden im herrlich gestalteten Gerðarsafn Kunstmuseum wechselnde moderne Kunstausstellungen gezeigt. Das Café bietet einen Panoramablick auf die Berge.

Sundlaug Kópavogs THERMALBAD

(Borgarholtsbraut 17; Erw./Kind 550/150 ISK; Mo–Fr 6.30–22, Sa & So 8–20 Uhr) Wer die Thermalbäder der Stadt durchtestet, sollte dieses große Bad nicht auslassen. Mit Kinderbecken, Wasserrutsche, Sauna und Hot Pots ist es bei Familien sehr beliebt.

An- & Weiterreise

Die Busse 1 und 2 fahren alle paar Minuten von Hlemmur bzw. Lækjartorg in der Reykjavíker Innenstadt ab und halten in Kópavogur an der Station Hamraborg (nach der Kirche Ausschau halten). Die Fahrt dauert etwa 15 Minuten.

Hafnarfjörður

26 640 EW.

Die „Stadt in der Lava" erstreckt sich auf einem 7000 Jahre alten Lavafeld und beherbergt nach Überzeugung der Einheimischen eine verborgene Elfen-Parallelwelt. Ihre alten, blechverkleideten Häuser und Lavahöhlen sind an einem sonnigen Sommertag durchaus einen Besuch wert, aber im Winter werden die Bürgersteige hochgeklappt – wenn nicht gerade Weihnachtsmarkt ist.

Hafnarfjörður war einmal ein bedeutendes Handelszentrum, wobei der Handel im frühen 15. Jh. fest in englischer, im 16. Jh. in deutscher und im 17. Jh. in dänischer Hand war. Viele der schönsten Häuser der Stadt sind ehemalige Kaufmannsvillen. Heute wuchert die Stadt wie Unkraut, aber die endlosen Neubausiedlungen östlich des Hafens geben für Besucher wenig her.

Sehenswertes

Der kleine Bruder von Reykjavík hat zwei exzellente Museen. Die meisten Touristen kommen aber, um durch **Hellisgerði** (www.elfgarden.is) zu spazieren – einen friedlichen Park mit Lavahöhlen, der anscheinend zu den Lieblingsplätzen der verborgenen Wesen zählt.

Hafnarfjörður Museum MUSEUM
(Byggðasafn Hafnarfjarðar; ☎585 5780; Eintritt frei) Das Hafnarfjörður Museum verteilt sich auf mehrere Gebäude. Sein Hauptgebäude ist das **Pakkhúsið** (Vesturgata 8; ⏲Juni–Aug. tgl. 11–17 Uhr, Sept.–Mai Sa & So 11–17 Uhr) mit drei Ausstellungsetagen. Im Obergeschoss gibt es Interessantes zur Geschichte von Hafnarfjörður und im Dachgeschoss befindet sich ein kleines Spielzeugmuseum.

Zum Komplex gehört auch das schöne **Sívertsens-hús** (Vesturgata 6; ⏲Juni–Aug. 11–17 Uhr) aus dem 19. Jh. gleich nebenan. Hier wohnte einst der Kaufmann Bjarni Sívertsen, seinerzeit der wichtigste Mann in Hafnarfjörður. Das Haus ist zeitgerecht ausstaffiert – mit Klavier, schweren Vorhängen, Webtapete, Mahagonimöbeln, vornehmem Geschirr und silbernen Löffeln.

Um sich den himmelweiten Unterschied zwischen Bjarnis Lebensstil und dem der Mehrzahl der verarmten Isländer deutlich vor Augen zu führen, empfiehlt sich der Besuch eines anderen Wohnhauses aus der gleichen Zeit – der winzigen, restaurierten Fischerkate **Siggubær** (Siggas Haus; Kirkjuvegur 10; ⏲Juni–Aug. Sa & So 11–17 Uhr) neben dem Hellisgerði-Park.

Beggubúð (Beggas Laden; Vesturgata 6; ⏲Juni–Aug. 11–17 Uhr) ist ein Geschäft, das im Zustand von 1906 wiederhergerichtet wurde, und im **Bookless Bungalow** (Vesturgata 32; ⏲Juni–Aug. tgl. 11–17 Uhr, Sept.–Mai Sa & So 11–17 Uhr), einst das Zuhause von zwei schottischen Brüdern, die sich in der Fischindustrie von Hafnarfjörður engagierten, wird eine Ausstellung über den Fischfang gezeigt.

GRATIS **Hafnarborg** MUSEUM
(☎555 0080; www.hafnarborg.is; Strandgata 34; ⏲Mi, Fr–Mo 11–17, Do bis 21 Uhr) Ein Abstecher in die dynamische, moderne Kunstgalerie lohnt in jedem Fall. Auf zwei Stockwerken werden wechselnde Ausstellungen gezeigt, gelegentlich finden hier auch Konzerte statt und es gibt ein hervorragendes Restaurant.

Aktivitäten & Geführte Touren

In der Stadt gibt es drei gute Schwimmbäder, darunter das moderne Hallenbad **Ásvallalaug** (☎512 4050; Ásvellir 2; Erw./Kind 450/110 ISK; ⏲Mo–Fr 6–22, Sa & So 8–20 Uhr) und das schöne alte und beliebte Freibad **Suðurbæjarlaug** (☎565 3080; Hringbraut 77; Erw./Kind 450/110 ISK; ⏲Mo–Fr 6.30–21.30, Sa 8–18.30, So 8–17.30 Uhr).

Verborgene Wesen KULTURFÜHRUNG
(☎6942785;www.alfar.is;3900ISK/Pers.;⏲Juni–Aug. Di & Fr 14.30 Uhr) Besucher können während einer 90-minütigen Hidden Worlds Tour herausfinden, ob sie übersinnliche Fähigkeiten haben. Die Tour führt zu den Behausungen der „verborgenen Wesen" und beginnt bei der Touristeninformation. Der Preis für die Führung ist recht hoch, aber darin enthalten ist eine Hidden-Worlds-Karte, auf der die Wohnungen der Elfen, Feen, Einsiedler und Zwerge von Hafnar-

GEHEIMNISVOLLE WELTEN

Viele Isländer sind davon überzeugt, dass sie ihr Land mit allerlei unsichtbaren Mitbewohnern teilen: *jarðdvergar* (Gnome), *álfar* (Elfen), *ljósálfar* (Feen), *dvergar* (Zwerge), *ljúflingar* („Lieblinge", eine Elfenart), *tívar* (Berggeister), *englar* (Engel) und *huldufólk* (verborgene Wesen).

Die meisten Isländer geben zwar ungern zu, dass sie an Elfen & Co. glauben, aber andererseits weigern sie sich auch, geradeheraus zu sagen, dass sie *nicht* an sie glauben. Viele isländische Gärten sind mit kleinen *álfhól* (Elfenhäusern) aus Sperrholz für die unsichtbaren Geschöpfe geschmückt – nur für den Fall, dass die Mythen doch wahr sind.

Hafnarfjörður soll im Schnittpunkt mehrerer mystischer Energielinien liegen. Hier tummeln sich besonders viele Schattenwesen. Straßen und Häuser dürfen in Hafnarfjörður nur gebaut werden, wenn der vorgesehene Standort elfenfrei ist.

Hafnarfjördur

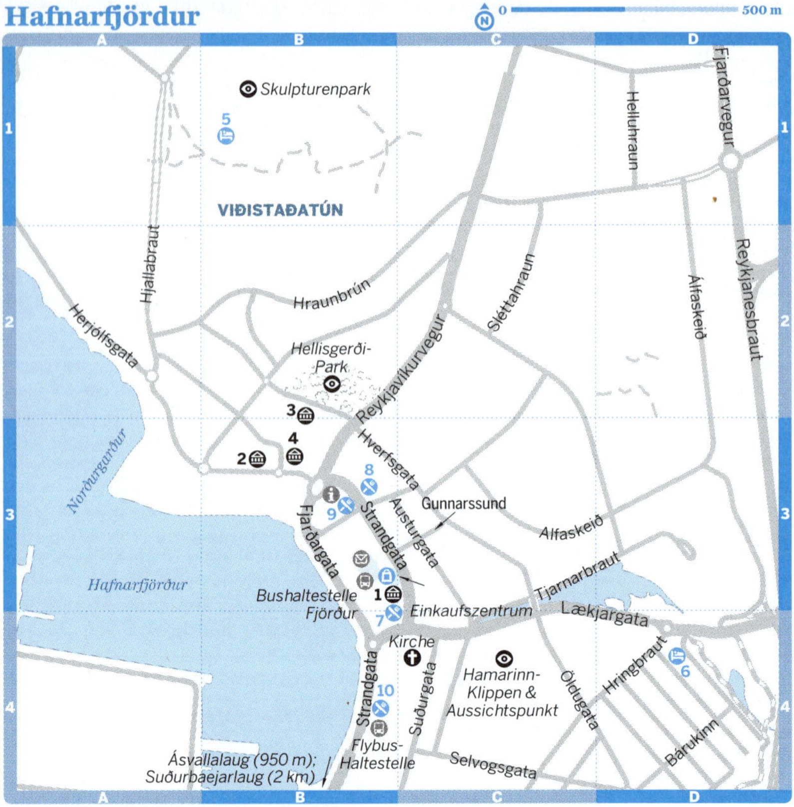

fjörður markiert sind. Wer lieber auf eigene Faust nach den verborgenen Wesen suchen möchte, kann sich im Informationszentrum für 1500 ISK eine Elfenkarte kaufen.

Festivals

Mitte Juni ist es mit der Ruhe vorbei: Dann fallen die wilden Horden zum sechstägigen **Wikingerfestival** in die Stadt ein. Die Kampfinszenierungen und Handwerksvorführungen finden rund um das Hotel Viking statt.

Schlafen

Viking Hotel HOTEL €€
(☎565 1213; www.fjorukrain.is; Strandgata 55; EZ/DZ ab 15 900/18 700 ISK; @ 📶) Dieses etwas übertriebene Wikingerdorf verfügt über 40 Zimmer und 14 Hütten mit Grassodendach hinter dem Haus. Die Zimmer im 1. Stock sind vollständig im Wikingerstil eingerichtet – mit Schlachtäxten und Ähnlichem –, im oberen Stockwerk gibt es klassisch eingerichtete Hotelzimmer.

Helguhús Guesthouse PENSION €
(☎555 2842; www.helguhus.is; Lækjarkinn 8; EZ/DZ inkl. Frühstück 8500/12 500 ISK) Das schön ausstaffierte Stadthaus in der Nähe eines kleinen Sees zehn Gehminuten von der Innenstadt entfernt vermietet gemütliche Zimmer mit Gemeinschaftsbad.

Hafnarfjörður Guesthouse & Campsite PENSION €€
(☎565 0900, 895 0906; www.hafnarfjordurguesthouse.is; Hjallabraut 51; Zeltplatz 1100 ISK/Pers., EZ/DZ 7200/9600 ISK; ⏱Mitte Mai–Mitte Sept.; 📶) Das Gästehaus der isländischen Pfadfinder in der Nähe der seltsamen Schöpfungen des Skulpturenparks Víðistaðatún bietet eine einfache jugendherbergsähnliche Unterbringung in einem extravaganten Gebäude aus Holz, Glas und Beton. Zu den guten Einrichtungen zählen eine Gästekü-

Hafnarfjörður

Sehenswertes

1 Hafnarborg B3
Hafnarfjörður Museum (Beggubúð) .... (siehe 4)
2 Hafnarfjörður Museum (Bookless Bungalow) B3
Hafnarfjörður Museum (Pakkhúsið) .... (siehe 4)
3 Hafnarfjörður Museum (Siggubær) B2
4 Hafnarfjörður Museum (Sívertsen's Hús) B3

Schlafen

5 Hafnarfjörður Gistiheimilið & Campingplatz B1
6 Helguhús Gistiheimilið D4
Viking Hotel .... (siehe 10)

Essen

7 Gló B4
8 Súfistinn B3
9 Tilveran B3
10 Viking Village Fjörukráin B4
Vín Búð .... (siehe 1)

che, Waschmaschinen und Internetzugang. Schlafsack-Schlafplätze (3600 ISK) bestehen aus Matratzen, die auf dem Fußboden der Freizeitflächen ausgelegt werden.

Essen

LP TIPP **Gló** VEGETARISCH €€
(Strandgata 34; Hauptgerichte 990–1890 ISK; Mo–Fr 11–21, Sa & So bis 17 Uhr) Ein grüner Fleck in einem grauen Meer – dieses gesundheitsbewusste Lokal ist bei den Einheimischen sehr beliebt. Es gibt mehrere Filialen rund um Reykjavík, aber dieses hier – zwischen den glänzend weißen Sälen des Kunstmuseums – ist besonders empfehlenswert. Zu den herzhaften Hauptgerichten wie pikanten Currys werden wie in der Cafeteria verschiedene Beilagen angeboten.

Súfistinn CAFÉ €€
(Strandgata 9; Hauptgerichte 800–1500 ISK; Mo–Fr 8.15–23.30, Sa 10–23.30, So 11–23.30 Uhr) Die tolle Café-Bar ist das netteste Esslokal der Stadt – hierher kommen Damen zum Lunchen, Leser zum Lesen, Jugendliche zum Schachspielen und halb Hafnarfjörður, um über die andere Hälfte zu tratschen. Unterstützt wird das alles durch eine gute Auswahl an Salaten, Sandwiches, Burritos, Crêpes, Quiches und Kaffee. Ganz neu ist die Terrasse draußen.

Tilveran FISCH & MEERESFRÜCHTE €€
(Linnetsstígur 1; Hauptgerichte 2100–3700 ISK; Mo–Do 11.30–14 & 18–21, Fr & Sa bis 22 Uhr) Dieses unscheinbare kleine Restaurant in der Fußgängerzone ist auf Speisen mit Meeresfrüchten wie Tagliatelle mit Hummer spezialisiert. Das 3-Gänge-Menü (4590 ISK) ist jede Krone wert – nach Hummersuppe und einem fischigen Hauptgericht wird zum Abschluss ein mächtiges Schokoladendessert gereicht.

Viking Village Fjörukráin RESTAURANT €€€
(www.vikingvillage.is; Strandgata 50a & 55; Hauptgerichte 2500–5600 ISK) Das kitschige, aber doch liebenswerte Restaurant Fjörukráin ist im schauderhaften Nachbau eines Wikinger-Langhauses untergebracht – mit geschnitzten Holzpfeilern und Drachen auf dem Dach. Hier werden Wikingerspezialitäten (*hákarl*, Trockenfisch, geschmortes Lamm, Fischsuppe und *skyr, 18 900 ISK*) von singenden Wikingern aufgetragen.

Praktische Informationen

Im Fjörður-Einkaufszentrum neben der Bushaltestelle gibt es Banken mit Wechselschaltern und Geldautomaten.

Bibliothek (Strandgata 1; Mo–Mi 10–19, Do 9–19, Fr 11–19 Uhr, Okt–Mai auch Sa 11–15 Uhr) In der großartigen Bibliothek gibt es für 200 ISK pro Stunde auch Zugang zum Internet.

Touristeninformation (585 5500; www.visithafnarfjordur.is; Strandgata 6; Mo–Fr 8–16 Uhr) Die Touristeninformation liegt im Rathaus (Ráðhús). Von Juni bis August sind an den Wochenenden zwischen 11 und 17 Uhr auch im Pakkhúsið Informationen für Besucher erhältlich.

Anreise & Unterwegs vor Ort

Bus 1 (280 ISK) fährt alle zehn Minuten von Hlemmur oder Lækjartorg in Reykjavík zur Bushaltestelle Fjörður in Hafnarfjörður. Die Fahrt dauert 30 Minuten.

Der **Flybus** (562 1011) zum Internationalen Flughafen in Keflavik hält in Hafnafjörður vor dem Restaurant Viking.

Hafnarfjörður ist so klein, dass Besucher leicht zu Fuß herumkommen. Taxis von **A-Stöðin/Airport Taxis** (520 1212; www.airporttaxi.is) warten vor dem Einkaufszentrum Fjörður auf Kundschaft.

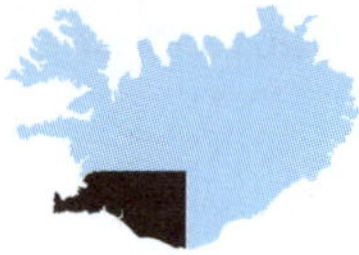

Südwestisland & der Goldene Kreis

Inhalt »

Gut essen

- » Gamla Fjósið (S. 119)
- » Lindin (S. 102)
- » Slippurinn (S. 139)
- » LAVA Restaurant (S. 92)
- » Við Fjöruborðið (S. 111)

Schön übernachten

- » Frost og Funi (S. 108)
- » Efstidalur (S. 101)
- » Laugarvatn HI-Hostel (S. 102)
- » Álftavatn (S. 131)
- » Hótel Rangá (S. 115)

Auf nach Südwestisland & zum Goldenen Kreis

Geysirfontänen, schäumende Wasserfälle, endlose schwarze Strände, brodelnde Vulkane und glitzernde Eiskappen, die am Horizont mit dem Himmel verschmelzen – im Südwesten zieht Island alle Register und verwöhnt Besucher mit einzigartigen Naturschönheiten. Deswegen ist in dieser Ecke der Insel auch am meisten los. Doch wer den Goldenen Kreis verlässt, findet riesige, scheinbar unentdeckte Gebiete.

Grundsätzlich gilt im Südwesten: Je weiter Reisende kommen, desto schöner wird es. Beliebte Touristenziele wie die silikathaltige Blaue Lagune und die zerfurchten Landschaften in Þingvellir sind nur einen Katzensprung von der Hauptstadt entfernt. In der aufgewühlten See vor der Südküste liegen die Vestmannaeyjar-Inseln. Tief im Inneren der Region sind die Folgen des Eyjafjallajökull-Ausbruchs und die verborgenen Täler des Þórsmörk und Landmannalaugar zu sehen, die nur mit einem Allradfahrzeug oder auf einer grandiosen Wanderung zu erreichen sind.

Entfernungen (km)

	Keflavík	Selfoss	Gullfoss	Landmannalaugar	Vík
Selfoss	100				
Gullfoss	156	71			
Landmannalaugar	230	130	147		
Vík	226	130	177	218	
Reykjavík	51	57	113	185	186

HALBINSEL REYKJANES

Die meisten Besucher bekommen als erstes die Halbinsel Reykjanes zu Gesicht und zweifeln womöglich an ihrer Wahl Islands als Ferienziel. Aus der Luft oder aus dem Bus zwischen dem Flughafen Keflavík und Reykjavík sieht sie wie der elendste und deprimierendste Fleck auf Erden aus. Aber nicht verzweifeln! Inmitten der grauschwarzen Lavafelder liegen Islands berühmteste Attraktion, die Blaue Lagune, und reichlich andere Naturwunder, die sich in dieser abweisenden Landschaft verbergen. Nach einer Weile werden die grauen Wellen, die rauchende Erde und die kahle, melancholische Schönheit jeden faszinieren.
Die meisten Orte konzentrieren sich auf Miðnes, einem schmalen Ausläufer an der Nordküste der Halbinsel; der Rest ist Wildnis. In der Nähe des internationalen Flughafens liegen die wellengepeitschten Fischerdörfer Garður und Sandgerði, abgeschiedene Orte, an denen Zugvögel rasten und der Wind alle Gedanken hinwegbläst. Eine Nebenstraße führt von Keflavík südwärts an der zerklüfteten Küste entlang nach Reykjanestá, einem wunderbaren Flecken voller umtoster Klippen und bizarrer Lavaformationen.
Busse von Reykjavík nach Keflavík und zur Blauen Lagune fahren schnell und häufig, aber entlegenere Teile der Halbinsel sind nur mit eigenem Fahrzeug zu erreichen.

Blaue Lagune

Was der Eiffelturm für Paris und Disney World für Florida ist, das ist die **Blaue Lagune** (Bláa Lónið; ☎420 8800; www.bluelagoon.com; Eintritt ab 33 €; ⏲Juni–Aug. 9–21 Uhr, Sept.–Mai 10–20 Uhr) für Island ... mit allen positiven und negativen Assoziationen. Wer meint, sie sei zu teuer, zu steril und zu überfüllt, hat schon irgendwie recht, aber wer deswegen nicht hingeht, verpasst etwas Besonderes. Letztlich wird es jedem so gut gefallen, dass es einem fast schon peinlich werden könnte ...
Das milchig-blaue Thermalbad in einem zerfurchten Lavafeld gleich an der Straße zwischen Keflavík und Grindavík wird von Wasser (mit idealen 38 °C) aus dem futuristischen geothermischen Kraftwerk Svartsengi gespeist. Die silbrigen Türme des Kraftwerks bilden eine außerirdische Kulisse beim Bad und die wabernden Dampfwolken und die Menschen voller Silikatschlamm lassen jeden glauben, in einer anderen Welt zu sein.

Die Lagune wurde phantasievoll mit Hot Pots, Holzterrassen und einem brühend heißen Wasserfall gestaltet, der für eine kräftige Wassermassage sorgt – als würde ein Troll auf einen einschlagen. Hinzu kommen zwei Dampfbäder, eine Sauna, ein Whirlpool und eine besondere VIP-Abteilung mit eigenem Hallenbad.

Das erhitzte Meerwasser ist reich an blaugrünen Algen, Mineralsalzen und feinem Silikatschlamm – eine pflegende Peeling-Mischung für die Haut. Es hört sich wie ein Werbespruch an, aber die Haut wird wirklich so zart wie ein Babypopo. Das Wasser ist an den Zuläufen immer am heißesten und an der Oberfläche mehrere Grade wärmer als am Grund.

Zusätzliche Entspannung bieten Luftmatratzen auf dem Wasser und eine Masseurin, die die Verspannungen rausknetet (je 20/30 Min. 35/50 €); zu beachten ist jedoch, dass Wellnessbehandlungen lange im Voraus gebucht werden müssen.

Drei Warnungen: Auch in der Blauen Lagune muss, wie in allen isländischen Schwimmbädern, als erstes gründlich nackt geduscht werden; das Wasser lässt Silber und Gold oxidieren, Schmuck und Uhren sollten also im Schließfach aufbewahrt werden; anschließend ist eimerweise Conditioner nötig, weil das salzige Wasser die Haare angreift, besonders in Verbindung mit dem Silikatschlamm.

Schlafen & Essen

Neben all den wunderbaren Wasseranlagen bietet die Blaue Lagune auch ein exzellentes Restaurant, ein Café, ein Hotel und einen Geschenkeladen, der alle möglichen heilkräftigen Seifen und Gels verkauft. Zur Zeit der Recherche wurde gerade ein Riesenhotel nahe der Lagune geplant.

Blue Lagoon Clinic HOTEL €€€
(☎420 8806; www.bluelagoon.com; EZ/DZ mit Frühstück 230/280 €; @📶) Gäste müssen sich keiner Behandlung unterziehen, um in der Blue Lagoon Clinic zu übernachten. Ein zehnminütiger Fußweg über die Lavafelder führt von Islands berühmtester Attraktion hierher. Die Zimmer sind behaglich und modern, haben Badezimmer mit Fußbodenheizung und jeweils eine kleine Veranda, vor der sich eine endlose Mondlandschaft ausbreitet. Im Preis ist der Eintritt zur Lagune enthalten.

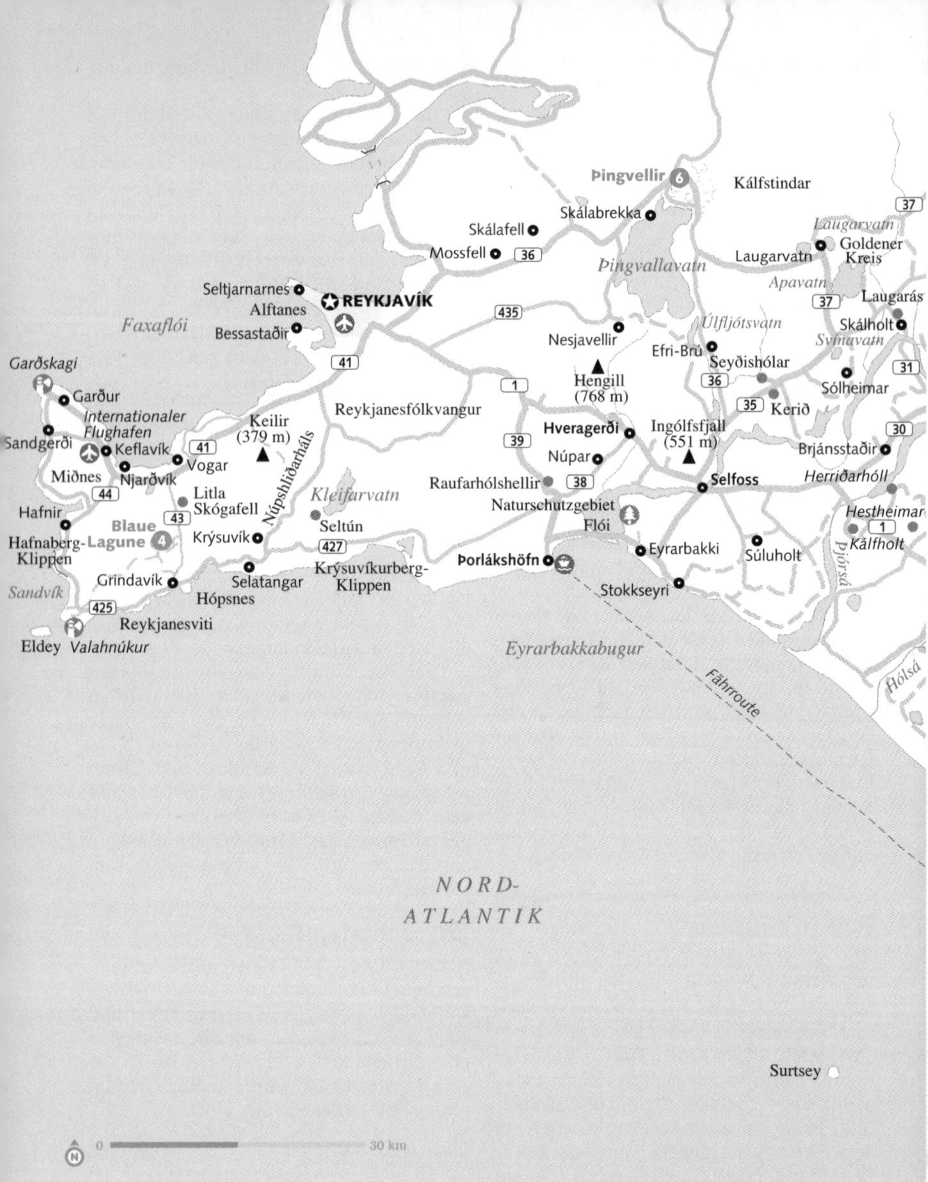

Highlights

1 Zu den **Vestmannaeyjar-Inseln** (S. 134) mit ihren Steintürmen und Millionen von knurrenden Papageitauchern segeln

2 Im **Þórsmörk** (S. 132) zelten, einem durch hohe Gletscher vor den harschen Elementen des Nordens geschützten, grünen Reich

3 Über die karamellfarbenen Berge des **Landmannalaugar** (S. 126) stiefeln und dann den berühmtesten Wanderweg Islands, den Laugavegurinn, in Angriff nehmen

4 Im türkisblauen Becken der **Blauen Lagune** (S. 89), der Las-Vegas-Version islän-

discher Thermalbäder, entspannen

5 Am **Fimmvörðuháls** (S. 121) an Wasserfällen vorbei, über dampfende Asche und durch ein Tal voller arktischer Blumen wandern

6 Im **Þingvellir** (S. 98) die Kontinentalplatten auseinanderdriften sehen und in eine der Spalten hinabtauchen

7 Warten, bis das Wasser beim **Geysir** (S. 102) gen Himmel schießt, oder zusehen, wie es am **Gullfoss** (S. 103) talwärts donnert

Halbinsel Reykjanes

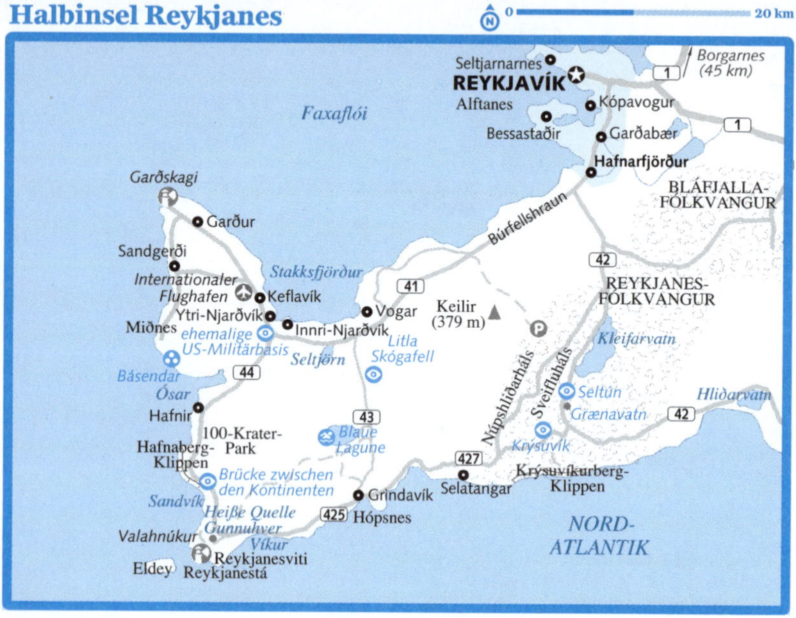

Northern Light Inn HOTEL €€€
(☎426 8650; www.northernlightinn.is; EZ/DZ 26500/34500 ISK; @ 📶) Die geräumigen Zimmer mit kühn akzentuierten Wänden blicken auf ein Lavafeld. Es gibt ein sonniges Wohnzimmer und kostenlosen Transport zum Flughafen und zur Lagune (Letztere ist allerdings auch gut zu Fuß zu erreichen). Das hauseigene Restaurant des Bungalow-Hotels serviert nordische Gerichte. Durch die deckenhohen Fenster fällt der Blick auf die Lava und das dampfende Elektrizitätswerk.

LP TIPP **LAVA Restaurant** ISLÄNDISCH €€
(www.bluelagoon.com; Hauptgerichte 2700–5900 ISK; ⏲12–21 Uhr) Das beliebte Restaurant der Blauen Lagune bietet eine Abwechslung zu all dem mittelmäßigen Service in der Hauptstadt und ein erstklassiges Essvergnügen. Der Speiseraum wirkt ein bisschen wie ein Veranstaltungssaal, aber der Blick auf die Lagune ist entspannend, die Bedienung exzellent und auf der Speisekarte stehen aufgepeppte isländische Klassiker.

An- & Weiterreise

Die Lagune liegt 50 km südwestlich von Reykjavík, es gibt aber zahllose ganzjährige Busverbindungen. Gebucht werden muss im Voraus. Genauere Infos siehe www.bluelagoon.com/Geothermal-spa/How-to-get-there/Bus. Die beste und billigste Verbindung sind die Busse von **Reykjavík Excursions** (☎580 5400; www.re.is), die stündlich von 9 bis 18 Uhr fahren und 8000 ISK einschließlich Laguneneintritt kosten.

Keflavík & Njarðvík (Reykjanesbær)

13 000 EW.

Die Doppelorte Keflavík und Njarðvík an der Küste 50 km westlich von Reykjavík sind eine eher hässliche Ansammlung vorstädtischer Wohnkästen und Fast-Food-Läden – eine nicht gerade verheißungsvolle Begrüßung in Island. Zusammen werden sie schlicht „Reykjanesbær" genannt. Zwar mag dort wohl niemand allzuviel Zeit verbringen, aber sie sind die größte Ansiedlung auf der Halbinsel und eine gute Ausgangsstation, um die Gegend zu erkunden. Außerdem liegen sie günstig am Flughafen, falls ein Flug frühmorgens geplant ist.

Anfang September findet hier das gut besuchte Fest **Nacht der Lichter** (Ljósanótt í Reykjanesbæ; www.ljosanott.is) statt – sehr lohnenswert, besonders das große Finale mit Feuerwerk, das sich wie ein Wasserfall über die Bergið-Klippen ergießt.

Sehenswertes

KEFLAVÍK

Die Gegend um das Museum Duushús ist der hübscheste Teil von Keflavík; gleich östlich davon steht am Ufer eine eindrucksvolle **Ásmundur-Sveinsson-Skulptur**, die von den Kindern gern als Klettergerüst benutzt wird. Gleich dahinter sitzt in einem Schaukelstuhl in ihrer schwarzen Höhle die überlebensgroße, von einem lokalen Kunstkollektiv geschaffene **Riesin**, eine Figur der isländischen Kinderbuchautorin Herdís Egilsdóttirs.

Duushús MUSEUM

(☎421 3796; Grófin; Eintritt frei; ⏰Mo–Fr 12–17, Sa & So 13–17 Uhr) Das Duushús ist ein langer, roter Speicher am Hafen und das historische Kulturzentrum von Keflavík. Eine ständige Ausstellung zeigt etwa 60 der vielen 100 Miniaturschiffe von Grímur Karlsson, die er in seinem Leben unermüdlich geschaffen hatte. Hinzu kommen eine Galerie für jährlich sieben internationale Kunstausstellungen und eine Heimatausstellung mit wechselnden Exponaten.

NJARÐVÍK

LP TIPP **Víkingaheimar** AUSSTELLUNG

(Wikingerwelt; ☎422 2000; www.vikingaheimar.com; Víkingabraut 1; Erw./Kind 1000 IKS/frei; ⏰Mai–Sept. 11–18 Uhr, Okt.–März 10–17 Uhr) Die spektakuläre Víkingaheimar am Südrand von Njarðvík ist ein nordisches Ausstellungszentrum in einem schönen, weitläufigen Bau. Prachtstück ist die 23 m lange *Íslendingur,* ein exakter Nachbau des Wikingerlangschiffs *Gokstad.* Es wurde fast ohne fremde Hilfe von Gunnar Marel Eggertsson gebaut, der im Jahr 2000 mit dem Boot zum 1000. Jahrestag der Amerikareise von Leif dem Glücklichen von Island nach New York segelte. In weiteren Räumen sind antike Gegenstände ausgestellt, die vermutlich aus der keltischen Siedlung stammen. Die Ausstellung oben über nordische Götter richtet sich vorwiegend an Kinder. Im Sommer gibt es draußen einen „Siedlungszoo" mit Tieren, die die ersten Siedler nach Island brachten.

Schlafen

Alle genannten Unterkünfte organisieren kostenlosen Flughafentransfer.

Icelandair Hotel Keflavík HOTEL €€

(☎421 5222; www.icehotel.is; Hafnargata 57; DZ mit Frühstück 27 600 ISK; @📶) Das Haus der Icelandair-Kette ist die komfortabelste Unterkunft im Umkreis des Flughafens. Es besteht aus zwei mehrstöckigen Flügeln und einem soliden Restaurant neben der Lobby. Trotz des altbackenen Schilds „Flughotel" an der Fassade sind die Zimmer gut eingerichtet und völlig modern.

Hótel Berg PENSION €€

(☎422 7922; http://hotelberg.is; DZ mit Frühstück 130 €; @📶) Das Berg ist eher eine große, heimelige Pension denn ein Flughafenhotel. Die öffentlichen Räume besitzen charmante persönliche Details und sind mit zusammengewürfelten alten Möbeln sowie stapelweise zerlesenen Taschenbüchern auf den Regalen ausgestattet. Die einladende Unterkunft liegt im nördlichen (und nettesten) Teil von Keflavík.

Alex HOTEL €

(☎421 2800; www.alex.is; Aðalgata 60; DZ mit/ohne Bad mit Frühstück, 15 900/13 400 ISK; @📶) Die nächstgelegene Unterkunft zum Flughafen hat eine große Auswahl an Schlafgelegenheiten, von Schlafsackräumen (3000 ISK pro Pers.) über Doppelzimmer mit Bad bis zu kleinen Häusern hinter dem Hotel. Eine zugehörige Autovermietung macht das Alex noch bequemer für Reisende, die spät in Island landen. Das Haus liegt etwa 1,5 km vom Zentrum Keflavíks entfernt. Gepäckaufbewahrung kostet 300 ISK pro Tag.

Bed & Breakfast Keflavík Airport HOTEL €€

(☎426 5000; www.bbkeflavik.com/; EZ/DZ mit Frühstück 92/119 €; @📶) Das große, aufgepeppte Hotel macht das Beste aus einem der verlassenen Gebäude auf dem Militärstützpunkt und bietet einfache Unterkünfte für Reisende, die einen Schlafplatz in Flughafennähe brauchen. Ein Schlafsackbett im Schlafsaal für sechs Personen kostet 28 €.

Hótel Keflavík HOTEL €€

(☎420 7000; www.hotelkeflavik.is; Vatnsnesvegur 12–14; DZ mit Frühstück 180 €; @📶) Das solide Hotel ist ein todsicherer Ersatz, falls das Icelandair Hotel ausgebucht ist. Die Lobby ist ziemlich kitschig, aber die Zimmer sind absolut zweckdienlich. Bei Online-Buchung gibt's Rabatt von bis zu 40 %. Das Hotel betreibt auch eine kleine **Pension** (Zi. 90 €) gegenüber, die ideal für Budgetreisende ist.

FIT Hostel HOSTEL €

(☎421 8889; www.fithostel.is; Fitjabraut 6a; B ab 3800 ISK; @📶) Das Hostel in einem Gewerbegebiet Richtung Njarðvík an der ver-

Keflavík

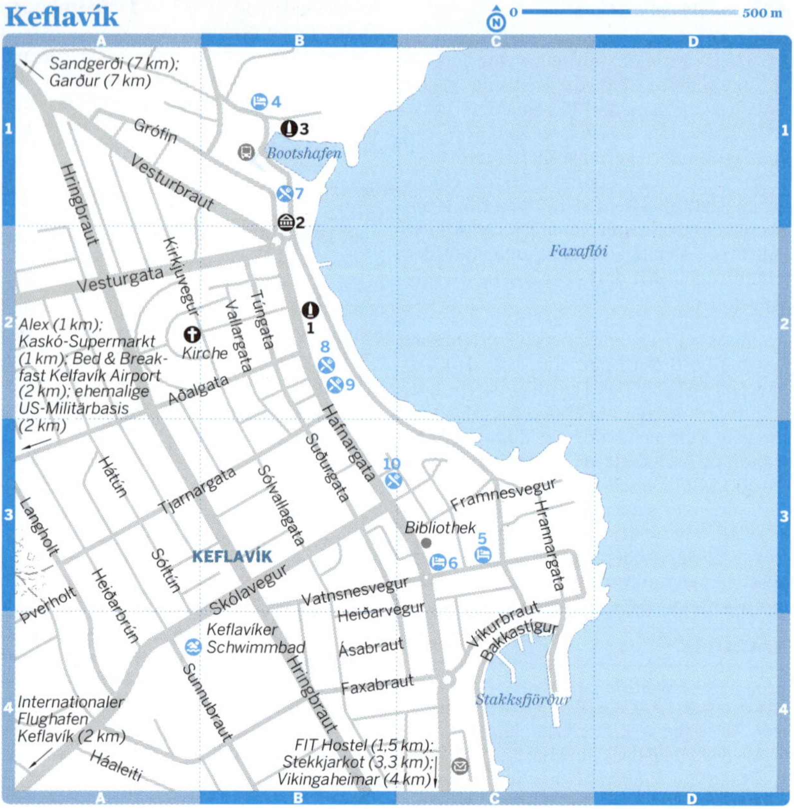

Keflavík

Sehenswertes

1 Ásmundur-Sveinsson-Skulptur B2
2 Duushús B1
3 Riesin B1

Schlafen

4 Hótel Berg B1
5 Hótel Keflavík C3
6 Icelandair Hotel Keflavík C3

Essen

7 Kaffi Duus B1
8 Olsen Olsen B2
9 Ráin B2
10 Thai Keflavík B3

kehrsreichen Straße 41 wirkt etwas verlottert, aber es ist für Pfennigfuchser die billigste Unterkunft in Flughafennähe. Vor dem Hostel halten Busse nach Reykjavík und Keflavík, aber ein Auto oder eine Vorliebe für Fußmärsche durch Betonvorstädte wären hier ganz hilfreich. Die Regierung nutzt das Hostel für Flüchtlinge und Asylbewerber.

Essen

Es gibt genug Fast-Food-Läden mit Autoschalter und Imbisse in Keflavík, um nach zu viel Hamburgern einen Herzinfarkt zu erleiden. Etwas kultivierteres Essen bieten mehrere Lokale in der Hauptstraße; auch hat das Icelandair Hotel ein exzellentes Restaurant.

Thai Keflavík ASIATISCH €€
(www.thaireykjavik.is; Hafnargata 39; Hauptgerichte 1590–3390 ISK; ⌚Mo–Sa 11–22, So 16–22 Uhr; 📶) Das Restaurant wirbt mit authentischen Thaigerichten aus isländischen Zutaten und ist super, wenn einem am Ende der Reise Fisch und Lamm bis obenhin stehen. In den wärmeren Monaten ste-

ABSCHIED VON DER MILITÄRBASIS

Keflavík verdankt einen großen Teil des einstigen Wohlstands der amerikanischen Militärbasis, die im September 2006 abgezogen ist.

1951 richteten die USA aus Furcht vor „kommunistischer Unterwanderung" eine Militärbasis in Island ein, die eine günstige Auftankstation für U-Boote zwischen den USA und der Sowjetunion darstellte. Im Lauf der Jahre gab es immer wieder vehemente Proteste und Forderungen nach einem Truppenabzug, die allerdings erfolglos blieben. Erst als U-Boote moderner wurden und der Kalte Krieg endete, wurden die US-Einsätze in Island reduziert.

Die USA erwägten schließlich den kompletten Abzug. Im Gegensatz zu früher forderten viele Isländer diesmal den Verbleib der Soldaten – die Arbeitsplätze, die durch die Basis entstanden, und das Geld, das in die Wirtschaft floss, waren zu wichtig, um sie zu verlieren. Und wie sollte sich Island ohne eigene Armee verteidigen können?

Aber die Einheiten verzogen sich in die Heimat und die Basis schrumpfte, bis am 30. September 2006 in einer schlichten Zeremonie die US-Flagge eingeholt wurde. An ihrer Stelle wurde die isländische Flagge gehisst und somit die 55 -jährige Stationierung beendet.

Noch heute vermisst Keflavík die Soldaten; die Stadt hat derzeit die höchste Arbeitslosenquote in Island. Es gibt keine verbindlichen Pläne für das große Militärgelände auf Reykjanes. Die legoartigen Kasernen werden als Unterkünfte für Studenten der Universität Reykjavík genutzt. Aber die Schießplätze, Lagerhäuser und der kilometerlange Nato-Draht liegen allesamt verlassen herum. Es würde die isländische Regierung schätzungsweise 4 Mrd. ISK kosten, den belasteten Boden zu sanieren und nutzlose Gebäude abzureißen, aber nach der Wirtschaftskrise von 2008 hat das wohl auf absehbare Zeit kaum Priorität.

hen draußen große Holztische. Es verleiht auch Fahrräder für 5 € pro Stunde.

Kaffi Duus FISCH & MEERESFRÜCHTE €€€
(www.duus.is; Duusgata 10; Hauptgerichte 2500–4850 ISK; ⌚11–22 Uhr) Die freundliche, maritim eingerichtete Café-Restaurant-Kneipe ist mit Walrossstoßzähnen geschmückt und blickt auf den kleinen Bootshafen und die Klippen. Serviert werden große Teller mit Fisch, Fisch, Fisch, frisch aus dem Meer, und ein paar Pastagerichte, Salate und Hamburger. Abends ist es ein beliebter Treffpunkt.

Ráin ISLÄNDISCH €€€
(www.rain.is; Hafnargata 19a; Hauptgerichte 1790–6590 ISK; ⌚Mo–Fr 11–22, Sa & So 16–22 Uhr) Das Ráin ist wie ein hölzernen Kreuzfahrtschiffes aus den 1970er-Jahren eingerichtet und bietet einen tollen Blick aufs Meer (wenn kein Nebel herrscht!). Es serviert eine Auswahl an isländischen Klassikern – empfehlenswert: das Tagesgericht „Surf and Turf".

Olsen Olsen FAST FOOD €
(Hafnargata 17; Imbiss 600–1000 ISK; ⌚11–22 Uhr) Da die Amerikaner den Rock and Roll mitbrachten, war Keflavík in den 1950er-Jahren der coolste Ort in Island. Dieses „amerikanische" Imbisslokal bringt die Einwohner mit glänzenden Silbertischen, roten Plastiksitzen und Bildern von Elvis an der Wand zurück in jene Glanzzeit. Es ist zwar ein Tribut an alles Amerikanische, wurde aber gewiss nicht nach Mary-Kate und Ashley benannt.

ℹ Anreise & Unterwegs vor Ort

Vom/zum Flughafen

Die meisten Unterkünfte in Reykjanesbær bieten ihren Gästen kostenlosen Flughafentransfer. Ein Taxi kostet etwa 2500 ISK – Taxiruf: **Airport Taxi** (☎420 1212; www.airporttaxi.is) oder **Hreyfill-Bæjarleiðir** (☎588 5522; www.hreyfill.is). Infos zum Flybus zwischen Flughafen und Reykjavík s. S. 82.

Flugzeug

Bis auf Flüge nach Grönland und zu den Faröern werden alle internastionalen Flüge Islands auf dem internationalen Flughafen Keflavík abgefertigt. Mehr Infos dazu s. S. 370.

Bus

Die Busse von **SBK** (☎420 6000; www.sbk.is) verkehren werktags mehrmals täglich und etwas seltener am Wochenende zwischen Reykjanesbær und dem BSÍ-Busbahnhof in Reykjavík. Die meisten Busse lassen einen auf dem Weg zum oder vom Flughafen auf Wunsch auch etwas außerhalb des Ortes raus.

Der Nordwesten von Reykjanes

Die Westküste der Halbinsel Reykjanes ist zerklüftet und den Elementen ausgesetzt – ideal für Liebhaber regengepeitschter Klippen und Strände. Es gibt mehrere Fischerdörfer und in den Lavafeldern einige kuriose Sehenswürdigkeiten.

GARÐUR

Von Keflavík führt die Straße 41 nach 9 km durch das Dorf Garður und weiter bis zur windumtosten **Landspitze Garðskagi**, einem der besten Vogelbeobachtungsorte in Island – ein ausgedehntes Brutgebiet für Seevögel und oft der erste Landeplatz für Zugvögel. Manchmal lassen sich hier auch Robben und gelegentlich sogar Wale blicken.

Zwei prächtige **Leuchttürme**, ein alter und ein neuer, ergänzen den spektakulären Anblick – vom alten Leuchtturm bietet sich fast schon ein Rundumblick übers Meer. Ein kleines **Heimatmuseum** (☎422 7220; www.svgardur.is; Eintritt frei; ⊙April–Okt. 13–17 Uhr) zeigt ein nettes Sammelsurium aus Fischerbooten, Vogeleiern und Nähmaschinen. Dort befindet sich auch das **2 Lighthouses Restaurant** (⊙April–Okt. 13–17 Uhr) mit Balkon und großartigem Blick über das Meer zum Snæfellsjökull.

Am Leuchtturm liegt ein ruhiger, kostenloser **Campingplatz** mit Toiletten und Frischwasser.

SANDGERÐI

In dem quirligen Fischerdorf 5 km südlich von Garður lohnt ein Besuch des interessanten **Naturzentrums Fræðasetrið** (☎423 7551; Gerðavegur 1; Erw./Kind 600/300 ISK; ⊙Juni–Aug. Mo–Fr 9–17, Sa & So 13–17 Uhr, Sept.–Mai Mo–Fr 9–17 Uhr). Zu sehen sind dort ausgestopfte isländische Tiere (auch ein scheußliches, mottenzerfressenes Walross), Gläser mit konserviertem Getier (auf den abartigen Gorgonocephalus achten), Aquarien mit Seescheiden, Krabben und Seeanemonen sowie eine faszinierende Ausstellung über den Arktisforscher J. B. Charcot. Das **Vitinn** (Vitatorg 7; Hauptgerichte 850–8900 ISK; ⊙11.30–21 Uhr) gegenüber serviert Felsenkrabben in rustikal schickem Ambiente. Das Mittagsbüfett (2100 ISK) mit einem Aquarium voll Meeresfrüchten ist ebenfalls recht beliebt.

An der Küste südlich von Sandgerði gibt es ein paar nette **Strände** und im Marschland der Umgebung tummeln sich über 190 **Vogelarten**. Etwa 5 km südlich in **Hvalsnes** steht eine hübsche Kirche, die in einem berühmten isländischen Gedicht vorkommt. 2 km dahinter liegt das verfallene Fischerdorf **Básendar** aus der Saga-Zeit, das 1799 durch eine gigantische Flutwelle zerstört wurde.

100-Krater-Park (von Keflavík nach Valahnúkur)

Nach dem Abzweig von der Straße 41 auf die Straße 44 gleich hinter Keflavík geht es zunächst an der verlassenen **US-Militärbasis** vorbei und dann zum früheren Fischerdorf **Hafnir**. Viel zu sehen gibt es dort nicht – nur ein Feld voll Höcker und Hubbel, die angeblich die Überreste eines Langhauses aus dem 9. Jh. sind, das Ingólfur Arnarsons Ziehbruder gehört hatte. Außerdem gibt's noch den Anker des „Geisterschiffs" *Jamestown*, das 1870 mysteriöserweise mit einer vollen Ladung Holz, aber ohne Mannschaft an Land getrieben war.

Hinter den Vogelklippen von **Hafnaberg** steht die sogenannte **Brücke zwischen den Kontinenten**. Es gibt ein kleines Schild und einen Gehweg, der mitten im Lavafeld beginnt. Ein beliebter Fotospot ist die winzige Brücke, die über einen sandgefüllten Spalt zwischen der nordamerikanischen und der europäischen Kontinentalplatte führt.

Ganz im Südwesten der Halbinsel geht die Landschaft in schroffe vulkanische Klippen und Krater über, daher der Name **100-Krater-Park**. Mehrere futuristisch aussehende **Kraftwerke** nutzen hier die geothermische Energie, um aus dem Meerwasser Salz zu gewinnen und Strom für das isländische Stromnetz zu erzeugen. Das **Orkuverið Jörð** (Kraftwerk Erde; ☎422 5200; www.powerplantearth.is; Eintritt 1000 ISK; ⊙Mitte Mai–Mitte Sept. Sa & So 12.30–16.30 Uhr) ist eine interaktive Ausstellung zu den Energiequellen der Erde. Besucher können einen Blick in die riesige, blitzblanke Turbinenhalle werfen und danach durch einen Betontunnel zum Meer hinuntergehen, wo 67 °C heißes Abwasser dampfend ins kalte Meer fließt (was spannender ist, als es sich anhört!).

Einer der wildesten und wunderbarsten Plätze ist **Valahnúkur**, von wo ein Feldweg von der Hauptstraße abzweigt und durch Lavafelder aus dem 13. Jh. zu den denkbar trostlosesten Klippen hinabführt. Zur Zeit der Recherche wurde ein schlichtes Besucherzentrum am Fuß der steilen Klippen geplant. Wer mag, kann zur Ruine des ältesten Leuchtturms Islands (1878) hochklettern und über die Vergänglichkeit des Lebens sinnieren. Von dort ist 15 km vor der Küste die abgeflachte Felsspitze der Insel **Eldey** zu sehen, wo die größte Tölpelkolonie der Welt nistet. Hier soll der letzte Riesenalk getötet und verspeist worden sein. Die Faröer bestreiten dies allerdings und beharren darauf, dass dies in Stóra Dímun geschah. Heute ist Eldey ein Vogelschutzgebiet.

Zurück zur Hauptstraße geht es an einem dampfenden und vielfarbigen **Geothermalgebiet** mit der heißen Quelle **Gunnuhver** vorbei. Ihren Namen erhielt sie nach der Geisterhexe Gunna, die durch Zauberkraft gefangen und in das kochende Wasser geworfen wurde, wo sie den Tod fand.

Grindavík

2850 EW.

Grindavík ist die einzige Ortschaft an der Südküste von Reykjanes und eines der wichtigsten Fischereizentren Islands. Wäre es ein englisches Küstendorf, gäbe es am Ufer massenhaft B&Bs, Pubs und Läden, die Zuckerstangen verkaufen. Hier jedoch gibt es solchen Budenzauber nicht, stattdessen pragmatische Landungsstege, Kräne und Lagerhäuser. Der geschäftige Hafen und der touristenfreie Ort sind eigentlich ganz erfrischend.

Die einzige Touristenattraktion im Ort ist das **Kvíkan** (Magma; ☎420 1190; www.visitgrindavik.is; Hafnargata 12a; Erw./Kind 1200 ISK/frei; ⌚Mitte Mai–Mitte Sept. 10–17 Uhr), ein mäßig interessantes Museum mit zwei Ausstellungen. Unten wird die Fischsalzerei in einem gut gestalteten Raum mit drei Videos erläutert, oben gibt es eine detaillierte Ausstellung zur geothermischen Energie. Das Museum hat auch eine kleine **Touristeninformation** (⌚Mitte Mai–Mitte Sept. 10–17 Uhr).

Schlafen & Essen

Campingplatz CAMPINGPLATZ €
(Austurvegur 26; Platz pro Pers. 900 ISK; ⌚Mitte Mai–Mitte Sept.) Grindavíks gut gepflegter Campingplatz ist bei Weitem einer der besten in ganz Island. Das grüne Fleckchen nahe dem Hafen ist bestens ausgestattet, darunter auch mit einem Restaurant und einem Spielplatz.

Heimagisting Borg PENSION €
(☎895 8686; www.guesthouseborg.com; Borgarhraun 2; EZ/DZ 8500/13 000 ISK; @📶) Das ältere Wohnhaus im Ortszentrum gehört einem isländisch-amerikanischen Paar. Hier ist's gemütlich wie bei Oma.

LP TIPP **Bryggjan** CAFÉ €
(Harbour; Imbiss 300–1000 ISK; ⌚11–23 Uhr) Das reizende Café liegt versteckt hinter einem Block aus Hafenlagerhäusern, serviert werden leichte Mahlzeiten. Die Wände sind mit gerahmten Fotos und Porträts geschmückt und von der Decke baumeln Fischerbojen.

Salthúsið FISCH & MEERESFRÜCHTE €€
(www.salthusid.is; Stamphólsvegur 2; Hauptgerichte 2300–4500 ISK; ⌚Mo & Mi–Fr 17–22, Sa 12.30–24, So 12.30–22 Uhr) Das feine hölzerne Salthúsið ist das erste Salzfischrestaurant in Island. Der *baccalao* wird auf verschiedene Arten zubereitet (mit Ingwer, Chili, Oliven und Knoblauch, als Gratin, als Knabberstückchen oder mit Pilzen, roten Zwiebeln und Kapern), es gibt also reichlich Abwechslung. Wem Salzfisch nicht so liegt, kann sich perfekt zubereitete Hummer, Hühnchen oder Lamm bestellen.

An- & Weiterreise

Drei planmäßige Busse verkehren täglich zwischen Reykjavík und Grindavík.

Reykjanesfólkvangur

Ein Besuch in dem 300 km² großen, wilden Naturschutzgebiet, nur 40 km von Reykjavík entfernt, vermittelt einen Eindruck von Islands einsamen Landschaften. Seine drei Attraktionen sind der **Kleifarvatn**, ein tiefer, grauer See mit unterirdischen heißen Quellen und schwarzsandigen Stränden, das sprühende und brodelnde Geothermalfeld in **Seltún** und die größten Vogelfelsen des Südwestens, der gewaltige **Krýsuvíkurberg**.

Das Gebiet wurde 1975 unter Naturschutz gestellt, um die komplexen Lavaformationen aus den Vulkanen von Reykjanes zu schützen. Das gesamte Gelände ist von Dutzenden **Wanderwegen** durchzogen, die meist alten Pfaden zwischen verlassenen

Gehöften folgen. Sie sind in der brauchbaren Karte der Broschüre *Walking & Hiking in Krýsuvík* (auf Englisch) eingetragen, die in den Touristeninformationen in Keflavík oder Hafnarfjörður erhältlich ist. Parkplätze gibt es an den Startpunkten der beliebtesten Wanderwege, wie dem Rundweg um den Kleifarvatn und den Wegen durch die schroffen Bergzüge Sveifluháls und Núpshlíðarháls.

KLEIFARVATN

Der tiefe und unheimliche See füllt eine Vulkanspalte und ist von winderodierten Lavafelsen und schwarzem Sand umgeben. Der Legende nach soll ein wurmartiges Ungeheuer in der Größe eines Wals unter seiner Oberfläche lauern – aber das arme Viech verliert Bewegungsspielraum, da der See seit zwei größeren Erdbeben in der Gegend im Jahr 2000 beständig schrumpft. Eine makabre, fiktive Sicht auf die Ereignisse vermittelt Arnaldur Indríðasons Thriller *Kältezone* (deutsch 2006). Ein Wanderweg verläuft direkt am Seeufer entlang und bietet dramatische Ansichten und das Knirschen vulkanischer Schlacke unter den Schuhsohlen.

KRÝSUVÍK & SELTÚN

Das unberechenbare **Geothermalfeld Austurengjar**, etwa 2 km südlich des Kleifarvatn, wird oft nach einem verlassenen Gehöft in der Nähe Krýsuvík genannt. Selbst für isländische Verhältnisse ist die Gegend ziemlich anfällig für geologische Launen. Die Temperatur unter der Erdoberfläche beträgt 200 °C und das Wasser, das aus dem Boden heraustritt, ist kochend heiß. In den 1990er-Jahren wurden hier Bohrungen vorgenommen, um Hafnarfjörður mit Energie zu versorgen. Als aber 1999 die Anlage ohne Vorwarnung explodierte, wurde das Projekt aufgegeben.

In **Seltún** führen Holzstege um eine Gruppe **heißer Quellen**. Die dampfenden Löcher, Schlammtümpel und Solfataras (Vulkanschlote) schimmern wegen der merkwürdigen Mineralien in der Erde in allen Regenbogenfarben und der abstoßende Geruch fauler Eier wird einem lange in der Nase bleiben.

In der Nähe liegt der **Grænavatn**, ein alter Explosionskrater, der dank der Kombination von Mineralien und wärmeliebenden Algen mit seltsam grün gefärbtem Wasser gefüllt ist.

KRÝSUVÍKURBERG

Etwa 3 km südlich von Seltún führt ein Feldweg zur Küste hinab zum **Krýsuvíkurberg** (an der Hauptstraße als Krýsuvíkurbjarg ausgeschildert). Die trostlosen schwarzen Klippen erstrecken sich über 4 km und sind im Sommer übersät von Papageitauchern, Lummen und anderen Seevögeln. Ein Pfad schlängelt sich über die ganze Länge der Klippen.

DER GOLDENE KREIS

Der Goldene Kreis, eine von Tausenden Besuchern geschätzte Touristenrundtour, führt zu drei beliebten Attraktionen, die alle im 100-km-Umkreis der Hauptstadt liegen: Þingvellir, Geysir und Gullfoss. Hier erleben Besucher auf einer einzigen Tagestour die wichtigste historische Stätte des Landes, eine hochschießende heiße Quelle und einen donnernden Wasserfall. Wer die Gegend auf eigene Faust erkundet, kann auch einige der spannenden Attraktionen weiter entfernt besuchen.

Wer im Goldenen Kreis übernachten will, hat die Qual der Wahl – die Gegend ist relativ klein, weswegen alle folgenden Unterkünfte gut geeignet sind. Die Gegend um den Laugarvatn ist eine gute Ausgangsstation mit mehreren lohnenswerten Unterkünften und Restaurants; entlang der Straße 35 gibt es ebenfalls eine gute Auswahl (S. 103).

Þingvellir

Der Nationalpark, 23 km östlich von Reykjavík, ist Islands wichtigste historische Stätte und ein Ort entrückter Schönheit. Das Gebiet wurde zum ersten Nationalpark des Landes erklärt und 2004 von der Unesco als Weltkulturerbe ausgewiesen.

Hier schufen die Wikinger bereits 930 n. Chr. das weltweit erste demokratische Parlament, das Alþing. Wie an vielen aus den Sagas bekannten Orten ist kaum noch etwas aus der Wikingerzeit zu sehen. Aber der Park bietet eine herrliche Naturkulisse in einem breiten Grabenbruch voller Spalten, der durch die auseinanderdriftenden Kontinentalplatten Amerikas und Eurasiens entstand.

Geschichte

Die meisten Siedler kamen nach Island, weil sie mit den Königen auf dem skandina-

DER GOLDENE KREIS AUF EIGENE FAUST

Der sogenannte Goldene Kreis besteht aus einer Ansammlung interessanter Sehenswürdigkeiten nur einen Steinwurf von der Hauptstadt entfernt. Die Attraktionen der Rundtour, nicht zu verwechseln mit der Ringstraße, die um das gesamte Land herum führt (was mit dem Auto etwa eine Woche dauert), haben in der letzten Dekade enorm an Popularität gewonnen, besonders unter Wochenendbesuchern. In der wärmsten Jahreszeit scheinen Hunderte von Veranstaltern aus Reykjavík Halbtagstouren zum Kreis anzubieten. Es ist jedoch ganz einfach, die Sehenswürdigkeiten auf eigene Faust anzugehen – und dabei eventuell ganz anderen Interessen nachzugehen.

Die wichtigsten Stationen des Goldenen Kreises sind Þingvellir, der Ort der kontinentalen Verschiebung und des alten isländischen Parlaments, dann der Geysir, eine hochschießende Springquelle, und schließlich der Gullfoss, ein donnernder Wasserfall, der sich seinen Weg durch eine Schlucht bahnt. Freilich wirken sie wie eine eher zufällige Ansammlung an Attraktionen, zumal einen etwas abseits davon noch viel Tolleres erwarten kann.

Es ist ganz einfach mit einem Mietwagen von einer Sehenswürdigkeit zur nächsten zu fahren und sich für jede beliebig viel Zeit zu nehmen. Die Stationen sind gut ausgeschildert und die Straßen asphaltiert. Für die ganze Tour ist mit etwa vier Stunden zu rechnen. Der Goldene Kreis kann auch mit dem Fahrrad erkundet werden (S. 53). Wer auf eigene Faust losfährt, kann sich noch den Besuch folgender Orte überlegen:

» **Laugarvatn** (S. 101) Der kleine Ort an einem See zwischen Þingvellir und Geysir hat zwei Dinge zu bieten, die auf jeden Fall lohnenswert sind: das exzellente Restaurant Lindin und das Fontana, ein nagelneues Geothermalbad mit einer Sauna, die durch einen kleinen aktiven Geysir erhitzt wird.

» **Kerlingarfjöll** (S. 309) Für die Fahrt weiter vom Gullfoss – der letzten Station im Kreis – ist ein Allradfahrzeug nötig, aber die Weiterfahrt lohnt sich. Das Bergmassiv, etwa zwei Stunden vom Wasserfall entfernt, ist Islands angehendes Wanderparadies. Schnell besuchen, bevor die Massen einfallen!

» **Kaldidalur-Korridor** (S. 150) Kleinere Mietwagen dürfen auf der Piste nicht fahren, aber wer eins mit der entsprechenden Genehmigung mietet, kann die einsame Straße erkunden, die sich über den massiven Gletscher schlängelt. Sie beginnt nahe Þingvellir und endet bei Húsafell, wo Besucher in eine phantastische Lavaröhre hinabsteigen und in Reykholt etwas über die reiche Sagenwelt Islands erfahren können. Bei der Fahrt auf dem Goldenen Kreis in entgegengesetzter Richtung geht es Richtung Westen ab.

» **Þjórsárdalur** (S. 105) Das stille, weitgehend unerforschte Tal, das den Namen des Flusses Þjórsá trägt, führt ins Hochland und ist eine der Hauptstrecken zur dampfenden Erde von Landmannalaugar (dem Startpunkt des berühmten Laugavegurinn-Wanderwegs; S. 128) – die Straße ist gesäumt von alten Wikingerruinen und geheimnisvollen Naturwundern wie dem Gjáin.

» **Eyrarbakki und Stokkseyri** (S. 109 und S. 110) Nach Abschluss der Rundtour geht es von Selfoss nach Süden zu zwei Küstenorten, die verblüffend anders sind als die Nachbarorte. Hier warten nach einer langen Fahrt leckere Meeresfrüchtegerichte und Galerien, die jedes Jahr wieder ganz zwanglos ihre Türen öffnen.

» **Flúðir** (S. 105) Wer sich für Islands blühenden Obst- und Gemüseanbau interessiert, kann die Bauernhöfe in und um Flúðir besichtigen; viele bieten Touren durch ihre Gewächshäuser und Pferdegestüte an. Hier werden auch all die Zutaten verkauft (auch frisches Rindfleisch), mit denen sich in der Küche der Pension ein wunderbares Festmahl zubereiten lässt.

vischen Festland in Konflikt geraten waren. Die Abenteurer und Gesetzlosen beschlossen, dass sie im neuen Land sehr gut ohne Könige leben können. Zur Rechtsprechung hielten sie stattdessen regionale *þing* (Versammlungen) ab.

Mit der Zeit wurde ein überregionaler *þing* nötig. Ein Mann wurde zum Rechtsstudium nach Norwegen gesandt, sein Ziehbruder schaute sich derweil auf der Insel nach einem geeigneten Platz um. Er entschied sich für Bláskógur – das heutige Þingvellir (Parlamentsfelder) – wo sich zwei Straßen an einem großen, fischreichen See kreuzten. Außerdem gab es reichlich Brennholz und ein Umfeld, das auch dem erbärmlichsten Redner Pathos verliehen hätte. Fortan wurden Islands Geschicke hier gelenkt, Gesetze erlassen, Heiraten arrangiert und sogar die Religion des Landes bestimmt. Die alljährliche Versammlung war auch ein gesellschaftliches Ereignis, das Händler und Gaukler in Scharen anzog.

Sehenswertes

Vom Parkzentrum an der Straße 36 führt die Straße 361 zu den einzigen Bauten, die noch im Grabenbruch stehen. Startpunkt ist der Bauernhof **Þingvallabær**, der vom Staatsarchitekten Guðjón Samúelsson 1930 anlässlich des 1000. Jahrestags des Alþing entworfen wurde. Heute dient es als Parkwächterbüro und als Sommerhaus des Premierministers.

Dahinter erhebt sich die **Þingvallakirkja** (Mitte Mai–Aug. 9–19.30 Uhr), eine der ersten Kirchen Islands. Sie wurde im 11. Jh. eingeweiht, aber das heutige Holzgebäude stammt von 1859. Innen befinden sich Glocken aus den Vorgängerkirchen, eine Holzkanzel aus dem 17. Jh. und ein Altargemälde von 1834. Die Dichter aus der Zeit der isländischen Unabhängigkeitsbewegung, Jónas Hallgrímsson und Einar Benediktsson, sind auf dem Friedhof neben der Kirche begraben.

Beidseitig des Flusses **Öxará** liegen die Ruinen verschiedener *búðir* (Buden), Tafeln liefern interessante Erläuterungen. In diesen kleinen Schuppen aus Stein und Grassoden nächtigten die Parlamentsmitglieder. Tagsüber dienten sie als Verkaufsstände für Pergamentrollen, Bier und Essen – ähnlich wie bei heutigen Open-Air-Festivals. Die meisten Buden stammen aus dem 17. und 18. Jh. Die größte und eine der ältesten, die **Biskupabúð** nördlich der Kirche, gehörte den Bischöfen von Island.

Fast zu Beginn des Wanderwegs durch die dramatische Almannagjá liegt der **Lögberg** (Gesetzesfelsen), wo das Alþing sich alljährlich versammelte. Hier verkündete der *lögsögumaður* (Gesetzessprecher) dem Parlament jedes Jahr die Gesetze. Nach der Bekehrung Islands zum Christentum wurde der Versammlungsort an den Fuß der Almannagjá-Klippen verlegt. Er trug die Stimmen der Redner wie ein natürlicher Verstärker zum Publikum hinüber. Ein Fahnenmast markiert die Stelle. 146 Männer (48 Stimmberechtigte, 96 Beiräte und 2 Bischöfe) bildeten die Lögrétta (Gesetzesrat), die die Entscheidungen fällte. Sie soll sich auf dem **Neðrivellir** (Untere Felder) getroffen haben, dem flachen Platz am Fuß der Klippen.

Ein Pfad führt durch die **Almannagjá** bis nach oben auf den Felshang. In dieser Schlucht zeigen sich die erdbewegenden Kräfte der Gegend am deutlichsten. Allerdings läuft hier niemand tatsächlich zwischen den beiden Kontinentalplatten; sie liegen weiter entfernt. Wer das Multimediazentrum oben auf den Klippen besucht, kann sie vom Ausguck aus am Horizont entdecken. Jedes Jahr driften Nordamerika und Europa um 1 bis 18 mm weiter auseinander.

Oben auf den Felsen der Almannagjá-Schlucht steht das interessante **Besucherzentrum Þingvellir** (Eintritt frei; 9–17 Uhr), ein Multimediazentrum, das Natur und Geschichte der Gegend in einem 40-minütigen Film erläutert. Bücher und Souvenirs werden hier ebenfalls verkauft. Vom kleinen angrenzenden Fußweg eröffnet sich ein toller Blick über das Tal.

Der **Þingvallavatn** erstreckt sich über einen großen Teil des Grabenbruchs und ist mit 84 km² Islands größter See. Klares Gletscherwasser des Langjökull sickert über 40 km durch das Grundgestein und ergießt sich schließlich in den See, ebenso wie die heiße Quelle Vellankatla, die am Nordostufer unter den Lavafeldern hervorsprudelt. Der Þingvallavatn ist ein wichtiger Zwischenstopp für **Zugvögel** (darunter Eistaucher, Kragen- und Spatelenten). In seinen Fluten tummeln sich massenweise *bleikja* (Seesaiblinge), die hier so isoliert lebten, dass sich vier Unterarten ausgebildet haben.

Aktivitäten

Eine der tollsten Aktivitäten in Island ist eine Tauchtour mit Maske und Trockenanzug in einer der mit kristallklarem Wasser gefüllten Spalten im Grabenbruch zwischen den Kontinentalplatten. Die Tauchunternehmen bringen ihre Kunden zur Silfra-Spalte – wo das Wasser zwar absolut klar ist (hier fühlt sich Tauchen fast wie Fliegen an), es aber im Juli und August wegen der anderen Taucher zwischen den Unterwasserfelsen ziemlich eng werden kann. Tauchgänge werden in Þingvellir angeboten, können aber auch in Reykjavík gebucht werden – mehr dazu s. S. 55.

Geführte Touren

Wer auf eigene Faust nach Þingvellir fährt, kann sich einer kostenlosen, englischsprachigen **Führung** (Juni–Aug. 10 Uhr) ab der Kirche anschließen.

Schlafen & Essen

Leider brannte das über 100 Jahre alte Hótel Valhöll, das einzige Hotel im Nationalpark Þingvellir, im Juli 2009 völlig nieder (ist aber noch in vielen Parkplänen verzeichnet). Wegen der Finanzkrise ist ein Wiederaufbau des Hotels derzeit nicht absehbar. Daher sind die einzigen Übernachtungsmöglichkeiten in Þingvellir die fünf **Campingplätze** (Stellplatz pro Pers. 1000 ISK; Mai–Mitte Sept.), für die das Parkzentrum zuständig ist. Die beiden Plätze neben dem Café in Leirar sind die besten – Syðri-Leirar ist der größte und Nyrðri-Leirar hat Waschmaschinen. Auf Fagrabrekka und Hvannabrekka sind Autos tabu. Der fünfte Campingplatz, Vatnskot, liegt unten am See und hat Toiletten und kaltes Wasser (aber kein Strom).

Cottages@Lake Thingvellir HÜTTEN €€
(Skálabrekka; 892 7110; www.lakethingvellir.is; Hütte 20 000 ISK) Vermietet vier Fichtenholzhütten mit Seeblick nahe dem Nationalparkeingang an der Straße 36.

Praktische Informationen

Parkzentrum (Þjónustumiðstöð; 482 2660; www.thingvellir.is; Mai–Sept. 9–20 Uhr) Im Parkzentrum an der Straße gibt es einen Touristeninformationsschalter mit praktischen Infos zum Nationalpark und ein Café (Feb.–Mitte Nov. 8.30–22 Uhr). Das Multimediazentrum des Parks hat ebenfalls Informationen zur Erkundung der Gegend.

An- & Weiterreise

Eine organisierte Tour entlang des Goldenen Kreises oder ein Mietwagen sind am günstigsten.

Von Mitte Juni bis August bietet **Reykajvík Excursions** (580 5400; www.re.is) eine tägliche Verbindung. Bus 6/6A fährt von Reykjavík nach Þingvellir, hält für 45 Minuten am Parkzentrum und fährt dann weiter über Geysir bis zum Gullfoss und wieder zurück nach Reykjavík.

Laugarvatn

200 EW.

Der Laugarvatn (See der heißen Quellen) heißt nicht umsonst so – er wird nämlich nicht nur von den in Sprühnebel eingehüllten Wasserfällen gespeist, sondern auch von der schon im Mittelalter bekannten heißen Quelle Vígðalaug. Als Basislager für Ausflüge am Goldenen Kreis bietet sich der gleichnamige Ort am Westufer des Sees an.

Sehenswertes & Aktivitäten

Fontana THERMALBAD
(486 1400; www.fontana.is; Eintritt 2500 ISK; Juni–Sept. 11–22 Uhr, Okt.–Mai Mo–Fr 13–21, Sa & So 11–21 Uhr) Manche Einheimische waren zwar ziemlich verärgert, dass die schlichte Sauna durch dieses protzigere Bad ersetzt wurde, aber das Fontana hat seither wie die große Schwester, die Blaue Lagune, die Massen angelockt. Es gibt drei Becken und ein mit Zedernholz verkleidetes Dampfbad, das durch einen natürlichen geysirartigen Schlot unter der Erde gespeist wird. Wer den ganzen Hot-Pot-Rummel vermeiden will, kann sich in das normale Thermalbecken nebenan begeben, das nur einen Bruchteil des Eintrittspreises kostet und nicht so glamourös ist.

Geführte Touren

Laugarvatn Adventures ABENTEUERTOUR
(862 5614; www.caving.is) Laugarvatn veranstaltet zwei- bis dreistündige Höhlenwanderungen und Felsenklettertouren in den umliegenden Bergen. Overalls werden gestellt, Handschuhe fürs Kriechen und Kraxeln durch Lavatunnel und an Felshängen sollte man selbst mitbringen.

Schlafen & Essen

Die Sonnenuntergänge am Laugarvatn sind besonders spektakulär – die Sonne glüht leuchtend rot, wenn ihre Strahlen vom See reflektiert werden. Ein toller Ort für eine Übernachtung, aber es ist besser, die Campingplätze zu meiden, da sie leider den Ruf haben, unangenehme Gestalten aus der Umgebung anzulocken.

LP TIPP **Efstidalur** PENSION €€
(486 1186; www.efstadal.is; Efsti-dalur 2; DZ mit/ohne Bad 21 400/16 000 ISK) Das Efstidalur liegt zwischen Laugarvatn und Gey-

sir auf einem Milchbauernhof und wirkt auf den ersten Blick völlig unscheinbar, entpuppt sich aber schnell als eine herrlich behagliche Unterkunft mit gemütlichen Zimmern und leckeren Mahlzeiten. Der Hof liegt zwar im touristischen Goldener Kreis, aber dank der idyllischen Umgebung wirkt er besonders abends von all dem Trubel meilenweit entfernt. Von den hinreißenden Doppelhäuschen aus lackierten Holzleisten eröffnet sich ein toller Blick auf die massive Hekla in der Ferne. Das hauseigene Restaurant (Hauptgerichte 1800–5000 ISK, Mitte Mai–Mitte Sept.) serviert Rindfleisch direkt vom Hof und Forellen aus dem nahen See.

LP TIPP Laugarvatn HI-Hostel HOSTEL €
(☎486 1215; laugarvatn@hostel.is; B 3800 ISK; @📶) Das große, ganzjährig geöffnete Hostel verteilt sich über mehrere Gebäude in der Dorfhauptstraße und ist eines der am professionellsten geführten Unternehmen in Südisland. Das große Hauptgebäude besteht aus drei Stockwerken und hat eine große Küche (mit tollem Seeblick beim Abwasch). Es gibt ein zweites großes Gebäude für Gruppen mit etlichen Angeboten und, je nach Andrang im Sommer, ein oder zwei viel kleinere Häuser. Frühstück wird im Haus der freundlichen Besitzer serviert.

Hótel Edda HOTEL €
(☎444 4000; www.hoteledda.is; EZ/DZ 9500/11 800 ISK; ⏲Juni–Mitte Aug.; @📶) Die zwei großen Schulen von Laugarvatn werden im Sommer zu Edda-Hotels. Die 98 Zimmer des **ML Laugarvatn** sind, wie üblich bei Edda, zweckmäßig und erinnern an ein Studentenwohnheim (Schlafsackunterkunft ab 2400 ISK). Das **ÍKÍ Laugarvatn** ist weitaus schicker: Die 29 Zimmer (EZ/DZ 15 600/18 800 ISK) haben alle ein eigenes Bad und die Hälfte einen herrlichen Panoramablick über den See. Das hauseigene Restaurant (zwei Gänge 3900 ISK) hat zudem einen Blick auf die Hekla.

LP TIPP Lindin ISLÄNDISCH €€€
(☎486 1262; www.laugarvatn.is; Lindarbraut 2; 3 Gänge 5400–8900 ISK; ⏲Mai–Sept. 12–22 Uhr, Okt.–April kürzere Öffnungszeiten) Das Lindin ist meilenweit das beste Restaurant – der Besitzer Baldur ist der offizielle Gastronom des isländischen Parlaments. Der vordere Raum zum See raus zielt mit seinen zarten Blumenmustern und gestärkten Tischtüchern ganz und gar auf Gourmets. Im hinteren, völlig anders eingerichteten Raum werden hingegen internationale Gerichte zu ermäßigten Preisen serviert. Gäste sollten sich unbedingt eine Kostprobe direkt aus der isländischen Wildnis gönnen – zum Beispiel einen saftigen Rentier-Hamburger und danach das laut Baldur beste Dessert der Welt (abwarten!).

An- & Weiterreise

Von Reykjavík fahren ganzjährig Busse nach Laugarvatn, dann weiter zum Gullfoss und Geysir und schließlich zurück nach Reykjavík.

Geysir

Eine der berühmtesten Attraktionen Islands ist Geysir, die heiße Springquelle, der alle Verwandten weltweit ihren Namen verdanken. Der Große Geysir spuckte seine Fontänen bis zu 80 m hoch in die Luft, bekam aber leider Verstopfung, als Touristen in den 1950er-Jahren versuchten, ihn durch hineingeworfene Steine zu aktivieren. Offensichtlich haben starke Erdbeben im Jahr 2000 die Blockierung etwas gelöst, auch wenn die Eruptionen sehr unregelmäßig sind. Zum Glück liegt der weltweit zuverlässigste Wasserspucker, der **Strokkur**, gleich um die Ecke. Mindestens alle fünf bis zehn Minuten schießt das Wasser in einer eindrucksvollen 15 bis 30 m hohen Fontäne in die Luft, um dann in eine Art riesiges Abflussloch zu verschwinden. Nicht in Windrichtung davorstehen, sonst wird's nass!

Das explosive Gelände um den Strokkur und Geysir ist kostenlos zugänglich. Gegenüber wurde das große **Geysir Center** (☎480 6800; www.geysircenter.com; ⏲Juni–Aug. 10–22 Uhr, Sept.–Mai bis 18 Uhr) für die Besuchermassen errichtet. Es gibt dort ein riesiges Restaurant, einen Souvenirladen in Kaufhausgröße, eine Cafeteria und die **Geysisstofa** (☎480 6800; www.geysircenter.com; Erw./erm. 1000/800 ISK; ⏲Mai–Aug. 10–17 Uhr, Sept.–April 12–16 Uhr), eine mäßig interessante audiovisuelle Ausstellung über Geysire, Vulkane und Erdbeben.

Schlafen & Essen

Hótel Geysir HOTEL €€
(☎480 6800; www.geysircenter.is; EZ/DZ ab 17 500/21 900 ISK; ⏲Feb.–Dez.; @📶) Die Ansammlung alpin anmutender Hütten gegenüber vom Strokkur schließt auch ein

Thermalbad und zwei Hot Pots ein. Im Sommer, wenn im Hafen zahllose Kreuzfahrtschiffe ankern, kann das Hotel völlig überlaufen mit Touristen sein, die hier zum Mittagsbüfett einkehren (2800 ISK); abends gibt es ein Viergängemenü (6900 ISK) und Sushi. Das Hótel Geysir betreibt auch einen **Campingplatz** (Stellplatz pro Pers. 1200 ISK; ⏲Mai–Sept.) und vermittelt auf Wunsch Reitausflüge.

Guesthouse Geysir HOTEL €€
(☎893 8733; www.geysirgolf.is; DZ 15 900 ISK; 📶) Der einfache Hotelbau mit schlicht eingerichteten Zimmern richtet sich an Golfer – hinter dem Haus gibt es einen gepflegten 9-Loch-Platz. Gästen steht eine Küche zur Verfügung.

ℹ An- & Weiterreise

Von Juni bis August fährt der Bus 2/2a von **Trex** (☎551 1166; www.bogf.is) vom Busbahnhof BSÍ in Reykjavík zum Geysir und Gullfoss (8.30 Uhr, Juli & Aug. auch 11 Uhr) und zurück; für die ganze Runde braucht er 8½ Stunden.

Von Mitte Juni bis August ist außerdem der Bus 6/6a von **Reykjavík Excursions** (☎580 5400; www.re.is) unterwegs. Er hält in Þingvellir, Geysir und Gullfoss für jeweils mindestens 45 Minuten, bevor er nach Reykjavík zurückkehrt.

Die beliebten Touren zum Goldenen Kreis werden in Reykjavík ganzjährig angeboten.

Gullfoss

Islands berühmtester Wasserfall Gullfoss (Goldener Wasserfall) stürzt hinter einer Wand aus Sprühnebel über 32 m in zwei spektakulären Kaskaden in eine enge Schlucht. An sonnigen Tagen verwandelt sich der Sprühnebel in einen schillernden Regenbogen, im Winter erstarrt die Pracht zu funkelndem Eis. Bei grauem Schmuddelwetter verschwindet die zweite Kaskade hinter Nebelschwaden, die dem Gullfoss etwas die Show stehlen.

Dass es den Wasserfall überhaupt noch gibt, ist reine Glücksache, denn in den 1920er-Jahren wollten ausländische Investoren den Fluss Hvitá für ein Wasserkraftwerk stauen. Als der Landeigentümer Tómas Tómasson nicht verkaufen wollte, holten sich die Planer die Genehmigung hinter seinem Rücken direkt von der Regierung. Tómassons Tochter Sigríður marschierte (barfuß!) nach Reykjavík, um dagegen zu protestieren, und drohte, sich in den Wasserfall zu stürzen, wenn das Projekt nicht eingestellt würde. Zum Glück konnten die Investoren die Pacht nicht zahlen. Die Genehmigung wurde zurückgezogen und der Gullfoss war gerettet. Seit 1975 ist er Allgemeineigentum und Naturschutzgebiet.

Oberhalb des Gullfoss gibt es eine kleine **Touristeninformation** und ein **Café** (Hauptgerichte 1290–1950 ISK; ⏲Juni–Aug. 9–21.30 Uhr, Sept.–Mai 9–18 Uhr), das berühmt für seine Biolammsuppe aus Zutaten lokaler Herkunft ist. Ein asphaltierter und rollstuhlgerechter Weg führt zu einem Ausguck über dem Wasserfall, ein paar Stufen führen weiter zum Wasser.

Unterkunft und ein weiteres Restaurant bietet ein paar Kilometer vor dem Wasserfall das **Hótel Gullfoss** (☎486 8979; www.hotelgullfoss.is; EZ/DZ mit Frühstück 22 000/27 500 ISK; 📶), ein großes, modernes Bungalowhotel ohne viel Charakter.

Gullfoss ist die letzte Attraktion auf der traditionellen Tour um den Goldenen Kreis; wer will, kann auf der Straße hinter dem Wasserfall weiterfahren, die Kjölur-Route (S. 308) führt tief ins Hochland.

Vom Gullfoss zum Selfoss (Straße 35)

Auf der allgemein üblichen Route des Goldenen Kreises ist die Strecke vom Gullfoss zurück zur Ringstraße bei Selfoss die letzte Etappe. Unterwegs locken viele interessante Dinge zum Anhalten. Die Gegend ist Islands Agrarzentrum mit vielen Gelegenheiten, frisches Gemüse aus Gewächshäusern oder Fleisch von den Rinderzuchtbetrieben auszuprobieren.

Die meisten Besucher nehmen die Asphaltstraße 35. Nach Reykholt trifft sie 2 km westlich von Selfoss auf die Ringstraße. Wer mag, macht einen Abstecher nach Skálholt, ehemals Bischofssitz und geistliches Zentrum Islands.

Alternativ führt die streckenweise asphaltierte Straße 30 nach Flúðir und mündet 15 km östlich von Selfoss in die Ringstraße.

REYKHOLT

190 EW.

Die ländliche Gemeinde Reykholt – es gibt mehrere mit gleichem Namen im Land – liegt an der heißen Quelle Reykjahver und hat das übliche Thermalbad. Die Gemeinde ist Südislands Zentrum für Wildwasserrafting. **Arctic Rafting** (☎562 7000; www.

arcticrafting.is; ⌚Mitte April–Sept.) und **Iceland Riverjet** (☎863 4506; www.icelandriverjet.com; ⌚April–Mitte Okt.), beide im Dorf ansässig, sorgen für einen aufregenden Tag im spritzenden Wasser des Flusses **Hvitá**.

Die Familie in **Friðheimar** (www.fridheimar.is; ⌚Mai–Okt.) hat in der wärmeren Jahreszeit zwei interessante Dinge zu bieten. Sie ist in der Region bekannt für ihre faszinierenden Pferdeshows, die Besucher das einzigartige Islandpony präsentieren. Die 15-minütigen Shows (18 000 ISK) finden von Juni bis September täglich um 10 Uhr statt, mit anschließendem netten Beisammensein. Auf dem Hof gibt es auch Gewächshäuser, in denen derzeit Tomaten gezogen werden. Gruppen können an einer kurzen Führung (1650 ISK pro Pers., mindestens zehn Teilnehmer) durch die Gewächshäuser teilnehmen, eine pikante Tomatensuppe ist im Preis inbegriffen.

Die nette **Pension Húsið** (☎486 8680; www.kaffiklettur.is; Bjarkarbraut 26; DZ 8500 ISK) in einer ruhigen Sackgasse hat im Untergeschoss auch Schlafsackunterkünfte sowie einen Hot Pot und einen Grillplatz.

Im **Café Mika** (Skólabraut 4; Hauptgerichte 2390–4400 ISK; ⌚10–21 Uhr) wird die Pizza draußen gebacken – sehr beliebt bei Einheimischen – und an der Kasse wird selbstgemachte Schokolade verkauft. Das **Kaffi Klettur** (Hauptgerichte 1890–4190 ISK; ⌚Juni–Aug. 12–21.30 Uhr, Sept.–Mai Sa & So 12–21.30 Uhr) wirkt mit seiner Deko aus Wandteppichen, alten Kaffeemühlen und Pferdehalftern wie ein Märchenhäuschen. Serviert werden Pizza, Hamburger, Crêpes, Pasta und traditionelle Fisch- und Fleischgerichte.

SKÁLHOLT & LAUGARÁS

Skálholt ist ein bedeutendes religiöses Zentrum und war Islands zweiter Bischofssitz (neben Hólar im Norden), der die isländischen Schäfchen zwischen dem 11. und dem 18. Jh. auf dem rechten Weg hielt.

Seine Blütezeit erlebte Skálholt unter Gissur dem Weißen, der die Christianisierung Islands vorantrieb. Mit der Reformation kam das Ende des katholischen Bistums. 1550 wurden Bischof Jón Arason und seine beiden Söhne auf Befehl des dänischen Königs hingerichtet. Die Lutheraner regierten in Skálholt, bis sie 1791 nach Reykjavík umzogen.

Leider zerstörte ein starkes Erdbeben im 18. Jh. die große Kathedrale. An ihrer Stelle steht heute ein modernes **theologisches Zentrum**, ein **Besucherzentrum** (500 ISK; ⌚9–18 Uhr), das nachgebaute **Grassodenhaus** (⌚9–18 Uhr) Þorlagsbúð und eine hübsche **Kirche** (⌚9–18 Uhr). In ihrem Keller befindet sich ein **Museum** (Eintritt 200 ISK; ⌚9–18 Uhr), in dem der Steinsarkophag von Bischof Páll Jónsson (Bischof 1196–1211) aufbewahrt ist. Laut der *Páls saga* wurde die Erde bei seinem Tod von Unwettern und Erdbeben erschüttert. Als sein Sarg 1956 geöffnet wurde, brach genau in diesem Moment ein gewaltiges Unwetter aus.

Das Nachbardorf **Laugarás** ist im Prinzip eine Ansammlung von Bauernhöfen, von denen viele ihre Erzeugnisse direkt vom Hof verkaufen. **Engi** (www.engi.is) zum Beispiel verkauft regelmäßig erstklassiges Obst und Gemüse aus den hofeigenen Gewächshäusern. Bezaubernde Souvenirs – wie als Marienkäfer bemalte Steine – sind hier auch zu haben. Wer von Skálholt kommt, folgt einfach den Schildern am Dorfeingang.

Schlafen & Essen

Hótel Laugarás HOTEL €

(☎486 8600; hotelhvita@simnet.is; Platz pro Pers. 1000 ISK, Zi. 80 €; ⌚Mai–Sept.; @) Das schlichte Hotel an der Hängebrücke in Laugarás ist von außen entsetzlich öde, aber die Zimmer mit Parkettböden sind überraschend hübsch. Das oberste Stockwerk ist für freiwillige Erntehelfer reserviert. Zum Haus gehört ein Grillrestaurant. Pferde werden für 40 € pro Stunde vermietet.

Skálholtsskóli HOTEL €€

(☎486 7088; www.skalholt.is; DZ 18 000 ISK) Das lutherische Theologiezentrum in Skálholt öffnet seine Pforten für Gäste. Oft ist es durch kirchliche Gruppen voll belegt, aber wer ein sauberes, einfaches Zweibettzimmer mit Bad in einem stillen Dörfchen möchte, sollte auf jeden Fall anfragen. In einem separaten Gebäude gibt's Schlafsackunterkünfte (6400 ISK) und ein Restaurant ist ebenfalls vorhanden.

An- & Weiterreise

Von Juni bis August fährt der Linienbus 2/2a von **Trex** (☎551 1166; www.bogf.is) einen 8½-stündigen Rundkurs ab Reykjavík über Geysir und Gullfoss, mit Stopps in Reykholt und Skálholt/Laugarás. Los geht's um 8.30 Uhr. Außerhalb der Sommermonate hält der Bus in Skálholt/Laugarás nur auf Anfrage.

Autofahrer nehmen die Straße 35 ab Selfoss. Nach 30 km rechts auf die 31 abbiegen und ein paar Kilometer weiter bis Skálholt.

KERIÐ

Rund 10 km südwestlich von Skálholt und Laugarás führt die Straße 35 am Kerið vorbei, einem 6500 Jahre alten Explosionskrater mit gespenstisch grünem Wasser. Björk gab einst auf einem Floß auf dem See ein Konzert. Es heißt, dass irgendein Spaßvogel dort Fische ausgesetzt haben soll.

Das **Hótel Grimsborgir** (☎555 7878; www.grimsborgir.com; DZ mit Frühstück 218 €; 📶) ein Stück weiter auf der anderen Seite der Straße 35 ist eine sterile Ferienhausanlage, wenn sie auch voll eingerichtete Hotelsuiten anpreist.

Flúðir

380 EW.

Reisende, die nicht der bequemen Straße 35 von Gullfoss zurück zur Ringstraße folgen wollen, können über eine andere Strecke, die Straße 30, über Flúðir fahren. Das Dorf ist in ganz Island bekannt für seine geothermischen Gewächshäuser, deren Pilzzucht fast ganz Island versorgt. Es ist auch ein beliebtes Wochenendziel für hart arbeitende Reykjavíker, die sich hier in ihren Ferienhäuschen vom Großstadtleben erholen.

Schlafen & Essen

Viel besser als das Fast Food von der Tankstelle ist der **Bauernmarkt** (⏲Mitte Juni–Mitte Aug. Mo–Fr 13–18, Sa & So 11–18 Uhr) an der Hauptkreuzung des Dorfes, der die besten Erzeugnisse der Region verkauft: Gemüse, Fleisch, Erdbeeren und Kartoffeln. Wenn kein Markt ist, können sich Selbstversorger im **Supermarkt Samkaup-Strax** (⏲Mo–Fr 9–22, Sa & So 10–22 Uhr) eindecken.

Camper sollten den hiesigen Campingplatz am Bach Litla Laxá vermeiden, da er meist proppenvoll mit Isländern ist, besonders am Wochenende.

Hótel Flúðir HOTEL €€

(☎486 6630; www.hotelfludir.is; Vesturbrún 1; EZ/DZ 21 200/24 700 ISK; @📶) Das Hotel mit stilvollen chaletartigen Zimmern gehört zu Icelandair, strahlt aber viel mehr Wärme aus als die anderen Hotels der Kette. Die komfortablen Zimmer sind mit Parkettböden, Bettbezügen mit aufgesticktem Blattdekor und netten Bildern mit Obst- und Blumenmotiven eingerichtet.

Grund PENSION €€

(☎552 6962; www.gistingfludir.is; DZ mit Frühstück 17 000 ISK; 📶) Die zauberhafte, von der netten Dagný geführte Pension vermietet eine Handvoll behagliche Zimmer voller Antiquitäten. Das hauseigene Restaurant (Hauptgerichte 1350–4400 ISK) rühmt sich seiner frischen Gerichte wie Forelle aus Þingvellir.

An- & Weiterreise

Von Juni bis Mitte September fährt der Trex-Bus 8/8a täglich von Reykjavík nach Flúðir. In den übrigen Monaten ist die Verbindung seltener. Die meisten Busse nach Flúðir fahren über Árnes.

Westliches Þjórsárdalur

Der Þjórsá ist Islands längster Fluss, eine reißende, gischtende Masse aus milchigem Gletscherwasser, das 230 km vom Vatnajökull bis zum Atlantik fließt. Einschließlich seiner Nebenflüsse erzeugt er fast ein Drittel des hydroelektrischen Stroms in Island.

Die Straße 32 folgt dem Westufer flussaufwärts ins Hochland. Sie ist eine der bevorzugten Autostrecken nach Landmannalaugar (über die Straße F26), dem Startpunkt für den berühmten Laugavegurinn-Wanderweg (S. 128). Wie üblich bei F-Straßen ist ein Allradfahrzeug nötig; die Route über die Straße 32 lohnt sich dennoch, um eine recht unbekannte Gegend voller Wikingerruinen und versteckter Wasserfälle zu entdecken.

ÁRNES

Das kleine Dorf Árnes nahe der Kreuzung der Straßen 30 und 32 ist eine günstige Ausgangsstation für Touren durch das Þjórsárdalur oder für eine Pause auf dem Weg von oder nach Landmannalaugar (das 1¾ Stunden Fahrt weiter liegt). Unbedingt lohnenswert ist ein Besuch des sehr informativen **Þjórsárstofa** (Eintritt frei; ⏲Juni–Aug. 10–18 Uhr) im großen, weißen Gemeindezentrum, das eher wie ein provisorisches Museum über die Naturwunder wirkt, die einen auf dem weiteren Weg noch erwarten werden.

Árnes HI-Hostel (Nónsteinn; ☎486 6048; arnes@hostel.is; Platz pro Zelt 1000 ISK, B 3800 ISK; 📶) ist nicht gerade der gemütlichste Ort der Welt, aber die zwei Gebäude mit Zweibettzimmern und Schlafsälen erfüllen ihren Zweck. Außerdem gibt es eine Gästeküche und einen kleinen achteckigen **Pool** (400 ISK; ⏲Juni–Aug.).

Die meisten Busse zwischen Reykjavík und Flúðir halten in Árnes – die Busse nach

Landmannalaugar nehmen jedoch eher eine östlichere Strecke und halten hier nicht.

STÖNG & ÞJÓÐVELDISBÆR

Auf der Straße 32 von Árnes weiter nach Stöng steht irgendwann ein Schild zum Wasserfall **Hjálparfoss**. Der 2 km lange Abstecher zu den über bizarr geformte Basaltsäulen herabstürzenden Wasserkaskaden lohnt sich.

Das vielleicht am merkwürdigsten gelegene Freibad in Island ist das **Þjórsárdalslaug**, das zur Zeit der Recherche geschlossen war, aber bei Erscheinen des Buchs wieder geöffnet sein sollte. Erbaut wurde es aus dem Beton, der vom Bau des Wasserkraftwerks Búrfell übrig geblieben war.

Beim Ausbruch der Hekla 1104 begrub weiße Vulkanasche das **alte Gehöft** in Stöng, das im 10. Jh. dem draufgängerischen Wikinger Gaukur Trandilsson gehörte. Leider gingen im Lauf der Jahrhunderte alle Spuren seiner Geschichte verloren. Wandmalereien aus dem 12. Jh. auf den Orkneyinseln, kurze Erwähnungen in der *Njáls saga* und ein zotiges Gedicht aus dem Mittelalter lassen darauf schließen, dass er ein Verhältnis mit der Bäuerin des nahe gelegenen Hofs Steinastöðum hatte und in einem Axtduell mit ihrem Mann den Kürzeren zog.

Stöng wurde 1939 ausgegraben und war Islands erste archäologische Stätte. Mit ihrer Hilfe ließ sich das Alter weiterer Wikingerbehausungen feststellen. Die Ruine des Gehöfts ist von einem großen Holzschuppen überdeckt und liegt am Ende eines schlechten und holprigen Feldwegs, der 20 km hinter Árnes von der 32 abbiegt. Zu sehen gibt's mit Steinen eingefasste Feuerstellen und Türstürze aus achteckigen Basaltsäulen inmitten einer trostlosen Lavalandschaft. Ein **Fußweg** hinter dem Anwesen endet nach ein paar Kilometern in dem eigenartigen und hübschen kleinen Tal **Gjáin** mit merkwürdigen Lavaformationen und spektakulären Wasserfällen.

Der Ort hat eine zauberhafte Atmosphäre. Fotogener ist aber **Þjóðveldisbærinn** (☎488 7713; www.thjodveldisbaer.is; Erw./Kind 500 ISK/frei; ⊙Juni–Aug. 10–12 & 13–18 Uhr), ein rekonstruiertes Wikingergehöft. Es wurde anhand der Grundrisse von Stöng und der benachbarten Kirche erbaut – nebeneinander betrachtet wirken die beiden Höfe wie die Vorher/Nachher-Fotos bei einer Schönheitsoperation.

Südlich des rekonstruierten Hofs steht das hochtechnologische und interaktive **Wasserkraftwerk Búrfell** (⊙Juni–Aug. 10–18 Uhr), das sich mit einer der größten Skulpturen von Sigurjón Ólafsson schmückt.

Wer von Stöng aus 10 km nach Nordosten marschiert (Schotterpiste), kommt zu Islands zweithöchstem Wasserfall **Háifoss**. Er fällt über den Rand eines Plateaus 122 m in die Tiefe. Fußfaule können den größten Teil der Strecke auch im Allradfahrzeug zurücklegen.

Eine abgeschiedene Unterkunft in Þjórsárdalur ist das **Hólaskógur** (☎661 2503; www.atvtravel.is) am Rand des Hochlands. Im Prinzip handelt es sich um eine Berghütte mit 80 Schlafplätzen, Campingplätzen und einer tollen Sauna (500 ISK). Die Betreiber der Hütte bieten auch Quadbike-Touren an.

DIE SÜDKÜSTE

Von Reykjavík aus ist dies einer der spannendsten Küstenabschnitte Südislands, der einem ständig den Atem stocken lässt. Nachdem sich die Straße 1 (Ringstraße) erst durch einen breiten, flachen Küstenstreifen mit Pferdehöfen und Gewächshäusern gearbeitet hat, wird's plötzlich schroff und abenteuerlich. Auf der landwärts gelegenen Straßenseite türmen sich steile Berge, und bald zeigt sich auch schon der erste Gletscher.

Die von öffentlichen Verkehrsmitteln vielbefahrene Ringstraße führt durch eine Reihe interessanter Ortschaften: Hveragerði mit seinen Geothermalfeldern und heißen Quellen, Skógar, die Pforte zum attraktiven Wandergebiet Þórsmörk und das von schwarzen Stränden, hohen Klippen und Gletschern eingerahmte Vík.

Zu den Attraktionen an der Ringstraße gehören die winzigen Fischerdörfer Stokkseyri und Eyrarbakki, der düstere Vulkan Hekla (das Tor zur Hölle!), der unaussprechliche Eyjafjallajökull, der zuletzt 2010 ausbrach, sowie Bauernhöfe und Täler voller Sagen.

Hveragerði

2320 EW.

Auf den ersten Blick wirkt Hveragerði wie eine langweilige Schuhkartonsiedlung. Aber schon nach einer halben Stunde fühlt sich jeder irgendwie angezogen, denn dieser Ort hat Seele und es gibt viel zu sehen und zu tun.

Hveragerði liegt auf einem hochaktiven geothermischen Feld, das Wärme für Hunderte Gewächshäuser liefert. Für seine Gartenbauschule und die naturheilkundliche Klinik ist der Ort in ganz Island berühmt. In der Umgebung gibt es einige phantastische Wanderwege, der Ort ist daher auch ein guter Startpunkt für Wanderer.

Die praktische Broschüre *Hveragerði, The Capital of Hot Springs and Flowers* beschreibt ausführlich alle Sehenswürdigkeiten, Aktivitäten und Restaurants in der Gegend.

Sehenswertes & Aktivitäten

Geothermische Felder PARK

Hveragerði ist in ganz Island für sein Hochtemperaturgebiet bekannt – der Ort ist Islands Rekordhalter in Sachen wild dampfender Felder. Bohrlöcher und Schlammtümpel sind massenhaft zu finden, aber die Landschaft veränderte sich gewaltig während eines unerwarteten Erdbebens 2008 (am Simulator in der Touristeninformation ist mehr zu erfahren).

Heute gibt es zwei ausgewiesene Areale, wo die Energie und Hitze der Erde unmittelbar erlebbar wird.

Im geothermischen Park **Hverasvæðið** (Hveramörk 13; Eintritt frei; Juni–Mitte Sept. Mo–Fr 10–18 Uhr, Sa & So 12–16 Uhr) im Ortszentrum gibt es Schlammtümpel und dampfende Wasserbecken, in denen Besucher ihre Füße wärmen können. Es werden auch Führungen um die Quelle angeboten, bei denen die einzigartige Geologie und die daraus gewonnene Treibhausenergie erläutert werden.

Das zweite Areal liegt nördlich des dampfenden Flusses – Besucher sollten unbedingt beim Umherschweifen durch scheinbar endlose Felder aus stinkendem Schwefel und speienden Flächen auf den markierten Wegen bleiben (sonst schmelzen die Schuhe). Am Golfplatz vorbei geht es zu einem Parkplatz; von dort sind es 3 km zu Fuß zum unbedingt sehenswerten **Reykjadalur**, einem reizvollen geothermischen Tal mit einem **heißen Fluss**, in dem gebadet werden kann – Badeanzug nicht vergessen.

Listasafn Árnesinga KUNSTMUSEUM

(483 1727; www.listasafnarnesinga.is; Austurmörk 21; Eintritt frei; Mai–Okt. 12–18 Uhr, Okt.–April Do–So 12–18 Uhr) Sehr empfehlenswert ist die große, lichte Galerie für moderne Kunst Listasafn Árnesinga, die tolle Wechselaus-

Hveragerði

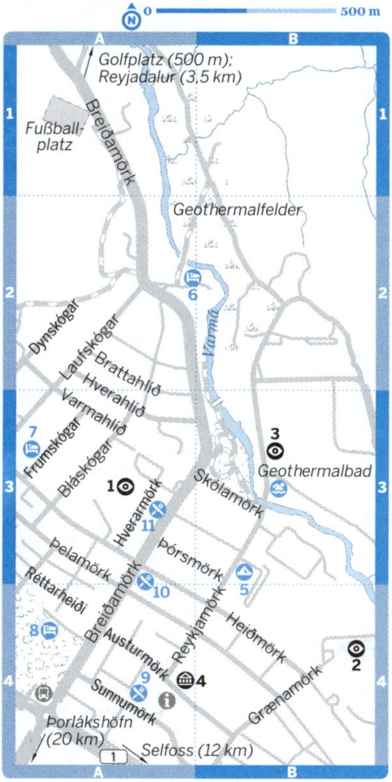

Hveragerði

Sehenswertes

1 Geothermalfeld – Hverasvæðið A3
2 HNLFÍ-Klinik und -Spa B4
3 Landbúnaðarháskóli Íslands Reykjum B3
4 Listasafn Árnesinga A4

Schlafen

5 Campingplatz B3
6 Frost og Funi A2
7 Gistiheimilið Frumskógar A3
8 Hótel Örk A4

Essen

9 Almar A4
10 Hverabakarí A3
11 Kjöt og Kúnst A3

stellungen zeigt. Die Galerie, zu der auch ein schönes Café gehört, würde auch jedem erheblich größeren Ort alle Ehre machen.

HNLFÍ-Klinik THERMALBAD
(HNLFÍ ☎483 0300; www.hnlfi.is; Grænumörk 10) Islands berühmteste Klinik, die Heilsustofnun Náttúrulækningafélags Íslands, behandelte früher vor allem Patienten mit ärztlichem Befund. Nun sind aber auch Besucher willkommen, die einfach nur Lust auf eine entspannende Massage (5850–9500 ISK) oder ein Moorbad mit Tiefenwärme (5200 ISK) haben. Zur Top-Ausstattung gehören Innen- und Außenbecken, Hot Pots, Sauna und Dampfbad. Es gibt einfache Unterkünfte (DZ 11 000 ISK).

Raufarhólshellir HÖHLE
Die im 11. Jh. entstandene Lavahöhle ist über 1 km lang und enthält mehrere wunderschöne (unter Naturschutz stehende) Lavasäulen. Wer rein will, braucht festes Schuhwerk und eine Taschenlampe, denn der Untergrund ist wegen früherer Einstürze manchmal ganz schön tückisch. Im Winter wird kalte Luft von außen angezogen und staut sich im Inneren. Dadurch entstehen bizarre Eisgebilde. Die Höhle liegt südwestlich von Hveragerði, an der Verbindungsstraße Reykjavík–Þorlákshöfn (39) bzw. 1 km nördlich der Kreuzung der Straßen 38, 39 und 427.

Geführte Touren

Iceland Activities ABENTEUERTOUR
(☎777 6263; www.icelandactivities.is; ⏲Mo–Fr 8–17, Sa 9–16 Uhr) Das familiengeführte Unternehmen spezialisiert sich auf Fahrradtouren, Surfen und Wanderungen und bietet wunderbare Halb- und Ganztagsausflüge im Südwesten zu erschwinglichen Preisen an.

Schlafen

LP TIPP **Frost og Funi** HOTEL €€
(Frost & Feuer; ☎483 4959; www.frostandfire.is; Hverhamar; EZ/DZ mit Frühstück 16 100/22 000 ISK; @📶) Das skurille kleine Hotel mit neuen Besitzern liegt auf einem bebenden geothermischen Feld, aus dem ständig kochendes Wasser, Dampf und Schlamm aufsteigt. Die Zimmer erstrecken sich entlang einer warmen Klamm, die Einrichtung ist skandinavisch schick und an den Wänden hängen originale Kunstwerke. Ein Erlebnis sind die Sauna und die siedenden Hot Pots, die beide durch das hoteleigene Bohrloch erhitzt werden.

Gistiheimilið Frumskógar PENSION €
(☎896 2780; www.frumskogar.is; Frumskógar 3; EZ/DZ 7000/11 000 ISK; 📶) Die behagliche Pension in einer Straße, die einst eine echte Kolonie isländischer Dichter und Schriftsteller war, bietet einen Hot Pot, ein Dampfbad und hinter dem kleinen Haupthaus kastenförmige Apartments.

Hótel Örk HOTEL €€
(☎483 4700; www.hotel-ork.is; Breiðamörk 1c; DZ mit Frühstück 24 900 ISK; @📶) Das große, von der Ringstraße aus unübersehbare Hotel wirkt wie ein merkwürdiges architektonisches Relikt aus dem Japan der 1950er-Jahre. Die Zimmer sind ziemlich altbacken, aber das Hotel hat eine Menge familienfreundlicher Einrichtungen, wie eine Sauna, einen 9-Loch-Golfplatz, Billardtische und einen exzellenten Swimmingpool mit Rutsche und Hot Pots. Das hauseigene Gourmetrestaurant soll eines der besten im Ort sein.

Essen

Neben den üblichen Supermärkten gibt es mehrere Bäckereien wie die **Hverabakarí** (Breiðumörk 10; ⏲8.30–18 Uhr) und **Almar** (Sunnumörk 2; ⏲7–18 Uhr). Fast-Food-Läden säumen die Hauptzufahrtsstraße parallel zur Ringstraße. Mehrere Restaurants bieten Essen an, das mit geothermischer Wärme gekocht wird. Und wer will, darf sich in der Quelle mitten im Ort selbst Eier kochen.

Kjöt og Kúnst INTERNATIONAL €€
(www.kjotogkunst.com; Breiðamörk 21; Hauptgerichte 1490–4390 ISK ⏲Juni–Aug. Mo–Sa 12–21 Uhr, Sept.–Mai kürzere Zeiten) Der Hit ist hier das Brot, das mit natürlicher Wärme aus der Erde gebacken wird. Serviert werden überwiegend isländische Gerichte (Suppe, Fisch und Lamm), aber es gibt auch eine Auswahl an Sandwiches und Pizzas.

Praktische Informationen

Touristeninformation (Upplýsingamiðstöð Suðurlands; ☎483 4601; www.southiceland.is; Sunnumörk 2–4; ⏲Juni–Aug. Mo–Fr 8.30–17, Sa 9–14, So 9–13 Uhr, Sept.–Mai Mo–Fr 8.30–16 Uhr) Hveragerði ist Sitz der regionalen Touristeninformation für die gesamte Südküste. Im gleichen Gebäude befinden sich das Postamt und eine kleine Ausstellung zum Erdbeben, das die Gegend 2008 erschüttert hat.

An- & Weiterreise

Die Bushaltestelle ist bei der N1-Tankstelle an der Hauptstraße in den Ort.

Sterna (☎551 1166; www.sterna.is) Betreibt den Bus 12b/12c von Reykjavík nach Vík mit

Halt in Hveragerði. Er verkehrt von Mitte Mai bis Mitte September zweimal täglich.

Strætó (☎540 2700; www.straeto.is) Die Busse 51 und 52 halten hier zweimal täglich auf der Strecken Reykjavík–Vík/Höfn und Reykjavík–Landeyjahöfn.

Þorlákshöfn

1580 EW.

Früher kamen viele Leute in das 20 km südlich von Hveragerði gelegene Fischerdorf Þorlákshöfn, um hier eine Fähre zu den Vestmannaeyjar zu nehmen. Inzwischen legt die Fähre jedoch in Landeyjahöfn an der Südwestküste bei Hvolsvöllur ab. Nur wenn es stürmisch ist und sich der neue Anleger mit Sand füllt, fährt die Fähre nach Vestmannaeyjar wieder hier ab. Ansonsten gibt es kaum einen Grund, den Ort zu besuchen.

Außerhalb von Þorlákshöfn führt die Straße 38 nach Hveragerði, die 39 nach Reykjavík und die 427 in westlicher Richtung am unteren Rand der Halbinsel Reykjanes entlang nach Krýsuvík.

Eyrarbakki

590 EW.

Kaum zu glauben, aber das winzige Eyrarbakki war bis ins 20. Jh. hinein Islands wichtigster Hafen und eine bedeutende Handelsstadt. Bauern aus dem ganzen Süden der Insel kamen hierher, um ihre Erzeugnisse gegen andere Waren im Laden einzutauschen - der Andrang war so groß, dass es mitunter drei Tage dauerte, bis sie drankamen. Außerdem ist Eyrarbakki stolz darauf, der Geburtsort von Bjarni Herjólfsson zu sein. Er brach 985 n. Chr. zu einer längeren Schiffsreise auf und setzte wahrscheinlich als erster Europäer seinen Fuß auf amerikanischen Boden. Leider verkaufte der gute Mann sein Boot nach seiner Rückkehr an Leifur Eiríksson, der damit seinerseits Vínland (wie er Amerika nannte) bereiste und den ganzen Ruhm einheimste. Heute ist der Ort für sein Gefängnis bekannt - das größte in ganz Island.

Sehenswertes

Húsið á Eyrarbakka MUSEUM
(Haus in Eyrarbakki; ☎483 1504; www.husid.com; Hafnarbrú 3; Eintritt 700 ISK, inkl. Sjóminjasafnið á Eyrarbakka; ⏲Mitte Mai–Mitte Sept. 11–18 Uhr) Das Húsið á Eyrarbakka wurde 1765 von dänischen Kaufleuten gebaut und ist eines der ältesten Häuser Islands. In Glasvitrinen wird die Geschichte des Orts dokumentiert und die Zimmer sind mit den originalen Möbeln eingerichtet (darunter das älteste Klavier in Island). In einem separaten Gebäude hinter dem Haus sind ausgestopfte Vögel ausgestellt. Interessant sind Ólöf Sveinsdóttirs Schal, Mütze und Pulswärmer, die aus ihrem eigenen Haar gestrickt sind.

Sjöminjasafnið á Eyrarbakka MUSEUM
(☎483 1082; Túngata 59; ⏲Mitte Mai–Mitte Sept. 11–18 Uhr) Gleich hinter dem Húsið á Eyrarbakka liegt das kleine Museum zur einheimischen Fischerei. Im Mittelpunkt der Ausstellung steht das schöne, nach Teer riechende Fischerboot *Farsæll* mit zwölf Rudern. Die Eintrittskarte für das Húsið á Eyrarbakki gilt auch für dieses kleinere Museum.

Naturschutzgebiet Flói NATURSCHUTZGEBIET
Vogelfans kommen im Naturschutzgebiet Flói auf ihre Kosten. Der breite Marschlandstreifen am Ostufer der Ölfusá ist ein bevorzugtes Revier vieler Wattvögel, darunter Sterntaucher und verschiedene Gänse- und Entenarten. In der Brutzeit (Mai–Juli) ist am meisten los. Ein 2 km langer Rundweg führt durch das Gelände. Wer Einzelheiten wissen will, wendet sich an den **Isländischen Vogelschutzbund** (☎562 0477; www.fuglavernd.is). Das Naturschutzgebiet liegt 3 km nordwestlich von Eyrarbakki und ist nur mit eigenem Fahrzeug zu erreichen.

Schlafen & Essen

Rein PENSION €€
(☎693 3543; www.rein-guesthouse.is; Þykkvaflöt 4; DZ mit Frühstück 16 000 ISK) In diesem ruhigen Haus mit drei holzvertäfelten Gästezimmern unterm Dach werden die Gäste von Maia, dem Hund, begrüßt. Knarzendes Holz und Möbel im Vintage-Stil verleihen dem Haus ein altes Flair, erbaut wurde es aber erst 1997.

Eyrarbakki HI-Hostel HOSTEL €
(☎483 1280; www.gonholl.is; Eyrargata 51–53; B/Apt. ab 3800/20 000 ISK; 📶) Das Haus gehört zwar zum isländischen Hostelverband, aber ist völlig anders als alle anderen Hostels. Es besteht aus vier wunderbaren Apartments mit pfirsichfarbenen Wänden, Holzböden, kompletter Küche (samt Geschirrspüler und Waschmaschine) und gemütlichen Wohnzimmern. Wer lieber im Schlafsaal pennt, findet auch Schlafsackunterkünfte. Das Personal kümmert sich auch um das

mufflige **Gónhóll**, ein komisches Café mit kleinem Lebensmittelverkauf in einem Lagerhaus nebenan.

Rauðahúsið FISCH & MEERESFRÜCHTE €€
(www.raudahusid.is; Búðarstígur 4; Hauptgerichte 1900–3500 ISK; ⌚So–Do 11.30–21, Fr & Sa bis 22 Uhr) Der Erzrivale des Hummerrestaurants in Stokkseyri residiert in einem alten, roten Haus, in dem freundliches Personal leckere Meeresfrüchte auftischt.

Hafið Bláa FISCH & MEERESFRÜCHTE €€
(www.hafidblaa.is; Óseyri; Hauptgerichte 2000–4000 ISK; ⌚Juni–Aug. 11–22 Uhr) Das Fischrestaurant auf halbem Weg zwischen Eyrarbakki und Þorlákshöfn ist in einem wunderschönen Gebäude untergebracht, das einem umgedrehten Boot gleicht und in dem Küstenschwalben und Tölpel von der Decke baumeln. Wer keinen Tisch mit Meerblick bekommt, kann sich mit dem ebenfalls tollen Ausblick auf die Flussmündung auf der anderen Seite trösten.

An- & Weiterreise

Zwischen Selfoss und Eyrarbakki/Stokkseyri verkehren werktags acht Busse; der erste fährt um 6.50 Uhr, der letzte um 22.55 Uhr.

Stokkseyri

490 EW.

Eyrarbakkis Zwillingsbruder liegt ein Stück weiter östlich und ist für Museumsfans weniger interessant, dafür aber umso attraktiver für Familien. Das Fischerdorf ist im Winter wie ausgestorben. Während der Sommersaison spricht aber nichts dagegen, hier und im Nachbarort einen Tag zu verbringen.

Sehenswertes & Aktivitäten

Veiðisafnið MUSEUM
(☎483 1558; www.hunting.is; Eintritt 1250 ISK; ⌚April–Sept. 11–18 Uhr, Feb.–März & Okt.–Nov. Sa & So 11–18 Uhr) In zwei Räumen zeigt ein lokaler Jäger seine kleine Privatsammlung. Mit seinen Dutzenden ausgestopften Viechern an der Wand wirkt es wie ein Naturkundemuseum. Der freundliche Besitzer erzählt gerne faszinierende Geschichten über seine Reisen in die ganze Welt.

Draugasetrið MUSEUM
(Geisterzentrum; ☎895 0020; www.draugasetrid.is; Hafnargata 9; Erw./Kind 1500/1000 ISK; ⌚Juni–Aug. 12.30–18 Uhr) Draugasetrið, im obersten Stock eines Lagerhauses im Dorfzentrum, ist ein echtes Geisterhaus, das von einer Gruppe blutdürstiger Teenager geführt wird. Ein 50-minütiger iPod-Guide (in vielen Sprachen erhältlich) erzählt 24 Geistergeschichten vor verschiedenen aus Trockeneis gestalteten Kulissen. Die gleichen Leute betreiben auch das Zentrum **Icelandic Wonders** (Erw./Kind 1500/1000 ISK; ⌚Juni–Aug. 12.30–18 Uhr) an der Seite des Gebäudes. Es ist ähnlich eingerichtet, aber führt durch die Welt der Trolle, Elfen und Nordlichter. Ein Kombiticket für beide Häuser kostet 2500 ISK.

Sundlaug Stokkseyrar SCHWIMMBAD
(Erw./Kind 500 ISK/frei; ⌚Juni–Mitte Aug. Mo–Fr 13–21, Sa & So 10–17 Uhr, Mitte Aug.–Mai Mo–Fr 17.30–20.30, Sa & So 10–15 Uhr) Das beliebte Schwimmbad des Ortes.

Geführte Touren

Kajakferðir Stokkseyri KAJAKTOUR
(☎896 5716; www.kajak.is; Heiðarbrún 24; Tour 4350 ISK; ⌚April–Okt.) Kajakbegeisterte können sich einer kleinen Tour mit Kajakferðir Stokkseyri über die nah gelegene Lagune anschließen (3750 ISK pro Std.). Die Touren beginnen am Schwimmbad Sundlaug Stokkseyrar.

Schlafen & Essen

Preiswertes Essen gibt's im Grillimbiss an der Shell-Tankstelle.

Gaulverjaskóli HI-Hostel HOSTEL €
(☎551 0654; www.south-hostel.is; Gaulverjaskóli; Platz pro Pers. 1000 ISK, B 3800 ISK; ⌚Feb.–Mitte Nov.) Die netten Besitzer haben ihr ganzes Herz in die Renovierung der ehemaligen Schule gesteckt; heute ist es ein sauberes, ruhiges Hostel mit einem angenehmen Aufenthaltsraum unterm Dach und einem separaten großen Küchentrakt. Frühstück und Lammeintopf zum Abendessen kann im Voraus bestellt werden (ansonsten herrscht hier Selbstversorgung). Das Haus liegt in einem winzigen Dörfchen inmitten von weitem, flachen Agrarland und ist von Stokkseyri 9 km über die Küstenstraße Richtung Selfoss zu erreichen.

Kvöldstjarnan PENSION €€
(Abendstern; ☎483 1800; www.kvoldstjarnan.com; Stjörnusteinum 7; DZ mit Frühstück 16 000 ISK) Die fünf hellen, weißen Zimmer haben Waschbecken und flauschige Bettdecken im finnischen Marimekko-Design. Es gibt eine kleine Lounge und eine blitzblanke Gästeküche. Der Vater des Besitzers hat

einen tollen Garten angelegt, trotz des starken Meerwinds und der salzigen Luft.

LP TIPP **Við Fjöruborðið** FISCH & MEERESFRÜCHTE €€€
(☎483 1550; www.fjorubordid.is; Eyrabraut 3a; Hauptgerichte 2050–4850 ISK; ⌚Juni–Mitte Sept. 12–21 Uhr, Mitte Sept.–Mai Mo–Fr 17–21, Sa & So 12–21 Uhr) Das gehobene Fischrestaurant an der Küste hat den Ruf, den besten Hummer Islands zu servieren. Die legendäre Fischcremesuppe kostet 2050 ISK und die meisten Leute behaupten, dass sie jeden Cent wert ist. Serviert wird in einem Raum mit alten Steinfliesen, gläsernen Netzschwimmern und anderem maritimen Krimskrams. Reservierung wird empfohlen.

An- & Weiterreise

Infos zu Busverbindungen s. S. 110.

Selfoss

6570 EW.

Selfoss, die größte Stadt in Südisland, ist ein wichtiges Handels- und Industriezentrum – und unglaublich hässlich. Die Ringstraße ist hier die Haupteinkaufsstraße, allerdings besteht die Gefahr, im Stau steckenzubleiben. Der einzige Grund für einen Aufenthalt in Selfoss ist, sich mit Proviant für die Weiterfahrt einzudecken.

Schlafen

Vatnsholt PENSION €€
(☎899 7748; www.stayiniceland.is; Vatnsholt 1–2; DZ mit/ohne Bad 20 000/16 000 ISK; @📶) Das Vatnsholt, etwa 16 km südöstlich von Selfoss und nur 8 km abseits der Ringstraße, ist super für Leute mit Kindern. Es hat sonnige Zimmer in einem weitläufigen Gehöft mit Blick auf den Eyjafjallajökull, die Hekla, die Vestmannaeyjar und die dampfende Erde von Hveragerði. Mit den Leihfahrrädern (2000 ISK), einer ganzen Tiermenagerie (darunter auch Elvis, die tanzende Ziege) und einem tollen Spielplatz könnte so mancher hier tagelang (oder wochenlang) bleiben wollen. Frisch zubereitetes Essen gibt es im hauseigenen Restaurant (3 Gänge 4900 ISK; 18–21 Uhr) und um 21 Uhr wird ein Film über Islands energiegeladene Landschaft gezeigt.

Hótel Selfoss HOTEL €€
(☎480 2500; www.hotelselfoss.is; Eyravegur 2; EZ/DZ ab 25 000/29 500 ISK; @📶) Der Koloss an der Brücke hat 99 pragmatisch eingerichtete Zimmer und eine tolle Ausstattung, darunter eine große Wellnessanlage und ein exzellentes Restaurant (Hauptgerichte 1850–5900 ISK). Unbedingt auf einem Zimmer mit Blick auf den breiten und schönen Fluss Ölfusá statt auf den öden Parkplatz bestehen.

Selfoss HI-Hostel HOSTEL €
(B&B Hostel; ☎482 1600; www.bandb.is; Austurvegur 28; B/DZ 4500/7100 ISK; 📶) Die Gestaltung des Hostels sorgt für maximale Geselligkeit: extra breite Flure und etliche Gemeinschaftsräume mit vielen großen Sofas und bequemen Polstersesseln. Überrascht waren wir jedoch, dass die Mitarbeiter kaum Englisch sprechen (Isländisch übrigens auch nicht!); die Stimmung ging eher in Richtung Schlafen und Abhauen statt Bleiben und Relaxen. HI-Mitglieder erhalten 600 ISK Ermäßigung; Bettwäsche kostet 1100 ISK extra.

Essen

Selfoss ist der beste Ort in Island, um sich mit Proviant einzudecken, bevor es weiter in die Wildnis geht. Praktisch alle großen Supermärkte sind hier vertreten, auch **Bónus** (Austurvegur 42) und **Krónan** (Tryggvatorg). Fast-Food-Ketten gibt es ebenfalls massenhaft. In der populären Broschüre *Around Iceland* stehen weitere Restauranttipps.

Kaffi Krús INTERNATIONAL €€
(www.kaffikrus.is; Austurvegur 7; Hauptgerichte 890–2390 ISK; ⌚11–22 Uhr) Der „Kaffeebecher" ist ein beliebtes Café in einem zauberhaften alten Haus an der Hauptstraße. Auf zwei Stockwerken und im großen Hof wird eine große Auswahl an isländischen und internationalen Gerichten serviert. Die Preise sind insgesamt etwas happig, aber Sparsame können sich ja auch eine Pizza teilen.

Sunnlenska Bókakaffið CAFÉ €
(Austurvegur 22; ⌚Mo–Sa 12–18 Uhr; 📶) In dem reizenden Buchladen (mit neuen und antiquarischen Büchern) gibt es auch Kaffee und Kuchen. Ein klasse Ort, um den allgegenwärtigen Fast-Food-Buden zu entkommen.

Praktische Informationen

Die Landsbanki Íslands, Kaupþing und Íslandsbanki haben in der Austurvegur Filialen mit Geldautomaten.

Touristeninformation (☎480 1990; http://tourinfo.arborg.is; Austurvegur 2; ⌚Mitte Mai–Aug. Mo–Fr 10–18, Sa 11–14 Uhr) Der Touris-

Selfoss

teninformationsschalter in der Stadtbibliothek nahe dem Kreisverkehr an der Hauptstraße ist nur im Sommer besetzt; die Touristeninformation in Hveragerði ist besser.

An- & Weiterreise

Alle Busse zwischen Reykjavík und Höfn, Skaftafell, Fjallabak, Þórsmörk, Flúðir, Gullfoss, Laugarvatn und Vík fahren durch Selfoss. Selfoss liegt eine Stunde von Reykjavík entfernt.

Reykjavík Excursions (Kynnisferðir; ☎580 5400; www.re.is) Der Bus 20/20a fährt von Reykjavík (Abfahrt um 8 Uhr) nach Skaftafell und hält hier von Juni bis Mitte September einmal täglich.

Sterna (☎551 1166; www.sterna.is) Der Bus 12b/12c fährt von Reykjavík nach Vík und hält von Mitte Mai bis Mitte September zweimal täglich in Selfoss.

Strætó (☎540 2700; www.straeto.is) Die Busse 51 und 52 halten hier zweimal täglich auf den Strecken Reykjavík–Vík/Höfn und Reykjavík–Landeyjahöfn.

Selfoss

Schlafen

1 Campingplatz C4
2 Hótel Selfoss B3
3 Selfoss HI-Hostel C3

Essen

4 Bónus-Supermarkt D3
5 Kaffi Krús B3
6 Krónan B3
7 Sunnlenska Bókakaffið C3

Hella & Umgebung

810 EW.

Die kleine, landwirtschaftlich geprägte Gemeinde am Ufer des malerischen Flüsschens Ytri-Rangá liegt im Herzen einer bedeutenden Pferdezuchtregion. Von hier aus sind es noch 35 km in nördlicher Richtung (über die Straßen 264 und 268) bis zum düsteren Vulkan Hekla.

Sehenswertes & Aktivitäten

ORTSZENTRUM

Hella hat nicht viel Interessantes zu bieten. Die meisten Touristen zieht es zu den Pferdehöfen in der flachen Umgebung. Die Kunsthandwerkskooperative **Hekla Handverkshús** (☎864 5531; Þrúðvangur 35; ⌚Mai–Sept. 9–18 Uhr, Okt.–April Sa & So 13–17 Uhr) dient gleichzeitig als informelle Touristeninformation.

STRASSE 26 (ZUR HEKLA)

Jenseits der winzig kleinen Gemeinde Hella erstrecken sich vom Meer bis zur Hekla, einem der unheilvollsten Vulkane Islands, endlose Auen. Die Straße 26 zur Hekla führt an einigen Pferdehöfen vorbei, die diverse Reitausflüge anbieten.

Das Museum in **Heklusetrið** (☎487 8700; www.leirubakki.is; Leirubakki; Eintritt 800 ISK; ⌚Juni–Aug. 9–21 Uhr) erläutert die explosive Geschichte der düsteren Hekla mit unheimlichen Geräuschen und trüber Beleuchtung. Besucher lernen, was bei einem plötzlichen Ausbruch zu tun ist, und bekommen auch die beunruhigende Information, dass eine Eruption längst überfällig ist.

Das Museum organisiert auch Ausflüge zur Hekla: Ein Taxi nach Skjólkviar kostet hin und zurück 28 000 ISK; der Fahrer wartet, während die Fahrgäste den Vulkan hoch- und runtersteigen. Am besten ist eine Abfahrt gegen 9 Uhr, um so gegen 16.30 Uhr wieder zurück im Museum zu sein. Andere Möglichkeiten sind einstündige Ausritte (4500 ISK) oder ein Besuch des „Wikingerteichs“ in einem Lavafeld in der Nähe.

Die Gegend mit ihrer dramatischen Vulkankulisse und der Nähe zum Hochland ist auch berühmt für ihre **Pferdehöfe**. Die meisten Gestüte bieten eher mehrtägige Reitausflüge statt kurze Ausritte. Zu den besten Höfen gehören die folgenden:

LP TIPP **Hekluhestar** REITEN

(☎869 8953; www.hekluhestar.is; Austvaðsholt) Der Hof liegt über die Straßen 271 und 272 9 km nordöstlich von Hella. Die Besitzer, eine freundliche französisch-isländische Familie, bieten sechs- bis achttägige Ausflüge durch das Hochland an. Schlafsackunterkünfte gibt es in einer ungewöhnlichen kreuzförmigen Hütte.

Herríðarhóll REITEN

(☎487 5252; www.herridarholl.is) Der Hof liegt westlich von Hella an der Straße 284, 6 km von der Ringstraße. Das Angebot an Reitausflügen ist groß. Auch Gäste, die einfach nur auf einem Hof übernachten wollen, sind herzlich willkommen.

DIE EDDA

Im mittelalterlichen Kloster von Oddi in Rangárvellir, ungefähr 8 km von Hella, liegt der Ursprung der nordischen Eddas, der wichtigsten erhaltenen Bücher der Wikingerdichtkunst. Die *Prosa-Edda* verfasste der Dichter und Historiker Snorri Sturluson um 1222 als Dichterlehrbuch. Sie enthält detaillierte Beschreibungen der Sprache und Versmaße der *Skalden* (Hofdichter). Das Epos *Gylfaginning* schildert den Besuch des schwedischen Königs Gylfi im legendären Göttersitz Asgard und erzählt die altnordischen Schöpfungsmythen, Geschichten über einzelne Götter sowie deren Untergang, Ragnarök.

Etwas später im 13. Jh. entstand die *Lieder-Edda*, deren Aufzeichnung Sæmundur Sigfússon zugeschrieben wird. Es ist eine Zusammenfassung von Werken unbekannter Autoren, einige älter als die Besiedlung Islands. Das erste Gedicht, *Völuspá (Weissagung der Seherin)*, ist sozusagen die altnordische Version von Genesis und Offenbarung. Es beschreibt Erschaffung und Untergang der Welt. Spätere Gedichte erzählen u. a., wie Óðinn die Macht der Runen entdeckte, sowie die Sage von Siegfried und den Nibelungen, die Richard Wagner später in seinem *Ring der Nibelungen* nacherzählte. Am berühmtesten ist wahrscheinlich das Gedicht *Þrymskviða* über den Riesen Þrym, der Þórs Hammer klaute und ihn nur im Tausch gegen die Hand der Göttin Freyja zurückgeben wollte. Daraufhin verkleidete sich Þór als die zukünftige Braut und ging an ihrer Stelle zur Hochzeit. Lange Teile des Gedichts beschreiben seine ungehobelten Tischmanieren während des Hochzeitsmahls – er soll einen kompletten Ochsen sowie acht Lachse vertilgt und mit drei Schläuchen Met heruntergespült haben.

ABSTECHER

HEKLA

Der Name von Islands berühmtestem und aktivstem Vulkan bedeutet „Die Verhüllte", denn der 1491 m hohe Gipfel versteckt sich fast immer hinter bedrohlichen Wolken. In der Vergangenheit hat die Hekla schon mehrmals ihr Temperament bewiesen und galt im Mittelalter sogar als „Tor zur Hölle".

Schon zu Wikingerzeiten errichteten Siedler Höfe auf den fruchtbaren vulkanischen Böden rund um die Hekla. Der Ausbruch 1104 machte ihnen jedoch den Garaus: Im Umkreis von 50 km begrub die Lava alles. Seitdem gab es 15 weitere, große Eruptionen – im Jahr 1300 verschwanden über 83 000 km² unter einem Ascheteppich.

In jüngerer Zeit ist die höllische Hekla in regelmäßigen Zehnjahresabständen ausgebrochen. Die größte Gefahr geht von der Asche aus, deren hoher Fluorgehalt schon Tausende von Schafen vergiftete. Um es noch schlimmer zu machen, erzeugte der Ausbruch 2000 auch einen kleinen pyroklastischen Strom (eine tödliche Lawine aus Gas und Gesteinspartikeln, die sich mit über 130 km/h voranwälzt und bis zu 800 °C heiß sein kann).

Die Isländer leben entsprechend in beständiger Angst, dass der gewaltige Berg jeden Moment ausbrechen könnte. Wie bei den meisten isländischen Vulkanen ist eine Eruption längst überfällig.

Mehr Infos zur Hekla gibt's im kleinen Museum in Leirubakki.

Hekla-Besteigung

Natürlich ist es möglich, hinaufzukraxeln – aber wer das vorhat, muss bedenken, dass die Hekla immer noch ein aktiver Vulkan ist, der seine Ausbrüche nicht groß ankündigt. Normalerweise gibt's eine halbe bis anderthalb Stunden vorher mehrere kleine Erdbeben, und dann geht's los! Wer es tatsächlich wagen will, sollte einen wolkenfreien Tag aussuchen und viel Wasser mitnehmen – Vulkanasche macht durstig.

Am Abzweig der F225 von der Straße 26 liegt ein kleiner Parkplatz (rund 45 km nordöstlich von Hella) als Ausgangspunkt für Wanderer. Die meisten Mietwagen haben keinen Versicherungsschutz für F-Straßen und sollten hier abgestellt werden. Allerdings sind es lange und staubige 16 km bis zum Fuß des Vulkans. Glückspilze ergattern eine Mitfahrgelegenheit.

Wer mit dem Allradfahrzeug unterwegs ist, kann auf der F 225 bis an den Fuß des Vulkans weiterfahren. Dort führt ein gut markierter Wanderweg ab **Skjólkviar** rechts die Nordostflanke hoch zum Kamm und dann weiter bis zum Krater. Der Gipfel ist zwar oft von Schnee bedeckt, aber der Kraterboden bleibt trotzdem heiß. Vom Fuß des Vulkans dauern Auf- und Abstieg rund fünf Stunden. Vom letzten Punkt, der mit dem Fahrzeug zu erreichen ist, dauert die Tour zum Gipfel etwa drei Stunden. Kleine Allradfahrzeuge müssen jedoch am Skhólkviar-Schild geparkt werden – im Juni auch alle anderen Autos, da der Schnee die Weiterfahrt unmöglich macht.

Eine Möglichkeit ist auch, von jedem beliebigen Ort in der Region aus eine individuelle Superjeeptour zu buchen. Die Taxis beim Museum Heklusetrið fahren ebenfalls bis fast zum Gipfel hoch.

Hestheimar REITEN
(☎487 6666; www.hestheimar.is) Der familiengeführte Hof liegt 7 km nordwestlich von Hella in der Nähe der Straße 281. Es gibt Reitausflüge, Pferdeshows und diverse komfortable Unterkünfte, die Reisende mit kleinem und mittleren Budget ansprechen.

Kálfholt REITEN
(☎487 5176; www.kalfholt.is; Ásahreppi) Der familiengeführte Hof liegt 17 km westlich von Hella (am Ostufer der Þjórsá) an der Straße 288. Er bietet in zwei grünen Hütten komfortable Unterkunft, am Wochenende auch Mitarbeit auf dem Hof sowie viertägige oder einwöchige Reitausflüge und im Sommer auch Tagesausflüge.

Schlafen & Essen

ORTSZENTRUM

Den Unterkünften in Hella fehlt zwar der ländliche Charme der Höfe in der weiteren Umgebung, dafür sind sie ebenso wie die Restaurants zweckmäßig und billig.

Für Selbstversorger gibt es einen **Kjarval-Supermarkt** (Suðurlandsvegur 1) mit einer kleinen Bäckerei nebenan; das beste Restaurant ist das Árhús.

Guesthouse Nonni PENSION €€
(☎894 9953; www.bbiceland.com; Arnarsandur 3; EZ/DZ mit Frühstück 65/75 €; 📶) Die kleine Pension wird vom freundlichen Nonni geführt, der seinen Gästen gerne ein Riesenfrühstück zubereitet (frisches Brot und Waffeln!). Zu den fünf holzverkleideten Zimmern führt eine Korktreppe.

Gistiheimilið Brenna PENSION €
(☎487 5532; www.mmedia.is/toppbrenna; Þrúðvangur 37; B 4000 ISK) Eine beherzte ältere Dame führt dieses absolut liebenswerte Blechhaus mit acht Betten, einer kleinen Küche und einem behaglichen Wohnzimmer. Gäste müssen mindestens zwei Nächte bleiben. Bettwäsche kostet 1000 ISK.

Árhús CAMPINGPLATZ €
(☎487 5577; www.arhus.is; Rangárbakkar 6; Stellplatz 2000 ISK, Hütte 9000–14 300 ISK) Das Árhús wirkt wie eine Art isländisches Sommercamp an einem rieselnden Bach. Es besteht aus einer Ansammlung von Hütten, reichlich Zeltplätzen, einem Küchentrakt und einem Restaurant (Hauptgerichte 1890–3100 ISK; 12–22 Uhr) mit dem besten Essen der Stadt.

Fosshótel Mosfell HOTEL €€
(☎487 5828; www.fosshotel.is; Þrúðvangur 6; DZ mit/ohne Bad 26 500/14 100 ISK; @📶) Das recht angejahrte Hotel vermietet kleine Zimmer mit jeweils zwei Einzelbetten. Das Personal ist jedoch überaus freundlich.

STRASSE 26 (ZUR HEKLA)

Die meisten Pferdehöfe auf der Hochlandebene hinter Hella bieten ihren Reitgästen Unterkunft, aber manche stehen auch anderen Reisenden offen. Camper können ihr Zelt in **Laugaland** (www.tjalda.is/laugaland; Stellplatz pro Pers. 850 ISK) aufschlagen.

Hótel Leirubakki HOTEL €€
(☎487 8700; www.leirubakki.is; Holta og Landveit; Stellplatz pro Pers. 1100 ISK, EZ/DZ 22 900/27 900 ISK; 📶) Der große Gutshof mit einem hübschen braunen Haus und einem moderneren, ganz in Weiß gehaltenen Hotelblock ist für Liebhaber des Hekla-Vulkans eine sehr gute Ausgangsstation. Das hauseigene Restaurant (Hauptgerichte 1890–5690 ISK) serviert diverse isländische Gerichte wie Pferde- oder Lammfleisch sowie Forellen aus einem Bach, der in 15 km Entfernung liegt. Zum Hotel gehört auch das Museum Heklusetrið.

STRASSE 1 (RINGSTRASSE)

Die Strecke auf der Ringstraße von Hella ostwärts nach Hvolsvöllur ist ziemlich eintönig. Es gibt nur wenige Gründe anzuhalten, einer davon ist das feinste Hotel im ländlichen Island.

Hótel Rangá HOTEL €€€
(☎487 5700; www.hotelranga.is; Suðurlandsvegur; DZ ab 259 €; @📶) Das Hótel Rangá an der Ringstraße auf halbem Weg zwischen Hella und Hvolsvöllur sieht wie ein luxuriöser Pferdehof für betuchte Reisende aus. Der Service ist spitzenmäßig, sowohl in den gemütlichen holzgetäfelten Zimmern als auch im hauseigenen Restaurant mit deckenhohen Fenstern. Wer ordentlich Geld ausgeben will, sollte sich in eine der sieben „Weltpavillonsuiten" (549–829 €) einquartieren, die jeweils einen anderen Kontinent zum Thema haben. Sie sind so unterschiedlich eingerichtet, dass die Wahl schwerfällt. Die dezente Asia-Suite, die wie ein traditionelles japanisches Reisegasthaus aussieht, finden wir jedoch am schönsten (und Charlize Theron offenbar auch!).

ℹ An- & Weiterreise

Hella

Busse von Reykjavik Excursions und Trex fahren von Reykjavík hoch ins Þórsmörk und Landmannalaugar; alle halten unterwegs in Hella, der Trex-Bus auch in Árhús; die Busse der Reykjavik Excursions halten an der Tankstelle in Ólis.

Reykjavík Excursions (☎580 5400; www.re.is) Der Bus 20/20a von Reykjavík (Abfahrt um 8 Uhr) nach Skaftafell hält hier von Juni bis Mitte September einmal täglich.

Sterna (☎551 1166; www.sterna.is) Der Bus 12b/12c von Reykjavík nach Vík hält in Hella von Mitte Mai bis Mitte September zweimal täglich.

Strætó (☎540 2700; www.straeto.is) Die Busse 51 und 52 halten hier zweimal täglich auf den Strecken Reykjavík–Vík/Höfn und Reykjavík–Landeyjahöfn.

Straße 26 (zur Hekla)

Von Mitte Juni bis Mitte September schickt **Reykjavík Excursions** (☎580 5400; www.re.is) täglich um 8.30 Uhr einen Bus von Reykjavík nach Landmannalaugar, der um 10.45 Uhr in Leirubakki (2¼ Std.) Station macht. Auf der Rückfahrt hält er um 16.45 Uhr in Leirubakki.

Hvolsvöllur & Umgebung

850 EW.

Die Umgebung von Hvolsvöllur ist geschichtsträchtig: Hier standen die Bauernhöfe, in denen sich die blutigen Episoden der berühmten *Njáls saga* (s. Kasten S. 117) abspielten. Leider sind davon nur noch die Namen übrig geblieben. Über den Ruinen ist längst Gras gewachsen und auf vielen historischen Plätzen stehen moderne Landwirtschaftsgebäude. Hvolsvöllur selbst ist ein kleines und ziemlich langweiliges Dorf mit zwei Tankstellen an beiden Seiten des Dorfs.

Sehenswertes & Aktivitäten

Sögusetriðis MUSEUM

(Saga-Zentrum; ☎487 8781; www.njala.is; Hliðarvegur 14; Erw./Kind 750 ISK/frei; ⏲Mai–Sept. 9–18 Uhr, Okt.–April Sa & So 10–17 Uhr) Wie der Name schon sagt, beschäftigt sich das sogenannte Saga-Zentrum mit den Ereignissen aus *Njáls saga,* die in den Bergen der Umgebung stattfanden. Tafeln erklären die dramatischsten Episoden der Geschichte (auf Isländisch, Deutsch und Englisch). Das Zentrum dient auch als Touristeninformation für die Gegend und hält zahlreiche Broschüren bereit; die Mitarbeiter beantworten gerne die Fragen der Besucher.

Keldur RUINE

(☎487 8452; ⏲unterschiedliche Öffnungszeiten) Etwa 5 km westlich von Hvolsvöllur führt die unbefestigte Straße 264 über etwa 8 km nordwärts durch das Tal Rangárvellir bis zum mittelalterlichen Grassodengehöft Keldur. Der historische Hof gehörte einst Ingjaldur Höskuldsson, einer Figur aus der *Njál saga*. Das Gebäude wird von der Stiftung Nationalmuseum verwaltet und die Öffnungszeiten sind nervend unregelmäßig. Aber es lohnt sich dennoch, das Fundament der Haupthalle aus der Saga-Zeit zu besichtigen (doch, der Bau stammt wirklich aus der Saga-Zeit). Die Straße 264 wird nicht von öffentlichen Verkehrsmitteln befahren.

Bergþórshvoll GEHÖFT

Bergþórshvoll an der Küste war Njáls Gehöft, allerdings gibt es dort außer einem modernen Hof nichts zu sehen. *Njáls saga* erzählt, dass er, seine Frau und sein Enkel hier 1011 in ihren Betten verbrannten. Der Hof liegt etwa 4 km östlich von Hvolsvöllur über die Straßen 255 und dann 252 (21 km).

Schwimmbad FREIBAD

(Vallarbraut 16; Eintritt 500 ISK) Im Ort gibt es ein modernes Freibad mit Babybecken und zwei Hot Pots.

Geführte Touren

South Iceland Adventures ABENTEUERTOUREN

(☎770 2030; www.siadv.is) In Hvolsvöllur befindet sich der Hauptsitz einer der besten Unternehmen Islands für individuelle Abenteuertouren. Der Gründer Siggi Bjarni ist ein Wildnisexperte, der in der Gegend aufwuchs und jeden noch so versteckten Pfad in der isländischen Wildnis kennt. Wer eine Wanderführung über die Fimmvörðuháls oder Laugavegurinn machen will, ist bei Siggi in den besten Händen. Er organisiert auch unbekanntere Wanderungen durch die mythischen Ecken des Þórsmörk und Tindafjöll (halbtags 25 900 ISK). Außer Wanderführungen bietet South Iceland Adventures auch einige aufregende Aktivitäten wie Kanufahrten, Superjeepsafaris und Eisklettern. Man muss nicht in Hvolsvöllur übernachten, um von Siggis Kenntnissen zu profitieren – er und sein Team holen Teilnehmer überall im Südwesten ab.

Schlafen & Essen

Unterkünfte und Restaurants im Ort sind nicht gerade super. Beide Tankstellen verkaufen Snacks für Eilige. Ansonsten gibt es einen **Bauernmarkt** (⏲Juni–Aug. 12–18 Uhr) neben dem Postamt.

Vestri-Garðsauki PENSION €

(☎487 8078; www.gardsauki.is; EZ/DZ 7000/10 000 ISK; 📶) Die freundliche isländisch-deutsche Bauernfamilie mit dem kleinen Flugzeug vor dem Haus an der Ringstraße vermietet vier saubere Zimmer. Die liegen zwar im Souterrain, sind aber im Sommer sehr sonnig. Die Besitzer geben auch informelle Wandertipps für die Umgebung.

Hótel Hvolsvöllur HOTEL €€

(☎487 8050; www.hotelhvolsvollur.is; Hlíðarvegur 7; EZ/DZ mit Frühstück 23 500/28 300 ISK; @📶) Das große Businesshotel hat 64 Zimmer und einen Parkplatz voller Touristenbusse. Die neueren Zimmer mit grünen Teppichen und Standardmöbeln aus dunklem Holz sind die besseren. Die vom Wind ramponierte Fassade verspricht nicht gerade ein herzliches Willkommen, aber innen gibt es im Sommer wenigstens entspannende Hot Pots und ein Abendbüfett (5900 ISK).

DIE NJÁLS SAGA

Sie zählt zu den beliebtesten und zugleich komplexesten und differenziertesten isländischen Sagas. Sie handelt von den Freunden Gunnar Hámundarson und Njáll Þorgeirsson. Ein belangloses Gezänk zwischen ihren Frauen löst die blutigen Fehden aus, bis am Ende praktisch alle tot sind. Die Saga wurde im 13. Jh. niedergeschrieben, trug sich aber bereits im 10. Jh. in den Bergen um Hvolsvöllur zu.

Der tragische Held Gunnar von Hlíðarendi (im Fljótsdalur) verliebt sich in die schöne, temperamentvolle Hallgerður mit den langen Beinen und (man ahnt Böses!) den „Augen einer Diebin". Die beiden heiraten, und Hallgerður legt sich mit Bergþóra an, der Gemahlin von Njáll. Als Hallgerður und Bergþóra anfangen, sich gegenseitig die Diener abzumurksen, wird das Verhältnis zwischen Njáll und Gunnar zusehends gespannter.

Eine wichtige Episode beschreibt, wie Hallgerður einen Diener beauftragt, bei einem Mann namens Otkell Essen zu klauen. Als Gunnar seine Gemahlin beim gestohlenen Festmahl ertappt, sieht er rot. „Das wäre fürwahr furchtbar, würde ich nun zum Kumpan einer Diebin", sagt er und schlägt Hallgerður – eine Tat, die sich später rächen wird.

Weitere unglückliche Umstände führten dazu, dass Gunnar Otkell umbringt und ins Exil geschickt wird. Als er fortreiten will, stolpert sein Pferd. Er dreht sich um, wirft einen letzten Blick auf seinen geliebten Hof Hlíðarendi und bringt es nicht über sich, das Tal zu verlassen. Seine Feinde schließen sich zusammen und belagern den Hof, aber Gunnar kann sie aufhalten – bis die Sehne seines Bogens reißt. Er bittet Hallgerður um eine Haarsträhne, um den Bogen zu reparieren. Sie weigert sich aus Rache für die Schläge, die er ihr vor Jahren verpasst hat, und Gunnar wird getötet.

Als Vergeltung für gefallene Sippenangehörige schlachten sich Gunnars und Njálls Familien nun gegenseitig ab. Njáll selbst versucht vergeblich, Frieden zu stiften. Sein Anwesen, wo er sich mit seiner Frau verschanzt hat, wird belagert. Die beiden verkriechen sich mit ihrem kleinen Enkel im Bett und gehen in den Flammen unter.

Einziger Überlebender des Feuers ist Njálls Schwiegersohn Kári. Er bringt die Brandstifter vor Gericht, mordet selbst aber fröhlich weiter und schließt schließlich mit seinem Erzfeind Flosi, der das Feuer angeordnet hatte, Frieden.

Gallerí Pizza FAST FOOD €€
(Hvolsvegur 29; Mahlzeiten 1300–2300 ISK; ⏲So–Do 12–21, Fr & Sa 12–22 Uhr) Die Pizzeria, eine Straße hinter der Hauptstraße ist ein quirliges und bierseliges Lokal – trotz der Einrichtung, die eher an öffentliche Toiletten auf dem Flughafen erinnert. Der Bearnaise-Hamburger wird hier sehr geschätzt.

Eldstó Art Café INTERNATIONAL €€
(http://en.eldsto.is; Austurvegur 2; Hauptgerichte 1500–3000 ISK) Das Eldstó könnte fast ein Café aus der Hauptstadt sein: frisch gebrühter Kaffee, hausgemachte chilenische Empanadas, flinke Bedienung und draußen schmiedeeiserne Tische und Stühle (allerdings direkt an der Ringstraße). Über dem Café werden auch Zimmer vermietet.

ℹ An- & Weiterreise

Die Busse Richtung Þórsmörk halten vor der Weiterfahrt landeinwärts in Hvolsvöllur; mehr Infos s. S. 133. Wer weiter zu den Vestmannaeyjar will, muss weiter nach Osten über die Straße 254 nach Landeyjahöfn (Busse fahren auch dorthin).

Sterna (☎551 1166; www.sterna.is) Der Bus 12b/12c von Reykjavík nach Vík hält von Mitte Mai bis Mitte September zweimal täglich in Hvolsvöllur.

Reykjavík Excursions (☎580 5400; www.re.is) Der Bus 20/20a von Reykjavík (Abfahrt um 8 Uhr) bis nach Skaftafell hält hier von Juni bis Mitte September einmal täglich.

Strætó (☎540 2700; www.straeto.is) Die Busse 51 und 52 halten hier zweimal täglich auf den Strecken Reykjavík–Vík/Höfn und Reykjavík–Landeyjahöfn.

Von Hvolsvöllur nach Skógar

Nach Hvolsvöllur verläuft die Ringstraße Richtung Skógar mit drei wichtigen Nebenstraßen. Die erste ist die Fljótshlíð (Straße 261) direkt am östlichen Stadtrand von Hvolsvöllur, die zweite ist die Straße 254, die über 12 km an der Küste entlang nach **Landeyjahöfn** und zur Fähre nach Vestmannaeyjar (S. 140) führt, und die dritte ist die Straße 249 ins Þórsmörk. Weiter auf der

Ringstraße geht es am massigen Eyjafjallajökull vorbei, der durch seine aschereiche Eruption von 2010 berühmt wurde.

FLJÓTSHLÍÐ

Am Ortsrand von Hvolsvöllur (gleich an der N1-Tankstelle) zweigt die Straße 261 in nordöstlicher Richtung von der Ringstraße ab. Sie führt am Rand der Fljótshlíð-Berge entlang und bietet großartige Ausblicke auf die Schwemmlandebene des Flusses Markarfljót und den Gletscher Eyjafjallajökull.

Es gibt mehrere B&Bs am asphaltierten Abschnitt der Straße. Sie endet in der Nähe des Gehöfts bei der Kirche **Hlíðarendi**, wo einst Gunnar Hámundarson aus *Njáls saga* lebte. Das Þórsmörk-Tal scheint zwar zum Greifen nahe zu sein, kann aber nur über die Bergstraße F249 erreicht werden. Mit einem Allradfahrzeug ist es möglich, weiter auf der Bergstraße F261 Richtung Landmannalaugar und zum unerforschten **Tindafjöll** weiterzufahren – ein Paradies für Wanderer. South Iceland Adventures organisiert in der Region Wandertouren und Schluchtenklettern (S. 116).

Schlafen & Essen

LP TIPP **Hótel Fljótshlið** HOTEL €€
(Smáratún; ☎487 1416; www.smaratun.is; Stellplatz pro Pers. 900 ISK, DZ 20 950 ISK, Haus 14 500 ISK; Wi-Fi) Auf dem hübschen weißen Gehöft mit blauem Blechdach werden Sommerhäuser für vier bis sechs Personen vermietet. Es gibt auch schicke hotelartige Zimmer, billigere Pensionszimmer (mit Gemeinschaftsbad), Schlafsackunterkünfte und Zeltplätze. Die Besitzer sind einfach klasse – der Mann brutzelt in der Restaurantküche und die liebenswürdige Frau nimmt ihre Gäste gerne auf einen Abendspaziergang durch das Schwemmland mit und erzählt Geschichten über die Eruption von 2010. Der Hof liegt etwa 13 km von Hvolsvöllur entfernt. Bettwäsche kostet 1500 ISK pro Person.

Jugendherberge Fljótsdalur HOSTEL €
(☎487 8498; www.hostel.is; Fljótshlíð; B 3800 ISK; ⊙Mitte März–Okt.) Das Hostel ist sehr einfach und nicht jedermanns Geschmack, aber wer eine ruhige Basis für Wandertouren sucht, ist hier genau richtig: schöner Garten, behagliche Küche, gemütlicher Aufenthaltsraum und ein umwerfendes Bergpanorama. Reservierung wird empfohlen, da es nicht viel Platz gibt – sieben Matratzen unterm Dach und zwei Vierbettzimmer unten. Der nächste Laden ist 27 km entfernt in Hvolsvöllur, Proviant sollte also mitgebracht werden.

STRASSE 249/F249 (INS ÞÓRSMÖRK)

Die Straße ins Þórsmörk (249/F249) zweigt östlich des Flusses Markarfljót von der Ringstraße ab. Schon bald kommen nur Allradfahrzeuge weiter, aber einige interessante Sehenswürdigkeiten liegen gleich am Anfang der Strecke.

Von der Ringstraße ist schon der schöne, hohe Wasserfall **Seljalandsfoss** zu sehen. Sein Wasser stürzt über einen Felshang in einen tiefen, grünen Teich. Wer schon immer davon geträumt hat, einmal hinter einem Wasserfall zu laufen, kann das über den (rutschigen) Pfad dahinter tun. Ein paar hundert Meter weiter über die Þórsmörk-Straße rauscht der unheimliche Wasserfall **Gljúfurárbui** in eine verborgene Schlucht.

Der Seljalandsfoss ist die Haltestelle für Reisende auf der Ringstraße, die Þórsmörk mit dem Bus erreichen wollen (mit eigenem Auto ist es nicht möglich). Vor dem Wasserfall parken Dutzende Autos.

Wer in der Gegend übernachten will, kann in **Hamragarðar** (☎867 3535; Stellplatz pro Pers. 1000 ISK) gleich hinter dem Gljúfurárbui zelten – der Platz ist ganzjährig geöffnet. Es gibt dort auch ein kleines **Café** (⊙Juni–Aug. 9–23 Uhr) für Kaffee und Kuchen. Der Möhren-Apfel-Kuchen ist göttlich. Das Café dient auch als Informationsschalter für **South Coast Adventure** (☎867 3535; www.southadventure.is), wo individuell zugeschnittene Touren gebucht und Informationen über Wanderungen im Þórsmörk-Tal und Umgebung eingeholt werden können. Den kleinen Tourenanbieter South Coast Adventure leitet eine Gruppe enthusiastischer Einheimischer. Sie bieten Schneemobiltouren, Tagesausflüge mit dem Superjeep, Vulkantouren und Gletscherwanderungen an.

Etwa 5 km hinter den vielbesuchten Wasserfällen (noch immer auf der Straße 249) führt ein Feldweg zum historischen Bauernhaus **Stóra-Mörk III** (☎487 8903; www.storamork.com; EZ 3000 ISK), das natürlich in *Njáls Saga* erwähnt ist und in zwei Häusern Zimmer mit Gemeinschaftsbädern und im Haupthaus Zimmer mit eigenem Bad vermietet. Im Haupthaus ist auch die Rezeption. Bettwäsche kostet 1000 ISK extra.

STRASSE 1 (AM EYJAFJALLAJÖKULL) Weiter auf der Ringstraße (Straße 1), ohne sich um die Abzweige ins Landesinnere zu kümmern, geht es an einigen Unterkünften vorbei direkt in das Gebiet, das während der berühmten Eruption des Eyjafjallajökull (*äi*-ja-*fjat*-la-jo-gutl) von 2010 von Aschenschlamm überflutet war. Informationen aus erster Hand über die verheerenden Folgen der Eruption gibt es im deutlich ausgeschilderten **Eyjafjallajökull-Besucherzentrum** (Iceland Erupts; ☎487 8815; www.icelanderupts.is; Þorvaldseyri; Eintritt 750 ISK; ⏲Juni–Aug. 9–18 Uhr, Mai & Sept. 10–17 Uhr) etwa 7 km vor Skógar. Ein 20-minütiger Film in Endlosschleife erzählt (meist auf Englisch), wie die Familie im Bauernhaus gegenüber mit den unheilvollen Warnungen vor der Eruption und schließlich mit den vernichtenden Folgen der anschließenden Aschenflut umging. Im Film werden kurze, liebevolle Familienmomente genauso gezeigt wie Highlights von einer Gruppe lokaler Retter, die den Bauernhof aus dem Aschenschlamm ausgruben. Wer will, kann eine 20-minütige Hubschraubertour über den Eruptionsort machen (30 000 ISK pro Pers.).

Es lohnt sich auch ein Blick auf den **Seljavallalaug**, einem historischen Schwimmbecken aus Beton, das von einer natürlichen heißen Quelle gefüllt wird. Ab Edinborg (7 km westlich von Skógar) sind es fünf Autominuten bis zum Parkplatz am Bauernhof; von dort sind es noch zehn Minuten flussaufwärts zu Fuß.

Schlafen & Essen

Drangshlíð HOTEL €€
(☎487 8868; drangshlid@drangshlid.is; EZ/DZ 14 300/21 900 ISK; @📶; ⏲Mai–Sept.) Das nette, 100 Jahre alte Gehöft in Drangshlíð diente während der Eyjafjallajökull-Eruption als Unterschlupf und vermietet einige komfortable, wenn auch etwas schlichte Zimmer in drei Gebäuden. Im Speiseraum lassen sich beim Abendmenü (5850 ISK) die bewegenden Fotos von der Eruption 2010 an der Wand bestaunen. Mehrere Bauten der Anlage sind direkt in die Klippen gebaut – wer den Besitzer fragt, wo früher die Kartoffeln gelagert wurden, wird garantiert überrascht.

Country Hotel Anna LANDGASTHAUS €€
(☎487 8950; www.hotelanna.is; Moldnúpur; EZ/DZ mit Frühstück 17 300/24 900 ISK; 📶) Anna, die Namensgeberin des Hauses, schrieb viele Bücher über ihre Reisen durch die ganze Welt – und das Hotel ihrer Nachfahren ehrt ihre Leidenschaft fürs Reisen mit sieben Zimmern, die mit gefundenen Antiquitäten und bestickten Bettüberwürfen auf großen, bequemen Betten eingerichtet sind. Mahlzeiten werden im wunderbaren Restaurant (Mai–Mitte Sept. 11–21 Uhr) aus hellem Stein und Holzbalken serviert.

Edinborg PENSION €€
(☎846 1384; www.islandia.is/thorn; Lambafell; EZ/DZ mit Frühstück 129/149 €; @📶; ⏲April–Sept.) Das frühere Hotel Edinborg (und von der Hauptstraße noch immer so ausgeschildert) ist eigentlich eine kleine Unterkunft auf einem Gehöft mit bescheidener Ausstattung. Das hohe, blechverkleidete Haus hat einladende Zimmer mit Bad, Holzböden und bequemen Betten sowie einem Wohnzimmer unter dem Dach mit Gletscherblick. Das nächstgelegene Restaurant für ein Abendessen liegt 5 km entfernt.

LP TIPP **Gamla Fjósið** ISLÄNDISCH €€
(www.gamlafjosid.is; Steinar; Hauptgerichte 1300–5790 ISK; ⏲Juni–Aug.) Das reizende Restaurant in einem ehemaligen Kuhstall, in dem noch bis 1999 Kühe standen, serviert hauptsächlich Fleischgerichte. Der Hamburger ist super und preiswert – das Hackfleisch kommt direkt vom Hof dahinter. Gut ist auch die Vulkansuppe, ein pikanter Fleischeintopf. Der Raum mit Steinfußboden und knarzenden Balken ist mit lackierten Tischen, zusammengewürfelten Stühlen und großen Holzkisten aufgepeppt. Von September bis Juni wird Nachsaisonreisenden jedes dritte Wochenende ein Büfett (5000–7000 ISK) mit isländischen Spezialitäten geboten.

Skógar

20 EW.

Skógar ist das Tor zum ewigen Eis an der Südküste. Rund einen Kilometer oberhalb der Ringstraße kuschelt sich die kleine Siedlung an den Rand des Gletschers Eyjafjallajökull und präsentiert zwei großartige Attraktionen: Am westlichen Teil des Ortsrand stürzt sich der Skógafoss aus Schwindel erregender Höhe über moosige Felsen und das phantastische Heimatmuseum im Osten breitet ganzjährig seine Schätze aus.

Das Dorf ist auch der Startpunkt (oder manchmal der Endpunkt) der Wanderung über den Fimmvörðuháls-Pass ins Þórsmörk-Tal (s. Kasten S. 121) und das Aktivitätszentrum im Südwesten.

Sehenswertes

Heimatmuseum Skógar MUSEUM
(☎487 8845; www.skogasafn.is; Erw./Kind 1500/500 ISK; ⊙Juni–Aug. 9–18 Uhr, Mai & Sept. 10–17 Uhr, Okt.–April 11–16 Uhr) Das wunderbare Heimatmuseum ist das Highlight im kleinen Skógar, das alle Aspekte isländischen Lebens beleuchtet. 75 Jahre lang hat der mittlerweile 91-jährige Þórður Tómasson Stück für Stück dieser riesigen Sammlung zusammengetragen. Wer Glück hat, lernt Þórður persönlich kennen, denn er lässt es sich nicht nehmen, den Besuchern gelegentlich auf einer alten Kirchenorgel Volkslieder vorzutragen. Die Anlage umfasst mehrere restaurierte Gebäude (Kirche, mit Grassoden gedecktes Bauernhaus, Ställe usw.), dahinter eine große Halle mit einem interessanten Verkehrsmuseum, dem Café **Skogakaffi** (Suppe 1000 ISK) und einem Souvenirladen.

Skógafoss WASSERFALL
Sehr fotogen rauscht der 62 m hohe Wasserfall Skógafoss über die zerklüfteten Felsen am Westrand von Skógar hinweg. Wer die steilen Stufen hochklettert, wird mit einem Schwindel erregenden Blick nach unten belohnt. Bei Sonnenschein schillert der Gischtschleier in allen Regenbogenfarben. Der Legende nach soll ein Siedler namens Þrasi eine Kiste voll Gold hinter dem Skógafoss versteckt haben – und tatsächlich scheint es dort geheimnisvoll zu schimmern ...

Geführte Touren

Skógar ist das Aktivurlaubs- und Tourenzentrum in Islands Südwesten. Mehrere größere Unternehmen haben ihren Sitz in oder um die winzige Gemeinde. Sie bieten Touren zu den geologischen Besonderheiten – wie Gletscher und Vulkane – in der Umgebung an.

Icelandic Mountain Guides ABENTEUERTOUR
(☎587 9999; www.mountainguide.is) Icelandic Mountain Guides ist einer der größten und besten Tourenanbieter des Landes. Es hat ein großes Büro im Zentrum von Reykjavík und ein zweites in Skógar. Ihre wichtigste Tour ist die kurze Gletscherwanderung auf dem Sólheimajökull, die von Juni bis August fünfmal täglich angeboten wird (in der Nebensaison zwei- bis dreimal täglich). Sie bieten auch Führer für die Fimmvörðuháls-Wanderung an. Ihre Niederlassung in Skógar ist der **Icelandic Travel Market** (☎894 2956; www.icelandictravelmarket.is; ⊙Mitte Juni–Aug. 8.30–18 Uhr), ein adretter Bungalow direkt hinter dem Hótel Skógar, der auch als Touristeninformation dient. Die freundlichen Mitarbeiter haben hervorragende Informationen über die Region und buchen für Besucher gerne diverse Touren durch die Gegend. Sie vermitteln auch Reitausflüge – sie arbeiten mit mehreren Gestüten zusammen, darunter **Skálakot** (☎487 8953; www.skalakot.com).

Arcanum ABENTEUERTOUR
(☎487 1500; www.arcanum.is) Der beliebte Tourenanbieter richtet sich an alle Altersgruppen; er hat einen kleinen Informations- und Buchungsstand beim Restaurant Fossbúð, aber Hauptsitz ist ein Gehöft Richtung Vík (S. 121).

South Iceland Adventure ABENTEUERTOUR
(☎770 2030; www.siadv.is) Ein phantastisches Unternehmen von jungen einheimischen Abenteurern in Hvolsvöllur, das Touren und Exkursionen im ganzen Südwesten anbietet. Es hat die besten privaten Führer, besonders für Wanderungen im Þórsmörk, Landmannalaugar und Fimmvörðuháls. Sie holen Teilnehmer auch in Skógar ab; mehr dazu s. S. 116.

South Coast Adventure ABENTEUERTOUR
(☎867 3535; www.southadventure.is) South Coast Adventure hat einen exzellenten Ruf und liegt an der gut befahrbaren Straße 249, der Straße, die ins Þórsmörk (S. 118) führt.

Schlafen & Essen

Skógar ist zwar sehr klein, hat aber ein paar gute Unterkünfte. Camper können ihr Zelt auf dem **Campingplatz** (Stellplatz pro Pers. 1000 ISK; ⊙Juni–Mitte Sept.) neben dem Wasserfall aufschlagen (gezahlt wird im Hostel in der Nähe) und sich vom Rauschen des Wassers sanft in den Schlaf wiegen lassen. Was Essen angeht, ist die Auswahl eher dürftig. Am besten ist das Hótel Skógar, aber es hat gepfefferte Preise; Budgetreisende sollten sich selbst versorgen oder im Museum etwas essen.

Hótel Skógar HOTEL €€€
(☎487 4880; www.hotelskogar.is; EZ/DZ mit Frühstück 194/224 €; 📶) Mal was anderes als Ikea: Die Zimmer des architektonisch interessanten Hotels (alle haben ein eigenes Bad) wirken durch bestickte Vorhänge und Bettüberwürfe sowie glänzende Böden

ABSTECHER

FIMMVÖRÐUHÁLS

Wer nicht die Absicht hat, den berühmten, 55 km langen Laugavegurinn-Wanderweg (s. S. 128) vom Landmannalaugar ins Þórsmörk in Angriff zu nehmen, kann auch auf der kürzeren Fimmvörðuháls-Wanderung – benannt nach einem Pass zwischen zwei düsteren Gletschern – den Anblick wilder Landschaft genießen.

Der großartige Fimmvörðuháls-Wanderweg zwischen Skógar und Þórsmörk ist 23,4 km lang und kann in drei Abschnitte von ungefähr gleicher Länge aufgeteilt werden. Die Wanderung dauert etwa zehn Stunden, einschließlich Pausen und Besichtigung der dampfenden Relikte des Eyjafjallajökull-Ausbruchs. Für die Wanderung ist die Zeit von Juli bis Mitte September am besten. Wichtige Infos zum Gepäck stehen auf S. 34; auf dieser Wanderung sind alle vier Jahreszeiten auf einmal zu erleben.

» **Teil 1: Wasserfallweg** Vom Skógafoss zur „Brücke". Der Pfad beginnt rechts des rauschenden Skógafoss und führt rasch hoch zum Fall und schließlich zu weiteren Wasserfällen gleich dahinter. Dicht am stürzenden Wasser geht es weiter über kleine Steine und verkrümmte Bäume – es sind insgesamt 22 Wasserfälle, jeder großartiger als der nächste. Der Pfad flacht ab und die Bäume werden zu windzerzausten Büschen. Schließlich kommt die „Brücke" in Sicht, ein grober Holzsteg über den sprudelnden Fluss. Wanderer müssen diesen Steg unbedingt nehmen, da der Fluss ansonsten nirgends für den Weitermarsch in das Þórsmörk überquerbar ist.

» **Teil 2: Der Aschenbecher** Von der „Brücke" zum Eruptionsort. Nach Überquerung des Stegs beginnt auf der linken Flussseite das düstere Herz des Passes zwischen zwei Gletschern: dem Eyjafjallajökull und dem Mýrdalsjökull. Das Wetter ist hier ost sehr unbeständig – es kann auf dem Pass regnen, während in Skógar die Sonne scheint. Es ist sinnvoll, sich dick einzupacken, da im Frühsommer der Weg durch eisige Gräben führt; ab August wirkt die Gegend wie ein riesiger Aschenbecher. Wer die Wanderung auf zwei Tagestouren verteilen will, kann in einer Hütte mit 23 Schlafplätzen übernachten. Sie liegt 600 m abseits des Hauptwegs etwa auf halber Strecke dieser Wanderung (nicht zu verwechseln mit der gut zu erkennenden Nothütte). Sie heißt **Fimmvörðuskáli** (www.utivist.is; N 63°37.320', W 19°27.093') und wird von Útivist unterhalten. Leider ist sie bei schlechtem Wetter schwer zu finden. Einen Campingplatz gibt es dort nicht. Ein Stück weiter kommt die Eruptionsstätte in Sicht, wo der berühmte Eyjafjallajökull-Ausbruch begann. Zeugen davon sind die dampfende Erde und die zwei jüngsten Berge der Welt – der Magni und der Móði. Auf der Spitze des Magni lassen sich prima Würstchen über den zischenden Dampflöchern braten.

» **Teil 3: Goðaland** Vom Eruptionsort ins Þórsmörk. Nach dem Abstieg vom Magni beginnt der letzte Teil der Wanderung. Die karge Aschenlandschaft setzt sich noch eine Weile fort, bis sich ein übernatürliches Reich eröffnet – ein Ort wie direkt einem Märchen entsprungen. Hier in Goðaland – dem treffend benannten „Götterland" – blühen wilde arktische Blumen und in der Ferne ragen Felsenkathedralen empor, deren Strebebögen ineinandergreifen wie eine Art himmlischer Reißverschluss. Eine Aussicht auf endloses Grün bietet sich beim Abstieg ins Þórsmörk, dem Ende der Wanderung.

Die Wanderung ist zwar relativ kurz im Vergleich zu Islands berühmten mehrtägigen Trecks, aber es ist wichtig, ein Navi mitzunehmen – besonders für den zweiten Abschnitt der Wanderung, wo der Weg nicht immer sehr deutlich ist. Geführte Wanderungen sind recht beliebt; s. S. 120. Im Folgenden neun GPS-Koordinaten, für eigenständige Wanderer:

1. N 63°31.765, W19°30.756 (Start)
2. N 63°32.693, W19°30.015
3. N 63°33.741, W19°29.223
4. N 63°34.623, W19°26.794 (die „Brücke")
5. N 63°36.105, W19°26.095
6. N 63°38.208, W19°26.616 (Beginn der Eruptionsstätte)
7. N 63°39.118, W19°25.747
8. N 63°40.561, W19°27.631
9. N 63°40.721, W19°28.323 (Endpunkt in Básar)

und sorgfältig ausgewählte Antiquitäten recht romantisch. Das Hotel hat ein gutes Restaurant, einen Hot Pot und im Garten eine Sauna.

Jugendherberge Skógar HOSTEL €

(☎487 8801; skogar@hostel.is; B/DZ 3500/9200 ISK; ⏲Ende Mai–Mitte Sept.) Ein exzellentes Hostel in der HI-Kette, das nur einen Steinwurf vom Skógafoss in einer alten Schule untergebracht ist. Die sechs Zimmer sind alle mit Blick auf den Wasserfall. Eine Gästeküche und eine Waschküche (800 ISK) sind vorhanden.

Hótel Edda HOTEL €

(☎444 4000; www.hoteledda.is; EZ/DZ 9500/11 800 ISK; ⏲Anfang Juni–Ende Aug.; 📶) Das Sommergasthaus ist völlig in Ordnung und empfehlenswerter als die anderen Edda-Hotels. Es liegt nicht weit vom Museum und besteht aus zwei Häusern. Schlafsackunterkünfte (4000 ISK pro Pers.) befinden sich im Fitnessraum, alle Zimmer haben Gemeinschaftsbäder. Das Abendbüfett kostet 5200 ISK.

Fossbúð FAST FOOD €

(⏲Juni–Aug. 7–21 Uhr) Das Fossbúð nennt sich zwar Restaurant, ist aber eher ein Gemischtwarenladen oder Schnellimbiss mit Suppen, Hamburgern, Pommes in der Tüte und Schokolade. Besser ist das Essen im Museum, wenn es geöffnet ist. Am Eingang hat Arcanum einen kleinen Stand, an dem man Touren buchen kann.

An- & Weiterreise

Reykjavík Excursions (☎580 5400; www.re.is) Der Bus 20/20a von Reykjavík (Abfahrt um 8 Uhr) nach Skaftafell hält hier von Juni bis Mitte September einmal täglich.

Sterna (☎551 1166; www.sterna.is) Der Bus 12b/12c von Reykjavík nach Vík hält in Skógar von Mitte Mai bis Mitte September zweimal täglich.

Von Skógar nach Vík

Die von bedrohlich aufragenden Gletschern eingerahmte weite Landschaft mit ihren bizarren Felsformationen zwischen Skógar und Vík sieht von der Ringstraße nicht gerade sehr einnehmend aus. Aber wer die Hauptstraße erst einmal verlässt, wird ein Paradies für Abenteuertouren entdecken, das mit einem lokalen Tourenanbieter einfach zu erkunden ist.

Sehenswertes & Aktivitäten

Sólheimajökull GLETSCHER

Der Sólheimajökull gehört zu den am einfachsten erreichbaren Gletschern und ist sehr beliebt für Gletscherwanderungen und -trecks. Die Eiszunge schiebt sich sanft vom Hauptgletscher hinweg und ist daher leicht zu besteigen. Eine 5 km lange und holprige Piste (Straße 222) führt von der Ringstraße zu einem kleinen Parkplatz an einem Café; von dort sind es noch etwa 800 m bis zum Eis. Fast alle Tourenanbieter bieten Ausflüge auf den Gletscher an – Startpunkt ist das **Café Solheimajökull** (www.solheimajokull.is; Imbiss 480–1200 ISK; ⏲Juni–Aug. 10.30–18 Uhr, Sept.–April bei Tageslicht), das in einigen zusammengefügten Containern untergebracht ist.

Mýrdalsjökull EISKAPPE

Der hinreißende Mýrdalsjökull ist Islands viertgrößter Gletscher und erstreckt sich über 700 km². An manchen Stellen ist die Eisdecke fast 750 m dick. Darunter schlummert der Vulkan Katla, der gelegentlich durch die Eisdecke bricht und dann die Ebene an der Südküste mit einer Flut aus Schmelzwasser, Sand und Tephra überzieht – s. Kasten S. 124. Es gibt mehrere Touren über den Gletscher als Teil eines längeren Ausflugs, zur Eruptionsstätte von 2010 und zum Fimmvörðuháls-Pass. Die Gegend sollte nicht allein erkundet werden; das Eis ist mitunter instabil und der Weg zum Krater ist nahezu unmöglich zu bewältigen.

Dyrhólaey LANDMARKE

Zu den markantesten Naturschönheiten an der Südküste gehört das Felsplateau mit dem Brandungstor auf Dyrhólaey (*dier* -läi; 10 km westlich von Vík), das dramatisch aus der Ebene ragt. Die Landzunge ist ein Naturschutzgebiet mit einer vielfältigen Vogelpopulation (darunter Papageitaucher); während der Brutzeit ist sie für Besucher tabu. Ansonsten lohnt sich der Ausflug zu den von Wellen gepeitschten, schwarzen Stränden und hoch auf das Felsentor mit seinen umwerfenden Aussichten (das Felsentor selbst ist von Reynisfjara aus am besten zu sehen).

In der Njáls saga heißt es, Kári – der einzige Überlebende des Brandes, der Njals Clan auslöschte – hätte hier seinen Hof gehabt. Auch die Höhle **Loftsalahellir**, zu der kurz vor dem Damm von Dyrhólaey ein Fußweg abgeht, erinnert an Wikingerzeiten – hier wurden Ratsversammlungen abgehalten. Die Gegend ist wegen der nistenden Vögel etwa zehn Tage Anfang Mai und zehn Tage Mitte Juni gesperrt.

Reynisfjara LANDMARKE

Auf der Westseite des Reynisfjall, des steilen Bergs oberhalb von Vík, führt die Straße 215 hinunter an den schwarzen Sandstrand Reynisfjara, gesäumt von **Basaltsäulen**, die wie riesige Orgelpfeifen aussehen. Von den Klippen der Umgebung mit ihren zahlreichen aus dem Basaltgestein ausgewaschenen Höhlen stürzen sich im Sommer Papageitaucherküken erstmals ins Meer. Direkt vor der Küste ragen die Felsnadeln **Reynisdrangar** aus dem Wasser und von hier eröffnen sich nach Westen großartige Ausblicke bis nach Dyrhólaey.

Geführte Touren

Außer den hier folgenden Tourenanbietern organisieren auch andere in und um Skógar (S. 120) diverse Touren in der Gegend.

Arcanum ABENTEUERTOUR

(☎487 1500; www.arcanum.is) Arcanum hat zwar jeweils einen kleinen Buchungsstand in Skógar und in Vík, der Hauptsitz befindet sich jedoch auf einem gut ausgeschilderten Gehöft zwischen den beiden Orten. Spezialität des Unternehmens sind zweistündige Touren in der Umgebung, wie Eisklettern (ab 5990 ISK), Gletschertrekking, Schneemobilfahrten auf dem Mýrdalsjökull (ab 18 900 ISK) oder Superjeepausflüge ins Landesinnere. Arcanum hat auch die beliebte „Vulkantour" (24 900 ISK) im Angebot, eine halbtägige Tour im Superjeep um den Katla-Krater und hoch zu einem der Eruptionsorte des Eyjafjallajökull. Teilnehmer können dort auf den Magni steigen, wie im mittleren Abschnitt der Fimmvörðuháls-Wanderung beschrieben (s. Kasten S. 121).

Mountain Excursions ABENTEUERTOUR

(☎486 1200; www.volcanohotel.is) Ein kleines Unternehmen, geführt von zwei Brüdern, die zweistündige Gletscherwanderungen (9000 IKS), interessante Ausflüge in die Umgebung abseits der Touristenpfade und Superjeeptouren anbieten, die einem Teil der Fimmvörðuháls-Route ungefähr folgen (ab 22 000 ISK). Sitz ist des Unternehmens das Volcano Hotel.

Schlafen & Essen

Camping ist auf dem Dyrhólaey nicht gestattet.

LP TIPP **Garðar** PENSION €€

(☎487 160; http://reynisfjara-guesthouses.com; Hütten 12 000–16 000 ISK) Das Garðar am Ende der Straße 215 ist ein zauberhaftes Haus mit großartigen Aussichten. Der freundliche Bauer Ragnar vermietet separate Hütten am Strand: eine kleine Steinhütte für zwei Personen (mit einem Etagenbett) und zwei größere Holzhütten für bis zu vier Personen. Bettwäsche kostet 1000 ISK pro Person.

Volcano Hotel HOTEL €€

(☎486 1200; www.volcanohotel.is; EZ/DZ 16 900/24 900 ISK; WLAN) Das Hotel mit sieben Zimmern ist eine relativ neue Unterkunft in der Umgebung von Vík und spielt bei der Einrichtung mit Vulkanmotiven. Die Böden sind mit Kieselsteinmosaiken belegt, Kerzen im ganzen Haus und zusätzliche Kissen verleihen dem Haus einen feurigen Rotschimmer. Im Hotel hat auch der kleine Tourenanbieter Mountain Excursions sein Büro.

Vellir PENSION €€

(DZ mit/ohne Bad mit Frühstück 20 000/17 000 ISK; WLAN) Die Unterkunft in einer renovierten Molkerei auf einem Gehöft in Vellir liegt an einem gewaltigen Erdhügel, der vor vielen Äonen eine Insel war. Die Besitzerin, die aussieht wie eine Gestalt aus der Saga, macht gerne darauf aufmerksam, dass vom gleichen Stuhl im Speiseraum aus sowohl das Eis des Mýrdalsjökull als auch der Atlantik gesehen werden kann.

Hótel Dyrhólaey HOTEL €€

(☎487 1333; www.dyrholaey.is; EZ/DZ 125/160 €; @WLAN) Das für isländische Verhältnisse große Hotel etwa 9 km westlich von Vík ist bei Gruppen höchst beliebt. Die großen Zimmer mit allem modernen Komfort verteilen sich auf drei Flügel entlang der breiten Flure mit Teppichböden. Das hauseigene Restaurant ist von Mai bis Oktober von 18 bis 21 Uhr geöffnet.

Vík (Vík í Mýrdal)

300 EW.

Die einladende kleine Gemeinde Vík hat drei Besonderheiten: Sie ist Islands südlichster Ort, sie ist der regenreichste Ort der Insel und sie hat einen der schönsten

Strände der Welt (laut einem amerikanischen Magazin aus den 1990er-Jahren). Weiß gischtende Wellen klatschen auf schwarzen Sand und lassen den Strand wie in Negativbelichtung erscheinen. Die Klippen dahinter leuchten von all dem Regen in sattem Grün. Kurzum, es ist hier traumhaft schön.

Sehenswertes & Aktivitäten

Reynisdrangur LANDMARKE

Víks berühmteste Sehenswürdigkeit sind die Felsnadeln **Reynisdrangur**, die am westlichen Ende des **schwarzen Sandstrands** wie teuflische Finger aus dem Meer ragen. Im Volksglauben heißt es, sie seien unglücksselige Trolle, die von der Sonne ertappt wurden. Die Klippen in der Umgebung eignen sich prima, um Papageitaucher zu beobachten. Eine empfehlenswerte **Wanderung** (vom westlichen Ortsrand von Vík) führt hinauf auf den **Reynisfjall** (340 m) mit großartigem Blick über die Küste.

Brydebúð MUSEUM

(Víkurbraut 28) Die blechverkleidete Brydebúð im Ort wurde 1831 auf Vestmannaeyjar gebaut und 1895 nach Vík verfrachtet. Heute befinden sich darin die Touristeninformation, das Halldórskaffi und ein kleines **Museum** (Erw./Kind 500 ISK/frei). Es beschäftigt sich mit der lokalen Fischerei und dem Leben im Schatten des Vulkans Katla.

Kirche KIRCHE

(Hátún) Víks Kirche aus den 1930er-Jahren hoch über dem Ort hat Buntglasfenster in spitzen geometrischen Formen, aber viel schöner ist von dort der Blick auf das Dorf.

Víkurprjón LADEN

(Austurvegur 20; ⏲Juni–Aug. Mo–Fr 8–22, Sa & So 9–22 Uhr, im restlichen Jahr kürzere Zeiten) Der große Souvenir- und Strickwarenladen neben der N1-Tanke ist ein Hit bei Reisebustouristen – sie können beim Stricken der Wollpullis zuschauen.

Geführte Touren

Skógar (33 km westlich von Vík) ist das Zentrum für Abenteuertouren an der Südküste – mehr dazu auf S. 120, weitere lokale Anbieter s. S. 123.

Das Hostel in Vík organisiert 2½-stündige Touren zum Mýrdalsjökull. **Katla Track** (☎ 849 4404; www.katlatrack.is) bietet von Juli bis Mitte August sechsstündige

DER GEOPARK KATLA

Der Vulkanausbruch von 2010 sorgte überall für Schlagzeilen und ließ das allgemeine geologische Interesse plötzlich enorm ansteigen. Deshalb gründete Island 2011 den ersten „Geopark" des Landes, um eine Region von großer geologischer Bedeutung zu schützen und interessierte Besucher aufzuklären. Der Geopark Katla erstreckt sich von Hvolsvöllur nach Nordosten zum großen Vatnajökull; zum Areal gehören der namensgebende Vulkan Katla, der berühmte Eyjafjallajökull und die schroffe Landschaft von Lakagígar.

Von allen isländischen Vulkanen wird aller Voraussicht nach die Katla in den nächsten Jahren die meisten Probleme bereiten. Dieser hochgradig aktive, 30 km lange Vulkan tief unter dem Mýrdalsjökull-Gletscher ist in der Vergangenheit etwa zweimal pro Jahrhundert ausgebrochen. Da der letzte Ausbruch 1918 stattfand, ist der nächste nun schon mehrere Jahrzehnte überfällig.

Man geht davon aus, dass der Ausbruch der Katla tagelang giftigen Ascheregen, Tephra-Wolken und Blitzeinschläge sowie durch das plötzliche Schmelzen des Gletschereises Sturzfluten verursachen wird. In der Vergangenheit haben Ausbrüche immer wieder auch Flutwellen ausgelöst, die von den Vestmannaeyjar zurückgeworfen wurden und das Gebiet der heutigen Stadt Vík überschwemmten.

Die Einheimischen werden für einen Ausbruch der Katla regelmäßig mit Evakuierungsübungen geschult. Wenn sie (per Handy) eine Warnung erhalten, müssen die Bauern als Zeichen dafür, dass sie das Haus verlassen haben, ein Schild an ihre Haustür hängen, dann die Stromversorgung ihrer elektrischen Weidezäune kappen, ihre Ställe öffnen, damit das Vieh auf höher gelegenes Gelände flüchten kann, und sich in eines der Evakuierungszentren in Hella, Hvolsvöllur oder Skógar begeben.

Der staatliche Fernsehsender RÚV hat bei Vík eine Webcam installiert, mit der die Flutwellen beim Ausbruch der Katla mitverfolgt werden können (www.ruv.is/katla).

Touren „Unter dem Vulkan" an (19 990 ISK), die zu Landmarken der Region und auf den Mýrdalsjökull führen.

Schlafen

Es gibt zahlreiche weitere Privatunterkünfte auf Bauernhöfen rund um den Ort Vík – s. S. 123.

Jugendherberge Norður-Vík HOSTEL €
(☎487 1106; www.hostel.is; Suðurvíkurvegur; B/DZ 3800/10 000 ISK; 📶) Víks kleines, heimeliges und ganzjährig geöffnetes Hostel befindet sich in dem beigefarbenen Haus auf dem Hügel hinter dem Dorf. Zu den Angeboten gehören Gästeküche, Lunchpakete (1500 ISK) und Fahrradverleih (halb-/ganztags 2000/3000 ISK). Die Mitarbeiter organisieren auch 2½-stündige Gletschertouren zum Mýrdalsjökull (7000 ISK). HI-Mitglieder erhalten 600 ISK Ermäßigung. Bettwäsche kostet 1250 ISK.

Heimagisting Erika B&B €€
(☎487 1117; www.erika.is; Sigtún 5; B&B pro Pers. ohne Bad 9000 ISK) Das reizende Haus mit Panoramablick hat seinen Namen von der herzlichen Gastgeberin Erika, die aus Deutschland kommt. Zu ihrem hochgelobten Frühstück gehören hausgemachte Konfitüren, Sirups und Kräutertees (vieles auch zu kaufen). Sie bietet auch billigere Schlafsackunterkünfte an (pro Pers. 6000 ISK). Reservierung ist notwendig.

Hótel Lundi HOTEL €€
(☎487 1212; www.hotelpuffin.is; Víkurbraut 24–26; EZ/DZ mit Frühstück 25 000/28 000 ISK; @📶) Das freundliche, familiengeführte Haus besitzt einen neuen Flügel mit hellen Zimmern mit Kieselboden. Alle Zimmer haben Wasserkessel mit Tee und Kaffee. Es gibt auch ein gutes Restaurant, wo die Köche im Sommer Kaiserhummer und Lammgerichte zubereiten (Abendgerichte 3000–4000 ISK).

Gistihúsið Lundi PENSION €
(☎487 1212; www.hotelpuffin.is; Víkurbraut 24a; pro Pers. 6500 ISK) Das vom Hótel Lundi geführte jahrhundertealte Haus hat jede Menge Charme. Die Wände sind zwar dünn, aber der uralte Kühlschrank und die schräg ausziehbaren Schubladen in der Gästeküche sind klasse. Bettwäsche kostet 2000 ISK.

Edda Hótel Vík í Mýrdal HOTEL €€
(☎444 4000; www.hoteledda.is; EZ/DZ 17 500/21 900 ISK; ⏲Mitte Mai–Sept.; @📶) Das moderne Haus hat eine längere Saison als die meisten Edda-Hotels. Die Zimmer sind nicht bemerkenswert, aber in Ordnung und haben Telefon, TV und Bad. Das hauseigene Restaurant ist nur für Gruppen geöffnet.

Campingplatz Vík CAMPINGPLATZ €
(☎487 1345; Stellplatz pro Pers. 1100 ISK, Hütten 8000 ISK; ⏲Juni–Aug.) Der Campingplatz liegt unter einem grasbewachsenen Bergkamm am Ostrand des Orts gleich hinter dem Edda Hótel. In einem achteckigen Bau sind Kochgelegenheit, Waschmaschine, Toiletten und kostenlose Duschen untergebracht.

Essen

Halldórskaffi INTERNATIONAL €€
(Víkurbraut 28; Hauptgerichte 3300–5000 ISK; ⏲Juni–Aug. So–Do 11–22, Fr & Sa 11–2 Uhr, Sept.–Mai kürzere Zeiten) Das holzgetäfelte Lokal in der Brydebúð serviert mittags ein beliebtes Suppenbüfett und ein Abendmenü für jeden Geschmack (von Pizza bis Lammfilet). Außerdem gibt's guten Kaffee (Lavazza).

Ströndin Bistro INTERNATIONAL €€
(Austurvegur 18; Hauptgerichte 1400–4350 ISK; ⏲Juni–Aug. 18–22 Uhr) Das lässig-schicke Bistro mit Blick auf die Felsnadeln liegt hinter der N1-Tankstelle. Einheimische Gerichte sind Lammsuppe oder Fischeintopf, internationale sind Pizza und Hamburger. Mittags, oder wenn es etwas zwangloser sein soll, reicht auch ein Hamburger im althergebrachten Imbiss **Víkurskáli** in der N1-Tankstelle (ganzjährig geöffnet).

Kjarval SUPERMARKT €
(Víkurbraut 4; ⏲Juni–Aug. 9–20 Uhr, Sept.–Mai Mo–Fr 10–18, Sa 10–14 Uhr) Praktischer Laden für Selbstversorger.

Praktische Informationen

Post (Austurvegur 1; ⏲Mo–Fr 9–12 & 13–16 Uhr) Hat einen Computer mit Internetzugang (30/60 Min. 400/600 ISK).

Touristeninformation (☎487 1395; www.visitvik.is; Víkurbraut 28; ⏲Juni–Aug. Mo–Fr 8–18, Sa & So 11–17 Uhr, Mai & Sept. kürzere Zeiten; 📶) In der Brydebúð; kostenloses WLAN.

An- & Weiterreise

In Vík halten alle Busse von Reykjavík nach Höfn; Haltestelle ist die N1-Tankstelle.

Reykjavík Excursions (☎580 5400; www.re.is) Bus 20/20a von Reykjavík nach Skaftafell hält hier von Juni bis Mitte September einmal täglich. Abfahrt in Reykjavík ist 8 Uhr, unterwegs hält er an Sehenswürdigkeiten (auch am Reynisfjara-Strand) und kommt um 13.20 Uhr in Vík an (6100 ISK).

Sterna (☎551 1166; www.sterna.is) Der Bus 12b/12c von Reykjavík nach Vík verkehrt von Mitte Mai bis Mitte September zweimal täglich. Abfahrt in Reykjavík ist um 8.30 und 17 Uhr; der Abendbus ist schneller, er braucht 3¼ Stunden (5900 ISK). Der Bus 12/12a fährt einmal täglich weiter nach Höfn.

Strætó (☎540 2700; www.straeto.is) Der Bus 51 von Reykjavík nach Vík (4900 ISK) fährt ganzjährig ein- oder zweimal täglich. Im Sommer gibt es einen Anschlussbus ostwärts nach Höfn, von September bis Mai jedoch nur dreimal wöchentlich (nur mit Vorausbuchung).

Östlich von Vík

MÆLIFELL

Für den 642 m hohen **Grat** am Rand des Mýrdalsjökull und die umgebende Landschaft gibt es nur einen Ausdruck: spektakulär! Der einfache, idyllische Campingplatz von **Þakgil** (☎853 4889; www.thakgil.is; Stellplätze pro Pers. 1100 ISK, Hütten 15 000 ISK; ⌚Juni–Aug.), ein grünes Fleckchen inmitten schroffer Berge, ist für Ausflüge in die Umgebung ideal. Wer mag, wandert auf den Mælifell oder bis hoch zum Gletscher. Ein Weg führt bis zum Nunatak (ein aus einem Gletscher aufragender Berggipfel) Huldufjöll. Þakgil selbst ist per Pkw (14 km auf der Schotterstraße 214, die 5 km östlich von Vík von der Ringstraße abzweigt) oder zu Fuß über einen Wanderweg ab Vík erreichbar.

Das **Hótel Höfðabrekka** (☎487 1208; www.hofdabrekka.is; EZ/DZ mit Frühstück 135/165 €; ⌚März–Okt.; @📶) zu Beginn der Straße 214 ist ein großes Landhaushotel mit behaglichen, holzverkleideten Zimmern in Anbauten verschiedenen Alters, vier Hot Pots, einer Gästeküche und einem Restaurant (Abendbüfett 4900 ISK).

MÝRDALSSANDUR

Mýrdalssandur, die weite Ebene aus schwarzem Lavasand östlich von Vík, entstand durch Ausschwemmungen aus dem Inneren des Mýrdalsjökull während der Katla-Ausbrüche. Die 700 km² große Wüste ist öde und trostlos (manche behaupten auch verwunschen). Sie wirkt unbelebt, aber Polarfüchse und Seevögel sind hier oft zu sehen.

Der kleine Berg **Hjörleifshöfði** südlich der Ringstraße ragt 221 m aus der Sandfläche hoch und bietet einen guten Blick auf die Vestmannaeyjar. Der grüne Hügel **Hafursey** (582 m) auf der anderen Seite der Ringstraße ist ebenfalls ein schönes Wanderziel von Vík aus.

LANDMANNALAUGAR & ÞÓRSMÖRK

Das Landesinnere des Südwestens wird von zwei völlig unterschiedlichen Landschaften geprägt – Landmannalaugar, ein brodelndes Wunderland mit karamellfarbenen Bergen, und Þórsmörk, ein grünes Tal, das durch Gletscher vor den harschen Elementen des Nordens geschützt ist.

Landmannalaugar

Landmannalaugar ist mit den vielfarbigen Bergen, wohltuenden heißen Quellen, endlosen Lavaströmen und klaren blauen Seen eine der einzigartigsten Landschaften Islands und ein Muss für alle, die das Landesinnere erkunden wollen. Sowohl Isländer als auch Besucher schätzen die Gegend – solange das Wetter mitspielt.

Zu Landmannalaugar (600 m ü. d. M.) gehört das größte geothermische Feld außerhalb des Grímsvötn-Kraters auf dem Vatnajökull. Die bizarren Berge bestehen aus Rhyolit, einer mineralreichen Lava, die ungewöhnlich langsam abkühlte und dadurch die phantastischen Farben hervorbrachte.

Das Gebiet ist der offizielle Startpunkt der berühmten Laugavegurinn-Wanderung (s. S. 128). Aber es gibt auch einige hervorragende Tageswanderungen durch die karamellfarbenen Berge.

Aktivitäten

In und um Landmannalaugar lässt sich viel unternehmen, aber viele Wanderer lassen die Besonderheiten der Gegend links liegen und machen sich direkt auf die mehrtägige Wanderschaft ins Þórsmörk. Wer etwas bleibt, wird erleichtert erleben, dass am Abend die Menschenmassen verschwinden und trotz des chaotischen Anscheins auf dem Campingplatz in den Bergen Stille herrscht.

Heiße Quellen

Über Holzplanken geht es über 200 m von der Landmannalaugar-Hütte zu einem dampfenden Fluss voller Badender. Aus dem Boden des Lavafelds Laugahraun fließt sowohl heißes als auch kaltes Wasser, das sich in einem natürlichen Becken zur angenehmsten Badetemperatur vermischt. Es gibt keinerlei Anlagen am Badebereich selbst, daher ziehen sich die Badenden in der Hütte oder einfach inmitten der Leute um.

Reiten

Im Landmannalaugar werden von Juli bis Mitte August **Reitausflüge** (☎868 5577; www.hnakkur.com) angeboten. Die Ausritte werden von einer Sattelmacherin geleitet und führen durch die wunderschöne Schlucht Brandsgil. Ein einstündiger Ausritt kostet 6500 ISK pro Person. Die Stallungen in der Ebene um Hella bieten ebenfalls Reittouren (meist längere Ausritte) in und um das Landmannalaugar – mehr dazu auf S. 113.

Wandern

Wer im Landmannalaugar Tageswanderungen unternehmen will, sollte sich im Haus der Hüttenwarte die hilfreiche Wanderkarte für Tagestouren kaufen (300 ISK), die die besten Wanderungen in der Gegend beschreibt.

An bewölkten Tagen lohnt sich die Tageswanderung zum Krater mit dem unzutreffenden Namen **Ljótipollur** („hässlicher Tümpel"), ein hinreißender roter Krater, der mit hellblauem Wasser gefüllt ist. Das tiefe Feuerrot wird durch Eisenerzablagerungen verursacht. Merkwürdigerweise hat der See einen reichen Forellenbestand, obwohl er durch eine Vulkaneruption entstand. Auf dem Weg zum Tümpel gibt es viele schöne Ansichten, von Tephra-Wüsten und Lavaströmen bis zu ineinander verflochtenen Gletschertälern. Zu erreichen ist die Straße zum Ljótipollur über den 786 m hohen Gipfel des **Norðurnámur** oder über den westlichen Fuß des Berges (ein Rundweg von 10 bis 13,3 km, je nach Strecke).

Bei klarem Wetter lohnt eine Wanderung mit spektakulären Aussichten auf die Gegend. Der Aufstieg auf den regenbogenfarbenen **Brennisteinsalda**, der von dampfenden Schloten und Schwefelablagerungen überzogen ist, belohnt mit einem schönen Blick über die zerklüftete und vielfältige Landschaft (von Landmannalaugar und zurück sind es 6,5 km). Vom Brennisteinsalda sind es weitere 90 Minuten über die Þórsmörk-Route zum eindrucksvollen geothermischen Feld **Stórihver**.

Der blaue See **Frostastaðavatn** liegt hinter dem Rhyolitkamm direkt nördlich der Landmannalaugar-Hütte. Jenseits des Kamms erwartet die Wanderer eine Aussicht in die Ferne sowie auf die nahen interessanten Felsformationen und moosbedeckten Lavaströme um den See. Wer mindestens eine Strecke über die Straße läuft und etwas Zeit rund um den See verbringt, braucht hin und zurück zwei bis drei Stunden.

Auf Wanderführungen lässt sich die Gegend auch wunderbar erkunden – mehr dazu s. S. 120.

Schlafen

Landmannalaugar hat ein großes Zeltlager mit Campingplatz und Hütten, das leider im Hochsommer mit seinen Hunderten Zelten, mehreren Sanitärhütten, in denen sich schmutzige Wanderer drängen, und zahllosen Wäscheleinen wie ein Flüchtlingslager wirkt. Das Lager – schlicht **Landmannalaugar** (☎863 1175; N 63°59.600', W 19°03.660'; pro Pers. 5000 ISK; ⏲Anfang Juni–Sept.) genannt, wird von Ferðafélag Íslands betrieben, ebenso wie die Hütten am Laugavegurinn-Wanderweg (S. 130). In den Hütten kommen (dicht gedrängt) 85 Personen unter. Es gibt ein Küchenhaus, Duschen (500 ISK für fünf Minuten heißes Wasser) und mehrere Hüttenwarte auf dem Gelände. Camper, die ihr Zelt auf den ausgewiesenen Plätzen aufschlagen (1100 ISK pro Pers.), können ebenfalls die Toiletten und Duschen benutzen. Wildes Campen ist strikt verboten, da die gesamte Gegend unter Naturschutz steht.

Praktische Informationen

Die Wirte der Landmannalaugar-Hütte betreiben auch eine kleine **Touristeninformation** (⏲Juni–Sept. 8–22 Uhr) und helfen bei bestimmten Fragen, z. B. Wegrichtungen und Tipps zu Wanderrouten. Sie verkaufen auch ein Blatt mit Infos zu Tageswanderungen (300 ISK). Achtung: Sie haben keine Ahnung, ob es regnen wird (auch wenn das hier die häufigste Frage ist).

Ebenfalls auf dem Landmannalaugar-Gelände verkauft die **Mountain Mall** (⏲Juni–Aug. 8–20 Uhr, Sept. 10–18 Uhr) in zwei Bussen ein buntes Sortiment: Mützen, heißen Tee, Landkarten und frischen Fisch aus den Bergseen der Umgebung.

Der Laugavegurinn-Wanderweg beginnt hinter der Landmannalaugar-Hütte und ist rot markiert.

An- & Weiterreise

Bus

Landmannalaugar ist mit dem Bus aus drei Richtungen zu erreichen. Die Busse von **Reykjavík Excursions** (www.re.is) verkehren von etwa

Mitte Juni bis Mitte September. Es ist möglich, von Reykjavík direkt nach Skaftafell über die Fjallabak-Straße (s. Kasten S. 130) zu fahren, mit einem zweistündigen Aufenthalt in Landmannalaugar, was gerade genug Zeit lässt, ein Bad in den Quellen zu nehmen.

VON REYKJAVÍK Die Busse fahren über den westlichen Abschnitt der Fjallabak-Straße, die zunächst über die Straße 26 östlich von Þjorsá führt. Abfahrt ist um 8 Uhr, Ankunft in Landmannalaugar gegen 12.30 Uhr.

VON SKAFTAFELL Die Busse fahren um 8 Uhr in Skaftafell los, fahren über die Fjallabak-Straße (F208) und kommen gegen 13 Uhr in Landmannalaugar an.

Auto

Von der Ringstraße führen drei Straßen nach Landmannalaugar. Wer ein kleines Allradfahrzeug fährt, muss das Auto etwa 1 km vor Landmannalaugar abstellen, da die Flussüberquerung zu riskant für kleine Fahrzeuge ist. Normale Mietwagen dürfen nicht auf F-Straßen fahren, allerdings wurden schon ein paar geparkte Privatautos (wir nehmen doch an, dass es keine Mietwagen waren) am Rand des rauschenden Flussübergangs gesehen.

Es werden auch Touren mit dem Superjeep angeboten, mehr dazu s. S. 120.

Im Landmannalaugar gibt es kein Benzin. Die nächsten Tankstellen liegen 40 km nördlich in Hrauneyjar (nahe dem Beginn der F208) und 90 km südöstlich in Kirkjubæjarklaustur. Um sicher zu gehen, sollte bei Anfahrt von Westen oder Norden bereits an der Ringstraße aufgetankt werden.

F208 NORDWESTEN Die Strecke folgt dem Westufer der Þjorsá (Straße 32), an Árnes vorbei, dann von Norden über die Straße F208 nach Landmannalaugar. Es ist die einfachste Strecke für kleine Allradfahrzeuge. Die Straße von Hrauneyjar wird nach dem Kraftwerk furchtbar holprig und kurvt bis zum „Hässlichen Tümpel", dem Ljótipollur, zwischen den Stromleitungen hindurch.

F225 Am Ostufer der Þjorsá führt die Straße 26 landeinwärts über die Tiefebene hinter Hella und um die Hekla herum. Dann geht es weiter über die Straße F225 in westliche Richtung bis zum Basislager. Allein ist die Strecke schwieriger zu bewältigen (schlechtere Straßen).

F208 SÜDOSTEN Die schwierigste Straße zweigt von der Ringstraße zwischen Vík und Kirkjubæjarklaustur ab. Es ist die Strecke des Busses von Skaftafell nach Landmannalaugar.

VOM MÝVATN Die Fahrt zwischen Landmannalaugar und dem Mývatn über die Sprengisandur-Straße dauert einen ganzen Tag. Die Busse fahren um 8 Uhr vom Mývatn ab; mehr dazu s. S. 310.

Von Landmannalaugar ins Þórsmörk

Auf dem Wanderweg von Landmannalaugar ins Þórsmörk – Laugavegurinn genannt – verdienen sich Wanderer in Island ihre Sporen. Die herbe, jenseitige Schönheit der Landschaft ändert auf dem Marsch durch das Landesinnere der Insel beständig ihre Gestalt. Es ist der beliebteste Wanderweg, daher ist auch die Infrastruktur super – an der Strecke liegen an strategisch wichtigen Stellen Hütten, die im Voraus gebucht werden müssen.

Aktivitäten

Laugavegurinn (55 km) ist der Name des Wanderwegs von Landmannalaugar zum Þórsmörk – er bedeutet „Straße der heißen Quellen", was schnell einleuchtet. Der beliebte Wanderweg windet sich durch unzählige Mondlandschaften, die zumeist durch die intensive Aktivität unter der Erdoberfläche dampfen und brodeln.

Ferðafélag Íslands (www.fi.is) betreibt die Hütten in der Region und veröffentlicht ein kleines Buch zur Wanderung, mit detaillierten Informationen über die Landschaft, Sehenswürdigkeiten und Wege. Wer die Wanderung ohne Führer unternehmen will, sollte eine Wanderkarte und ein Navi mitnehmen.

Der Weg ist von Anfang Juli bis Mitte September fast immer passierbar. Zu Beginn der Saison (Mitte Juni bis Anfang Juli) kann es zu vereisten Flächen kommen, die schwer zu bewältigen sind – die angekündigten Hüttenöffnungszeiten sind ein guter Indikator für die Bedingungen.

Die Wanderung von Landmannalaugar ins Þórsmörk sollte zu keiner Jahreszeit auf die leichte Schulter genommen werden. Wetterfeste Kleidung ist unerlässlich, da das Wetter sich jeden Moment ändern kann – mehr dazu s. S. 34. Auch muss ausreichend Proviant und Wasser mitgeführt werden. Die meisten Leute wandern von Nord nach Süd, um das abflachende Gelände und die Infrastruktur des Þórsmörk zu nutzen. Von dort geht es weiter nach Skógar, was ein oder zwei Tage zusätzlich dauert (etwa 22 km mehr).

Der Laugavegurinn in vier Tagen

Ferðafélag Íslands teilt den Laugavegurinn in vier Abschnitte auf. Viele Wanderer ziehen es deswegen vor, jeweils einen

Laugavegurinn-Wanderung

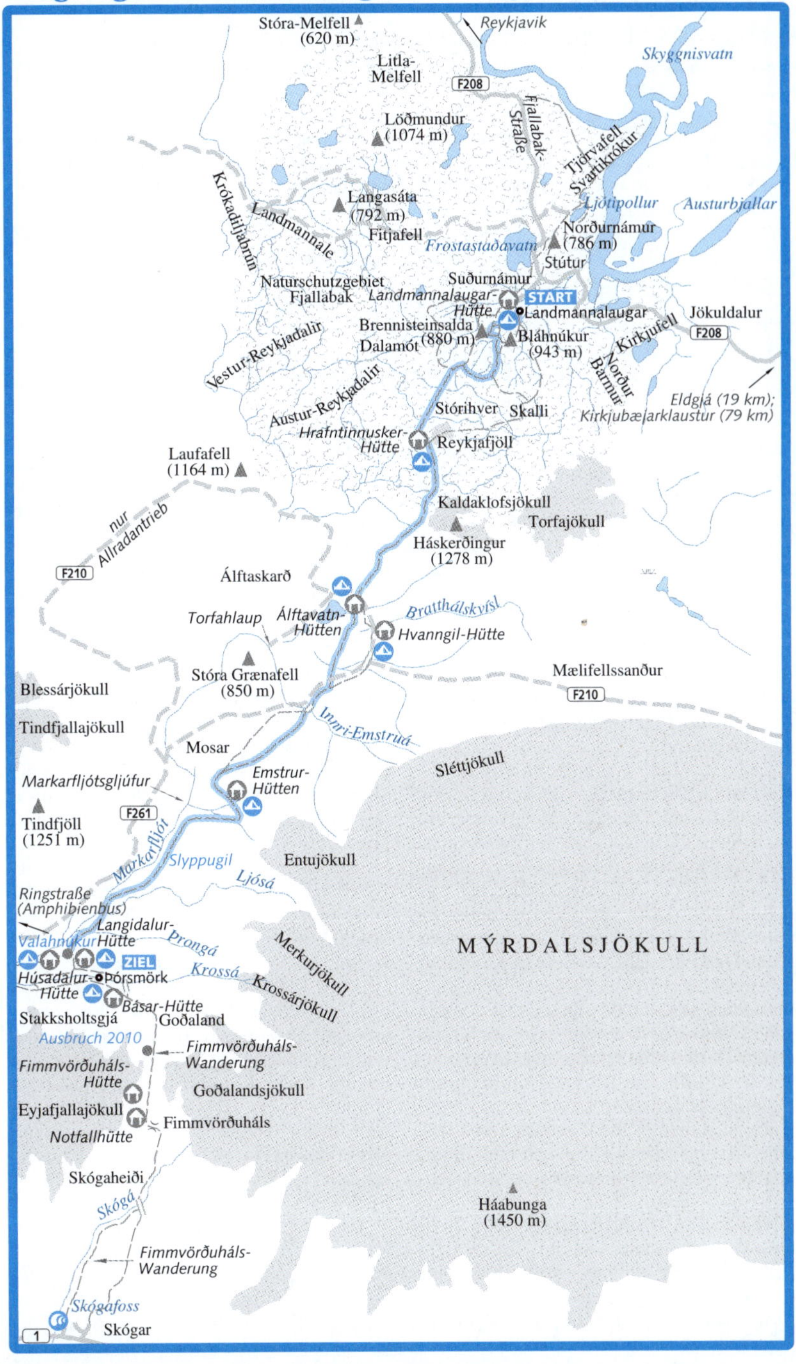

DIE FJALLABAK-STRASSE

Im Sommer ist die Fjallabak-Straße (F208) eine spektakuläre Alternative zur Küstenstraße zwischen Hella im Südwesten Islands und Kirkjubæjarklaustur. Der Name bedeutet „hinter den Bergen" und genau dorthin führt sie auch.

Von der Ringstraße von Hella zweigt die Straße 26 (am Ostufer der Þjorsá) ab, dann geht es in der Nähe des Kraftwerks Sigölduvirkjun auf die F208 bis nach **Landmannalaugar**. Von dort führt die F208 ostwärts an den **Kirkjufell**-Sümpfen und dem **Jökuldalur** vorbei und über 10 km über die eisigen Verästelungen eines Flussbetts. Schließlich steigt sie hoch zum **Aussichtspunkt Hörðubreið** und wieder hinab in die **Eldgjá**. Der 40 km lange Abschnitt von der Eldgjá nach **Búland** ist in halbwegs gutem Zustand, aber es sind einige Flüsse zu bewältigen, bevor die Straße in die Straße 208 abbiegt und südwestlich von Kirkjubæjarklaustur wieder auf der Ringstraße endet.

Ein PKW hat keine Chance, auch nur einen kleinen Abschnitt der Strecke zu schaffen. Wenn im Sommer die Flüsse wenig Wasser führen, kann ein normales Fahrzeug von Westen (nur über die F208) bis 1 km vor Landmannalaugar fahren. Allerdings verbieten Mietwagenfirmen Fahrten mit dem PKW auf F-Straßen. Sollte also auf dieser Strecke etwas passieren, zahlt die Versicherung nicht.

Da ein großer Teil der Fjallabak-Straße an Flüssen entlang führt (oder eher durch Flüsse hindurch!), ist sie für Mountainbikes auch nicht geeignet. Viele Leute probieren es, aber lockeres Radeln ist es bei Weitem nicht.

Die gesamte Strecke wird auch von den Bussen der **Reykjavík Excursions** (☎580 5400; www.re.is) befahren; Abfahrt ist in Reykjavík um 8 Uhr, dann Umsteigen in Landmannalaugar in den Bus nach Skaftafell. Die Fahrt dauert etwa elf Stunden. Möglich ist auch eine Unterbrechung der Reise für ein paar Nächte in Landmannalaugar, um die Gegend zu erkunden, bevor es mit dem Bus weitergeht.

Abschnitt pro Tag zu marschieren, da die Hütten (mit Campingplätzen) jeweils am Anfang und Ende eines jeden Abschnitts gelegen sind.

Teil 1: Von Landmannalaugar zur Hrafntinnusker-Hütte (12 km; 3–5 Std.) Der relativ einfache Start der Wanderung zur ersten Hütte führt an der heißen Erde von Stórihver und an glitzernden Obsidianflächen vorbei. Wer die Wanderung ausdehnen will, kann von Landmannalaugar über Skalli nach Hrafntinnusker laufen – das Haus des Hüttenwarts in Landmannalaugar hat ein Infoblatt zu der weniger besuchten Route (300 ISK). Es ist wichtig, genug Wasser mitzunehmen, da es bis zur ersten Hütte keine Quelle gibt. Etwa 2 km vor der Hrafntinnusker steht ein Mahnmal für einen israelischen Wanderer, der 2005 starb, nachdem er die Warnung eines Hüttenwarts missachtet hatte – eine Mahnung an alle, sich gut vorzubereiten und Hinweise von Ortskundigen zu beachten.

Teil 2: Von Hrafntinnusker zum Álftavatn (12 km; 4–5 Std.) Von der Hrafntinnusker-Hütte sind ein paar kurze Abstecher in die Umgebung ohne Gepäck möglich – zum Södull (20 Min. hin & zurück) und zum Reykjafjöll (1 Std. hin & zurück) sowie zu einem geothermischen Feld hinter den Eishöhlen (3 Std. hin & zurück). Der Hüttenwart gibt Tipps. Der Weg zum Álftavatn bietet ebenfalls schöne Aussichten, wie der über den Gipfel des nördlichen Ausläufers des Gletschers Kaldaklofsfjöll. Auf dem Weg zum Álftavatn sind der Tindfjallajökull, der Mýrdalsjökull und der berüchtigte Eyjafjallajökull zu sehen. Endpunkt ist der stille und schöne See, wo die Nacht verbracht wird.

Teil 3: Vom Álftavatn zum Emstur (16 km; 6–7 Std.) Zum Emstur muss mindestens ein breiter Bach überquert werden – das geht entweder recht nass barfuß oder man wartet am Ufer, bis ein Allradfahrzeug kommt und einen mitnimmt. Unbedingt empfehlenswert ist ein Abstecher in die tiefe grüne Schlucht Markarfljótsgljúfur. Der Weg dorthin ist vom Emstur gut ausgeschildert und dauert etwa eine Stunde (der Rückweg ist der gleiche).

Teil 4: Vom Emstur ins Þórsmörk (15 km; 6–7 Std.) Die karge Landschaft geht schnell in ein leuchtend grünes Reich voller arktischer Blumen über. Wer nicht vorhat, im Þórsmörk zu übernachten, sollte möglichst gegen 15.30 Uhr ankommen, da der Amphibien-Bus Punkt 16 Uhr zur Ringstraße und nach Reykjavík abfährt.

Der Laugavegurinn in drei Tagen

Wer fit genug ist, schafft die Wanderung durchaus auch in drei statt in vier Tagen. Die meisten Leute ziehen es ohnehin vor, den Laugavegurinn in drei Tagen zu bewältigen. Ab Reykjavík kommt der erste Bus um 12 Uhr in Landmannalaugar an, von wo es sofort losgehen sollte. Eine andere Möglichkeit ist eine Übernachtung in Landmannalaugar, um erst die Umgebung zu erkunden und dann am nächsten Morgen loszumarschieren. Mit frischer Energie und voller Begeisterung ist dann der erste und zweite Teil (wie zuvor beschrieben) locker an einem Tag zu bewältigen. Der Álftavatn ist dann nach acht bis zehn Stunden Marsch erreicht. Am zweiten Tag geht es zum Emstur und am Abend des dritten Tages ist das Þórsmörk erreicht.

Der Laugavegurinn in zwei Tagen

Wer frühzeitig losmarschiert oder ein passionierter Wanderer ist, kann die 55 km in zwei Tagen schaffen. Am ersten Tag geht es direkt zum Álftavatn – oder noch besser weitere 5 km zur Hvanngil-Hütte. Wer das schafft, spart einiges an Zeit am zweiten Tag. Es ist möglich, Teil 3 und 4 am zweiten Tag zu bewältigen, da die 30 km über relativ flaches Terrain führen. Die Steigung beträgt nur 100 m, ideal für Ausdauerwanderer.

Der Laugavegurinn mit Abwegen

Wer sich gerne in der freien Natur aufhält, muss die Gegend nicht im Eiltempo erkunden – vorausgesetzt das Wetter spielt mit. Jede Hütte dient als Ausgangspunkt für Wanderungen abseits des Laugavegurinn-Wanderwegs. Auch ist es machbar, ein paar Tage in Landmannalaugar zu verbringen, bevor es weitergeht. Schöner ist jedoch ein Aufenthalt im Þórsmörk auf dem Rückweg. Eine Alternative ist eine komplett neue Laugavegurinn-Route mit einem lokalen Führer, der buchstäblich abseits der Touristenpfade über einsame Bergpässe führt, die parallel zum Hauptweg verlaufen – mehr dazu s. S. 120.

Schlafen

Da die Strecke viel bewandert ist, gibt es unterwegs einen ganzen Haufen günstig gelegener Hütten, die alle **Ferðafélag Íslands** (☎568 2533; www.fi.is) gehören. Die Hütten bieten Dutzenden Leuten Platz und müssen im Voraus gebucht werden – die Hüttenwarte empfehlen eine Buchung im Frühjahr, selbst wenn die Reise erst im Spätsommer geplant ist. Es kann nicht oft genug gesagt werden, dass die Betten ganz schnell ausgebucht sind. Auch sollte beachtet werden, dass die Etagenbetten in den meisten Hütten für jeweils vier Personen angelegt sind – jeweils zwei (nebeneinander) auf jeder Etage. Alleinreisende schlafen also eventuell neben einem Fremden.

Auf ausgewiesenen Plätzen um die Hütten darf auch gezeltet werden, allerdings sind diese Plätze dem Wind ausgesetzt, was die Stabilität des Zelts ziemlich beeinträchtigt. Am besten macht man es den anderen Camper nach, stellt das Zelt in Windrichtung auf und stabilisiert es mit Felsbrocken. Campen kostet 1100 ISK pro Person.

Die folgenden Hütten sind von Nord nach Süd aufgelistet; alle akzeptieren Kreditkarten.

Hrafntinnusker HÜTTE
(Höskuldsskáli; N 63°56.014', W 19°10.109'; pro Pers. 5000 ISK) Die Hütte ist von Mitte Juni bis Anfang September geöffnet und hat Platz für 52 Personen (davon 22 Schlafplätze auf Matratzen unter dem Dach). Die Hütte liegt auf 1000 m Höhe – für Camper kann das Wetter dort sehr ungemütlich werden. Es gibt keinen Strom, keine Müllentsorgung und keine Duschen – der Müll muss zur Álftavatn-Hütte mitgenommen werden. Camper können die Küche gegen 400 ISK Aufpreis mitbenutzen. Einige kochen ihr Essen auf den natürlichen Dampfschloten in der Umgebung; der Hüttenwart weist auf Anfrage den Weg dorthin.

Álftavatn HÜTTE
(N 63°51.470', W 19°13.640'; pro Pers. 5000 ISK) Die Öffnungszeiten sind die gleichen wie die der hiesigen F-Straßen, beginnen also irgendwann zwischen Anfang bis Ende Juni, je nach Wetter. Die Hütte schließt Mitte September (zur gleichen Zeit wie der letzte Bus der Saison nach Landmannalaugar). Es gibt zwei Hütten für insgesamt 72 Personen; beide haben Trinkwasser, Matratzen und Außenklos. Strom gibt es keinen; für Wanderungen im August und September ist eine Taschenlampe nötig. Die Küche ist mit Gasöfen, nicht aber mit Kühlschränken ausgestattet – Camper dürfen die Küche nicht benutzen. Strikte Ruhe-

zeit herrscht von Mitternacht bis 7 Uhr morgens. 5 km weiter von Álftavatn führt ein kleiner Nebenweg zur **Hvanngil-Hütte** (N 64°50.026', W 19°12.507'; pro Pers. 5000 ISK). Sie hat Platz für 60 Personen, eine Küche und eine Dusche. Sie ist günstig für Leute, die den Laugavegurinn in zwei Tagen bewandern wollen. Dort ist meist weniger los als am Álftavatn, aber es fehlt auch die tolle Backpackerstimmung.

Emstrur HÜTTE
(Botnar; N 63°45.980', W 19°22.480'; pro Pers. 5000 ISK) Ist von Anfang Juni bis Mitte September geöffnet und besteht aus drei Hütten mit insgesamt 60 Betten. Es gibt zwei Duschen (100 ISK für fünf Minuten heißes Wasser) und acht Toiletten. Camper können die Küche gegen 400 ISK benutzen. Müllentsorgung und Steckdosen gibt es nicht. Die Hüttenwartin Inga versucht sich ein bisschen in Partnervermittlung bei der Schlafplatzzuteilung – und ihre Pfannkuchen sind legendär. Emstrur liegt zwar zu Füßen eines Gletschers, aber andere Hütten auf dem Weg sind toller gelegen. Handyempfang ist hier übrigens sehr instabil.

Þórsmörk

Þórsmörk, ein verborgenes Tal tief im isländischen Hinterland, ist eine grüne Oase voller Schluchten, blumenbewachsener Auen, eisiger Bäche und Aussichten auf drei gewaltige Gletscher (Tindfjallajökull, Eyjafjallajökull und Mýrdalsjökull), die das stille Fleckchen vor rauerem Wetter schützen. Aber Vorsicht: Wegen seiner hinreißenden Schönheit und der Nähe zu Reykjavík (130 km) ist das Þórsmörk im Sommer ein beliebtes Ausflugsziel. Zudem sieht es zwar so aus, als läge es relativ dicht an der Ringstraße, aber tatsächlich müssen Besucher noch ein ganzes Stück wandern oder einen Hochradjeep mieten, um das Naturschutzgebiet zu erreichen.

Das sogenannte **Goðaland** (Götterland) in den höheren Lagen des Tals ist, wie der Name schon sagt, einfach göttlich. Felsformationen winden und zwirbeln sich himmelwärts wie Steinbögen einer uralten, überirdischen Kathedrale. Leuchtende arktische Blumen treiben aus dem schwammigen Moos und sorgen für strahlende Farbflecken in der stillen Landschaft. Goðaland ist der Endpunkt des großartigen Fimmvörðuháls-Wanderwegs, der in Skógar beginnt (s. Kasten S. 121). Básar ist das größte Campingareal in Goðaland; um es vom Þórsmörk zu erreichen, muss der gefährliche Fluss Krossá über die Brücke bei Langidalur überquert werden. Mit normalen Allradfahrzeugen ist die Überquerung nicht machbar.

An den Busfahrplänen ist zu erkennen, wann das Þórsmörk geöffnet ist – meist von Mai bis September.

Aktivitäten

Das Þórsmörk ist zwar der Endpunkt des höchst beliebten Laugavegurinn-Wanderwegs, aber viele müde Reisende verlassen das Naturschutzgebiet lieber mit dem Bus um 16 Uhr und versäumen so einige spektakuläre Tageswanderungen (ohne Rucksack) in der Gegend. Höchst empfehlenswert ist mindestens eine Übernachtung, um einige der schönen Wanderwege zu erkunden. Manche Reisende wandern weiter über den Fimmvörðuháls-Weg nach Skógar, eine wirklich tolle Wanderung, die aber besser in die entgegengesetzte Richtung unternommen werden sollte (Startpunkt in Skógar).

Wer das Þórsmörk auf mehreren Kurzwanderungen erkunden möchte, sollte in Húsadalur (Volcano Huts Thorsmork) übernachten, da das Personal ausführlich darüber informiert, welche Wege lohnenswert sind. Auch gibt es geführte Wanderungen durch die Gegend; viele Anbieter haben ihren Sitz näher an der leichter zu erreichenden Ringstraße – s. S. 120.

Im Folgenden sind drei der beliebtesten Wanderungen durch das Þórsmörk beschrieben.

STAKKSHOLTSGJÁ

Der Bus von Húsadalur Richtung Langidalur und Básar fährt um 12.30 Uhr los; der Busfahrer hält auf Wunsch an der traumhaften Schlucht Stakksholtsgjá (etwa 15 Min. Fahrt). Von dort geht es zu Fuß am Fluss entlang, dann über ihn hinüber und wenn er sich gabelt nach links in eine schmale Schlucht hinab. Nach dem Überkraxeln einiger Felsbrocken kommt ein malerischer Wasserfall in Sicht. Bei guter Zeitplanung geht es mit dem Bus zurück nach Húsadalur, der gegen 15.35 Uhr an der Schlucht anhält. Die Wanderung dauert nur 90 Minuten, es ist also genug Zeit.

VALAHNÚKUR-RUNDWEG

Ein 2½-stündiger Rundweg, der hinauf zum großartigen Aussichtspunkt auf dem Valahnúkur führt. Von Húsadalur führt ein

Weg hinauf zum Aussichtspunkt und dann hinab nach Langidalur. Von dort geht es den Bergkamm zwischen den Tälern entlang und zurück zum Startpunkt. Wer lieber mit dem Bus fährt, kann den Bus nach Langidalur nehmen und zurück nach Húsadalur wandern, wo die Aussicht aus der anderen Richtung genossen werden kann.

TINDFJÖLL-RUNDWEG
Der längste und beliebteste „Kurzwanderweg" im Tal dauert etwa 4½ Stunden ab Langidalur und ungefähr 6 Stunden ab Húsadalur. Der Weg führt durch das Slyppugil-Tal (oder über den gleichnamigen Bergkamm), dann weiter über Moränen neben einem zweiten Bergkamm. Es gibt dort zwar zahllose lockere Steine, aber es ist nicht so gefährlich, wie es aussieht. Dann geht es weiter über den Tröllakirkja („Trollkirche") mit ähnlich weiten Steinbögen wie in der Landschaft entlang des Fimmvörðuháls-Wegs. Nach einem üppig grünen Feld eröffnet sich schließlich ein postkartenschöner Blick über das Þórsmörk-Tal. Ein Sandsteinkamm führt schließlich weiter bis zum schlängelnden Fluss Krossá, der den Weg zurück nach Langidalur oder weiter nach Húsadalur weist.

Geführte Touren

Viele Tourenanbieter in der Region bieten Wanderungen durch das Þórsmörk und Umgebung an. Die Verwalter in Húsadalur sind dabei behilflich, aber besser ist es, bei einem der Unternehmen näher an der Ringstraße im Voraus zu buchen – mehr dazu s. S. 120.

Schlafen

In drei Gebieten des Þórsmörk gibt es Unterkünfte: Langidalur (manchmal auch Þórsmörk genannt), Básar (eigentlich in Goðaland) und Húsadalur (auch Volcano Huts Thormsork genannt). Alle bestehen aus Hütten und Campingplätzen, haben Kochgelegenheiten und fließendes Wasser. Im Sommer sind sie gerammelt voll, es ist also wichtig, einen Platz in den Hütten im Voraus zu buchen. Wir empfehlen, einen Schlafsack und Proviant selbst mitzubringen. Wildes Campen wird in der Gegend nicht gern gesehen.

Húsadalur HOSTEL, CAMPINGPLATZ €
(Volcano Huts Thorsmork; ☎552 8300; http://volcanohuts.com; Stellplatz pro Pers. 1100 IKS, B/DZ 6000/7000 ISK ⏲Mai–Sept.) Das Húsadalur wird auch oft als Volcano Huts Thorsmork bezeichnet und wirkt sehr viel mehr wie ein Hostel. Es gibt viele Schlafsäle und Doppelzimmer, genug für 130 Personen. Kleine Hütten für Gruppen werden ebenfalls vermietet (20 000 ISK). Bettwäsche kostet 3000 ISK extra. Die „Vulkanhütten" sind ideal für Leute, die sich nicht selbst versorgen wollen – das Abendbüfett kostet 3500 ISK.

Langidalur HÜTTE, CAMPINGPLATZ €
(Þórsmörk; ☎893 1191; www.fi.is; N 63°40.960', W 19°30.890'; Zeltplatz/Hütte pro Pers. 1100/5000 ISK; ⏲Mitte Mai–Sept.) Langidalur – auch schlichtweg nur Þórsmörk oder Skagfjörðsskáli genannt– ist die älteste und rustikalste der drei Wanderhütten. Sie bietet Platz für 75 Personen und hat zudem einen gepflegten Campingplatz. Reserviert wird über Ferðafélag Íslands, die auch Buchungen für Hütten auf dem Wanderweg Landmannalaugar-Þórsmörk annehmen.

Zur Zeit der Recherche wurde gerade ein benachbarter Campingplatz namens **Slyppugil** von der Hostelorganisation **Hostelling International** (www.hostel.is) umgebaut, um den steigenden Bedarf an Campingplätzen in der Gegend zu bewältigen. Er liegt drei Minuten zu Fuß von der Langidalur-Hütte.

Básar HÜTTE, CAMPINGPLATZ €
(☎562 1000; www.utivist.is; Zeltplatz pro Pers. 1100 ISK, Hütte pro Pers. 3600 ISK) Básar ist unter Isländern der beliebteste Platz, hauptsächlich wegen der schönen Lage unter Bäumen. Viel Platz ist hier nicht, aber in der Hütte können 80 Personen übernachten; reserviert wird über Útivist. Der von Gras und Holzplanken umgebene Zeltplatz ist an Sommerwochenenden total überfüllt.

An- & Weiterreise

Bus

Reykjavík Excursions (☎580 5400; www.re.is) Der Bus von Reykjavík nach Þórsmörk fährt um 8 Uhr in Reykjavík ab und kommt um 12 Uhr in Húsadalur an. Um 12.30 Uhr fährt ein Bus nach Básar, Ankunft ist 13 Uhr. Um 15 Uhr fährt er weiter nach Langidalur, von dort um 15.15 Uhr zurück nach Húsadalur (Ankunft 15.30 Uhr) und schließlich weiter nach Reykjavík um 16 Uhr. Ein zweiter Bus fährt in Reykjavík um 16.30 Uhr ab und kommt gegen 20 Uhr in Húsadalur an – ohne unterwegs anzuhalten. Der gleiche Bus fährt um 8.15 Uhr von Húsadalur zurück nach Reykjavík; wer auf der Strecke in Básar oder Langidalur aus- oder einsteigen will, muss das am Abend vorher vereinbaren.

TREX (☎587 6000; www.trex.is) Ein Bus fährt täglich von Reykjavík (mit Haltestellen in Selfoss, Hella, Hvolsvöllur und Seljalandsfoss) nach Langidalur – hält aber sonst nirgends. Er fährt um 7.30 Uhr in Reykjavík ab und kommt im Þórsmörk gegen 11.30 Uhr an; zurück fährt er um 14.30 Uhr.

Viele Touristen verlassen oder besteigen die Busse ins Þórsmörk lieber in Seljalandsfoss an der Ringstraße – eine einfache Fahrkarte kostet 3700 ISK. Die Busse verkehren von Anfang Juni bis 31. August.

Auto

Es ist nicht möglich, mit dem PKW bis ganz ins Þórsmörk zu fahren. Keine Diskussion. Mit einem eigenen Allradfahrzeug mit hoher Radaufhängung geht es immerhin über die Straßen 249 und F249 bis zur Kreuzung nach Húsadalur und Básar. Dort muss das Auto zurückgelassen werden – den rauschenden Fluss kann es nicht durchqueren. Der Bus, der hier fährt, ist ein spezielles Amphibienfahrzeug, das so ausgestattet wurde, dass er die tiefe Schlucht voller Felsbrocken durchfahren kann. Wer bis zu der Kreuzung fahren will, kann hier auf den Bus für die Flussüberquerung warten; er kommt gegen 11.45, 15.30 und 19. 30 Uhr und kostet 1000 ISK pro Person. Bei telefonischer Anmeldung in Húsadalur holt einer der Mitarbeiter zum gleichen Preis Gäste ab, wenn ein Fahrzeug zur Verfügung steht.

Wandern

Þórsmörk ist der Endpunkt des beliebten Laugavegurinn-Wanderwegs (S. 130), der in Landmannalaugar beginnt; beliebt ist auch der Anmarsch ins Þórsmörk über den schönen Fimmvörðuháls-Wanderweg von Skógar (S. 121). Wer zu Fuß ins Þórsmörk will, sollte das über eine der zuvor erwähnten Strecken tun; der Marsch über die Straßen 249 und F249 ab Seljaland ist weit weniger malerisch.

Zwischen Langidalur und Húsadalur sind es übrigens 20 bis 30 Minuten zu Fuß.

VESTMANNAEYJAR

Schwarz und bedrohlich ragen die bizarren Silhouetten der 15 Westmännerinseln vor der Südküste aus dem Meer. Sie wurden vor 11 000 Jahren von unterirdischen Vulkanen geschaffen – mit einer Ausnahme: Das nicht eben einladend wirkende Surtsey erblickte erst 1963 das Licht der Welt. Surtsey wurde 2008 zum Unesco-Welterbe erklärt; wegen ihrer wissenschaftlichen Bedeutung darf die Insel nicht betreten werden.

Nur Heimaey ist ständig bewohnt. Das Minidorf und sein geschützter Hafen liegen eingebettet zwischen schroffen *klettar* (Felsabbrüchen) und zwei Unheil verkündenden Vulkanen – dem blutroten Eldfell und dem kegelförmigen Helgafell. Heimaey ist berühmt für seine Papageitaucher – rund 10 Mio. Vögel brüten hier – und für die Þjóðhátíð, Islands größtes Open-Air-Fest (jeden August).

Heimaey

4135 EW.

Der kleine Ort Heimaey (*hei* -mai) ist umhüllt von einer Festung aus zerklüfteter Lava; der Hafen liegt am Ende eines gewundenen Wasserlaufs, der sich zwischen hohen Klippen und zerfurchten Dünen voller Vogelnester seinen Weg sucht. Heimaey liegt zwar nur ein paar Kilometer vom Festland entfernt, wirkt aber Welten entfernt, eine Insel einsam im eisigen Wasser des Nordatlantiks.

Jahrhundertelang wurde die Insel von Räubern und Plünderern heimgesucht. Im 15. Jh. fielen die Engländer in Heimaey ein und errichteten die Festung Skansinn als ihr Hauptquartier. 1627 wüteten algerische Piraten auf der Insel, metzelten 36 Einwohner nieder und nahmen weitere 242 gefangen (damals fast drei Viertel der Bevölkerung). Die restlichen Insulaner konnten flüchten, indem sie sich von den Klippen abseilten oder in den Höhlen an der Westküste versteckten. Die Gefangenen wurden als Sklaven nach Nordafrika gebracht. Jahre später wurden 27 von ihnen freigekauft ... und konnten den langen Weg nach Hause antreten.

Die Vulkane, die Heimaey hervorgebracht haben, trieben die Insel schon mehrere Male an den Rand des Untergangs. Die berühmteste Eruption in jüngster Vergangenheit begann völlig überraschend um 1.45 Uhr am 23. Januar 1973. Eine lange Spalte tat sich auf, aus der der Vulkan Eldfell entstand. Die Insel musste evakuiert werden (s. Kasten S. 136).

⊙ Sehenswertes

ORTSZENTRUM

Wer gerne mehrere der Inselmuseen besichtigen will, kann sich an jeder Museumskasse nach den neuesten Museumspässen erkundigen – jeden Sommer beschließen die Museen gemeinsam eine Ermäßigung auf die Eintrittskarten. Videos über die berühmten Eruptionen von 1969 und 1979

Heimaey

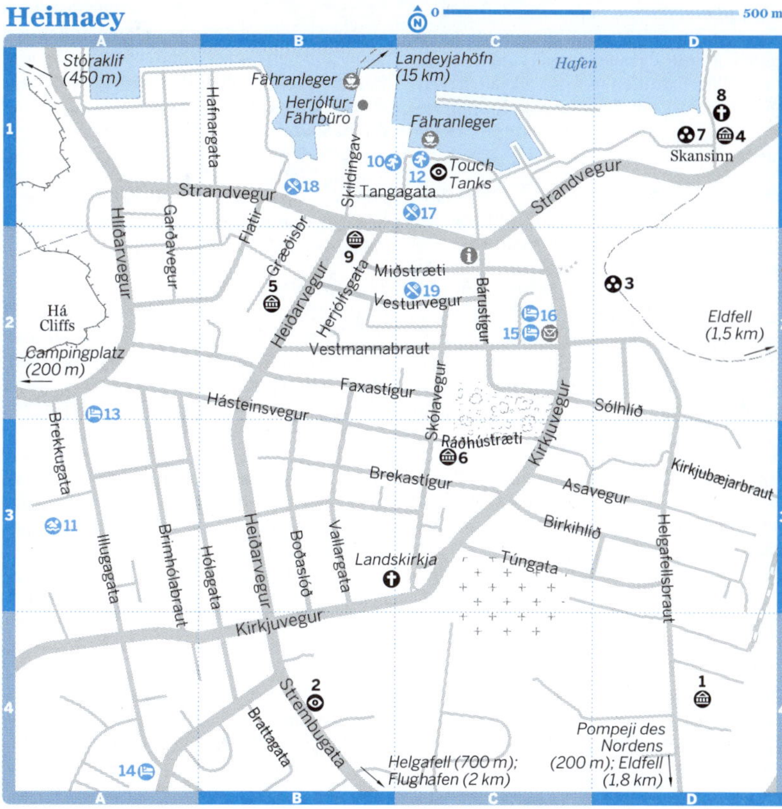

Heimaey

Sehenswertes

1 Eldheimar D4
2 Höllin B4
3 Häuserfriedhof D2
4 Landlyst D1
5 Sæheimar B2
6 Sagnheimar Byggðasafn C3
7 Skansinn-Ruinen D1
8 Stafkirkjan D1
9 Surtseyjarstofa B2

Aktivitäten, Kurse & Touren

10 Rib Safari B1
11 Schwimmbad A3
12 Viking Tours C1

Schlafen

13 Gistiheimilið Arný A2
14 Gistiheimilið Hvíld A4
15 Hótel Vestmannæyjar C2
16 Sunnuhöll HI-Hostel C2

Essen

Café Kró .... (siehe 12)
Einsi Kaldi .... (siehe 15)
17 Krónan-Supermarkt C1
18 Slippurinn B1
19 Vöruval-Supermarkt C2

werden im Sommer in verschiedenen Lokalitäten gezeigt: Zur Zeit der Recherche gab es Vorführungen im **Höllin** (Strembugata; ⌚16 Uhr), im Surtseyjarstofa und im Café Kró (S. 139).

Sæheimar MUSEUM
(Náttúrugripasafn Vestmannaeyja; ☎481 1997; Heiðarvegur 12; Erw./Kind 1000 ISK/frei; ⌚Mai–Mitte Sept. 11–17 Uhr, Mitte Sept.–Mitte Mai Sa 13–16 Uhr) Das Aquarium und Naturkunde-

museum zeigt eine interessante Sammlung ausgestopfter Vögel und Säugetiere sowie Aquarien mit hässlichen isländischen Fischen. Für Familien ist es toll, auch watschelt hier oft ein Papageivogelküken herum – das Museum ist auch ein informelles Vogelkrankenhaus.

Surtseyjarstofa MUSEUM

(Surtsey-Besucherzentrum; ☎591 2140; www.ust.is/surtsey; Heiðarvegur 1; Erw./Kind 1000 ISK/frei; ⏱Juni–Aug. 11–17 Uhr, Sept.–Mai 13–16 Uhr) Das schöne Museum beschäftigt sich ausschließlich mit Surtsey und bietet interaktive Einblicke in die Entstehung einer der jüngsten Inseln der Welt. Surtsey ist derzeit wie ein Stachelrochen geformt, aber Wissenschaftler glauben, dass sie 2052 mehr wie eine Limabohne aussehen wird.

Sagnheimar Byggðasafn MUSEUM

(Heimatmuseum; ☎488 2040; Raðhústræti; Erw./Kind 1000/600 ISK; ⏱Mitte Mai–Mitte Sept. 11–19 Uhr, Mitte Sept.–Mitte Mai Sa 13–16 Uhr) Das interaktive Heimatmuseum in der Stadtbücherei erzählt die Geschichte Heimaeys seit der Zeit der plündernden Piraten bis zum Vulkanausbruch 1979 und darüber hinaus. Hinzu kommen Exponate über lokale Sporthelden und die einheimische Vogelwelt; es geht das Gerücht, dass es sogar Nazi-Insignien gebunkert hat, die aber derzeit nicht ausgestellt werden.

Stóraklif AUSSICHTSPUNKT

Hinter der Tankstelle im Hafen führt ein nicht ganz einfacher Kletterpfad in 30 Minuten auf die Spitze der schroffen Klippe Stóraklif. Am Anfang weisen die ausgefahrenen Spuren der Allradfahrzeuge den Weg. Sobald es steiler wird, leisten Seile und Ketten Kletterhilfe (sehen aber nicht sehr vertrauenerweckend aus). Die schweißtreibende Kraxelei lohnt sich wegen der tollen Aussicht.

SKANSINN

Skansinn, das älteste Bauwerk der Insel, wurde im 15. Jh. als Festung errichtet, um den Hafen und die Insel zu verteidigen (was aber nicht wirklich gelang – die algerischen Piraten gingen 1627 einfach auf der anderen Inselseite an Land). Seine Mauern fielen 1973 der Lava zum Opfer, aber Teile davon wurden wieder aufgebaut. Darüber sind die Überreste der **alten Wassertanks** von Heimaey zu erkennen, die der glühende Magmastrom ebenfalls unter sich begrub.

Den halb begrabenen Tanks gegenüber steht das winzige Holzhaus **Landlyst** (Eintritt frei; ⏱Mitte Mai–Mitte Sept. 11–17 Uhr). Es diente einst als Entbindungsheim und zeigt heute eine kleine Ausstellung über eine einheimische Frau namens Sólveig. Sie wurde zur Ausbildung als Hebamme ins Ausland geschickt, als die Kindersterblichkeit tragischerweise bei 80 % lag.

DER AUSBRUCH VON 1973

Ohne Vorwarnung erschütterte am 23. Januar 1973 um 1.45 Uhr eine gigantische Explosion die Winternacht. Auf der Ostseite der Insel klaffte eine 1,5 km lange Vulkanspalte. Das Eruptionsgebiet entwickelte sich allmählich zu einem wachsenden, kegelförmigen Krater, der Lava- und Aschefontänen ausstieß.

Wegen eines Sturms der Windstärke 12 waren die Fischerboote am Nachmittag zuvor nicht ausgelaufen. So lagen genügend Boote im Hafen, das Wetter hatte sich beruhigt und die 5200 Bewohner der Insel konnten aufs Festland evakuiert werden. Wie durch ein Wunder gab es nur ein Todesopfer.

In den folgenden fünf Monaten ergossen sich über 30 Mio. t Lava über Heimaey, zerstörten 360 Häuser und schufen einen neuen Berg, den roten Schlackekegel Eldfell. Ein Drittel der Stadt verbrannte unter dem Lavastrom, die Insel vergrößerte sich um 2,5 km^2.

Die ausströmende Lava drohte den Hafen zu blockieren, was die Aussichten der Evakuierten auf eine Rückkehr zunichte gemacht hätte – ohne Fischerei konnte die Insel nicht leben. Um den unaufhaltsamen Strom aus flüssigem Gestein aufzuhalten, bespritzten ihn Feuerwehrleute mit über 6 Mio. t kaltem Meerwasser. Nur 175 m vor der Hafeneinfahrt kam er zum Stillstand – und schenkte der Hafenanlage einen neuen Schutzwall!

Die bei Verwandten einquartierten Inselbewohner beobachteten das flammende Inferno vom Festland aus und bangten, ob sie jemals zurückkehren könnten. Erst Ende Juni, fünf Monate später, war die Eruption zu Ende, und zwei Drittel der Evakuierten kehrten zum großen Reinemachen auf ihre Insel zurück.

Die mit Bitumen-Dachschindeln gedeckte **Stafkirkjan** (Eintritt frei; ⏲Mitte Mai–Mitte Sept. 11–17 Uhr) ist ein Nachbau einer hölzernen Stabkirche aus dem Mittelalter. Die norwegische Regierung stiftete sie im Jahr 2000 als Geschenk zur Feier von 1000 Jahren Christentum.

Häuserfriedhof & Pompeji des Nordens DENKMAL

(www.pompeinordursins.is) 400 Gebäude wurden nach der Eruption von 1973 unter Lava begraben. Am Rand der erstarrten Gesteinsmasse liegt ein außergewöhnlicher Friedhof, wo die geliebten Häuser in Frieden ruhen. Das „Pompeji des Nordens" ist eine moderne „archäologische" Ausgrabungsstätte, in der zehn Häuser wieder freigelegt werden sollen. Bis jetzt wurden die kümmerlichen Betonüberreste von ein paar Gebäuden am früheren Suðurvegur ausgebuddelt. Derzeit wird geplant, ein Museum namens **Eldheimar** zur Eruption und den anschließenden Ausgrabungen zu bauen.

Eldfellshraun LANDMARKE

Die durch den Lavafluss von 1973 entstandene neue Landschaft wurde Eldfellshraun getauft. Ein Labyrinth aus Wanderwegen führt hinunter zur Festung Skansinn und zum Häuserfriedhof sowie um die rote, schroffe Ausbuchtung der Ostküste herum. Dort locken schmale, schwarze Kiesstrände, ein Lavagarten (Gaujulundur) und ein Leuchtturm.

AUSSERHALB DES ORTS

Eldfell & Helgafell VULKAN

Wie aus dem Nichts tauchte in den frühen Morgenstunden des 23. Januar 1973 der 221 m hohe Vulkankegel Eldfell auf. Nachdem das Megafeuerwerk vorbei war, konnte Heimaey von 1976 bis 1985 seinen Energiebedarf mit der Hitze des Vulkans decken. Noch heute ist der Boden an manchen Stellen so warm, dass Brot gebacken oder Holzkohle hergestellt werden kann. Der Aufstieg zum Eldfell ist ein netter Spaziergang vom Dorf aus über die eingestürzte Nordwand des Kraters. Da die Einwohner ihren jüngsten Vulkan vor Erosionsschäden bewahren wollen, sind Besucher angehalten, auf dem Weg zu bleiben.

Der benachbarte Vulkan Helgafell (226 m) brach schon vor 5000 Jahren aus. Auf seinen Schlackehängen wächst mittlerweile Gras. Gipfelstürmer schaffen den Aufstieg problemlos vom Bolzplatz an der Straße zum Flughafen.

Herjólfsdalur & die Westküste DENKMAL

Im Schutz eines erloschenen Vulkans lebte im grünen und grasreichen Herjólfsdalur Herjólfur Bárðarson, der erste Siedler der Vestmannaeyjar. Bei Ausgrabungen wurden Reste eines nordischen Hauses freigelegt; heute steht dort eine Replik. Der Campingplatz der Insel befindet sich ebenfalls hier.

Auf den Klippen westlich des Golfplatzes steht ein kleines **Denkmal**. Es erinnert an die 200 zum Mormonentum konvertierten Insulaner, die im 19. Jh. nach Utah auswanderten.

Mehrere nicht ganz ungefährliche Pfade schlängeln sich an den steilen Berghängen des Herjólfsdalurs hoch und führen über den Grat Norðklettur nach **Stafnsnes**. Der Aufstieg ist aufregend, aber es gibt ein paar steile Abhänge. Wer es gemütlicher angehen will, nimmt die südliche Variante über die Westküste, an Lavahöhlen vorbei, wo sich die Insulaner 1627 vor den Piraten versteckten. In den Klippen von **Ofanleitishamar** nisten Hunderte Papageitaucher, die sich oft auch aus der Nähe fotografieren lassen.

Stórhöfði LANDMARKE

Eine windige meteorologische Station steht auf Stórhöfði, der felsigen Halbinsel an der Südseite von Heimaey. Sie ist über eine schmale Landbrücke mit der Hauptinsel verbunden, die durch Lava aus der Eruption des Helgafell vor 5000 Jahren enstand. Von dort oben eröffnen sich schöne Aussichten. Von dort kann man hinunter zum Gesteinsstrand von **Brimurð** klettern, weiter über die Klippen der Ostküste laufen und kurz vorm Flughafen über die Hauptstraße zurückkehren. Zwischen Juni und August sind die Klippen von **Lítlihöfði** ideal, um Papageitaucher zu beobachten.

Aktivitäten

Die Broschüre *Hiking High in Vermannaeyjar* hat eine detaillierte Wanderkarte von Heimaey; die Wanderungen an der Westküste der Insel sind am malerischsten. Es gibt ein **Schwimmbad** (Erw./Kind 450/160 ISK; ⏲Juni–Aug. Mo–Fr 6.15–21, Sa & So 9–18 Uhr, Sept.–Mai 6.15–21 Uhr) mit Hot Pots, einer Wasserrutsche und einem Fitnessraum. Infos zu Reitausflügen hat **Lyngfell** (☎898 1809; http://lyngfell.123.is). Eine Stunde zu Pferd kostet 5000 ISK.

Geführte Touren

Rib Safari BOOTSTOUREN
(☎661 1810, 846 2798; www.ribsafari.is; ⏲Mai–Mitte Okt.) Jeden Tag um 14 Uhr geht es los zu einstündigen Touren (7000 ISK) im Schlauchboot, das zwischen den Inseln über die Wellen düst. Dank der geringen Größe des Boots kann es der Kapitän durch kleine Höhlen und zwischen die Felsen steuern, um die Vogelkolonien und den größten Elefanten der Welt (echt!) aus der Nähe zu beobachten. Charterausflüge nach Surtsey (an Land gehen ist nicht möglich!) kosten 15 500 ISK pro Person bei mindestens zehn Teilnehmern; eine Umrundung der gesamten Inselgruppe kostet 10 500 ISK (100 Min.).

Viking Tours BOORSTOUREN
(☎488 4884; www.vikingtours.is; Harbour; Erw./Kind 4900/3900 ISK; ⏲Mitte Mai–Mitte Sept.) Die netten Leute von Viking Tours nehmen Buchungen für Boots- oder Bustouren im Café an. Los geht es täglich um 11 und 15.30 Uhr. Das Boot saust rund um die Insel, drosselt das Tempo an den großen Vogelnistplätzen an der Südküste und tuckert dann in die Meereshöhle Klettshellir, wo der Bootsführer aussteigt und seine Saxophonkünste vorführt! Seine Frau Unnur macht die 1½-stündigen Bustouren um 13.30 Uhr. Ein Paket mit Boot, Mittagessen und Bus kostet coole 9720 ISK. Die Touren sind auf die Abfahrtszeiten der Fähre aufs Festland abgestimmt, sind also recht günstig für Tagesausflügler.

Festivals & Events

Þjóðhátíð OPEN-AIR-FEST
(Volksfest; www.dalurinn.is; Eintritt 18 900 ISK) Das größte Open-Air-Fest des Landes ist das dreitägige Þjóðhátíð am ersten Augustwochenende auf dem Festplatz im Herjólfsdalur. Bis zu 15 000 Besucher genießen Musik, Tanz, Feuerwerk, ein riesiges Freudenfeuer, hektoliterweise Alkohol und mit fortschreitender Nacht reichlich Sex im Suff (eine Art Inititationsritus für Teenager). Ab Reykjavík starten Sonderflüge; Fahrt und Übernachtung sollten möglichst lange im Voraus gebucht werden.

Das Fest wurde erstmals gefeiert, als die Bewohner von Vestmannaeyjar wegen schlechten Wetters nicht zu den Feierlichkeiten anlässlich der ersten Verfassung Islands (1. Juli 1874) aufs Festland reisen konnten. Also feierten sie einen Monat später ihr eigenes Fest, das seither zur alljährlichen Tradition gehört.

Schlafen

Die Fähre vom Festland braucht nur 30 Minuten, ein Besuch der Vestmannaeyjar ist also gut als Tagesausflug zu machen. Wer dort lieber übernachten will (was höchst empfehlenswert ist), hat reichlich Auswahl an Unterkünften, von denen mehrere hier erwähnt sind. Vorsichtige Reisende sollten im Voraus buchen, aber meist gibt es genug Betten, da Heimaey eher als Tagesausflug beliebt ist. Ein komplettes Unterkunftsverzeichnis steht auf www.vestmannaeyjar.is.

Hótel Vestmannaeyjar HOTEL €€
(☎481 2900; www.hotelvestmannaeyjar.is; Vestmannabraut 28; DZ 21 500 ISK) Islands erstes Kino ist heute ein nettes Hotel. Die Zimmer sind frisch aufgemöbelt und das Personal ist das freundlichste im Ort.

Sunnuhöll HI-Hostel HOSTEL €
(☎481 2900; www.hotelvestmannaeyjar.is; Vestmannabraut 26; B 3800 ISK) Das behagliche Hostel Sunnuhöll mit seinen adretten Zimmern ist durchaus liebenswert. Da sich in jüngster Zeit immer mehr Besucher für Tagesausflüge entscheiden, sind die Schlafsäle selten voll, zudem herrscht meist eine ruhige und zwanglose Atmosphäre. Die Rezeption ist im Hótel Vestmannaeyjar.

Campingplatz CAMPINGPLATZ €
(Stellplatz pro Pers. 1200 ISK; ⏲Juni–Aug.) Der Campingplatz im Kessel eines erloschenen Vulkans hat heiße Duschen, eine Waschküche und Kochgelegenheiten. Auf der anderen Straßenseite ist noch ein Zeltplatz, der nicht ganz so windig ist.

Gistiheimilið Hvíld PENSION €€
(☎481 1230; www.simnet.is/hvild; Höfðavegur 16; DZ 10 000 ISK) Eine freundliche Familie führt diese Pension in einem geräumigen grünen Haus mit kleinen Zimmern, Gemeinschaftsbädern, einer TV-Lounge und idyllischem Garten. Frühstück wird nicht serviert, dafür gibt's eine Küche für Gäste.

Gistiheimilið Árný PENSION €
(☎481 2082; Illugagata 7; DZ 11 800 ISK) Das adrette Haus am Ortsrand gehört einem reizenden Ehepaar, das seinen Gästen auch eine Küche, eine Waschmaschine und auf Wunsch Lunchpakete zur Verfügung stellt. Die Aussicht aus den Zimmern im Obergeschoss ist traumhaft und die Besitzerin

schließt ihre Gäste stets in ihr Nachtgebet ein!

Essen

Auf Heimaey gibt es mehrere billige Imbissstuben in Tankstellen. Selbstversorger können sich im igluartigen **Vöruval-Supermarkt** (Vesturvegur 18; 9–19 Uhr) und zwei Straßen weiter im **Krónan-Supermarkt** (Strandvegur; Mo–Fr 11–19, Sa 11–18, So 11–16 Uhr) eindecken. Im Ort stehen mehrere Restaurants zur Auswahl, die folgenden sind die besten.

LP TIPP **Slippurinn** ISLÄNDISCH €€
(Strandvegur 76; Hauptgerichte 1790–3690 ISK; Mitte April–Sept. Di–Fr 11–23, Sa & So 11.30–24 Uhr) Das familiengeführte Slippurinn ist in einer alten Maschinenwerkstatt untergebracht, die einst die wenigen Schiffe im Hafen hinter dem Haus wartete. Die Werkzeugregale und viele der alten Geräte sind noch an ihrem angestammten Platz und die Tische sind aus dem Schrott alter Boote gefertigt. Das Essen ist isländisch mit einem Touch Mittelmeer. Ein frisch zubereitetes Drei-/Fünfgängemenü kostet 5490/7490 ISK.

Einsi Kaldi FISCH & MEERESFRÜCHTE €€€
(www.einsikaldi.is; Vestmannabraut 28; Hauptgerichte 3700–5200 ISK; Mitte Mai–Mitte Aug. 10–22 Uhr, Mitte Aug.–Mitte Mai 17–22 Uhr) Das Einsi Kaldi im Erdgeschoss des Hótel Vestmannaeyjar serviert gut zubereitete Meeresfrüchte in einem schummrigen Ambiente, das ein bisschen an eine Vegas-Disko erinnert.

Café Kró INTERNATIONAL €€
(Hafen; Hauptgerichte 1200–2300 ISK; Mitte Mai–Mitte Sept. 9.30–17.30 Uhr; WLAN) Das Café Kró wird von den netten Leuten von Viking Tours geführt und ist ideal für Tagesausflügler: Es gibt eine Auswahl internationaler Standardgerichte (wie Hamburger und Pizza) und dazu Informationen zur Insel und einen interessanten Film über den Vulkanausbruch von 1973 (tgl. um 16 Uhr).

Praktische Informationen

Bibliothek (Ráðhústræti; Juni–Aug. 10–17 Uhr, Sept.–Mai 11–14 Uhr) Internetzugang für 100 ISK je 30 Minuten.

Touristeninformation (www.vestman naeyjar.is; Strandvegur; Juni–Aug. Mo–Fr 9–18, Sa 10–17, So 13–17 Uhr) Die nur im Sommer geöffnete Touristeninformationen ist mit Teenagern besetzt. Eigentlich nur gut, um Broschüren einzusammeln.

Anreise & Unterwegs vor Ort

Flugzeug

Der Flughafen der Vestmannaeyjar liegt etwa 3 km von Heimaey – ein **Taxi** (897 1190) kostet um 2000 ISK, zu Fuß sind es nur 15 Minuten. Zur Zeit der Recherche gab es keine Linienflüge von Bakki (nahe dem Fährhafen in Landeyjahöfn), aber dafür Charterflüge mit **Air Arctic**

SURTSEY

Im November 1963 machte die Besatzung der *Ísleifur II* eine seltsame Beobachtung: Das Meer südlich von Heimaey schien in Flammen zu stehen. Anstatt sich in Sicherheit zu bringen, fuhr das Fischerboot näher ran und so erlebte die Crew die Geburt der jüngsten Insel der Welt.

Die unterseeische Eruption dauerte 4½ Jahre. Aus der emporgeschleuderten Schlacke und Asche bildete sich ein 2,7 km² großes Stück Land (das erosionsbedingt heute nur noch 1,4 km² groß ist). Die Insel bekam den Namen Surtsey (Surturs Insel) – nach dem altnordischen Feuerriesen, der an Ragnarök die Welt in Brand stecken wird.

Man beschloss, die jungfräuliche Insel als Versuchslabor zu nutzen, denn sie versprach einmalige Erkenntnisse über die Entwicklung von Pflanzen und Tieren in einem neuen Territorium. Deshalb ist Surtsey für Besucher tabu (Wissenschaftler mit Fachgebiet Biokolonisation ausgenommen). Interessant zu wissen: Das Rennen um die Ehre als erste Spezies machte die blaugrüne Alge *Anabaena variabilis*.

Eine filmische Nachstellung der donnernden Geburt Surtseys wird im Surtseyjarstofa auf Heimaey (S. 136) gezeigt. Bei genügend Teilnehmern unternehmen Rib Safari und Viking Tours Bootsrundfahrten um die Insel.

Und zum Schluss noch ein kleines Rätsel: Wie kommen die Fossilien auf diese neu entstandene Insel?

(☎571 4500, 662 4500; www.airarctic.is), sofern es mindestens sechs Passagiere gibt (4500 ISK pro Flug und Pers.). Es werden auch Rundflüge ab Bakki und zurück angeboten; ein 30-minütiger Flug kostet 120 €. Zweimal täglich verkehren Flugzeuge von **Eagle Air** (☎562 4200; www.eagleair.is) zwischen dem Inlandsflughafen von Reykjavík und Vestmannaeyjar; ein Flug hin und zurück kostet 25 000 ISK.

Schiff/Fähre

Die Eimskip-Fähre **Herjólfur** (☎481 2800; www.herjolfur.is) verkehrt ganzjährig zwischen Landeyjahöfn (etwa 12 km von der Ringstraße zwischen Hvolsvöllur und Skógar) und Heimaey. Die Fahrt dauert etwa 30 Minuten. Von den Vestmannaeyjar legen die Boote vom 15. Mai bis 14. September täglich um 8.30, 11.30, 14.30, 17.30 und 20.30 Uhr ab (dienstags keine Abfahrt um 14.30 Uhr), von Landeyjahöfn um 10, 13, 16, 19 und 22 Uhr (dienstags keine Abfahrt um 16 Uhr).

In der Nebensaison verkehren die Boote ab Vestmannaeyjar täglich um 8, 11.30, 17.30 und 20.30 Uhr, ab Landeyjahöfn um 10, 13, 19 und 21.30 Uhr. Bei schlechtem Wetter kann sich der Hafen in Landeyjahöfn mit Sand auffüllen. In dem Fall legt die Fähre in Þorlákshöfn (S. 109) an. Der Anlaufhafen kann sich jedoch auch im Sommer bei schlechtem Wetter ändern. Bei der Buchung notieren die Fährangestellten die Handynummern der Passagiere, um sie bei Änderung des Anlaufhafens zu benachrichtigen. Die Autofahrt von Landeyjahöfn westwärts nach Þorlákshöfn dauert ungefähr zwei Stunden.

Das Busnetz von Südisland sorgt für günstige Verbindungen zum Hafen von verschiedenen Punkten an der Ringstraße ab Reykjavík.

Westisland

Inhalt »

Gut essen

» Narfeyrarstofa (S. 154)

» Restaurant im Landnahmezentrum (S. 147)

» Erpsstaðir (S. 165)

» Gamla Rif (S. 159)

» Fischbüfett im Hótel Brú (S. 147)

Schön übernachten

» Hótel Egilsen (S. 154)

» Hótel Flatey (S. 156)

» Hótel Hellnar (S. 161)

» Fljótstunga (S. 149)

» Hótel Edda (S. 165)

Auf nach Westisland

Geografisch nahe bei Reykjavík, aber gefühlte Lichtjahre von der Hauptstadt entfernt – Westisland ist in vielerlei Hinsicht ein spektakulärer Mikrokosmos dessen, was das Land außerhalb Reykjavíks zu bieten hat. Doch überraschenderweise steht die Region auf der touristischen Hitliste ziemlich weit unten – die meisten Besucher ziehen es vor, auf der Suche nach anderen Naturwundern die Ringstraße entlangzupreschen. Das hat natürlich den Vorteil, dass man Westisland oft so gut wie für sich allein hat.

Bei Touristen ist in Westisland besonders der lang gestreckte Landfinger Snæfellsnes beliebt. Die an ihrem Ende von einer Eiskappe gekrönte Halbinsel besticht durch die wunderbare Palette ihrer Farben: Schwefelgelb, Schneeweiß, Moosgrün, Holzkohlenschwarz und Karibikblau.

Die Isländer hingegen schätzen Westisland wegen des reichen Sagenschatzes. Die Schauplätze zweier der bekanntesten isländischen Sagas, der *Laxdæla saga* und der *Egils saga,* finden sich an den düsteren Gewässern der Region, die heute von gespenstischen Steingräbern und Ruinen überzogen ist.

Entfernungen (km)

	Borgarnes	Húsafell	Stykkishólmur	Hellnar	Búðardalur
Húsafell	65				
Stykkishólmur	99	158			
Hellnar	122	179	90		
Búðardalur	79	103	86	145	
Reykjavík	74	129	173	194	152

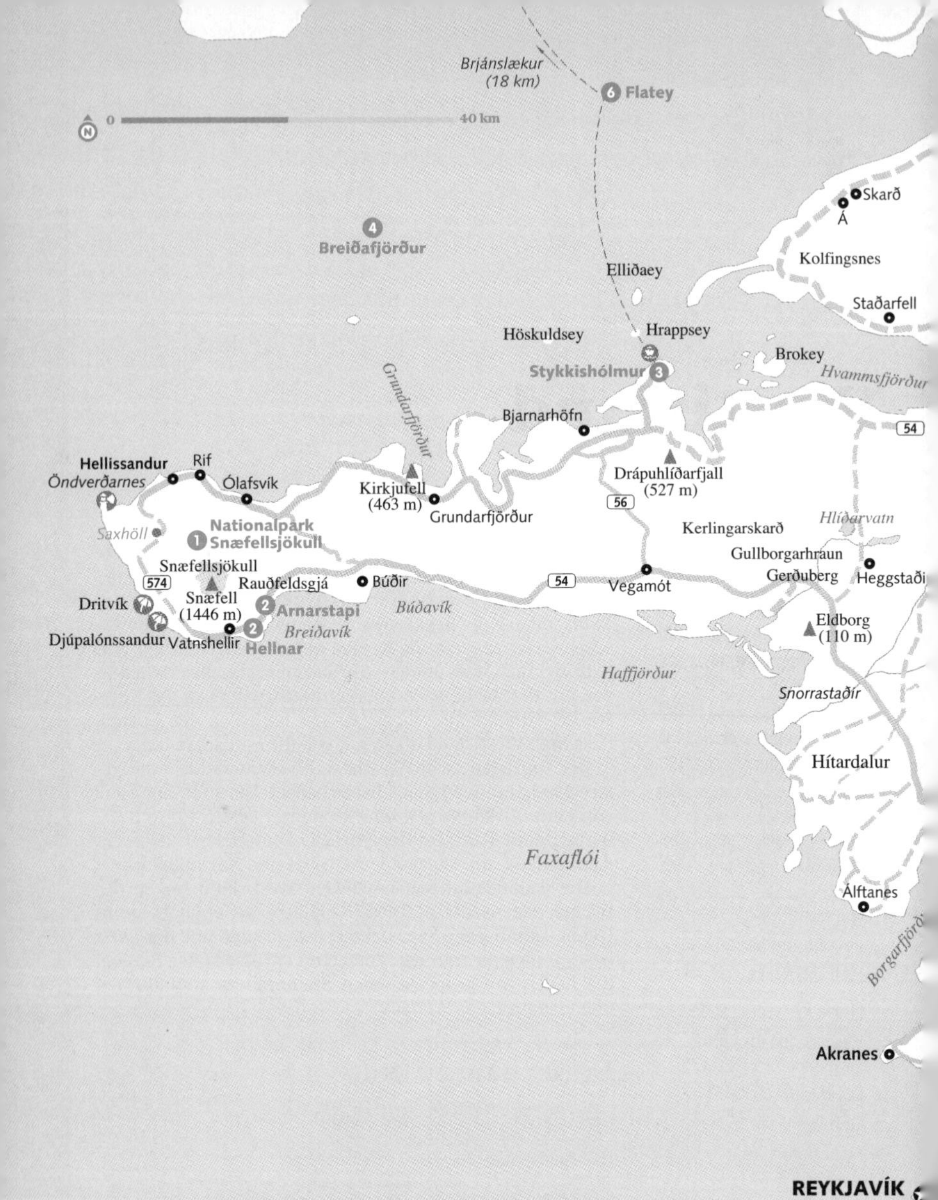

Highlights

1 Über knirschende Lavafelder stapfen und dann über den windigen Snæfellsjökull, das eisige Herz des magischen **Nationalparks Snæfellsjökull** (S. 159) sausen

2 Dem samtweichen, grünen Moosteppich in der großartigen Felslandschaft zwischen **Hellnar** (S. 161) und **Arnarstapi** (S. 161) folgen

3 Durch die Straßen der Hafenstadt **Stykkishólmur** (S. 151) mit ihren bildschönen Häuschen bummeln

4 Zwischen den unzähligen Inseln im **Breiðafjörður**

(S. 151) herumschippern, mit Blick auf segelnde Papageitaucher und alte Wikingerschlupfwinkel

5 Im eindrucksvollen Landnahmezentrum in **Borgarnes** (S. 145) eine Reise zurück in die Sagazeit unternehmen

6 Eine Nacht fernab von der Welt auf der Insel **Flatey** (S. 156) verbringen

7 Die faszinierenden unterirdischen Reste eines infernalischen Vulkanausbruchs in **Viðgelmir** (S. 149) erkunden

BORGARBYGGÐ

Obwohl sie nur eine halbe Autostunde vom Großraum Reykjavík entfernt liegt, verströmt die Region Borgarbyggð ein echt ländliches Flair. Sie kann zwar nicht die geheimnisvolle Erhabenheit der Halbinsel Snæfellsnes weiter nördlich aufbieten, ist aber mit ihren lang gestreckten Fjorden und ihrem steinigen Hochland ein gutes Ziel für Leute, die schnell einmal ins ländliche Island hineinschnuppern möchten.

Hvalfjörður

Wer viel Zeit (und ein Auto) hat, sollte die 80 km lange reizvolle Strecke um den Hvalfjörður (Straße 47) nehmen. Wer es eilig hat, nimmt den 5,7 km langen Tunnel (1000 ISK) unter dem Fjord hindurch. Für Radfahrer ist die Tunnelbenutzung verboten.

Das dramatisch aufragende Gebirgsmassiv **Esja** (914 m) auf der Südseite des Fjords eignet sich toll für Wanderungen. Der Weg zum Gipfel beginnt in Esjuberg nördlich von Mosfellsbær und führt über den Bergrücken Krehólakambur (850 m) und den Kistufell (830 m).

Der **Glymur**, mit 198 m der höchste Wasserfall Islands, liegt am Ende des Abzweigs ins Botnsdalur. Von dort sind es zwei Stunden Fußmarsch zum Wasserfall. Am beeindruckendsten ist er nach heftigen Regenfällen und der Schneeschmelze – in sehr trockenen Zeiten ist er dagegen vielleicht ein bisschen enttäuschend.

Die Kirche des Gehöfts **Saurbær** (☎433 8952) ist mit ihren schönen Buntglasfenstern einen Besuch wert. Sie wurde im Andenken an Hallgrímur Pétursson erbaut, der das bekannteste sakrale Werk Islands komponiert hat, die *50 Passionshymnen*. Die Kirche ist nur unwesentlich kleiner als die Hallgrímskirkja in Reykjavík, die ebenfalls nach dem Komponisten benannt ist.

Am Hvalfjörður gibt es mehrere Unterkünfte. Zu ihnen gehört auch das **Hótel Glymur** (☎430 3100; www.hotelglymur.is; EZ/DZ/Suite ab 209/269/329 €; @📶) an der Nordseite des Fjords bei Saurbær. Den meisten Gästen gefällt die schräge Mischung aus modernem und antiquarischem Nippes (ein bisschen „Ost trifft auf West"); auf uns wirkte das Hotel ein wenig wie ein Waisenhaus für ausrangierte Kunstobjekte. Moderne Annehmlichkeiten gibt es reichlich: Nagelneue Ferienhäuschen mit eigenen Badebecken, großen Panoramafenstern und Fußbodenheizung. Es lohnt sich auch, für einen hausgebackenen Kuchen vorbeizuschauen und nebenbei noch etwas über die überraschende Geschichte des Fjords zu erfahren – über 20 000 amerikanische und britische Soldaten ankerten hier im Zweiten Weltkrieg mit ihren U-Booten.

Akranes

5600 EW.

Unter dem beeindruckenden Plateau Akrafjall (572 m) liegt an der Spitze der Halbinsel, die den Hvalfjörður und den Borgarfjörður trennt, das nette Städtchen Akranes. Dem isländischen Geschichtstext *Landnámabók* zufolge wurde diese Gegend einst von irischen Einsiedlern bewohnt. Heute sind Fischverarbeitung und Zementproduktion die Haupterwerbszweige.

Die Hauptattraktion der Stadt ist das faszinierende **Museumszentrum** (☎431 5566; www.museum.is; Erw./Kind 500 ISK/frei; ⏲Juni–Aug. 10–17 Uhr, Sept.–Mai 13–17 Uhr). Es ist angefüllt mit Relikten der Seefahrt, Kristallen und Fossilien und erzählt die Geschichte von lokalen Sporthelden. Das Heimatmuseum in einem Gebäude im Stil der 1970er-Jahre hat eher langweilige Exponate, wie ein altes Auto und Fischerkleidung. Draußen können Besucher ein restauriertes Bootshaus, einen Trockenschuppen, eine Kirche und mehrere Fischerboote erkunden, z. B. den Kutter *Sigurfari*. Das Museum liegt etwa 1 km östlich des Ortszentrums in der Nähe des Graðagrund.

Schlafen

LP TIPP **Kleine Pension am Meer** PENSION €
(☎695 6255; www.leopold.is/gisting; Bakkatún 20; EZ/DZ 7500/11 000 ISK; 📶) Das nette Gastgeberpaar des zauberhaften B&Bs ist einfach reizend. Das Wohnzimmer ist vollgestopft mit Patchworkdecken, Aquarellen und verschiedenen unvollendeten Arbeiten (die Besitzer sind Freizeitkünstler). Die drei Gästezimmer voller Antiquitäten sind im Souterrain untergebracht. Die Besucher können lernen, traditionelle Pfannkuchen zuzubereiten und das Endprodukt im einladenden Garten hinter dem Haus verspeisen. Schlafsackunterkunft kostet 4300 ISK.

Akranes HI-Hostel HOSTEL €
(☎868 3332; www.hostel.is; Suðurgata 32; B/DZ 3500/9200 ISK; @📶) Das schöne Hostel liegt in einer ruhigen Wohnstraße nahe dem Ha-

fen. Zu erkennen ist das Haus am Schriftzug „Apotek“ auf der weißen Fassade – es war früher eine Apotheke. HI-Mitglieder erhalten 600 ISK Ermäßigung.

Essen

Das **Galito** (Stillholt 16–18; Hauptgerichte 1800–3400 ISK; Mo–Do 11.30–21, Fr bis 22, Sa & So 17–22 Uhr) ist trotz seiner Lage in einem völlig unauffälligen Gewerbebau erste Wahl, wenn es etwas besser sein darf als eine Wurst von der Tankstelle. Selbstversorger können sich im **Krónan** (Stillholt) eindecken.

Praktische Informationen

Die **Touristeninformation** (www.visitakranes.is; Akratorg; Mitte Mai–Aug. 10–17 Uhr) gibt Auskunft zum nahen Sandstrand und zu den wechselnden Kunstausstellungen im Leuchtturm.

An- & Weiterreise

Akranes liegt im Bereich des öffentlichen Verkehrsnetzes von Reykjavík (www.straeto.is). Bus 27 verkehrt alle zwei Stunden nach Háholt, von wo aus Bus 57 ins Stadtzentrum fährt.

Borgarnes

1780 EW.

Das bescheidene Borgarnes erfreut sich einer günstigen Lage an der Ringstraße nahe den düsteren Gewässern des Borgarfjörður. Die vielen leuchtenden Tankstellenschilder mögen viele dazu verleiten, schnell durch den Ort hindurchzufahren, aber die Altstadt lockt mit einer reizenden idyllischen Atmosphäre und einem der besten Museen Islands.

Sehenswertes

LP TIPP **Landnahmezentrum** MUSEUM

(Landnáms-setur Íslands; 437 1600; www.landnam.is; Brákarbraut 13–15; 1 Ausstellung Erw./Kind 1900/1500 ISK, 2 Ausstellungen 2500/1900 ISK; Juni–Sept. 10–21 Uhr, Okt.–Mai 11–17 Uhr) Das unbedingt sehenswerte Landnahmezentrum in einem wundervoll restaurierten Lagerhaus am Hafen bietet einen faszinierenden Einblick in die Geschichte der Besiedlung Islands und die Sagazeit. Das Msuseum ist in zwei Ausstellungen unterteilt: Die eine behandelt die Entdeckung und Besiedlung der Insel und die andere erzählt die Geschichte des Protagonisten der *Egils saga* (S. 149). Dies ist kein Nullachtfünfzehn-Heimatmuseum: Es bietet einen wirklich tollen Einstieg in die isländische Geschichte. Im Preis enthalten ist ein Audioguide in vielen Sprachen; Familien erhalten Ermäßigung (an der Rezeption nachfragen).

Nach dem Besuch des Museums und einem Essen in seinem erstklassigen Restaurant bietet sich ein Abstecher zum großen Felsen *(borg)* in **Borg á Mýrum** (Fels in den Marschen) an, dem wichtigsten Schauplatz der *Egils saga* etwas nördlich von Borgarnes an Straße 54. Die Saga erzählt die Geschichte von Kveldúlfur, dem Großvater des Kriegerpoeten Egill Skallagrímsson, der im 9. Jh. nach einem Zerwürfnis mit dem norwegischen König nach Island floh. Kveldúlfur wurde auf der Überfahrt schwer krank und beauftragte seinen Sohn, Skallagrímur Kveldúlfsson, nach seinem Tod seinen Sarg über Bord zu werfen und das Familiengehöft dort zu errichten, wo der Sarg an Land gespült würde – und dies geschah genau bei Borg. Egill Skallagrímsson wuchs zu einem blutrünstigen Individuum heran, das seinen ersten Widersacher im Alter von sieben Jahren tötete und später zahllose Überfälle auf die englische Küste unternahm.

Das Landnahmezentrum hat außerdem die wichtigsten Schauplätze der *Egils saga* in der Region gekennzeichnet. Einer ist der **Skallagrímsgarður** (Skallagrímsgata) mit den Grabhügeln von Vater und Sohn des Sagahelden Egill Skallagrímsson. Mehr dazu steht auf der Website – am Kartenschalter gibt's auch kostenlose iPad-Apps zum Thema.

LP TIPP **Borgarfjördur Museum** MUSEUM

(430 7200; www.safnahus.is; Bjarnarbraut 4–6; Erw./Kind 800 ISK/frei; Juni–Aug. 13–17 Uhr, Sept.–Mai kürzere Zeiten) Das kleine kommunale Museum beschäftigt sich mit nur einer Sache, nämlich der Geschichte der Kinder in Island, die mit unzähligen Fotos und Fundstücken erzählt wird. Es soll hier nicht zu viel verraten werden, aber es lohnt sich, einen Museumsmitarbeiter um eine Führung zu bitten – die Geschichte hinter jedem Foto ist faszinierend und die Zusammenstellung einfach toll. Jeder wird garantiert noch lange Zeit nach der Islandreise an diese Ausstellung denken.

Schlafen

Die folgenden Unterkünfte bilden nur eine kleine Auswahl aus dem großen Angebot in der Gegend. Die Touristeninformation hilft mit einem ausführlichen Verzeichnis weiter, auch der überall erhältliche Führer

Borgarnes

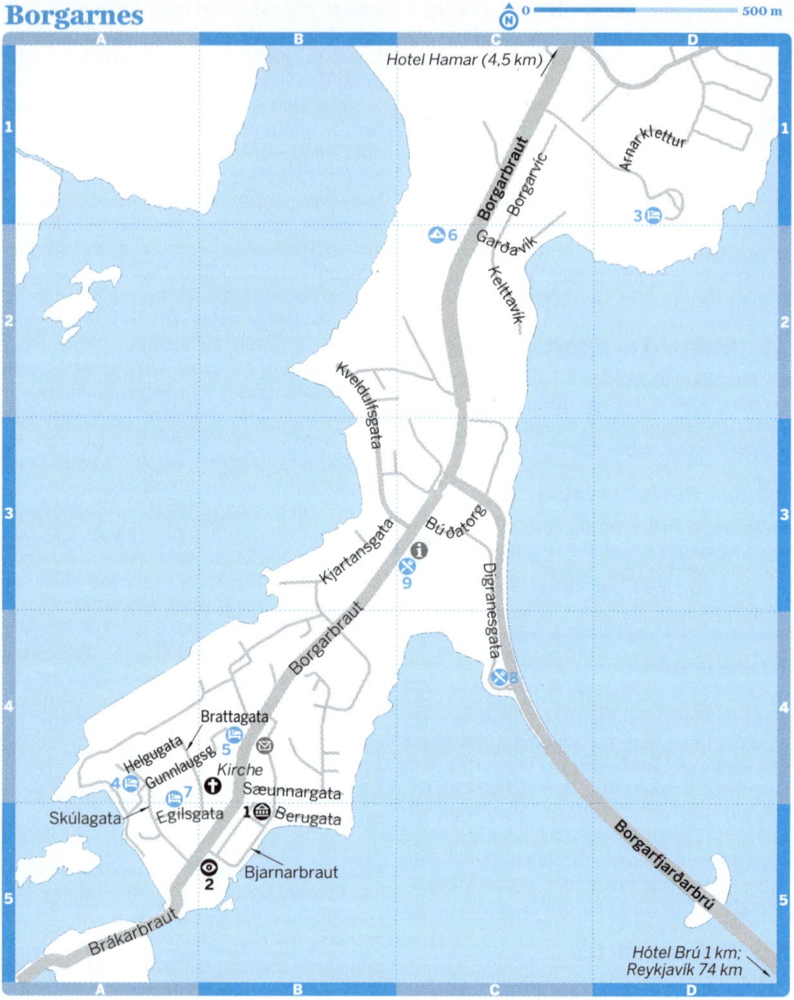

Áning bietet weitere Infos. An der Hauptstraße gibt's einen **Campingplatz** (Stellplatz pro Pers. 750 ISK), aber es gibt genug Budgetunterkünfte in der Gegend, die die Mehrausgabe für ein Bett unter einem festen Dach lohnen.

Bjarg PENSION €
(☎437 1925; bjarg@simnet.is; DZ 13 300 ISK) Das attraktive Bauernhaus oberhalb des Fjords ist eine der schöneren Unterkünfte in der Gegend und bietet gemütliche holzgetäfelte Zimmer und frische weiße Bettwäsche. Außerdem gibt's eine Gästeküche, Grillmöglichkeiten, saubere Bäder und eine Hütte mit Grassodendach für vier Personen (28 900 ISK; die beste Wahl!).

Borgarnes B&B B&B €
(☎842 5866; www.borgarnesbb.is; Skúlagata 21; EZ/DZ mit Frühstück 11 300/14 900 ISK; @) Alte Holztüren, eine moderne Ausstattung und jede Menge weiße Farbe machen dieses charmante Gästehaus zu einem der besten überhaupt. Am schönsten sind die beiden Zimmer im Erdgeschoss (der Rest ist im Untergeschoss) – sie bieten nach hinten raus tolle Ausblicke auf die Bucht. Im Preis inbegriffen ist ein äußerst sättigendes Frühstücksbuffet mit isländischen Klassikern.

Borgarnes

Sehenswertes

1 Borgarfjörður Museum B5
2 Landnahmezentrum B5

Schlafen

3 Bjarg D1
4 Borgarnes B&B A4
5 Borgarnes HI Hostel B4
6 Campingplatz C2
7 Hótel Borgarnes A4

Essen

8 Bónus-Supermarkt C4
Restaurant im Landnahmezentrum (s. 2)
9 Vínbúð C3

Ensku Húsin PENSION €€
(☎437 1826; www.enskuhusin.is; DZ mit/ohne Bad 18 900/15 500 ISK; 🛜) Das alte Haus 8 km nördlich von Borgarnes wurde von Grund auf restauriert und wunderschön mit viel traditionellem Charme umgebaut. Die Zimmer oben haben noch immer ein altmodisches Ambiente, während der neue Motelanbau an dem schnuckeligen Haus sehr viel mehr 1970er-Flair besitzt. Zusätzliche Zimmer gibt es in einem restaurierten Bauernhaus etwa 2 km weiter. Die netten Besitzer erfüllen sofort jeden Gästewunsch.

Hotel Hamar HOTEL €€
(☎433 6600; www.icehotels.is; Golfvöllurinn; DZ Mai–Sept. 27 600 ISK, Okt.–April 11 000–14 700 ISK; @🛜) Das Äußere des Hotels ist etwas abschreckend, aber im Inneren überraschen eine schicke Einrichtung und jede Menge moderne Annehmlichkeiten. Das Hotel liegt an einem gepflegten Golfplatz vor einer Kulisse aus schneebedeckten Bergen in der Ferne.

Hótel Brú HOTEL €
(☎437 2345; www.hotelbru.is; DZ mit Frühstück 10 500 ISK; 🛜) Was passiert, wenn ein tatkräftiger Unternehmer ein eigentlich aussichtslos wirkendes Objekt übernimmt? Er macht daraus ein kleines Hotel, an dem alles stimmt – nettes Personal, tolles Abendbüfett, Weckdienst zum Sichten des Nordlichts und Preise, die die Konkurrenz unterbieten. Das ist das Geheimnis, warum sich das Hótel Brú unbedingt lohnt.

Hótel Borgarnes HOTEL €€
(☎437 1117; www.hotelborgarnes.is; Egilsgata 12–14; EZ/DZ mit Frühstück 18 900/28 700; ⌚April–Nov.; @🛜) Das große, reizlose Hótel Borgarnes vermietet langweilige und nüchterne Zimmer, in denen hauptsächlich Pauschaltouristen unterkommen.

Borgarnes HI-Hostel HOSTEL €
(☎695 3366; www.hostel.is; Borgarbraut 9–13; B/DZ 3500/9000 ISK; @🛜) Das schlichte Hostel gegenüber der Post erfüllt seinen Zweck; trotz der grafisch-abstrakten Wandbilder und der afrikanischen Masken an den Wänden aus Betonstein wirkt es wie ein Studentenwohnheim. HI-Mitglieder erhalten 600 ISK Ermäßigung.

Essen

Das übliche Angebot an Hamburgern, Brathähnchen und teigiger Pizza gibt's an der Imbissbude der N1-Tankstelle. Selbstversorger sollten sich zum **Bónus-Supermarkt** (Borgarbraut 57) an der Fjordbrücke aufmachen. Ein **Vínbúð** (Hyrnu-Torg-Komplex) gibt es an der Hauptstraße.

LP TIPP **Restaurant im Landnahmezentrum** INTERNATIONAL €€
(☎437 1600; Brákarbraut 13; Hauptgerichte 2200–4500 ISK; ⌚Juni–Sept. 10–21 Uhr, Okt.–Mai 11–21 Uhr) Nach dem Besuch des Landnahmezentrums lässt sich die Reise in die Vergangenheit im Restaurant des Museums, dem besten in Borgarnes, auf hervorragende Weise fortsetzen. Zur Auswahl stehen traditionelle isländische und internationale Gerichte (Lamm, Fischtopf usw.) – und auf der Rückseite der Speisekarte ist die Geschichte der ältesten Gebäude der Stadt nachzulesen (auch des Hauses, in dem man gerade sitzt). Das Mittagsbüfett (1890 ISK) ist bei Museumsbesuchern sehr beliebt; am besten sollte vorher telefonisch ein Tisch bestellt werden.

LP TIPP **Fischbüfett im Hótel Brú** MEERESFRÜCHTE €€
(Büfett 2900 ISK; ⌚19–22 Uhr) Schon eine Weile in Island und noch immer nicht alle Fische probiert? Das leckere Büfett im Hótel Brú bietet das Beste aus Island mit praktischen Fotokarten, damit jeder weiß, was er isst. Dank der bezahlbaren Preise und wohlschmeckenden Marinaden ist es ein ernstzunehmender Konkurrent des Restaurants im Landnahmezentrum.

An- & Weiterreise

Alle Busse zwischen Reykjavík und Akureyri, Snæfellsnes und den Westfjorden halten in der Nähe der Tankstellen an der Fjordbrücke. Im Winter ist die Südstrecke nach Borgarnes wegen starker Winde vom Atlantik manchmal gesperrt. Borgarnes liegt eine Stunde von Reykjavík entfernt.

Oberer Borgarfjörður

REYKHOLT

Reykholt – entspannt, malerisch und unscheinbar – ist ein verschlafener Ort, der auf den ersten Blick wenig von seiner Vergangenheit als eine der wichtigsten mittelalterlichen Siedlungen Islands verrät.

Um einen Eindruck von der Bedeutung der Gegend zu erhalten, bietet sich ein Besuch im faszinierenden Mittelalter-Studienzentrum **Snorrastofa** (☎433 8000; www.reykholt.is, www.snorrastofa.is; Eintritt 1000 ISK; ⌚Mai–Aug. tgl. 10–18 Uhr, Sept.–April Mo–Fr bis 17 Uhr) an. Es ist dem gefeierten mittelalterlichen Historiker Snorri Sturluson gewidmet. Die Ausstellungsstücke erklären Gesetze, Literatur, Gesellschaft und Lebensweise im Island des Mittelalters. Die Hauptausstellung beschäftigt sich mit dem Leben von Snorri und seiner Zeit. Daneben wird auch über die Ausgrabungen in der Region in den 1990er-Jahren informiert. Im schönen Lesesaal im oberen Stock können Interessierte durch eine komplette Sammlung akademischer Werke über die Sagas blättern.

Die **Kirche** auf dem Gelände besitzt schöne Buntglasfenster, ein Taufbecken aus der frühen Reformationszeit und eine 600 Jahre alte Orgel, die ursprünglich für die moderne Kathedrale von Reykjavík gebaut wurde – sie wurde 1984 hierher gebracht. Wer Ende Juli hierherkommt, sollte sich nach dem jährlichen Festival klassischer Musik erkundigen – die Akustik in der Kirche ist umwerfend.

Etwas weiter geht es zum **Snorralaug** (Snorris Becken), einem runden, steingesäumten Becken, das von einer heißen Quelle gespeist wird. Die Steine auf dem Grund des Beckens sind noch die Originalsteine, Snorri soll hier gebadet haben. Der holzvertäfelte Tunnel neben der Quelle führt zum alten Bauernhaus, wo Snorri auf grausame Weise ermordet wurde. Das Becken ist wohl das älteste Bauwerk in Island.

In der Umgebung von Reykholt (etwa 5 km vor Snorrastofa) versprüht **Deildartunguhver**, Europas größte heiße Quelle, wabernde Dampfwolken. Jede Sekunde brodeln 180 l kochendes Wasser aus der Erde herauf. Auf dem Parkplatz steht meist ein Tomatenstand zur Selbstbedienung und -bezahlung – die Tomaten stammen aus einem Gewächshaus in der Nähe, das sich die natürliche Energie der Quelle zunutze macht.

Die einzige Unterkunft in Reykholt selbst ist das **Fosshótel Reykholt** (☎435 1260, 562 4000; www.fosshotel.is; EZ/DZ mit Frühstück 24 900/26 500 ISK). Das gut ausgestattete Hotel in einem modernen Bau hinter der alten Kirche gehört zur Fosshótel-Kette und bietet Standardzimmer und ein paar „Wellness"-Hot-Pots (die beim letzten Besuch außer Betrieb waren). Das mittelmäßige Restaurant des Hotels (Hauptgerichte 2990–4190 ISK) ist das einzige im Ort. Die Tankstelle in der Nähe verkauft aber im Sommer Sandwiches.

Unterkünfte auf dem Bauernhof in der weiteren Umgebung listet die praktische Broschüre *The Ideal Holiday* auf, darunter auch **Fossatún** (☎433 5800; www.fossatun.is; Stellplatz pro Pers. 1000 ISK, DZ mit Frühstück 12 900 ISK; ⌚Juni–Aug.; @📶) an der Straße 50 zwischen Borgarnes und Reykholt. Die familienfreundliche Anlage hat einen großen Campingplatz neben einem schönen Wasserfall und ein kleines Gästehaus. Minigolf und ein Spielplatz beschäftigen die Kinder (der Besitzer ist ein bekannter Kinderbuchautor) und für Erwachsene gibt es im hauseigenen Café (Hauptgerichte ab 1400 ISK) eine tolle Schallplattensammlung (über 3000; und sie dürfen auch gespielt werden).

Reykholt liegt 40 km nordöstlich von Borgarnes an der Straße 518. Busse verkehren ab Reykjavík freitags und sonntags um 17 Uhr. In umgekehrter Richtung fahren sie um 19.10 Uhr in Reykholt ab.

HÚSAFELL

Húsafell liegt zwischen dem Fluss Kaldá und einem trostlosen Lavafeld und ist mit seinen Hütten ein beliebter Erholungsort für die Bewohner von Reykjavík. Der Freizeitkomplex **Ferðaþjónustan Húsafelli** (☎435 1550; www.husafell.is; Stellplatz/Hütte pro Pers. 1200/3000) umfasst ein Geschäft, einen Zeltplatz, Hüttenunterkünfte, ein Restaurant und ein Thermalfreibad.

Der isländische Künstler Páll Guðmundsson – bekannt wegen seiner Zusammenarbeit mit Sigur Rós – hat in Húsafell ein Bildhaueratelier. Es ist der markante schwarze Silo mit einem merkwürdigen Schuppen, der wie ein Hobbit-Haus aussieht. Wenn der scheue Künstler nicht in seinem Atelier ist, kann zumindest der kleine **Skulpturengarten** besichtigt werden.

Dogsledding.is (☎487 7747; www.dogsledding.is), das einst seinen Sitz nahe dem Mýrdalsjökull im Südwesten hatte, bietet nun Touren auf dem nahen Langjökull an.

Nach Húsafell fahren keine öffentlichen Verkehrsmittel, aber zweimal pro Woche ist das nahe Reykholt ab Reykjavík mit dem Bus zu erreichen. Von Reykholt kann man trampen oder im Voraus auf www.samferda.net eine Mitfahrgelegenheit nach Húsafell organisieren.

RUND UM HÚSAFELL

HALLMUNDARHRAUN (FLJÓTSTUNGA)

Östlich von Húsafell liegen an der Straße 518 die riesigen, kargen Lavaströme Hallmundarhraun, eine unheimliche Landschaft mit gigantischen Lavaröhren. Diese langen, tunnelähnlichen Höhlen entstehen, wenn geschmolzene Lava unter einer festen Lavakruste entlangströmt. Sie sehen aus, als seien sie von einem riesengroßen Wurm ausgehöhlt worden.

LP TIPP **Fljótstunga** (☎865 4060; www.fljotstunga.is; Eintritt 2500 ISK; ⌚Mai–Sept.) bietet 90-minütige Touren der besucherfreundlichsten Lavaröhre an, der 1,5 km langen **Viðgelmir**. Sie liegt auf Privatgelände nahe dem Gehöft (ausgeschildert als Fljótstunga). Der Besitzer und seine nette Familie bieten die Touren in der Hochsaison viermal täglich an (10, 12, 15 und 17 Uhr); die Ausrüstung ist im Preis enthalten. Für echte Geologieenthusiasten gibt es auch längere Touren. Übernachten können Besucher in hübschen kleinen Hütten (5000–17 000 ISK, je nach Belegung). Sie sind außerordentlich preisgünstig in Anbetracht der Lage in der Wildnis und ihres rustikalen Charmes. Auch Zelten ist auf dem Gelände gestattet (1000 ISK pro Pers.; einschließlich heißer Duschen).

Dort, wo Straße 518 das Ende ihrer Schleife erreicht, markiert ein hellgelbes Schild den Abzweig auf die F578 zur Arnarvatnsheiði. Die holprige Piste, die mit normalen Pkws nur langsam befahren werden sollte, führt nach 7 km zur **Surtshellir**, einer dramatischen, 2 km langen Lavaröhre, die mit der Höhle **Stefánshellir** verbunden ist, einem zweiten, halb so großen Tunnel. Wer die Höhle Surtshellir auf eigene Faust erkunden möchte, braucht gutes Schuhwerk, eine Taschenlampe und am besten auch einen Schutzhelm. Die notwendige Ausrüstung zum Höhlenklettern (1000 ISK) verleihen die Leute von Fljótstunga.

Orientierung bieten die Steinmarkierungen. Das **Reisebüro** in Húsafell (☎435 1550) hat Infos über eventuell stattfindende geführte Touren. Wer ein Allradfahrzeug hat,

SNORRI STURLUSON

Der Häuptling und Historiker Snorri Sturluson ist eine der wichtigsten Figuren der mittelalterlichen altnordischen Geschichte – u. a. deshalb, weil er selbst einen großen Teil derselben niedergeschrieben hat. Snorri wurde in Hvammur in der Nähe von Búðardalur geboren, aber im theologischen Zentrum Oddi bei Hella aufgezogen und ausgebildet. Später heiratete er die Erbin des Hofs Borg bei Borgarnes. Aus nicht geklärten Gründen verließ er seine Familie in Borg und zog sich auf das reiche Kirchengut in Reykholt zurück. Reykholt war damals eine bedeutende Handelsstadt an der Kreuzung wichtiger Handelsrouten mit 60 000 bis 80 000 Einwohnern. Dort verfasste Snorri viele seiner wichtigsten Werke, u. a. die Prosa-Edda (ein Lehrbuch für Skalden) und die Heimskringla (eine Geschichte der norwegischen Könige). Snorri gilt außerdem als der Verfasser der *Egils saga*, einer Familiengeschichte des Wikinger-Hofdichters Egill Skallagrímsson (S. 145).

Mit 36 Jahren wurde Snorri zum *lögsögumaður* (Gesetzessprecher) des Alþing (isländisches Parlament) ernannt, aber der norwegische König wollte seine privaten Interessen durchsetzen und übte im Parlament starken Druck auf ihn aus. Also widmete sich Snorri verstärkt seinem Schreiben und der unzufriedene König Hákon erließ einen Befehl zu seiner Ergreifung – tot oder lebendig. Snorris politischer Rivale und ehemaliger Schwiegersohn Gissur Þorvaldsson sah seine Chance gekommen, den König zu beeindrucken und für seine Dienste vielleicht das Amt des Gouverneurs von Island zu erhalten. Er tauchte in der Nacht vom 22. auf den 23. September 1241 mit 70 bewaffneten Männern in Reykholt auf und erschlug Snorri im Keller seines Hauses.

kann auf der L-förmigen Hochlandpiste F578 hinter Surtshellir zum Seengebiet **Arnarvatnsheiði** und weiter nach Hvammstangi fahren. Die F578 ist jedes Jahr gewöhnlich nur etwa sieben Wochen geöffnet – Näheres auf www.vegagerdin.is.

KALDIDALUR-KORRIDOR

Südöstlich von Húsafell zieht sich das Tal Kaldidalur am Rand einiger Gletscher entlang. Es bieten sich phantastische Ausblicke auf die Eiskappe des Langjökull und an klaren Tagen auf die Schneefelder des Eiríksjökull, Okjökull und des Þórisjökull. Der Kaldidalur-Korridor, eigentlich die unbefestigte Straße 550, ist mit dem Goldenen Kreis (S. 99) verbunden und bietet Touristen die Möglichkeit, einen verlängerten Tagesausflug von Reykjavík aus zu unternehmen. Die Straße 550 darf nur von genehmigten Fahrzeugen befahren werden – vor der Tour sollte die Mietwagenfirma gefragt werden.

HALBINSEL SNÆFELLSNES

Üppig grüne Fjorde, vulkanische Hügel und dramatische Meeresklippen, goldene Strände und gewundene, krustige Lavaströme bilden die vielfältige, faszinierende Landschaft der 100 km langen Halbinsel Snæfellsnes. Das Gebiet wird vom glitzernden Gletscher Snæfellsjökull gekrönt, den Jules Vernes in seinem Phantasieroman *Reise zum Mittelpunkt der Erde* verewigt hat. Gute Straßen und regelmäßige Busverbindungen machen die Halbinsel zu einem praktischen Ausflugsziel von Reykjavík und ideal für einen Kurzurlaub. Sie bietet in einer kompakten Region einen Querschnitt des Besten, was Island zu bieten hat.

Das Zentrum der stärker besiedelten Nordküste der Halbinsel bildet Stykkishólmur, die größte Stadt der Region und eine gute Basis für die Erkundung der Halbinsel.

Halbinsel Snæfellsnes

Westlich davon säumen mehrere kleinere Orte die Küste. Von hier verläuft die Straße um den Gletscher, das Herz des Nationalparks Snæfellsjökull, herum, um an der ruhigeren Südküste wieder nach Osten zu führen. Die Halbinsel lässt sich am besten mit dem Auto erkunden, aber im Sommer fahren hier auch Busse. Wer nur wenig Zeit hat, kann sich auch einer Tagestour von Reykjavík aus anschließen (Kasten S. 60).

Stykkishólmur

1100 EW.

Das charmante Stykkishólmur ist der größte Ort auf der Halbinsel Snæfellsnes. Er liegt an einem Naturhafen, der durch eine eindrucksvolle Basaltinsel geschützt wird. Zahlreiche bunte Häuser aus dem späten 19. Jh. tragen zur entspannten Atmosphäre des malerischen Ortes bei. Mit schönen Unterkünften und Restaurants

und einer guten Anbindung an das öffentliche Verkehrsnetz ist das urige Stykkishólmur eine hervorragende Basis für die Erkundung der Region.

Sehenswertes & Aktivitäten

LP TIPP Breiðafjörður FJORD

Die zerklüftete Halbinsel, an deren Spitze Stykkishólmur liegt, schiebt sich Richtung Norden in den atemberaubenden Breiðafjörður, einen riesigen Fjord (*breiðafjörður* bedeutet „breiter Fjord") zwischen der lang gestreckten Halbinsel Snæfellsnes und den steil aufragenden Klippen der fernen Westfjorde. Der lokalen Überlieferung zufolge gibt es nur zwei Dinge, die nicht gezählt werden können: die Sterne am Nachthimmel und die felsigen Inselchen in der Bucht. Zahlen hin oder her, Besucher des wunderschönen Breiðafjörður können sich immerhin auf tolle Ausblicke – idyllische Farbkompositionen aus Grün- und Blautönen – und eine reiche Vogelwelt freuen (Papageitaucher, Adler, Trottellummen usw.). Infos zu Touren durch den Fjord s. S. 153; das **Hótel Framnes** (☎438 6893; www.hotelframnes.is) in Grundarfjörður bietet auch Bootstouren an, ebenso Unternehmen wie **Eyjasigling** (☎849 6748; www.eyjasigling.is) in Reykhólar in den Westfjorden.

Lohnenswert ist ein Besuch der Basaltinsel **Súgandisey** mit ihrem malerischen Leuchtturm und dem großartigen Blick über den Breiðafjörður. Die Insel ist über den Steindamm vom Hafen aus zu erreichen. Wer mit dem eigenen Auto unterwegs ist, hat den schönsten Blick auf den breiten Fjord von der Südküste der Westfjorde aus oder zwischen den beiden einsamen Kirchen an der Straße 54, die Richtung Westen in den Ort führt.

Eldfjallasafn MUSEUM

(Vulkanmuseum; ☎433 8154; www.eldfjallasafn.is; Aðalgata 6; Eintritt 800 ISK; ⌚Mai–Sept. 11–17 Uhr) Das Vulkanmuseum im alten Kino der Stadt erklärt die Hintergründe der benachbarten Lavaströme. Das Museum geht auf die Initiative des Vulkanologen Haraldur Sigurdsson zurück und zeigt Kunst und Gegenstände, die mit der Erforschung von Ausbrüchen und ihren verheerenden Folgen zu tun haben – darunter auch „Magmabomben" vom Ausbruch des Eyjafjallajökull 2010. Haraldur selbst ist manchmal auch anwesend und steuert Anekdoten aus seiner 40-jährigen Erfahrung bei. Angeboten werden auch geologische Tagesausflüge um die Halbinsel (8 Std.; 20 000 ISK).

Norska Húsið MUSEUM
(Norwegisches Haus; ☎433 8114; www.norskahusid.is; Hafnargata 5; Eintritt 800 ISK; ⊙Juni–Aug. 12–17 Uhr) Einen großen Teil des maritimen Charmes von Stykkishólmur machen die hölzernen Lagerhäuser, Geschäfte und Wohnhäuser um den Hafen herum aus. Die meisten sind etwa 150 Jahre alt und viele werden immer noch genutzt. Eines der interessantesten (und das älteste) ist das Norska Húsið, heute das städtische Museum. Es wurde 1832 von dem Händler Árni Thorlacius errichtet und inzwischen sorgfältig restauriert. Es enthält eine wunderbar bunte Sammlung alter Gegenstände aus dem Ort. In der ersten Etage ist die typische Aufteilung eines Wohnhauses der Oberschicht aus dem Island des 19. Jhs. zu sehen – es war Árnis Wohnhaus und ist mit seinen originalen Sachen ausgestattet.

Stykkishólmskirkja KIRCHE
(☎438 1288; ⊙10–17 Uhr) Von dem Wirrwarr uriger alter Gebäude hebt sich Stykkishólmurs futuristische Kirche ganz deutlich ab – ein auffallend weißer Bau mit einem geschwungenen Glockenturm, der wie ein Entlüftungsrohr eines Schiffs oder ein riesiger Rückenwirbel aussieht; von der Seite ist sein Anblick am beeindruckendsten. Innen hängen Hunderte Lampen von der Decke und es gibt ein großes Gemälde, auf dem die Jungfrau Maria und Jesus im Nachthimmel schweben. Wer sich für außergewöhnliche Architektur interessiert, wird sich freuen zu hören, dass es in Island jede Menge interessanter Kirchen gibt (S. 19).

Library of Water MUSEUM
(Vatnasafn; ☎857 1221; www.libraryofwater.is; Bókhlöðustígur 17; Eintritt 500 ISK; ⊙Juni–Aug. 13–18 Uhr) Entspannende Ausblicke auf die Stadt und die Bucht bieten sich von der

Stykkishólmur

Library of Water auf dem Hügel. Dieser von natürlichem Licht durchflutete Raum in der alten Stadtbücherei birgt eine Installation der bekannten amerikanischen Künstlerin Roni Horn. Im Raum verteilt sind 24 Glassäulen, die alle mit Gletscherwasser aus der Umgebung gefüllt sind. In den Wasserröhren bricht sich das Licht; in den zarten Boden sind englische und isländische Adjektive eingeschrieben. Hier kann man bestens lesen oder eine Partie Schach spielen (Spiele sind vorhanden); aber nicht vergessen, die Schuhe auszuziehen! Obwohl der Raum in den kälteren Monaten geschlossen ist, lässt sich ein Besuch per E-Mail oder Telefon arrangieren.

Sundlaug Stykkishóms THERMALBAD
(Erw./Kind 500/180 ISK; ⏲Juni–Aug. Mo–Do 7.05–22, Fr bis 19, Sa & So bis 18 Uhr, Sept.–Mai kürzere Zeiten) Sehr gut schwimmen lässt es sich im Thermalbad mit Wasserrutschen und Hot Pots im städtischen Sportkomplex. Wer Glück hat, kann der heimischen Basketballmannschaft (der besten Islands) beim Training zuschauen.

Stykkishólmur

Sehenswertes

1 Eldfjallasafn C2
2 Library of Water C2
3 Norska Húsið C2
4 Stykkishólmskirkja D3

Aktivitäten, Kurse & Touren

5 Ocean Safari C2
6 Seatours C2
7 Sundlaug Stykkishóms C3

Schlafen

8 Bænir og Brauð C3
9 Campingplatz C4
10 Hótel Breiðafjörður C2
11 Hótel Egilsen C2
12 Hótel Stykkishólmur D3

Essen

13 Bónus-Supermarkt C3
14 Fimm Fiskar C2
15 Meistarinn B3
16 Narfeyrarstofa C2
17 Nesbraud B4
Sjávarpakkhúsið .... (siehe 5)
18 Vínbúð C3

Shoppen

19 Leir 7 .... C3

Geführte Touren

Seatours BOOTSFAHRT
(Sæferðir; ☎438 2254; www.seatours.is; Smiðjustígur 3; ⏲Mitte Mai–Mitte Sept. 8–20 Uhr, Mitte Sept.–Mitte Mai 9–17 Uhr) Seatours bietet verschiedene Bootstouren an, darunter die „Unique Tour": Die 2¼-stündige Bootsrundfahrt (Erw./Kind 6690 ISK/frei) beeindruckt mit Postkartenansichten der Bucht und der zahlreichen Inseln. Papageitaucher- und Adlerkolonien und bizarre Basaltformationen – Ohren auf für die grausame Legende vom „Hängefelsen"! – bieten phantastische Fotomotive. Am Ende der Fahrt wird ein Netz ins Meer gehalten und bald tummeln sich darin Schalentiere, die roh verzehrt werden können (absolut köstlich – versprochen!). Im Sommer gibt es zusätzlich einmal täglich eine kürzere Tour speziell für Kinder sowie dreimal pro Woche eine Dinner-Bootsfahrt mit isländischen Leckereien (8750 ISK).

Seatours betreibt auch die Fähre *Baldur* nach Flatey, was selbst schon ein schöner Ausflug ist. Mehr Infos dazu gibt es auf S. 156; die Fahrt zu der kleinen Insel dauert 1½ Stunden.

Ocean Safari BOOTSFAHRT
(☎820 0350; www.oceansafari.is; Tour 8900 ISK; ⏲April–Sept.) Die Schlauchbootbegeisterung hat Islands Outdoorszene im Sturm erobert und so bietet auch Ocean Safari Touren im Festrumpf-Schlauchboot durch den herrlichen Fjord an. Da die Boote ziemlich klein sind, können sie ganz dicht an die Inselchen mit den Vogelkolonien und Robben heranfahren. Die Touren dauern etwa zwei Stunden und beginnen um 10 und 14 Uhr, von Juni bis August auch um 20 Uhr. Individuelle Touren sind ebenfalls im Angebot für alle, die auf einer der kleinen Inseln an Land gehen und die Vögel genauer beobachten wollen (Preise mit Bootsführer ab 50 000 ISK).

Festivals & Events

Am dritten Wochenende im August locken die jährlichen **Dänischen Tage** (Danskir dagar auf Isländisch) in Stykkishólmur mit Tanz und jeder Menge Livemusik. Das Fest erinnert an die dänischen Wurzeln der Stadt.

Schlafen

Stykkishólmur könnte ein ganzes Telefonbuch mit den Namen der Einwohner füllen, die im Sommer Unterkünfte anbieten, sei es Zimmer oder Ferienwohnung. Die Unterkunftsbroschüren, wie *Áning* oder *The Ideal Holiday*, sind bei der Suche sehr hilfreich, ebenso wie das Heft *Stykkishólmur Simply Spectacular*, das ebenfalls ein ausführliches Unterkunftsverzeichnis hat. Einen Campingplatz gibt es am Golfplatz, allerdings haben Leser ihn negativ bewertet. Reisende kommentieren die B&Bs von Stykkishólmur auch auf Tripadvisor (www.tripadvisor.com), was also eine weitere gute Quelle ist.

LP TIPP Hótel Egilsen BOUTIQUEHOTEL €€
(☎554 7700; www.egilsen.is; Aðalgata 2; EZ/DZ 19 000/25 000 ISK; @📶) Mal ganz frech behauptet: Dies ist wohl das allernetteste Gasthaus in ganz Island. Das Hótel Egilsen in einem liebevoll restaurierten Holzhaus, das so zauberhaft knarzt, wenn der Wind aus dem Fjord bläst, ist das niedlichste Boutiquehotel überhaupt. Oben über der gelben Treppe sind die gemütlichen (winzigen!) Zimmer, die so hinreißend eingerichtet sind, dass man gar nicht anders kann, als sich sofort wohlzufühlen. Kostenlose iPad-Benutzung und ein Frühstück aus regionalen Zutaten sind das Sahnehäubchen.

Bænir og Brauð B&B €
(☎820 5408; www.baenirogbraud.is; Laufásvegur 1; DZ 14 200–16 200 ISK; @📶) Das behagliche Haus ist ein schönes Beispiel für die hervorragenden B&Bs in Stykkishólmur. Es liegt direkt am Fjord und hat einen schönen Blick auf die moderne Kirche. Die nette Besitzerin Greta kümmert sich noch um viele andere Häuser, darunter auch das traumhafte Hótel Egilsen.

Hótel Stykkishólmur HOTEL €
(☎430 2100; www.hringhotels.is; Borgarbraut 8; EZ/DZ mit Frühstück 21 000/24 000 ISK; ⏰April–Sept.; @📶) Das kastenförmige Hotel, das vom Hafen aus ein Stück zurück auf dem Hügel liegt, wirkt hier fast ebenso deplatziert wie die moderne Kirche in der Nähe. Die Zimmer verteilen sich auf zwei Flügel – der alte hat schöne Aussichten, der neuere Anbau ist moderner eingerichtet. Der „alte Flügel" wurde zur Zeit der Recherche gerade renoviert, wird also den nächsten Gästen ein frischeres Antlitz zeigen.

Hótel Breiðafjörður HOTEL €€
(☎433 2200; www.hotelbreidafjordur.is; Aðalgata 8; EZ/DZ 90/140 €; ⏰Mai–Sept.; @📶) In dem völlig nüchternen Hotel enden diejenigen, die in einer der kleinen Unterkünfte keinen Platz mehr gefunden haben. Die Zimmer sind sauber und mit Holzimitat eingerichtet und das Hotel führt ein paar Straßen weiter auch ein marodes Haus mit Schlafsälen.

Essen

Es gibt in Stykkishólmur eine breite Auswahl an Essensmöglichkeiten; Selbstversorger finden alles im Bónus-Supermarkt nahe dem Schwimmbad. Der Vínbúð liegt gleich gegenüber vom Bónus.

LP TIPP Narfeyrarstofa ISLÄNDISCH €€€
(☎438 1119; Aðalgata 3; Hauptgerichte 1990–4250 ISK; ⏰April–Mitte Okt. 11.30–22 Uhr, Mitte Okt.–März Sa & So 18–22 Uhr) Gäbe es Preise für die beste Fischsuppe und den tollsten Lammeintopf, würden sie an das zauberhafte Restaurant gehen. Das Narfeyrarstofa wird von einem preisgekrönten Koch geführt (in Dänemark berühmt für seine spitzenmäßigen Nachspeisen – das Karamelleis ist zum Reinknien). Es ist das populärste Restaurant auf Snæfellsnes, auch höchst beliebt bei Reisegruppen. Serviert wird oben im Raum unterm Schrägdach, den alte Lampen mit romantischem Licht erhellen (Reservierung ist ratsam). Das Gebäude hat eine ziemlich interessante Geschichte – der Kellner erläutert auf Nachfrage gerne die Porträts an der Wand.

Sjávarpakkhúsið ISLÄNDISCH €€
(Hafnargata 2; Hauptgerichte 1890–2950 ISK; ⏰Juni–Aug. 12–22 Uhr, Sept.–Mai kürzere Zeiten) Das alte Fischverpackungshaus gehört den Leuten von Ocean Safari (und dient als ihr Ticketverkaufsbüro). Es wurde in ein Hafenrestaurant mit schöner Terrasse (wenn's warm ist) umgebaut, dessen Spezialität die Miesmuscheln frisch aus dem Fjord sind. Abends kommen die Einheimischen gerne hierher, um auf dem hauseigenen Klavier loszuhämmern – auf der Facebook-Seite des Restaurants steht ein grober Überblick über die Daten für Musikabende.

Meistarinn FAST FOOD €
(Aðalgata; Hauptgerichte ab 800 ISK ⏰Juni–Aug. 12–20 Uhr) Der freundliche *pylsuvagninn* (Wurstwagen) ist eine gute Alternative zum fettigen Grill an der Tankstelle und bietet die besten Hotdogs in der Stadt. Besonders Leute, die in Reykjavík einen Bogen um die überall anzutreffenden *pýlsur*-Stände gemacht haben, haben hier eine tolle Möglichkeit, Kalorien nachzuladen.
Übrigens: Jede Speise ist nach einer Person in der Stadt benannt, überwiegend nach den lokalen Sportstars.

Nesbraud BÄCKEREI €

(☎438 1830; Nesvegur 1; Snacks ab 195 ISK; ⌚8–18 Uhr) Die kleine Bäckerei an einer Kreuzung an der Straße, die aus dem Ort hinausführt, ist eine gute Option für ein günstiges Frühstück und Mittagessen. Es gibt Zuckergebäck wie *kleinur* (traditionelle Schmalzkringel) und *ástar-pungur* (wörtlich „Liebeskugeln", frittierte Kugeln aus Teig und Rosinen).

Fimm Fiskar ISLÄNDISCH €€€

(Frúarstígur 1; Hauptgerichte 1800–5000 ISK; ⌚11–23 Uhr) Die „Fünf Fische" residieren in einem Chalet-artigen Haus nicht weit vom Narfeyrarstofa entfernt, dem Hauptkonkurrenten. Es gibt hauptsächlich frische Meeresfrüchte – insgesamt eine gute Wahl, wenn es bei der Konkurrenz voll ist.

Shoppen

In den letzten paar Jahren haben mehrere Künstler in Stykkishólmur in den Straßen um den Hafen kleine Galerien eröffnet. Besonders lohnenswert ist das **Leir 7** (www.leir7.is; ⌚14–17 Uhr), eine Töpferei im Zentrum der Stadt, wo die Künstlerin Sigríður Erla aus dem dunklen Lehm des Fjords Geschirr herstellt.

Praktische Informationen

Die **Touristeninformation** (⌚Juni–Aug. 8–22 Uhr; 📶) der Stadt wechselt jeden Sommer ihren Standort, je nach kommunaler Finanzierung. Zur Zeit der Recherche befand sie sich am Golfplatz, aber in den vergangenen Jahren war sie auch schon im Schwimmbad untergebracht. Wo immer sie auch sein mag, sie hat auf jeden Fall unzählige Broschüren und bietet Hilfe bei der Zimmervermittlung.

An- & Weiterreise

Bus

Von Mitte Juni bis August gibt es mindestens zwei Busse täglich von/nach Reykjavík (2½ Std.). Außerhalb der Hochsaison fährt nur noch ein Bus (keine Verbindungen mittwochs und samstags). Nach Stykkishólmur muss man in Vatnaleið umsteigen. Von Vatnaleið verkehren außerdem Busse nach Grundarfjörður, Ólafsvík und Hellissandur. Die Busse ab Vatnaleið sind nicht immer gut auf die Fahrzeiten der Fähre Baldur abgestimmt.

Schiff/Fähre

Die Autofähre **Baldur** (☎438 1450; www.seatours.is) verkehrt über Flatey zwischen Stykkishólmur und Brjánslækur in den Westfjorden (3 Std.). Vom zweiten Wochenende im Juni bis zum vierten Wochenende im August legt sie in Stykkishólmur täglich um 9 und 15.15 Uhr ab und fährt um 12.15 und 19 Uhr von Brjánslækur zurück. Im restlichen Jahr gibt es nur eine Fährverbindung pro Tag, nämlich um 15 Uhr ab Stykkishólmur (außer samstags) und zurück um 18 Uhr. Oftmals legt die Fähre überhaupt nicht in Flatey an. Erwachsene bezahlen 4950 ISK (3640 ISK in der Nebensaison) für die Fahrt nach Brjánslækur; Fahrzeuge kosten zusätzlich 4950 ISK. Ein Rückfahrticket von Stykkishólmur nach Flatey kostet 6760 ISK. Auf der Website sind die komplizierten ermäßigten Preise nachzulesen.

Von Stykkishólmur nach Grundarfjörður

Die wunderschöne Landschaft zwischen Stykkishólmur und Grundarfjörður steckt voller Geheimnisse. Etwa 5 km südlich von Stykkishólmur erhebt sich der heilige Berg **Helgafell** (73 m). Er wurde einst von den Anhängern des Gottes Þór verehrt. Der recht kleine Hügel war in Sagazeiten so heilig, dass ältere Isländer ihn vor ihrem Tod aufsuchten. Heute glauben die Einheimischen, dass Leuten, die den Hügel besteigen, Wünsche erfüllt werden. Im späten 10. Jh. errichtete Snorri Goði, ein Þór-Anbeter, der zum Christentum konvertiert war, auf dem Hügel eine christliche Kirche, deren Ruinen auch heute noch gut zu sehen sind. Auf dem nahe gelegenen Hof verbrachte die intrigante Guðrún Ósvífursdóttir aus der Laxdæla saga ihre einsamen Alterstage. Ihr Grab liegt am Fuße des Hügels.

Etwa 15 km westlich der Kreuzung der Straßen 54 und 58 (der Straße nach Stykkishólmur) erstreckt sich das arg zerfurchte Lavafeld **Berserkjahraun** (Berserkerlava). Die von hohen Bergen umgebene Mondlandschaft ist nach einer Geschichte aus der *Eyrbyggja saga* benannt. Wer ein bisschen mehr Zeit hat, kann eine Fahrt entlang der kurvenreichen Straße 558 genießen, die auch mit normalen Pkws befahrbar ist. Die als **Bersekjahraunsvegur** bekannte schöne Straße zieht sich durch eine endlose Weite aus schwarzen, schwefelgelben und moosgrünen Tönen. Außerdem lässt sich an einer flachen Stelle gut ein Zelt aufstellen – dies ist eine der besten Gegenden für **wildes Zelten** und bis jetzt ein sehr gut gehütetes Geheimnis. Wer's gerne etwas komfortabler mag, für den hält die Umgebung einige andere Übernachtungsmöglichkeiten bereit.

ABSTECHER

FLATEY

Von den zahllosen Inseln im Breiðafjörður ist die Insel Flatey („flache Insel") die einzige, die das ganze Jahr über bewohnt ist, und zwar von zwei Familien, die in eine uralte Fehde verstrickt sind, die an die der Capulets und Montagues in Romeo und Julia erinnert. Im 11. Jh. beherbergte Flatey ein Kloster mit Schreibwerkstatt. Heute ist die Insel ein beliebter Zwischenstopp auf dem Weg in die Westfjorde. Hier geht alles einen etwas gemächlicheren Gang. Bestens lässt sich auf Flatey ein windiger Nachmittag inmitten bunter Häuschen und im Sturzflug herabschießender Küstenseeschwalben verbringen.

Wer den Breiðafjörður mit der Fähre Baldur überquert und auf Flatey an Land gehen möchte, muss die erste Fähre des Tages nehmen und dann von Flatey die zweite Fähre zum eigentlichen Ziel; die Boote halten nur etwa fünf Minuten auf der Insel. Wer mit dem Auto unterwegs ist, kann sein Fahrzeug ohne Zusatzkosten über den Fjord vorausschicken und selbst auf Flatey einen Zwischenstopp einlegen. Tagesausflügler können im Sommer eine der beiden Fähren nach Flatey von Stykkishólmur nehmen, sich auf Flatey für etwa zwei Stunden aufhalten und von den Westfjorden aus mit der Fähre wieder zurück nach Stykkishómur fahren. Bitte daran denken, dass die Fähre nur vom zweiten Juniwochenende bis zum vierten Augustwochenende zweimal täglich verkehrt (in der Nebensaison fährt sie nur einmal täglich, samstags gar nicht).

Die kuscheligen Zimmer im **Hótel Flatey** (☎555 7788; www.hotelflatey.is; EZ/DZ 19 900/23 900 ISK; ⊙Juni–Ende Aug.) gehören zu den zauberhaftesten in ganz Island. Auch das hauseigene **Restaurant** (3-Gänge-Menü 7500–8500 ISK; ⊙10.30–21 Uhr) ist phantastisch. An Wochenenden gibt's abends im Keller Jam-Sessions mit lokalen Musikern. Pfennigfuchser können im Sommer ihr Zelt auf dem Rasen von **Krákuvör** (☎438 1451; Stellplatz pro Pers. 1000 ISK, Apt. 12 000–14 000 ISK) aufschlagen oder im **Læknishús** (☎438 1476; EZ/Apt. 4000/18 000 ISK) übernachten – beide liegen nicht weiter als 400 m vom Anleger entfernt Richtung Hótel Flatey.

Am nordöstlichen Rand der Berserkjahraun liegt der Bauernhof **Bjarnarhöfn** (☎438 1581; www.bjarnarhofn.is; Eintritt zum Museum 800 ISK; ⊙9–19 Uhr) – ein Muss für alle Reisenden mit Sinn für Abenteuer. Der Gestank kommt von vergammelndem Haifischfleisch – der Hof ist der führende Produzent der Region von *hákarl* (fermentiertes Haifleisch), einer traditionellen isländischen Speise. Das Museum erhellt die Geschichte dieser geruchsintensiven kulinarischen Kuriosität; es zeigt restaurierte Haifangboote und Harpunenwerkzeuge und erklärt den Fermentierungsprozess. Jeder Museumsbesucher erhält eine kleine Kostprobe der Spezialität mit einem Stück Roggenbrot. Manche sagen, sie schmeckt wie ein in Ammoniak getauchter Schwamm, andere erinnert sie an alten Käse. Im Trockenhaus hinter dem Museum hängen oft Hunderte von Haifischstücken, die von gierigen Fliegen attackiert werden – das Haifischfleisch auf jeden Fall *vor* dem Besuch des Trockenhauses probieren! Zum Hof sind von Straße 54 einige Pkw-freundliche Schotterstraßen ausgeschildert. Der Abzweig ist durch einen großen Hai aus Eisen markiert.

Grundarfjörður

910 EW.

Der kleine Ort Grundarfjörður liegt spektakulär an einer dramatischen Bucht und wird von Zuckerhutbergen begrenzt, die oft von Wattenebel eingehüllt sind. Mit seinen Fertighäusern anstelle von Holzhäusern sieht der Ort wie eine typische isländische Fischersiedlung aus, aber die touristischen Einrichtungen sind gut und die Umgebung ist unschlagbar.

Das **Sagazentrum** (Eyrbyggja Heritage Centre; ☎438 1881; www.grundarfjordur.is; Grundargata 35; ⊙Mitte Mai–Mitte Sept. 10–18 Uhr; @📶) ist gleichzeitig Touristeninformation, Café, Internetcafé und Heimatmuseum und ein Muss für jeden Besucher. Hier kann man bei einem Kaffee gemütlich mit dem freundlichen Personal schwatzen, seinen Blog updaten (Internetzugang 200 ISK/15 Min.) und sich im Museum (Eintritt frei) die ausführlichen Ausstellungen zur Geschichte des Ortes mit französischen Einflüssen und zur Einführung des Bootsmotors zu Gemüte führen. Das Museum besitzt außerdem einen Nachbau eines isländischen Hauses vom Ende des 19. Jhs. in Originalgröße.

In diesem winzigen Häuschen waren einst acht Personen zu Hause. In der Hochsaison werden im Vorführraum oft isländische Filme und Diashows gezeigt.

Im Sommer fällt ein Abschied von Grundarfjörður schwer ohne die Besteigung des majestätischen **Kirkjufell** (463 m), der im Norden über den Ort wacht. Das Sagazentrum kann einen Führer vermitteln (etwa 30 €) – an drei Stellen sind Seile erforderlich, sodass das Besteigen des Bergs ohne Hilfe gefährlich ist. Das ganze Abenteuer sollte nicht länger als vier Stunden dauern.

Geführte Touren

Láki Tours TIERBEOBACHTUNG
(☎438 6893; www.lakitours.com) Láki Tours wird von den Besitzern des Hótel Framnes geführt und hat im Sommer Touren mit gleich drei Aktivitäten im Angebot: Wal- und Vogelbeobachtung gepaart mit Angeln. Die Touren dauern etwa drei Stunden und beginnen um 10, 14 und 20 Uhr mit mindestens vier Teilnehmern (6900 ISK). Klasse sind die zweistündigen Killerwaltouren von Januar bis Mitte März (6500 ISK) – warm anziehen!

ABSTECHER

DREI WÜNSCHE FREI AM HELGAFELL

Die meisten Isländer glauben, dass Leuten, die den bescheidenen Helgafell (S. 155) besteigen, drei Wünsche gewährt werden – nur müssen die Wünsche reinen Herzens geäußert werden. Aber es reicht nicht, einfach nur den Hügel zu besteigen und sich etwas zu wünschen. Damit die Wünsche auch wirklich in Erfüllung gehen, sind drei wichtige Schritte nötig:

Schritt 1: Den Aufstieg am Grab von Guðrún Ósvífursdóttir beginnen, der Heldin einer uralten örtlichen Saga.

Schritt 2: Zum Tótt (der Ruine der Kapelle) hinaufgehen, ohne ein einziges Wort zu sagen, und nicht zurückblicken (wie Orpheus beim Verlassen der Unterwelt).

Schritt 3: Sich an der Ruine der Kapelle umdrehen und, während man sich etwas wünscht, nach Osten blicken. Und natürlich nie die Wünsche jemand anderem verraten, sonst gehen sie nicht in Erfüllung.

Schlafen

Unterkünfte auf Bauernhöfen auf den Landspitzen der Umgebung stehen in der Broschüre *Ideal Holiday*. Die folgenden sind die brauchbarsten Unterkünfte im Ort.

Hótel Framnes HOTEL €€
(☎438 6893; www.hotelframnes.is; Nesvegur 8; EZ/DZ mit Frühstück 100/139 €; @) Das behagliche Hafenhotel hat eine große Lobby und Zimmer unter der Dachschräge. Die Besitzer führen auch ein kleines Tourunternehmen. Das hauseigene Restaurant (Hauptgerichte 3900–4800 ISK) ist jeden Abend geöffnet und serviert den frischen Tagesfang.

Grundarfjörður HI-Hostel HOSTEL €
(☎562 6533; grundarfjordur@hostel.is; www.hostel.is; Hlíðarvegur 15; B/DZ 4000/9500 ISK; @) Das Grundarfjörður ist nicht nur ein Hostel, sondern bietet auch in der Budgetkategorie eine breite Auswahl an Schlafmöglichkeiten: von adretten Schlafsälen bis zu schicken, apartmentartigen Zimmern. Die Rezeption befindet sich im roten Haus mit obiger Adresse, die Unterkünfte verteilen sich auf mehrere Häuser im Ort. HI-Mitglieder erhalten 600 ISK Ermäßigung.

Essen

Im Vergleich zur großen Auswahl in Stykkishólmur ist das Restaurantangebot in Grundarfjörður eher bescheiden. Am besten ist noch das Hótel Framnes oder das **Kaffi 59** (Grundargata 59; Hauptgerichte 1800–3100 ISK; Mo–Do 10–23, Fr bis 1, Sa 11–1, So 11–23 Uhr;) – ein abgenutzter Laden mit Pizza, Sandwiches, Eisbechern und Bier, die in einem brüchigen Haus an der Hauptstraße serviert werden. Es gibt auch einen Meistarinn-Wagen mit Hotdogs, wo die einzelnen Speisen nach Mitgliedern des dänischen Königshauses benannt sind. Ein kleiner **Supermarkt** (Juni–Aug. 9–22 Uhr, Sept.–Mai kürzere Zeiten) liegt in Sichtweite des Sagazentrums.

An- & Weiterreise

Der Bus von Reykjavík nach Hellissandur hält hier im Sommer ein- oder zweimal am Tag. Ansonsten verkehrt einmal täglich außer mittwochs und samstags ein Bus. Die Fahrt von Reykjavík dauert 2¾ Stunden.

Ólafsvík

990 EW.

Das ruhige, unscheinbare Ólafsvík ist gut in Schuss, aber nicht gerade ein romantisches Örtchen. Es eignet sich jedoch bestens zum Verschnaufen nach langen Fahrten über holprige Straßen. Ólafsvík ist zwar die älteste Handelsstadt im Land (sie erhielt 1687 eine Handelslizenz), aber nur wenige alte Originalbauten blieben erhalten – viel netter ist eine Übernachtung im benachbarten Stykkishólmur.

Sehenswertes

Wohl interessanter als die ausgewiesenen Sehenswürdigkeiten des Ortes ist seine **Kirche** (⌚Juni–Aug. 8–18 Uhr). Sie besteht gänzlich aus dreieckigen Teilen – und sieht aus wie die kleine Schwester der Kirche in Stykkishólmur.

Sjávarsafnið Ólafsvík MUSEUM
(☎436 6926; Eintritt 500 ISK; ⌚Juni–Aug. 14–20 Uhr) Das kleine maritime Museum Richtung Hafen hat Aquarien mit Krabben und Fischen sowie eine hübsche Sammlung alter Fischerboote. Im Sommer findet am Eingang ein kleiner Fischmarkt statt, wo der frische Fang direkt bei den Fischern gekauft werden kann.

Gamla Pakkhúsið MUSEUM
(Altes Packhaus; ☎436 1543; Ólafsbraut; Erw./Kind 500 ISK/frei; ⌚Juni–Mitte Sept. 11–17 Uhr) Ein mäßig interessantes Heimatmuseum, das die Entwicklung der Stadt zum Handelszentrum erzählt.

Schlafen & Essen

Zelten ist auf dem hiesigen **Campingplatz** (Dalbraut; Stellplatz pro Pers. 500 ISK) möglich – bezahlt wird in der Touristeninformation –, aber besser ist der Campingplatz im benachbarten Hellissandur.

Hótel Ólafsvík HOTEL €
(☎436 1650; www.hotelolafsvik.is; Ólafsbraut 20; DZ mit/ohne Bad mit Frühstück 79/148 €; ⌚Mitte Mai–Mitte Sept.; @ᯤ) Das große Hotel hat geräumige und funktionale Zimmer mit Fliesenboden, neutraler Einrichtung und sehr wenig Charakter. Die Zimmer mit Gemeinschaftsbad befinden sich im Anbau an den „alten Flügel", der „Gästehaus" genannt wird (aber ganz und gar nicht so wirkt). Weitere Zimmer gibt es in einem Nebengebäude gegenüber (dies sind die besten). Das hauseigene Restaurant (Hauptgerichte 3800–5200 ISK) ist wie das ganze Hotel bei Reisegruppen sehr beliebt.

Hobbitinn FAST FOOD €
(Ólafsbraut; Hauptgerichte 290–2140 ISK; ⌚Juni–Aug. 10–23 Uhr, Sept.–Mai kürzere Zeiten) Das Hobbitinn mit seiner Schaufensterfassade ist lediglich ein Fast-Food-Laden mit Hamburgern, Pizza, Hotdogs und Fischgerichten. Der Besitzer ist angeblich sehr klein und sieht wie ein Hobbit aus.

WIE DIE BERSERKER

Der *Eyrbyggja saga* zufolge hatte vor langer Zeit ein Bauer aus Hraun die Nase voll davon, dass er, um seinen Bruder auf Bjarnarhöfn zu besuchen, um die zerklüfteten Lavaströme herumgehen musste. Auf dem Rückweg von einer Reise nach Norwegen brachte er zwei Berserker mit, um sie auf seinem Hof zu beschäftigen – gewalttätige Kämpfer, die in Wikingerzeiten als bezahlte Schläger angeheuert wurden. Zu seiner Bestürzung fand einer der Berserker Gefallen an seiner Tochter. Er ging zum örtlichen Häuptling, Snorri Goði, und bat ihn um Rat, aber Snorri hatte selbst ein Auge auf die Bauerntochter geworfen. Er empfahl, dem Berserker eine unerfüllbare Aufgabe zu stellen. Der Bauer beschloss, dem verliebten Berserker die Hand seiner Tochter zu versprechen, wenn er in der Lage wäre, eine Passage durch das hinderliche Lavafeld zu schaffen – unmöglich für einen normalen Mann.

Zum Schrecken beider machten sich die Berserker an die Arbeit und räumten mitten durch die tückische Mondlandschaft eine Passage frei. Statt sein Versprechen einzulösen, setzte der Bauer die zwei in einer Sauna fest und ermordete sie. Seine Tochter gab er Snorri zur Frau.

Die Passage durch die Berserkjahraun ist immer noch zu sehen. In einem Grab, das kürzlich in der Gegend entdeckt wurde, fand man die sterblichen Überreste von zwei großen Männern.

Praktische Informationen

Ólafsvík ist die größte Ortschaft im Bezirk Snæfellsbær. Die regionale **Touristeninformation** (Kirkjutún 2; ⌚Juni–Aug. Mo–Fr 8–18, Sa & So 10–15 Uhr, Sept.–Mai kürzere Zeiten) befindet sich in einem weißgrauen Gebäude hinter dem Alten Packhaus.

An- & Weiterreise

Im Sommer gibt es täglich nur eine oder zwei Verbindungen (Bus 350/350a) zwischen Reykjavík und Ólafsvík mit Stopp in Vegamót (2¾ Std.) und Weiterfahrt nach Hellissandur (15 Min.). Im Winter verkehrt außer mittwochs und samstags täglich ein Bus. Die Busse halten an der Tankstelle.

Rif & Hellissandur

140 & 390 EW.

Nur 6 km hinter Ólafsvík liegt das Mini-Hafendorf Rif, zu dem Ólafsvík im Vergleich wie eine Großstadt aussieht.

LP TIPP **Gamla Rif** (☎436 1001; Háarifi 3; Kuchen ab 750 ISK, Fischsuppe 1700 ISK; ⌚Juni–Aug. 12–20 Uhr) wird von zwei Fischerfrauen betrieben, die verfeinerte traditionelle Snacks verkaufen, freundlich Reisetipps für die Umgebung parat haben und leckeren Kaffee und Kuchen servieren. Für sehr Hungrige gibt es auch eine klasse Fischsuppe (aus dem frischen Fang ihrer Männer) mit einem Hauch Curry und Tomaten. Der malerische Wasserfall **Svödufoss** mit seinen Wasserkaskaden und spektakulären sechseckigen Basaltsäulen ist in der Ferne zu sehen.

Hinter Rif steht in **Ingjaldshóll** einsam die erste Betonkirche der Welt von 1903. Ingjaldshóll ist der Schauplatz der *Víglundar saga*. Wenn die Kirche geöffnet ist, kann man drinnen ein Gemälde sehen, auf dem Christoph Kolumbus bei seinem (mutmaßlichen) Besuch in Island 1477 dargestellt ist (S. 161).

Das benachbarte Hellissandur ist das ursprüngliche Fischerdorf. Der Nationalpark Snæfellsjökull ist hier mit einem Rangerbüro vertreten, das aber nur kurz und unregelmäßig geöffnet ist. Infos zum Park erhält man besser in Hellnar oder im Internet unter www.ust.is.

Spannend für Kinder ist das kleine Seefahrtsmuseum **Sjómannagarður** (☎436 6619; Útnesvegur; Erw./Kind 250 ISK/frei; ⌚Juni–Juli 9–18 Uhr, Aug.–Mitte Sept. 12–18 Uhr) mit einem reizenden Grassodenhaus, vielen alten Fotos und lauter Krimskrams, darunter Steine, mit denen einst die Kraft angehender Fischer getestet wurde.

Der voll ausgestattete **Campingplatz** (Stellplatz pro Pers. 500 ISK) in Hellissandur ist einer der besten. Er liegt direkt auf einem zerfurchten Lavafeld.

Alle Busse von Reykjavík nach Ólafsvík fahren nach Hellissandur weiter und halten an der N1-Tankstelle.

Nationalpark Snæfellsjökull

Westlich von Hellissandur windet sich die Straße 574 um die zerklüfteten Hänge des Snæfellsjökull – des Gletschers am Ende der Halbinsel Snæfellsnes. Diese unter dem Namen Undir-Jökli bekannte, trostlose Gegend bietet Ausblicke auf unheimlich wirkende Lavarücken, die sich aus dem Geröll erheben. An diesigen Tagen, wenn die Wolken zwischen den Bergen hängen, lässt sich leicht nachvollziehen, wie Geschichten über streitsüchtige Trolle entstanden sind.

So verwunschen und isoliert dieses überirdische Reich auch wirken mag – schon lange bevor er im Juni 2001 zum Nationalpark erklärt wurde, war der Gletscher auf der ganzen Welt bekannt, und zwar dank Jules Verne, der ihn als Schauplatz für sein berühmtes Buch *Reise zum Mittelpunkt der Erde* benutzte. In dem Buch begeben sich ein deutscher Geologe und sein Neffe auf die Reise in den Krater Snæfell, wobei sie sich von einem isländischen Text aus dem 16. Jh. mit folgendem Ratschlag leiten lassen:

> Steig hinab in den Krater Sneffels Yocul, welchen der Schatten des Scartaris vor dem ersten Juli liebkoset, kühner Wanderer, und du wirst zum Mittelpunkt der Erde gelangen. Das habe ich vollbracht.
>
> *Arne Saknussemm*

SNÆFELLSJÖKULL

Es ist leicht nachzuvollziehen, warum Jules Verne den Snæfell auswählte – der dramatische Gipfel wurde auseinandergerissen, als der Vulkan unter dem Gletscher explodierte und in seine eigene Magmakammer hineinstürzte, sodass eine riesige Caldera entstand. Unter bestimmten New-Age-Gruppen gilt der Snæfellsjökull als eines der großen „Kraftzentren" der Welt. Er hat unbestreitbar eine starke Präsenz.

Heute ist der Krater mit Eis aufgefüllt und im Sommer ein beliebtes Wanderziel. Der beste Weg hinauf zum Gipfel führt über die Piste F570 auf der Südseite des Gletschers; ab Arnarstapi werden Schneemobiltouren angeboten. Der nördliche Zugang über die F570 ab Ólafsvík ist extrem holprig (nur per Allradfahrzeug zu bewältigen) und oft wegen Wetterschäden geschlossen.

Eine Gipfeltour sollte auf keinen Fall ohne vorherige eingehende Erkundigungen über Straßen- und Wetterbedingungen in Angriff genommen werden; mehr Infos gibt's im Gestastofa in Hellnar. Bitte beachten: Zwischen Hellisandur und Lóndrangar gibt's keinen Handyempfang!

ÖNDVERÐARNES

Dort, wo an der Westspitze von Snæfellsnes die Straße 574 nach Süden führt, verläuft ein winziger Schotterweg über einen alten Lavastrom nach Westen zur Spitze der Halbinsel Öndverðarnes. An dieser Strecke durch schwarze Lavaklippen hindurch liegt **Skarðsvík**, ein goldener, von karibikblauem Wasser umspülter Strand. In den 1960er-Jahren wurde hier ein Wikingergrab entdeckt und es ist gut nachzuvollziehen, warum diese atemberaubende Stelle inmitten einer verlassenen Gegend als letzte Ruhestätte auserkoren wurde.

Hinter Skarðsvík wird der Weg erheblich holpriger, ist aber weiter mit einem Pkw befahrbar. Links zweigt ein Weg über die zerklüftete Lava zum imposanten Vulkankrater **Vatnsborg** ab, geradeaus geht's weiter zu den spektakulären Vogelklippen **Svörtuloft** am Ende der Straße. Parallel zum Meer verläuft ein holpriger Weg, der die beiden gedrungenen Leuchttürme der Gegend miteinander verbindet. Zur Spitze des Kaps geht's rechts (Richtung Norden) ab bis zum gelben Leuchtturm. Vom Parkplatz beim Leuchtturm sind es 200 m zu Fuß bis zum verlassenen Steinbrunnen **Fálkí**, der früher die einzige Frischwasserquelle in der Gegend darstellte.

SAXHÖLL

Von der Straße 57 zweigt südöstlich der Halbinsel Öndverðarnes eine gekennzeichnete Piste zum Schlackekrater Saxhöll ab. Ein befahrbarer Weg führt direkt zum Fuß des Kraters, der in wenigen Minuten bestiegen werden kann; von oben bieten sich phantastische Ausblicke über die Lavaströme **Neshraun**.

DRITVÍK & DJÚPALÓN

Ein Stück weiter führt die Straße 572 hinunter zum wilden schwarzsandigen Strand **Djúpalónssandur** – wundervoll für einen Spaziergang. Aus dem Meer erheben sich Felsen und am Strand liegen vier Kraftsteine, mit denen die Besatzungen von Fischerbooten die Kräfte potenzieller Fischer prüften. Der kleinste Stein ist Amloði (Versager) mit 23 kg gefolgt von Hálfdrættingur (halbe Portion) mit 54 kg sowie Hálfsterkur (halbstark) mit 100 kg und der größte ist Fullsterkur (volle Stärke) mit 154 kg. Hálfdrættingur markierte die Grenze zur Schwächlichkeit – wer diesen Stein nicht heben konnte, galt als ungeeignet für ein Leben auf See. Merkwürdigerweise gibt es hier heute fünf Steine. Ein asphaltierter Parkplatz mit öffentlichen Toiletten (im Sommer) macht die Gegend seit Neuestem etwas zugänglicher.

Wer die schroffe Landzunge überquert, erreicht den schwarzen, sandigen Strand von **Dritvík**. Hier waren vom 16. bis zum 19. Jh. etwa 60 Fischerboote stationiert. Der schwarze Sand ist mit verrostetem Metall von dem englischen Trawler *Eding* übersät, der 1948 hier zerschellte. In der Nähe des Parkplatzes gibt es mehrere Süßwassertümpel und den Felsbogen **Gatklettur**.

Etwa 2 km südlich von Djúpalón führt ein Pfad hinunter zum raketenförmigen Leuchtturm von **Malariff**. Von dort kann man an den Klippen entlang zu den Gesteinssäulen **Lóndrangar** gehen. Sie recken sich wie gefrorene Lavaspritzer in die Höhe. Den Einheimischen zufolge benutzen Elfen sie als Kirche.

VATNSHELLIR

Das neueste Angebot im Nationalpark sind die sehr beliebten Rangertouren durch die **Vatnshellir** (Wasserhöhlen; ☎665 2818; Touren 2000 ISK). Die Touren finden vom 10. Juni bis 22. August viermal täglich statt (um 10, 11.30, 14 und 15.30 Uhr). Sie dauern etwa eine Stunde und führen in eine intakte Lavaröhre 32 m unter der Erdoberfläche. Nach Betreten der ersten Spalte führt der Ranger durch einen Korridor – der dem Mittelgang in einer Kathedrale gleicht – bis zu einer zweiten Spalte. Die Führer erläutern die faszinierenden geologischen Phänomene und erzählen auch etwas über die Trolllegenden der Region. Frühzeitige Buchung im Gestastofa in Hellnar wird dringend empfohlen, da die Teilnehmerzahl auf 20 Personen begrenzt ist.

Südliches Snæfellsnes

Hinter dem Gletscher wird die Straße wieder besser und führt im Süden der Halbinsel durch die Dörfer Arnarstapi und Hellnar. Beide sind in interessante, vom Meer geformte Gesteinsformationen eingebettet. Weiter geht's auf dem breiten Küstenstreifen Richtung Osten, vorbei an den riesigen Sandbuchten Breiðavík und Búðavík.

HELLNAR

Der Schutzgeist des Snæfell, Bárður, lebte in Hellnar, einem malerischen Ort an einer felsigen Bucht. Heute ist Hellnar ein winziges Fischerdorf, wo Seevögel kreischen und man regelmäßig Wale sehen kann. An der Küste liegt die Höhle **Baðstofa**, in der eine Menge Vögel nisten. Die **Bárðarlaug** oben an der Hauptstraße soll Bárðurs Schwimmbecken gewesen sein – leider ist das Wasser im Becken heute nicht mehr warm. Uralte Lavaströme ziehen sich mit einem Samtmantel aus Moos bedeckt von den Berghängen Richtung Osten ins aufgewühlte Meer.

Informationen zum Nationalpark Snæfellsjökull gibt es im **Gestastofa** (☎436 6888, 665 2818; Eintritt frei; ⏲20. Mai–10. Sept. 10–17 Uhr). Das Gebäude dient als Informationsbüro, Café (das hübsche Primus Kaffi; Suppe 1090 ISK) und Museum zu Geologie, Geschichte, Menschen, Bräuchen und Natur der Region. Hier können auch die von Rangern geführten Touren durch die Vatnshellir im Nationalpark gebucht werden.

LP TIPP Das **Hótel Hellnar** (☎435 6820; www.hellnar.is; EZ/DZ mit Frühstück ab 130/140 €; ⏲Mai–Sept.; 📶) ist die beste Unterkunft in der Gegend. Das komfortable Haus hat sich jüngst von seinem esoterischen Ruf verabschiedet und bietet nun sonnige Zimmer zu bezahlbaren Preisen. Zur Zeit der Recherche wurde gerade ein neuer Anbau errichtet – sah recht vielversprechend aus. Wer allerdings ständig an seinem iPhone hängen muss, wird hier nicht glücklich: Der Handyempfang ist miserabel und für WLAN-Zugang wird ein ordentlicher Batzen verlangt.

Selbst wenn keine Übernachtung geplant ist, lohnt sich unbedingt ein Abendessen im hauseigenen **Restaurant** (Hauptgerichte 4000–5000 ISK; ⏲Mai–Sept. 18.30–21.30 Uhr). Der schwarze Zackenbarsch und das Lamm sind absolut klasse – und den himmlischen *skyr*-Kuchen nicht vergessen.

Fischsuppe gibt's im idyllischen **Fjöruhúsið** (Fischsuppe 1950 ISK; ⏲Juni–Aug. 10–22 Uhr, April–Mai & Sept.–Okt. kürzere Zeiten), das am Startpunkt des landschaftlich schönen Hellnar-Arnarstapi-Weges liegt und über einen holprigen Steinweg zum Meeresufer hinab zu erreichen ist.

ARNARSTAPI

Die Ansammlung von Sommerhäuschen ist mit Hellnar durch die Hauptstraße und den sehr empfehlenswerten Küstenpfad verbunden. Sie schmiegt sich zwischen die unruhigen arktischen Gewässer und die verwitterten Säulen eines benachbarten

KOLUMBUS, ISLAND & AMERIKA

Natürlich weisen die Isländer gerne darauf hin, dass Christoph Kolumbus Amerika nicht „entdeckt" hat. Und in der Tat nimmt man an, dass Kolumbus 1477 die Halbinsel Snæfellsnes aufgesucht hat, um etwas über die früheren Erkundungsfahrten der Wikinger zu erfahren.

In Island musste Kolumbus zu seiner Überraschung feststellen, dass zu den von den Isländern verehrten Entdeckern eine Frau gehörte, Guðriður Þorbjarnardóttir. Sie wurde vor dem Jahr 1000 in Hellnar geboren (die Stelle, wo der Hof der Familie in Laugabrekka stand, ist heute mit einer schönen Skulptur geschmückt) und litt schon früh unter Fernweh. Sie war nicht nur eine der ersten Europäerinnen, die Vínland erreichten (wahrscheinlich Neufundland in Kanada), sondern sie gebar bei ihrem Aufenthalt dort auch ein Kind, den ersten europäischen Sprössling in Nordamerika! Nachdem ihr Sohn Snorri in Island geheiratet und nach Glaumbær gezogen war, konvertierte Guðriður zum Christentum und machte sich zu einer langen Pilgerfahrt nach Rom auf. Dort traf sie den Papst und erzählte ihm von ihren Erlebnissen am Ende der Welt.

Näheres über Guðriður erzählen die Bücher *Der Weg nach Vinland* von Margaret Elphinstone und *The Far Traveler* von Nancy Marie Brown.

Lavafeldes. Ein kürzlich errichtetes **Denkmal** erinnert mit einer hölzernen Informationstafel und einem witzigen Schild, das die Entfernungen zu wichtigen Städten auf der Welt durch den Mittelpunkt der Erde hindurch angibt, an Jules Verne. Ein zweites trollartiges **Denkmal** steht in Arnarstapi zur Erinnerung an Bárður, den Wächtergeist der Region.

Arnarstapi ist der beste Ausgangspunkt für den Aufstieg auf die Gletschergipfel. Schneemobiltouren auf dem Gletscher werden von **Snjófell** (☎435 6783; www.snjofell.is) angeboten. Die Fahrten im Pistenraupenbus (mit Kettenrädern) über den Gletscher im Sommer kosten pro Person 8500 ISK (mindestens sechs Teilnehmer). Touren mit dem Schneemobil kosten 21 900 ISK pro Person und mit Schneeschlitten für je eine Person (mindestens zwei Teilnehmer) 25 500 ISK. Sie finden von Mitte April bis Anfang September alle zwei Stunden bis Mitternacht statt und dauern etwa 1½ Stunden.

Die Touren beginnen an der Schneegrenze, sodass man auf der holprigen F570 Richtung Gipfel fahren muss. Der Zustand der Straße ist sehr wechselhaft, daher beim Kauf des Tourtickets bei Snjófell nachfragen. Wenn kein eigenes Fahrzeug zur Verfügung steht oder die Straßen in schlechtem Zustand sind, kann ein Kleinbus zum Gipfel gemietet werden (2000 ISK pro Pers.). Der Gipfel sollte immer von Süden (Arnarstapi) bestiegen werden. Der nördliche Teil der Straße F570 (bei Ólafsvík) ist oft gesperrt und mit einem Pkw nicht zu befahren (wichtige Informationen über die F-Straßen s. S. 372).

Wer von Arnarstapi Richtung Gipfel hochfährt, kommt am 526 m hohen Berg **Stapafell** vorbei, wo angeblich das kleine Volk (die Elfen) wohnt. Zu ihren Ehren sind Miniaturhäusergiebel auf die Felsen gemalt. Weiter geht's vorbei an einem eingebrochenen Krater mit merkwürdigen Lavahöhlen, etwa 1,5 km von der Hauptstraße entfernt. Die größte Höhle ist **Sönghellir** (Liederhöhle) mit Graffiti aus dem 18. Jh. – hier sollen Zwergenlieder widerhallen. Wer die Höhle erkunden möchte, muss eine Taschenlampe mitnehmen oder das Blitzlicht seiner Kamera benutzen, um die verschiedenen Inschriften von Besuchern zu lesen. Und nicht schüchtern sein und eine Lieblingsmelodie zum Besten geben!

Snjófell bietet Übernachtungs- und Essmöglichkeiten im **Ferðaþjónustan Snjófell** (☎435 6783; www.snjofell.is, www.hringhotels.is; Stellplatz 1500 ISK, DZ 85 €; ⏲Mitte April–Mitte Sept.) in Arnarstapi. Gäste können draußen auf einem Rasen ihr Zelt aufbauen (keine Duschen!) oder ihren Schlafsack im schmucklosen Gästehaus ausrollen. Auf der Karte im Restaurant mit Grassodendach (Mahlzeiten 1200–4200 ISK) steht vor allem köstlicher Fisch vom Hafen ein Stück weiter die Straße runter.

RAUÐFELDSGJÁ

Hinter dem Berg Stapafell zweigt ein kleiner Weg von der 574 Richtung Osten nach Rauðfeldsgjá ab. Die steile, enge Spalte verschwindet auf mysteriöse Weise in der Klippenwand. Durch die Schlucht fließt ein Bach und man kann zwischen den steilen Felswänden recht weit herumkraxeln.

BREIÐAVÍK & BÚÐAVÍK

Östlich von Hellnar und Arnarstapi führt die Straße 574 an den langen Sandbuchten Breiðavík und Búðavík vorbei. Die windgepeitschten Strände sind mit gelbgrauem Sand bedeckt und laden zu wunderbar

REGENTAGE IN ISLAND

Regentage in Island? Oh ja, davon gibt's viele. Aber durch das Nass sollte man sich die Urlaubsfreude keinesfalls trüben lassen – viele atemberaubende Landschaften sind bei Regen noch spektakulärer, wie z. B. der schöne, 2,5 km lange Wanderweg (ca. 40 Min.) zwischen Hellnar und Arnarstapi. Der schmale Pfad folgt der zerklüfteten Küste und führt durch versteinerte Lavaströme und ausgewaschene Steinhöhlen. Bei stürmischem Wetter peitscht das Wasser durch die Felsbögen wie durch ein Blasloch. Nach der Wanderung laden an beiden Enden des Weges strategisch günstig positionierte Restaurants zu einer Stärkung ein. In Hellnar locken die Fischsuppe im Fjöruhúsið oder der *skyr*-Kuchen (*skyr* ist eine Art Joghurt) im Hótel Hellnar, in Arnarstapi frischer Fisch im Ferðaþjónustan Snjófell.

Die kurze Wanderung ist übrigens auch an sonnigen Tagen absolut super!

ruhigen Spaziergängen ein. Die Region ist auch ein Reiterparadies mit mehrere Stallungen von internationalem Ruf.

An der Bucht Búðavík im verlassenen Fischerdorf Búðir stehen eine atemberaubend einsame Kirche und eines der ersten Luxuslandhotels Islands. Vom Hotel geht ein Weg über das angeblich von Elfen bewohnte Lavafeld Búðahraun zum Krater **Búðaklettur**. Der Überlieferung zufolge führt eine mit Gold und Edelsteinen gepflasterte Lavaröhre unter der Búðahraun bis nach Surtshellir im oberen Borgarfjörður. Die Wanderung zum Krater und zurück dauert etwa drei Stunden.

LP TIPP **Lýsuhólslaug** (Eintritt 550 ISK; Juni–Mitte Aug. 13–20 Uhr) gleich hinter dem Gestüt in Lýsuhóll bietet ein Bad in mineralreichem Wasser. Die Thermalquelle liegt ganz in der Nähe und speist das Bad mit ihrem kohlensäurehaltigen Nass in einer idealen Temperatur von 37 bis 39 °C. Das trübe Grün im Becken sollte nicht erschrecken – dank des eisenreichen Wassers bilden sich reichlich Algen; nach einem 30-minütigen Bad ist die Haut weich wie ein Robbenrücken.

Schlafen & Essen

Die folgenden Empfehlungen sind in der Reihenfolge von West nach Ost aufgelistet. Es gibt noch weitere Unterkünfte in der Gegend, die alle in der Broschüre *The Ideal Holiday* stehen, aber diese hier sind die nettesten.

Hótel Buðir BOUTIQUEHOTEL €€€
(435 6700; www.budir.is; DZ mit Frühstück 30 500–42 500 ISK;) Das windgepeitschte, abgelegene und sehr romantische Hótel Buðir ist ein stilvolles Haus mit dezentem Design und dabei völlig unprätentiös. Hier gibt's Zimmer mit eleganter Einrichtung, DVD-Playern und Plasmabildschirmen. Wer Zimmer 23 ergattert, kann sich in einer frei stehenden Badewanne aalen, die vom Schlafzimmer durch eine Holzwand abgetrennt ist. Den besten Ausblick und einen winzigen Balkon genießen die Gäste in Zimmer 28. Empfehlenswert ist das 5-Gänge-Spezialmenü (10 100 ISK) oder eines der perfekten Fischgerichte.

Lýsuhóll PFERDEHOF €€
(435 6716; www.lysuholl.is; DZ 17 000 ISK;) Pferdefreunde werden sich hier wohlfühlen: Die nette Besitzerin präsentiert am Frühstückstisch stolz ihre Auszeichnungen, ein Hinweis für die Gäste, dass der Süden von Snæfellsnes eines der besten Reiterreviere Islands ist. Selbst wer nicht an einer längeren Reittour teilnimmt, wird eine Übernachtung auf dem Hof genießen – die Reitführer zeigen Gästen gerne die Stallungen oder nehmen sie auf einen kurzen Ausflug mit (2 Std. 8700 ISK). Toll ist auch das Schwimmbad in der Nähe, das von einer plätschernden Thermalquelle gespeist wird.

Gistihúsið Langaholt PENSION €€
(435 6789; www.langaholt.is; Görðum; Zeltplatz pro Pers. 900 ISK, DZ 21 000 ISK;) Das Langaholt ist eine der kuriosesten Unterkünfte: Es ist zugleich Golferparadies, Pension und Restaurant und wird geführt von einem schrägen Typen, der sich ganz in Schwarz kleidet (inklusive Mütze und Schuhe). Die Zimmer sind wie in einem Motel angeordnet (Nr. 120 blickt auf den Gletscher und das Meer) und das Restaurant serviert leckere Meeresfrüchte (Hauptgerichte 1850–5800 ISK). Eine Runde auf dem 9-Loch-Golfplatz kostet 2500 ISK (Schläger werden verliehen). Reservierung empfohlen.

Gistiheimilið Hof PENSION €€
(435 6802; www.gistihof.is; DZ mit Frühstück 17 200 ISK) Das freundliche Haus ein Stück weiter vermietet grasgedeckte Ferienwohnungen mit Küche, Wohnzimmer und Bad, in denen die Zimmer auch einzeln vermietet werden, sowie ein paar gerade neu gebaute Holzhütten. Auf dem Strand bei Ytri-Tunga hat es sich eine Robbenkolonie gemütlich gemacht – die Gäste können selbiges in den Hot Pots tun.

DALIR

Der landschaftlich schöne Korridor zwischen Westisland und den Westfjorden war Schauplatz der *Laxdæla saga*, der beliebtesten isländischen Saga. Sie handelt vom Liebesdreieck zwischen Guðrún Ósvífursdóttir, die als schönste Frau Islands galt, und den Pflegebrüdern Kjartan Ólafsson und Bolli Þorleiksson. Im Verlauf der typischen Sagageschichte wickelte Guðrún beide Männer um den Finger, schmiedete Ränke und intrigierte, bis beide am Ende tot waren – Kjartan wurde von Bolli getötet und Bolli von Kjartans Brüdern. Die meisten Isländer kennen diese Geschichte auswendig und schätzen die Gegend, in der sie spielt, als historisch bedeutsam.

In der Touristeninformation in Búðardalur und im Hotel in Laugar gibt es die hervorragende kostenlose *Dalasýsla Heritage Map*. Wanderer sollten sich die Karten *Vestfirðir & Dalir* (Nr. 6 und 7) besorgen, die man in den meisten regionalen Touristeninformationen bekommen kann (1200–1500 ISK).

Eiríksstaðir

Auf dem Hof Eiríksstaðir, von der Kirche in Stóra-Vatnshorn die Haukadalsá flussabwärts, lebte Eiríkur Rauði (Erik der Rote), Vater von Leifur Eiríksson, der als der erste Europäer gilt, der Amerika einen Besuch abstattete. Von dem ursprünglichen Gehöft sind nur noch vage Umrisse vorhanden, aber es gibt eine eindrucksvolle **Nachbildung** (☎434 1118; www.leif.is; Erw./Kind 1000 ISK/frei; ⌚Juni–Aug. 9–18 Uhr), die eher wie ein primitives Grassodenhaus aussieht. Sie wurde nur mit Materialien und Werkzeugen gebaut, die zur Zeit Eriks zur Verfügung standen. Engagierte Führer in historischer Kleidung schwingen Waffen und erzählen den Besuchern die Geschichte von Erik dem Roten, der später die erste europäische Siedlung auf Grönland gründete.

ABSTECHER: STRASSE 590

Die 100 km lange Piste, die im normalen Pkw befahrbar ist, folgt der spektakulären Küste der oft vergessenen Halbinsel zwischen der Halbinsel Snæfellsnes und den Westfjorden (Abzweig von Straße 60 bei Fellströnd). Windgepeitschte Gehöfte scheinen fest in der Vergangenheit zu verharren und felsige Berge ziehen sich gen Himmel bis hoch zu ihren flachen Granitgipfeln – im Dunst und in der Mitternachtssonne sehen sie aus wie die Mauern einer uneinnehmbaren Steinfestung. Wer hier übernachten möchte, kann sich im **Vogur** (☎894 4396; www.vogur.org; DZ mit Frühstück 154 €) einquartieren; es gibt auch einen Campingplatz in **Á** (☎434 1420) kurz vor **Skarð**, einem einsamen Gehöft, das seit über 1000 Jahren derselben Familie gehört.

Búðardalur

230 EW.

Das winzige Búðardalur wurde in Sagazeiten als Warenumschlagplatz gegründet und lebt heute von Milchwirtschaft und Dienstleistungen. Der Ort ist hübsch an der Mündung der Laxá mit Blick über den Hvammsfjörður gelegen.

In der **Leifsbúð** (☎434 1441; www.dalir.is; ⌚Juni–Aug. Mo–Fr 10.30–18, Sa & So 11–16 Uhr) befinden sich eine Wikingerausstellung, eine Touristeninformation und ein Café. Hier kann auch ein Platz auf dem lokalen **Campingplatz** (Stellplatz pro Pers. 750 ISK; ⌚Juni–Aug.) gebucht werden. Einfache Zimmer vermietet die Pension **Bjarg** (☎434 1644; www.aknet.is/bjarg; Dalbraut 2; DZ 10 000 ISK; 📶). Das zugehörige Restaurant **Villapizza** (Hauptgerichte 1150–2500 ISK; ⌚11–22 Uhr) serviert Grillfleisch, Fisch und Pizza aus dem Bootland.

Der Bus 37/37a verkehrt täglich außer mittwochs und samstags zwischen Reykjavík und Búðardalur (2¾ Std.) und fährt weiter nach Bjarkalundur in den Westfjorden. Er hält an der NI-Tankstelle.

Hjarðarholt

Die Region spielt zwar in vielen der beliebtesten isländischen Sagas eine zentrale Rolle, aber von den originalen Gehöften aus der Sagazeit ist kaum noch etwas erhalten. Es braucht also etwas Phantasie, um sich alles vorzustellen.

Die Hauptattraktion in der Gegend ist Hjarðarholt – das einstige Haus von Kjartan und seinem Vater Ólafur Peacock. Ihr Wikingerhof mit Sagaszenen an den Wänden und einem riesigen Speisesaal für bis 1100 Gäste galt als eines der Wunderwerke der nordischen Welt. Nichts davon blieb erhalten. Es gibt jedoch eine schöne **Kirche** auf dem Gelände und einen tollen Blick auf das Tal darunter, wo die Geschichte der Region begann.

Auf **Höskuldsstaðir**, ganz in der Nähe und ebenfalls an der Laxá gelegen, wurde Hallgerður die Langbeinige (auch die Langhaarige genannt) geboren, die Frau von Gunnar aus Hlíðarendi aus der *Njáls saga*. Zu den anderen wichtigen Nachkommen auf dem Hof gehören Bolli und sein Ziehbruder Kjartan aus der *Laxdæla saga*.

ABSTECHER

ERPSSTAÐIR

Wenn die Kurzen anfangen, „Sind wir bald da?“ zu nörgeln, dann wird es Zeit für eine Pause. **Erpsstaðir** (%843 0357; www.erpsstadir.is; Eintritt zum Kuhstall 800 ISK; ⌚Juni–Mitte Sept. 13–17 Uhr) eignet sich bestens dazu, sich die Beine zu vertreten, besonders wenn man Kinder dabei hat. Dieser Milchbauernhof an der Straße 60 zwischen Búðardalur und der Ringstraße ist ein Paradies für Schleckermäuler und spezialisiert auf köstliche hausgemachte Eiscreme. Geparkt wird an der grauen Scheune. Dann geht's zur Besichtigung des Bauernhofs mit den Kühen und zum Schluss gibt's zur Belohnung eine hausgemachte Kugel *kjaftædi* (was buchstäblich „köstlich“ heißt, aber auch eine gängige Umschreibung für „Scheiße“ ist). Der Hof verkauft auch *skyr* und Käse – lecker ist das komisch geformte *skyr-konfekt* (angeblich ein Euter, sieht aber eher wie ein Zäpfchen aus), eine köstliche Praline aus weißer Sckokolade, gefüllt mit *skyr*. Sie ist der reinste Gaumenkitzel.

Und wer gerne Eis zum Frühstück essen will, kann auf Erpsstaðir auch eine Hütte mieten (ab 17 000 ISK).

Laugar & Umgebung

Weiter nördlich liegt an einem Abzweig von der Straße 590 der Hof **Hvammur**, der eine ganze Reihe prominenter Isländer hervorgebracht hat: z. B. Snorri Sturluson, Autor der *Prosa-Edda*. Der Hof wurde etwa 895 von Auður djúpúðga (Auður der Tiefgründigen) besiedelt. Sie war die Frau des irischen Königs Olaf Godfraidh, der eine kleine Rolle in der *Laxdæla saga* spielte. Zufälligerweise wuchs auch Árni Magnússon in Hvammur auf, der 1728 die meisten Isländersagas in Kopenhagen vor dem Feuer rettete.

Hinter der Abzweigung der 590 liegt das Thermaldorf **Laugar**, in ganz Island bekannt als Geburtsort der schönen Guðrun Ósvífursdóttir aus der *Laxdæla saga*. Nächtigen kann man im freundlichen **Hótel Edda** (☎444 4930; www.hoteledda.is; Sælingsdalur; Stellplatz pro Pers. 900 ISK, DZ mit/ohne Bad 21 900/11 800 ISK; @📶🏊). Das Hotel verfügt über einen neueren Flügel mit überraschend modernen Zimmern, ein älteres Nebengebäude mit Krankenhausflair und Gemeinschaftsbädern sowie über Schlafsackunterkünfte (2400 ISK pro Pers.) in umgebauten Klassenräumen. Außerhalb der Saison dient der Komplex als Ferienheim für isländische Teenager. Das **Restaurant** (Hauptgerichte 2600–4100 ISK; ⌚18–21 Uhr) wird für sein mit Engelwurz gefüttertes Lamm hoch gelobt. Außerdem gibt es hier auch das köstliche Eis aus Erpsstaðir und im Keller ein faszinierendes **Museum** (⌚Eintritt frei; Juni–Aug. 13–18 Uhr) zur Regionalgeschichte. Der Kurator ist ein bemerkenswerter Zeitgenosse, der eine Menge über die großartige Wikingergeschichte Dalirs weiß. Historiker aus der Gegend glauben, **Guðruns Badeteich** gefunden zu haben; er ist nahe dem Eingang des Hotels gut ausgeschildert. In der Ferne liegt auch **Tungustapi**, eine der größten Elfenkirchen Islands.

Die Westfjorde

Inhalt »

Lecker essen

- » Heydalur (S. 181)
- » Simbahöllin (S. 173)
- » Tjöruhúsið (S. 178)
- » Bræðraborg (S. 178)

Schön übernachten

- » Hótel Djúpavík (S. 187)
- » Hótel Laugarhóll (S. 186)
- » Einarshúsið (S. 179)
- » Zelten in Hornstrandir (S. 182)

Auf in die Westfjorde

Die Westfjorde, die wie gigantische Hummerscheren nach dem Polarkreis zu schnappen scheinen, sind landschaftlich wohl der Höhepunkt Islands. Im Süden bilden zerklüftete Felsen und breite Strände den Abschluss und unbefestigte Straßen folgen der gewundenen Küstenlinie, die von winzigen Fischerdörfern gesäumt wird. Dort hält man verbissen an der traditionellen Lebensweise fest. Ein Stück weiter erheben sich Steintürme von den tiefen Tundraflächen. Die Krönung dieser ruhigen Region ist das Wandererparadies Hornstrandir, ohne Zweifel das schönste Fleckchen Erde in der Gegend, mit zahllosen Fjorden und Wanderwegen.

Für eine Reise zu den Westfjorden sollte genügend Zeit eingeplant werden. Die Küstenstraßen an den Fjorden entlang sind kurvenreich und die unbefestigten Passstraßen mit Schlaglöchern übersät. Manchmal kommt man nur frustrierend langsam voran, aber dafür sind die Ausblicke atemberaubend.

Entfernungen (km)

	Patreksfjörður	Þingeyri	Ísafjörður	Hólmavík	Norðurfjörður
Þingeyri	129				
Ísafjörður	175	47			
Hólmavík	234	265	221		
Norðurfjörður	333	348	303	105	
Reykjavík	397	405	450	230	334

SÜDKÜSTE

Die dünn besiedelte Südküste der Westfjorde ist die am wenigsten spektakuläre Küste der Region, sie ist bei Weitem nicht so wild und schön wie die Küstenstraße der Halbinseln weiter nördlich. Die Fährverbindung von Stykkishólmur auf der Halbinsel Snæfellsnes ist aber eine praktische Route in dieses Gebiet.

Reisende, die nicht mit der *Baldur*-Fähre auf die Westfjorde fahren, werden über die historische Region Dalir im Westen Islands anreisen. Wenn die Reiseziele an der Strandir-Küste liegen, ist die asphaltierte Straße nach Hólmavík am besten.

Reykhólar

Reykhólar liegt an der Spitze der nierenförmigen Halbinsel Reykjanes – einem kleinen Geothermalgebiet. Die kleine Stadt ist bereit, als Touristenort voll durchzustarten: In den letzten Jahren sind ein paar Reiseveranstalter und Attraktionen aus dem Boden geschossen. **Eyjasigling** (☎849 6748; www.eyjasigling.is) ist z. B. auf Touren rund um die Inseln des Breiðafjörður spezialisiert. Das Thermalbecken kann man getrost auslassen und sich stattdessen im hiesigen **Algenbad** (☎577 4800; www.sjavarsmidjan.is) einweichen.

Zum **Touristenzentrum** (www.visitreyholarhreppur.is; ⏲Juni–Aug. Mo–Fr 11–17, Sa & So bis 18 Uhr) gehört ein kleines **Museum** (Eintritt 500 ISK) voller sehr alter Boote und ausgestopfter Vögel und die Angestellten informieren über das neue Adlermuseum, das bei unserer Recherche vor Ort gerade gebaut wurde.

Gistiheimilið Álftaland (Reykhólar HI-Hostel; ☎434 7878; www.alftaland.is; EZ 5200 ISK; 📶) erfüllt alle Anforderungen an eine Unterkunft. In den Zimmern ohne viel Schnickschnack übernachtet man in Schlafsäcken, hinten stehen zwei Hot Pots – Becken mit heißem Wasser – und es gibt eine Gästeküche.

BJARKALUNDUR

Auf Straße 60, kurz hinter dem Abzweig nach Reykhólar, liegt das **Hótel Bjarkalundur** (☎434 7762/7863; www.bjarkalundur.is; EZ/DZ inkl. Frühstück 8500/13 500 ISK; ⏲Mai–Okt.), ein großer Bauernhof mit Tankstelle und Restaurant, in dem isländische Küche serviert wird (Hauptgerichte 1550–4000 ISK). Es ist das älteste Sommerhotel des Landes und zudem das inoffizielle Tor zum **Vaðalfjöll**, dem größten „Elfenpalast" in den Westfjorden (das sagt zumindest der Hotelbesitzer).

Busse fahren zwischen Reykjavík und Bjarkalundur (3¾ Std.) über Króksfjarðarnes in Dalir, täglich außer mittwochs und samstags. Es gibt keine Busse zwischen Bjarkalundur und Flókalundur bzw. Brjánslækur.

Djúpadalur

Richtung Westen, 20 km von Bjarkalundur entfernt, liegen die dampfenden Wasserfälle des Geothermalgebietes Djúpadalur. Hier gibt's ein **Thermalhallenbad** (☎434 7853; Erw./Kind 350/100 ISK; ⏲8–23 Uhr) und neun Betten zur Übernachtung im einladenden **Gästehaus Djúpadalur** (☎434 7853). Wer im eigenen Schlafsack übernachtet, zahlt 4000 ISK.

Flókalundur

Nach der mehr als 100 km langen Fahrt durch ein paar unglaublich einsame Fjorde taucht Flókalundur auf, wo die Straße nach Ísafjörður abzweigt oder weiter geradeaus zu den südwestlichen Halbinseln führt. Das 2-Häuser-Dorf Flókalundur ist nach dem Wikinger Hrafna-Flóki Vilgerðarson benannt, der Island 860 seinen Namen gab.

Heute ist das Interessanteste in der Gegend das **Naturreservat Vatnsfjörður**. Es wurde zum Schutz des Gebietes rund um den See Vatnsdalsvatn eingerichtet, eine Niststätte für Kragenenten und Eistaucher. Um den See herum und in die Berge dahinter führen mehrere Wanderwege.

Wanderbroschüren für Vatnsfjörður gibt es im **Hótel Flókalundur** (☎456 2011; www.flokalundur.is; Stellplätze 1100 ISK pro Pers., EZ/DZ inkl. Frühstück 15 200/19 500 ISK; ⏲Mitte Mai–Mitte Sept.), einem in die Jahre gekommenen Holzgebäude im Bungalowstil. Die Zimmer sind klein und mit Holz vertäfelt. In dem annehmbaren Restaurant werden Frühstück, Mittag- und Abendessen aufgetischt. Außerdem kann man in den Pool neben dem Hotel oder in das natürliche Heißwasserbecken namens **Hellulaug** in der Nähe hüpfen. Zur Flut springen die Einheimischen ins eisige Meer und rennen dann zurück zum Schwimmbad, um sich wieder aufzuwärmen – Nachahmen erlaubt.

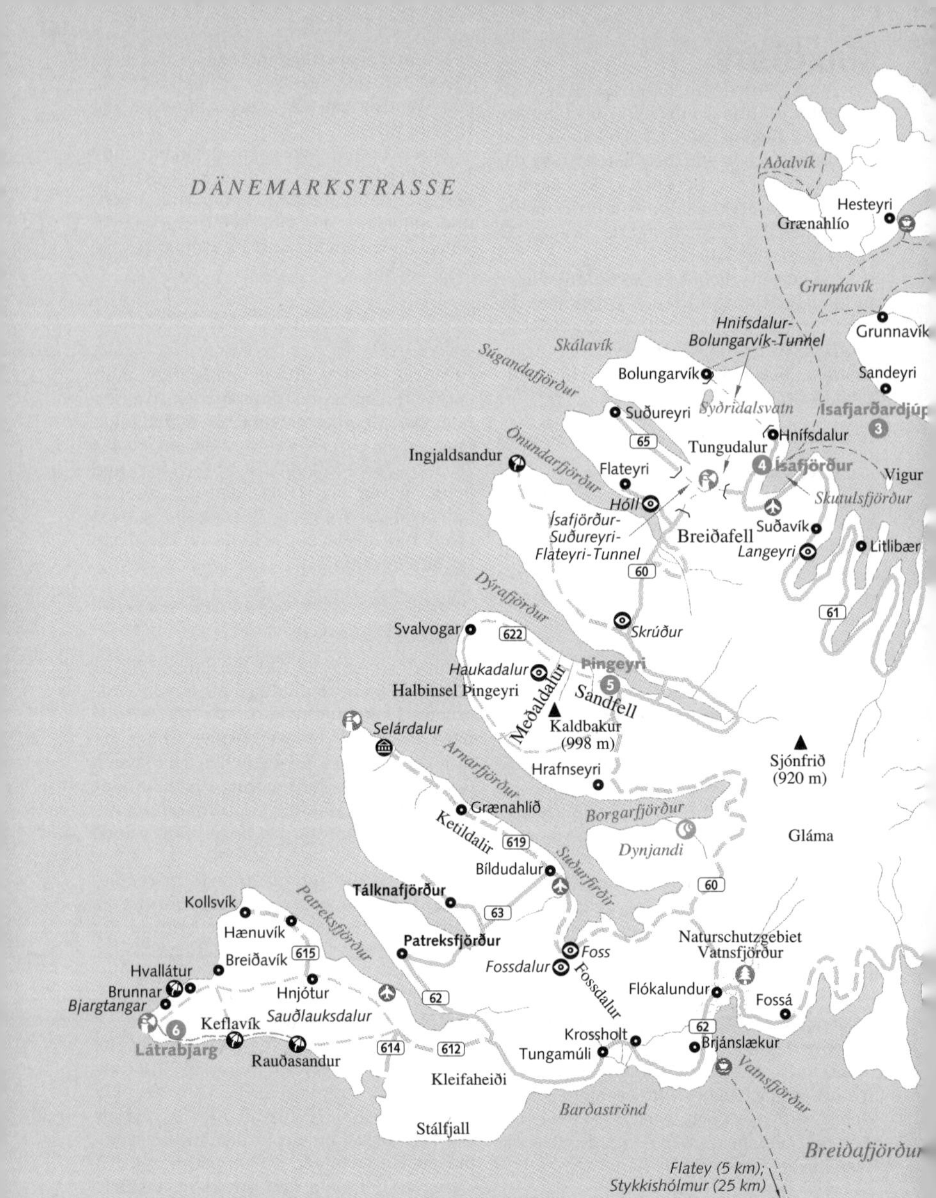

Highlights

1 Sich in einsamen Buchten und nahe der Klippen in Sägezahnform die frische Brise um die Nase wehen lassen – eine Wanderung durch **Hornstrandir** (S. 184) verändert vieles.

2 In der wilden Gelassenheit der **Strandir-Küste** (S. 183) aufgehen und im merkwürdig anziehenden Djúpavík verweilen, um anschließend bei einem Bad ins Wasser von Krossneslaug einzutauchen

3 Auf der Insel Vigur das Duell mit einer Küstenseeschwalbe annehmen und alles über den Polarfuchs lernen oder im wunderschönen **Ísafjarðardjúp** (S. 179) durch stille Minifjorde streichen

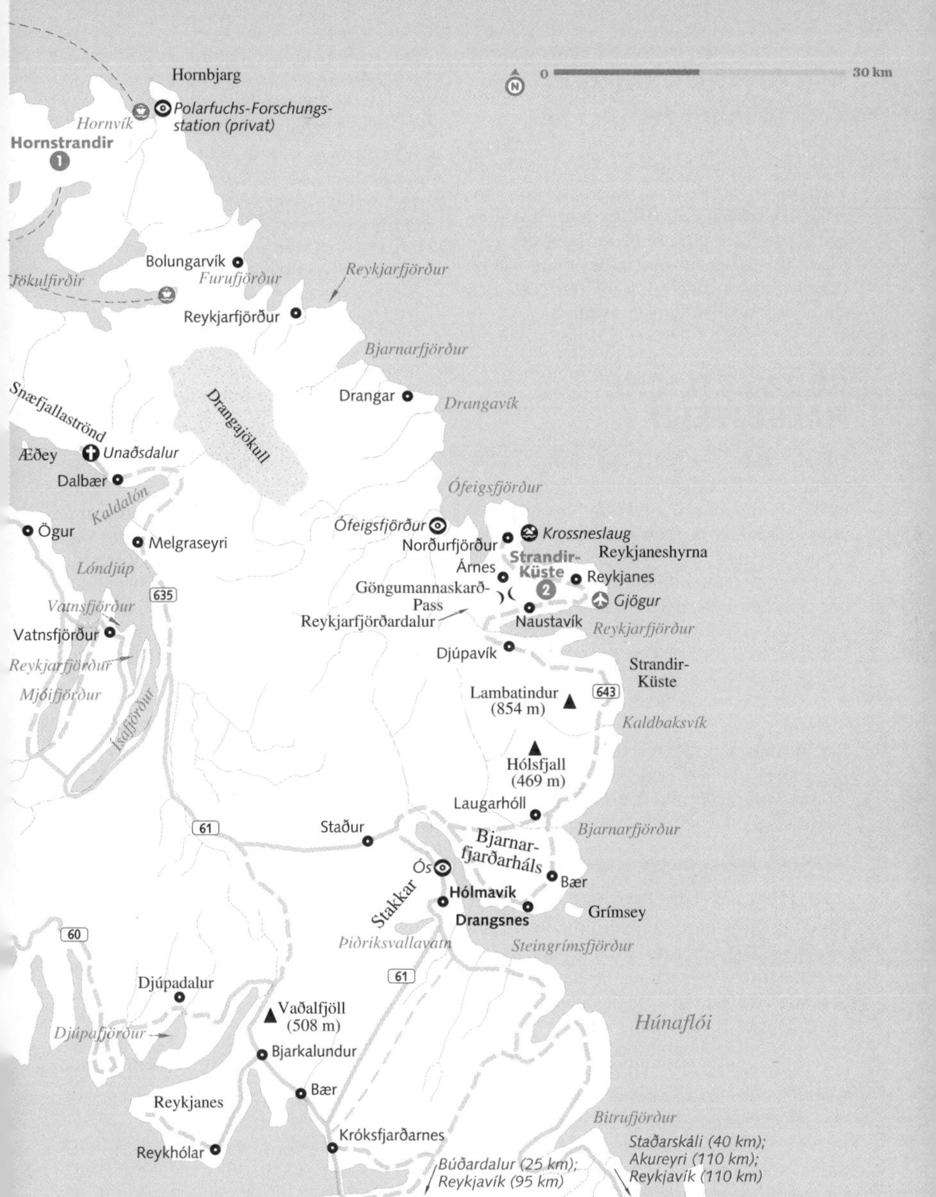

4 Wilden Rhabarber vom Straßenrand pflücken, sich dann in **Ísafjörður** (S. 175) an Bergen von gesalzenem Fisch satt essen und über die überraschend weltoffene Hauptstadt der Westfjorde staunen

5 Mit dem Mountainbike über die einsame Halbinsel kurven, die **Þingeyri** (S. 173) umgibt

6 Gesprächige Seevögel und tollpatschige Papageitauchern in den Klippen von **Látrabjarg** (S. 170) beobachten und die weitläufige, menschenleere Küstenlandschaft genießen

Von Brjánslækur zum Patreksfjörður

Brjánslækur ist nichts weiter als Anlaufstelle der *Baldur*-Fähre von Stykkishólmur. Die Busfahrpläne sind locker an die Fährenzeiten angepasst. Hinter dem Fähranleger verläuft die Straße 62 entlang der sandigen Küste bis zur Spitze des malerischen Patreksfjörður, der an der Grenze zu den südwestlichen Halbinseln liegt.

SÜDWESTLICHE HALBINSELN

Die dreizackförmigen Halbinseln im Südwesten der Westfjorde haben eine spektakuläre Landschaft. Strände, deren Sand zum feinsten Islands zählt, glitzerndes blaues Wasser, steil aufragende Klippen und atemberaubende Berge ziehen sich an den Fjorden entlang und bieten ein phantastisches Terrain für Wanderungen. Das beliebteste Reiseziel der Region ist Látrabjarg, eine 12 km lange Abfolge von Klippen, auf denen im Sommer Abertausende nistender Seevögel zu Hause sind. Die Straßen in dieser praktisch unbewohnten Gegend sind uneben und langsames Fahren ist angezeigt – einmal tief durchatmen, alle kommen an!

Halbinsel Látrabjarg

Die Halbinsel Látrabjarg ist für ihre bildschönen Klippen und ihre reiche Vogelwelt bekannt, aber sie bietet auch einsame Strände und jede Menge Gelegenheiten für ausgedehnte Spaziergänge.

Von Straße 62 geht's auf Straße 612 und am Ende des Fjordes an dem vor sich hin rostenden Rumpf des Fischerbootes *Garðar* vorbei. Die Straße führt an den goldenen Stränden um das Flugfeld von Sauðlauksdalur. Noch einmal 10 km weiter in **Hnjótur** lohnt ein Halt beim unterhaltsamen **Museum** (☎456 1511; www.hnjotur.is; Eintritt 1000 ISK; ⏲Mitte Mai–Mitte Sept. 10–18 Uhr). Die zusammengewürfelte Sammlung enthält abgewrackte Fischerboote und eine Darstellung der Geschichte dieser Region. Im Museumscafé gibt's Sandwiches (650 ISK) und lokale Spezialitäten wie die Eier des Tordalk, die direkt bei den Klippen gesammelt wurden.

Bei **Breiðavík** wird ein umwerfend schöner Sandstrand von felsigen Klippen und türkisfarbenem Wasser eingerahmt. Das idyllische Plätzchen ist sicher einer der besten Strände Islands und normalerweise menschenleer. In **Melanes** darf wild gecampt werden. Wer hier unerwartet doch auf Mitmenschen trifft, kann Richtung Norden nach **Hvallátur** ausweichen. Dort gibt es einen weiteren tollen Strand und in **Brunnar** nebenan kann man hervorragend zelten.

Bald kommen der Leuchtturm von Bjargtangar an Europas westlichstem Punkt (die Azoren nicht mitgerechnet) und die bekannten **Vogelklippen** von Látrabjarg ins Blickfeld. Die spektakulären, zwischen 40 und 400 m hohen Klippen erstrecken sich über eine Länge von 12 km. Im Frühsommer werden sie von nistenden Vögeln belagert und sind selbst für den widerstrebendsten Vogelverächter ein Erlebnis. Von Juni bis Mitte August nisten hier zahlreiche Papageitauchern, Tordalken, Trottellummen, Kormorane, Eissturmvögel, Seemöwen und Dreizehenmöwen. Besonders die Papageitauchern sind unglaublich zahm, manche lassen einen ganz nah an sich heran. An klaren Tagen liegen auf den Schären um den Leuchtturm herum sonnenbadende Seehunde.

Östlich der Klippen (vom Leuchtturm etwa 20 km über einen Küstenpfad) erstreckt sich in Schattierungen von tiefem Rosa und Rot der atemberaubende Strand **Rauðisandur**. Hinter dem von der Brandung bestürmten Strand liegt eine große Lagune – ein außergewöhnlich schöner und ruhiger Ort. Um mit dem Auto hierher zu gelangen, muss man auf Straße 612 Richtung Fjordende zurückfahren, dann ein Stückchen hinter dem Flugfeld von Sauðlauksdalur rechts auf die 614 abbiegen und dem holprigen Weg etwa 10 km folgen.

Geführte Touren

Umfar (☎892 9227; www.umfar.is) organisiert Vogelbeobachtungen und Wanderungen. Der Tourenanbieter hat seinen Sitz im nahen Patreksfjörður, man kann sich aber auch gleich bei den Klippen mit den fachkundigen Guides treffen.

Schlafen & Essen

Breiðavík PENSION €€
(☎456 1575; www.breidavik.is; Stellplätze 1700 ISK pro Pers., DZ mit/ohne Bad inkl. Frühstück 25 500/17 500 ISK; ⏲Mai–Sept.) Ein tolles Ter-

rain zum wild Campen ist Melanes, die netteste „richtige" Unterkunft ist aber Breiðavík nahe dem gleichnamigen, unglaublich schönen, cremefarbenen Strand. In den heimeligen Zimmern der großen Pension liegen Steppdecken, das Mobiliar ist wackelig. Wer im Schlafsack übernachtet, zahlt 4750 ISK (pro Pers.). Bei den Angestellten können Quad-Touren auf einem menschenleeren Strand gebucht werden (10 000 ISK pro Pers.).

Kirkjuvammur CAFÉ €
(⏲Mitte Juni–Aug. 13–18 Uhr) Das kleine Café auf dem Rauðasandur-Strand heißt zwar Kirkjuvammur, die Einheimischen sagen aber meist nur „das französische Café" wegen des hübschen importierten Mobiliars. Bei Ebbe kann man einen Spaziergang bis zum Riff unternehmen.

An- & Weiterreise

Südlich von Patreksfjörður führt die Straße 62 durch die Kleifaheiði über den Bergkamm zur Südküste, während die 612 nach Westen zum Ende der Halbinsel Látrabjarg führt.

Von Juni bis August fahren montags, mittwochs und samstags Busse von Ísafjörður auf ihrem Weg von und nach Brjánslækur (von wo aus die *Baldur*-Fähre nach Stykkishólmur ablegt) über Látrabjarg. Die Busse halten für zwei Stunden an den Klippen, sodass genügend Zeit für Erkundungen ist.

Patreksfjörður

620 EW.

Obwohl Patreksfjörður das größte Dorf in diesem Teil der Westfjorde ist, gibt es hier nur wenig Sehenswertes. Der Ort ist allerdings ein günstiger Ausgangspunkt für Ausflüge auf die Halbinsel Látrabjarg. Der Ort ist nach dem hl. Patrick von Irland benannt, dem geistlichen Vorbild des ersten Siedlers in der Gegend, Örlygur Hrappson.

Bei Redaktionsschluss befand sich ein neuer Ableger der Hotelkette Foss in der alten Dorfmetzgerei im Bau. Außerdem sollen Besucher bald in den Genuss einer frisch eröffneten Campinganlage am Ortseingang kommen. Zwei Cafés bieten sich für ein Päuschen an: Das **Piratenhaus** (Sjóræningjahúsið; www.sjoraeningjar.is; Vatneyri; ⏲Juni–Aug. 11–18 Uhr) nimmt eine alte Schiffsmaschinenfabrik ein. Auf den nummerierten Regalen standen einst Kisten mit Bolzen und Schrauben; sie wurden mittlerweile durch Spirituosen und Bücher ersetzt. Kinder können sich mit Brettspielen beschäftigen und verkleiden, während ihre Eltern sich eine Tasse Kaffee oder eine Suppe (950 ISK) genehmigen. Auf den bunten Postern an den Wänden sind berühmte Piratenexpeditionen abgebildet. Im **Stúkurhúsið** (www.stukurhusid.is; Panini 980 ISK; ⏲Juni–Aug. 11–23 Uhr, Mai & Sept. kürzere Öffnungszeiten), einem niedlichen kleinen Haus, werden einfache Sandwiches und Gebäck zubereitet.

Es fahren regelmäßig Busse zwischen Patreksfjörður und Brjánslækur (1¼ Std.), Látrabjarg (2 Std.) und Ísafjörður (2 Std.). Auf Anfrage fährt ein Flughafenbus von Patreksfjörður zum Flughafen in Bíldudalur.

Tálknafjörður

290 EW.

Das von grünen Hügeln, felsigen Gipfeln und einem weiten Fjord umgebene Tálknafjörður ist ein weiteres verschlafenes, aber nettes Dorf inmitten wunderschöner Landschaft. Das **Schwimmbad Tálknafjörður** (Erw./Kind 370/250 ISK; ⏲Juni–Aug. 10–21 Uhr, Sept.–Mai Mo–Fr 8–12 & 16–21, Sa & So 13–18 Uhr) wird von einem Geothermalfeld in der Umgebung gespeist und ist *der* Treffpunkt im Ort. Im Sommer hat das Touristenbüro im Schwimmbad geöffnet. Die entspannten Angestellten sind sehr hilfsbereit und geben z. B. die detaillierte Wanderkarte *Vestfirðir & Dalir* 4 aus (toll ist der 10 km lange, mit Steinhügeln markierte Wanderweg nach Bíldudalur). Komplett unbekannt bei den meisten Touristen ist das mit Beton eingefasste Naturbad in **Pollurinn**, hinterm Schwimmbad 3,8 km über die Straße 617. Ein winziges weißes Schild mit schwarzer Schrift weist den Weg.

Den Stellplatz auf dem **Campingplatz** (Stellplätze 1000 ISK pro Pers.; ⏲Juni–Aug.) mit Waschgelegenheit, Kochmöglichkeiten und Duschen zahlt man im Schwimmbad nebenan. Eine blitzsaubere Schlafgelegenheit für müde Reisende ist **Bjarmaland** (☎891 8038; www.facebook.com/Guesthouse Bjarmaland; Bugatún 8; 📶). Die Übernachtung im eigenen Schlafsack kostet 3000 ISK pro Person.

Der Patreksfjörður-Bíldudalur-„Flughafenbus" fährt nur, wenn Flüge ankommen bzw. starten, und hält auf dem Weg in Tálknafjörður. Informationen gibt es im Schwimmbad.

ABSTECHER

SELÁRDALUR

An der Straße 619 hinter Bíldudalur liegt versteckt das wunderbare Ketildalir (Kesseltal) mit einem seltsamen Museum an der Spitze des Fjords. Der ansässige Künstler Samúel Jónsson verbrachte seine letzten Lebensjahre auf einem entlegenen Hof in Selárdalur und schuf eine Reihe von „naiven" comicartigen Skulpturen. Besucher können sich die Hinterlassenschaft anschauen. Die Ausstellung besteht aus vier Teilen: einem grellen Haus, das Ähnlichkeit mit einer Geburtstagstorte hat, einem Kreis mit Löwen (inspiriert von einer Postkarte der Alhambra), einer Kirche und Samúels Wohnhaus. Besondere Beachtung verdient die Skulptur eines Mannes mit Seehund. Wenn man sie aus der richtigen (bzw. falschen) Perspektive betrachtet, erscheinen die Figuren in einer ziemlich missverständlichen Pose …

Bíldudalur

180 EW.

Das verschlafene Fischerdorf **Bíldudalur** (www.bildudalur.is) ist mit einer besonders malerischen Fjordlage gesegnet. Die wunderschöne stille Bucht wird von hohen Gipfeln überragt. Egal, aus welcher Richtung man anreist, die Szenerie ist atemberaubend.

Bíldudalur wurde im 16. Jh. gegründet und ist heute ein wichtiger Garnelenlieferant (je nachdem, wie der Wind steht, riecht man das auch ein wenig). Die Hauptattraktion ist das **Skrímslasetur-Seeungeheuermuseum** (Eintritt 700 ISK; ⌚11–18 Uhr) gegenüber der Kirche. Für so eine kleine Stadt sind die Multimedia-Ausstellungen über heimische und internationale Seeungeheuerlegenden ziemlich beeindruckend.

Jón, Bíldudalurs Top-Unternehmer, betreibt **Eagle Fjord Tours** (☎894 1684; ab 35 000 ISK pro Gruppe), das auf private Touren spezialisiert ist. Es geht z. B. nach Selárdalur, Hringsdalur (ein Wikingergrab aus dem Jahre 900 n. Chr.), Látrabjarg und zum Dynjandi, zum Hochseefischen oder an Bord eines Schiffs für eine Rundfahrt. Eagle Fjord vermietet auf Anfrage auch komfortable **Apartments** (EZ/DZ 11 000/16 000 ISK; WLAN). Dreigängige Abendmenüs können in der Galeri Dynjandi bestellt werden (sonst gibt es eigentlich nur Fast Food).

Wer aufs Geld achten muss, ist im **Bíldudalur HI-Hostel** (Gistiheimilið Kaupfélagið; ☎456 2100, 860 2100; www.hostel.is; Hafnarbraut 2; EZ/DZ 3650/9350 ISK), das in den 1950ern noch als Supermarkt am Hafen diente, an der richtigen Adresse. Nach hingebungsvoller Renovierung präsentiert es sich als anheimelndes, kleines Hostel mit einfachen, blitzsauberen Zimmern (mit gültigem Jugendherbergsausweis: 600 ISK Rabatt pro Kopf).

Reisende mit Zelt und fahrbarem Untersatz sollten, statt den kostenlosen Platz neben dem Golfplatz zu nehmen, 23 km weiter in Richtung Straße 60 fahren. Der **Bereich zum wild Campen** ist anhand des Hot Pots mit heißem Thermalwasser leicht auszumachen – wir können uns kaum einen besseren Übernachtungsplatz vorstellen.

Eagle Air (☎562 4200; www.ernir.is; Reykjavík Nationales Flugterminal, IS–101 Reykjavík) fliegt von/nach Reykjavík (45. Min.). Online kostet das einfache Ticket 115 €. Auf Bestellung haben die Flüge Anschluss an **Busse** (☎893 2636) von/nach Patreksfjörður mit Halt in Tálknafjörður. In dem kleinen Büro vor Ort können Autos von **Bílaleiga Akureyrar** (www.holdur.is) gemietet werden.

DIE ZENTRALEN HALBINSELN

Dynjandi

Über eine 100 m hohe, breite Gesteinskante am Ende der Bucht von Dynjandivogur ergießt sich der Dynjandi (Fjallfoss), der gewaltigste **Wasserfall** in den Westfjorden und das perfekte Tor zu ihren zentralen Halbinseln. Vom Parkplatz aus kommt man zunächst zu kleineren Fällen, aber es lohnt sich, dem Pfad weiter nach oben zu folgen – bis zum Fuß der riesigen Kaskade, die sich über den Berghang ergießt. Das donnernde Wasser und die Aussicht auf den breiten Fjord sind spektakulär.

Das umliegende Gebiet ist als Naturreservat geschützt. Es gibt einen kostenlosen (aber lauten) Zeltplatz direkt neben den

Fällen. Der Dynjandi ist von der Straße 60 gut ausgeschildert. Hinter dem Wasserfall wird die Straße auf dem Weg in das höher gelegene Terrain der Halbinseln noch eine ganze Spur holpriger.

Þingeyri

300 EW.

Das winzige Dorf im Norden der Halbinsel war der erste Handelsstützpunkt in den Westfjorden, doch heute scheint Þingeyri von der Welt völlig vergessen zu sein. Richtig viel zu sehen ist zwar nicht, aber auf der gesamten Halbinsel gibt es Wandermöglichkeiten, Radrouten und Pfade für gemütliche Ausritte.

Das LP TIPP **Simbahöllin** (www.simbahollin.is; Hauptgerichte 750–2900 ISK; Mitte Juni–Mitte Aug. 10–22 Uhr, Anfang Juni & Ende Aug. kürzere Öffnungszeiten) ist genau die Art gemütliches Café, nach dem man sich seit der Abreise aus Reykjavík gesehnt hat. Die netten Baristas umsorgen die Gäste tagsüber mit belgischen Waffeln und abends, wenn der Wind durch den Fjord fegt, mit bodenständigen Lamm-Tajinen. Das nette Schlupfloch ist auch die richtige Adresse für ein Aktivabenteuer: Man kann hochwertige Mountainbikes leihen (10 000 ISK pro Tag) und einen Ausritt machen, wenn sich genug Interessenten einfinden (8500 ISK für 2 Std.).

Wer am ersten Juliwochenende hier ist, sollte beim örtlichen **Dýrafjarðardagar Wikingerfest** (www.westvikings.info) vorbeischauen. Gefeiert werden das Erbe der hiesigen Wikinger und die Saga des von hier stammenden Gísli Súrsson.

Hinter dem Schwimmbad liegt ein **Campingplatz** (Stellplätze 1200 ISK pro Zelt), die gangbarste Schlafoption ist aber **Við Fjörðinn** (456 8172; www.vidfjordinn.is; Aðalstræti 26; DZ 11 000 ISK). Die Bäder teilt man sich mit anderen Gästen. In den einfachen Zimmern steht zusammengewürfeltes Mobiliar, die Gästeküche ist prima und ein Fernsehzimmer gibt's auch.

Werktags verkehren Zwischen Þingeyri und Ísafjörður (30 Min.) zwei örtliche **Busse** (456 4258). Von Juni bis August fährt jeden Tag ein Bus nach Brjánslækur zur *Baldur*-Fähre nach Stykkishólmur.

HALBINSEL ÞINGEYRI

Die bildschönen nördlichen Gipfel der Halbinsel Þingeyri, die rings um das Örtchen Þingeyri aufragen, werden die „Nordwestalpen" genannt. Da verwundert es kaum, dass die Gegend phantastische Wandermöglichkeiten bereithält.

Man schnappe sich ein Mountainbike und folge der Piste, die Richtung Nordwesten entlang der Ostseite der Halbinsel zum reizvollen **Haukadalur**, einer bedeutenden Wikingerstätte, führt. Wenn die Straße nicht durch Erdrutsche blockiert ist, kann man mit einem Allradfahrzeug um die Spitze der Halbinsel herumfahren, vorbei an Vogelklippen und dem einsamen Leuchtturm von **Svalvogar**. Mit einem normalen Auto schafft man diese Strecke auf keinen Fall.

Landeinwärts bietet der höchste Gipfel der Westfjorde, der **Kaldbakur** (998 m), gute Wandermöglichkeiten. Der steile Pfad zum Gipfel beginnt etwa 2 km westlich von dem Ort Þingeyri an der Straße.

An der Südseite der Halbinsel Þingeyri liegt **Hrafnseyri**. Es ist der Geburtsort von Jón Sigurðsson, dem Vater der isländischen Unabhängigkeit, die das Land am 17. Juni 1811 gewann. Das vollständig renovierte **Museum** (456 8260; www.hrafnseyri.is; Erw./Kind 500 ISK/frei; Mitte Juni–Aug. 10–20 Uhr) von Hrafnseyri beschäftigt sich mit seinem Leben. Hinten durch gelangt man zu einem hübschen Torfhaus

Dýrafjörður & Önundarfjörður

Nördlich von Þingeyri, am Nordufer des Dýrafjörður, befinden sich ein paar wunderschöne breite Täler, an deren Ende eine hübsche Holzkirche steht. Dort ist einer der ältesten botanischen Gärten Islands zu finden, der **Skrúður** (Eintritt frei; rund um die Uhr), der 1905 als Lehrgarten gegründet wurde.

Hinter Skúður, etwa 7 km von Straße 60 entfernt, liegt das **Hótel Núpur** (456 8235; www.hotelnupur.is; Stellplätze 2500 ISK pro Zelt, EZ/DZ ohne Bad inkl. Frühstück 11 500/16 000 ISK). Die Besitzer haben sich mächtig ins Zeug gelegt, um den früheren Schulkomplex in eine schöne Unterkunft zu verwandeln, das Schlafsaal-Design ist aber geblieben. Eine Nacht im Schlafsack kostet 4500 ISK pro Person. Bei unserem Besuch entstanden gerade ein paar En-suite-Zimmer, um auch das mittlere Preissegment zu bedienen.

Hinter dem Hótel Núpur entlang führt die Straße an einem verlassenen Bauernhof vorbei und weiter über den Gipfel im Inneren der zerklüfteten Halbinsel. Es dauert etwa 20 Minuten, bis **Ingjaldsandur** am Ende des Önundarfjörður erreicht ist. Dieser isolierte Strand liegt inmitten eines hübschen Tals und ist der ideale Ort, um der Mitternachtssonne zuzusehen, wie sie am Horizont kurz mit dem Meer flirtet, um sich dann wieder nach oben zum Himmel zu bewegen.

Zurück auf Straße 60 geht's am oberen Ende des Önundarfjörður den Schildern folgend zum Gasthaus **Kirkjuból** (☎456 7679; www.kirkjubol.is; EZ/DZ ab 6400/10 400 ISK; ⊙Juni–Aug.). Die grün-weiße Fassade könnte einen neuen Anstrich gebrauchen, aber im Inneren ist das Gebäude tadellos. Die Einrichtung verbindet ausgesuchte antike Stücke und modernen Komfort.

Ein weiterer Abzweig weiter nördlich (auch mit Kirkjuból ausgeschildert!) führt zum beliebten **Korpudalur HI-Hostel** (Korpudalur Kirkjuból; ☎456 7808, 892 2030; www.korpudalur.is, www.hostel.is; Stellplätze 1000 ISK pro Zelt, B 4200 ISK; ⊙Mitte Mai–Mitte Sept.; 📶). Die unkonventionellen Betreiber, eine tolle Lage, selbst gebackenes Brot zum Frühstück und die brandneuen Hütten hinterm Haus sprechen für diesen 100 Jahre alten Bauernhof. Wanderer finden hier viele landschaftlich schöne Ziele in den umgebenden Hügeln. Es gibt einen Abholservice von Ísafjörður (1500 ISK) und Hostelling-International-Mitglieder zahlen pro Nacht 600 ISK weniger.

Flateyri

300 EW.

Einst eine riesige Versorgungsstation für norwegische Walfänger, ist Flateyri heute ein verschlafenes kleines Nest auf einer Kieslandzunge, die sich in den breiten Önundarfjörður hinauszieht. Für Touristen hat es wenig zu bieten außer natürlich der bildschönen Szenerie und des sogenannten **„Unsinnmuseums"** (☎894 8836; dellusafnid@simnet.is; Eintritt 700 ISK; ⊙Juni–Aug. 11–17 Uhr), das die Privatsammlungen mehrerer Einheimischer beherbergt. Zu sehen sind Hunderte von Stiften, Streichholzschachteln und Modellschiffen – schräg.

An Werktagen verkehren zwischen Ísafjörður und Flateyri (30 Min.) drei **Busse** täglich (☎456 4258). Wer in Flateyri abgeholt werden möchte, sollte vorher anrufen – sonst fährt der Bus eventuell nicht bis ins Dorf.

Suðureyri

350 EW.

Das am Eingang zum 13 km langen Súgandafjörður gelegene Fischerdorf Suðureyri war wegen der abschreckenden Berge lange Zeit isoliert. Jetzt ist das Dorf durch einen 5 km langen Tunnel mit Ísafjörður verbunden und zu neuem Leben erwacht. Touristen werden im Ort herzlich begrüßt.

Das Dorf ist streng traditionell ausgerichtet – die gesamte Fischerei wird mit Angel und Haken betrieben! Die großartigen Tourismuspläne stehen unter der Prämisse, dass die Natur erhalten und die traditionelle Lebensweise nicht verändert, sondern bekannt gemacht wird. Der Ort ist ein wahres Anglerparadies, nirgendwo sonst auf Island ist es so einfach, einen Heilbutt zu fangen.

Es gibt keine offizielle Touristeninformation, am Ortseingang hängen aber Anschlagtafeln mit allen Informationen über die Geschichte der Stadt und ihre aktuellen Bemühungen um einen nachhaltigen Tourismus.

Sehenswertes & Aktivitäten

Wer Einheimische treffen will, muss sich nur zum **Thermalschwimmbad** (Túngata 8; Erw./Kind 510/260 ISK; ⊙Juni–Aug. Mo–Fr 10–20, Sa & So bis 18 Uhr, Sept.–Mai kürzere Öffnungszeiten) begeben.

Fisherman ANGELN

(☎450 9000; www.fisherman.is) Das Projekt Fisherman ermöglicht Besuchern, am Dorfleben teilzunehmen und zu erfahren, wie Fischerfamilien im ländlichen Island leben. Sie können die örtliche Fischfabrik besuchen (11 und 14 Uhr, 1500 ISK), eine Hochseeangeltour machen (2 Std.; 6900 ISK) oder auf richtigen Fischerbooten mit hinaus aufs Meer fahren (24 900 ISK pro Gruppe für einen Nachmittag). Diese Aktivitäten können online oder im Hotel gebucht werden. Wer Lust hat, kann zudem Dorsche in der nahen Lagune füttern. Dabei gibt es einen Trick: einfach einen Stein ins Wasser werfen, dann springen die Fische in Erwartung eines Leckerbissens aus dem Wasser.

Wenn die Zeit (oder das Geld) knapp und ein eigenes Seeabenteuer nicht drin ist, bleibt immer noch der Weg in den Hafen. Zwischen 15 und 17 Uhr fahren die Fischer mit ihren Tagesfängen ein.

Schlafen & Essen

Fisherman Hotel HOTEL €€
(☎450 9000; www.fisherman.is; Aðalgata 14; EZ/DZ 13 900/17 600 ISK; @📶) Das freundliche Hotel hat eher das Flair eines Gästehauses. Es ist kundenorientiert, topmodern und sehr gemütlich und bietet helle Zimmer mit frischer Bettwäsche und Kiefernmobiliar sowie Informationsbroschüren über die Fischgründe der Gegend. Mit Schlafsack kostet die Nacht 4000 ISK pro Person.

Talisman FISCH & MEERESFRÜCHTE €€
(Hauptgerichte 1900–3900 ISK; ⏲Mitte Mai–Mitte Sept. 18–21 Uhr) Dem Fisherman Hotel angeschlossen ist dieses Restaurant mit großen Fenstern, Platzdeckchen und Speisekarteneinbänden aus Fischhäuten. Auf der Karte stehen leckere Gerichte aus lokalen Zutaten, von Meeresfrüchten und Fisch bis hin zu Lamm.

Shoppen

Aus der Kategorie „nutzloses Wissen": Der Gründer der Marke 66° North wurde in Suðueryri geboren, das am 66. Breitengrad liegt - wie sollte es auch anders sein.

Á Milli Fjalla KUNSTHANDWERK
(Aðalgata; ⏲Juli–Aug. Mo–Fr 13–18, Sa & So 13–16 Uhr) Das Sortiment dieser faszinierenden Boutique besteht aus allerlei Handwerk wie Strickwaren, Keramik und einzigartigen Schmuckstücken aus Menschenhaar, die in der Gegend hergestellt werden. Angeblich ist Björk Stammkundin.

An- & Weiterreise

Von Montag bis Freitag verkehren zwischen Ísafjörður und Suðureyri (20 Min.) täglich drei Busse.

Ísafjörður

2540 EW.

Ísafjörður, Drehscheibe der Westfjorde und bei Weitem der größte Ort der Region, ist ein angenehmes, florierendes Städtchen und eine gute Ausgangsstation für Reisende. Es liegt auf einer Kieslandzunge, die in den Skutulsfjörður hinausragt, und ist von steilen Gipfeln und den geheimnisvollen dunklen Gewässern des Fjords umgeben.

Im Zentrum stehen zahlreiche alte Holz- und blechverkleidete Häuser. Viele sind seit dem 18. Jh. unverändert, als es im Hafen von großen Schiffen und norwegischen Walfängern nur so wimmelte. Auch heute ist Ísafjörður ein überraschend bunter Ort mit Menschen verschiedenster Herkunft. Wenn man einige Zeit in den Westfjorden umhergereist ist, hat man in dem Städtchen mit seinen einladenden Cafés und abwechslungsreichen Restaurants den Eindruck, in einer geschäftigen Metropole zu sein.

In den Bergen um den Ort gibt's gute Wandermöglichkeiten, im Winter kann man Ski fahren und im Sommer bringen Boote regelmäßig Wanderer zur abgelegenen Halbinsel Hornstrandir. Eigentlich ist der einzige Nachteil des Städtchens die notwendige lange Anreise. Reisende müssen sich entweder auf holprigen, kurvenreichen Straßen an zahlreichen Fjorden entlangquälen oder einen Furcht einflößenden Flug mit Landung auf einem winzigen Flugfeld in Kauf nehmen. Aber schließlich verdankt der Ort seinen wunderbaren Charakter dem Gegensatz zwischen der abgeschiedenen Lage und der überraschend urbanen Atmosphäre.

ABSTECHER

VIGUR

Der Bauernhof und die Myriaden an Papageitauchernn machen Vigur zu einem beliebten Ziel für Tagesausflügler von Ísafjörður. Die winzige Insel liegt in der Mündung des Hestfjöður und bietet ein herrliches Panorama. Die Attraktionen der Insel sind schnell aufgezählt: einen Spaziergang machen (am besten bei der Windmühle einen Stock mitnehmen und über den Kopf halten – die Küstenseeschwalben sind wild!), Eiderenten treffen und die Kuchen im Café genießen. Das „eheliche Glück", eine Marzipanpraline, ist göttlich und sättigend – besonders nach einer anstrengenden Kajaktour zur Insel. Im winzigen Postamt können Besucher nicht nur ihre Postkarten abschicken, sondern auch eine interessante Eiersammlung bewundern.

West Tours (☎456 5111; www.vesturferdir.is) in Ísafjörður und **Ögur Travel** (☎857 1840; www.ogurtravel.com) in Ögur organisieren Inseltouren.

Ísafjörður

Sehenswertes

Neben dem Museum hat Ísafjörður nur wenig Sehenswürdigkeiten zu bieten. Das **Faktorhúsið** ist eines der ältesten isländischen Kataloghäuser (zusammengebaut mithilfe einer Aufbauanleitung, wie man sie auch von IKEA kennt) – manchmal gibt es hier improvisierten Cafébetrieb. Nur bedingt interessant ist der **Walknochenbogen** aus dem Kieferknochen eines Wals im Park in der Ortsmitte. In der Nähe stehen das interessante **Seefahrerdenkmal** und die moderne **Kirche**, die viel Ähnlichkeit mit einem alten Fotoapparat mit montiertem Blitzlicht hat. Das Altarbild zieren mehr als 100 Tauben; eine jede geht auf das Konto eines Einheimischen und entstand im Rahmen eines gemeinschaftlichen Kunstprojekts.

Westfjorde-Volkskundemuseum MUSEUM
(☎456 3293; Neðstíkaupstaður; Erw./Kind 500 ISK/frei; ⏲Juni Mo–Fr 10–18, Sa & So 13–17 Uhr, Juli & Aug. tgl. 10–17 Uhr) In mehreren alten Holzhäusern am Hafen untergebracht, auf der Nehrung 400 m südlich der Touristeninformation, zeigt dieses Museum Relikte aus der Vergangenheit. Es hat viel Flair: Das schummrig beleuchtete Hauptgebäude, das **Turnhús**, stammt von 1784 und wurde ursprünglich als Lagerhaus benutzt. Im Inneren reist man in alte Zeiten. Jeder erdenkliche Platz ist mit Fischerei- und Seefahrtobjekten, Werkzeugen und Ausrüstung aus Walfangtagen und faszinierenden alten Fotos vom Leben im Ort im Lauf der Jahrhunderte ausgefüllt. Rechts von diesem Gebäude befindet sich das hölzerne **Tjöruhús** (1781), das heute ein nettes Café und Fischrestaurant beherbergt. Zwei weitere Gebäude auf dem Gelände, das **Faktorhús**, 1765 für den Betreiber des Dorfladens errichtet, und die **Krambúd** (1757), ursprünglich ein Lagerhaus, sind heute private Wohnhäuser.

Ísafjörður

Sehenswertes

1	Kirche	B1
2	Seefahrerdenkmal	B1
3	Walknochenbogen	A1

Aktivitäten, Kurse & Touren

	Borea	(siehe 12)
4	Schwimmbad	C2
5	West Tours (Buchungsbüro)	C3

Schlafen

6	Campingplatz	A2
7	Gamla Gistihúsið	C1
8	Gamla Gistihúsið (Nebengebäude)	C1
9	Hótel Edda	A2
10	Hótel Ísafjörður	C3
11	Litla Guesthouse	D2

Essen

12	Bræðraborg	C3
	Edinborg	(siehe 5)
13	Hamraborg	C2
14	Samkaup-Supermarkt	C2
	Thai Koon	(siehe 14)
	Við Pollinn	(siehe 10)
15	Vín Búð	C3

Geführte Touren

Touren ab Ísafjörður führen in erster Linie ins Hornstrandir-Reservat. West Tours und Borea bieten regelmäßige Fährverbindungen in den Park.

Borea BOOTSTOUREN

(☎456 3322; www.borea.is; Aðalstræti 22b) Borea ist ein Abenteuerunternehmen par excellence mit umwerfenden Touren – allein um derentwillen wird man gern wieder in die Westfjorde zurückkehren. Bei den hochwertigen Trips werden oft mehrere Tage an Bord der *Aurora* verbracht. Die für das Clipper Round the World Race gebaute Yacht ist wunderschön anzusehen und das Essen aus der Kombüse gehört zum Besten, was Island zu bieten hat. Das Jahresprogramm (u. a. Expeditionen nach Grönland) steht auf der Webseite. Und was die Hornstrandir-Abenteuer angeht, setzt Borea dieser Tage ordentlich einen drauf: Neben einem regelmäßigen Fährservice ab Bolungarvík werden verschiedene mehrtägige Kajakexkursionen, Skifahren im Frühling und Tageswanderungen mit Guide angeboten. Außerdem wird Kviar ausgiebig genutzt, eine Privathütte in den stillen Hügeln des Reservats. Genaueres auf der Webseite.

West Tours BOOTSTOUREN

(Vesturferðir; ☎456 5111; www.vesturferdir.is) Im selben Gebäude wie die Touristeninformation ist auch der beliebte und professionelle Tourenveranstalter West Tours untergebracht. Das Programm ist unglaublich breit gefächert: Dabei sind Touren nach Vigur und Kajakausflüge, die das ganze Jahr über stattfinden. Tagestrips führen in das verlassene Dorf Hesteyri, umfangreichere Tourenpakete bieten die Möglichkeit, gleich mehrere Tage in Hornstrandir zu verbringen. Fahrrad fahren, Vögel beobachten und kulturelle Angebote sind nur ein paar der weiteren Optionen. Am besten mal im Büro vorbeischauen, wenn man in der Stadt ist – alle Details stehen auf der Webseite.

Schlafen

Zelte können auf dem **Campingplatz** (Stellplatz pro Pers. 1000 ISK; ⏲Juni–Aug.) vom Hotel Edda oder auf dem **Campingplatz** (☎444 4960; Skutulsfjarðarbraut; Stellplatz pro Pers. 1000 ISK; ⏲Mitte Juni–Mitte Aug.) etwas außerhalb der Stadt neben dem malerischen Wasserfall von Tungudalur aufgeschlagen werden. Die letzte Haltestelle des städtischen Busses liegt etwa 1 km von diesem Campingplatz entfernt.

Makellos saubere und voll ausgestattete Apartments im Stadtzentrum vermietet **Gentle Space** (☎892 9282; www.gentlespace.is; Apt. 17 700–19 900 ISK).

Gamla Gistihúsið PENSION €

(Altes Gästehaus; ☎456 4146; www.gistihus.is; Mánagata 5; B/DZ inkl. Frühstück ab 4800/13 000 ISK; @☎) Das exzellente Gästehaus ist hell, freundlich, makellos in Schuss und bietet einfache, behagliche Zimmer mit anheimelndem Flair. Die Doppelzimmer haben keine eigenen Bäder, aber Telefon und Waschbecken. Außerdem gibt es Bademäntel. In einem Nebengebäude ein kurzes Stück die Straße hinunter gibt's eine Gästeküche und modernere Zimmer.

Litla Guesthouse PENSION €

(☎474 1455; www.guesthouselitla.is; Sundstræti 43; EZ/DZ 12 000/14 000 ISK; ☎) Die exzellenten Zimmer des Litla – eines weiteren gemütlichen Gästehauses mit geschmackvoller Einrichtung – warten mit Holzböden, frischer weißer Bettwäsche, kuscheligen Handtüchern und Fernsehern auf. Je zwei Zimmer teilen sich ein Bad und es gibt eine Gästeküche. Bemerkenswert ist das Dschungelwandbild an der Treppe.

Hótel Ísafjörður HOTEL €€

(☎456 4111; www.hotelisafjordur.is; Silfurtorg 2; EZ/DZ inkl. Frühstück ab 22 500/27 500 ISK; @📶) Wer in einem Wörterbuch das Wort „Businesshotel" nachschlägt, findet eine Beschreibung dieses Hotels, und zwar eins zu eins. Es liegt superzentral und die Zimmer in den oberen Etagen gewähren einen netten Blick auf die Blechdächer der Stadt und das Wasser dahinter.

Hótel Edda HOTEL €€

(☎444 4960; www.hoteledda.is; DZ mit/ohne Bad ab 22 900/14 200 ISK; ⏲Juni–Aug.; @📶) Schnörkellose Sommerunterkünfte hält die örtliche Schule bereit. Gäste haben die Wahl zwischen einfachen Schlafsackunterkünften (5000 ISK) in den Klassenräumen und Zimmern mit oder ohne Bad. Ein Wermutstropfen bei den Doppelzimmern mit Bad: Die Atmosphäre erinnert an Krankenhauszimmer. Frühstück kostet 1050 ISK. (Campingplätze werden auch angeboten – mit Duschen.)

Essen

Im Neisti-Zentrum in der Hafnarstræti gibt es einen **Samkaup-Supermarkt** (⏲Mo–Sa 10–20, So 12–20 Uhr), ein billigerer **Bónus-Supermarkt** (⏲9–18 Uhr) befindet sich an der Hauptstraße auf dem Weg in die Stadt hinein (Vorsicht lange Schlangen – es ist der einzige Bónus in den Westfjorden). Gut versorgt ist der Ort mit Bäckereien. Alkoholisches gibt's in der **Vín Búð** (Aðalstræti 20).

Tjöruhúsið ISLÄNDISCH €€

(Teerhaus; Hólgata 10; Hauptgerichte 2000–5000 ISK; ⏲Juni–Sept.) Das auf rustikal getrimmte Sommerrestaurant am Volkskundemuseum bietet einige der besten Fisch- und Meeresfrüchtegerichte der Stadt zu vernünftigen Preisen. Wir empfehlen den *plokkfiskur* (Fischstückchen, Kartoffeln und Zwiebeln) und den Tagesfang, frisch vom Kutter (der Hafen liegt gleich die Straße hinunter).

Bræðraborg CAFÉ €

(www.borea.is; Aðalstræti; Hauptgerichte 550–1190 ISK; ⏲Juni–Aug. Mo–Fr 8–22, Sa & So bis 1 Uhr, Sept.–Mai kürzere Öffnungszeiten; 📶) Das Bræðraborg sieht sich selbst als „Travellercafé", in dem man bei einem gesunden Snack seinen Reiseblog aktualisieren und andere Weltenbummler treffen kann, die frisch aus dem Hornstrandir kommen. Das gemütliche Café ist der Hauptsitz des netten Tourenveranstalters Borea, der auf arktische Abenteuer spezialisiert ist.

Hamraborg FAST FOOD €

(Aðalstræti; Hafnarstraeti 7; Hauptgerichte 1099–1499 ISK; ⏲9–23.30 Uhr) Bei einer nationalen Radioumfrage wurde das Hamraborg zur besten Imbissbude des Landes gewählt. Der Fast-Food-Außenposten ist ein beliebter Treffpunkt der Einheimischen. Hier wird bei einem Béarnaise-Burger der neueste Tratsch diskutiert und im Fernsehen läuft häufig Sport. Viele ausgehungerte Wanderer verschlägt es nach vollendeter Hornstrandir-Mission hierher.

Edinborg ISLÄNDISCH €€

(Aðalstræti 7; Hauptgerichte 1800–3000 ISK) Im selben Gebäude wie die Touristeninformation befindet sich dieses gesellige Lokal, eine praktische Anlaufstelle für Reisende, die Fisch und Lamm aus der Gegend kosten wollen. Als Hefe für das hausgemachte Brot wird abgelaufenes Bier benutzt. Den Besitzern gehört übrigens auch das Hótel Núpur (S. 173).

Við Pollinn ISLÄNDISCH €€

(Silfurtorg 2; Hauptgerichte 2300–4600 ISK) Auch wenn hier alles zu sehr nach IKEA aussieht, bietet das Restaurant des Hotels Ísafjörður eine exzellente lokale Küche. Durch die Fenster haben die Gäste einen tollen Blick auf den Fjord und können vielleicht beobachten, wie gerade ihr nächstes Essen in den Hafen einfährt.

Thai Koon ASIATISCH €€

(Neisti-Zentrum, Hafnarstræti 9; Hauptgerichte 1590–1790 ISK; ⏲Mo–Sa 11.30–21, So 17–21 Uhr) Nach ein paar Wochen Einheitskost kommt einem das kleine Thai-Lokal echt exotisch vor. Obwohl es kein bisschen Flair hat, ist das Essen in Ordnung und die Portionen sind riesig.

Praktische Informationen

Die nette **Touristeninformation** (www.isafjordur.is; Aðalstræti 7; ⏲Juni–Aug. Mo–Fr 8–18, Sa 8.30–14, So 11–14 Uhr, Sept.–Mai kürzere Öffnungszeiten) nimmt das Edinborgarhús (erb. 1907) beim Hafen ein. Es gibt genau einen Computer, den Reisende zehn Minuten lang kostenlos nutzen können. Für die Gepäckaufbewahrung fallen 200 ISK pro Tag an.

An- & Weiterreise

Bus

Alle Busse, die durch die Westfjorde fahren, halten in Ísafjörður. Die Haltestelle liegt an der N1-Tankstelle in der Hafnarstræti. **Regionalbusse** (☎456 4258) fahren montags bis freitags zweimal täglich von Ísafjörður nach Flateyri und Þingeyri und dreimal täglich nach Suðureyri und Bolungarvík.

Da die Stadt ein wichtiges regionales Drehkreuz ist, besteht vielleicht die Möglichkeit, eine Mitfahrgelegenheit zu finden: www.bilfar.is.

Fähre

Im Sommer legen an den Kais in Sundahöfn an der Ostseite der Landenge und auch in Bolungarvík Fähren nach Hornstrandir ab.

Flugzeug

Air Iceland (☎456 3000; www.airiceland.is) hat ein Büro am Flughafen und bietet zwei- oder dreimal am Tag Flüge von/nach Reykjavík. Wer nach Akureyri fliegen möchte, muss in Reykjavík umsteigen.

Ein Zubringerbus fährt etwa 45 Minuten vor den Abflügen zum Flughafen. Er fährt in Bolungarvík ab und hält auch beim Hótel Ísafjörður.

Unterwegs vor Ort

Die Stadtbusse fahren an Werktagen von 7.30 bis 18.30 Uhr (im Winter bis 22.30 Uhr) und verbinden das Stadtzentrum mit Hnífsdalur und Tungudalur. Leihräder gibt's bei **West Tours** (☎456 5111; www.vestur ferdir.is).

Bolungarvík

920 EW.

Bolungarvík hat eine traumhafte Lage an der Spitze des Fjords, ist aber ein verschlafenes, heruntergekommenes Nest. Für Wanderer eignet es sich dennoch gut als Ausgangspunkt für Ausflüge nach Hornstrandir. Für diejenigen, die über Nacht bleiben und etwas essen möchten, gibt es eine gute Unterkunft.

Das in alten Fischerschuppen aus Torf und Stein untergebrachte **Schifffahrtsmuseum Ósvör** (☎892 1616; Erw./Kind 900/600 ISK; ⌚Juni–Aug. 10–17 Uhr) liegt an einer Abzweigung gleich hinter dem Tunnel am Ortseingang. Ein Besuch des Freilichtmuseums lohnt sich. Ein Führer in typischer Fischerkluft aus Schaffell leitet durch das Museum, erklärt die Geschichte der Region und die traditionellen Methoden, Fisch zu pökeln (sein Englisch ist ein bisschen holprig). Die enge Fischerhütte beherbergt interessante alte Gerätschaften und ein traditionelles Ruderboot.

Das **Naturkundemuseum** (www.nabo.is; Vitastíg 3; Erw./Kind 600 ISK /frei; ⌚Juni–Aug. Mo–Fr 9–17, Sa & So 13–17 Uhr) befindet sich in der Einkaufspassage im Ortszentrum. Ein Highlight der umfassenden Sammlung ausgestopfter Tiere und Steine ist ein Eisbär, der von Fischern aus dem Ort getötet wurde, als er vor der Hornstrandir-Küste umherschwamm.

LP TIPP **Einarshúsið** (☎456 7901; www.einarshusid.is; Hafnargata 41; DZ inklusive Frühstück 16 500 ISK) Dieses Gasthaus am Hafen ist die beste Unterkunft mit Restaurant der Stadt. Die Besitzer sind unheimlich nett und kümmern sich rührend um ihre Gäste. Die stürzen sich nach einer mehrtägigen Tour durch Hornstrandir förmlich auf die Gerichte mit Fisch und Meeresfrüchten, z. B. die kräftige Suppe, die ganz frisch zubereitet wird. Geschlafen wird in einem von fünf niedlichen Zimmern treppauf. Deren Dekor erinnert an die Zeit der Jahrhundertwende, in der das Haus gebaut wurde (1902).

Von Juni bis August fahren montags bis freitags drei Busse von Ísafjörður nach Bolungarvík, zwei in die entgegengesetzte Richtung. Im Ort legt Boreas Fähre nach Hornstrandir ab.

Ísafjarðardjúp

Der größte Fjord in der Region, der 75 km lange Ísafjarðardjúp, hat aus der Landmasse der Westfjorde ein großes Stück herausgeschnitten. Die kurvenreiche Straße 61 windet sich auf der Südseite des Fjords an einer Serie kleinerer Fjorde, die sich wie die Zähne eines feinen Kamms aneinanderreihen, entlang von Ísafjörður bis Hólmavík.

SÚÐAVÍK

200 EW.

Östlich von Ísafjörður liegt das kleine Fischerdorf Súðavík, von dem sich beeindruckende Ausblicke über den Fjord nach Hornstrandir bieten. Der Ort selbst besteht aus nicht mehr als einer Reihe heller, kastenartiger Gebäude; dennoch lohnt der Halt für einen Besuch im **Polarfuchszentrum** (☎862 8219; www.arcticfoxcenter.com; Eintritt 800 ISK; ⌚10–22 Uhr; 📶). Im nahe gelegenen Hornstrandir wird der Polarfuchs schon seit einigen Jahren genauer studiert, mit dem beliebten Zentrum wurde der nächste Schritt getan. Die Ausstellung zeigt, wie der Polarfuchs hier in der Gegend mit den Menschen und in der Natur lebt. Nicht vergessen, sich im hübschen Gästebuch mit Fischhauteinband zu verewigen und mit den Füchsen (Waisenkinder!) in dem Pferch draußen zu spielen.

ALS FREIWILLIGER IN DER POLARFUCHS-FORSCHUNGSSTATION

Auf der Suche nach einem Grund, den Aufenthalt auf Island etwas auszudehnen? Schon gefunden: die Polarfuchs-Forschungsstation in den nördlichen Klippen auf der atemberaubenden Halbinsel Hornstrandir – ein Paradies für Fotografen und der Traum eines jeden Naturliebhabers.

Obwohl die Station in Hornbjarg eine private Einrichtung ist, geht es hier ziemlich formlos zu – sie besteht aus ein paar Zelten und einem netten Nebengebäude einige Kilometer entfernt. Forscher und Freiwillige begeben sich jeden Tag auf eine achtstündige Beobachtungstour, während der sie das Verhalten der Füchse, ihre Interaktionen und Ortswechsel festhalten. Die meiste Zeit sitzt und schaut man herum, aber es gibt wohl keine faszinierendere Umgebung, um Natur und Landschaften in sich aufzusaugen. Also warum nicht eine kleine Auszeit vom Reisen nehmen und hier ein wenig aushelfen? Wer Glück hat, wird mit T-Shirt-Wetter belohnt – normalerweise ist es aber recht frisch ...

Es gibt keine Aufnahmebedingungen für das Freiwilligenprogramm – außer vielleicht die Liebe zur Natur! Bewerber, die Biologie, Umweltschutz oder Tourismus studieren, werden aber vorgezogen. Freiwillige sollten mindestens eine Woche bleiben und nicht auf ein festes Rückreisedatum angewiesen sein (die Fähre kann sich auch mal ein, zwei Tage verzögern, wenn das Meer um Hornstrandir besonders unruhig ist). Auch ist die übliche Ausstattung für Outdoorabenteuer nötig: ein Zelt, Wanderstiefel, Thermoschlafsack und Klamotten, die für Minusgrade geeignet sind. Die Forschungsstation sorgt für alles andere (Essen, Transport, zusätzliche Ausrüstung usw.).

Wenn einem die windige Wildnis nicht so liegt, käme eher ein Freiwilligeneinsatz im Hauptquartier im behaglichen Suðavík, in der Nähe von Ísafjörður, infrage. Das **Polarfuchszentrum** (www.arcticfoxcenter.com) gehört zur Universität von Island in Reykjavík und beherbergt eine Ausstellung, die über Leben, Biologie, Geschichte und das turbulente Verhältnis des Polarfuchses zum Pelz jagenden Menschen erzählt. Die Freiwilligen, die hier arbeiten, können eventuell Rettungshunde trainieren und dürfen kostenlos auf dem Gelände zelten.

Das Zentrum liegt im renovierten Bauernhof Eyrardalur, einem der ältesten Gebäude der Gegend. Und auch wenn Füchse nicht zu den eigenen Lieblingstieren gehören, bietet zumindest das **Fox Café** (Suppe 900 ISK) eine gute Gelegenheit für eine Pause in Gesellschaft freundlicher Einheimischer. Wir empfehlen die sättigende Hornstrandir-Suppe mit selbstgebackenem Brot.

Die Betreiber des Zentrums suchen immer begeisterte Freiwillige, die in Súðavík arbeiten und/oder bei der Beobachtungsmission in Hornstrandir mitmachen.

Von Montag bis Samstag verkehrt jeden Tag ein privater Bus von Ísafjörður nach Súðavík (20 Min.). Am Sonntag, Dienstag und Freitag kommen die Busse von Ísafjörður nach Hólmavík durch den Ort.

LITLIBÆR

Litlibær (☎456 4809; hvitanes@isl.is; Eintritt frei; ⏰Juni–Aug.) ist ein kleines Museum mit Café, das sich über einen einsam gelegenen Bauernhof erstreckt. Der Besitzer ist hier geboren und aufgewachsen. Heute umsorgt er erschöpfte Touristen mit leckeren Pfannkuchen und erklärt ihnen, wo die keltischen Ruinen zu finden sind und wo in der Nähe die Robben faulenzen. Wenn man sich den Magen vollgeschlagen hat, geht's zum Verdauen an den Picknicktisch 200 m weiter. Dort liegt ein Fernglas in einer kleinen Kiste, mit dem man die speckigen Viecher beobachten kann.

ÖGUR

Sieben Geschwister stehen hinter **Ögur Travel** (☎857 1840; www.ogurtravel.com; ⏰Mai–Sept.), einem Touranbieter, der maßgeschneiderte Kajaktouren in der Region auf die Beine stellt. Besonders beliebt: die sechs- bis siebenstündige Vigur-Tour (15 000 ISK). Die Landschaft ist unglaublich und man wird einen Großteil der lokalen Vogelfauna sichten können. Bei sehr viel Vorlaufzeit sind auch mehrtägige Exkursionen eine Option (also: weit im Voraus buchen). Ausgangspunkt ist das kleine **Café** (Hauptgerichte 900–2300 ISK; ⏰Juni–Aug.) –

wer aus Ísafjörður kommend ein Feld voller verlassener Autos erreicht hat, ist schon dran vorbeigefahren!

MJÓIFJÖRÐUR & VATNSFJÖRÐUR

LP TIPP **Heydalur** (☎456 4824; www.heydalur.is; Stellplätze 1000 ISK pro Pers., EZ/DZ 10 650/14 850 ISK; 📶) eignet sich perfekt für eine Unterbrechung der Fahrt auf der Straße 61, die der gewellten, von Fjorden durchsetzten Küste ab Suðavík folgt. Am Ende des Mjóifjörður, 11 km abseits der Hauptstraße, gelangt man zu dem Hof, dessen goldige Besitzerin einen Großteil des Tages damit zubringt, allerlei Leckerbissen im hauseigenen Restaurant auf die Teller zu zaubern. Ihr Sohn stemmt derweil zahllose Heimwerkerprojekte; bei unserem Besuch war er gerade mit dem Bau von zehn neuen Zimmern beschäftigt. Die Gäste können Ausritte unternehmen (4500 ISK pro Std.) und Kajak fahren (5000 ISK für 2½ Std.).

Selbst wenn die Übernachtung hier nicht eingeplant ist, sollte auf jeden Fall ein Essen im **Restaurant** (Hauptgerichte 1500–3300 ISK; ⏲8–22 Uhr) drin sein. Bei ausgezeichneten Suppen, selbst gebackenem Brot, Biogemüse aus dem eigenen Garten und den beliebten Lammcurrys und -filets lässt es sich gut entspannen und die Beine langmachen. Auch ein Hallo an den Papagei wird belohnt – er antwortet! Das Restaurant liegt in der umgebauten Scheune. Bei einem Blick nach oben strahlt einen ein wunderschöner Kronleuchter aus grünen, gläsernen Netzschwimmern an, die früher an Fischernetzen befestigt waren.

REYKJARFJÖRÐUR

Am Ende des winzigen Reykjarfjörður liegt das nette, aber sichtbar in die Jahre gekommene **Hótel Reykjanes** (☎456 4844; www.hotelreykjanes.is; Stellplätze 2100 ISK pro Zelt, EZ/DZ 8900/12 000 ISK; @📶), die ehemalige Bezirksschule. Die Zimmer in dem großen, weißen Gebäudekomplex sind kompakt und funktional, die meisten Bäder werden von mehreren Gästen zusammen genutzt. Draußen gibt es ein riesiges **50-Meter-Thermalbecken**, das von einer dampfenden Quelle direkt dahinter erwärmt wird. Wer keinen eigenen Proviant dabeihat, kann sich bekochen lassen (Hauptgerichte 1500–3900 ISK). Ein interessanter Abstecher führt zum **Saltverk Reykjanes**, einem Salzwerk 200 m weiter. Ein weiterer mächtiger Pool liegt versteckt auf einem Hügel. Er ist wohl über 300 Jahre alt.

SNÆFJALLASTRÖND

An der Ostküste des Ísafjarðardjúp führt die unbefestigte Straße 635 Richtung Norden nach **Kaldalón**. Das schöne grüne Tal erstreckt sich bis zum zurückweichenden Gletscher Drangajökull. Bis zur Schneegrenze kann man leicht spazieren, aber wer sich aufs Eis hinauswagt, muss auf gefährliche Spalten achten. Weiter nördlich liegt das 1995 verlassene Snæfjallaströnd. Abenteuerlustige Wanderer können auf der „Poststraße" von der Kirche in Unaðsdalur an der Küste entlang zur Hütte in Grunnavík gehen. Von dort fahren Boote nach Ísafjörður und Hesteyri.

Kurz vor der Kirche von Unaðsdalur liegt **Dalbær** (☎898 9300; www.snjafjallasetur.is/tourism.html; ⏲Mitte Juni–Aug.), ein toller Außenposten in der Wildnis am Rande von Hornstrandir. Der Besitzer arbeitet den Rest des Jahres über in einem Blumenladen in Reykjavík. Seine Rentierkreationen sind legendär. Genaueres zu den Preisen erfährt man telefonisch oder auf der Webseite.

HORNSTRANDIR

Schroffe Berge, steile Klippen und in die Tiefe stürzende Wasserfälle säumen die wunderschöne unbewohnte Halbinsel Hornstrandir am nördlichen Ende der Westfjorde – eines der letzten echten europäischen Wildnisgebiete im unwirtlichsten Teil Islands. Mit ihrem anspruchsvollen Terrain ist die Halbinsel ein phantastisches Ziel für Wanderer. Die Chancen stehen gut, Polarfüchse, Seehunde, Wale und massenhaft Vögel zu entdecken.

Bis in die 1950er-Jahre hinein lebte noch eine Handvoll hartgesottener Bauern in Hornstrandir, aber seit 1975 sind die 580 km² Tundra, Fjorde, Gletscher und alpines Hochland als Nationaldenkmal und Naturreservat geschützt. Dank seiner unglaublich reichen, aber fragilen Vegetation gelten für das Gebiet mit die strengsten Umweltschutzvorschriften Islands.

In Hornstrandir gibt es keine Versorgungsmöglichkeiten. Wanderer müssen auf alle Eventualitäten eingestellt sein. Die Pässe sind steil und man muss die gesamte Ausrüstung mitschleppen. Das Vorwärtskommen kann deshalb mühsamer sein als erwartet. Außerdem sind die meisten Wege nicht markiert – eine gute Karte (*Vestfirðir & Dalir #3*) und GPS sind überlebensnotwendig.

Hornstrandir

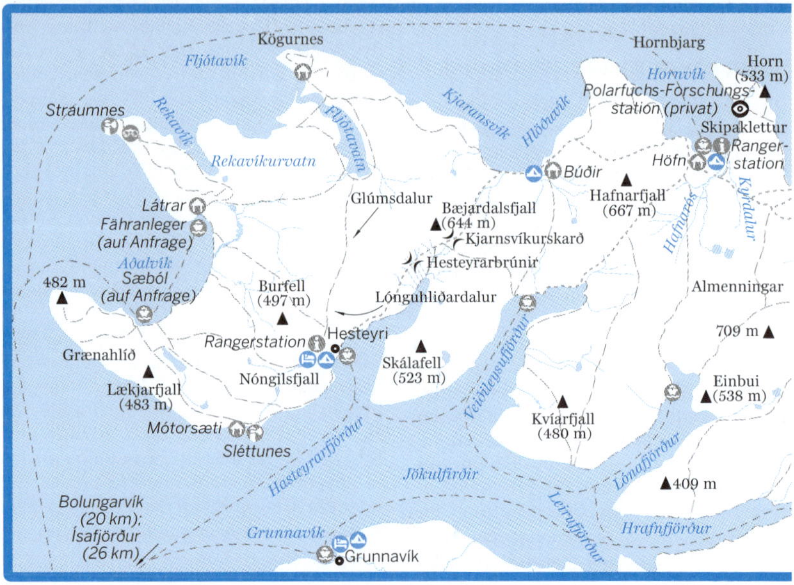

Die beste Reisezeit für Hornstrandir ist im Juli. Außerhalb des Sommers (Mitte Aug.–Ende Juni) sind hier kaum Menschen unterwegs und das Wetter ist wechselhaft. Wer in der Nebensaison reist, sollte auf jeden Fall gut vorausplanen und sich bei den Einheimischen informieren, da sich auf den Pässen riesige Schneeverwehungen mit fast senkrechten Stirnflächen bilden können. An verschiedenen Stellen im Park stehen Nothütten mit Funk- und Heizgeräten für Wanderer, die in plötzlich auftretende Schneestürme oder Stürme geraten. Eventuelle Launen der Natur sollten einen aber nicht davon abhalten, das Gebiet zu erkunden – einfach bei einem lokalen Reiseveranstalter nach den aktuellen Bedingungen fragen, bevor man loszieht. Geführte Touren sind natürlich auch eine Option.

Geführte Touren

Die beiden wichtigsten Veranstalter von Touren (zu Fuß und auf Skiern, im Boot oder Kajak etc.) in die Wildnis der Hornstrandir-Halbinsel sind West Tours und Borea in Ísafjörður (s. S. 177).

Schlafen

In Hornstrandir ist wild Campen kostenlos (den Müll wieder mitnehmen!). Auf Privatgrundstücken mit sanitären Anlagen zahlt man um die 1000 ISK, in Unterkünften ab 2000 ISK aufwärts für eine Nacht im Schlafsack. Im Hauptbereich des Reservats gibt es drei solcher Schlafgelegenheiten: **Hesteyri** (☎456 1123) bietet in einem früheren Arzthaus 18 Personen Platz, die auch mit Kaffee und Pfannkuchen versorgt werden. Das an den Leuchtturm grenzende **Hornbjargsviti** (☎566 6762; www.fi.is) wird von Ferðafélag Íslands (FI) betrieben und **Grunnavík** (☎852 4819; www.grunnavik.is) hat noch mal 20 Schlafplätze. Der Besitzer beheizt das Wasser im Hot Pot mit Feuer und rührt es um, als wollte er ein (Menschen-)Süppchen kochen.

Zwei weitere Schlafsackunterkünfte sind im östlichsten Teil von Hornstrandir zu finden: **Reykjarfjörður** (☎456 7215) und **Bolungarvík** (☎456 7192) sind praktisch für Wanderer auf der Überlandroute von Hornstrandir zum Norðurfjörður. Vom Norðurfjörður sind es drei Tagesmärsche bis zum Reykjarfjörður, bis Bolungarvík noch ein Tag zusätzlich. An den ersten beiden Tagen bieten sich **Ófeigsfjörður** und **Drangar** zum wild Campen an.

An- & Weiterreise

Nach Hornstrandir kommt man mit dem Boot ab Ísafjörður oder von Bolungarvík (regelmäßige Überfahrten von Juni bis Mitte August).

Je nach Zielort kostet die einfache Fahrt 6000 bis 7500 ISK.

West Tours betreibt **Sjóferðir** (☎456 3879; www.sjoferdir.is) in Ísafjörður. Die Boote fahren viermal pro Woche nach Hornvík, fünfmal pro Woche nach Hesteyri und zweimal wöchentlich nach Aðalvík. Mehr Infos unter www.vesturferdir.is.

Borea gehört **Bjarnarnes** (☎696 6565; www.bjarnarnes.is). Abfahrt ist in Bolungarvík. An vier Tagen in der Woche gibt es Verbindungen nach Veiðileysufjörður und Hesteyri. Fahrplan und Preise sind unter www.borea.is/Ferry aufgeführt.

An der Strandir-Küste verkehren keine Boote, man kann aber ins Reservat hineinlaufen. Wer nicht der Küste folgt, sondern durch Fossadalsheiði wandert, braucht volle drei Tage.

STRANDIR-KÜSTE

Die Ostküste der Westfjorde ist dünn besiedelt und friedlich, von Reisenden selten besucht und eine der eindrucksvollsten Regionen Islands. Die Fahrt von der einzigen etwas größeren Ansiedlung Hólmavík vorbei an Fjorden und hohen Bergen Richtung Norden ist rau, wild und sehr lohnenswert. Südlich von Hólmavík erstrecken sich an der abgeschiedenen Küste bis nach Staðarskáli hinunter sanfte wellige Hügel. Hier lässt der plötzlich stärker werdende Verkehr erkennen, dass man wieder auf der Ringstraße mit ihrem Reiseverkehr angekommen ist.

An der Küste verkehren bis nach Hólmavík und Drangsnes Busse, aber wer weiter fahren möchte, braucht ein eigenes Fahrzeug und eine gewisse Abenteuerlust.

Von Staðarskáli nach Hólmavík

Auch wenn die Strecke nicht ganz so spektakulär ist wie weiter im Norden, ist der lange Weg entlang der Straße 68 von Staðarskáli (ehemals Brú) nach Hólmavík über wellige Hügel mit kleinen Bauernhöfen und einsamen Kirchen doch angenehm ländlich. Wenn Schafezählen nicht ermüdend wirkt, ist ein Abstecher ins kleine **Schafzuchtmuseum** (☎451 3324; www.strandir.is/saudfjarsetur; Erw./Kind 700 ISK/frei; ⌚Juni–Aug. 10–18 Uhr) vielleicht ganz interessant. Das Museum zeigt anhand von Fotos und Gebrauchsgegenständen die regionale Bauerngeschichte und bietet mit Schachbrettern und selbstgemachtem Rhabarberkuchen noch weitere Gründe zum Verweilen. Eine nette Unterkunft ist das wie ein Sternenkreuzer gestylte **Broddanes HI-Hostel** (☎618 1830; www.broddanes.is; B/DZ ab 4000/10 000 ISK; 📶) mit Retro-Charme. Es liegt näher an Bitrufjörður an der Straße 68.

Hólmavík

420 EW.

Vom Fischerdorf und Versorgungszentrum Hólmavík bieten sich weite Ausblicke über die stillen Gewässer des Steingrímsfjörður und dann wäre da auch noch ein bizarres Museum für Hexerei. Der Ort eignet sich prima, um die Vorräte aufzufüllen, bevor es in raueres Gelände weiter nördlich geht.

Sehenswertes

Museum für Hexerei und Magie in Island MUSEUM
(☎451 3525; www.galdrasyning.is; Höfðagata 8–10; Erw./Kind 800 ISK/frei; ⌚9–18 Uhr) Die Hauptattraktion von Hólmavík ist das Museum für Hexerei am Hafen. Im Gegensatz zu den bekannteren Hexenprozessen von Salem in den USA waren die verurteilten Hexen auf Island vor allem Männer. Die meisten ihrer okkulten Praktiken waren eigentlich nur alte Wikingertraditionen.

Versteckte *grimoires* (Zauberbücher) und ihre rätselhaften Runen reichten aber häufig als Beweis für die örtlichen Hexenjäger, die 20 Seelen auf den Scheiterhaufen schickten. Das Museum zeigt mehrere *grimoires* (einige wurden noch im 20. Jh. benutzt!), aber auch noch verrücktere Stücke wie den „unsichtbaren Jungen" und die „Leichenhose". Die Ausstellung geht im 2. Stock weiter.

Ein weiterer Museumsbereich ist in dem Torfhaus eines „Zauberers" an der Strandir-Küste im Bjarnarfjörður untergebracht.

WANDERN IN HORNSTRANDIR

Das Wort „Hornstrandir" ist ein Synonym für überwältigende Wanderungen in subarktischen Gefilden. Die Wanderwege ziehen sich über die Halbinsel wie ein Haufen verhedderter Schnürsenkel – wie soll man sich da eine tolle Tour zusammenstellen? Einheimische und Touristen sind sich einig: Das „königliche Horn" (Hornsleið) umfasst die schönsten Ecken des Wanderreservats. Die vier- bis fünftägige Wanderung vom Veiðileysufjörður nach Hesteyri vermittelt einen sehr guten Einblick in die Region und die Etappen können bei schlechtem Wetter problemlos verändert werden. Die Wege sind gut markiert, aber meist sind nur ganz wenige Touristen unterwegs, sodass man die verlassene Landschaft ganz für sich haben kann.

Das Hornsleið

1. Tag: Der erste Tag beginnt mit der Überfahrt von Bolungarvík oder Ísafjörður in den Veiðileysufjöður, einen der örtlichen *jökulfirðir* (Gletscherfjorde). Die Wanderung startet auf einer Straße am unteren Ende des Fjords und folgt einem mit Steinhaufen markierten Pfad den Berg hinauf über die Passstraße. Von dort kann man auf beiden Seiten wieder vom Berg bis zum Campingplatz von Höfn in Hornvík absteigen. Die Wanderung vom Veiðileysufjörður nach Hornvik kann zwischen vier und acht Stunden dauern. Am Campingplatz ist eine Parkstation, in der Wanderer herzlich willkommen sind und nach den aktuellen Wetter- und Wanderbedingungen fragen können.

2. Tag: Die zweite Nacht verbringt man ebenfalls in Hornvík und besucht tagsüber Hornbjarg, eine der schönsten Vogelklippen Islands mit einer artenreichen Flora und Fauna. Alternativ könnte man sich den Leuchtturm Hornbjargsviti und Umgebung ansehen.

3. Tag: Am dritten Tag geht die Wanderung weiter von Hornvík nach Hlöðuvík. Die Strecke ist nur zum Teil markiert; sie führt über einen Gebirgspass und ist relativ leicht zu finden. In Hlöðuvík schlägt man das Ziel am besten auf dem neuen Campingplatz am Hlöðuvíkurós (der Mündung des Flusses Hlöðuvík) auf. Wie schon nach Hornvík führt auch der Weg nach Hlöðuvík gen Norden – also perfekt, um die spektakuläre Mitternachtssonne zu beobachten. Bis nach Hlöðuvík ist man etwa sechs Stunden unterwegs.

4. Tag: Am vierten Tag geht's dann über Kjarnsvíkurskarð (den nächsten Gebirgspass) und Hesteyrarbrúnir nach Hesteyri (Dauer etwa 8 Std.). Hesteyri ist ein altes Dorf, das Mitte des 20. Jhs. verlassen wurde. Mitten in den Engelwurzwiesen liegen noch immer einige gut erhaltene Häuser. In der Nähe des Dorfs stehen die Ruinen einer Walfangstation (erb. um 1900). In dem Café in Hesteryri kann man auf die Fähre zurück nach Bolungarvík oder Ísafjörður warten.

5. Tag: Sollte am letzten Tag keine Fähre fahren, können die Besucher eine weitere Nacht in Heysteri verbringen und noch einen Tag wandern gehen. Südlich des Dorfs befindet sich ein Zeltplatz.

Die Kurzversion

Wer nicht die Zeit oder den Biss für das Hornsleið hat, kann die Fähre zum Veiðileysufjörður nehmen, nach Hornvík wandern, ein oder zwei Nächte dort verbringen und dann zum Lónafjörður hinunterlaufen. Dort legt gegen 19 Uhr ein Boot an. Die Wanderung von Hornvík zum Lónafjörður dauert sechs bis sieben Stunden.

LEICHENHOSEN ...

Von allen merkwürdigen Ausstellungsstücken im isländischen Museum für Hexerei und Magie ist die Plastikkopie der legendären „Leichenhosen" wohl die gruseligste. Die Hosen wurden aus der Haut der Beine und Leistenbeuge eines toten Mannes gemacht. Man glaubte, die Leichenhose bringe dem, der sie trägt, Geld. Der Spender musste allerdings mündlich zugesagt haben, dass sein Körper nach seinem Tod enthäutet werden durfte. Nach seiner Beerdigung musste er dann mitten in der Nacht wieder ausgebuddelt werden und eine magische Rune sowie die Münze einer armen Witwe (ohne mittellose Witwen kommt keine isländische Legende *aus*!) mussten in den Hodensack der Hose gelegt werden.

Die Leichenhosen brachten denjenigen, die sie trugen, unglaublichen Wohlstand – immer wenn Geld gebraucht wurde, konnten sie in den Hodensack greifen und ... voilà! Es gab aber auch einen Haken an der Sache: Wenn man gerade eine Leichenhosen trägt, wenn man stirbt, ist die Seele dazu verdammt, bis ans Ende der Tage über die Erde zu wandeln.

Schlafen & Essen

Wie so oft gibt es einen kleinen Lebensmittelladen, einen Zeltplatz (Stellplätze 900 ISK pro Pers.), einen Swimmingpool und günstige Imbisse an der Tankstelle.

Finna Hótel PENSION €
(☎451 3136; www.finnahotel.is; Borgarbraut 4; DZ ohne Bad 10 600 ISK; @📶) Das nette Finna verteilt sich auf zwei Gebäude. Das zweite heißt Steinhúsið und ist in der Nähe des Museums für Zauberei zu finden. Die Zimmer sind einfach, aber alles ist schön sauber und frisch. Übernachtungen im Schlafsack kosten 4200 ISK pro Person.

Sorcery Cafe CAFÉ €€
(www.galdrasyning.is; Höfðagata 10; Hauptgerichte 1900–2350 ISK; ⌚9–18 Uhr) Regionaltypischer geht's nicht: Die Speisekarte des netten Museumscafés ändert sich täglich. Die Muscheln kommen frisch aus dem Fjord und zum Nachtisch werden wilde Beeren serviert.

Café Riis INTERNATIONAL €€
(Hafnarbraut 39; Hauptgerichte 1550–3990 ISK; ⌚11.30–21 Uhr) Das beliebte Pub-Restaurant liegt in einem historischen Holzgebäude mit Dielenfußboden und geschnitzten magischen Symbolen an der Bar. Gebratene Hühnchenbrust, Papageitauchern und Forelle sind die größten Renner auf der Karte.

Praktische Informationen

Die **Touristeninformation** (☎451 3111; www.holmavik.is/info; Norðurtún 1; ⌚9–18 Uhr) liegt neben dem Schwimmbad im modernen Gemeindezentrum, direkt gegenüber der N1-Tankstelle. Hier gibt es Internetzugang (kostenlos) und die nützlichen Wanderkarten *Vestfirðir & Dalir* #3 und #6 (1200 ISK). **Strandhestar** (www.strandhestar.is) bietet Ausritte für Anfänger und Fortgeschrittene an.

An- & Weiterreise

Von Juni bis August fahren dienstags, freitags und sonntags zwischen Staðarskáli und Hólmavík (2 Std.) Busse. Freitags fährt der Bus von Hólmavík weiter nach Drangsnes (30 Min.). Die Busse von Ísafjörður nach Hólmavík Juni–Aug. So, Di und Fr, 4 Std.) haben Anschluss an die Busse nach Staðarskáli. Von dort gibt es weiter Anschluss nach Reykjavík und Akureyri. Im Winter fährt freitags ein Bus von Reykjavík über Staðarskáli nach Hólmavík.

Drangsnes

80 EW.

Auf der anderen Seite des Fjords gegenüber von Hólmavík liegen Drangsnes (*draungsness* ausgesprochen), ein kleines, entlegenes Dorf mit Ausblick nach Nordisland, und die kleine, unbewohnte Insel **Grímsey**. Die Küste wird von dem bedrohlich wirkenden Felsen **Kerling**, angeblich der Rest einer versteinerten Trolldame, bewacht. Die Felsen in der Bucht neben Grímsey sollen ihren Bullen **Uxi** darstellen.

Auch wenn die bizarren Seefelsen sehr anziehend sind, werden sie doch von den etwas versteckten, kostenlosen, geothermal beheizten **Hot Pots** übertroffen, die entlang der Hauptstraße in die Küstenbefestigung hineingebaut wurden. Nur Adleraugen können das kleine schwimmende Schild ausmachen, das den Weg zu einer Dusche und den drei geometrischen Whirlpools weist; am einfachsten ist es, nach der modernen

Kirche der Stadt Ausschau zu halten – die kleinen Becken liegen direkt gegenüber auf der anderen Straßenseite. In den kälteren Monaten sieht man oft in Bademänteln bekleidete Einheimische zu einem entspannenden After-Work-Bad vorfahren (nicht vergessen: immer erst duschen!). Auch das städtische Schwimmbad **Drangsnes sundlaug** (Erw./Kind 500 ISK/frei; ⌚Mitte Juni–Mitte Aug. 10–21 Uhr, Mitte Aug.–Mitte Juni 11–18 Uhr) hat zwei Hot Pots für den Fall, dass das Wetter an der Küste zu ungemütlich ist.

Neben dem Kerling bietet **Malarhorn** (☎451 3238; www.malarhorn.is; Grundargata 17; DZ 12 300 ISK; 📶) verschiedene Schlafmöglichkeiten an, z. B. in ein paar Kiefernhütten, die durch und durch modern und dabei ausgesprochen gemütlich sind, oder in einem großen Holzhaus mit mehreren Apartments. Die Angestellten organisieren Segeltörns, Hochseefischen und andere Angelausflüge (2000 ISK). Weiterhin finden täglich um 13.30 Uhr dreistündige Touren zur Insel Grímsey mit ihrer quirligen Papageitaucherpopulation statt (Erw./Kind 4600/2000 ISK, mindestens 4 Teilnehmer).

Im **Malarkaffi** (www.malarhorn.is; Grundargata 17; Hauptgerichte 1800–4000 ISK; ⌚11.30–21 Uhr) gibt's Fisch, Hummer und Lamm auf der Veranda mit Fjordblick im 2. Stock.

Der Freitagsbus von Staðarskáli nach Hólmavík fährt weiter bis nach Drangsnes (30 Min.) und kehrt noch am selben Tag wieder um. Nördlich von Drangsnes fährt kein Bus mehr. Wer nach Laugarhóll oder noch weiter nach Norden möchte, braucht ein eigenes Transportmittel.

Bjarnarfjörður

Nördlich von Drangsnes windet sich eine raue Straße um bröckelige Klippen und dramatische Fjorde. Hier verkehren keine öffentlichen Verkehrsmittel und es gibt nur wenige Versorgungsmöglichkeiten. Aber wer mit dem eigenen Fahrzeug hierherkommt, wird mit unglaublicher Stille, großartigen Ausblicken und dem Gefühl absoluter Abgeschiedenheit belohnt. Für alle, die sich für die isländische Sagenwelt interessieren: *Njáls Saga* (S. 117) beginnt hier.

Das LP TIPP **Hótel Laugarhóll** (☎451 3380; www.laugarholl.is; DZ mit/ohne Bad inkl. Frühstück 20 600/16 000 ISK; @📶) in dem ersten Küsteneinschnitt wird von den so ziemlich nettesten Isländern betrieben, die einem unterwegs begegnen werden. Die ehemaligen Lehrer haben einst in eben diesem Gebäude unterrichtet, das zu einem Hotel mit überschaubaren Ausmaßen umgebaut wurde. Die frischen, weißen Decken liegen fein säuberlich gefaltet auf den Betten und in manchen Zimmern hängt auch das eine oder andere Kunstwerk an der Wand. Zur Anlage gehören weiterhin eine kleine Galerie und ein **Thermalbecken** (Eintritt 350 ISK; ⌚Juni–Aug. 8–22 Uhr, Sept.–Mai rund um die Uhr) – das Wasser ist ganz besonders heiß.

In der Nähe des Hotels befindet sich ein altes **künstliches Becken**, das im 11. Jh. von einem Bischof gesegnet wurde und heute ein Nationaldenkmal ist. Das betonierte Becken versorgt das hübsche Geothermalbad in der Nähe. Alle, die dort ein Bad nehmen, entspannen also in heiligem Wasser (zumindest sagen das die Einheimischen). Nur ein paar Schritte weiter liegt das torfbedeckte **Magierhaus** (Eintritt frei; ⌚Juni–Aug. 8–22 Uhr), das zum Hexereimuseum in Hólmavík gehört. Im Hotel können eine Sammlung mit *grimoire*-Übersetzungen und eine Broschüre über das Bauwerk erstanden werden – der Autor lebt in dem gelben Haus am anderen Ende der Straße.

Nördlich des Bjarnafjörður beginnt die Landschaft immer felsiger zu werden und es eröffnen sich tolle Aussichten rüber zur Halbinsel Skagi in Nordisland. Mit dem ers-

DIE TROLLE VON GRÍMSEY

Der Legende nach wurde die Insel Grímsey vor der Küste von Drangsnes von bösen Trollen geschaffen, die jetzt in Drangsnes zu Felsen versteinert sind. Die Trolle wollten die Westfjorde vom Festland lösen und beschlossen, einen Graben quer über die Halbinsel zu graben. Leider waren sie so in ihre Arbeit vertieft, dass sie nicht bemerkten, wie die Sonne aufging. Als die ersten Sonnenstrahlen am Horizont erschienen, wurden die zwei Trolle am Westende des Grabens, am Kollafjörður, in Steine verwandelt. Die Trollfrau auf der Ostseite konnte beinahe entkommen, aber als sie sich umdrehte, um zu fliehen, sah sie, dass ihr Bulle auf der neu geschaffenen Insel Grímsey abgeschnitten war. Als die Sonne plötzlich auftauchte, wurde auch sie zu Stein – auf ewig auf ihren verlorenen Bullen schauend.

ten Schnee im Herbst wird die Straße oft gesperrt und dann bis zum Frühjahr unter Umständen nicht mehr geöffnet. Wer in den kälteren Monaten unterwegs ist, sollte sich vor Ort über die aktuellen Bedingungen informieren.

Bei der Bucht **Kaldbaksvík** ziehen sich die steilen Hänge eines breiten Fjords hinunter zu einem kleinen Anglersee, der die umliegenden Berge still widerspiegelt. Gleich hinter dem See führt ein 4 km langer Pfad zum Gipfel des felsigen Lambatindur (854 m). An dieser Straße fällt das viele Treibholz auf, das sich am Ufer auftürmt – das meiste ist über das Nordpolarmeer von Sibirien angeschwemmt worden.

Reykjarfjörður

Unter einer steilen Felswand am Reykjarfjörður eingezwängt liegt die überraschend bezaubernde Fabrik von **Djúpavík**. Einst war es ein florierendes Zentrum der Heringsverarbeitung, die Gegend wurde aber praktisch aufgegeben, als die Fabrik 1950 schloss. Das Dorf wird von der aufragenden verlassenen Fabrik beherrscht – für diejenigen, die den Weg hierherfinden, ist die Fabrik einer der bemerkenswertesten Orte ihrer Reise.

Schlafen & Essen

LP TIPP Hótel Djúpavík PENSION €
(☎451 4037; www.djupavik.com; DZ ab 6200 ISK; Wi-Fi) Dieser charmante Rückzugsort in den alten Werksunterkünften ist vollgestopft mit Antiquitäten. In einer angenehmen Atmosphäre kommen selbst die nervösesten, gestresstesten Seelen zur Ruhe. Die Hütten und Häuschen neben den Fabrikruinen an einer besonders pittoresken Bucht haben etwas wahrhaft Magisches an sich. Wenn doch bloß die Angestellten genauso charmant wären ...

Zum Hotel gehört ein Restaurant, das ganz okay ist. Dort wird Fisch aus dem Fjord zubereitet. Außerdem gibt es eine Gästeküche für Selbstversorger. **Claus** (www.clausiniceland.com) hat einen Teil des Fabrikgebäudes in eine Kunstausstellung umfunktioniert.

Norðurfjörður

Nördlich von Djúpavík gibt es in **Árnes** zwei interessante Kirchen – eine in traditioneller Holzbauweise und die andere (ziemlich genau gegenüber) mit merkwürdig futuristischen Zügen. Lohnenswert ist auch ein Abstecher in das kleine Museum **Kört** (www.trekyllisvik.is; Árnes 2; Eintritt 750 ISK; ⌚Juni–Aug. 10–18 Uhr), das Kunsthandwerk verkauft, Informationen über die Gegend bietet und Ausstellungsstücke aus Fischerei und Landwirtschaft sowie Sammlungen mit allerlei Nippes zeigt. Der **Kistan** (das Wort für „Sarg“) ist ein Gebiet voll schroffer, von Wasser umschlossener Felsen, die Haupthinrichtungsstätte von Zauberern und Hexen in der Region. Die letzte dokumentierte Verbrennung Islands fand hier statt. Der Kistan ist an der Hauptstraße ausgeschildert, am einfachsten ist es aber, jemanden nach dem Weg zu fragen.

Am Ende einer langen, holprigen Straße entlang der Strandir-Küste klammert sich das kleine Fischernest **Norðurfjörður** ans Ufer. Es hat ein Café, eine Tankstelle und ein paar Pensionen und ist die letzte Versorgungsmöglichkeit vor Hornstrandir.

Das Thermalbecken **LP TIPP Krossneslaug** (Eintritt 450 ISK) liegt an einer unbefestigten Piste ca. 3 km hinter Norðurfjörður, gleichsam am Rande des Universums an einem wilden Strand mit schwarzen Kieseln. Der Anblick der Mitternachtssonne über den Wellen am Ufer ist unglaublich.

Schlafen & Essen

Urðartindur PENSION €
(☎843 8110; www.urdartindur.is; DZ 14 000 ISK; ⌚Mai–Sept.) Diese Unterkunft an einem schwarzen Sandstrand besteht aus vier Pensionszimmern und zwei Hütten (je 17 000 ISK) für bis zu vier Personen mit ungehindertem Blick auf den Fjord. Eine Gästeküche gibt es auch. Arinbjörn, der liebenswerte Besitzer, gibt gern Tipps zu dem „geheimen“ Spazierweg zu einem versteckt gelegenen See. Eine Nacht im Schlafsack kostet 5000 ISK pro Person.

Bergistangi HOSTEL €
(☎451 4003; gunnsteinn@simnet.is; DZ 8600 ISK) Prima für Gäste mit Schlafsack (3000 ISK pro Pers.) ist dieses nette Hostel auf dem Hügel. Man blickt auf den Hafen und kann die Gästeküche nutzen. Unlängst haben die Besitzer das alte Schlachthaus zu ein paar ordentlichen zusätzlichen Mehrbettzimmern umgebaut.

Kaffi Norðurfjörður NORDISCH €€
(Gamla Verbúðin; Hauptgerichte 1500–3000 ISK; ⌚11–21 Uhr; ⌚Ende Mai–Ende Aug.; Wi-Fi) Das Essen wird einem nicht auf ewig im Gedächt-

nis bleiben, doch der Blick auf den Fjord ist großartig, die Besitzer halten gern ein Pläuschchen und man kann in der Ecke alte Schallplatten auflegen.

An- & Weiterreise

Flugzeug

Es fahren zwar keine Busse nach Norðurfjörður, aber Piloten von **Eagle Air** (☎562 4200; www.ernir.is; Reykjavík Domestic Airport) chartern Maschinen von Reykjavík nach Gjögur, 16 km südöstlich von Norðurfjörður, im Sommer immer montags und im Winter montags und donnerstags. Der Flug dauert 50 Minuten.

Schiff/Fähre

Es gibt keine Fährverbindungen mehr von Norðurfjörður ins Hornstrandir-Reservat. Man könnte die einheimischen Fischer fragen, ob sie einen auf einem ihrer Boote nach Norden mitnehmen (6000 ISK wären angemessen); das gelingt am ehesten im Sommer montags bis donnerstags zu Anfang des Monats, wenn das monatliche Fischfangsoll noch nicht erreicht ist (danach werden nämlich keine Schiffe mehr hinausgeschickt).

Island: Wunderland der Natur

Feuer & Eis »
Tierwelt sehen »
Hot-Pot-Hopping »
Wandern »

Polarlicht (*Aurora borealis*; S. 37) über Hveragerði

SILVIA OTTE / GETTY IMAGES ©

Feuer & Eis

Island erinnert vielerorts an eine Realität gewordene Fantasywelt: ruhelos rumorende Landschaften aus windgepeitschten Gletschern und drohenden Vulkangipfeln, die jeden Moment feuriges Verderben über die friedlichen Ebenen zu ihren Füßen bringen können.

Vatnajökull

1 Die Eiskönigin der Insel ist die größte Eiskappe Europas und Namensgeberin des größten Nationalparks (S. 302). Eine Schneemobiltour ist ideal, um diese endlose weiße Weite zu erkunden.

Eyjafjallajökull

2 Jeder hat den Namen schon gehört (oder zumindest die Versuche vieler Leute, ihn richtig auszusprechen), nachdem der Übeltäter 2010 riesige Aschewolken spie, die den Flugverkehr in weiten Teilen Europas lahmlegten (S. 119).

Hekla & Katla

3 Wie böse Stiefschwestern aus einem isländischen Gruselmärchen: Die ruhelosen Ungetüme Hekla und Katla (S. 114) in Südisland drohen immer wieder, Dampf, Rauch und Lavaströme auszuspucken, die Gletscher schmelzen und Überschwemmungen auslösen können.

Snæfellsjökull

4 Jules Verne verewigte ihn als Ausgangspunkt seiner *Reise zum Mittelpunkt der Erde* – der markante Eisbuckel der Halbinsel Snæfellsnes (S. 159) ist an klaren Tagen von Reykjavík sichtbar.

Magni & Móði

5 Islands jüngste Vulkankegel (S. 121) entstanden bei Ausbrüchen im Jahr 2010. Wer ein Päckchen *pýlsur* (Würstchen) mit auf den Magni bringt, kann sie in der noch dampfenden Erde ruckzuck garen.

Von oben links im Uhrzeigersinn
1 Svínafellsjökull-Gletscher (S. 294), Vatnajökull
2 Aschewolken nach dem Ausbruch des Eyjafjallajökull (S. 119) 3 Hekla (S. 114) 4 Snæfellsjökull (S. 159)

2

STOCKTREK / RICHARD ROSCOE / GETTY IMAGES ©

3

KRISTJÁNFREYR / GETTY IMAGES ©

1

3

ARCTIC-IMAGES / GETTY IMAGES ©

DIDDI@DIDDISIG.IS / GETTY IMAGES ©

Tierwelt sehen

Islands märchenhafte Natur ist Tummelplatz für Wunderwesen wie Wale, Papageitaucher, Polarfüchse und Robben. Am Straßenrand bekommen Reisende zwar meist nur Schafe, Kühe und Pferde zu sehen, aber es ist ziemlich simpel, sich eine eigene Tiersafari zu organisieren.

Besonders artenreich ist Islands Vogelwelt, vor allem in den warmen Monaten, wenn die Zugvögel zum Brüten kommen. An den Küstenfelsen und auf den Inseln rund ums Land sind dann unvorstellbare Scharen von Meeresvögeln zu sehen. Organisierte Küstenwanderungen führen zu einigen der größten Vogelfelsen der Welt – besonders sehenswert sind die putzigen Papageitaucher (mehr Infos s. S. 37).

Zu den beliebtesten Aktivitäten in Island gehören Walbeobachtungstouren. Das ganze Jahr über (in den kälteren Monaten seltener) schippern Boote Besucher hinaus, um ihnen einen Blick auf die imposanten Meeressäuger zu verschaffen, wenn sie prustend und flossenwedelnd aus der Tiefe auftauchen. Besonders viele Wale (vor allem Zwerg- und Finnwale) gehen in den nördlichen Gewässern bei Húsavík und Akureyri auf Futtersuche. Besucher mit wenig Zeit können auch direkt im Reykjavíker Zentrum aufs Boot klettern. Im Winter pflügen Schwertwale (Orcas) durch das eisige Meer – am besten auf Touren von der Halbinsel Snæfellsnes zu beobachen.

TOPSPOTS FÜR TIERBEOBACHTER

» **Vestmannaeyjar** (S. 134) Die Vogelwelt dieser Inselchen könnte einen kompletten Vogelführer füllen.

» **Borgarfjörður Eystri** (S. 264) Das Papageitaucher-Paradies verspricht ganz persönliche Begegnungen mit den drolligen Flattermännern.

» **Húsavík** (S. 239) Von dem netten Fischerstädtchen, der traditionellen Hochburg der Walbeobachtungen, starten vor allem im Sommer jede Menge Touren.

Von oben links im Uhrzeigersinn

1 Buckelwal, Húsavík (S. 239) **2** Robbe in der Gletscherlagune Jökulsárlón (S. 296) **3** Wiesenpieper, Vestmannaeyjar (S. 134)

Hot-Pot-Hopping

Zwei-Wochen-Tour

Rein in die Badesachen, um der Isländer liebstes Hobby auszukosten: Das Aalen im warmen, mineralreichen Wasser ist eine Wohltat für Körper und Seele. Auf dieser Geothermal-Wallfahrt kann man überall mal die Zehen eintunken.

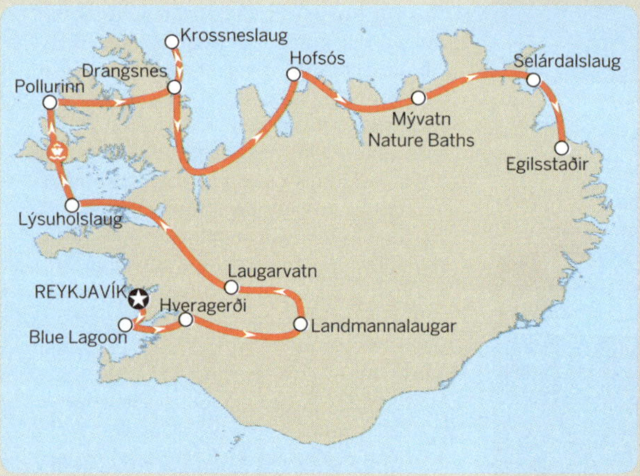

» In **Reykjavík** (S. 44) nutzen die Einheimischen die öffentlichen Bäder zum entspannten Schwimmen und Plauschen.

» Von hier geht es weiter zur **Blauen Lagune** (S. 89), dem Disneyland der Badewelt, um sich das Gesicht mit wohltuender Kieselerde einzuschmieren.

» In **Hveragerði** (S. 106), einem der aktivsten Geothermalgebiete Islands, gibt es genug blubberndes Wasser für alle.

» In **Landmannalaugar** (S. 126) sorgt eine dampfende Quelle für perfekte Erholung nach einer strapaziösen Wanderung.

» Unbedingt lohnenswert ist ein Stopp beim **Laugarvatn Fontana** (S. 101), um das natürliche Geysir-Dampfbad zu erleben.

» Ein ausgiebiges Bad in der Algenbrühe von **Lýsuholslaug** (S. 163) macht die Haut delphinglatt.

» **Pollurinn** (S. 171) bei Tálknafjörður ist ein Lieblingstreff der Einheimischen.

» Leicht zu übersehen sind die warmen Pools von **Drangsnes** (S. 185), die gleich neben der Straße am Ufer liegen.

» Ein unwirklich schönes Badeerlebnis verspricht **Krossneslaug** (S. 187) am steinigen Meeresstrand.

» Das neue Schwimmbecken von **Hofsós** (S. 208) gibt Badegästen das Gefühl, direkt aufs Meer hinauszuschwimmen.

» Das nördliche Gegenstück zur Blauen Lagune ist das **Naturbad Mývatn** (S. 229).

» Als würdiger Abschluss lockt das zwischen grünen Hügeln eingebettete **Selárdalslaug** (S. 252) bei Vopnafjörður. Von **Egilsstaðir** (S. 255) geht der Flieger zurück Reykjavík.

Von oben links im Uhrzeigersinn
1 Becken in Laugardalur (S. 52), Reykjavík 2 Naturbad Mývatn (S. 229) 3 Krossneslaug (S. 187)
4 Entspannung pur in Landmannalaugar (S. 126)

2

IMAGEBROKER / ALAMY ©

3

BRANDON PRESSER ©

Wandern

Die traumhafte Natur eines Landes, in dem jeder Stein eine Geschichte und jeder Pass einen Namen hat, lässt sich am unmittelbarsten und persönlichsten zu Fuß erleben. Von den unendlich vielen Wanderrouten und -revieren der Insel hier nur einige altbewährte Lieblingsziele.

Laugavegur

1 Der absolute Klassiker ist ein unvergessliches Wandererlebnis zwischen karamellfarbenen Dünen, qualmenden Erdspalten und durch wilde Wüste (S. 128); Dauer: zwei bis fünf Tage.

Von Ásbyrgi zum Dettifoss

2 Einen Querschnitt durch Islands geologische Wunderwelt bietet die Route vom Nordende der Jökulsárgljúfur-Schlucht (im Vatnajökull-Nationalpark) hinunter zum größten Wasserfall Europas; Dauer: zwei Tage (S. 247).

Hornstrandir

3 Ein unbeschreibliches Traumland der einsamen Fjorde, Steilküsten unter sattgrünen Wiesen, kreisenden Möwen und vagabundierenden Füchse. Die beliebte Rundwanderung (S. 184) zu den Highlights des Reservats dauert vier bis sechs Tage.

Fimmvörðuháls

4 Nach einer Parade von Wasserfällen geht es zwischen zwei Gletschern hindurch in die wilde Wüste. Hinter vom Ausbruch 2010 noch dampfenden Steinen führt der Weg ins blühende Tal von Þórsmörk; Dauer: ein bis zwei Tage (S. 121).

Kerlingarfjöll-Rundweg

5 Die bislang wenig begangene Route durchs Landesinnere eröffnet Postkartenpanoramen, die mit denen des beliebten Laugavegur durchaus mithalten können; Dauer: zwei bis drei Tage (S. 309).

Von oben links im Uhrzeigersinn
1 Querung einer Spalte auf der Laugavegur-Route (S. 128) 2 Dettifoss (S. 249), Jökulsárgljúfur

Nordisland

Inhalt »

Gut essen

- » Pallurinn (S. 242)
- » Geitafell (S. 201)
- » Hannes Boy (S. 210)
- » Vogafjós (S. 234)
- » Lónkot (S. 208)

Schön übernachten

- » Skjaldarvík (S. 221)
- » Dalvík HI Hostel (S. 212)
- » Ytra Lón HI Hostel (S. 251)
- » Sæluhús (S. 223)
- » Gamla Posthúsið (S. 205)

Auf nach Nordisland

Der unendliche, faszinierende Norden ist ein Paradies für Geologen. An Mondlandschaften erinnernde Lavafelder, blubbernde Schlammtöpfe, tosende Wasserfälle, Schneegipfel und Buchten voller Wale – hier zeigt Island, was es drauf hat. Unter der Erdoberfläche brodelt es, und diese vulkanische Aktivität hat bei fast allen touristischen Highlights mitgemischt.

Hier warten unzählige Attraktionen: das kleine Akureyri mit erstaunlich großstädtischem Flair, windgepeitschte Fjordufer, an denen stämmige Islandpferde grasen, Fischerdörfer, die sich abseits jeder Teerstraße beharrlich durchkämpfen. Vor der Küste bezaubern die von Vogelkolonien (und einigen zähen Isländern) bevölkerten Inseln, ein paar Halbinseln strecken ihre Finger in Richtung Polarkreis aus, Wildwasserläufe versprechen den ultimativen Adrenalinkick und die Wanderwege des Nationalparks führen zu unvergleichlichen Aussichtspunkten. Wintersportler können sich auf unbekannten und entsprechend leeren Skipisten austoben und angesichts der Unterwasserschätze nehmen Taucher die eisigen Temperaturen gerne in Kauf.

Entfernungen (km)

	Reykjavík	Akureyri	Siglufjörður	Húsavík	Reykjahlíð (Mývatn)
Akureyri	389				
Siglufjörður	384	76			
Húsavík	476	92	168		
Reykjahlíð (Mývatn)	478	100	176	54	
Þórshöfn	613	235	311	142	172

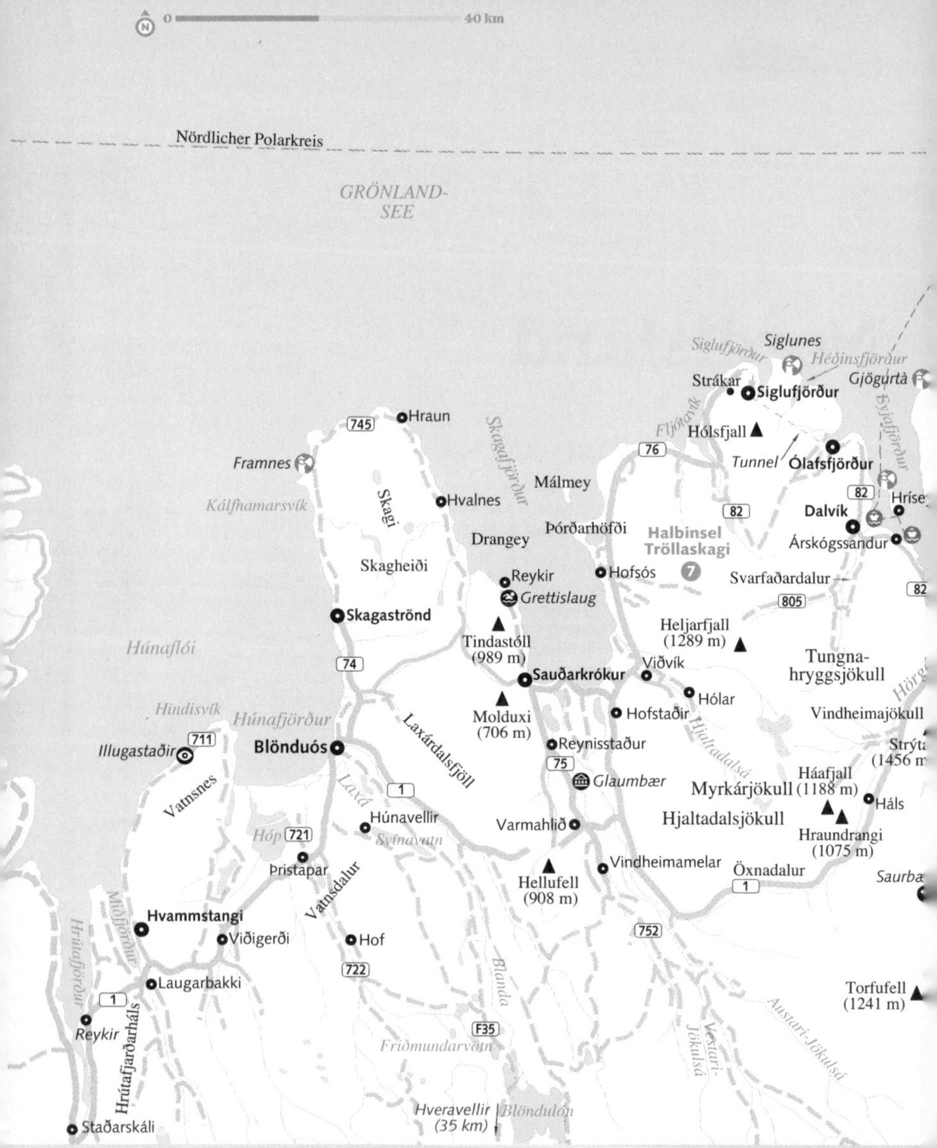

Highlights

1 Auf das nordisländische Nacht- und Stadtleben in **Akureyri** (S. 215) trinken

2 Das einzige Stück Island jenseits des Polarkreises erkunden: die von Seeschwalben und Trollen bevölkerte Insel **Grímsey** (S. 214)

3 Am überirdisch schönen **Mývatn** (S. 228) zwischen Lavaburgen und heimtückischen Erdspalten herumtigern

4 Auf einer Walbeobachtungstour ab **Húsavík** (S. 239) mit angehaltenem Atem die sanften Riesen aus den Wellen auftauchen sehen

5 Sich vorsichtig durch die rostrote Wüste in **Hverir** (S. 237) tasten und dann in der **Krafla** (S. 238) die Lavasplitter unter den Schuhsohlen knirschen lassen

6 Steile Schächte, bizarre Felsformationen und einen mehrstöckigen Canyon im Nationalpark **Jökulsárgljúfur** (S. 245) bestaunen

7 Über die **Halbinsel Tröllaskagi** (S. 207) tigern und dabei unvergleichliche Panoramablicke, schroffe Bergformationen und attraktive Rastplätze genießen

ÖSTLICHER HÚNAFLÓI

Rund um den Húnaflói gibt es zwar nur eine Handvoll winziger Siedlungen, aber dafür lebt in dieser Gegend eine reiche Tierwelt. Wegen der zahlreichen grönländischen Bären, die auf Eisschollen hier an Land gekommen sind, wird die Gegend auch Bärenbucht genannt. Die Landschaft ist sanfter als in den Westfjorden und die niedrigen, baumlosen Berge bieten wilden Schwänen, Schneehühnern, Tauchern und Goldregenpfeifern geeignete Nistmöglichkeiten. Gepflegte Orte, gute Museen und bellende Seehunde sorgen auf dem Weg nach Akureyri für genügend Abwechslung.

Ausführliche Informationen über Sehenswürdigkeiten und Aktivitäten in und um Hvammstangi bietet die Broschüre *Húnaþing vestra*, die es in der Touristeninformation gibt. Der Führer *The Ideal Holiday* (www.farmholidays.is) kennt in dieser Gegend jede Menge gastlicher Bauernhöfe. Die Website www.northwest.is hilft bei der Reiseplanung.

Hrútafjörður

Der kurze Hrútafjörður markiert die Grenze zwischen Nordwestisland und den Westfjorden.

Staðarskáli (das ehemalige Brú) besteht eigentlich nur aus einer Straßenkreuzung und einer geschäftigen N1-Tankstelle mit Cafeteria, wo Motorradfahrer gerne Rast machen.

In **Reykir**, 13 km nördlich von Staðarskáli, waretet das **Byggðasafn** (Erw./Kind 800 ISK/frei; ⌚10–18 Uhr). Zu den Highlights des Heimatmuseums gehören die liebevoll restaurierte Einrichtung eines Wohnhauses aus dem 19. Jh. und das faszinierende, aus Treibholz gezimmerte Haifischfangboot *Ófeigur* von 1875.

Das in Museumsnähe gelegene **Sæberg HI Hostel** (☎894 5504; www.hostel.is; B/DZ ohne Bad 3800/10 000 ISK; ⌚März–Okt.; WLAN) eignet sich als Stopp zwischen Reykjavík und Akureyri. Neben den beiden geothermisch beheizten Hot Pots bietet das gemütliche kleine Hostel zwei einzeln stehende Hütten und atemberaubende Ausblicke. HI-Mitglieder bekommen 600 ISK Rabatt, für Bettwäsche werden 1250 ISK berechnet. Da der nächste Laden 15 km entfernt liegt, empfiehlt es sich, die Vorräte vorher aufzustocken. Auch Camper sind willkommen.

Hvammstangi

580 EW.

Sechs Kilometer nördlich der Ringstraße lockt das angenehm verschlafene Hvammstangi mit seiner größten (wenn nicht einzigen) Attraktion, dem an der Strandpromenade gelegenen **Isländischen Robbenzentrum** (☎451 2345; www.selasetur.is; Erw./Kind 900/650 ISK; ⌚Juni–Mitte Sept. 9–18 Uhr, Mitte Juni–Mitte Aug. bis 21 Uhr). Themenschwerpunkte sind Robbenschutz, traditionelle, aus Robben gewonnene Produkte und Legenden, die sich um Robben ranken. Hilfreiches Extra: Im selben Gebäude gibt's auch eine **Touristeninformation**.

Selasigling (☎897 9900; www.sealwatching.is) bietet Bootstouren an, auf denen sich Robben und andere Naturschätze bewundern lassen. Nach Absprache sind auch Segeltörns in der Mitternachtssonne und Angelausflüge möglich. Die 1¾-stündigen Robbentouren (Erw./Kind 7500/3500 ISK) starten von Juni bis August täglich im Hafen um 10, 13 und 16 Uhr.

Im Hafen ist ohnehin am meisten los: Das kuschelige **Hlaðan Kaffihús** (Brekkugata 2; ⌚Mitte Mai–Aug. Mo–Sa 9–21 Uhr; WLAN) verführt mit Suppen, Sandwiches und Kuchen. Nebenan wartet die Galerie für Kunstgewerbe **Bardúsa** und nicht weit davon ein gut sortierter **KVH-Supermarkt** (⌚Juni–Aug. Mo–Do 9–18, Fr 9–19, Sa 11–18, So 12–16 Uhr, Sept.–Mai kürzer).

Für eine Nacht ist die **Pension Hanna Sigga** (☎451 2407; www.simnet.is/gistihs; Garðavegur 26; EZ/DZ ohne Bad 7400/12 500 ISK) in einer Wohnstraße im Zentrum eine prima Adresse. Die Zimmer sind gut in Schuss, es gibt eine Gästeküche und vor allem ein richtig leckeres, hausgemachtes Frühstück (1600 ISK), das in einer gemütlichen Ecke mit Meerblick serviert wird. Ein Schlafplatz (mit eigenem Schlafsack) kostet 3900 ISK.

Etwas teurer sind die Zimmer im nagelneuen, aus schwarzem Holz gezimmerten **Welcome Hotel Hvammstangi** (☎566 7979; www.greatnorth.is; Norðurbraut 1; Zi. inkl. Frühstück 139 €; ⌚Mai–Sept.; WLAN). Eine Alternative dazu bietet der große, gepflegte **Campingplatz Kirkjuhvammur** (☎899 0008; pro Pers. 1000 ISK; ⌚Mitte Mai–Mitte Sept.) am Berg, nicht weit von der alten Kirche (beim öffentlichen Schwimmbad abbiegen). Er vermietet auch Hütten.

Die Busse 60/60a von **Sterna** (☎551 1166; www.sterna.is) sind das ganze Jahr über täglich zwischen Reykjavík und Akureyri unterwegs und halten in Hvammstangi.

Halbinsel Vatnsnes

In die Bucht Húnaflói erstreckt sich die stummelförmige Halbinsel Vatnsnes, ein betörend schönes Gebiet mit üppigen Weizenfeldern an der Küste und einer Kette schroffer Berge als Rückgrat. Die Straße 711, eine Schotterpiste, die sich am Wasser entlangschlängelt, bietet sich als malerische Alternative zur Ringstraße an. Wer kein eigenes Fahrzeug hat, kann sich in der Touristeninformation von Hvammstangi nach dem Bus erkundigen, der den Sommer über ohne festen Fahrplan auf der Insel verkehrt. An der Westküste gibt's ein abgeschiedenes Café (Mitte Juni–Aug. 14–18 Uhr) und in **Illugastaðir** einen einfachen **Campingplatz** (pro Pers. 800 ISK) mit wunderbaren Ausblicken auf die Gipfel der Strandirküste in den Westfjorden. Die sagenumwobene Farm war Schauplatz des Verbrechens, das zur letztmaligen Vollstreckung der Todesstrafe in Island führte (1830). Heute schlängeln sich dort wunderschöne Wanderwege durch Felder voller Vögel zu einem Platz zum Sonnenbaden, der auch bei Robben sehr beliebt ist. Während der Brutzeit der Eiderenten ist die Farm vom 1. Mai bis zum 20. Juni geschlossen.

Drei Kilometer hinter Illugastaðir (ungefähr 25 km von Hvammstangi entfernt) bietet das wirklich einzigartige Restaurant **Geitafell** (www.geitafell.is; Fischsuppe 2700 ISK; Juni–Aug. 11–22 Uhr) unter anderem seine legendäre Fischsuppe an. Ein weiteres Glanzlicht auf der knappen Karte dieses Newcomers in einem umgebauten Schuppen ist der *skyr*-Kuchen. Die Besitzer Sigrún und Robert leben schon seit ewigen Zeiten hier und können unglaubliche Geschichten erzählen. Roberts Vater war ein schottischer Priester, der den Isländern Gott (und Fußball) näherbringen wollte. In seinem „schottischen Schloss" nebenan hat Robert ein kleines Geschichtsmuseum eingerichtet.

Im Osten wartet in **Hindisvík** eine der größten Robbenkolonien des Landes, die zur Zeit der Recherche allerdings nicht zugänglich war. Zehn Kilometer südlich davon führt ein markierter Fußweg zum 15 m hohen Vogelfelsen **Hvítserkur**. Hvítserkur war angeblich ein Troll, der versuchte, das Kloster von Þingeyrar zu zerstören, und dabei vom Sonnenaufgang überrascht wurde. Der Felsen erinnert aber auch an ein riesiges Tier, das hier Wasser trinkt.

Gleich südlich von Hvítserkur (bzw. 30 km nördlich der Ringstraße) biegt ein Wanderweg nach Osten zu einem Robbenbeobachtungsplatz ab. Landeinwärts davon liegt das bezaubernde **Ósar HI Hostel** (862 2778; www.hostel.is; B/DZ ohne Bad 3800/10 000 ISK; Mai–Sept.), das wegen seines freundlichen Personals, der schönen Aussicht und der tierreichen Umgebung zu den beliebtesten Hostels von ganz Island zählt. Es gehört zu einem Milchwirtschaftsbetrieb, dessen Besitzer sich anscheinend vorgenommen hat, jedes Jahr weitere Zimmer und Hütten anzubauen. Das Frühstück wird übrigens in einer mongolischen Jurte serviert! Da es weit und breit keine Läden gibt, sollte ausreichend Proviant mitgebracht werden. HI-Mitglieder bekommen einen Rabatt von 600 ISK, Leihbettwäsche kostet 1250 ISK.

Von Hvammstangi nach Blönduós

Die äußerst beliebte Pferdefarm und Pension **Gauksmýri** (451 2927; www.gauksmyri.is; DZ mit/ohne Bad, inkl. Frühstück 140/96 €; @) liegt an der Ringstraße östlich der Abzweigung nach Hvammstangi und bringt Reitfans in Ekstase. Von Juni bis Mitte September werden viermal täglich zweistündige **Ausritte** (10 000 ISK) angeboten. Das Restaurant verwöhnt mit einem üppigen Mittagsbuffet (4700 ISK, Mitte Mai bis Mitte September, Reservierung empfohlen), dessen Fleisch- und Fischauswahl empfindliche Seelen schaudern lässt (aber neben Robben- und Walfischfleisch gibt's auch Lachs, Forelle und Lamm). Snacks und Kaffee werden von 11 bis 18 Uhr serviert.

Echte Pferdefans, die sich nicht mit einer zweistündigen Tour begnügen wollen, können bei **Brekkulækur** (451 2938; www.abbi-island.is) abenteuerliche Mehrtagesausflüge buchen (1290–2960 ISK für acht bis 15 Tage), die äußerst beliebt sind. Die Farm liegt 8 km südlich der Abzweigung nach Hvammstangi an der Straße 704.

Weiter östlich führt kurz nach Gauksmýri die Straße 715 auf 6 km nach Süden zum malerischen Wasserfall von **Kolugljúfur**. In dieser geheimnisvollen Schlucht soll einstmals eine wunderschöne Trollfrau gehaust haben.

19 km vor Blönduós bietet sich ein weiterer, 6 km langer Abstecher an (dieses Mal auf der Straße 721): Die schmucke Steinkirche **Þingeyrar** (Erw./Kind 500 ISK/frei; ⏲10–17 Uhr) thront einsam und sehr fotogen über der Hóp-Bucht. Der heutige Bau stammt aus den 1860er-Jahren, aber schon 800 Jahre zuvor gab es hier ein *þing* (Versammlungsstätte) und ein Benediktinerkloster.

Blönduós

850 EW.

Ein paar Museen und eine ziemlich ungewöhnliche, moderne Kirche – das war's auch schon in Blönduós. Es gibt nicht viele Gründe, hier anzuhalten; der Ort ist allenfalls eine gute Gelegenheit, um eine Pause einzulegen und zu tanken.

Der reißende Fluss Blanda teilt das Städtchen ziemlich genau in zwei Teile. Am nördlichen Eingang gibt es eine N1-Tankstelle, im Süden eine von Olís. Die stromaufwärts von der Brücke gelegene kleine Insel **Hrútey** steht unter Naturschutz und gehört zu einem Aufforstungsprojekt. Besucher erreichen sie über die Fußgängerbrücke 200 m nördlich des Campingplatzes.

Sehenswertes & Aktivitäten

Textilmuseum MUSEUM
(Heimilisiðnaðarsafnið; www.textile.is; Árbraut 29; Erw./Kind 900 ISK/frei; ⏲Juni–Aug. 10–17 Uhr) In einem faszinierenden Gebäude (im „Grasdach-Look") am Nordufer der Blanda ist das bezaubernde, kleine Museum untergebracht, das vor allem örtliche Handwerkskunst – z. B. unglaublich komplizierte Stickereien – und frühe isländische Trachten zeigt.

Meereis-Ausstellungszentrum MUSEUM
(Hafíssetrið; www.blonduos.is/hafis; Blöndubyggð 2; Erw./Kind 500 ISK/frei; ⏲Juni–Aug. 11–17 Uhr) Das Museum in einem Handelshaus von 1733 beschäftigt sich mit der Entstehung der verschiedenen Arten von Meereis, dem Wettergeschehen und den frühen isländischen Siedlern. Star der Sammlung ist der Eisbär, der im Sommer 2008 in dieser Region großen Schaden angerichtet hat (keine Panik, er ist ausgestopft).

Isländisches Lachszentrum MUSEUM
(Laxasetur Íslands; www.laxasetur.is; Efstubraut 1; Erw./Kind 900/300 ISK; ⏲Juni–Aug. 10–18 Uhr) Die Gegend um Blönduós ist ein Mekka für Fliegenfischer (sogar Eric Clapton pilgert einmal jährlich hierher). Alles Wissenswerte über diesen Sport plus lebende Exemplare der beliebtesten Beutefische (Lachs, Meerforelle, Seesaibling) zeigt dieses Museum. Die Beschriftungen sind allerdings ausschließlich auf Isländisch.

Schlafen & Essen

Glaðheimar CAMPINGPLATZ, HÜTTEN €
(☎820 1300; www.gladheimar.is; Zeltplatz pro Pers. 900 ISK, Wohnmobilstellplatz 2200 ISK, Hütten 13 000–21 000 ISK) In ansprechender Umgebung am Fluss, nicht weit von der Ringstraße, bietet Glaðheimar Campingmöglichkeiten und Hütten für Selbstversorger mit bis zu sechs Schlafplätzen (die größeren Hütten haben auch einen Whirlpool oder sogar eine Sauna). Bettwäsche gibt's für 1800 ISK pro Person, Pritschen mit Schlafsack kosten 5000 ISK. Die Rezeption fungiert gleichzeitig als lokale Touristeninformation.

Hótel Blönduós HOTEL €€
(☎452 4205; www.hotelblonduos.is; Aðalgata 6; EZ/DZ inkl. Frühstück 18 700/22 400 ISK; @📶) Mit seinem angestaubten Dekor wirkt das einzige Hotel der Stadt etwas heruntergekommen, aber als Notlösung ist es ganz akzeptabel. Die Kundschaft besteht vor allem aus Anglern. Preisgünstiger ist der nahegelegene Ableger, das **Old Post House** (EZ/DZ 12 500/15 500 ISK), mit Gemeinschaftsbädern.

Potturinn INTERNATIONALE KÜCHE €€
(Nordurlandsvegur 4; Hauptgerichte 1690–6000 ISK; ⏲11–22 Uhr) Das moderne Restaurant nicht weit von der N1 überrascht mit einer internationalen Karte. Suppen und Salate gibt's den ganzen Tag über, die Burger schmecken superlecker und für den exotischen Touch sorgen Robbensteaks vom Grill oder indisch gewürztes Lamm.

Við Árbakkann CAFÉ €
(Húnabraut 2; Hauptgerichte 550–1890 ISK; ⏲Juni–Aug. 11–20 Uhr) Nicht weit entfernt vom Schwimmbad und dem Supermarkt serviert dieses Landcafé in einem großen, blauen Haus Suppen, Salate, überbackene Bagels und Paninis.

Samkaup-Úrval SUPERMARKT €
(Húnabraut 4; ⏲Mo–Fr 9–19, Sa 10–18, So 13–17 Uhr) Die Quelle für Selbstversorger; die benachbarte Bäckerei mit Café ist schon frühmorgens geöffnet.

Praktische Informationen

Die Rezeption des Campingplatzes Glaðheimar fungiert auch als **Touristeninformation** (☎820 1300; ⌚Juni–Aug. 8–20 Uhr), nimmt es mit den Öffnungszeiten allerdings nicht so genau. Weitere Informationen rund um die Stadt und ihre Umgebung verrät die Website www.northwest.is.

An- & Weiterreise

Die Busse 60/60a von **Sterna** (☎551 1166; www.sterna.is) bedienen die Strecke Reykjavík/Akureyri (ganzjährig, täglich) und halten in Blönduós. Nach Reykjavík sind es vier Stunden (7600 ISK), nach Akureyri zwei Stunden (4700 ISK).

WESTLICHE SKAGAFJÖRÐUR

Die wenig besuchte Halbinsel Skagafjörður im ruhigen Nordwesten Islands ist bekannt für Pferdezucht und ungebändigte Natur. Karge Landschaften, historische Stätten, die überreiche Vogelwelt und adrenalinfördernde Aktivitäten machen das Gebiet für Reisende jedoch zu einem lohnenden Ziel. Zumal es in letzter Zeit immer mehr kulinarische Anreize gibt: Rote Lettern auf den Speisekarten weisen auf lokale Produkte hin. Nähere Informationen gibt's auf www.visitskagafjordur.is.

Varmahlíð

90 EW.

Die geschäftige Versorgungsstation an der Ringstraße ist kaum mehr als eine Wegkreuzung, also kein richtiger Ort, aber eine ideale Basis für Aktivitäten wie Rafting und Reiten.

Aktivitäten

Wildwasser-Rafting

Zwischen Mai und September bietet das Gebiet um Varmahlíð die besten Raftingbedingungen Nordislands. Die nachstehend angegebenen Preise galten im Sommer 2012.

Arctic Rafting WILDWASSER-RAFTING
(☎571 2200; www.arcticrafting.com) Die Agentur hat sich auf die umliegenden Flüsse spezialisiert. Im Angebot sind eine familienfreundliche vierstündige Tour auf dem eher ruhigen Vestari-Jökulsá (Westlicher Gletscherfluss; ISK 9900), ein etwas anspruchsvolleres siebenstündiges Abenteuer auf dem Austari-Jökulsá (Östlicher Gletscherfluss; 19 990 ISK) und die ultimative, dreitägige Rafting-Challenge „River Rush" (69 990 ISK), die im Sprengisandur-Hochland beginnt. Weitere Details stehen auf der Website. Das Basislager der Agentur liegt in Hafgrímsstaðir, 15 km südlich von Varmahlíð an der Straße 752. Sie bietet auch einen Abholservice ab Akureyri an.

Bakkaflöt WILDWASSER-RAFTING
(☎453 8245; www.riverrafting.is) 11 km südlich der Ringstraße an der Straße 752 bietet die Farm Bakkaflöt preisgünstigere Ausflüge an: Drei Stunden auf dem Vestari-Jökulsá kosten 8600 ISK, sechs Stunden auf dem Austari-Jökulsá 13 800 ISK. Weiteres Plus: gute Übernachtungsmöglichkeiten auf der Farm.

Reiten

Hestasport REITEN
(☎453 8383; www.riding.is; ⌚Mai–Sept.) Als eines der bekanntesten isländischen Reitsportzentren, das praktischerweise ein Büro an der Straße 752, nicht weit von der Ringstraße, betreibt, bietet Hestasport ein- und zweistündige Ausritte am Fluss Svartá (40/65 €) und Tagesausflüge (120 €) an. Wer sich früh genug erkundigt, kann auch längere Touren buchen, z. B. einen achttägigen Trip (davon fünf Tage im Sattel; 1870 €) auf weniger bekannten Wegen durch das Hochland. Wer das macht, sollte sich auf jeden Fall den Weg zum versteckten Wasserfall Reykjafoss zeigen lassen.

Lýtingsstaðir REITEN
(☎453 8064; www.lythorse.com) 19 km südlich von Varmahlíð an der Straße 752 hält diese Farm ein ganzes Spektrum an Ausritten bereit, von der einstündigen bis zur mehrtägigen Tour. Das Angebot „Stop and Ride" beinhaltet eine Übernachtung in einer Selbstversorgerhütte und einen zweistündigen Ausritt (170 € für zwei Personen, ohne Bettwäsche). Längere Touren kosten ab 930 €.

Pferdeshows

Einstündige Pferdeshows stehen regelmäßig bei **Flugumýri** (☎453 8814; www.flugumyri.is) und **Varmilækur** (☎898 7756; www.varmilaekur.is) auf dem Programm. Dabei werden die fünf Gangarten des Islandpferds vorgeführt und die Zuchtgeschichte dieser Rasse wird erläutert. Beide Farmen liegen im Umkreis von 10 km von Varmahlíð und veranstalten dieses Event für

Gruppen; Individualreisende können gerne dazustoßen. Termine können bei der Touristeninformation oder direkt bei den Farmen erfragt werden.

Schlafen & Essen

Rustikale Unterkünfte gibt's in der Gegend mehr als genug; Näheres verraten die Touristeninformation oder ein Blick in die Broschüre *The Ideal Holiday* (www.farmholidays.is).

Selbstversorger finden alles, was sie brauchen, im Supermarkt an der N1, der im Sommer bis 22 oder sogar 23.30 Uhr geöffnet ist.

Hestasport Cottages HÜTTEN €€
(☎453 8383; www.riding.is/cottages; DZ-Hütte 150 €) Sieben attraktive, freistehende Holzhütten schmiegen sich an den Hügel über Varmahlíð (wohin die Straße hinter dem Hotel der Stadt führt). Sie bieten bequeme Zimmer, herrliche Ausblicke und einen einladenden Hot Pot im Steinbecken. Auf der Website von Hestasport sind Fotos von der Inneneinrichtung aller Hütten zu sehen (in manchen ist Platz für sechs Personen).

Campsite CAMPINGPLATZ €
(pro Pers. 1000 ISK; ⌚Mitte Mai–Mitte Sept.) Der Weg zu diesem abgeschiedenen Campingplatz auf einem geschützt liegenden Gelände über der Stadt ist ab dem Hotel ausgeschildert.

Hótel Varmahlíð HOTEL €€
(☎453 8170; www.hotelvarmahlid.is; EZ/DZ inkl. Frühstück 19 600/24 900 ISK; @📶) Frisch renovierte Zimmer sind der Trumpf dieses kleinen Hotels. Sein Restaurant (Hauptgerichte 1750–5100 ISK; Mitte Mai–Mitte Sept. mittags und abends geöffnet) ist eines der besten, um die Spezialität der Region – Geflügel – zu probieren. Die saftigen Lammsteaks stammen von Tieren aus eigener Zucht.

Bakkaflöt PENSION €€
(☎453 8245; www.riverrafting.is; DZ mit/ohne Bad, inkl. Frühstück 23 550/17 420 ISK; @📶🏊) 11 km von der Ringstraße entfernt an der Straße 752 in Richtung Süden liegt der Rafting-Stützpunkt von Bakkaflöt mit Bar-Restaurant, Campingplatz, Pension, kleinem Schwimmbecken, Hot Pots, Wohncontainern mit Bad und Häuschen für Familien. Es werden auch Schlafplätze für 5400 ISK angeboten (eigenen Schlafsack mitbringen).

Praktische Informationen

Die **Touristeninformation** (☎455 6161; www.visitskagafjordur.is; ⌚Juni–Aug. 10–18 Uhr, Sept.–Mai Mo–Fr 9–16 Uhr) hat einen Raum in der Tankstelle N1 mit Prospekten, Karten und einem Infoschalter.

An- & Weiterreise

Die Busse 60/60a von **Sterna** (☎551 1166; www.sterna.is) verkehren das ganze Jahr über täglich zwischen Reykjavík und Akureyri und halten in Varmahlíð bei der N1-Tankstelle. Die Fahrt nach Reykjavík dauert vier Stunden und kostet 9100 ISK, nach Akureyri dauert sie eine Stunde und kostet 3100 ISK.

ABSTECHER

ISLANDS HAUPTSTADT DER COUNTRY-MUSIK

Der Hauptgrund für einen 22-km-Abstecher von der Ringstraße Richtung Norden nach Skagaströnd (530 Einwohner) ist ein Besuch in Islands einzigem Saloon mit Country-Musik, dem **Kántrýbær** (www.kantry.is; Holanesvegur; Hauptgerichte 1190–3990 ISK; ⌚Juni–Aug. 11.30–22 Uhr, Sept.–Mai kürzer). Wildwest-Hüttenatmosphäre, bunte Wandmalereien und unablässiges Country-Gedudel machen den Schuppen zu einem unvergesslichen Island-Erlebnis. Im oberen Stockwerk zeigt ein kleines Museum alle möglichen Relikte aus der Welt der Country-Musik, während eine Radiostation für den entsprechenden Soundtrack sorgt.

Wie das kommt? Hallbjörn Hjartarson, der „isländische Cowboy" und Besitzer des Kántrýbær, hatte in den 1960er-Jahren einen Job bei der US-Militärbasis in Keflavík und war dort der Country- und Westernmusik verfallen. Auch nach seiner Rückkehr nach Skagaströnd blieb er seiner Leidenschaft treu, nahm 1975 seine erste von insgesamt elf Platten auf und organisierte 1984 in Skagaströnd das erste Country-Festival Islands, die Kántrý Dagar (Country-Tage). Seitdem ist das Event am dritten August-Wochenende ein fester Termin.

Im Sommer halten auch die Busse, die über das Kjölur-Hochland von Reykjavík nach Akureyri tuckern, in Varmahlið (Einzelheiten dazu stehen auf S. 310).

Von Juni bis August fahren die Sterna-Busse 580/580a zweimal täglich von Varmahlíð nach Sauðárkrókur. Dreimal pro Woche geht die Reise dann noch weiter in Richtung Norden nach Hólar, Hofsós und zum Siglufjörður.

Öxnadalur

Wer keine Zeit hat, um die malerischen Landschaften des Skagafjörður oder der Halbinsel Tröllaskagi zu erforschen, kann sich mit den fast genauso spektakulären Panoramen im Öxnadalur trösten. Das enge, 30 km lange Tal an der Ringstraße zwischen Varmahlíð und Akureyri bietet Blicke auf steile Bergrücken und schlanke Felsnadeln, die die Passstraße säumen. Der imposante, 1075 m hohe Gipfel des **Hraundrangi** und die umliegenden Berge des **Háafjall** gehören zu den atemberaubendsten Fotomotiven Islands.

Die **Pension Engimýri** (☎462 7518; www.engimyri.is; DZ mit/ohne Bad 16 900/ 13 900 ISK; @ 📶) liegt inmitten dieser faszinierenden Berglandschaft, rund 35 km westlich von Akureyri. Vor Ort gibt's auch ein pfiffiges Restaurant, Hot Pot, Wanderwege und die Möglichkeit, auf einem Quad durch das Tal zu knattern (12 000 ISK pro Stunde).

Glaumbær

Nördlich von Varmahlíð führt die Straße 75 durch das sumpfige Skagafjörður-Delta nach Glaumbær mit einem zum Museum umfunktionierten **Torfgehöft** (www.glaumbaer.is; Erw./Kind 900 ISK/frei; ⏲Juni–Mitte Sept. 9–18 Uhr) aus dem 18. Jh. Unter den Museen dieser Art ist es in Nordisland das attraktivste und deshalb den 8 km langen Abstecher von der Ringstraße unbedingt wert.

Traditionell bestanden die isländischen Torfgehöfte aus mehreren Gebäuden, zu denen ein zentraler Verbindungsweg führte. Diesem Muster folgt auch die Anlage von Glaumbær. Einige Räume quellen über vor Möbeln, Haushaltsgegenständen und Arbeitsgeräten von anno dazumal und geben einen faszinierenden Einblick in die beengten Wohnverhältnisse der damaligen Zeit.

Zum Museum gehören auch zwei Häuser aus dem 19. Jh. und in einem davon ist das **Áskaffi** (Kuchen 200–890 ISK) untergebracht. Mit seiner nostalgischen Atmosphäre und dem zierlichen Porzellan wirkt es wie eine gemütliche Puppenstube. Die Geschichte der hier servierten isländischen Kuchen und Pfannkuchen wird in einem Prospekt ausführlich erklärt.

Snorri Þorfinnsson, der erste in Nordamerika geborene Europäer (im Jahr 1004, Kasten S. 161), hat sein Grab in der Nähe der **Kirche** von Glaumbær.

Im Sommer macht die tägliche Busverbindung zwischen Varmahlíð und Sauðárkrókur auch in Glaumbær Halt.

Sauðárkrókur

2640 EW.

Dort, wo sich der Fluss Jókulsá durch das sumpfige Delta am oberen Skagafjörður windet, hat das malerische Städtchen Sauðárkrókur einen ruhigen Platz am Ufer.

Wirtschaftlich betrachtet kann sich Sauðárkrókur nicht beklagen: Fischerei, Gerberei und Handel bieten die solide Basis für eine junge, energiegeladene Bevölkerung. Daher gibt es hier auch für Traveller alle notwendigen Dienstleistungen, insbesondere was Essen und Schlafen angeht. Die Aufgaben einer Touristeninformation hat das Stadtmuseum übernommen.

Sehenswertes

Minjahúsið MUSEUM

(Aðalgata 16b; Erw./Kind 500 ISK/frei; ⏲Juni–Aug. 13–19 Uhr) Zu dem bunten Sammelsurium des ausgezeichneten Stadtmuseums gehören restaurierte Werkstätten verschiedener Handwerksberufe sowie ein wie neu aussehender Ford Model A von 1930 und ein ausgestopfter Eisbär, der 2008 von Einheimischen erlegt wurde.

GRATIS **Tannery Visitor Centre** MUSEUM

(Gestastofa Sútarans; www.sutarinn.is; Borgamýri 5; ⏲Juni–Mitte Sept. Mo–Fr 10–17, Sa 11–15 Uhr, Mitte Sept.–Mai Mi & Fr 13–17 Uhr) An Werktagen kann die einzige Gerberei Islands um 14 Uhr besichtigt werden (1000 ISK). Als Alternative bietet sich das Besucherzentrum an, um die hergestellten Produkte zu bewundern (und zu kaufen): kuschelige Schaffelle, Lederwaren und einzigartige Objekte aus gegerbter Fischhaut.

Schlafen

LP TIPP **Gamla Posthúsið** APARTMENTS €€

(☎892 3375; www.ausis.is; Kirkjutorg 5; Apt. 135–145 €; 📶) 2010 zog die Australierin Vicki hierher und beschloss, das alte Postamt gegenüber der Kirche zu renovieren. Herausgekommen sind zwei unheimlich gemütliche, kleine Ferienwohnungen mit jeweils einem Schlafzimmer, komplett eingerichteter, moderner Küche, viel Platz, skandinavischem Schick und einem Care-Paket als Willkommensgruß. Im Winter, wenn die Preise auf fast die Hälfte fallen, sind sie ein echtes Schnäppchen!

Guesthouse Mikligarður PENSION €€
(☎453 6880; www.mikligardur.is; Kirkjutorg 3; DZ mit/ohne Bad, inkl. Frühstück 20 800/16 200 ISK; 📶) Die heimelige Pension nicht weit von der Kirche hat komfortable, modern eingerichtete Zimmer mit TV, eine geräumige Gästeküche und einen Fernsehraum.

Hótel Tindastóll HOTEL €€
(☎453 5002; www.hoteltindastoll.com; Lindargata 3; EZ/DZ inkl. Frühstück 19 800/27 400 ISK; @📶) Angeblich soll schon Marlene Dietrich in diesem bezaubernden Boutiquehotel von 1884 gewohnt haben. In den individuell eingerichteten Zimmern treffen Stilmöbel auf zeitgenössischen Schick. Draußen lockt ein Hot Pot aus Stein, im Untergeschoss eine gemütliche Bar. In einem Anbau sind mehrere moderne Zimmer untergebracht, aber die Unterkünfte im Nostalgie-Look haben viel mehr Atmosphäre.

Hótel Mikligarður HOTEL €€
(☎453 6330; www.mikligardur.is; EZ/DZ inkl. Frühstück 15 400/19 800 ISK; ⏲Juni–Ende August; @📶) Im Sommer verwandelt sich das Internat dieser Region in ein einfaches, ziemlich unoriginelles Hotel. Aber es besteht Hoffnung, denn momentan werden die Zimmer in dem orangefarbenen Gebäude 1 km südwestlich der Kirche renoviert. Es gibt auch einfache Schlafplätze (mit eigenem Schlafsack) für 5500 ISK.

Campsite CAMPINGPLATZ €
(pro Pers. 1000 ISK; ⏲Mitte Mai–Mitte Sept.) Der Campingplatz neben dem Schwimmbad wirkt zwar etwas öde, ist aber ganz gut ausgestattet. Fürs Duschen sind 250 ISK fällig.

Essen

Ólafshús ISLÄNDISCH €€
(Aðalgata 15; Mittagessen 1350–1690 ISK, Hauptgerichte abends 1350–5590 ISK; ⏲11–22 oder 23 Uhr) Leuchtend blaue Wandfarbe wirbt für dieses ganzjährig geöffnete Lokal. Neben spannenden Gourmetexperimenten wie gebratener Papageitaucherbrust oder Luxusschlemmereien wie Hummerschwänzen stehen auch Pizza- und Pastaklassiker auf der Karte. Dazu empfehlen wir Gæðingur, das Bier der lokalen Mikrobrauerei.

Kaffi Krókur ISLÄNDISCH €€
(Aðalgata 16; Hauptgerichte 1290–2690 ISK; ⏲Juni–Aug. Mo–Do & So 11.30–23, Fr & Sa 11.30–3 Uhr; 📶) Das Café gegenüber dem Ólafshús (das demselben Besitzer gehört) gibt sich eher unauffällig in Beige, punktet aber mit einer Speisekarte, die isländischen Popstars gewidmeten ist. Beliebt sind das Hummer-Krabben-Sandwich, gefüllte Crêpes und warmer Rhabarberkuchen. Im Winter fungiert das Café als Kneipentreffpunkt mit Livemusik und ist dann nur am Donnerstag-, Freitag- und Samstagabend geöffnet.

Skagfirðingabúð SUPERMARKT €
(Ástorg; ⏲Mo–Fr 9–19, Sa 10–16 Uhr) Südlich der Stadt, nicht weit von der N1-Tankstelle.

ℹ An- & Weiterreise

Von Juni bis August fahren die Busse 580/580a von **Sterna** (☎551 1166; www.sterna.is) zweimal täglich von Varmahlíð nach Sauðárkrókur und sorgen so für die Verbindung zu den Ringstraßenbussen von/nach Reykjavík und Akureyri. Dreimal wöchentlich hat Sauðárkrókur eine Busverbindung nach Hólar, Hofsós und zum Siglufjörður im Norden. Die N1-Tankstelle ist zugleich Bushaltestelle.

Rund um Sauðárkrókur

Nördlich von Sauðárkrókur beginnt die Westküste des Skagafjörður, ein herrlich ruhiges Fleckchen Erde, umringt von malerischen Bergen. An der Skagafjörður-Mündung halten die beiden unbewohnten Inseln Drangey und Málmey Wache, auf denen Seevögel ungestört brüten können.

Der 989 m hohe **Tindastóll** ragt als Wahrzeichen über dem Skagafjörður auf und erstreckt sich über 18 km entlang der Küste. Der Berg und seine Höhlen waren angeblich einst von Seemonstern, Trollen und Riesen bewohnt. Von seinem Gipfel aus bieten sich herrliche Ausblicke auf den gesamten Skagafjörður. Er ist ganz einfach über einen markierten Weg zu erreichen, der an der Hochfläche an der Straße 745 auf der Westseite des Bergs beginnt.

Am Nordende des Tindastóll liegt das geothermische Gebiet **Reykir**, das in der *Sage von Grettir* erwähnt wird. Es heißt,

ABSTECHER

DRANGEY

Das winzige, felsige Inselchen Drangey *(draun-gaei)* in der Mitte des Skagafjörður besteht aus einer atemberaubenden, oben flachen Tuffsteinmasse mit 180 m hohen Steilklippen, die sich abrupt aus dem Wasser erheben. An den Klippen nistet eine gute Million Seevögel (darunter viele Papageitaucher), deren Nester seit jeher ein natürlicher „Selbstbedienungsladen" für die Menschen waren. Die *Sage von Grettir* erzählt, dass Grettir und sein Bruder Illugi drei Jahre auf der Insel lebten und dort getötet wurden. Mutige (oder eher tollkühne) Fans der Sage kommen hierher, um Grettir nachzueifern und die 7 km von Drangey nach Reykir zu schwimmen.

Drangeyjarferðir (☎821 0090; www.drangeyjarferdir.is; Bootstour 8800 ISK) bietet von Juni bis Mitte August vierstündige Bootstouren nach Drangey an; Abfahrt täglich um 11 Uhr in Reykir (in der Nähe der Grettislaug), Reservierung am Vortag empfohlen. Wer mag, kann auch einen einstündigen Angelausflug buchen.

Grettir sei von der Insel Drangey aus an Land geschwommen und hätte sich hier in einer wohltuenden Quelle von den Strapazen erholt. Heute sind **Grettislaug** (Grettirs Bad; ☎821 0090; www.drangeyjarferdir.is; Erw./Kind 700/350 ISK; ⊙morgens–Mitternacht) und der daneben liegende Hot Pot beliebte Badestellen.

In unmittelbarer Umgebung des Naturbades Grettislaug liegen ein kleines Café, ein gut ausgestatteter **Campingplatz** (pro Pers. 1000 ISK) und eine **Pension** (EZ/DZ 7000/13 000 ISK) mit Schlafplätzen (mit eigenem Schlafsack) für 4400 ISK. Hier legen auch die Boote nach Drangey ab und für Wanderer gibt's mehrere attraktive Wege.

Autofahrer bitte aufgepasst: Die 15 km lange Schotterpiste von Sauðárkrókur zum Naturbad Grettislaug ist ziemlich rutschig.

HALBINSEL TRÖLLASKAGI

Die Halbinsel Tröllaskagi macht sich mit ihren bergigen Landmassen zwischen dem Skagafjörður und dem Eyjafjörður breit. Die zerklüfteten Berge, tiefen Täler und reißenden Flüsse erinnern schon eher an die Westfjorde als die sanften Hügel, die Nordisland ansonsten prägen. Für motorisierte Traveller, die spektakuläre Strecken suchen, sind die Tunnel zwischen den Orten am Siglufjörður und Olafsfjörður eine spannende Neuheit. Früher, als die Städtchen noch am Ende einzelner Straßen lagen, verirrte sich kaum ein Tourist hierher.

Die Fahrt auf der Ringstraße (Straße 1) von Varmahlið nach Akureyri verspricht 95 äußerst malerische Kilometer. Wer nicht in Zeitdruck ist und gerne eigene Wege geht, kann auch die 186 km lange Strecke entlang der Tröllaskagi-Küste wählen (Straße 76 und 82). Sie führt ebenfalls von Varmahlið nach Akureyri und passiert magische Landschaften, die einen geradezu zwingen, am Straßenrand zu parken und auf Entdeckungstour zu gehen.

Hólar í Hjaltadalur

Mit der auffälligen Kirche vor den hoch aufragenden Tröllskagi-Gipfeln ist das kleine, geschichtsträchtige **Hólar** (www.holar.is) ein interessantes Ziel für einen Abstecher von der Ringstraße. Der Bischofssitz war zwischen 1106 und der Reformation der theologische und kulturelle Mittelpunkt Nordislands. Bis zur Verlegung des Bischofssitzes 1798 war es ein religiöses Zentrum und Sitz der Bischöfe des Nordens.

Bis 1861 war Hólar Pfarrei. Dann wurde diese Richtung Westen nach Viðvík verlegt. 1882 wurde die jetzige Landwirtschaftsschule gegründet und 1952 kehrte die Pfarrei nach Hólar zurück.

Sehenswertes

Am Infoschalter für Unterkünfte gibt's auch eine informative Broschüre über einen Geschichtswanderweg, der zu diversen Gebäuden in Hólar führt. Das historische Torfgehöft **Nýibær** aus der Mitte des 19. Jhs. war bis 1945 bewohnt. Sehenswert ist auch **Auðunarstofa**, ein Nachbau der bischöflichen Residenz aus dem 14. Jh., für den traditionelle Methoden und Werkzeuge eingesetzt wurden

Dom KIRCHE

(⌚Juni-Mitte Sept. 10–18 Uhr, So Messe 11 Uhr, Mo–Sa Abendandacht 18 Uhr) Der 1763 fertiggestellte rote Sandsteindom von Hólar ist die älteste Steinkirche Islands und strotzt vor historischen Kunstwerken wie dem Taufbecken von 1674, das aus einem auf einer Eisscholle aus Grönland angeschwemmten Stück Speckstein gemeißelt ist. Der außergewöhnliche geschnitzte Altaraufsatz wurde vom letzten katholischen Bischof von Hólar, Jón Arason, um 1520 gestiftet. Nachdem er und seine Söhne wegen ihres Widerstands gegen die dänische Reformation in Skálholt hingerichtet worden waren, wurden seine sterblichen Überreste nach Hólar überführt und im Glockenturm beigesetzt. Der heutige **Kirchturm** wurde 1950 als Denkmal für ihn errichtet. Er enthält ein Mosaikbildnis von Jón Arason und sein Grabmal.

Zentrum für die Geschichte des Islandpferds MUSEUM

(www.sogusetur.is; Erw./Kind 900/450 ISK; ⌚Juni–Mitte Sept. 13–19 Uhr) Der Eintrittspreis beinhaltet eine individuelle Führung durch die umfangreiche Ausstellung rund um die einzige isländische Pferderasse und ihre Rolle in der Landesgeschichte. Passend zum Thema ist das Museum in einem alten Stallgebäude im Herzen des Hólar-Anwesens untergebracht.

Schlafen & Essen

Ferðaþjónustan Holum Hjaltadal PENSION, HÜTTEN

(☎455 6333; www.holar.is; DZ mit/ohne Bad 14 900/11 900 ISK, DZ-Apt. 20 300 ISK; ⌚Juni–Aug.; @ ≋) Das Wohnheim der Hochschule bietet die im Sommer leerstehenden Zimmer und Apartments der Studenten als Unterkünfte an. Zusätzlich stehen auf dem Gelände Holzhütten mit je sechs Schlafplätzen. Die Rezeption ist von 8 bis 22 Uhr geöffnet. Ein Restaurant und ein Pool komplettieren das Angebot.

Hofsós

190 EW.

Das verschlafene Fischerdörfchen Hofsós war seit dem 16. Jh. ein Handelsplatz. Mehrere restaurierte Gebäude am Hafen wurden zum **Isländischen Auswanderungszentrum** (Vesturfarasetrið; www.hofsos.is; Eintritt 700–1500 ISK, Kinder frei; ⌚Juni–Aug. 11–18 Uhr) umfunktioniert. Hier wird erklärt, was die Isländer dazu bewegte, in die Neue Welt auszuwandern, was sie sich vom Leben dort erhofften und wie die Wirklichkeit in der neuen Heimat aussah. Die Hauptausstellung „Neues Land, neues Leben" zeichnet das Leben der Auswanderer anhand sorgfältig zusammengestellter Fotos, Briefe und Objekte nach. Es ist schon verblüffend, dass dieses kleine Land zwischen 1870 und 1914 rund 16 000 Einwohner verlor und die Bevölkerung dann nur noch 88 000 Seelen zählte – eine faszinierende Geschichtsstunde auch für Nicht-Isländer und ein idealer Fundus für alle, die Ahnenforschung betreiben wollen.

LP TIPP **Sundlaugin á Hofsós** (Erw./Kind 500/200 ISK; ⌚Juni–Aug. 9–21 Uhr, Sept.–Mai Mo–Fr 7–13 & 17.15–20.15, Sa & So 10–16 Uhr) Das herrliche Freibad wurde 2010 eröffnet und machte Hofsós zu einer landesweiten Attraktion. Die Finanzierung sicherten zwei hier ansässige Frauen durch ihre Spenden. Die in die Fjordlandschaft integrierte Anlage mit prächtigen, schier unendlichen Ausblicken und das Design sind kaum zu toppen.

Wer über Nacht bleiben will, kann sich an das Auswandererzentrum wenden. Es vermittelt Schlafplätze (mit eigenem Schlafsack, 3900 ISK) in der einfachen Prestbakki-Hütte und etwas komfortablere Zimmer mit Bad im heimeligen **Sunnuberg** (☎893 0220, 861 3474; gisting@hofsos.is; Sudurbraut 8; EZ/DZ 8900/11 900 ISK) 200 m hinter dem Pool, gegenüber der Benzinpumpe.

Zwischen den Museumsgebäuden am kleinen Hafen wartet das nette, ländliche Restaurant **Sólvík** (Hauptgerichte abends 1600–2800 ISK; ⌚Juni–Aug. 11–22 Uhr) mit einem kleinen, einfachen Angebot an lokalen Klassikern wie Kabeljau, Lamm und Burgern.

Hofsós bietet alle Dienstleistungen sowie einen kleinen Campingplatz. Der im Sommer dreimal wöchentlich verkehrende Bus von Varmahlið zum Siglufjörður hat hier eine Haltestelle.

Von Hofsós nach Siglufjörður

Das 13 km nördlich von Hofsós an der windgepeitschten, zerklüfteten Küste liegende **Lónkot** (☎453 7432; www.lonkot.com; DZ mit/ohne Bad, inkl. Frühstück 24 900/19 900 ISK; ⌚Juni–Sept.) ist ein echter Gourmettreff.

Die Besitzer preisen es als einen „bukolischen Zufluchtsort“ an, in dessen Küche wunderbare Dinge aus lokalen Produkten und mit sanften Garmethoden entstehen (Hauptgerichte abends 1300 ISK). Lónkot bietet außerdem Unterkünfte an, die die Qualität eines Boutiquehotels haben, dazu große Familiensuiten und Campingmöglichkeiten. Ein weiteres Plus sind die berauschenden Ausblicke auf die Insel Málmey und die bizarre Landzunge Þórðarhöfði, die durch eine schmale Nehrung mit der Hauptinsel verbunden ist.

Auf der anderen Seite der Halbinsel, zwischen Lónkot (24 km) und Siglufjörður (25 km) liegt der Bauernhof **Bjarnagil** (☎467 1030; www.bjarnagil.is; Zi. ohne Bad, inkl. Frühstück 6000 ISK; ⏱Mitte Juni–Mitte Sept.). Das unheimlich freundliche ältere Ehepaar Sibba und Trausti bietet gemütliche Privatzimmer an und plaudert gerne ausführlich über lokale Besonderheiten. Nach vorheriger Absprache werden die Gäste auch bekocht und auf geführte Wanderungen mitgenommen (im Winter mit Langlaufskiern – Trausti gehörte bei den Olympischen Spielen in den 1970er-Jahren zum isländischen Kader).

Siglufjörður

1360 EW.

Sigló (wie die Einheimischen sagen) liegt spektakulär am Fuß eines steilen Berghangs mit Blick auf einen herrlichen Fjord. Früher war es ein boomendes Örtchen, aber heute geht es hier ruhiger zu. Trotzdem hat Siglufjörður durch seine dramatische Lage, die historischen Gebäude und sein wunderbares Museum, in dem der verblichene Ruhm der isländischen Heringshauptstadt wiederbelebt wird, einen gewissen Reiz.

Zu seinen Glanzzeiten wohnten ganze 10 000 Arbeiter in Siglufjörður. Fischerboote drängten sich im kleinen Hafen, um ihren Fang zu löschen, den die wartenden Frauen dann ausnahmen und einsalzten. Als der Hering Ende der 1960er-Jahre plötzlich von der isländischen Nordküste verschwand, ging es mit Siglufjörður rapide bergab. Der Ort konnte sich nie wieder richtig erholen. Die vor Kurzem eröffneten Tunnel, die für die Verbindung nach Olafsfjörður sorgen, geben den Einwohnern neue Hoffnung und es wird sicherlich nicht lange dauern, bis die Touristen Siglufjörður aus der Kältestarre reißen.

Sehenswertes

LP TIPP Museum der Hering-Ära MUSEUM

(Síldarminjasafnið; www.sild.is; Snorragata 15; Erw./Kind 1200 ISK/frei; ⏱Juni–Aug. 10–18 Uhr, März–Mai & Sept.–Nov. 13–17 Uhr, im Winter nach Vereinbarung) Über 16 Jahre hinweg mit Liebe aufgebaut, tut dieses preisverdächtige Museum sein Bestes, um Siglufjörðurs goldene Jahre zwischen 1903 und 1968 wieder aufleben zu lassen. Seine drei Gebäude gehörten zu einer ehemaligen norwegischen Heringsfangstation; heute werden darin Arbeit und Leben der Stadtbewohner in eindrücklichen Bildern nacherzählt.

Der Rundgang beginnt im roten Gebäude links und geht rechts weiter. Im ersten Gebäude zeigen Fotos, Objekte und ein englischer Film aus den 1930er-Jahren, wie die Fische gefangen und eingesalzen wurden. Der Serviceblock in der Etage darüber wirkt, als hätten die Handwerker gerade erst zusammengepackt. Nebenan wartet die Reproduktion einer Verarbeitungsanlage, in der die Heringe in Öl eingelegt (ein lukratives Geschäft) oder zu Fischmehl vermahlen wurden (als Düngemittel). Im dritten Gebäude wird das Hafenleben nachgestellt, mit echten Fischtrawlern und anderen Ausrüstungsgegenständen, die in der Blütezeit des Ortes eine Rolle spielten.

Wer im Juli hier herkommt, sollte sich samstags die Vorführung des Heringeinsalzens ansehen, die von Livemusik und Theater untermalt wird.

Zentrum für isländische Volksmusik MUSEUM

(www.folkmusic.is; Norðurgata 1; Erw./Kind 800 ISK; ⏱Juni–Aug. 12–18 Uhr) Wer für traditionelle Musik schwärmt, wird von diesem netten, kleinen Museum begeistert sein. Neben Musikinstrumenten aus dem 19. Jh. werden Aufnahmen von isländischen Volks- und Kirchenliedern präsentiert.

Aktivitäten

Siglufjörður ist der perfekte Ausgangspunkt für Wanderer, da hier eine ganze Reihe von interessanten **Wandertouren** beginnt. Mehrere Zugänge führen zu den rund 19 km markierter Wege hinter dem Lawinenzaun rund um den Ort. Eine übersichtliche Informationstafel neben dem Parkplatz am Nordrand von Siglufjörður verschafft den Durchblick.

Sehr beliebt ist auch ein Abstecher über die Pässe Hólsskarð und Hestsskarð zum wunderschönen, unbewohnten **Héðinsfjörður**, dem östlichen Nachbarfjord. Hier enden die Tunnel nach Siglufjörður und Olafsfjörður; wer hier wieder ans Tageslicht kommt, sollte kurz rechts ranfahren und sich über die wunderschöne Landschaft freuen.

Im Winter bieten in Skarðsdalur drei Lifte hoch über dem Fjord Gelegenheit zum **Skifahren** (☎878 3399; http://skard.fjallabyggd.is, auf Isländisch). Der **Golfplatz** mit neun Löchern im Sportzentrum Hóll hält im Sommer fit.

Festivals & Events

Folkfestival MUSIK
(www.folkmusic.is) Folk-Fans werden die relaxten Vibes des fünftägigen Festivals Anfang Juli genießen.

Heringsfestival KULTUREVENT
Die Blüte der Heringsindustrie ist zwar vorbei, aber Siglufjörður erinnert sich gerne an die guten alten Zeiten zurück und veranstaltet eines der nettesten lokalen Festivals des Landes. Das Hauptevent steigt an dem freien Wochenende Anfang August und lässt die damalige Goldrauschatmosphäre mit viel Gesang, Tanz und Alkohol wieder aufleben. Dabei werden eifrig Fische geschuppt und ausgenommen.

Schlafen

Die meisten Ess- und Schlafadressen verstecken sich in der Aðalgata, die am Marktplatz auf der der Kirche abgewandten Seite abgeht.

Ein Einheimischer, der sich in den USA eine goldene Nase verdient hat, forciert als eine Art „Pate" den Hafenausbau und ist verantwortlich für das Luxushotel, das bis 2015 fertig sein soll.

LP TIPP **Herring Guesthouse** PENSION €
(☎868 4200; www.theherringhouse.com; Hávegur 5; EZ/DZ ohne Bad 11 000/15 000 ISK, Apt. 40 000 ISK) Als ehemaliger Bürgermeister ist Þorir ein liebenswerter, gut informierter Gastgeber, der neben vier neuen komfortablen Zimmern mit Gästeküche auch ein Apartment mit zwei Schlafzimmern anbietet und dazu ganz in der Nähe ein Ferienhaus mit fünf Schlafräumen bzw. neun Betten (Näheres dazu auf www.580.is).

Gistiheimilið Tröllaskagi PENSION €
(☎467 2100; www.northhotels.is; Lækjargata 10; EZ/DZ ohne Bad, inkl. Frühstück 8900/14 900 ISK) Die preiswerte Pension mit einfachen, sauberen Zimmern liegt ein paar Häuserblocks vom Hafen entfernt.

Siglufjörður HI Hostel HOSTEL €
(Gistihhúsið Hvanneyri; ☎467 1506; www.hvanneyri.com; Aðalgata 10; B/DZ ohne Bad 3800/10 000 ISK; 📶) Verblasstes Gold und leicht angeschlagene Engelchen verschönern dieses schräge Hotel aus den 1930er-Jahren, dessen Dimensionen darauf hinweisen, dass es schon bessere Zeiten gesehen hat. Neben 19 mit Kitsch vollgestopften Zimmern stehen den Gästen mehrere TV-Lounges, ein riesiger Speisesaal und eine Küche zur Verfügung. HI-Mitglieder bekommen 600 ISK Ermäßigung, Bettwäsche schlägt mit 1250 ISK zu Buche.

Campingplatz CAMPINGPLATZ €
(pro Pers. 800 ISK; ⏲Juni–Aug.) Nicht jeder findet die Lage des städtischen Campingplatzes mitten im Zentrum, nicht weit vom Hafen, ideal. Duschen und Waschmaschine sind ein Trostpflaster, als Alternative gibt's noch einen zweiten Grünstreifen außerhalb der Stadt in Richtung Suðurgata und Tunnel nach Ólafsfjörður.

Essen

Für den kleinen Hunger gibt's in der Aðalgata eine stark frequentierte Bäckerei und eine gute Pizzeria. Aber zu den Essenszeiten strömt alles in Richtung Hafen, wo bunt gestrichene Lagerhäuser ein zweites Leben als malerisches Restaurant begonnen haben.

LP TIPP **Hannes Boy** ISLÄNDISCH €€
(☎4617730; www.raudka.is; Hauptgerichte 2350–5390 ISK; ⏲tgl. 18–22 Uhr, Juni–Aug. auch Sa & So 12–14 Uhr, Sept.–Mai auch Fr & Sa 18–24 Uhr) Ausrangierte Heringsfässer wurden in dem schicken, sonnengelben Lokal zu originellen Sitzgelegenheiten umfunktioniert. Die Karte konzentriert sich in der Hauptsache auf (nicht ganz billige) Fischgerichte aus dem frisch angelieferten Tagesfang; Hummersuppe ist ein Standard. Reservierung empfohlen.

Kaffi Rauðka ISLÄNDISCH €€
(Hauptgerichte 590–1690 ISK; ⏲Juni–Aug. 10–20 Uhr oder später, Sept.–Mai 12–18 Uhr; 📶) Als Kontrastprogramm zum noblen Hannes Boy nebenan bietet das rubinrote Rauðka eine relaxtere Atmosphäre, durchgehend Sandwiches, Salate und Crêpes sowie ein preisgünstiges Tagesgericht oder eine Ta-

gessuppe (1390/1050 ISK) und dazu an Wochenenden oft Livemusik.

Samkaup-Úrval SUPERMARKT €
(Aðalgata; ⌚Mo–Fr 10–19, Sa 11–19, So 13–17 Uhr) Gute Quelle für Selbstversorger.

Vínbúð ALKOHOL €
(Eyrargata 25; ⌚Juni–Aug. Mo–Do 14–18, Fr 13–19, Sa 11–14 Uhr, Sept.–Mai kürzer) Staatlicher Alkoholshop.

Praktische Informationen

Der Ort verfügt über alle für Touristen wichtige Serviceeinrichtungen (Bank, Apotheke, Postamt usw.). Wissenswertes über Siglufjörður verraten das Heringsmuseum und eine **Touristeninformation** (⌚Juni–Aug. 13.30–16.30 Uhr) im Ráðhús (Rathaus) in der Gránugata.

An- und Weiterreise

Auto

Vor der Eröffnung der Tunnel 2010 sorgte die 62 km lange Bergstraße über Lagheiði (die alte Straße 82) für die Verbindung zwischen Siglufjörður und Ólafsfjörður. Sie war nur im Sommer passierbar; im Winter verlängerte sich die Fahrt auf 234 km. Dank der neuen Tunnel liegen nur noch 16 km zwischen den beiden Orten.

In Richtung Osten führt ein 4 km langer Tunnel zum wunderschönen Héðinsfjörður, ein zweiter Tunnel übernimmt die restlichen 7 km bis Ólafsfjörður.

Bus

Von Juni bis August pendeln die Busse 580/580a von **Sterna** (☎551 1166; www.sterna.is) dreimal wöchentlich zwischen Varmahlíð und Siglufjörður mit Haltestellen in Sauðárkrókur, Hólar und Hofsós.

Hópferðabílar Akureyrar (☎898 5156; www.hba.is) schickt als Vertragspartner von Sterna ganzjährig die Busse 620/620a von Akureyri nach Olafsfjörður. An Werktagen verkehren sie dreimal täglich und halten in Dalvík und Árskógsströnd. Im Winter 2012 fuhren sie zweimal täglich weiter nach Siglufjörður (ab Akureyri 2100 ISK, 80 Min.); ob der Service auch weiterhin angeboten wird, war zur Zeit der Recherche noch ungewiss.

Ólafsfjörður

920 EW.

Malerisch zwischen schroffe Bergrücken und dunkle Fjordgewässer gebettet liegt das aufstrebende Fischerdorf Ólafsfjörður. Trotz der neuen Tunnelverbindung nach Siglufjörður im Norden hat es sich seine ländliche Idylle erhalten.

Von Akureyri kommend führt die Straße durch einen schmalen, 3 km langen Tunnel, hinter dem sich Ólafsfjörður wie eine attraktive Filmkulisse präsentiert.

Sehenswertes & Aktivitäten

Náttúrrugripasafnið (Aðalgata 14; Eintritt 500 ISK; ⌚Juni–Aug. 14–17 Uhr) nennt sich ein kleines, auf Vögel spezialisiertes Museum, das als Ólafsfjörðurs einzige „städtische" Sehenswürdigkeit und zugleich als Informationsquelle fungiert. Weitaus größere Attraktionen bieten sich in freier Natur, z. B. in Form einer dreistündigen Walbeobachtungstour mit **North Sailing** (☎464 7272; www.northsail ing.is; Erw./Kind 49/18 €). Der renommierte Anbieter mit Sitz in Húsavík hat seit 2011 noch eine weitere Basis in Tröllaskagi. Die Fahrten in alten Eichenholzbooten finden von Juni bis August zwei- bis dreimal täglich statt und sind nicht so überfüllt wie die Touren ab Húsavík. Landschaft und Wale sind hier aber ebenso spektakulär.

Im Winter ist Ólafsfjörður relativ schneesicher, was für Betrieb auf den umliegenden **Abfahrtskipisten** sorgt. Es gibt außerdem ein attraktives **Schwimmbad** und einen **Golfplatz** mit neun Löchern. Das Hótel Brimnes verleiht Boote, Kajaks und Fahrräder und gibt auf seiner Website Tipps für Outdooraktivitäten in der Gegend.

Schlafen & Essen

Zu Essenszeiten lohnt sich ein Bummel entlang der Straße nach Siglufjöður.

Gistihús Jóa PENSION €
(Joe's Gästehaus; ☎847 4331; gistihusjoa@gmail.com; Strandgata 2; DZ ohne Bad 10 000–12 000 ISK) Zur Zeit der Recherche wurde hier noch eifrig renoviert, aber wir konnten schon erkennen, dass hier eine attraktive Unterkunft entsteht. In dem ehemaligen Postamt neben dem Supermarkt sollen im Erdgeschoss auch ein Café und ein Informationszentrum einziehen. Die Zimmer haben Waschbecken, originelle Böden und eine moderne Einrichtung in Schokobraun.

Brimnes Hotel & Bungalows HOTEL, HÜTTEN €€
(☎466 2400; www.brimnes.is; Bylgjubyggð 2; EZ/DZ inkl. Frühstück 12 600/18 000 ISK, Hütten ab 23 400 ISK; 📶) Die eigentliche Attraktion des größten Hotels am Platz sind die ge-

mütlichen Holzhütten am Seeufer (in verschiedenen Größen, und manche mit bis zu sieben Schlafplätzen) mit einem in die Veranda integrierten Whirlpool und Blick aufs Wasser. Außerdem gibt es elf gemütliche Zimmer mit Bad und ein einfaches Restaurant.

Campingplatz CAMPINGPLATZ €
(pro Pers. 800 ISK) Mit Toiletten, Wasser- und Stromanschluss; zum Duschen werden die Camper ins benachbarte Schwimmbad geschickt.

Höllin ISLÄNDISCH €€
(Hafnargötu 16; Hauptgerichte 900–3500 ISK; 11.30–22 Uhr) Hinweisschilder an der Hauptstraße führen zu diesem bei Einheimischen beliebten Lokal mit Pizzas, Burgern und ein, zwei Zusatzangeboten wie Salat oder Lamm.

Samkaup-Úrval SUPERMARKT €
(Aðalgata; Mo–Fr 10–19, Sa 11–18, So 13–17 Uhr) Für Selbstversorger.

An- & Weiterreise

Hópferðabílar Akureyrar (898 5156; www.hba.is) schickt als Vertragspartner von Sterna die Busse 620/620a ganzjährig von Akureyri nach Olafsfjörður (1 Std., 1700 ISK). Sie fahren dreimal täglich an Werktagen und halten in Dalvík und Árskógsströnd. Im Winter 2012 gab es täglich zwei Anschlussverbindungen nach Siglufjörður.

Dalvík

1400 EW.

Das verschlafene Dalvík hat sich ein gemütliches Plätzchen zwischen dem rauen Eyjafjörður und den sanften Hügeln von Svarfaðardalur gesucht. Die meisten Besucher kommen hierher, um die Fähre nach Grímsey zu nehmen. Aber wer Zeit und Lust hat, kann hier gut wandern und findet auch interessante Museen sowie erstklassige Unterkünfte.

Die **Touristeninformation** (460 4000; www.dalvik.is; Mo–Fr 11–18, Sa & So 12–17 Uhr) teilt sich den Platz im nagelneuen Kulturzentrum Menningarhúsið Berg mit einer Bibliothek und einem einladenden Café. Gleich um die Ecke liegt das attraktive städtische Schwimmbad. Das Umland bietet sich zum Reiten, Golfen, Skifahren, Vögelbeobachten und für geführte Wanderungen an.

Sehenswertes & Aktivitäten

Byggðasafnið Hvoll MUSEUM
(www.dalvik.is/byggdasafn; Karlsbraut; Erw./Kind 500 ISK/frei; Juni–Aug. 11–18 Uhr) Neben den üblichen ausgestopften Tieren (klar, auch ein Eisbär ist mit von der Partie) hält das Heimatmuseum eine skurrile Überraschung parat: Mehrere Räume sind dem von hier stammenden „Riesen" Jóhan Pétursson gewidmet, mit 2,34 m war er der größte Mann Islands.

Birdland Exhibition MUSEUM
(www.birdland.is; Erw./Kind 800/400 ISK; Juni–Aug. 12–17 Uhr) 5 km außerhalb des Städtchens an der Straße 805 zeigt das nette, kinderfreundliche Museum vogelkundliche Besonderheiten. Das danebenliegende Sumpfgebiet ist bei Ornithologen sehr beliebt.

Arctic Sea Tours WALBEOBACHTUNG
(www.arcticseatours.is; Erw./Kind 8000/4000 ISK; Mitte Mai–Sept.) Immer mehr Anbieter von Waltouren machen entlang dem Eyjafjörður den großen Unternehmen in Húsavík Konkurrenz. Arctic Sea Tours bietet mehrmals täglich dreistündige Fahrten an, im Juni auch eine Mitternachtstour. Ein kurzer Aufenthalt zum Hochseeangeln ist jeweils inbegriffen. Auf Wunsch werden Teilnehmer in Akureyri abgeholt (4000 ISK).

Schlafen & Essen

Neben dem Schwimmbad liegt ein **Campingplatz** (Stellplatz pro Wohnmobil/Zelt 2000/1000 ISK). Hinter der Schuhschachtelfassade des **Fosshótel Dalvík** (466 3395; www.fosshotel.is; Skíðabraut 18; DZ mit/ohne Bad, inkl. Frühstück 25 000/13 200 ISK; Mai–Sept.;) verbergen sich einfache, aber geschmackvoll eingerichtete Zimmer.

Neben der N1-Tankstelle im Zentrum liegt der Supermarkt **Samkaup-Úrval** (Mo–Fr 10–19, Sa bis 18, So 13–17 Uhr), weitere Tankstellen haben integrierte Snackbars mit Grill und am Hafen wartet **Við höfnina** (Hafnarbraut 5; Hauptgerichte 2000–4000 ISK; 12–13.30 & 18–21 Uhr), das einzige Restaurant vor Ort.

LP TIPP **Dalvík HI Hostel** HOSTEL €
(Vegamót; 466 1060, 865 8391; www.vegamot.net; Hafnarbraut 4; B/DZ ohne Bad 4500/10 200 ISK) Unserer Ansicht nach ist dieses Hostel

das beste von ganz Island, sowohl was das Preis-Leistungs-Verhältnis betrifft als auch das Aussehen. Es wirkt überhaupt nicht wie eine Absteige für sparsame Backpacker, sondern eher wie ein Boutiquehotel. Heiða, die freundliche Besitzerin, hat ihre kreative Ader in der originellen, mit Flohmarktfunden durchsetzten Einrichtung voll ausgelebt. Die sieben Zimmer sind in einem zentral gelegenen, weißen Gebäude namens Gimli untergebracht, dazu gibt's drei Holzhütten (12 800 ISK) und nicht weit davon (neben dem Schwimmbad) einen Hot Pot. Aber am allerschönsten fanden wir das Gamli Bærinn („Altes Haus"), eine superromantische, separat stehende Hütte (19 800 ISK). Im Hostel bekommen HI-Mitglieder 600 ISK Rabatt, Bettwäsche kostet pro Person 1400 ISK extra.

An- & Weiterreise

In Dalvík laufen die Fähren nach Grímsey aus.

Die Busse 620/620a von **Hópferðabílar Akureyrar** (☎898 5156; www.hba.is), einem Vertragspartner von Sterna, zuckeln ganzjährig an Werktagen von Akureyri nach Olafsfjörður (und zurück) und halten in Dalvík (Akureyri–Dalvík 45 Min., 1300 ISK).

Árskógsströnd

Die reiche Agrarregion Árskógsströnd erstreckt sich am Westufer des Eyjafjörður in Richtung Norden. Die Ausblicke übers Meer zu den gegenüberliegenden Bergen sind absolut beeindruckend. Die meisten Besucher, die zur kleinen vorgelagerten Insel Hrísey wollen, springen hier ins Boot. Außerdem ist Árskógsströnd die Heimat der Mikrobrauerei **Bruggsmiðjan** (www.bruggsmidjan.is), die auf Anfrage besichtigt werden kann. Saga Travel in Akureyri bietet eine organisierte kulinarische Brauereitour an. Wer nur wissen will, wie die berühmten Kaldi-Biere von Bruggsmiðjan schmecken, kann sie im Brugghúsbarinn in Akureyri probieren.

Empfehlenswert ist auch ein Abstecher nach **Hauganes**, um auf dem ehemaligen Fischerboot **Niels Jónsson** (☎867 0000; www.niels.is; 3-stündige Tour Erw./Kind 7000/3500 ISK; ⏲Juni–Aug.) einen spannenden Törn mit Angeln und Walbeobachtung zu buchen. Das Dorf liegt 14 km südlich von Dalvík (bzw. 35 km nördlich von Akureyri) und 2 km von der Straße 82 entfernt.

Hrísey

180 EW.

Das friedliche, relativ flache Hrísey ist nach Heimaey Islands zweitgrößte, der Küste vorgelagerte Insel. Die prosperierende Gemeinde ist vom Festland leicht zu erreichen und liegt mitten im Eyjafjörður und ist als Brutstätte und Schutzgebiet für Schneehühner bekannt. Außerdem sind hier Eiderenten und eine riesige Küstenseeschwalbenkolonie zu Hause.

Im Hús Hákarla Jörunder gibt's eine kleine **Touristeninformation** (⏲Juni–Aug. 13–17 Uhr), neben der Dorfkirche bei der Anlegestelle ein ebenfalls kleines Museum zum Thema Haifischfang (Eintritt 500 ISK). Wie die Informationsbroschüre, die in Hrísey und Akureyri verteilt wird, verraten auch die beiden konkurrierenden Websites www.hrisey.net und www.visithrisey.is alles Wissenswerte über die Insel (Letztere listet auch Ferienhäuser auf).

Auf den Dorfstraßen tummeln sich unglaublich zahme Alpenschneehühner. Drei markierte **Naturpfade** schlängeln sich durch den südöstlichen Teil der Insel und passieren diverse gute Aussichtspunkte auf den Klippen. Ein absolutes Muss mit hohem Spaßfaktor sind die 40-minütigen **Traktorfahrten** (Erw./Kind 1000/500 ISK) quer über die Inseln, auf denen alle wichtigen Attraktionen abgeklappert werden. Sie beginnen im Sommer täglich um 10, 12, 14 und 16 Uhr an der Bootsanlegestelle.

Um die Insel gemütlich zu erforschen, genügt eigentlich ein halber Tag. Wer tiefer in das Inselleben eindringen will, genehmigt sich eine Übernachtung im **Brekka** (☎466 1751; www.brekkahrisey.is; EZ/DZ ohne Bad 7000/10 000–12 000 ISK; ⏲Mitte Mai–Mitte Sept.), zu dem auch ein kleines Lokal gehört. Darin werden Gäste mit heimischen Muscheln, Hummersalat und Steaks vom Galloway-Rind verwöhnt.

Beim nagelneuen Freibad gibt's einen **Campingplatz** (pro Pers. 1000 ISK) mit Rezeption und sanitären Einrichtungen. Im Dorfladen **Júllabúð** (⏲Mo–Do 11.30–18.30, Fr bis 22, Sa & So 12–18 Uhr) können die Vorräte wieder aufgestockt werden.

Die Personenfähre **Sævar** (☎695 5544; Erw./Kind 1200/600 ISK) pendelt ganzjährig mindestens siebenmal täglich zwischen Árskógssandur und Hrísey (15 Min.). Der Fahrplan steht auf www.hrisey.net. Bus 620

ABSTECHER

GRÍMSEY

Die abgelegene Insel Grímsey (90 Einwohner), bekannt als der einzige Teil Islands jenseits des Polarkreises, liegt 41 km vom Festland entfernt. Auf diesem einsamen Fleckchen Erde sind die Vögel eindeutig in der Mehrzahl, auf 1000 von ihnen kommt ein menschlicher Inselbewohner. Nichtsdestotrotz siedelten auf Grímsey schon seit dem Jahr 1200 Menschen. Einer Legende zufolge war es ein norwegischer Fischer namens Grimur, der zuerst die Insel ansteuerte, nachdem er sich in die Tochter eines auf Grímsey lebenden Trolls verliebt hatte. Bedauerlicherweise segnete die Geliebte nach einer unbeabsichtigten Begegnung mit der Mitternachtssonne das Zeitliche – ihre versteinerten Reste liegen neben der bleistiftdünnen Kirche der Insel.

Heute sind die Mystik und die Natur der Insel die Hauptattraktionen. Touristen kommen scharenweise nach Grímsey, um ihr „I visited the Arctic Circle"-Zertifikat einzusammeln und ein Foto am Denkmal mit der Aufschrift „You're standing on the Arctic Circle" zu schießen (obwohl das Monument tatsächlich 20 km südlich vom eigentlichen Polarkreis steht). Danach bleibt noch genug Zeit, die windumtoste Landschaft zu begutachten. Malerische Küstenklippen und dramatische Basaltformationen bieten 36 verschiedenen Arten von Seevögeln eine Heimat, darunter die kamikazeartig veranlagte Küstenseeschwalbe. Nette Fußnote: Es heißt, die Rollbahn am Flughafen müsse jeweils ein paar Minuten vor der Landung eines Flugzeugs von Küstenseeschwalben befreit werden!

Wer es sich nicht nehmen lassen will, einmal jenseits des Polarkreises zu schlafen, hat die Wahl zwischen zwei Unterkünften. Im heimeligen **Gullsól** (☎467 3190; gullsol @visir.is; Zi. ohne Bad Erw./Kind 4500/2500 ISK) führt eine Treppe mit Falltür zu ein paar winzigen Zimmerchen über dem Souvenirshop der Insel (der jeweils zu Anlegezeiten der Fähre geöffnet ist und auch Kaffee, Tee und Waffeln verkauft). Selbstversorger freuen sich über die gut eingerichtete Gästeküche. Wer seinen Schlafsack mitbringt, bezahlt für ein Bett nur 3000 ISK.

Etwas gehobenere Bedingungen bietet das **Básar** (☎467 3103; www.gistiheimilid basar.is; EZ/DZ ohne Bad 5000/9000 ISK) am Flughafen. Auch hier kostet ein Bett (mit eigenem Schlafsack) 3000 ISK. Wer sich nicht selbst in der Gästeküche versorgen will, kann dort auch Mahlzeiten bestellen. Auf Wunsch werden Segel- und Angeltörns organisiert.

Beim Gemeindezentrum gibt's einen kleinen Campingplatz. **Krían** ist das einzige Restaurant vor Ort und hat im Sommer offiziell täglich geöffnet (auf jeden Fall an den Tagen, an denen die Autofähre anlegt, sonst nicht unbedingt). Zum Lokal gehört auch ein kleiner Laden.

An- & Weiterreise

Trotz der isolierten Lage ist Grímsey leicht zu erreichen.

Charterflug mit Ausflug Von Mitte Juni bis Mitte August bietet **Air Iceland** (www.airice land.is) Ausflüge ab Akureyri (144 €) oder Reykjavík (236 €) an, die Hin- und Rückflug sowie einige Stunden Aufenthalt auf der Insel (mit geführter Wanderung) beinhalten.

Fähre Von Mitte Mai bis August startet die **Fähre Sæfari** (☎458 8970; www.saefari. is) montags, mittwochs und freitags um 9 Uhr in Dalvík und legt um 16 Uhr wieder in Grímsey ab. Dadurch ergibt sich ein Zeitfenster von vier Stunden auf der Insel, sofern keine Übernachtung geplant ist. Die dreistündige Überfahrt kostet einfach 4000 ISK, Kinder bezahlen nichts. Der Morgenbus 620 fährt um 7.45 Uhr in Akureyri ab und ist rechtzeitig in Dalvík, um die Fähre zu erreichen. Im Winter legt die Fähre ebenfalls um 9 Uhr in Dalvík ab, fährt aber sofort nach Ent- und Beladen wieder zurück.

Flugzeug Von Mitte Juni bis Mitte August fliegt **Air Iceland** täglich von/nach Akureyri, in der übrigen Zeit dreimal wöchentlich. Auf dem 25-minütigen, ziemlich ruckeligen Flug (einfach ab ca. 60 €) bietet sich der Eyjafjörður in seiner vollen Länge dar.

Segelausflug North Sailing (☎464 7272; www.northsailing.is) bietet einen zweitägigen Segeltörn ab Húsavík an, über Nacht wird vor Grímsey geankert. Er findet in der Zeit von Mai bis Mitte Juli einmal pro Woche statt und kostet 590 €.

ab Akureyri (3-mal tägl., nur an Werktagen) hält in Árskógssandur.

Dienstags und donnerstags tuckert ganzjährig die **Autofähre Sæfari** (☎458 8970; www.saefari.is; Erw./Kind 1015 ISK/frei) um 13.15 Uhr von Dalvík nach Hrísey (30 Min.) und wieder zurück, sobald sie Passagiere und Fracht aus- und wieder eingeladen hat.

AKUREYRI

17 300 EW.

Akureyri will Islands zweite große Metropole sein, doch mit Melbourne, Manchester oder Montreal ist es wahrlich nicht zu vergleichen. Wie auch, mit nur 17 000 Einwohnern? Da grenzt es schon an ein Wunder, dass in dieser „Stadt" überhaupt so viel los ist! Es gibt coole Cafés, Gourmetrestaurants und ein Nachtleben – und damit bietet Akureyri eine willkommene Abwechslung zu den meisten anderen Orten im ländlichen Island.

Hinter dem an Islands größten Fjord hingeschmiegten Städtchen erheben sich schneebedeckte Berge. Blumenkästen, Bäume und gepflegte Gärten täuschen über die Lage nur einen Katzensprung vom Polarkreis entfernt hinweg. Mit munteren sommerlichen Festivals, hervorragenden Skibedingungen im Winter und einer entspannten, lockeren Atmosphäre ist Akureyri die beste Ausgangsbasis für die Erkundung des Eyjafjörður.

Der erste dauerhafte Anwohner am Eyjafjörður war der norwegisch-irische Siedler Helgi Magri (Helgi der Magere), der um 890 hier ankam. Die Existenz eines Handelspostens an der Stelle des heutigen Akureyri ist 1602 erstmals belegt. Es gab aber immer noch keine dauerhaften Behausungen, da alle Siedler auf Höfen auf dem Land wohnten. Gegen Ende des 18. Jhs. hatte der Ort beachtliche zehn Einwohner, alles dänische Kaufleute, und ihm wurde das Stadtrecht verliehen. Der Ort blühte auf und um 1900 hatte er schon 1370 Einwohner.

Heute floriert Akureyri. Seine Fischfabriken und seine Werft sind die größten im Land. Die 1987 gegründete Universität verleiht der Stadt eine jugendliche Dynamik.

Sehenswertes

Es ist durchaus verständlich, dass Akureyri seine Künstler mit diversen Museen ehrt, aber die meisten sind relativ nichtssagend für Besucher, die nicht gerade ein großer Fan des betreffenden Sohns der Stadt sind. Alternativ gibt's noch Museen, die sich mit der lokalen Industrie, mit antikem Spielzeug und mit Motorrädern beschäftigen.

Akureyrarkirkja KIRCHE

(Eyrarlandsvegur) Die hoch über der Stadt auf einem Hügel thronende Kirche ist das Wahrzeichen von Akureyri. Sie wurde von Guðjón Samúelsson entworfen, dem Architekten, der auch für die Hallgrímskirkja in Reykjavík verantwortlich ist. Beide sind aus Basalt, aber dieses Exemplar wirkt eher wie ein stilisierter Wolkenkratzer aus den USA der 1920er-Jahre.

Die 1940 erbaute Akureyrarkirkja beherbergt eine große, schöne Orgel mit 3200 Pfeifen sowie eine Reihe recht untraditioneller Reliefs mit Darstellungen des Lebens Christi. Ein von der Decke hängendes Schiff repräsentiert die alte nordische Tradition von Votivgaben zum Schutz Angehöriger auf See. Das auffälligste Merkmal ist das schöne Mittelfenster im Chor. Es schmückte ursprünglich die Kathedrale von Coventry

DIE AKUREYRI-RÚNTUR

Gelangweilt, ruhelos und nur darauf versessen, gesehen zu werden – die Teenager von Akureyri haben ihre eigene Form der *rúntur* (wörtlich übersetzt „Rundtour") entwickelt. Während das weltberühmte Äquivalent in Reykjavík in erster Linie einen starken Magen und die Bereitschaft zu einem Nickerchen in der Disco erfordert, muss man in Akureyri nur alt genug sein, um sich ein Auto leihen zu können. Praktisch jede Nacht in der Woche (vor allem aber freitags und samstags) bewegt sich ab 20 Uhr eine Prozession von Autos Stoßstange an Stoßstange immer im Kreis durch die Straßen Skipagata, Strandgata und Glerárgata. Die Geschwindigkeit überschreitet dabei selten 5 km/h, aber bis in die Morgenstunden hupen und kreischen die Teenager.

Die Größe des *rúntur*-Spektakels ist umgekehrt proportional zur Größe der Stadt. Deshalb ist das Hupkonzert in Akureyri noch gar nichts im Vergleich zu Húsavík – dort gibt es insgesamt nur drei Straßen!

Akureyri
500 m
Eyjafjörður
Hof
Hofsbót
Glerárgata
Strandgata
Hjalteyrargata
Hríseyjar
Norðurgata
Lundargata
Grænagata
Eiðsvallagata
Gránufélagsgata
Laxagata
Hólabraut
Brekkugata
Bibliothek
Skipagata
Hafnarstræti
Akureyrarkirkja
Kaupvangsstræti
Eyrarlandsvegur
Laugargata
Gilsbakkavegur
Oddagata
Bjarmast
Oddeyrargata
Ráðhústorg
Lögbergsg
Helgamagrastræti
Bjarkarstígur
Munkaþverárstræti
Klapparstígur
Sportstadion
Eyrarvegur
Akureyri HI Hostel (450 m);
Bónus-Supermarkt (600 m)
Statue von Helgi dem Mageren
Aussichtspunkt
Byggðavegur
Þórunnarstræti
Ásvegur
Hamarstígur
Þingvallastræti
Glerártorg-Einkaufszentrum
Borgarbraut
Glerá

Þvottahúsið Höfði
Spítalavegur
Aðalstræti
Flughafen (500 m)
Nonnahús (350 m); Akureyri-Museum (450 m)
Lystigarðurinn
Lystigarðurinn Akureyri (Botanischer Garten)
katholische Kirche
Möðruvallastígur
Skólastígur
Hrafnagilsstræti
Þórunnarstræti
Byggðavegur
Mímisvegur
Vanabyggð
Mýrarvegur
Jaðarsvöllur (300 m)
1
5
12
40
39
28
21
22
18
13
30
9
A
B
C
D
E
F
G
5
6
7
8

Akureyri

in England. Besucher sind zwar willkommen, sollten aber vorher einen Blick auf die Tafel mit den Öffnungszeiten am Eingang werfen, da sie sich ständig ändern.

Akureyri-Museum MUSEUM

(Minjasafnið á Akureyri; www.akmus.is; Aðalstræti 58; Erw./Kind 800 ISK/frei; ⏲Juni–Mitte Sept. 10–17 Uhr, Mitte Sept.–Mai Sa & So 14–16 Uhr) Historische und kunsthandwerkliche Objekte aus der Siedlerzeit bis heute bestücken die Sammlung dieses Museums, von Fotos und landwirtschaftlichen Geräten bis hin zur rekonstruierten isländischen Wohnungseinrichtung von anno dazumal. Der **Museumsgarten** war 1899 als erste Baumschule Islands angelegt worden.

GRATIS **Centre for Visual Arts** MUSEUM

(Sjónlistamiðstöðin; www.sjonlist.is; Kaupvangsstræti 8–12; ⏲Di–So 12–17 Uhr) Bei schlechtem Wetter bietet sich das neu geschaffene Kunstzentrum als Zufluchtsort an. Ein Kunstmuseum und diverse private Galerien stellen gemeinsam Ausstellungen zusammen, die mit innovativen Ideen und unkonventionellen Kombinationen überzeugen.

Isländisches Fliegereimuseum MUSEUM

(Flugsafn Íslands; www.flugsafn.is; Erw./Kind 1000 ISK/frei; ⏲Juni–Aug. 11–17 Uhr, Sept.–Mai Sa 14–17 Uhr) In einem Hangar des Flughafens von Akureyri erzählt das Museum die Geschichte der Fliegerei in Island nach, vom Jungfernflug 1919 bis heute. Der Ausstellungsraum ist mit diversen restaurierten Flugkörpern bestückt, darunter auch ein Helikopter der Küstenwache. Ein weiteres Highlight sind die Überreste eines britischen Bombers, der während des Zweiten Weltkriegs in der Nähe von Akureyri eine Bruchlandung hinlegte.

TAUCHEN IM EYJAFJÖRÐUR

BRANDON PRESSER

Wenn es um Sporttauchen geht, denkt man in der Regel an sonnige Strände und bunte Tropenfische. Deshalb mag es manch einen überraschen, dass einige der aufregendsten Tauchplätze der Welt im eisigen Wasser Islands zu finden sind. Die meisten Hobbytaucher zieht es ins kristallklare Silfra, aber die echte Tauchherausforderung – *strýtan* – wartet unter den Wellen des Eyjafjörður. *Strýtan* ist ein gigantischer Kegel (55 m), der sich auf dem Meeresboden erhebt. Er erfordert von Tauchern große Vorsicht, da er heißes Wasser ausspeit. Die konische Form der Ablagerungen von Magnesiumsilikat ist extrem ungewöhnlich, denn die einzigen Gebilde, die mit *strýtan* vergleichbar sind, wurden bisher in einer Tiefe von 3000 m und mehr entdeckt; die Spitze von *strýtan* liegt aber nur 15 m unter der Wasseroberfläche.

Bei einem herzhaften Essen (es gab hausgemachtes Rentier) hat uns Erlendur Bogason, der Mann, der den *strýtan* entdeckt hat, noch ein paar andere Tauchattraktionen des Eyjafjörður enthüllt.

Neben dem mächtigen *strýtan* gibt es noch einige kleinere Vulkankegel auf der anderen Seite des Fjords. Die Artnanesstrýtur (auch „französische Gärten" genannt) sind kleiner und weniger spektakulär. Aber sie ermöglichen das ungewöhnliche Vergnügen, Lummeneier mit unter Wasser zu nehmen und über dem Schlot zu kochen. Das Wasser, das aus dem Vulkanschlund sprudelt, enthält kein Salz, sodass man das warme Wasser auch mit einer Thermoskanne einfangen und damit nach der Rückkehr an die Wasseroberfläche eine heiße Schokolade zubereiten könnte.

Auch das Tauchen rund um die Insel Grímsey ist ein Erlebnis, das in Erinnerung bleibt – die Insel ist einer der wenigen Orte in der Polarregion, an denen Hobbytaucher in die Fluten steigen können. Das Wasser ist erstaunlich klar, aber die Hauptattraktion sind die Vögel (ja, richtig gelesen!), denn Unmengen von Lummen tauchen hier bei der Jagd nach Essbarem tief ins Wasser ein. Mit Vögeln schwimmen ist schon etwas merkwürdig – bei guter Sicht ist es ein bisschen wie Fliegen!

Wer Interesse hat, diese Wunder zu bestaunen, sollte das Tauchgeschäft von Erlendur, **Strytan Divecentre** (☎862 2949; www.strytan.is; 2-tägige Tauchtrips ab 30 000 ISK), anrufen.

Dive the North (www.divethenorth.is) ist eine in Akureyri beheimatete Taucherbasis, die auch Tauchgänge an den Hot Spots im Norden anbietet. Veranstalter in Reykjavík haben ebenfalls Ausflüge in dieser Gegend im Programm; mehr darüber verraten die Websites von **Dive.is** (www.dive.is), **DiveIceland.com** (www.diveiceland.com) und **Scuba Iceland** (www.scubaiceland.is).

Nonnahús MUSEUM

(www.nonni.is; Aðalstræti 54; Erw./Kind 700 ISK/frei; ⌚Juni–Aug. 10–17 Uhr) Die interessanteste Hommage an einen der Söhne der Stadt ist das Nonnahús, wo der berühmte Kinderbuchautor Reverend Jón Sveinsson (1857–1944), alias Nonni, aufgewachsen ist. Seine altmodischen Abenteuergeschichten stecken voller Lokalkolorit. Das Haus von 1850 und seine mit einfachen Möbeln vollgestopften Zimmer geben einen beeindruckenden Einblick in das isländische Alltagsleben im 19. Jh.

GRATIS **Lystigarðurinn** GARTEN

(Eyrarlandsholt; ⌚Juni–Sept. Mo–Fr 8–22, Sa & So 9–22 Uhr) Der weltweit am nördlichsten gelegene botanische Garten bietet sich an sonnigen Tagen als perfekter Picknickplatz an. In Anbetracht der Nähe zum Polarkreis ist seine Pflanzenvielfalt wirklich erstaunlich. Jede in Island heimische Art ist hier vertreten, dazu kommen Exemplare aus aller Welt, die in nördlichen Breitengraden oder extremen Höhen wachsen. Wer schon mal hier ist, sollte sich im Café Björk eine Pause gönnen.

Kjarnaskógur GARTEN

3 km südlich der Stadt liegt der beliebteste „Wald" Islands, der Kjarnaskógur. Auf dem allerdings nur von Strauchwerk bewachsenen Gelände gibt es einen 2 km langen Trimmdichpfad, Wanderwege, Picknicktische, einen lustigen Kinderspielplatz und diverse neue Geräte, um seine Fitness zu testen.

Aktivitäten

In Akureyri fehlt es nicht an Möglichkeiten, um den Kreislauf in Schwung zu bringen. Skifahren macht im Winter Laune, im Sommer kommen viele zum Reiten, Wandern oder Golfspielen her. Ein unvergessliches Erlebnis ist ein Tauchgang im hiesigen Fjord, dem Eyjafjörður.

Schwimmen

Sundlaug Akureyrar SCHWIMMBAD
(Þingvallastræti 21; Erw./Kind 470/150 ISK, Sauna 750 ISK; Mo–Fr 6.45–21, Sa & So 8–19.30 Uhr) Das Freibad in der Nähe des Campingplatzes gehört zum Feinsten, was Island Badegästen zu bieten hat. Mit seinen drei beheizten Becken, Hot Pots, Wasserrutschen, Saunen und Dampfbädern ist das Bad der ideale Ort für einen entspannten Nachmittag!

Reiten

Eine ganze Reihe von Farmen in der Umgebung bietet Ausritte an. Die meisten sind auf Anfrage auch bereit, ihre Kunden in Akureyri abzuholen.

Pólar Hestar REITEN
(463 3179; www.polarhestar.is) Bietet stundenweise Ausritte wie auch einwöchige Reittouren durch die Wildnis an.

REMIX EINES LANGEN WOCHENENDES: DAS NÖRDLICHE DREIECK

Island ist mit seiner idealen Lage mitten im eisigen Atlantik zwischen Nordamerika und Europa zu *der* Insider-Adresse für einen spannenden Wochenendausflug geworden. Der beständige Touristenstrom hat die dreitägige Tour von Reykjavík über die Ringstraße zur Blauen Lagune ziemlich abgenutzt. Also warum nicht eine neue Tour ausprobieren und das nordisländische Dreieck – Mývatn, Húsavík und Akureyri – mit seinen atemberaubenden Attraktionen ansteuern? Die Tour ist nicht so aufwändig wie es auf den ersten Blick scheint – nach der Landung in Keflavík gibt's einen Anschlussflug (eventuell mit vorherigem Transfer zum Inlandsterminal von Reykjavík) nach Akureyri. Und um es noch einfacher zu machen, hier ein kurzer Programmvorschlag:

1. Tag: Akureyri

Die Tour startet am besten mit etwas durch und durch Isländischem: Reiten. Kein Scherz, diese Pferde sind etwas ganz Besonderes! Danach ist ein halber Tag ausreichend, um durch die hübschen Straßen im Stadtzentrum zu schlendern. Wer vom Fliegen noch nicht genug hat, sollte am Nachmittag Grímsey ansteuern, das einzige Stück Islands in der Polarregion. Zum Abendessen steht ein isländisches Menü im Strikið oder RUB23 auf dem Programm. Der Tag endet mit einer feuchtfröhlichen Tour durch das Nachtleben von Akureyri.

2. Tag: Húsavík & Umgebung

Der Wecker klingelt: Auf nach Húsavík! Dort geht es zunächst ins Walmuseum als Vorbereitung für die danach folgende Walbeobachtungstour. Ein Spaziergang in Richtung Osten bietet sich an, um die steilen Wände der Schlucht von Ásbyrgi und die tosenden Fluten des Dettifoss zu bewundern, bevor man beim Abendessen im Pallurinn sein eigenes Walabenteuer-Seemannsgarn zum Besten gibt.

3. Tag: Mývatn

Wen die verführerischen Fotos von Islands türkisfarbenen Spa-Quellen in Verzückung versetzen, kommt bei diesem Ausflug auf seine Kosten. Der See Mývatn verfügt über seine eigene Version der Blauen Lagune! Das Naturbad Mývatn ist zwar kleiner als das im Süden, aber dafür weniger touristisch. Nach dem entspannenden Bad kommt der Kreislauf bei einer dreistündigen Wanderung am Ostufer des Sees, die an einem Ensemble geologischer Besonderheiten vorbeiführt, wieder auf Touren. Der Halt am stinkenden Hverir ist ein Muss und wenn die Zeit noch reicht, sollte auch noch ein Spaziergang zwischen den Dampffontänen der Krafla drin sein. Auf dem Rückweg nach Akureyri gibt es noch ein letztes Highlight – den himmlischen Wasserfall Goðafoss.

Skjaldarvík REITEN
(☎552 5200; www.skjaldarvik.is) 6 km nördlich der Stadt wartet Skjaldarvík mit einer wunderschönen Pension, einem Restaurant und Reitmöglichkeiten auf. Im Programm stehen 1½-stündige Ausritte am Fjord entlang und in die Berge der Umgebung für 6900 ISK (Beginn im Sommr täglich um 10, 14 und 17 Uhr). Ein preislich attraktives Angebot ist „Ride & Bite" (reiten und essen): Für 9900 ISK hüpfen die Reiter nach dem Ausflug um 17 Uhr noch in den Hot Pot im Freien und lassen sich dann mit einem Abendessen (zwei Gänge) verwöhnen.

Kátur REITEN
(☎695 7218; www.hestaleiga.is; Kaupangur; 1-/3-stündiger Ausritt 5000/9000 ISK; ⏲Juni–Aug.) Ein paar Fahrminuten südöstlich von Akureyri an der Straße 829 bietet Kátur täglich seine beliebten ein- bis dreistündigen Ausritte an.

Wandern

Informationen über die Wandermöglichkeiten in der Gegend gibt's bei **Ferðafélag Akureyrar** (Wanderverein von Akureyri; www.ffa.is; Strandgata 23; ⏲Juni–Aug. Mo–Fr 15–18 Uhr). Auf der sehr nützlichen Website sind alle Hütten des Vereins in Nordisland und den Bergen aufgelistet; dazu kommen Infos zum Askja-Weg (S. 312) und der Terminkalender mit den geführten Wanderungen des Vereins, bei denen auch Besucher willkommen sind.

Ebenfalls eine wertvolle Hilfe sind die Wanderkarten von Útivist & afþreying (insgesamt sieben, Nr. 1 und 2 decken die Gegend um den Eyjafjörður ab); sie werden in der Touristeninformation verkauft.

Eine schöne, aber ziemlich anstrengende Tageswanderung führt durch das Glerádalur-Tal hinauf auf den 1213 m hohen Berg Súlur. Der Weg beginnt am Súluvegur, der kurz vor der Glerá-Brücke links von der Þingvallastræti abbiegt. Für die gesamte Rundtour sollten gut sieben Stunden eingeplant werden.

Golf

Jaðarsvöllur GOLF
(☎462 2974; www.gagolf.is) Für passionierte Golfer ist es ein besonderer Kick, den Ball um Mitternacht einzulochen. Dazu haben sie auf dem Jaðarsvöllur Gelegenheit, denn er liegt nur wenige Grad südlich des Polarkreises und bietet von Juni bis Anfang August rund um die Uhr genügend Licht – für die Mitternachtssession muss reserviert werden. Auf dem Par71 werden jedes Jahr die **Arctic Open** (www.arcticopen.is) ausgetragen. Der Wettbewerb über 36 Löcher findet Ende Juni in den Nachtstunden statt. Auskünfte zu Greenfees und Mitgliedsbeiträgen gibt der Golfclub.

Skifahren

Hlíðarfjall Skizentrum SKIFAHREN
(☎462 2280; www.hlidarfjall.is; Tagespass Erw./Kind 3300/1500 ISK) Auf dem Glerárdalur 5 km oberhalb der Stadt im Westen liegt Islands Vorzeigeskigebiet. Die 24 Pisten bedienen jedes Niveau, vom blutigen Anfänger bis zum Könner. Die mit 2,5 km längste Abfahrt bietet einen Steilhang mit 500 m Gefälle. Außerdem wurden ein Loipennetz von 20 km und ein Funpark für Snowboarder angelegt.

Die Saison dauert normalerweise von Dezember bis Ende April, die besten Bedingungen bieten Februar und März (vor allem an Ostern ist hier viel los). Während der dunklen Winterzeit werden viele Pisten mit Flutlicht bestrahlt. Neben Ski- und Snowboardverleih gibt's zwei Restaurants und eine Skischule. Während die Lifte in Betrieb sind, sorgt ein Pendelbus für die Anbindung nach Akureyri; Näheres dazu verrät die Website.

Geführte Touren

Meist können die Touren online gebucht werden; Touristeninformationen sind ebenfalls gute Ansprechpartner. Auf S. 214 steht Näheres zur Flugtour nach Grímsey. Wer zurück nach Reykjavík muss, kann statt auf der Straße 1 auch mit dem Bus quer durch das Hochland im Inselinneren fahren.

LP TIPP **Saga Travel** GEFÜHRTE TOUREN
(☎558 888; www.sagatravel.is; Kaupvangsstæti 4) Die Agentur bietet ganzjährig ein umfangreiches Ausflugsprogramm für Islands Norden an. Neben den klassischen Zielen Mývatn, Húsavík (für Walbeobachtung) und Askja im Hochland gibt es auch interessante Thementouren zu Bereichen wie Gastronomie, Kunst und Design, Kirchen oder Wasserfälle. Um das gesamte Angebot durchzuchecken, lohnt sich ein Besuch auf der Website oder direkt in der Agentur (die im Sommer bis spät geöffnet hat).

Ferðafélag Akurey WANDERN, SKIFAHREN
(FFA; ☎462 2720; www.ffa.is; Strandgata 23) Der Wanderverein von Akureyri stellt ein abwechslungsreiches Jahresprogramm mit

Wander- und Skitouren durch die Berge der Gegend zusammen.

SBA-Norðurleið GEFÜHRTE TOUREN
(☎550 0700/70; www.sba.is; Hafnarstræti 82) Mehrere Sightseeingtouren durch Nordisland hat auch diese Busgesellschaft im Programm, z. B. zum Mývatn, nach Húsavík und zum Askja.

Nonni Travel GEFÜHRTE TOUREN
(☎461 1841; www.nonnitravel.is; Brekkugata 5) Das Reisebüro erledigt Buchungen für fast jede Tour in der Gegend.

Festivals & Events

Akureyris **Sommerkunstfestival** (Listasumar á Akureyri) erstreckt sich über zehn Wochen von der Sommersonnenwende (um den 21. Juni) bis Ende August und präsentiert Künstler aus ganz Island. Auf dem Programm stehen Ausstellungen, Konzerte, Theateraufführungen und vieles mehr. Höhepunkt ist das **Stadtfest von Akureyri** am letzten Augustwochenende mit großer Parade und Straßenfest. Näheres dazu steht auf der Website www.visitakureyri.is.

Schlafen

In den letzten Jahren hat sich das Angebot an Unterkünften in Akureyri gemausert und es gibt mittlerweile eine ganze Reihe neuer, qualitätsbewusster Einrichtungen für jeden Geldbeutel. Trotzdem kann es im Sommer zu Engpässen kommen und eine rechtzeitige Buchung ist ratsam. Auch im Umland der Stadt liegen viele Farmen, die attraktive Übernachtungsmöglichkeiten bieten, allerdings meist nur mit eigenem Pkw erreichbar sind. Näheres darüber steht in der Broschüre *The Ideal Holiday* (www.farmholidays.is), die speziell auf Urlaub auf dem Bauernhof ausgerichtet ist.

Wer nicht vorab gebucht hat, findet meist in der Touristeninformation Hilfe (gegen eine Reservierungsgebühr von 500 ISK). Allerdings wird die Auswahl dann nicht mehr so groß sein, vor allem in der Hochsaison. Die meisten Unterkünfte sind ganzjährig geöffnet. Ein komplettes Verzeichnis steht auf der Website der **Touristeninformation** (www.visitakureyri.is), eine weitere gute Quelle ist **AirBnB** (www.airbnb.com), vor allem für Privatzimmer, Hütten, Apartments und Ferienhäuser, davon viele in Akureyri.

Ein Blick auf die Websites lohnt sich auch wegen Sonderangeboten und Rabatten in der Nebensaison (die nachstehenden Preise gelten für die Hochsaison im Sommer und stammen z. T. von 2012, können also mittlerweile höher sein).

Budgetunterkünfte

Akureyri Backpackers HOSTEL €
(☎578 3700; www.akureyribackpackers.com; Hafnarstræti 98; B/DZ ohne Bad 3990–4990/11 990 ISK; @📶) Neben der Toplage im Zentrum machen gechillte Vibes, ein Buchungsservice für Ausflüge und ein beliebtes Café Laune. Die Zimmer verteilen sich auf vier Stockwerke; die Einzel- und Doppelzimmer mit gemachten Betten liegen ganz oben, die übrigen Räumen haben je vier bis acht Schlafplätze. Es gibt zwar auf jeder Etage Toiletten und Waschbecken, aber die Duschen liegen (zusammen mit einer Sauna) alle im Untergeschoss. Bettwäsche und Frühstück kosten jeweils 990 ISK.

Akureyri HI Hostel HOSTEL €
(Stórholt; ☎462 3657; www.hostel.is; Stórholt 1; B 3800 ISK, DZ mit/ohne Bad 14 000/10 000 ISK; @📶) 15 Gehminuten nördlich des Zentrums, aber immer noch im Kernstadtgebiet, liegt dieses gut geführte, gemütliche Hostel mit zwei Gästeküchen und TV-Lounge im Haupthaus (auch die Zimmer haben alle TV), einer Grillterrasse und zwei Hütten mit je acht Schlafplätzen. Der Besitzer versorgt seine Gäste gern mit Tipps und Infos, beharrt aber streng auf der Eincheckzeit (ab 15 Uhr). HI-Mitglieder bekommen 600 ISK Rabatt, Bettwäsche kostet 1250 ISK.

Gula Villan PENSION €
(☎896 8464; www.gulavillan.is; Brekkugata 8; EZ/DZ ohne Bad 10 000/13 000 ISK; 📶) Die neue Besitzerin Sigriður war selbst viel unterwegs und hat ihre freundliche, gelbweiße Villa in zentraler Lage mit viel Liebe eingerichtet. Die Zimmer sind hell und gut in Schuss. Im Sommer hält sie noch ein zweites Gebäude bereit, das **Gula Villan II** (Þingvallastræti 14; ⏲Juni–Aug.). In beiden gibt's Gästeküchen und auf Wunsch auch Frühstück (1600 ISK). Wer seinen Schlafsack mitbringt, bezahlt weniger.

Centrum Hostel PENSION €
(☎892 9838; www.centrumhostel.is; Hafnarstræti 102; EZ/DZ ohne Bad 9900/12 500 ISK; 📶) Trotz des Namens erinnert die zentral gelegene, neue Unterkunft eher an eine Pension, bietet aber auch Betten im Schlafsaal an. Die properen Zimmer haben TV und Kühlschrank, für Selbstversorger gibt es eine Küchen-Lounge. Wer keine Bettwäsche be-

nötigt, bezahlt nur 7900/9500 für die Nacht im EZ/DZ.

Städtischer Campingplatz CAMPINGPLATZ €
(☎462 3379; Þórunnarstræti; pro Pers. 1000 ISK; ⌚Mitte Juni–Mitte Sept.) Der Campingplatz in zentraler Lage ist mit Waschmaschine, Essplatz und Toiletten ausgestattet, hat aber keine Küche. Die Duschen liegen auf der anderen Straßenseite und kosten 100 ISK. In der Nähe gibt's ein Schwimmbad und einen Supermarkt.

Campingplatz Hamrar CAMPINGPLATZ €
(☎461 2264; pro Pers. 1000 ISK; ⌚Mitte Mai–Mitte Sept.; @ 📶) Das riesige Gelände 1,5 km südlich der Stadt im Wäldchen Kjarnaskógur bietet neuere sanitäre Einrichtungen und einen schönen Ausblick auf die Berge.

Mittelklassehotels

LP TIPP **Skjaldarvík** PENSION €€
(☎552 5200; www.skjaldarvik.is; EZ/DZ ohne Bad, inkl. Früstück 12 900/16 900 ISK; @ 📶) Wahrhaft paradiesische Verhältnisse bietet diese wunderschöne Unterkunft in ländlicher Idylle, 6 km nördlich der Stadt. Sie gehört einer jungen Familie, die bei der Einrichtung viele originelle Ideen hatte (Schuhe fungieren als Blumenübertöpfe, ausrangierte Schreibmaschinen als Wanddeko). Das unglaublich reichhaltige Frühstücksbuffet, der Hot Pot, Reitangebote, Büchertausch und die Bar mit Selbstbedienung und gemütlicher Lounge sind weitere nette Extras. Selbst gezogene Kräuter und Gemüse werden im bildhübschen Restaurant als kleines, aber feines Menü angeboten (2-Gänge-Menü 4500 ISK, Mitte Mai–Mitte Sept. abends), allerdings muss reserviert werden. Auch wer hier nicht übernachtet, ist willkommen. Ein „Ride & Bite"-Angebot kombiniert Reiten und Essen, mehr dazu steht auf S. 220.

LP TIPP **Sæluhús** APARTMENT €€
(☎618 2800; www.saeluhus.is; Sunnutröð; Studio/Ferienhaus 136/219 €; 📶) Das beeindruckende Minidorf aus modernen Studios und Ferienhäusern ist perfekt für alle, die ein paar Tage ausspannen wollen. Die Häuser sind wahrscheinlich besser ausgestattet als die eigene Wohnung zu Hause: drei Schlafzimmer (insgesamt sieben Schlafplätze), voll eingerichtete Küche, Waschmaschine, Veranda mit Whirlpool und Grill. Die etwas kleineren Studios haben eine Küche, Zugang zu einer Waschküche, z. T. einen Whirlpool und sind ideal für Pärchen.

LP TIPP **Icelandair Hótel Akureyri** HOTEL €€
(☎518 1000; www.icelandairhotels.is; Þingvallastræti 23; Zi. ab 23 870 ISK; @ 📶) Bei der in Weiß und Karamell gehaltenen Einrichtung des 2011 eröffneten Hotels durften sich isländische Künstler und Designer austoben. Wir fanden vor allem die Terrasse und die Lounge toll, wo nachmittags Tee und zur Happy Hour am frühen Abend Cocktails serviert werden. Auch das elegante Restaurant ist ein Hingucker. Für 1700 ISK gibt's ein üppiges Frühstücksbuffet.

Hrafninn HOTEL €€
(☎661 9050; www.hrafninn.is; Brekkugata 4; EZ/DZ11 500/16 900 ISK; 📶) Was das Preis-Leistungs-Verhältnis angeht, ist das wunderhübsche Hrafninn („Rabe") unschlagbar! Es wirkt wie ein elegantes Landhaus, ist aber überhaupt nicht vornehm oder gar steif. Die Zimmer in der dritten Etage wurden kürzlich renoviert, im zweien Stock gibt's neuerdings eine geräumige Gästeküche.

Hotel Natur HOTEL €€
(☎467 1070; www.hotelnatur.com; Þórisstaðir; EZ/DZ inkl. Früstück 16 800/24 000 ISK; @ 📶) An der Straße 1, rund 15 km östlich von Akureyri, bietet dieser Familienbetrieb nordische Einfachheit mit minimalistisch eingerichteten Zimmern und atemberaubenden Fjordblicken. Die meisten Unterkünfte liegen im ehemaligen Kuhstall (dem sein Vorleben nicht mehr anzusehen ist), der geräumige Speisesaal und ein einladender Hot Pot sorgen für Wohlfühlatmosphäre.

Hótel Íbúðir APARTMENT €€
(☎892 9838; www.hotelibudir.is; Geislagata 10; DZ-Apt. 19 700 ISK; 📶) Im Íbúðir stehen sieben ziemlich luxuriöse Apartments verschiedener Größe zur Auswahl (mit maximal acht Schlafplätzen). Vor allem Familien werden sich in der zentral gelegenen Unterkunft mit Balkonen und hübschen Blicken auf die Stadt wohlfühlen.

Hótel Akureyri HOTEL €€
(☎462 5600; www.hotelakureyri.is; Hafnarstræti 67; EZ/DZ inkl. Frühstück 125/148 €; @ 📶) Kompakte, gut ausgestattete Zimmer (vorne mit Blick aufs Wasser, hinten mit Blick auf üppiges Grün) machen dieses Hotel in der Nähe der Bushaltestelle attraktiv. Es bietet außerdem eine Reihe von Apartments und

Privatzimmern im Stadtzentrum an (Bett mit eigenem Schlafsack 25 €), die auf der Website aufgelistet sind.

Hótel Edda HOTEL €€

(☎444 4900; www.hoteledda.is; Eingang in der Þórunnarstræti 14; DZ mit/ohne Bad 23 900/12 900 ISK; ⏱Mitte Juni–Ende Aug.; @📶) Mit über 200 Zimmern ist diese riesige Sommerunterkunft im Schulhaus alles andere als individuell. Der neue Flügel mit hellen, gut eingerichteten Zimmern (Bad, Kühlschrank, TV) wurde sehr modern gestaltet. Im alten Flügel teilen sich die Gäste der altmodischen Zimmer die Bäder, bezahlen aber auch erheblich weniger. Das Schwimmbad und der Botanische Garten liegen nur ein paar Gehminuten entfernt.

Spitzenklassehotels

Hótel Kea HOTEL €€€

(☎460 2000; www.keahotels.is; Hafnarstræti 87–89; EZ/DZ inkl. Frühstück 169/210 €; @📶) Akureyris größtes Hotel ist bei Reisegruppen sehr beliebt. Die schicken, im Business-Stil eingerichteten Zimmer mit Minibar und Wasserkocher haben wenig Isländisches, manche dafür aber einen Balkon mit schönem Blick auf den Fjord. Eine Bar, ein Café und ein Restaurant komplettieren das Angebot, aber für unseren Geschmack ist das Hotel von Icelandair sympathischer (und billiger).

Essen

LP TIPP **Café Björk** CAFÉ €

(Mittagsbuffet 1550 ISK; ⏱11–18 Uhr) Was gibt's Schöneres als ein Designer-Café im Botanischen Garten? Das nagelneue Lokal hat riesige Panoramafenster, skandinavischen Schick, guten Kaffee, eine große Sonnenterrasse und ein Mittagsbuffet, dessen Suppen und Salate allseits beliebt sind.

Strikið INTERNATIONALE KÜCHE €€

(www.strikid.is; Skipagata 14; kleine Gerichte 1800–2900 ISK, Hauptgerichte 3500–4900 ISK; ⏱11.30–23 Uhr) Riesige Fenster mit Fjordblick verleihen dem Restaurant im 5. Stock das gewisse Etwas. Auf der Karte gibt's für jeden etwas, von Pizzas und Burgern bis zu Gourmetgerichten aus erstklassigen isländischen Produkten (z. B. ultrafrische Sushi, Lachs mit Sauce Hollandaise, Hummersuppe, Rentier-Burger, Tenderloin-Steak). Die dreigängigen Menüvorschläge des Küchenchefs (6600 bis 6900 ISK) sind ihr Geld wert.

RUB23 INTERNATIONALE KÜCHE €€€

(www.rub23.is; Kaupvangsstræti 6; Hauptgerichte abends 3790–5990 ISK; ⏱Mo–Fr mittags, tgl. abends) Ein geniales Restaurant, das eine innovative Idee verwirklicht: Die Gäste suchen sich ihren Fisch (oder das Fleisch) für den Hauptgang aus und dazu eine der elf Marinaden für die Zubereitung. Wer sich nicht entscheiden kann, hält sich an die Empfehlung des Küchenchefs: Seewolf mit rauchiger Barbecue- oder Lammfilet mit Zitrus-Rosmarin-Marinade.

Blaá Kannan CAFÉ €

(Hafnarstræti 96; Mittagsbuffet 1250 ISK; ⏱8.30–23.30 Uhr) Leutegucken ist das Hauptargument für eine Pause in der „blauen Teekanne" (die im dunkelblau gestrichenen Gebäude namens Cafe Paris untergebracht ist) im Zentrum. Die holzlastige Einrichtung wird durch Kerzen gemütlich, auf der Karte stehen Paninis, Bagels, Kuchen und ein preiswertes Tagesgericht (1590 ISK). Abends verwandelt sich das Café in eine gut frequentierte Kneipe.

Kaffi Költ CAFÉ €

(Geislagata 10; ⏱Juni–Aug. 10–23 Uhr, Sept.–Mai kürzer; @📶) Das kreativ eingerichtete, coole Café hat einiges zu bieten: Vinylplatten, alte Sofas, Musikinstrumente, isländisches Kunsthandwerk und leckeren Kuchen; draußen sorgen Guerilla-Strickarbeiten für fröhliche Hingucker.

Indian Curry Hut INDISCH €

(Hafnarstræti 100b; Gerichte 1795–2295 ISK; ⏱mittags & abends) An kühlen Abenden kann einem durch die feurigen Currys dieses beliebten Takeaways ganz schön warm werden.

Greifinn INTERNATIONALE KÜCHE €€

(www.greifinn.is; Glerárgata 20; Hauptgerichte 1640–4830 ISK; ⏱11.30–23 Uhr) Das familienfreundliche Greifinn gehört zu den beliebtesten Essadressen der Stadt und ist immer brechend voll. Es konzentriert sich auf klassische Magenschmeichler wie saftige Burger, lecker-scharfe Tex-Mex-Gerichte, Pizzas, Salate und teuflisch gute Eiscreme zum Dessert.

Krua Siam THAILÄNDISCH €€

(Strandgata 13; Gerichte 1400–2200 ISK; ⏱Mo–Fr mittags, tgl. abends) Rotierende Deckenventilatoren lassen an heißere Gefilde denken und die Küche tut alles, um diesem Eindruck gerecht zu werden – auch wenn der Polarkreis nur 40 km entfernt liegt.

Bautinn INTERNATIONALE KÜCHE €€
(Hafnarstræti 92; Hauptgerichte 1460–5250 ISK; ⌚mittags & abends) In diesem unauffälligen, familienfreundlichen Lokal treffen sich die Einheimischen. Neben der All-you-can-eat-Suppe und dem Salatbuffet (1880 ISK) lockt eine riesige Karte mit allem, was das Herz begehrt, von Pizzas, Burgern, Fisch und Lamm bis zu isländischen Spezialitäten wie Walfisch.

Örkin hans Nóa FISCH & MEERESFRÜCHTE €€
(Hafnarstræti 22; Hauptgerichte ca. 4000 ISK; ⌚Mo–Sa ab 14, So ab 18 Uhr) Die „Arche Noah" ist Kunstgalerie, Möbelladen und Restaurant in Personalunion und wirklich einzigartig. Das liegt am einfachen, aber erfolgreichen Konzept: frischer Fisch, kurz gebraten und mit Gemüsebeilage serviert. Kein Chichi, sondern klassisch, einfach und gut. Nachmittags gibt's Kaffee und Kuchen.

La Vita é Bella ITALIENISCH €€
(Hafnarstræti 92; Hauptgerichte 1560–5640 ISK; ⌚ab 18 Uhr) Hier trifft italienische auf isländische Küche (Tagliatelle mit Hummerschwänzen), außerdem gibt's die üblichen, aber gut gemachten Standards wie Pizza, Pasta und Risotto.

Brynja EISCREME €
(Aðalstræti 3; Eiscreme ab 310 ISK; ⌚Mai–Aug. 9–23.30 Uhr, Sept.–April 11–23 Uhr) Ganz Island ist sich einig: Die legendäre Eisdiele ist die beste der Insel, obwohl sie ihre kalten Köstlichkeiten aus Milch, nicht aus Sahne zusammenrührt. Sie liegt ganz in der Nähe des Botanischen Gartens.

Selbstversorger

Akureyri hat eine ganze Reihe von Supermärkten, aber keiner davon liegt im Stadtzentrum.

Nettó SUPERMARKT €
(Glerárgata; ⌚Mo–Fr 10-19, Sa bis 18, So 12–18 Uhr) Im Einkaufszentrum Glerártorg.

Samkaup-Strax SUPERMARKT €
(Byggðavegur 98; ⌚Mo–Fr 9–23, Sa & So 10–23 Uhr) Nicht weit vom Campingplatz westlich des Stadtzentrums.

Bónus SUPERMARKT €
(Langholt; ⌚Mo–Do 11–18.30, Fr 10–19.30, Sa 10–18, So 12–18 Uhr) Der Discounter hinter dem HI-Hostel hat einen integrierten Backshop, der bereits ab 7.30 Uhr geöffnet ist.

Vínbúð ALKOHOL €
(Hólabraut 16; ⌚Mo–Do & Sa 11–18, Fr bis 19 Uhr) Nicht weit vom Borgabíó-Kino gibt's einen staatlichen Alkoholshop.

Ausgehen

Die Bar im Akureyri Backpackers ist ein beliebter Treffpunkt für Traveller.

Brugghúsbarinn BAR
(Kaupvangsstræti 23; ⌚ab 18 Uhr; 📶) Hier läuft nicht irgendein Bier aus dem Zapfhahn, sondern das köstliche Kaldi aus der Mikrobrauerei in Árskógsströnd. Freundliches Personal erklärt geduldig den Unterschied zwischen den fünf verschiedenen Sorten vom Fass, darunter auch eine Hausmarke. Das Ambiente wird durch Kerzenlicht gemütlich und wer Hunger hat, kann sich in der Tapas-Bar im Stockwerk darüber etwas bestellen.

Græni Hatturinn LIVEMUSIK
(Green Hat; Hafnarstræti 96) In der beliebten Kneipe in einer Seitenstraße hinter dem Blaá geht es traditioneller und auch etwas ruhiger zu als im Sjallinn und wer auf Livemusik steht, wird in Akureyri nichts Besseres finden.

Café Amour CAFÉ, BAR
(Ráðhústorg 9; ⌚So–Do 11–1, Fr & Sa bis 4 Uhr) Mit einer langen Cocktailkarte und Weinen aus der Neuen Welt versucht das Nobelcafé, die Yuppies der Stadt anzulocken. In der Etage darüber gibt's einen kleinen und ziemlich geschmacklos gestylten Club, der am Wochenende trotzdem immer proppenvoll ist.

Kaffi Akureyri BAR
(Strandgata 7; ⌚So–Do 15–1, Fr & Sa bis 4 Uhr) Die Café-Bar gehört zu den besseren Adressen für Livemusik und ist freitags und samstags, wenn Bands auftreten, entsprechend gut besucht.

Sjallinn CLUB
(Geislagata 14; ⌚Fr & Sa bis 4 Uhr) Ein Dauerbrenner, der als Bar, Club und Konzertlocation gleichermaßen beliebt ist. DJs lassen sich von den Charts wie von Indie Rock inspirieren und an Wochenende sind Live-Gigs angesagt.

Unterhaltung

Akureyri hat zwei Kinos, das **Borgarbíó** (Hólabraut 12) und das **Nyja-Bíó** (Strandgata 2). Beide zeigen Mainstream-Streifen in Originalversion mit Untertiteln.

Keilan BOWLING
(Hafnarstræti 26; ⌚11–23.30 Uhr) Wenn das Wetter einen Strich durch die Rechnung macht, bietet das Keilan mit Bowlingbahnen, Billardtischen und Bar gute Unterhaltung.

Leifélag Akureyrar THEATER
(www.leikfelag.is; Hafnarstræti 57) Akureyris größtes Theater hat Schauspiel, Musical, Tanz und Oper im Programm, die Saison läuft von September bis Juni. Termine stehen auf der Website.

Shoppen

Diverse Läden in der Hafnarstræti verkaufen steuerfrei (S. 359) traditionelle Pullis aus Islandwolle *(lopapeysur)*, Bücher, Krimskrams und Souvenirs.

LP TIPP **Geysir** KLEIDUNG, SOUVENIRS
(www.geysirshop.is; Hafnarstræti 98) Am liebsten hätten wir in diesem originellen Laden alles gekauft – von den Capes im *lopapeysa*-Look über Rentierhäute und alte Islandkarten bis hin zu den mit Papageitauchern bestickten Pantoffeln.

Eymundsson BÜCHER, SOUVENIRS
(Hafnarstræti 91-93; ⌚bis 22 Uhr) Der erstklassige Buchladen mit integriertem Café verkauft Karten, Scrapbooks und internationale Zeitschriften in großer Auswahl.

Christmas Garden SOUVENIRS
(Jólagarðurinn; ⌚Juni–Aug. 10–22 Uhr, Sept.–Dez. 14–22 Uhr, Jan.–Mai 14–18 Uhr) Wer das ganze Weihnachtsbrimborium auch außerhalb der Saison erträgt, kann sich in diesem Lebkuchenhaus durch eine ganze Kollektion äußerst festlicher, handgefertigter Dekoartikel wühlen und sich von traditionellen isländischen Weihnachtsleckereien in Versuchung führen lassen. Der Laden liegt 10 km südlich von Akureyri an der Straße 821.

Viking SOUVENIRS
(www.theviking.is; Hafnarstræti 104) Der Laden ist nicht zu übersehen: Ein überlebensgroßer Eisbär am Eingang lockt die Massen ins Innere, wo eine gute Auswahl *lopapeysur* und alle möglichen Souvenirs warten.

Fold-Anna KLEIDUNG
(Hafnarstræti 100) Während die Kunden das mit *lopapeysur* vollgestopfte Outlet durchforsten, strickt das Personal hinter dem Tresen gelassen weiter.

Praktische Informationen

Geld

Alle Banken (9.15–16 Uhr) im Zentrum tauschen gebührenfrei ausländische Währungen und haben Geldautomaten, die rund um die Uhr in Betrieb sind.

Arion banki (Geislagata 5)

Íslandsbanki (Skipagata 14)

Landsbanki (Strandgata 1)

Internetzugang

Die meisten Unterkünfte sowie einige Cafés und Museen bieten Internetzugang an. Auch in der Touristeninformation und in der **Bücherei** (Amtsbókasafnið á Akureyri; www.amtsbok.is; Brekkugata 17; ⌚Mitte Mai–Mitte Sept. Mo–Fr 10–19 Uhr, Mitte Sept.–Mitte Mai Mo–Fr 10–19, Sa 11–16 Uhr.; @ WLAN) können Besucher gegen eine kleine Gebühr online gehen.

Medizinische Versorgung

Krankenhaus Akureyri (☎463 0100; www.fsa.is; Eyrarlandsvegur)

Apótekarinn (Hafnarstræti 95; ⌚Mo–Fr 9–17.30 Uhr) Apotheke.

Gesundheitszentrum Heilsugæslustöðin (☎460 4600; 3. Etage, Hafnarstræti 99; ⌚Mo–Fr 8–16 Uhr)

Notfall

Notruf (☎112)

Polizei (☎464 7700; Þórunnarstræti 138)

Post

Hauptpostamt (Strandgata 3; ⌚Mo–Fr 9–18 Uhr)

TouristeninFormation

Touristeninformation (☎450 1050; www.visitakureyri.is; Hof, Strandgata 12; ⌚Mitte Juni–Aug. 8–19 Uhr, Sept. Mo–Fr 8–17, Sa & So 10–14 Uhr, Okt.–April Mo–Fr 8–16 Uhr, Mai–Mitte Juni Mo–Fr 8–17, Sa & So 8–16 Uhr; @ WLAN) Das hilfsbereite, effiziente Büro ist im neuen Kulturzentrum Hof untergebracht. Hier gibt's stapelweise Prospekte und Karten, Internetzugang und einen Designerladen. Die gut geschulten Angestellten erledigen kostenlos Buchungen von Ausflügen und Verkehrsmitteln, die Vermittlung von Unterkünften in der Gegend kostet 500 ISK.

Waschsalon

In den meisten Unterkünften gibt's für die Gäste einen Wäschereiservice.

Þvottahúsið Höfði (Hafnarstræti 34; eine Ladung von max. 7 kg 2000 ISK; ⌚Mo–Fr 8–18 Uhr) Wäscherei.

An- & Weiterreise

Auto

Nach Reykjavík ist Akureyri der zweitwichtigste Verkehrsknotenpunkt Islands. In der Stadt gibt es mehrere Mietwagenfirmen, am Flughafen sind alle großen Anbieter vertreten. Auf S. 372 sind sämtliche in Island operierenden Autoverleihe aufgelistet. Gegen eine Gebühr sind die meisten Firmen mit der Übermahme in Akureyri und der Rückgabe in Reykjavík (oder umgekehrt) einverstanden.

Über Mitfahrgelegenheiten informiert die Website www.semferda.is.

Bus

Am **Busbahnhof** (Hafnarstræti 82) von Akureyri startet eine ganze Brigade von Bussen in Richtung Norden. Auskünfte über aktuelle Fahrpläne und -preise erteilen die Büros der einzelnen Linien (das von SBA-Norðurleið liegt im Busbahnhof, das von Sterna auf der anderen Straßenseite) und die Touristeninformationen. Die gleichen Infos stehen auch im Internet.

Durchschnittliche Preise und Reisezeiten (vom Sommer 2012, Änderungen vorbehalten): Akureyri–Reykjavík auf der Straße 1 (11 800 ISK, 6 Std.), Akureyri–Húsavík (3300 ISK, 1¼ Stunden), Akureyri–Mývatn (3600 ISK, 1½ Stunden), Akureyri–Egilsstaðir (8700 ISK, 4 Std.).

SBA-Norðurleið (☎550 0700/70; www.sba.is) unterhält folgende Linien:

BUS 62/62A Akureyri–Goðafoss–Mývatn–Egilsstaðir; Juni bis Mitte September täglich, sonst viermal wöchentlich.

BUS 610/610A Akureyri–Reykjavík über die inländische Kjölur-Route; Mitte Juni bis Anfang September täglich.

BUS 640/640A Akureyri–Húsavík; ganzjährig zwei- bis viermal täglich.

BUS 641/641A Akureyri–Húsavík–Ásbyrgi–Dettifoss; Mitte Juni bis August täglich.

BUS 680/680A Akureyri–Húsavík–Þórshöfn; ganzjährig dreimal wöchentlich.

Sterna (☎551 1166; www.sterna.is) hat u. a. Busse auf folgenden Strecken:

BUS 60/60A Akureyri–Reykjavík auf der Straße 1; ganzjährig mindestens einmal täglich.

BUS 35/35A Akureyri–Reykjavík auf der Kjölur-Route; Mitte Juni bis Anfang September täglich.

Hópferðabílar Akureyri (Vertragspartner von Sterna; ☎898 5156; www.hba.is) betreibt zusätzlich:

BUS 620/620A Akureyri–Dalvík–Olafsfjörður (manche fahren weiter bis Siglufjörður); ganzjährig an Werktagen dreimal täglich.

Flugzeug

Flughafen Akureyri (www.akureyriairport.is) Der Flughafen liegt 3 km südlich des Stadtzentrums. In den vergangenen Sommern existierte ein wöchentlicher Direktflug von/nach Kopenhagen mit Iceland Express, aber es ist noch nicht klar, ob er auch 2013 angeboten wird.

Air Iceland (www.airiceland.is) Die Luftlinie hat täglich mehrere Flüge zwischen Akureyri und dem Inlandsterminal von Reykjavík sowie von Akureyri nach Grímsey, Vopnafjörður und Þórshöfn. Online sind einfache Flüge schon ab 9740 ISK zu haben.

Icelandair (www.icelandair.com) Von Juni bis September starten Flieger dieses Anbieters in Keflavík, was ausländischen Besuchern bei ihrer Ankunft in Island den Transfer zum Inlandsflughafen von Reykjavík erspart, wenn sie nach Akureyri wollen.

Unterwegs vor Ort

Das Stadtzentrum von Akureyri ist relativ kompakt und leicht zu Fuß zu bewältigen. Wer seinen Wagen dort stehen lassen will, sollte sich erst mit den Parkregeln vertraut machen.

Auto

Akureyri hat ein in Island einmaliges Parksystem, das jedoch in Deutschland und vielen nordeuropäischen Ländern gang und gäbe ist: Wer im Stadtzentrum parkt, muss die Ankunftszeit auf seiner Parkscheibe einstellen und Letztere gut sichtbar auf dem Armaturenbrett deponieren. Das Parken ist kostenlos, aber an manchen Stellen zeitlich beschränkt; Schilder geben die maximale Parkzeit an (meist zwischen 15 Minuten und zwei Stunden in der Zeit zwischen 10 und 16 Uhr). Wer seinen Wagen länger stehen lässt, riskiert einen Strafzettel. Zur Not gibt's Plätze mit unbegrenzter Parkdauer beim Kulturzentrum Hof.

Bus

Kostenlose Stadtbusse verkehren auf vier Linien regelmäßig an Werktagen zwischen 7 und 22 Uhr sowie am Wochenende zwischen 12 und 18 Uhr und sind an ihrer gelben Farbe zu erkennen. Leider führt keine dieser Linien zum Flughafen.

Fahrrad

Zur Zeit der Recherche gab es in Akureyri keinen Fahrradverleih. Ob sich das inzwischen geändert hat, weiß die Touristeninformation.

Taxi

Der **Taxistand BSO** (☎461 1010; www.bso.is; Strandgata) liegt gegenüber dem Kulturzentrum Hof. Taxis können bereits 24 Stunden vorab bestellt werden. Die Website von BSO nennt auch die Tarife für Leihwagen mit Fahrer zu den Sehenswürdigkeiten in der Nähe.

Rund um Akureyri

Wer es sich zeitlich leisten kann, sollte die Ringstraße links liegen lassen und die Gegend rund um den „Hausfjord" Eyjafjörður auskundschaften. Die Straße entlang seinem Westufer in Richtung Norden nach Dalvík, Ólafsfjörður und Siglufjörður ist im Kartenabschnitt Tröllaskagi-Halbinsel auf S. 207 eingezeichnet. Das Ostufer des Fjords ist viel ruhiger und bietet hin und wieder Gelegenheit zu einem Pausenstopp mit bezaubernden Ausblicken.

Das **Museum für isländische Volks- und Außenseiterkunst** (Safnasafnið; www.safnasafnid.is; Erw./Kind 1000 ISK/frei; ⏲Mitte Mai–Aug. 10–17 Uhr) liegt 12 km östlich der Stadt an der Straße 1 (erkennbar an der blauen Männerskulptur). Die eklektische Sammlung ist in wunderschönen, lichtdurchfluteten Räumen mit Pflanzen untergebracht. Der isländische Name bedeutet wörtlich „Museum-Museum" und soll zum Ausdruck bringen, dass die Kuratoren einfach alles präsentieren – Hauptsache es wurde mit Herzblut geschaffen.

Weiter nördlich biegt die Straße 83 von der Ringstraße ab und führt in das 20 km entfernte Dorf **Grenivík** am Fjordufer. Dort gibt's ein nettes, kleines Fischereimuseum, einen Campingplatz und einen Dorfladen mit Grill-Imbiss. Auf der Fahrt fordern phantastische Ausblicke sowie malerischen Torfdächer dazu auf, die Kamera auszupacken. Die Dächer gehören zu dem restaurierten bäuerlichen Anwesen **Laufás** (Erw./Kind 800 ISK/frei; ⏲Juni–Aug. 9–17 Uhr). Die renommierten Pferdeställe von **Pólar Hestar** (☎463 3179; www.polarhestar.is) bieten kurze Ausritte wie auch anspruchsvolle einwöchige Reitexkursionen durch die dortige Traumlandschaft an (ab 950 €).

Von Akureyri zum Mývatn (Goðafoss)

Reisende, die von Akureyri zum Mývatn fahren (oder auch einen Abstecher nach Húsavík machen), werden am himmlischen **Goðafoss** (Wasserfall der Götter) vorbeikommen, der an der Straße 1 durch das Lavafeld Bárðardalur schäumt. Er ist zwar kleiner und weniger kraftvoll als andere Sturzbäche auf Island, gehört aber garantiert zu den schönsten.

Der Wasserfall spielte eine wichtige Rolle in der isländischen Geschichte. Beim Alþing des Jahres 1000 war der *lögsögumaður* (Gesetzessprecher) Þorgeir gezwungen, eine Entscheidung über die Religion der Inselbewohner zu fällen. Nach 24-stündigem Nachdenken erklärte er Island zu einer christlichen Nation. Auf dem Heimweg kam er am Wasserfall in der Nähe seines Hofs Djúpá vorbei und warf seine heidnischen, altnordischen Götterbilder ins Wasser. So erhielt der Wasserfall seinen Namen.

Für alle, auf die Wasserrauschen wie ein Schlaflied wirkt, empfiehlt sich eine Übernachtung in einem der sonnengelben Zimmer von **Fosshóll** (☎464 3108; www.godafoss.is; Zeltplatz pro Pers. 1000 ISK, DZ mit/ohne Bad, inkl. Frühstück 23 800/18 600 ISK; ⏲Mitte Mai–Mitte Sept.; 📶) gleich neben dem Wasserfall. Es gibt dort auch ein Restaurant und in nächster Nähe eine Tankstelle mit kleiner Touristeninformation, Cafeteria und gut bestücktem Souvenirladen.

MÝVATN & UMGEBUNG

Die schroffe Schönheit der mondartigen Landschaft mit gurgelnden Schlammtöpfen, bizarren Lavaformen, dampfenden Fumarolen und gähnenden Kraterschlünden macht die Gegend rund um den See Mývatn *(mi-waut)* unbestritten zum größten Schmuckstück der Region. Sein Becken liegt direkt auf dem Mittelatlantischen Rücken, dessen erbarmungslose geologische Formation eine erstaunliche Landschaft hervorgebracht hat und in ganz Island konkurrenzlos bleibt; hier wird der Traum von Island Wirklichkeit.

Eine 36 km lange, befestigte Straße (1 und 848) führt rund um den See. Reykjahlíð am nordöstlichen Zipfel ist der größte Ort und bietet eine praktische Touristeninformation sowie verschiedene Unterkünfte für jeden Geldbeutel.

Die meisten Sehenswürdigkeiten liegen an der kurvigen Seestraße, so z. B. die Lavaformationen am östlichen Ufer, die Ansammlung von Pseudokratern im Süden und die bei Vögeln besonders beliebte Moorebene im Westen.

Im Norden führt die Ringstraße (Straße 1) von Reykjahlíð aus nach Osten weiter über den Pass Námaskarð zum Solfatarenfeld Hverir. Dort zweigt Straße 863 ab und führt weiter Richtung Norden bis zur Krafla (14 km ab Reykjahlíð).

Wer im eigenen Auto unterwegs ist, kann das gesamte Gebiet an einem Tag durchkämmen. Bus- und Fahrradfahrer sollten besser zwei Tage einkalkulieren. Wanderer, die auch abgelegenere Berge und Lavafelder erkunden wollen, brauchen mindestens drei Tage.

Geschichte & Geologie

Vor 10 000 Jahren lag das Mývatn-Becken unter einer dicken Eiskappe. Rege Vulkantätigkeit brachte sie zum Schmelzen und ließ auch den darunterliegenden See verschwinden. Durch die Ausbrüche bildeten sich südlich des heutigen Sees die symmetrischen *móberg*-Hügel (abgeflachte Bergkegel, die durch subglaziale Vulkaneruptionen entstehen). Östlich davon entstanden durch Tephra (Lockermaterialien, die bei Vulkanausbrüchen in die Luft geschleudert werden) die Lúdent-Krater.

Über 6000 Jahre später schuf eine neue, heftige Eruptionsphase den Vulkan Ketildyngja 25 km südöstlich des Mývatn. Seine Lava wälzte sich in Richtung Nordwesten durch das Tal Laxárdalur und erstarrte zu einer Art Damm, hinter dem sich ein neuer, größerer See staute. Nach weiteren rund 1000 Jahren spuckte an derselben Stelle ein erneuter Vulkanausbruch den Hverfell aus, einen klassischen Tephra-Krater, der die heutige Umgebung des Sees dominiert. Während der darauffolgenden 200 Jahre verlagerte sich die Vulkantätigkeit ans Ostufer und überzog ein weites Gebiet mit zahllosen Kratern. Ihre Magmaauswürfe flossen in beständigen Strömen Richtung Öxarfjörður. Der Lavawall, der sich gegen Ende dieses Eruptionszyklus formierte, bildet das heutige Seeufer.

Von 1724–1729 sorgten die Mývatnseldar („Mývatn-Feuer“)-Eruptionen für Wirbel: Als Erster meldete sich der Leirhnjúkur nordöstlich des Sees unweit der Krafla. Die beeindruckende, latent aktive Spalte überraschte 1984 mit einer geballten Ladung. Schon zu Beginn der 1990er-Jahre war die Magmakammer wieder gefüllt und Experten warnten vor einem erneuten Ausbruch. Bis jetzt hat sich zwar noch nichts getan, aber es scheint nur eine Frage der Zeit zu sein.

1974 wurde die Gegend rund um den Mývatn als Naturschutzgebiet Mývatn-Laxá ausgewiesen. Das Pseudokraterfeld in Skútustaðir am Südende des Sees gilt als nationales Naturdenkmal.

Aktivitäten

Geothermische Bäder

LP TIPP **Naturbad Mývatn** GEOTHERMISCHE BÄDER (Jarðböðin; www.jardbodin.is; Erw./Kind 2800 ISK /frei; ⏲Juni–Aug. 9–24 Uhr, Sept.–Mai 12–22 Uhr) Nordislands Antwort auf die Blaue Lagune liegt 3 km östlich von Reykjahlíð. Die Becken sind zwar kleiner als bei der Konkurrenz im Süden und lange nicht so berühmt (was wahrscheinlich ein Vorteil ist), aber trotzdem ist es einfach ein himmlisches Gefühl, sich in das milchig-blaue, mineralreiche Wasser sinken zu lassen. Nach einem entspannten Bad bietet sich eines der beiden natürlichen Dampfbäder und/oder ein köstliches Dessert in der Cafeteria vor Ort an.

Geführte Touren

Der Tourismus ist unangefochten die Nummer eins in Reykjahlíð. Besucher ohne eigenes Fahrzeug können zwischen zahlreichen Ausflugstouren rund um den See wählen (darunter einige ab Akureyri). Im Sommer sind die Touren schnell ausgebucht, deshalb ist es ratsam, spätestens einen Tag vorher zu buchen. Anmeldung entweder direkt beim Anbieter oder über die Touristeninformation.

MÝVATN

Wer sich mit einer etwas kürzeren Bustour (3½ Stunden, 6100 ISK) zu den Hauptattraktionen des Mývatn begnügen will, kann

AUGEN ZU UND DURCH

Nomen est omen: Die Myriaden geflügelter Plagegeister am Mývatn (Mückensee) hinterlassen bei vielen Besuchern im Hochsommer einen bleibenden Eindruck. Die lästigen Viecher haben aber auch ihre Daseinsberechtigung – als wichtige Nahrungsquelle für andere Tiere.

Pech für uns Menschen, dass Mücken von Kohlendioxid angezogen werden. Jedes Ausatmen beschert uns einen Frontalangriff auf Augen, Ohren, Nase und Mund. Die gute Nachricht: Nur eine Mückenart sticht – also am besten Gazeschleier tragen (gibt's im Supermarkt von Reykjahlíð), Mückenschutz auftragen und beten, dass ein kräftiger Windstoß die kleinen Vampire in die Flucht schlägt.

sich einem von **SBA-Norðurleið** (☎550 0700/70; www.sba.is) organisierten Ausflug anschließen. Er beginn in Akureyri, aber meist ist der Zustieg in Reykjahlíð möglich. Es gibt Sommer- und Wintertouren.

Ebenfalls ganzjährig aktiv ist die in Akureyri beheimatete Agentur **Saga Travel** (☎558 888; www.sagatravel.is). Sie bietet eine ganze Palette phantastischer Ausflüge in die Gegend an und holt die Teilnehmer auch gerne in Reykjahlíð ab.

Charterrundflüge

Mýflug Air CHARTERRUNDFLÜGE
(☎464 4400; www.myflug.is; Reykjahlíð airport) Der Flieger dieser Firma hebt täglich ab (wenn es das Wetter zulässt). Ein 20-Minuten-Trip über Mývatn und Krafla kostet 12 985 ISK. Die zweistündige Super-Tour (43 020 ISK) überfliegt auch Dettifoss, Jökulsárgljúfur, Ásbyrgi, Kverkfjöll, Herðubreið und Askja. Der ebenfalls zweistündige Flug über den Polarkreis mit einer Stunde Aufenthalt auf Grímsey kostet 35 710 ISK.

Reiten

Zwei Anbieter heben Teilnehmer für kurze Touren in den Sattel – aus dieser Perspektive lässt sich die Landschaft mal auf ganz andere Art entdecken.

Saltvík REITEN
(☎847 6515; www.saltvik.is) Der Veranstalter gleich südlich von Reykjahlíð hat von Juni bis August täglich um 10, 13 und 16 Uhr zweistündige Ausritte (8000 ISK) im Programm. Von Ende Juni bis Ende Juli kann auch ein abendlicher einstündiger Reitausflug gebucht werden, der um 20 Uhr beginnt (5500 ISK).

Safaríhestar REITEN
(☎464 4203; safarihestar@gmail.com) Die ein- und zweistündigen Touren zu Pferd (5000/8000 ISK) starten auf der Farm Álftagerði III an der Südseite des Sees, 400 m westlich des Sel-Hótel.

Wandern & Radfahren

Hike & Bike WANDERN, RADFAHREN
(☎899 4845; www.hikeandbike.is; ⏱Juni–Aug. 8.30–18 Uhr) Hike & Bike hat einen Schalter in der Kneipe Gamli Bærinn in Reykjahlíð, wo das Sommerprogramm mit Wander- und Radtouren ausliegt. Täglich um 9 Uhr beginnt eine vierstündige geführte Wanderung zum Hverfell und dem Dimmuborgir-Becken (7500 ISK). Um 14 Uhr können Teilnehmer in die Pedale steigen, um drei Stunden lang durch das Hinterland zu keuchen (8500 ISK). Eine verlockende Alternative ist die abendliche Radtour, die mit einem Weichspülgang im Naturbad endet (9500 ISK, Eintritt inklusive). Auf der Website werden auch spannende Mehrtagesausflüge angeboten, darunter eine fünftägige Wanderung auf dem Askja-Weg und Wintertouren auf Schneeschuhen oder Langlaufskiern. Hike & Bike vermietet auch Räder für Expeditionen auf eigene Faust (4000 ISK pro Tag).

LAVAHÖHLE LOFTHELLIR

Ein umwerfendes Ausflugsziel ist die grandiose Lavahöhle Lofthellir mit ihren beeindruckenden natürlichen Eisskulpturen. Auch wenn die Höhle einer der echten Höhepunkte am Mývatn ist, kann sie nur in einer geführten Tour besichtigt werden. Der Eingang (nur für Schlanke geeignet) ist in der unwirtlichen Umgebung schwer zu finden und Besucher benötigen eine spezielle Ausrüstung (Stirnlampen, Stiefel mit Spikes usw.). Die Touren von **Saga Travel** (☎558 888; www.sagatravel.is) kosten 24 500/18 500 ISK ab Akureyri/Reykjahlíð.

ASKJA & DAS HOCHLAND

Immer mehr Veranstalter bieten Touren zum Askja im Superjeep an. Sie finden ab Mitte Juni statt (sobald die Straße geöffnet ist) und können – je nach Wetterverhältnissen – bis Ende September gebucht werden. Ab Akureyri ist das ein langer Tagesausflug von ca. 15 Stunden, ab Reykjahlíð dauert die Tour etwa 12 Stunden. Eine Liste von Anbietern steht auf S. 313.

WANDERUNG AM OSTUFER

Sicher, die Sehenswürdigkeiten am Ostufer des Sees Mývatn lassen sich auch gut mit dem Auto abklappern. Bei gutem Wetter macht es aber mit einer entspannten halbtägigen Wanderung mehr Spaß. Von Reykjalíð führt ein gut gekennzeichneter Wanderweg vorbei an den faszinierenden Grjótagjá- und Stóragjá-Spalten zum Hverfell (5 km). Danach geht's weiter zum Dimmuborgir-Becken (nochmal 2,5 km) und seinen ruinenartigen Lavaformationen. Wenn die Wanderung auf den Nachmittag gelegt und gut getimed wird, bietet sich zum Schluss beim Abendessen in Dimmuborgir ein toller Sonnenuntergang vor überirdischer Kulisse.

An- & Weiterreise

Alle Busse halten an der Touristeninformation in Reykjahlíð. **SBA-Norðurleið** (☎550 0700/70; www.sba.is) unterhält folgende Linien:

BUS 62/62A Akureyri–Mývatn–Egilsstaðir; Juni bis Mitte September täglich, sonst viermal wöchentlich. Hält in Reykjahlíð und beim Sel-Hótel am Südufer des Mývatn.

BUS 650/650A Reykjahlíð–Húsavík; 2700 ISK, 40 Minuten, Mitte Juni bis August zweimal täglich.

BUS 661/661A Von Reykjahlíð zur Krafla und zum Dettifoss; Mitte Juni bis August täglich. Am Dettifoss übernimmt Bus 641a den Rücktransport nach Húsavík.

Im Juli und August bietet **Reykjavík Excursions** (Kynnisferðir; ☎580 5400; www.re.is) zwei feste Fahrten auf der Sprengisandur-Route durch das Hochland an: Von Reykjavík bzw. Landmannalaugar zum Mývatn; s. dazu S. 312.

Unterwegs vor Ort

Es gibt herrliche Wanderwege rund um den Mývatn, leider sind sie nicht alle miteinander verbunden. Ohne Auto oder Fahrrad kann der Weg um den See etwas frustrierend sein – es sei denn, lange Wanderungen entlang der Uferstraße machen einem nichts aus. Trampen ist in dieser Gegend nicht die einfachste Form der Fortbewegung.

In Akureyri gibt es die Möglichkeit, Autos zu mieten. Bei angenehmem Wetter ist das Mountainbike eine gute Alternative; Hike & Bike (S. 230) hat einen Fahrradverleih. Die 36 km rund um den See sind leicht an einem Tag zu schaffen und lassen auch noch Zeit, bei den wichtigsten Sehenswürdigkeiten anzuhalten.

Reykjahlíð

200 EW.

Reykjahlíð am nordöstlichen Seeufer ist der größte Ort und ein guter Ausgangspunkt für Ausflüge rund um den Mývatn. Er besteht praktisch nur aus ein paar Pensionen und Hotels, einem Supermarkt, einer Tankstelle und einer Touristeninformation.

Sehenswertes & Aktivitäten

Der gewaltige Ausbruch des Krafla 1727 animierte auch den Krater Leirhnjúkur 11 km nordöstlich von Reykjahlíð zu einer zweijährigen Aktivitätsphase. Seine Lavaströme wälzten sich an einer alten Gletschermoräne entlang bis zum Seeufer. Am 27. August 1729 erreichten sie Reykjahlíð und zermalmten Häuser und Höfe – einzig eine **Holzkirche** blieb verschont (manche sehen das als Zeichen des Himmels), weil sich der Lavastrom teilte und die Kirche nur um einige Meter verfehlte. Trotzdem wurde sie 1876 und noch einmal 1962 auf den Grundfesten der Vorgängerin neu errichtet.

Stürmische Tage in Reykjahlíd lassen sich entspannt im **Freibad** (Erw./bis 14 J. 400/150 ISK; ⏲Mitte Juni–Aug. 10–21 Uhr, sonst kürzer) verbringen.

Schlafen

Der Mývatn ist gerade sehr angesagt, sodass das Angebot an Schlafplätzen kaum hinter der Nachfrage herkommt. Also nicht lange nachdenken und reservieren! Die Preise haben entsprechend angezogen; im Sommer verlangen die Hotels für ein Doppelzimmer in Ufernähe gut und gerne 200 €. Das ist um einiges teurer als irgendwo sonst in Nordisland und – ehrlich gesagt – schlicht und einfach Wucher!

Die folgenden Unterkünfte liegen entweder direkt in Reykjahlíð oder in Vógar, einer kleinen Ansiedlung am östlichen Ufer (etwa 2,5 km südlich von Reykjahlíð). Außerdem gibt es noch Übernachtungsmöglichkeiten am Dimmuborgir und entlang dem Südufer in Skútustaðir. Der größte Teil des Angebots findet sich auf der Website www.myvatn-hotels.com.

Die nachstehend aufgeführten Preise galten im Sommer 2012. Wie es aktuell aussieht und welche Rabatte es in der Nebensaison gibt, steht auf den entsprechenden Websites. Wer seinen Schlafsack mitbringt, kann oft noch zusätzlich Geld sparen.

Helluhraun 13 PENSION €€
(☎464 4132; www.helluhraun13.blogspot.com; Helluhraun 13, Reykjahlíð; EZ/DZ ohne Bad, inkl. Frühstück 11 000/15 500 ISK; ⏲Juni–Sept.) Die kleine Pension hat nur drei Zimmer, die sich ein Bad teilen, aber sie sind hell und hübsch eingerichtet. Im Preis ist nicht nur das Frühstück, sondern auch der tolle Blick aus dem Küchenfenster auf Lavafelder inbegriffen.

Eldá PENSION €€
(☎464 4220; www.elda.is; Helluhraun 15, Reykjahlíð; EZ/DZ ohne Bad, inkl. Frühstück 12 700/17 900 ISK; @📶) Vier Gebäude gehören zu diesem familienfreundlichen Betrieb in der Straße Helluhraun. Die Zimmer plus ein Studio mit fünf Schlafplätzen sind urgemütlich, dazu gibt es Gästeküchen, TV-Lounges und ein gut bestücktes Frühstücksbuffet. Die Rezeption ist in der Helluhraun Nr. 15.

Mývatn & Krafla

Hlíð CAMPINGPLATZ, PENSION €

(☎464 4103; www.hlidmyv.is; Hraunbrún, Reykjahlíð; Zeltplatz pro Pers. 1300 ISK, B 4100 ISK, DZ inkl. Frühstück 21 000 ISK, Hütten 30 000 ISK; @📶) 300 m über der Kirche von Reykjahlíð hält das umtriebige, gut geführte Hlíð ein breit gefächertes Angebot bereit: Campingplätze, Betten in Schlafsälen, Zimmer mit Küchenbenutzung, einfache sowie aufwändiger eingerichtete Hütten mit sechs Schlafplätzen und nagelneue Zimmer mit

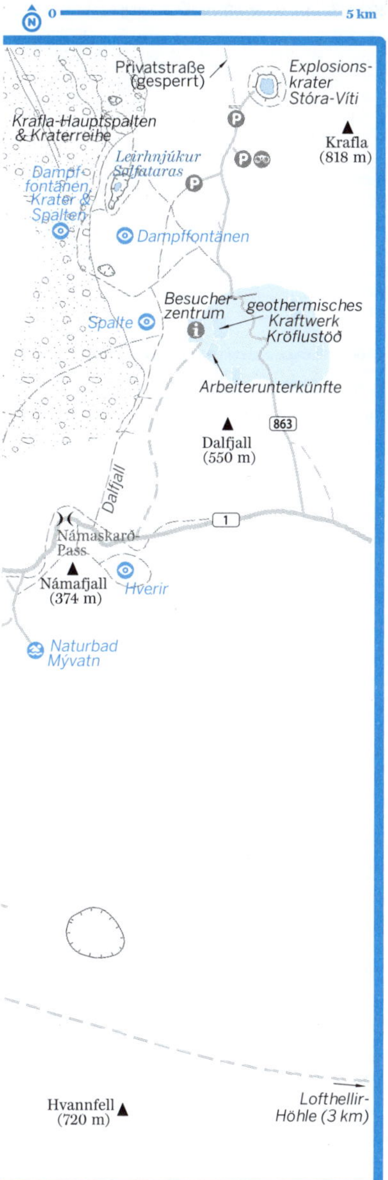

Bad. Dazu gibt's einen Waschsalon, einen Spielplatz und einen Fahrradverleih.

Vogafjós Guesthouse PENSION €€
(☎464 4303; www.vogafjos.net; Vógar; EZ/DZ inkl. Frühstück 186/194 €; 📶) Die im Blockhausstil eingerichteten Zimmer (mit Fußbodenheizung!) duften nach Kiefern- und Zedernholz. Von der Anlage in einem Lavafeld sind es nur 2,5 km bis nach Reykjahlíð; das Frühstück wird im Restaurant Vogafjós serviert, das einige Gehminuten entfernt liegt. Es gibt auch Familienzimmer.

Bjarg CAMPINGPLATZ €
(☎464 4240; ferdabjarg@simnet.is; Zeltplatz pro Pers. 1500 ISK, DZ ohne Bad 14 000 ISK; ⏲Mitte Mai–Sept.; @📶) Gleich südlich des Supermarkts liegt dieser kleine Campingplatz malerisch am Seeufer. Zum Serviceangebot gehören ein Küchenzelt, Waschmaschine sowie Boots- und Fahrradverleih. Im Hauptgebäude werden auch ein paar hübsche, helle Zimmer vermietet.

Vógar PENSION, CAMPINGPLATZ €€
(☎464 4399; www.vogahraun.is; Vógar; Zeltplatz pro Pers. 1500 ISK, DZ mit/ohne Bad ab 136/81 €; ⏲Mitte Mai–Mitte Sept.) Auch hier, 2,5 km südlich von Reykjahlíð, haben die Gäste die Wahl: Camping, Schlafplätze in einfachen Containerhütten oder Zimmer mit Bad im neuen Gästehaus.

Lúdent PENSION €€
(☎898 3328; www.ludent.is; Birkihraun 5, Reykjahlíð; DZ ohne Bad, inkl. Frühstück 18 500 ISK; ⏲Mitte Juni–Mitte Aug.) Nur im Hochsommer bietet das hinter dem Dorf gelegene Lúdent sechs einfache, aber gemütliche Zimmer an. Je drei Zimmer teilen sich eine Gästeküche, eine Lounge und ein Bad.

Hótel Reynihlíð HOTEL €€
(☎464 4170; www.myvatnhotel.is; EZ/DZ inkl. Frühstück 155/195 €; @📶) In der nobelsten Unterkunft am Mývatn wimmelt es von Reisegruppen. Das hübsch hergerichtete Hotel hat 40 Zimmer in Reykjahlíð und neun weitere in einem neu erworbenen Gebäude direkt am Seeufer. Die teureren Zimmer sind nicht unbedingt besser, sie sind nur etwas größer und haben schönere Ausblicke. Zum Hotel gehören auch ein schickes Restaurant, eine Bar-Lounge und eine Sauna.

Essen & Ausgehen

Eine Spezialität der Gegend ist *hverabrauð*, ein feuchtes, schweres Roggenbrot, das übersetzt oft „Geysir-Brot" genannt wird. Es bäckt im geothermisch beheizten Erdofen stundenlang vor sich hin und wird in jedem Lokal serviert.

Neben den nachstehend aufgefürten Adressen gibt's noch ein Restaurant im Naturbad Mývatn.

LP TIPP **Vogafjós** ISLÄNDISCH €€
(www.vogafjos.net; Hauptgerichte 2200–4700 ISK; ⌚Juni–Aug. 7.30–23 Uhr, Sept.–Mai kürzer) Ein Essen im idyllisch gelegenen Restaurant „Kuhstall" 2,5 km südlich von Reykjahlíð bleibt garantiert in Erinnerung. Frühaufsteher können erst beim Melken zuschauen (Melkzeiten 7.30 und 18 Uhr) und anschließend frühstücken (das gilt auch für Gäste, die nicht übernachten). Die Küche zaubert Köstliches aus heimischen Produkten, z. B. geräuchertes Lamm, Mozzarella aus Eigenproduktion, mit Dill gebeizter Seesaibling, Geysir-Brot und selbst gebackene Kuchen.

Gamli Bærinn ISLÄNDISCH €€
(Hauptgerichte 1900–4900 ISK; ⌚10–23 Uhr) Im quirligen „alten Bauernhof" neben dem Hótel Reynihlíð kommt einfache, leckere Kneipenkost auf den Tisch (mit Schwerpunkt Fisch und Steak). Abends wird das Lokal zum Szenetreff und am Wochenende kann die Party schon mal bis in die Puppen dauern. Die Küche schließt allerdings pünktlich um 22 Uhr.

Myllan ISLÄNDISCH €€€
(☎464 4170; www.myvatnhotel.is; Hauptgerichte 4500–6950 ISK; ⌚18.30–21 Uhr) Das hauseigene Restaurant des Hótel Reynihlíð ist die nobelste Essadresse am Platz. Auf der Karte stehen klassische Gaumenfreuden wie geräucherte Forelle, Rentier und Lamm.

Daddi's Pizza PIZZA €€
(kleine Pizza 1200–1400 ISK; ⌚Juni–Aug. 11.30–23 Uhr) Auf dem Campingplatz Vogár sorgt dieses kleine Lokal mit leckeren Pizzas (auch zum Mitnehmen) für volle Mägen. Wir empfehlen die Pizza des Hauses mit geräucherter Forelle, Walnüssen und Frischkäse.

Samkaup-Strax SUPERMARKT €
(⌚Mitte Juni–Aug. 9–22 Uhr, Sept.–Mitte Juni 10–18 Uhr) Der gut sortierte Supermarkt (mit Tankstelle) liegt neben der Touristeninformation und hat auch einen Burger-Grill.

ℹ Praktische Informationen

Postamt (Helluhraun; ⌚9–16 Uhr) Die Post in der Straße hinter dem Supermarkt hat einen Bankschalter und einen Geldautomat mit 24-Stunden-Service.

Touristeninformation (☎464 4390, www.visitmyvatn.is; Hraunvegur 8; ⌚Juni–Aug. 8–20 Uhr, Sept. & Mai 9–16 Uhr, Okt.–April Fr–Mo 9–12 Uhr) Viele Infos, vor allem zu den örtlichen geologischen Besonderheiten. Die Mitarbeiter erledigen Buchungen von Unterkünften, Ausflügen und der Weiterreise. Sehr nützlich sind die ausliegenden Prospekte *Visit Mývatn* und die Karte *Mývatn Lake*.

ℹ Unterwegs vor Ort

Reifen geplatzt, weil die vielen Lavaströme scharfkantiger waren als gedacht? Kein Problem, in Reykjahlíð gibt's eine **Autowerkstatt** (☎848 2678; Múlavegur 1) an der Kreuzung von Straße 1 und Múlavegur.

Östlicher Mývatn

Wenn nicht so viel Zeit zum Verweilen bleibt, sollte diese Gegend an erster Stelle stehen. Die Sehenswürdigkeiten entlang dem Ostufer des Mývatn lassen sich leicht in einer angenehmen, halbtägigen Wanderung verbinden (Kasten S. 230).

STÓRAGJÁ & GRJÓTAGJÁ

Nur 100 m hinter Reykjahlíð liegt **Stóragjá**, eine etwas unheimliche, mit Wasser gefüllte Felsspalte, die früher ein beliebter Badeplatz war. Sinkende Wassertemperaturen (momentan um die 28 °C) und zunehmender Algenbewuchs, den manche für gefährlich halten, haben die Badelust gedämpft, aber die höhlenartige Spalte mit ihrer Felsendecke und dem klaren Wasser hat immer noch etwas Magisches.

Ein Stück weiter klafft die Felsspalte **Grjótagjá**. Ihr Wasser ist mit rund 45 °C zu heiß, um gemütlich darin zu plantschen, aber einmal den Zeh eintauchen tut es auch. Die Spalte ist ein besonderer Hingucker, wenn Sonnenstrahlen durch die Ritzen der Höhlendecke fallen und das Innere ausleuchten.

HVERFELL

Wie ein Fels in der Brandung erhebt sich inmitten der Lavafelder am Ostrand des Mývatn dieser klassische, fast symmetrische Tephra-Krater. Der **Hverfell** (auch Hverfjall genannt) entstand vor 2700 Jahren, als die Lúdent-Krater von einer gewaltigen Eruption erschüttert wurden. Mit 463 m Höhe und einem Durchmesser von 1040 m ist er das Ehrfurcht gebietende Wahrzeichen der Mývatn-Region.

Der Krater besteht aus lockerem Geröll, kann aber über den an der Nordwestseite beginnenden Pfad leicht erklommen werden. Der Aufstieg lohnt sich, denn die Sicht auf den Krater selbst und auf die Umgebung ist berauschend. Vom Kraterrand aus werden die Ausmaße der damaligen Explosion deutlich. Sie hat einen riesigen, klaffenden Schlund in den Berg gerissen. Ein Weg führt am Westrand des Kraters entlang bis zum Aussichtspunkt im Süden und fällt dann ziemlich steil in Richtung Dimmuborgir ab.

DIMMUBORGIR

Das gigantische, schroffe Lavafeld **Dimmuborgir** (wörtlich „dunkle Burgen") gehört zu den faszinierendsten Lavaströmen Islands. Die Geschichte um die Entstehung von Dimmuborgir ist fast so verschachtelt wie das verwirrende Netz von Lavasäulen. Es heißt, die Säulen und Felsnadeln wären vor 2000 Jahren entstanden, als die Kraterketten von Þrengslaborgir und Lúdentarborgir Magma ausspuckten, das dann über die bereits bestehenden Lavafelder des Hverfell floss. Die neue Lava kam im Dimmuborgir-Becken zum Stillstand. Als die Oberfläche dieses glühenden Sees abkühlte, bildete sie eine Art Gewölbedecke über der immer noch flüssigen Masse darunter. Diese Decke ruhte auf Vulkanitsäulen früherer Eruptionen. Als das Becken den immensen Druck nicht mehr aushalten konnte und an den Rändern nachgab, floss die Lava allmählich ab – nur die Säulen blieben übrig.

Mehrere farbig markierte Wanderwege ziehen sich durch die anthropomorphisch anmutende Landschaft des Dimmuborgir-Feldes. Der anspruchslose **Kirchenrundweg** (2,3 km) ist der beliebteste Pfad.

Kaffi Borgir (www.kaffiborgir.is; Hauptgerichte 1950–5500 ISK; ⌚Juni–Aug. 9–22 Uhr, Sept.–Mai kürzer) ist ein Souvenirladen mit Café am Kraterrand – einfach ein großartiger Ort für ein spätes Abendessen im Sommer. Am Tisch auf der Terrasse schmeckt die Spezialität des Hauses (gegrillte Forelle) besonders gut, wenn die letzten Sonnenstrahlen über die bizarren Lavaformationen tanzen.

Dimmuborgir Guesthouse (☎464 4210; www.dimmuborgir.is; EZ/DZ 20 000/21 500 ISK, DZ-Hütte mit/ohne Bad 33 500/20 000 ISK, jeweils inkl. Frühstück; 📶) Im neuen Block liegen die Zimmer mit Bad (plus Benutzung der Koch-Ess-Zeile), das Frühstück wird im Haupthaus hinter großen Panoramafenstern mit Seeblick serviert. Die hübschen Holzhütten verteilen sich auf das ganze Gelände. Ein Hingucker ist der große Räucherofen auf der Rückseite des Haupthauses, in dem leuchtende Lachsseiten hängen – der perfekte Grundstock für ein Picknick!

HÖFÐI

Zu den lieblichsten Landstrichen der Gegend gehört der von Wildblumen, Birken und Fichten eroberte Lavastreifen von **Höfði**. Kleine Inseln ragen aus dem kristallklaren Wasser heraus und sind bevorzugte Brutgebiete von Eistauchern und anderen Zugvögeln. Das Ufer wird von vielen kleinen Höhlen und erstaunlichen *klasar* (Lavasäulen) gesäumt. Am Südende der Halbinsel Höfði ragt die berühmte *klasar*-Gruppe **Kálfaströnd** wie ein zu Stein erstarrtes Ballettensemble aus dem Wasser. Auf den zahlreichen Fußwegen durch Höfði ist eine Stunde schnell verbummelt.

Südlicher Mývatn

Während das Ostufer die ultimative Fundgrube für geologische Seltsamkeiten ist, lockt die Südseite des Sees mit ihrer dramatischen Ansammlung von Pseudokratern, den **Skútustaðagígar**. Die am leichtesten zugängliche Gruppe liegt an dem kurzen Weg nach Skútustaðir, der auch das kleine Paradies für nistende Wasservögel, den See **Stakhólstjörn** streift.

SKÚTUSTAÐIR

Abgesehen von Reykjahlíð ist das kleine Dorf Skútustaðir der einzige „größere" Ort (das Adjektiv klingt fast lächerlich) am See. Er hat sich hauptsächlich dem Tourismus verschrieben – mit zwei überteuerten Hotels, die im Sommer von Reisegruppen in Beschlag genommen werden.

🛏 Schlafen & Essen

Farm Skútustaðir

(☎464 4212; www.skutustadir.com; DZ mit/ohne Bad, inkl. Frühstück 20 000/15 000 ISK; @📶) Vernünftige Preise, freundliche Besitzer und blitzsaubere Zimmer zeichnen die empfehlenswerte, ganzjährig geöffnete Unterkunft aus. Im gemütlichen Wohnhaus der Farm liegen die Zimmer mit Gemeinschaftsbad, Lounge und Gästeküche, die fünf Zimmer im Anbau haben eigene Bäder. Zusätzlich steht noch eine neue Hütte mit vier Schlafplätzen bereit. Außerhalb der Saison werden auf Anfrage auch Betten (mit eigenem Schlafsack) angeboten.

Hótel Gígur HOTEL €€€
(☎464 4455; www.keahotels.is; EZ/DZ inkl. Frühstück 166/208 €; @ 📶) Die idyllische Lage am See entschädigt für die kleinen Zimmer, die nicht viel Platz für Gymnastik lassen. Größter Pluspunkt des Hotels ist das hübsche, grüne **Restaurant** (Mittagessen 990–1890 ISK, Hauptgerichte abends 3190–4490 ISK) mit einem der besten Seeblicke überhaupt und perfekt zubereiteten regionalen Spezialitäten (kurz gebratene Forelle, Rhabarber-Pannacotta).

Sel-Hótel Mývatn HOTEL €€€
(☎464 4164; www.myvatn.is; EZ/DZ inkl. Frühstück 169/204 €; ⌚Mitte Dez.–Jan. geschl.; @ 📶) Auch wenn das Hotel etwas blass wirkt, sind die geräumigen Zimmer wirklich gemütlich. Hot Pot, Sauna und Lounge sowie der Souvenirladen mit Cafeteria (Juni–Aug. 8–22 Uhr) am Parkplatz tragen zum Komfort bei. Das einfache Restaurant (Buffet mittags/abends 2500/6200 ISK) beherbergt ein paar *marimo*-Kugeln (Kasten S. 237).

Westlicher Mývatn

Der glasklare und quicklebendige **Laxá** (Lachsfluss) ist einer von vielen isländischen Flüssen dieses Namens. Hier fließt er durch den westlichen Teil des Mývatn und bahnt sich den Weg durch die Tundra nach Skjálfandi (die Walfischbucht von Húsavík). Er gehört zu den besten (und teuersten) Lachsfischgründen Islands, hat aber für sparsame Angler auch ein paar Bachforellen im Angebot.

PSEUDOKRATER

Wie die Abdrücke von Raketenantrieben irgendwelcher Alien-Raumschiffe verteilen sich die spektakulären Vertiefungen auf dem Gelände dieser bizarren Landschaft des Mývatn. Die „Pseudokrater" sind entstanden, als flüssige Lava in den See floss und eine Reihe von Gasexplosionen auslöste. Wenn sich das eingeschlossene Wasser erhitzt, stößt es explosionsartig durch die Kruste und hinterlässt kleine Schlackekegel und Krater. Die größten Pseudokrater mit einem Durchmesser von mehr als 300 m gibt es am westlichen Seeufer, östlich des Vindbelgjarfjall. Die kleinsten – die Inselchen auf dem See – sind nur ein paar Meter breit und am besten aus der Vogelperspektive zu erkennen.

Der recht gemütliche Aufstieg zum 529 m hohen **Vindbelgjarfjall** weiter im Norden lohnt sich wegen des überwältigenden Blicks auf den Mývatn und die bizarren Pseudokrater. Eine gute halbe Stunde Gehzeit bis zum Berg und eine weitere halbe Stunde bis zum Gipfel ist realistisch; der Fußweg zweigt südlich des Bergs nicht weit von der Vagnbrekka-Farm ab.

Vogelbeobachter hierher! Das Westufer ist das Ornithologen-Paradies dieser Region: Über 115 Vogelarten schauen hier vorbei, 42 davon haben ihre Nistplätze am See. Die meisten isländischen Wasservogelarten leben hier in großer Anzahl – besonders die Entenfraktion ist mit insgesamt rund 8000 Paaren stark vertreten. Drei Entenarten – Spatel-, Trauer- und Schnatterenten – brüten sogar ausschließlich hier. Weitere gefiederte Genossen sind Eiderenten, Stockenten, Singschwäne, Eistaucher, Lachmöwen, Küstenseeschwalben, Goldregenpfeifer, Schnepfen und Regenbrachvögel. Die Sümpfe, Teiche, Moraste und Feuchtwiesen dieser Gegend sind für sie ideale Brutgebiete. Zwischen dem 15. Mai und dem 15. Juli (wenn die Küken schlüpfen) sind Querfeldeinstreifzüge tabu, aber das Terrain rund um das Museum bietet auch schon genug Beobachtungsmöglichkeiten.

Zur Vertiefung der Vogelkenntnisse ist **Sigurgeirs Vogelmuseum** (www.fuglasafn.is; Erw./Kind 950/500 ISK; ⌚Juni–Aug. 10–19 Uhr, Sept.–Mai kürzer) genau das Richtige. Es liegt direkt am See und vereint moderne Architektur mit der Bauweise eines traditionellen isländischen Torfhofs. Im Inneren wartet eine riesige Sammlung präparierter Vögel (über 180 Arten aus aller Welt), darunter jede Vogelart, die auf Island zu Hause ist – nur das Thorshühnchen fehlt. Eine ausgeklügelte Beleuchtung und ausführliche Informationstafeln tun ihr Übriges. Die Ausstellung basiert auf der privaten Sammlung ausgestopfter Federviecher des Isländers Sigurgeir Stefansson. Tragischerweise ertrank Sigurgeir mit 37 Jahren im See, woraufhin das Museum zu seinen Ehren errichtet wurde. Es gibt ein Café und begeisterte Hobbyornithologen können sich hier hochwertige Teleskope ausleihen. Nicht vergessen, einen Blick auf das kleine Wasserbecken in der Mitte des Ausstellungsraums zu werfen – darin schwimmt eine schwammiggrüne Überraschung!

MARIMO-KUGELN

Marimo-Kugeln *(Cladophora aegagropila)* sind Grünalgenkolonien, die sich zu witzigen grünen Bällen verdichten und weltweit nur an wenigen Orten natürlich vorkommen – im Mývatn, im japanischen Akansee, in Schottland und in Estland. Die langsam wachsenden, schwammigen Kugeln am Seegrund erreichen die Größe eines Baseballs und steigen morgens zur Photosynthese an die Wasseroberfläche (vorausgesetzt, die Sonne scheint).

Marimo bedeutet auf Japanisch „Algenball" – die Bewohner rund um den Mývatn nennen die Kugeln *kúluskítur*, was so viel heißt wie „Ball aus Scheiße". In Sigurgeirs Vogelmuseum leben ein paar dieser seltsamen Wesen in einem kleinen Becken im Zentrum des Ausstellungsraums. Auch das trübe Aquarium im Restaurant des Sel-Hotels in Skútustaðir beherbergt ein paar *marimos*.

Nördlicher Mývatn

Auf der Uferstraße zurück Richtung Reykjahlíð wird das Moor trockener und die Landschaft verwandelt sich wieder in die typischen krustigen Lavaflächen. Reisende auf der Ringstraße zur Krafla stoßen auf eine geisterhafte Welt mit orangefarbenem Himmel und gurgelnden Überbleibseln uralter Erderuptionen.

Zum Lavafeld **Eldhraun** nördlich des Mývatn gehören die Gesteinsmassen, die die Kirche von Reykjahlíð nur knapp verfehlten. Das war 1729 während des Mývatn-Feuers (Mývatnseldar), als auch der Leirhnjúkur ein kräftiges Bäuerchen machte. Wer sich das Lavafeld Eldhraun ansehen will, unternimmt von Reykjahlíð aus eine kleine Kraxelpartie.

Auf dem Wanderweg von der Nordspitze des Mývatn zur Krafla beherrscht auf halber Strecke der 771 m hohe Rhyolithkegel **Hlíðarfjall** (auch Reykjahlíðarfjall genannt) das Landschaftsbild. Nur etwa 5 km von Reykjahlíð entfernt kann der Hügel auf einer netten Tageswanderung erkundet werden – mit fotogenen Ausblicken auf den See und die Lavafelder der Krafla auf der anderen Seite.

ÖSTLICH VON REYKJAHLÍÐ

Nördlich vom Mývatn reihen sich die geologischen Prachtstücke praktischerweise entlang der Ringstraße (Straße 1), die sich durch das schroffe Gelände von der Nordspitze des Sees bis zum Abzweig zur dampfenden Krafla windet. Reisende ohne Auto stoßen hier auf eine Vielzahl von Pfaden für ihre Erkundungen zu Fuß.

Bjarnarflag heißt das aktive Geothermalfeld 3 km östlich von Reykjahlíð: Hier faucht und brodelt der Boden und Dampfschleier ziehen über das Tal. In der Vergangenheit wurden viele Versuche unternommen, dieses geballte Energiereservoir ökonomisch zu nutzen. Bauern versuchten es mit Kartoffelanbau, aber leider war die Ernte allzu oft schon zu matschigem Püree verkocht. Ende der 1960er-Jahre gab es Pläne für ein geothermisches Kraftwerk. Um dessen Wirtschaftlichkeit zu prüfen, wurden in Bjarnarflag 25 Probebohrungen durchgeführt. Eine davon reicht bis in 2300 m Tiefe und der Wasserdampf zischt noch immer mit einer Temperatur von kolossalen 200 °C aus der Röhre.

Die nächste Idee war ein Werk zum Abbau von Kieselgur. Aus den Siliziumoxid-Schalen fossiler Algen wurde weißliches Kieselmehl als Füllstoff für Düngemittel, Farben, Zahnpasta und Kunststoffe gewonnen. Von dieser Anlage ist nur noch ein glänzend türkiser See übrig geblieben, den die Einheimischen „Blaue Lagune" getauft haben. Das einladende Becken ist allerdings ziemlich giftig und sollte auf keinen Fall mit dem luxuriösen **Naturbad Mývatn** direkt um die Ecke verwechselt werden. Auch das wird manchmal „Blaue Lagune des Nordens" genannt.

Der pastellfarbene **Námafjall** liegt etwa 3 km entfernt (auf der südlichen Seite der Ringstraße). Der Hügel ist durch eine Spalteneruption entstanden, denn er sitzt mitten auf der Bruchlinie der auseinanderdriftenden Kontinentalplatten und raucht aus allen Löchern.

HVERIR

Der Abstieg auf der anderen Seite des Námafjall führt Besucher in die magische, ockerfarbene Welt von **Hverir** – eine Mondlandschaft mit sumpfigen Erdkesseln, dampfenden Spalten, glänzenden Mineralvorkommen und rauchenden Fumarolen. Blubbernde Schlammpfützen, wabernde und stinkende Schwefelschwaden klingen vielleicht nicht gerade verführerisch, doch der ätherische Charme von Hverir hat noch jeden in seinen Bann gezogen. Sichere Wege durch das Gelände sind abgesteckt. Um unnötige Risiken, gefährliche Verletzungen und Schäden der Natur zu vermeiden, ist es ratsam, die helleren Bodenflächen zu umgehen und sich an die Absperrungen zu halten.

Ein Wanderweg schlängelt sich von Hverir hinauf zum Scheitel des Námafjall. Der 30-minütige Aufstieg wird mit einem Rundumblick auf die dampfende Landschaft belohnt.

Krafla

Noch mehr Dampffontänen, neonfarbene Krater und aquamarinblaue Seen warten in der Krafla, einer aktiven Vulkanzone 7 km nördlich der Ringstraße. Ursprünglich hieß nur der 818 m hohe Berg Krafla, heute bezeichnet der Name eine ganze Region, inklusive einem geothermischem Kraftwerk und den Eruptionskegeln, die das beeindruckendste Lavafeld Islands schufen.

Das Herz der vulkanischen Tätigkeit schlägt nach wie vor im Hauptkrater Krafla. Er hat nicht die typische Kegelform, sondern eine abgeflachte, von Fissuren in Nord-Süd-Richtung durchzogene Kuppe, unter der eine gigantische Magmakammer liegt. Eruptionen kündigen sich normalerweise durch neu aufklaffende Spalten und allmähliches Anheben der Oberfläche an, dann fällt die Kuppe abrupt ein und schon geht's los. Momentan ist die Oberfläche in der Anschwellphase; mit baldigen Eruptionen ist also zu rechnen. Updates der neuesten Entwicklungen liefert das **Institute of Earth Sciences** (www.earthice.hi.is).

In Reykjahlíð führt auf markierten Wegen, die in der Nähe der Fluglandebahn beginnen, eine wunderschöne, 13 km lange **Wanderung** zum Hlíðarfjall und zum Leirhnjúkur. Ein weiterer Wanderweg (9 km) schlängelt sich von Namaskarð am Scheitel des Dalfjall entlang zum Leirhnjúkur.

GEOTHERMISCHES KRAFTWERK KRAFLA

Die Idee, an der Krafla ein geothermisches Kraftwerk zu bauen, wurde 1973 geboren und mit Probebohrungen auf ihre Durchführbarkeit getestet. Nach einer mehrere hundert Jahre langen Ruhepause meldete sich die Krafla im Dezember 1975 mit einer Serie von neun Eruptionen zurück. Das hat die Erfolgsaussichten des Kraftwerks beträchtlich geschmälert. Trotzdem gingen die Arbeiten weiter und die Anlage wurde ständig erweitert. Für alle, die Näheres wissen möchten: Im **Besucherzentrum** des Kraftwerks (Eintritt frei; ⌚Juni–Aug. 10–16 Uhr) wird alles genau erklärt.

LEIRHNJÚKUR & KRAFLA-CALDERA

Im August 1727 entstand die wohl beeindruckendste und sehr wahrscheinlich auch gefährlichste Attraktion der Krafla, der Leirhnjúkur-Krater und seine Solfataren. Seine Karriere begann als einfacher Lava-Spucker, dann schleuderte er zwei Jahre lang Tephra in die Luft und ging anschließend in Rente. Nach einem letzten, kurzen Schluckauf 1746 wurde er zum schwefelverkrusteten Schlammloch, das Touristen heute gerne ablichten.

Vom Grat oberhalb der Vulkanspalte Leirhnjúkur ist die Krafla-Caldera mit ihren deutlich voneinander abgesetzten Lavaschichten gut zu sehen. Die unterste Schicht stammt vom legendären Mývatnseldar (Mývatn-Feuer) und wird stellenweise von Lava der Eruptionen von 1975 und 1984 überlagert.

Hier ist die Erdkruste extrem dünn und an manchen Stellen kann der Boden unter den Füßen verdammt heiß werden. Die Dampffontänen des Rhyolithbergs im Westen sind die letzten Zeugen der Explosionsserie Kröflueldar von 1975, als der kleine, mit Gras bewachsene Krater am Westhang des Berges südlich der Leirhnjúkur-Spalte zu spucken begann.

Ein gut erkennbarer Pfad beginnt am Krafla-Parkplatz und führt nach Nordwesten zum Leirhnjúkur. Da unterwegs alle Zeichen – zischende Fumarolen, brodelnde Schlammtöpfe, hohe Temperaturen – auf hohe vulkanische Aktivität schließen lassen, gilt auch hier: Immer brav auf dem Weg bleiben!

VÍTI

Der schmutzig braune Vulkankegel Stóra-Víti hält eine hübsche Überraschung bereit: Wer oben am Rand ankommt, blickt auf einen dunkelblau glänzenden See im Kraterbecken.

Der 320 m breite Explosionskrater entstand 1724 während des berühmten Mývatn-

Feuers, das für zahlreiche Kraterschlünde rund um den Zentralvulkan der Krafla verantwortlich war. Hinter dem Stóra-Víti liegen die „Zwillingsseen" – heiße Schlammquellen, die während des Mývatn-Feuers bis zu 10 m hoch spuckten. Heute blubbern sie nur noch zahm vor sich hin und der Víti-Krater gilt als inaktiv.

GJÁSTYKKI

In dem zerklüfteten Gebiet am nördlichsten Ausläufer der Krafla-Spalten begannen die Eruptionen von 1724. Als sich 1975 der Vulkan Leirhnjúkur zu Wort meldete, war auch hier einiges los. Zwischen 1981 und 1985 machten sich die Aktivitäten des Hauptvulkans Krafla bemerkbar und gaben den Lavafeldern von Gjástykki ihr aktuelles Aussehen. Bis heute ist die Gegend potenziell gefährlich und für den Individualverkehr gesperrt. Besichtigungen sind nur im Rahmen organisierter Touren möglich. **Saga Travel** (☎558 888; www.sagatravel.is) bietet entsprechende Ausflüge in dieser Gegend an (ab Akureyri/Mývatn 31 000/25 000 ISK), auch im Kombipack mit Touren zur Lofthellir-Höhle.

An- & Weiterreise

Von Mitte Juni bis Anfang September fahren die Busse 661/661a von **SBA-Norðurleið** (☎550 0700/70; www.sba.is) um 8 Uhr und 11.30 Uhr von Reykjahlíð zur Krafla (1500 ISK, 15 Min.) und um 14.15 Uhr wieder zurück. Der spätere Morgenbus fährt weiter bis zum Dettifoss.

HÚSAVÍK & UMGEBUNG

Húsavík

2240 EW.

Seit sich das malerische Hafenstädtchen Húsavík als Hochburg der Walbeobachtung etabliert hat, pilgern Free-Willy-Anhänger in Scharen hierher. Mit den farbenfrohen Häuschen, den einzigartigen Museen und den überwältigenden Schneegipfeln rund um die Bucht verdient Húsavík zweifelsohne den Titel als schönstes Fischerdorf der Nordostküste.

Geschichte

Obwohl immer auf Reykjavík und Ingólfur Arnarson verwiesen wird, entstand die erste Wikingersiedlung der Insel hier in Húsavík. Der Schwede Garðar Svavarsson war um 850 aufgebrochen, um das mythische Thule oder Snæland (Schneeland) zu finden, strandete in Island und ließ sich dort nieder.

Nach einem kurzen Aufenthalt im Hornafjörður im Süden segelte Garðar weiter zur Skjálfandi-Bucht an der Nordküste und gründete eine Siedlung, die er Húsavík taufte. Die Insel selbst nannte er ganz bescheiden Garðarshólmur (Garðars Insel), dann gönnte er sich seinen wohlverdienten Winterschlaf. Bei Frühlingsanbruch machte er sein Boot wieder flott, ließ aber ein paar Sklaven auf Garðarshólmur zurück – ob absichtlich oder nicht, ist ungewiss. Jedenfalls waren sie die ersten Siedler Islands, mussten sich allein durchbeißen und werden doch in keinem Geschichtsbuch erwähnt.

Sehenswertes & Aktivitäten

Es lohnt sich, nach der Walbeobachtungstour noch ein wenig zu bleiben; Húsavík ist für einige Überraschungen gut. Leider ist die schrägste Attraktion, das berühmte Phallus-Museum, nach Reykjavík umgezogen.

Museen & Kirchen

Walmuseum Húsavík MUSEUM

(Hvalasafnið; www.whalemuseum.is; Hafnarstétt; Erw./Kind 1250/500 ISK; ⌚Juni–Aug. 9–19 Uhr, Mai & Sept. 10–17 Uhr) Die optimale Vorbereitung für eine Walbeobachtungstour! Das ausgezeichnete Museum ist in einem ehemaligen Schlachthaus am Hafen untergebracht und erzählt einfach alles über die Lebensgewohnheiten und Lebensräume dieser faszinierenden Tiere, die Geschichte des Walfangs in Island, Schutzmaßnahmen usw. Unter den wunderschön präsentierten Ausstellungsobjekten finden sich auch mehrere riesige, von der Decke baumelnde Walskelette (die sind wirklich echt!).

Kulturhaus MUSEUM

(Safnahúsið á Húsavík; www.husmus.is; Stórigarður 17; Erw./Kind 600 ISK/frei; ⌚Juni–Aug. 10–18 Uhr, Sept.–Mai Mo–Fr 10–16 Uhr) Ein Museumskomplex, der Heimat-, Meeres- und Naturkunde (und dazu noch die Stadtbücherei sowie in der obersten Etage eine Kunstgalerie) unter einem Dach vereint: Das ist landesweit eines der gelungensten Konzepte, um Lokalgeschichte zu präsentieren. Die Ausstellung „Mensch und Natur" zeichnet ein in der Region gelebtes Jahrhundert nach. Hingucker unter den ausgestopften Tieren sind eine gruselig

Húsavík

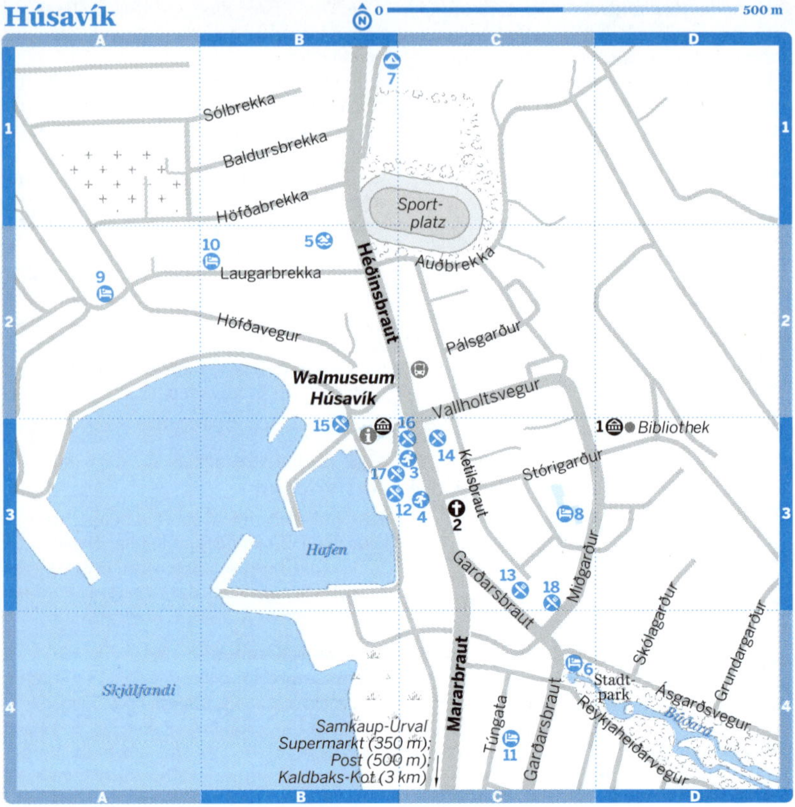

Húsavík

Highlights
- Walmuseum Húsavík B3

Sehenswertes
- 1 Húsavík Museum D3
- 2 Húsavíkurkirkja C3

Aktivitiäten, Kurse & Touren
- 3 Gentle Giants (Ticketschalter) C3
- 4 North Sailing (Ticketschalter) C3
- 5 Sundlaugin B2

Schlafen
- 6 Árból C4
- 7 Campingplatz B1
- 8 Fosshótel Húsavík C3
- 9 Húsavík Cape Hótel A2
- 10 Gistiheimilið Húsavík B2
- 11 Sigtún C4

Essen
- 12 Fish & Chips B3
- Gamli Baukur .... (siehe 17)
- 13 Heimabakarí Konditori C3
- 14 Kasko-Supermarkt C3
- 15 Naustið B3
- Pallurinn .... (siehe 3)
- 16 Salka C3
- 17 Skuld Café B3
- 18 Vínbúð C3

aussehende Mützenrobbe und ein Eisbär, der 1969 auf Grímsey von einer doppelläufigen Flinte in Empfang genommen worden war.

Húsavíkurkirkja KIRCHE

Húsavíks reizvolle, weil ungewöhnliche Kirche ist selbst für Isländer etwas Besonderes. Obwohl sie 1907 aus norwegischen

Hölzern gebaut wurde, hat die rot-weiße, zierliche Konstruktion irgendwie Alpenflair. Der kreuzförmige Grundriss wird erst im Inneren richtig deutlich. Im Mittelpunkt steht der Altaraufsatz mit der Auferweckung des Lazarus (aus Lava!).

Walbeobachtung

Aus diesem Grund kommen die meisten überhaupt nur nach Húsavík. Wale lassen sich zwar auch anderswo in Island beobachten (bei Reykjavík und nördlich von Akureyri), aber in den letzten zehn Jahren hat sich die Gegend hier zur Top-Location entwickelt, da im Sommer bis zu elf verschiedene Walarten herkommen, um sich den Magen vollzuschlagen. Von Juni bis August ist die Zeit am günstigsten – das ist zwar auch der Höhepunkt der Touristensaison, aber die Chancen, dann einen Wal zu sehen, liegen bei fast 100 %.

Zwei Agenturen bieten Walbeobachtungstouren an, die im Hafen von Húsavík beginnen. Der Pionier war **North Sailing** (☎464 7272; www.northsailing.is; Hafnarstétt), dessen Flotte aus liebevoll restaurierten traditionellen Booten wie den beiden Eichenholzschonern *Haukur* und *Hildur* besteht. Seine beliebte vierstündige Tour „Whales, Puffins & Sails" (Wale, Papageitaucher & Segeln) macht auf der malerischen, von Papageitauchern bevölkerten Insel Lundey Station. Im Sommer veranstaltet der Anbieter auch Touren mit Übernachtung auf Grímsey.

Sein Konkurrent heißt **Gentle Giants** (☎464 1500; www.gentlegiants.is; Hafnarstétt). Seit er seinen Fuhrpark alter Fischerkähne aus Holz mit schnittigen, Zodiac-ähnlichen Hochgeschwindigkeitsbooten aufgestockt hat, ist sein Aktionsradius gewachsen. Gentle Giants bietet auch Fahrten zur Insel Flatey („flache Insel") an, auf denen es äußerst wahrscheinlich ist, Wale zu sichten.

Die beiden Anbieter schenken sich praktisch nichts, denn Preise und Leistung sind bei der klassischen dreistündigen Tour fast identisch (North Sailing Erw./Kind 58/29 €, Gentle Giants etwas billiger mit 56/24 €, Preise vom Sommer 2013). North Sailing serviert unterwegs Zimtbrötchen, bei Gentle Giants gibt's *kleinur* (traditionelles Schmalzgebäck).

Bei den etwas ausgefalleneren Touren gibt es dagegen deutliche Unterschiede. Die alten Schoner von North Sailing haben ein ganz besonderes Flair, Gentle Giants setzt mit seinen Zodiacs auf Geschwindigkeit.

Von Juni bis August starten den ganzen Tag über (von ca. 9 Uhr bis 20 Uhr) regelmäßig Touren. Die nächste Abfahrtszeit steht auf großen Schildern am Ticketschalter. Im April, Mai, September und Oktober fahren die Boote nicht so häufig. Die Schalter direkt am Wasser sind leicht zu finden: North Sailing hat seinen gelb beflaggt, Gentle Giants setzt auf blau.

Noch mehr Aktivitäten

Neben der Walbeobachtung gibt's noch jede Menge anderer Möglichkeiten, den Kreislauf in Schwung zu halten. North Sailing bietet auch einen Abstecher zum Mývatn an, Gentle Giants hat Fischen und eine zweitägige Wanderung im Programm. Beide bieten außerdem ein Kombipaket aus Walbeobachtung und Reiten an.

Wer auf eigene Faust wandern will, sollte sich in der Touristeninformation über Wanderwege rund um die fossilienreiche Halbinsel Tjörnes schlau machen – sehr nützlich ist die Karte *Útivist & afþreying Nr. 3*.

Kürzere Ausritte (2 Std., 8000 ISK) können 5 km südlich von Húsavík bei der **Pferdefarm Saltvík** (☎847 9515; www.saltvik.is) gebucht werden.

Das Schwimmbad **Sundlaugin** (Laugarbrekka 2; Erw./Kind 650/300 ISK; ⏲Juni–Aug. Mo–Fr 7–21, Sa & So 10–18 Uhr, Sept.–Mai kürzer) lockt mit Hot Pots und Wasserrutschbahnen (für Kinder).

Zugegeben, das Wasser hat schon seinen Reiz. Aber genauso faszinierend ist ein Bummel durch den unglaublich friedlichen **Stadtpark**, durch den ein von Enten bevölkertes Bächlein fließt. Er ist über die Fußgängerbrücke an der Ásgarðsvegur zu erreichen, ein weiterer Eingang liegt neben der Pension Árból.

Geführte Touren

Fjallasýn GEFÜHRTE TOUREN

(☎464 3941; www.fjallasyn.is) Der von hier stammende Anbieter hat viel Erfahrung und schlägt diverse Ausflüge in die nähere und weitere Umgebung vor (zu verschiedenen Orten an der Nordküste und ins Hochland). Es gibt ein- und mehrtägige Touren, Trips im Allradwagen, Wanderungen, vogelkundliche Touren und vieles mehr.

Schlafen

LP TIPP **Kaldbaks-Kot** HÜTTEN €€

(☎464 1504; www.cottages.is; Hütte für 2–4 Personen 135–195 €; ⏲Mai–Sept.; @📶) 3 km südlich von Húsavík liegt diese Ansammlung hübscher Holzhäuschen, die an Waldhütten aus Kinderzeiten erinnern. Jeder kann seinen Servicelevel selbst wählen: Bettwäsche leihen oder mitbringen, Frühstück selbst machen oder sich im genial umgebauten Kuhstall damit verwöhnen lassen (10 €) – und ansonsten einfach relaxen, das Ambiente, die Hot Pots, die Ausblicke, die reiche Vogelwelt und die Stimmung genießen.

Sigtún PENSION €€
(☎864 0250; www.guesthousesigtun.is; Túngata 13; EZ/DZ ohne Bad, inkl. Frühstück 10 500/17 500 ISK; @) Kostenlose Nutzung von Kaffeeautomat und Waschmaschine sowie eine tolle Küche sind die Extras dieser erstklassigen Pension, deren neue Besitzer äußerst nett sind. Im Winter ist nur die untere Abteilung geöffnet (ohne die tolle Küche, aber mit Kochgelegenheit).

Húsavík Cape Hotel HOTEL €€
(☎463 3399; www.husavikhotel.com; Höfði 24; DZ inkl. Frühstück 175 €;) Das brandneue Boutiquehotel in einer ehemaligen Fischfabrik über dem Hafen hat sehr geräumige Zimmer (einige mit familienfreundlichen Stockbetten) und plant noch weitere Anbauten.

Árból PENSION €€
(☎464 2220; www.arbol.is; Ásgarðsvegur 2; EZ/DZ ohne Bad, inkl. Frühstück 10 300/17 500 ISK;) Auður heißt die strahlende Gastgeberin des Hauses von 1903, das einen hübschen Bach und den Stadtpark als Nachbarn hat. Die großzügigen, pieksauberen Zimmer verteilen sich auf drei Etagen – am schönsten sind die im Erdgeschoss und im obersten Stock (vor allem die mit Kiefernholz ausgekleideten Dachzimmer). Wer nur eine Nacht bleibt, darf die Küche benutzen.

Árbót HOSTEL €
(☎464 3677; www.hostel.is; B/DZ ohne Bad 3800/10 000 ISK; ⏲Juni–Mitte Sept.; @) Es gibt in der Gegend zwei HI-Hostels auf ländlichen Anwesen, beide rund 20 km von Húsavík entfernt. Dieses hier ist eindeutig das preiswertere, erfordert aber ein eigenes Transportmittel. Es liegt auf dem Gelände einer Rinderfarm an der Straße 85 und bietet erstklassige Serviceeinrichtungen sowie gemütliche Gemeinschaftsräume. HI-Mitglieder bekommen 600 ISK Rabatt, Leihbettwäsche kostet 1250 ISK.

Húsavík Guesthouse PENSION €€
(☎463 3399; www.husavikguesthouse.is; Laugarbrekka 16; EZ/DZ ohne Bad, inkl. Frühstück 75/110 €; @) Den Besitzern (mehrere Brüder) des nahegelegenen Cape Hotel gehört auch diese komfortable Pension mit sieben Zimmern und Gemeinschaftsbädern, aber ohne Gästeküche. Rezeption und Frühstücksraum sind im Cape Hotel.

Fosshótel Húsavík HOTEL €€
(☎464 1220; www.fosshotel.is; Ketilsbraut 22; EZ/DZ inkl. Frühstück ab 21 100/26 100 ISK; ⏲Jan.–Nov.; @) Die günstigen Zimmer haben die übliche, internationale Standardeinrichtung, aber für die teureren Angebote hat sich jemand schicke, originelle Extras rund um das Thema Wale einfallen lassen. Das Hotelrestaurant verströmt die Atmosphäre eines Kreuzfahrtschiffs aus den 1970er-Jahren, die Hausbar Moby Dick punktet mit coolen Stühlen und nostalgischem Kinodekor.

Campingplatz CAMPINGPLATZ €
(pro Pers. 1000 ISK; ⏲Mitte Mai–Mitte Sept.) Neben dem Sportplatz am Nordende der Stadt liegt dieser Campingplatz, der mit so luxuriösen Einrichtungen wie beheizten Toiletten, Waschmaschine und Kochgelegenheit verwöhnt.

Essen

LP TIPP **Pallurinn** ISLÄNDISCH €€
(www.pallurinn.is; Hafnarstétt; Hauptgerichte 1400–2000 ISK; ⏲Juni–Ende Aug. ab 18 Uhr) Im Sommer 2012 war dieses Gourmet-Zelt hinter dem Ticketschalter von Gentle Giant der absolute Renner. Unter der Regie von Völundur Völundarson, alias Chef Völli aus der TV-Show *Delicious Iceland* (sozusagen der isländische Jamie Oliver), wurde hier auf einem riesigen, mit Birkenholz befeuerten Grill das Konzept „Imbiss auf Isländisch" umgesetzt. Vor allem die Einheimischen schwelgten in Lamm, Fisch und Meeresfrüchten (zu korrekten Preisen) und wir hoffen, dass die Erfolgsstory weitergeht.

Naustið ISLÄNDISCH €€
(Hafnarstétt; Hauptgerichte 1500–3000 ISK; ⏲12–22 Uhr) Das ganz unauffällig in der hintersten Ecke des Hafens werkelnde Lokal wird hoch gelobt wegen seines ultrafrischen Fischs, der aufgespießt und nur kurz mit ein paar Gemüsebeilagen auf den Grill gelegt wird – einfach und köstlich! Es gibt auch Fischsuppe (logisch!) und wöchentliche Sonderaktionen wie Sushi oder Hummer.

Gamli Baukur ISLÄNDISCH €€
(Hafnarstétt 9; Hauptgerichte 3150–4710 ISK; ⏲Juni–Aug. 11.30–1 Uhr oder länger, Sept.–Mai

INSIDERWISSEN

DIE WALE VON HÚSAVÍK

BRANDON PRESSER

Edda Elísabet Magnúsdóttir stammt von hier und arbeitet als Biologin im Húsavík Research Center (eine Abteilung der Universität von Island), ihr Forschungsschwerpunkt sind Meeressäugetiere.

Welche geologischen Besonderheiten ziehen die Wale in die Gegend von Húsavík?

„Húsavik liegt an einer spektakulären Bucht, die wir Skjálfandi nennen, was so viel wie „die Zitternde" heißt. Das passt ganz gut, hier gibt es immer wieder kleine Erdbeben, die man kaum bemerkt. Das Zittern wird von einer Transversalverschiebung in der Erdkruste direkt unter der Bucht erzeugt. Die schüsselförmige Topografie von Skjálfandi und das Frischwasser, das zwei Flüssen spenden, bewirken eine Ansammlung vieler Mineralstoffe in der Bucht. Deren Ablagerungen kumulieren während der Wintermonate und wenn es Sommer wird – mit den langen, hellen Tagen – wird das kalte Wasser von Skjálfandi von einer Unzahl von Planktonblüten belebt.

Diese reichhaltigen Ablagerungen sind für bestimmte Säugetiere, die vor allem in den kalten, subarktischen Gewässern leben, so etwas wie ein Signalfeuer.

Welche Walarten besuchen Húsavík?

Jeden Sommer können wir zwischen neun und elf Walarten in der Bucht ausmachen – von den kleinen Tümmlern *(Phocoena phocoena)* bis hin zum riesigen Blauwal *(Balaenoptera musculus)*, dem größten Tier, das wir auf der Erde kennen.

Die Planktonblüte eröffnet jedes Jahr die Futterzeit, dann kommen die Wale in großer Zahl in die Bucht. Die ersten sind die Buckelwale *(Megaptera novaeangliae)* und die Zwergwale *(Balaenoptera acutorostrata)*. Der Buckelwal gilt als besonders neugierig und gelassen und begeistert mit spektakulären Sprüngen aus dem Wasser, während der Zwergwal dank seines stromlinienförmig schlanken, schwarzen Körpers und der weiß gestreiften Brustflosse für seine Eleganz gerühmt wird.

Obwohl der durchschnittliche Zwergwal etwa so viel wiegt wie zwei oder drei ausgewachsene Elefanten, nennt man ihn auch den „kleinen Cousin" der größeren Furchenwale. Der Zwergwal springt häufig mit dem ganzen Körper aus dem Wasser und ist damit wahrscheinlich der einzige Furchenwal, der das kann.

Viele Zwerg- und Buckelwale bleiben das ganze Jahr über in der Bucht, aber die meisten ziehen im Winter nach Süden. Der Blauwal ist zweifellos die aufregendste Entdeckung in Skjláfandi, er kommt erst seit Kurzem im Sommer vorbei – die ersten tauchten vor etwa sieben Jahren auf. Meistens kommen sie ab Mitte Juni und bleiben bis Mitte Juli. Diesen hoch entwickelten, hydrodynamischen Giganten in ihrer natürlichen Umgebung zuzusehen, ist einfach phantastisch.

Außerdem kann man im Sommer noch große Schwertwale (*Orcinus orca*, auch Orca oder Killerwale genannt; einige suchen sich Fische als Futter, andere jagen Säugetiere), Entenwale (*Hyperoodon ampullatus*; ein geheimnisvoller, tief tauchender Schnabelwal), Finnwale *(Balaenoptera physalus)*, Seiwale *(Balaenoptera borealis)*, Grindwale *(Globicephala melas)* und Pottwale *(Physeter macrocephalus)* in der Bucht entdecken."

kürzer; 📶) Das mit viel Holz und nautischen Objekten eingerichtete Bar-Restaurant gehört North Sailing. Saftige Burger, Fischeintopf, Bio-Lamm und weitere Köstlichkeiten sowie eine wunderschöne Terrasse und Livemusik machen es zu einem regelrechten In-Treffpunkt in Nordisland. Die Küche schließt um 22 Uhr.

Salka ISLÄNDISCH €€

(Garðarsbraut 6; Hauptgerichte 1750–4800 ISK; ⏱11.30–21 Uhr) In den historischen Gemäuern, wo einst Islands erste Genossenschaft tagte, verwöhnt heute ein populäres Restaurant seine Gäste mit einem lukullischen Angebot, das von Pizza und Langustinen über Seesaibling bis hin zu geräuchertem Papageitaucher reicht.

Fish & Chips ZUM MITNEHMEN €

(Hafnarstétt 19; Fish & Chips 1300 ISK; ⏱Juni–Aug. 11.30–20 Uhr) Nomen est omen: Guter Fisch (meist Kabeljau) und Pommes wandern in diesem kleinen Imbiss am Hafen über den Tresen, vor dem ein paar Campingtische stehen.

Skuld Café CAFÉ €
(Hafnarstétt 9; kleine Gerichte 650–1200 ISK; ⌚Juni–Aug. ab 20 Uhr) Das Sommercafé auf dem Hügel am Hafen hat eine mehrstöckige Holzterrasse, auf der Fischsuppe, Sandwiches und Leckereien aus dem Backofen schmecken.

Heimabakarí Konditori BÄCKEREI €
(Garðarsbraut 15; ⌚Mo–Fr 7.30–17, Sa 8–14 Uhr) Frisches Brot, Sandwiches und süßes Gebäck gibt's hier immer, im Sommer wird außerdem ein Frühstücksbuffet angeboten (1500 ISK, bis 10 Uhr).

Kasko SUPERMARKT €
(Garðarsbraut 5; ⌚Mo–Do 10–18.30, Fr bis 19, Sa bis 18 Uhr) In zentraler Lage.

Samkaup-Úrval SUPERMARKT €
(Garðarsbraut 64; ⌚Mo–Sa 10–19, So 12–19 Uhr) Südlich der Stadt, bei der Olís-Tankstelle.

Vínbúð ALKOHOL €
(Garðarsbraut 21; ⌚Juni–Aug. Mo–Do 11–18, Fr bis 19, Sa bis 14 Uhr, Sept.–Mai kürzer) Staatlicher Alkoholshop.

Praktische Informationen

Bücherei (Stórigarður 17; Internetzugang 300 ISK; ⌚Mo & Fr 11–17, Di–Do 10–18 Uhr) Die Bücherei im Kulturhaus bietet kostenloses WLAN und Internetzugang (unbegrenzt).

Íslandsbanki (Stórigarður 1) Die Bank liegt gegenüber der Kirche und hat einen Geldautomaten.

Postamt (Garðarsbraut 70; ⌚9–16.30 Uhr)

Touristeninformation (☎464 4300; www.visithusavik.is; Hafnarstétt; ⌚Juni–Aug. 9–19 Uhr, Mai & Sept. 10–17 Uhr) Der Ticketschalter des Walmuseums fungiert auch als städtische Touristeninformation und hat massenweise Karten und Prospekte.

An- & Weiterreise

Bus

Der Busbahnhof liegt an der N1-Tankstelle. Von **SBA-Norðurleið** (☎550 0700/70; www.sba.is) sind folgende Busse unterwegs:

BUS 640/640A Akureyri–Húsavík; 3300 ISK, 1¼ Stunden, ganzjährig zwei- bis viermal täglich.

BUS 641/641A Akureyri–Húsavík–Ásbyrgi, dann auf der Straße 862 weiter südwärts zu den Hljóðaklettar und zum Dettifoss; Mitte Juni bis August täglich. Am Dettifoss Rückfahrt mit Bus 641a und Umsteigemöglichkeit in den Bus 661a zum Mývatn.

BUS 650/650A Reykjahlíð (Mývatn)–Húsavík; 2700 ISK, 40 Minuten, Mitte Juni bis August zweimal täglich.

BUS 680/680A Akureyri–Þórshöfn; ganzjährig montags, mittwochs und freitags. Hält unterwegs in Húsavík, Ásbyrgi und weiteren Orten entlang der Straße 85.

Flugzeug

Der Flughafen von Húsavík liegt 12 km südlich der Stadt. **Eagle Air** (☎562 2640; www.eagleair.is) bietet ganzjährig Flüge von Reykjavík nach Húsavík an (134 €, einfach).

Von Húsavík zur Ásbyrgi-Schlucht

Nördlich von Húsavík folgt die Straße 85 der Küstenlinie der **Halbinsel Tjörnes**. Die Gegend ist berühmt für ihre fossilienreichen Klippen (die ältesten Schichten sind rund zwei Millionen Jahre alt).

Am äußersten Ende der Halbinsel liegt das **Mánárbakki-Museum** (Erw./Kind 500 ISK/frei; ⌚Mitte Juni–Aug. 10–18 Uhr) mit der bunt zusammengewürfelten Sammlung des sympathischen Farmers Aðalgeir. Er führt Besucher gerne durch sein Torfdachhaus und zeigt ihnen seine Schätze (Fotos, Möbel, Geschirr usw.).

Abgründe, Spalten und tiefe Senken (typisch für Verwerfungsgebiete) massakrieren den geschundenen Boden von Kelduhverfi – an dieser Stelle erreicht der Mittelatlantische Rücken den Arktischen Ozean. Ähnlich wie in Þingvellir ist hier besonders deutlich zu erkennen, wie die Urgewalten Island innerlich zerreißen.

Schlafen

Eine ganze Handvoll in der Gegend verstreuter Farmen bietet heimelige Unterkünfte an, auf Wunsch auch mit Abendessen.

Skúlagarður HOTEL €€
(☎465 2280; www.dettifoss.is; EZ/DZ inkl. Frühstück 16 700/22 500 ISK; 📶) Hinter der abweisenden Fassade eines ehemaligen Internats verbergen sich die nicht allzu geräumigen, aber modernen Zimmer des Landhotels, zu dem auch ein Restaurant mit guter Hausmannskost gehört. Die leicht abgewetzten Schlafplätze (mit eigenem Schlafsack) kosten 4000 ISK. Das Hotel liegt 12 km westlich der Ásbyrgi-Schlucht.

Keldunes PENSION €
(☎465 2275; www.keldunes.is; EZ/DZ ohne Bad, inkl. Frühstück 11 900/17 900 ISK, Hütten 14 900 ISK; 📶) Die moderne Pension mit ansprechendem Koch- und Essbereich für

Gäste, Hot Pot und breiten Balkonen (perfekt, um Vögel zu beobachten!) bietet auch Schlafplätze (mit eigenem Schlafsack 5000 ISK) und Hütten mit Bad an. Sie liegt 11 km westlich der Ásbyrgi-Schlucht.

Hóll PENSION €

(☎465 2270; DZ ohne Bad, inkl. Frühstück 13 000 ISK) Der Bauernhof 8 km westlich der Ásbyrgi-Schlucht hält vier einfache Zimmer bereit und bietet auch Reitgelegenheit.

Lundur PENSION, CAMPINGPLATZ €

(☎465 2280; www.dettifoss.is; Zeltplatz pro Pers. 1100 ISK, EZ/DZ ohne Bad 9200/15 000 ISK; ⏲Juni–Aug.) Noch ein Schulhaus, das sich im Sommer in eine einfache Unterkunft verwandelt. Es liegt 7 km nordöstlich der Ásbyrgi-Schlucht an der Straße 85 und bietet auch Schlafplätze (eigener Schlafsack) ab 4300 ISK an.

JÖKULSÁRGLJÚFUR (NATIONALPARK VATNAJÖKULL – NORDEN)

2008 wurde der Nationalpark Vatnajökull gegründet, der durch die Vereinigung der Gebiete von Jökulsárgljúfur und Skaftafell im Süden nun das größte Naturschutzgebiet Europas. Ziel der Zusammenlegung war es, den Vatnajökull-Gletscher und seine eiszeitlichen Abflüsse in einem gemeinsamen, weitläufigen Gebiet zu schützen. Wer sich für den Park interessiert, liest auf S. 290 weiter.

Das Gebiet von Jökulsárgljúfur umfasst einen einzigartigen, subglazialen vulkanischen Berg und eine 30 km lange Schlucht, die der zweitlängste Fluss der Insel, der Jökulsá á Fjöllum, gegraben hat. Er entspringt unter der Eisdecke des Vatnajökull und mündet nach fast 200 km am Öxarfjörður in den Atlantik. Die *jökulhlaup* (durch Vulkanausbrüche unter einem Gletscher entstandene Flutwellen) haben hier eine 100 m tiefe und 500 m breite Rinne ausgefräst.

Der Norden des Vatnajökull-Nationalparks kann grob in drei Abschnitte eingeteilt werden. Die Touristeninformation befindet sich am nördlichen Eingang der Ásbyrgi-Schlucht, einer bewaldeten, von senkrecht abfallenden Felsen umschlossenen Ebene. Der mittlere Teil umfasst die Höhlen von Vesturdalur und faszinierende

Jökulsárgljúfur

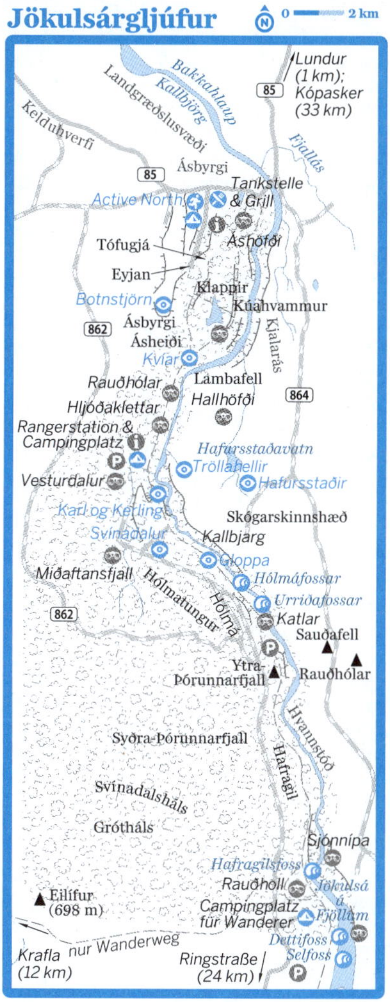

geologische Formationen. Am südlichen Ende liegen dann die überwältigenden Wasserfälle Dettifoss. Die Straßenführung im Park ist ziemlich unübersichtlich, wird aber ständig verbessert – mehr dazu auf S. 246 und 247.

Ein schöner Weg für eine zweitägige Wanderung (Kasten S. 247) schlängelt sich durch die Schlucht mit allen Attraktionen des Parks am Wegesrand. Wer nicht so scharf aufs Wandern ist, kann die Highlights – die Wasserfälle am Südende und die hufeisenförmige Schlucht Ásbyrgi am Nordende – auch im Auto abfahren.

Momentan bewegt sich einiges im und um den Nationalpark herum; besonders an der Straßenführung wird gearbeitet. Bessere Verkehrswege und höhere Besucherzahlen werden auf jeden Fall Fahrplanänderungen, aber auch weitere Dienstleistungen nach sich ziehen. Über den aktuellen Stand informieren die Website und das Besucherzentrum.

Von Mitte Juni bis Mitte August bieten Parkmitarbeiter täglich kostenlose **kommentierte Wanderungen** an, die am Besucherzentrum beginnen – eine tolle Gelegenheit, um mehr über die Region zu erfahren. Nähere Auskünfte dazu geben die Website oder das Personal.

Geführte Touren

Dank der Busse, die im Sommer zur Ásbyrgi-Schlucht und zum Dettifoss fahren, lässt sich die Schlucht auch auf eigene Faust durchstreifen. Wer sich lieber führen lässt, findet diverse Angebote am Mývatn, in Akureyri und in Húsavík.

Active North ABENTEUERTOUR
(☎858 7080; www.activenorth.is; ⏲Mitte Juni–Mitte Aug.) Die Agentur mit Hauptquartier gegenüber dem Besucherzentrum bietet zweistündige Ausritte rund um die Ásbyrgi-Schlucht an (7900 ISK), die um 10, 14 und 17 Uhr beginnen, und dazu eine fünfstündige Tour mit Höhlenbesichtigung (15 900 ISK).

Schlafen & Essen

Im Umkreis von 15 km finden Parkbesucher eine ganze Reihe Übernachtungsangebote. Die **Tankstelle** (⏲Juni–Aug. 9–22 Uhr, Sept.–Mai 10–18 Uhr) an der Straße 85, nicht weit vom Besucherzentrum der Ásbyrgi-Schlucht entfernt, verkauft auch Lebensmittel und hat außerdem einen Grill-Imbiss (von mäßiger Qualität). Wanderer decken sich besser in Akureyri oder Húsavík mit Vorräten ein.

Campingplatz des Besucherzentrums CAMPINGPLATZ
☎470 7100; www.vjp.is; pro Pers. 1300 ISK plus 100 ISK pro Zelt; ⏲Mitte Mai–Sept.;) Im Park ist Zelten ausschließlich auf den offiziellen Campingplätzen in der Ásbyrgi-Schlucht, in Vesturdalur und am Dettifoss erlaubt. Der große Campingplatz in der Ásbyrgi-Schlucht hat gute Duschen (400 ISK) und Waschmaschinen. Der Campingplatz Vesturdalur liegt in der Nähe der hilfsbereiten Parkwächterstation, verfügt aber weder über heißes Wasser noch über Stromanschluss – Toiletten sind hier der einzige Luxus. Der kostenlose Campingplatz am Dettifoss hat nur begrenzte Wasservorräte und ist für die Wanderer der beliebten Zweitagestour reserviert.

Praktische Informationen

Parkwächterstation Vesturdalur (☎842 4364; ⏲Anfang Juni–Mitte Sept. 9–11 & 18–20 Uhr) Die Parkwächter haben mehrere ausgezeichnete Karten der Region erstellt. In der hilfreichen Park-Karte (300 ISK) im Maßstab 1:50 000 sind die Wanderwege eingezeichnet und nach Schwierigkeitsgrad eingeteilt. Ebenfalls nützlich ist die Karte *Útivist & afþreying* Nr. 3 (650 ISK) mit der Ásbyrgi–Dettifoss-Route.

Besucherzentrum (Gljúfrastofa; ☎470 7100; www.vjp.is; ⏲Mitte Juni–Mitte Aug. 9–21 Uhr, restl. Juni & Aug. bis 19 Uhr, Mai & Sept. 10–16 Uhr; @) Das äußerst hilfsbereite Zentrum in der Ásbyrgi-Schlucht hat eine Infotheke mit Karten (gegen Gebühr) und kostenlosen Broschüren, dazu informative Schautafeln und äußerst kompetentes Personal, das Buchungen von Unterkünften, Ausflügen und Transportmöglichkeiten übernimmt.

An & Weiterreise

Auto

Die Straße 85 schlängelt sich gemütlich zum Nordende des Parks und zum Besucherzentrum in der Ásbyrgi-Schlucht (65 km ab Húsavík).

Es gibt zwei Straßen, die parallel beiderseits der Schlucht in Nord-Süd-Richtung verlaufend:

STRASSE 862 (WESTSEITE) Von der Ringstraße bis zum Dettifoss (24 km) ist sie geteert. Die restlichen 37 km bis zur Straße 85 und der Ásbyrgi-Schlucht, vorbei an Hólmatungur und Vesturdalur, haben Kiesbelag. Dieser Abschnitt wird zwar nicht als F-Road (Piste) eingestuft, ist aber ohne Allradantrieb relativ beschwerlich. Bis 2015 soll er geteert sein.

STRASSE 864 (OSTSEITE) Die 60 km lange Schotterpiste ist in schlechtem Zustand und für normale Pkws zwar machbar, stellt den Fahrer aber mit Schlaglöchern und sonstigen Fußangeln auf eine harte Probe. Es gibt keine Pläne, am Zustand der Strecke etwas zu ändern.

Obwohl der Nationalpark ganzjährig geöffnet ist, dürfen die Schotterpisten je nach Wetter nur von Ende Mai/Ende Juni bis irgendwann zwischen Anfang Oktober und Anfang November befahren werden.

Es empfiehlt sich auf jeden Fall, nicht von den Straßen und markierten Wegen abzuweichen, denn das verursacht große Umweltschäden und ist zudem illegal.

Bus

SBA-Norðurleið (☎550 0700/70; www.sba.is) beschickt folgende Linien:

BUS 680/680A Akureyri–Þórshöfn; ganzjährig montags, mittwochs und freitags in beide Richtungen. Die Busse halten in Húsavík, an der Ásbyrgi-Schlucht und an anderen Orten entlang der Straße 85.

BUS 641/641A Akureyri–Húsavík–Ásbyrgi, dann auf der Straße 862 südwärts zu den Hljóðaklettar-Felsen und zum Dettifoss; Mitte Juni bis August täglich. Am Dettifoss Rückfahrmöglichkeit mit Bus 641a oder Umsteigemöglichkeit in Bus 661a zum Mývatn.

BUS 661/661A Reykjahlíð (Mývatn)–Krafla–Dettifoss; Mitte Juni bis August täglich. Am Dettifoss Umsteigemöglichkeit in Bus 641a.

Ásbyrgi-Schlucht

Wer von Straße 85 abbiegt und die flachen, grasbewachsenen Ebenen am Nordende des Parks vor sich sieht, kann sich kaum vorstellen, dass er am Rande eines gewaltigen, hufeisenförmigen Canyons steht. Die vegetationsreiche **Ásbyrgi-Schlucht** ist in Nord-Süd-Richtung 3,5 km lang und im Durchschnitt 1 km breit, sodass die gegenüberliegende Wand manchmal kaum noch erkennbar ist. Fast im Zentrum der Schlucht erhebt sich der Keil **Eyjan**. Zum Süden hin werden die blanken, dunklen Felswände der Schlucht fast 100 m hoch. Sie schützen das Birkenwäldchen vor rauen Winden und hungrigen Schafen, sodass manche Bäume bereits die stattliche Höhe von 8 m erreicht haben.

Über die Entstehung der Ásbyrgi-Schlucht kursieren u. a. die folgenden beiden Geschichten. Die ersten nordischen Siedler glaubten, Óðins achtbeiniges, fliegendes Pferd Slættur (in der Literatur auch Sleipnir genannt) hätte hier aus Versehen fast eine Bauchlandung hingelegt und dabei einen kräftigen Hufabdruck hinterlassen. Die andere Version ist wissenschaftlicher, aber genauso unglaubwürdig: Geologen behaupten, der Canyon sei durch eine gigantische Eruption der Grímsvötn-Caldera unter dem recht weit entfernten Vatnajökull entstanden. Diese habe ein *jökulhlaup* unvorstellbaren Ausmaßes provoziert, das sich durch das Flusstal der Jökulsá á Fjöllum nordwärts gewälzt und innerhalb weniger Tage den Canyon gegraben habe. Der Fluss soll dann rund 100 Jahre lang durch die Ásbyrgi-Schlucht geflossen sein, bevor er sich wieder in sein heutiges Bett zurückzwängte.

Kurz vor dem Ende der Straße liegt ein Parkplatz (3,5 km südlich des Besucherzentrums), von dem mehrere kurze Wanderwege durch den Wald zu den Aussichtspunkten über der Schlucht führen. Der östliche Weg endet an einer Quelle nicht weit von der Felswand; der westliche steigt ziemlich an, bietet dafür aber einen tollen Blick auf den Talgrund. Der mittlere

ÁSBYRGI–DETTIFOSS-WANDERUNG

Die beliebteste Wanderung in der Jökulsárgljúfur-Schlucht ist der zweitägige Ausflug (ca. 30 km) von der Ásbyrgi-Schlucht zum Dettifoss. Er führt durch Birkenwälder und üppige Täler, vorbei an markanten Steingebilden und gebieterisch aufragenden Felswänden und kommt an allen wichtigen Attraktionen der Schlucht vorbei. Von der Ásbyrgi-Schlucht folgt der Weg dem westlichen Rand der Schlucht oder dem Flussufer bis nach Vesturdalur (12 km bzw. drei bis vier Stunden), wo das Nachtlager aufgeschlagen werden sollte (überall sonst ist es verboten). Am zweiten Tag geht's weiter zum schäumenden Dettifoss, wobei sich zwei Möglichkeiten bieten: Entweder die etwas schwierigere, aber spektakuläre Route durch die Senke von Hafragil (18 km) oder die einfachere Route weiter nördlich an Hafragil vorbei (19 km, sechs bis acht Stunden). Die gesamte Wanderung wird als „anspruchsvoll" eingestuft.

Die Tour kann in beide Richtungen gemacht werden. Die Parkverwaltung empfiehlt aber, in der Ásbyrgi-Schlucht zu starten. Dort gibt es alle nötigen Karten und Broschüren. Außerdem sind die Ausblicke wesentlich eindrucksvoller, wenn man sich nach Süden bewegt (in umgekehrter Richtung geht's konstant bergauf). Ständig wechselnde Busfahrpläne und Straßenbauvorhaben erschweren die Planung. Aber die Parkwächter sind zuverlässige Auskunftsquellen, um herauszufinden, welche Möglichkeiten bestehen, das Auto in der Ásbyrgi-Schlucht stehen zu lassen und vom Dettifoss aus wieder dahin zurückzukommen.

Weg führt geradeaus zu einem kleinen See (Botnstjörn) am Rand der Schlucht.

Der Gipfel des Eyan (4,5 km hin und zurück) wartet auf Bezwinger, ebenso wie die Felsen der **Tófugjá**. Dort beginnt auch ein Weg, der in einer großen Schleife um **Áshöfði** hinter den Canyon führt. Eine Alternativroute führt am Grat entlang bis **Klappir**, von dort nach Kvíar im Süden (oder nach Kúahvammur im Osten) und dann am Flussufer entlang wieder zurück (die Rundwanderung über Kvíar ist 17 km lang und dauert rund vier Stunden).

Vesturdalur

Das Tal Vestadalur liegt abseits der ausgetretenen Pfade und ist wegen seiner abwechslungsreichen Landschaft ein beliebtes Wanderziel. Ein Wegenetz zieht sich durch das Strauchgebiet beim Campingplatz bis zu den von Höhlen durchsetzten Felsnadeln Hljóðaklettar, zur Kraterreihe Rauðhólar, zu den Seen von Eyjan (nicht zu verwechseln mit dem Eyjan in der Ásbyrgi-Schlucht) und zur eigentlichen Schlucht. Für das Vesturdalur-Tal gut einen Tag rechnen, noch besser zwei.

HLJÓÐAKLETTAR

Die bizarren Wirbel, Spiralen, Rosetten, Waben und Säulen aus Basalt machen die Hljóðaklettar (Echofelsen) zum verblüffenden Studienobjekt für Hobbygeologen und zum Highlight jeder Wanderung durch das Vesturdalur-Tal. Schwer zu sagen, welche vulkanischen Phänomene diese steinernen Verwindungen hervorgebracht haben: Es gibt ziehharmonikaähnliche Faltungen und sich wiederholende Muster; die normalerweise vertikalen Basaltsäulen (die durch rasch abkühlende Lava entstehen) legen sich hier quer. Diese seltsamen Formationen stellen die Akustik auf den Kopf, sodass nicht mehr erkennbar ist, aus welcher Richtung das Rauschen des Flusses kommt – dieser verwirrende Effekt gab dem Gebiet seinen Namen: „Echofelsen".

Ein Rundwanderweg (3 km) kann vom Parkplatz in weniger als einer Stunde abgelaufen werden. Die bizarrsten Felsformationen und Lavahöhlen säumen das Flussufer nordöstlich des Parkplatzes. Hingucker sind der **Tröllið** mit seinem Wabenmuster, die Höhle **Kirkjan** in einer mit Gras bewachsenen Grube und der riesige Monolith **Kastali**. Ende August ist eine reichhaltige Blaubeerernte zu erwarten.

RAUÐHÓLAR

Die Kraterreihe Rauðhólar nördlich des Vesturdalur präsentiert sich als buntes Band, denn die Aschekegel leuchten in den verschiedensten Farben. Ein abwechslungsreicher, 5 km langer Rundweg zu den Kratern beginnt am Parkplatz.

KARL OG KERLING

Die urigen Felsnasen am steinigen Westufer des Flusses (1 km vom Parkplatz Vesturdalur entfernt) heißen Karl og Kerling („Alter Mann und alte Frau") und sollen zwei versteinerte Trolle sein. Auf der anderen Flussseite liegt die **Tröllahellir**, die größte Höhle der Schlucht, die nur von der Straße 864 aus durch einen 5 km langen Querfeldeinmarsch auf der Ostseite zu erreichen ist.

EYJAN

Wer Karl og Kerling besucht hat, kann auf dem Rückweg zum Vesturdalur einen 7 km langen Abstecher zur Felsinsel Eyjan einschieben, die wie ein Tafelberg aus der Schlucht aufragt und von buschigen Wäldchen und kleinen Teichen überzogen wird. Dafür erst dem Fluss in südlicher Richtung bis Kallbjörg folgen, dort westwärts gehen bis zum verlassenen Anwesen Svínadalur, wo sich die Schlucht zu einem breiten Tal öffnet, und dann unten auf der Westseite der Eyjan-Felsen entlang wieder zurück bis zum Vesturdalur-Parkplatz.

HÓLMATUNGUR

Üppige Vegetation, rauschende Wasserfälle und die friedliche Atmosphäre machen das Gebiet Hólmatungur zu einer der schönsten Naturoasen des Parks. Unterirdische Quellen sprudeln aus dem Boden und vereinigen sich zu kurzen Flüsschen, die sich in Kurven und Kaskaden ihren Weg bis zur Schlucht bahnen. Am beliebtesten ist die 4,5 km lange Rundwanderung vom Parkplatz in nördliche Richtung an der Hólmá entlang bis zum **Hólmáfossar**, wo die schroffen Konturen der Schlucht weicher werden und mehrere hübsche Wasserfälle über die Felsen hüpfen. Dort geht's dann wieder südwärts, dieses Mal an der Jökulsá entlang, bis diese mit dem Flüsschen Melbugsá zusammenfließt und sich dann als **Urriðafossar** in die Tiefe stürzt. Um den Wasserfall in seiner ganzen Pracht zu sehen, am besten den Stummelweg nach Katlar gehen. Der beste Panoramablick auf Hólmatungur bietet sich vom Hügel **Ytra-Þórunnarfjall** südlich des Parkplatzes.

Hómatungur kann nur mit Geländewagen erreicht werden. Ansonsten gibt es noch die Möglichkeit, das Auto im Vesturdalur abzustellen und sich auf eine ganztägige Rundwanderung einzustellen. Zelten ist verboten, aber für ein Picknick lohnt sich Hómatungur allemal.

Dettifoss

Es gibt kaum ein beeindruckenderes Beispiel für die ungeheure Kraft der Natur als den **Dettifoss**, einen der mächtigsten Wasserfälle Islands. Obwohl er nur 44 m hoch und 100 m beit ist, lässt er unglaubliche 193 m^3 Wasser pro Sekunde in die Tiefe donnern. Sein Gischtschleier ist noch aus 1 km Entfernung zu sehen. Was das Volumen angeht, ist der Dettifoss die Nummer eins in Europa und als Naturerlebnis einmalig. Wenn die Sonne scheint, spannen sich doppelte Regenbögen über die aufgewühlten, milchig weißen Wassermassen und die Besucher recken die Hälse, um auch wirklich die ganze Wucht mitzubekommen.

Der Wasserfall ist von beiden Seiten der Schlucht gut zu sehen. Die neue, geteerte Straße 862 führt von der Ringstraße zum Westrand des Dettifoss, wo ein Parkplatz mit Toiletten liegt. Wahrscheinlich wird hier bald ein richtiges Besucherzentrum stehen. Am Parkplatz beginnt ein 2,5 km langer Rundweg zum spekatukären Aussichtspunkt am Felsrand des Dettifoss mit Blick auf seinen kleineren Bruder, den **Selfoss**.

Die Straße 862 zum Dettifoss biegt 27 km östlich von Reykjahlíð ab und führt dann über 24 gut befahrbare Kilometer zum Wasserfall. Nördlich davon verwandelt sich der Straßenbelag in Schotter (geplant ist, die Straße bis 2015 zu teeren). Die Piste erfordert nicht gerade ein Allradfahrzeug, aber ein normaler Pkw wird hier auf eine harte Probe gestellt. Im Winter ist die Straße unpassierbar. Dasselbe gilt für die Straße 864 am Ostufer.

RUNDFAHRT IM NORDOSTEN

Die Touristenmassen, die über die Ringstraße flitzen, verpassen diesen rauen, kaum bewohnten Küstenstreifen rund um die abgelegene Halbinsel im Nordosten. Die Route ist eine faszinierende Alternative zur Direktverbindung zwischen dem Mývatn und Egilsstaðir. Einsame Moore und die Schönheit ungezähmter Natur machen die Region, die bis auf wenige Kilometer an den Polarkreis heranreicht, einzigartig.

ℹ Anreise & Unterwegs vor Ort

BUS

SBA-Norðurleið (☎550 0700/70; www.sba.is) schickt den Bus 680/680a ganzjährig montags, mittwochs und freitags in beide Richtungen auf die Piste. Er fährt von Akureyri nach Þórshöfn (9800 ISK, 5 Std.) und hält unterwegs an Orten entlang der Straße 85 (Húsavík, Ásbyrgi, Kópasker und Raufarhöfn). Von/nach Vopnafjörður gibt's keine Verbindung.

FLUGZEUG

Air Iceland (www.airiceland.is) verkauft Flüge von Akureyri nach Þórshöfn und Vopnafjörður. Die billigsten Online-Angebote liegen bei 65 € (einfacher Flug).

STRASSEN IM NORDOSTEN

Vor Kurzem wurde die geteerte Straße 85 im Binnenland gebaut, die Kópasker mit dem Osten verbindet. Sie erreicht die Küste in der Nähe von Rauðanes (zur Zeit der Recherche war sie noch so neu, dass sie auf den meisten Karten nicht eingezeichnet war). Von der neuen Straße 85 biegt die Straße 874 in nördlicher Richtung nach Raufarhöfn ab.

Bis jetzt ist auf dem neuen Verkehrsweg wenig los. Aber trotzdem wird wohl nicht mehr viel getan werden, um die alte, ungeteerte Küstenstraße 85 (die jetzt Straße 870 heißt) in Schuss zu halten. Daher wird die zwar landschaftlich schöne Fahrt zur wenig besuchten Halbinsel **Melrakkaslétta** („Polarfuchsebene") für Fahrzeuge ohne Allradantrieb in absehbarer Zeit zur Nagelprobe.

Auf den 55 km zwischen Kópasker und Raufarhöfn passiert die Straße 870 vogelreiche Tiefebenen, Seen und Sumpfgebiete. Von ihr zweigen Pisten und Wege ab, die zu einsamen Leuchttürmen auf abgelegenen Landzungen führen. Lange Zeit galt Hraunhafnartangi als nördlichster Punkt der isländischen Hauptinsel, aber neuesten Messungen zufolge gebührt dieser Titel der benachbarten Landzunge Rifstangi, die nur 2,5 km vom Polarkreis entfernt ist.

Kópasker

140 EW.

An der Ostküste des Öxarfjörður ist Kópasker der erste Durchgangsort, bevor sich die Straße in der Wildnis des äußersten Nordostens verliert.

1976 wurde Kópasker von einem starken Erdbeben erschüttert. Das kleine **Erdbebenzentrum** (Skjálfta Setrið; Akurgerði; Eintritt frei; ⌚Juni–Aug. 13–17 Uhr) im Schulhaus untersucht dieses Beben und andere tektonische Bewegungen auf Island. Südlich des Dorfs zeigt das **Byggðasafn** (Eintritt frei; ⌚Juni–Aug. 13–17 Uhr) auf der Farm Snartarstaðir traditionelle Handarbeiten und Kunsthandwerk. Die lustigen, voll eingekleideten Vogelscheuchen auf den umliegenden Feldern sind echte Hingucker.

Am Zufahrtsweg in den Ort liegt ein kostenloser Campingplatz, aber die bessere Unterkunft bietet das heimelige, entspannte **Kópasker HI Hostel** (☎465 2314; www.hostel.is; Akurgerði 7; B/DZ ohne Bad 3800/10 000 ISK; ⌚Mai–Okt.). Die Zimmer verteilen sich auf mehrere Gebäude und sind alle bestens in Schuss. In der Nähe liegen diverse gute Aussichtspunkte, um Vögel (und manchmal auch Robben) zu beobachten. HI-Mitglieder bekommen 600 ISK Rabatt, Leihbettwäsche kostet 1250 ISK. Es werden keine Kreditkarten akzeptiert. Im Ort gibt's einen kleinen Laden.

Raufarhöfn

195 EW.

Das abgelegene Raufarhöfn (roy-wer-hap) mutet ein wenig wie der Schauplatz eines Stephen-King-Romans an. Der unheimlich-ruhige Ort hat einen prominent platzierten Friedhof. Schon zu Sagazeiten war der Hafen ein wichtiger Anlaufpunkt. Aber erst zu Beginn des 20. Jhs. erlebte Raufarhöfn durch den Heringsfang einen echten Boom, der nur von Siglufjörður übertroffen wurde. Die eintönigen Fertighäuser verhindern heute allerdings jegliche Erinnerung an eine glorreiche Vergangenheit.

Es gibt ehrgeizige Pläne, den Hügel nördlich des Ortes mit einem imposanten Steinkreis zu krönen. Der **Arctic Henge** (www.arctichenge.is) soll einen Durchmesser von 50 m und vier 7 m hohe Tore (für die vier Jahreszeiten) haben. Als exakt konstruierte Sonnenuhr soll er die Sonnwenden anzeigen, Aussichtspunkt für die Mitternachtssonne sein und den Glauben der Einheimischen an die *Völuspá* (Weissagung der Seherin) aus der Edda erklären. Im Hótel Norðurljós steht ein Modell des Steinkreises, im Sommer werden geführte Besichtigungen der Baustelle angeboten.

Wenn Grímsey nicht in die Reiseroute gepasst hat, bietet **Arctic Travel** (☎893 8386; www.arctictravel.is; Vogsholt 12; ⌚Mitte Juni–Sept.) Bootsausflüge zum Polarkreis an – inklusive Zertifikat. Außerdem im Programm: Hochseeangeln, Rundfahrten und Mitternachtstörns.

Für längere Aufenthalte gibt es einen kostenlosen **Campingplatz** auf der südlichen Seite des Orts. Das **Hótel Norðurljós** (Nordlicht; ☎465 1233; www.hotelnordurljos.is; Aðalbraut 2; EZ/DZ 11 500/17 900; 📶) ist die einzige offizielle Herberge der Stadt. Die Fassade scheint einen Sturm zu viel erlebt zu haben, aber im Inneren ist es ganz gemütlich. Erlingur, der Besitzer, bietet in seinem **Restaurant** (2-Gänge-Mittag-/3-Gänge-Abendessen 3100/4500 ISK) wirklich leckere Hausmannskost an, die auf lokalen Zutaten basiert (meist frisch gefangenem Fisch).

Rauðanes

Wanderer können sich südlich von Raufarhöfn auf Rauðanes austoben. Markierte Wege führen zu bizarren Felsformationen, Steintoren, Höhlen und abgeschiedenen Stränden. Die kleine, idyllische Halbinsel wird von steilen Vogelklippen gesäumt. Weitere Attraktionen sind Grotten, aus dem Wasser ragende Riffe und der frei liegende Felsabbruch **Stakkatorfa** – hier ist ein Stück Land einfach ins Meer gekippt.

Die Stichstraße nach Rauðanes zweigt ungefähr auf halber Strecke zwischen Raufarhöfn und Þórshöfn ab und erfordert Allradantrieb. Ein Parkplatz kommt 1,5 km nach der Abzweigung von Straße 85. Von dort geht's dann auf eine 7 km lange Rundtour durch das absonderliche Gelände.

Þórshöfn & Umgebung

380 EW.

Das Städtchen Þórshöfn hat seit Sagazeiten einen betriebsamen Hafen und erlebte seine goldene Ära Anfang des 20. Jhs., als hier eine Station zum Einsalzen von

ANS ENDE DER WELT FAHREN ODER WANDERN

Verlassene Farmen, einsame Leuchttürme, Robbenkolonien und windgepeitschte, von Vögeln bevölkerte Klippen – es gibt auf der Welt nur wenige Orte, die so eine Aura der Abgeschiedenheit verströmen wie Langanes. Die Gegend ist ideal zum Wandern und zum Ausarbeiten der Tour ist die Karte *Útivist & afþreying Nr. 7* sehr hilfreich (erhältlich im Ytra Lón und in Touristeninformationen).

Wer zeitlich knapp dran ist, kann auch eine Tour im Allradwagen machen. Sie wird im Ytra Lón in Zusammenarbeit mit der in Húsavík ansässigen Agentur **Fjallasýn** (☎ 464 3941; www.fjallasyn.is) angeboten. Los geht's wahlweise in Húsavík oder am Hostel. Die zweistündige Fahrt zu den Vogelklippen kostet 72 € (mind. 2 Pers.). Eine fünfstündige Fahrt mit Stippvisite in Fontur kostet 120 €. Fjallasýn bietet auch eine geführte, viertägige Wanderung quer über Langanes an, die im Ytra Lón beginnt und endet. Alle Touren müssen vorab gebucht werden, Details stehen auf der Website.

Wer sich selbst ans Steuer setzen will, kann von Juni bis September vor Ort einen kleinen Geländewagen mieten. Auch das muss rechtzeitig reserviert werden, und zwar per E-Mail (hillak@simnet.is) bei der Autovermietung in Þórshöfn.

Heringen eingerichtet wurde. Heute gibt sich der Ort ganz bescheiden, ist aber ein perfekter Ausgangspunkt für Ausflüge zu der gespenstischen, abgelegenen Halbinsel Langanes und nach Rauðanes. Die rostige Kirche von **Sauðaneshús** (Erw./Kind 500 ISK/frei; ⌚Juni–Aug. 13–17 Uhr) 7 km weiter nördlich auf der Straße nach Langanes gibt einen Einblick in das Alltagsleben der Einheimischen vor 100 Jahren. Die Touristeninformation liegt im großen Freizeitbad **Iþróttahús** (Langanesvegur 18; Erw./Kind 400/150 ISK; ⌚Juni–Aug. Mo–Fr 11–17, Sa & So 8–20 Uhr, Sept.–Mai kürzer).

Þórshöfn hat einen **Campingplatz** (pro Pers. 1000 ISK). Dazu kommen die attraktive **Pension Lyngholt** (☎468 1238; www.lyngholt.is; Langanesvegur 12) nicht weit vom Schwimmbad und die Unterkünfte auf dem Gelände des Hofes **Ytra-Aland** (☎468 1290; www.ytra-aland.is; DZ mit/ohne Bad, inkl. Frühstück 18 800/15 200 ISK) 18 km westlich des Ortes. Dort begrüßt die Gastgeberin Bjarnveig ihre Gäste morgens mit Pfannkuchen und einem herzlichen Lächeln. Schlafplätze (mit eigenem Schlafsack) kosten 4500 ISK, auf Wunsch gibt's Abendessen. Küchenbenutzung und Infos zum Angeln und Wandern sind im Preis inbegriffen.

Essadressen sind in Þórshöfn dünn gesät. An der N1-Tankstelle gibt es einen unspektakulären **Grillimbiss**, das **Fontur** (Eyrarvegur 3) verkauft Pizza und im Supermarkt **Samkaup-Strax** (⌚Mo–Fr 9.30–18, Sa 10–14 Uhr) können sich Selbstversorger eindecken.

Langanes

Die neblige Landzunge Langanes erinnert der Form nach an eine Gans mit überdimensioniertem Kopf. Sie ist einer der einsamsten Flecken Islands, platt wie eine Flunder und übersät von Mooskissen und Geröll -ideal also, um die neuen Wanderschuhe einzulaufen.

Die Straße 869 endet nach 17 km der insgesamt 50 km langen Halbinsel. Theoretisch könnte der restliche Weg bis zum Leuchtturm **Fontur** an der Spitze im Allradwagen zurückgelegt werden, aber unterwegs gibt's einige recht schwierige Passagen.

Wer sich in der Gegend umsehen will, sollte sich im ausgezeichneten **Ytra Lón HI Hostel** (☎846 6448; www.visitlanganes.com; B/DZ ohne Bad 3800/10 000 ISK, DZ-Apt. ab 16 100 ISK; 📶) einquartieren. Es liegt 14 km nordöstlich von Þórshöfn, nicht weit von der Straße 869, und gehört zu einer Schaffarm, die von einer jungen, niederländisch-isländischen Familie betrieben wird. Die Zimmer sind hell und sauber, es gibt einen gemütlichen Gemeinschaftsbereich und einen Hot Pot. Unter einer Art Gewächshausdach steht eine Reihe von Frachtcontainern, die sich als originelle Studio-Apartments mit Bad und Kochnische entpuppen. Frühstück 1600 ISK, Bettwäsche 1250 ISK, im Hostel bekommen HI-Mitglieder 600 ISK Rabatt.

Wer kein eigenes Fahrzeug hat, kann im Ytra Lón anrufen und sich in Þórshöfn abholen lassen (1700 ISK pro Pers.). Eine andere Möglichkeit ist es, zu Fuß von der

Bushaltestelle auf der „Nebenstraße" nach Hóll zu pilgern. Dort führt ein markierter Weg in Richtung Nordosten bis zum Ytra Lón. Wer nicht viel Gepäck hat, schafft es in gut drei Stunden.

Vopnafjörður & Umgebung

700 EW.

Der „Waffenfjord" war einst die Heimat eines furchteinflößenden Drachens, der den Nordosten Islands beschützte. Aber heute gibt's ja keine Drachen mehr und die Gegend wirkt total friedlich (Online-Infos über Vopnafjörður finden sich übrigens unter „Ostisland" auf www.east.is, da es nicht zum Norden gezählt wird).

Das auffälligste Gebäude des Städtchens ist das restaurierte Zollhaus **Kaupvangur** (Hafnarbyggd 6) mit einem netten, kleinen Café und einem **Informationszentrum** (☎473 1331, 862 1443; www.vopnafjordur.com; ⏲Juni–Aug. 10–17 Uhr; @📶) im Erdgeschoss. In der Etage darüber widmet sich eine gut gemachte Ausstellung (auf Isländisch) zwei berühmten Söhnen von Vopnafjörður, sozusagen dem isländischen Gegenstück der Gebrüder Gershwin. Außerdem gibt's dort noch Informationen über ostisländische Auswanderer – seinerzeit hatten verzweifelte Einheimische genau hier ihre Schiffspassage nach Amerika gebucht.

Die Hauptattraktion der Gegend ist das Volkskundemuseum in **Bustarfell** (www.bustarfell.is; Erw./Kind 700/100 ISK; ⏲Mitte Juni–Mitte Sept. 10–18 Uhr). Es residiert in einem Gutshaus mit Torfdach aus dem 18. Jh. südwestlich von Vopnafjörður, das an der alten Straße 85 lag. Nachdem diese umgelegt wurde, befindet sich das Museum nun mitten in der Pampa. Am besten erreicht man es über die grob geschotterte Straße 920, die Vopnafjörður in südlicher Richtung verlässt; nach ca. 20 km taucht das Museum auf und nach weiteren 16 km stößt die Straße 920 dann auf die neue Straße 85. Die Schotterpiste soll angeblich verbessert werden, über den aktuellen Stand am besten vor Ort informieren.

Ein weiteres Highlight in dieser gottverlassenen Gegend ist das Flussschwimmbad **Selárdalslaug** (Erw./Kind 300/150 ISK; ⏲7–23 Uhr), das 12 km nördlich von Vopnafjörður in der Nähe der Straße 85 auf der Südseite des Flusses Selá liegt. Ein kurzer Halt, um sich in das geothermisch aufgeheizte Wasser des Hot Pots sinken zu lassen (und die von Kerzen beleuchteten Umkleideräume zu bewundern, da es hier keinen Strom gibt) lohnt sich auf jeden Fall.

Schlafen & Essen

Under the Mountain/ Refsstaður II PENSION €

(☎473 1562; www.underthemountain.is; EZ/DZ ohne Bad 5000/8000 ISK; 📶) Cathy, eine Amerikanerin mit isländischen Wurzeln, ist die geborene Gastgeberin. Auf ihrer Farm, 9 km südlich der Stadt, fühlt sich jeder willkommen. Die Anfahrt erfolgt über die Straße 917 bis zur kleinen Rollbahn und dann etwa 4 km weiter auf der Straße 919. Betten (mit eigenem Schlafsack) kosten 2500 ISK, wer länger bleibt, bekommt Rabatt (im Winter vorher anrufen). Selbstversorger dürfen die Küche benutzen. Cathy betreut die Auswanderer-Ausstellung und sieht das Landleben in Island aus einer interessanten Perspektive.

Campingplatz CAMPINGPLATZ €

(pro Zelt 700 ISK plus 350 ISK pro Pers.) Wer die Miðbraut in nördlicher Richtung entlangfährt und an der Schule links abbiegt, landet auf einem recht annehmbaren Campingplatz mit Toiletten, Duschen und Blicken auf den Fjord und die Stadt. Ein Forstangestellter kommt ab und zu vorbei, um zu kassieren.

Hótel Tangi HOTEL €

(☎473 1840; hoteltangi@simnet.is; Hafnarbyggð 17; DZ mit/ohne Bad 21 000/14 000 ISK) Hinter der heruntergekommenen Fassade wartet eine angenehme Überraschung: moderne, sonnige, wirklich schöne Zimmer! Das angeschlossene Restaurant, das von 18 bis 21 Uhr geöffnet ist, ist auch nicht schlecht und ziemlich beliebt – zum Glück, denn viel Auswahl gibt's hier sowieso nicht.

Kauptún SUPERMARKT

(⏲Mo–Fr 9.30–18, Sa 12–16 Uhr) Der Supermarkt teilt sich den Parkplatz mit der Touristeninformation und hat als Nachbarn einen **Vínbúð** (⏲Mo–Do 17–18, Fr 14–18 Uhr).

An- & Weiterreise

Es gibt keine Busverbindungen nach Vopnafjörður. Der Ort liegt 137 km von Reykjahlíð und 95 km (via Straße 917) bzw. 136 km (via Straße 85 und Ringstraße) von Egilsstaðir entfernt. Vor der Abfahrt Tankanzeige checken!

DAS LANDESINNERE IM NORDOSTEN

Vom Mývatn nach Egilsstaðir nimmt die Ringstraße eine drastische Abkürzung und schlägt sich quer durch das unwirtliche Hochland im Nordosten der Insel. Entlang der Fahrbahn gibt es wenig, was zu einem Abstecher verleiten könnte, aber allein die fast beklemmende Einsamkeit in dieser unendlichen Weite hat eine ganz eigene Faszination.

Wer das eigentliche Hochland nicht auf seiner Reiseroute hat, bekommt hier zumindest eine Ahnung davon, wie es dort aussieht: unglaublich eintönig (manche würden sagen: einfach nur langweilig). Karge Tundra, durchsetzt von kleinen Hügeln und Seen, in denen sich Schmelzwasser sammelt, Bäche und Flüsse, die ziellos vor sich hin gluckern, um dann irgendwo im Schotter zu versickern. Die meiste Zeit des Jahres herrscht hier tristes Grau. Nur im Frühjahr zeigt sich ein bunter Teppich von Wildblumen, die es irgendwie schaffen, im Vulkangestein Wurzeln zu schlagen.

In dieser unwirtlichen Gegend zu überleben, war noch nie ein Kinderspiel. Die wenigen noch bewohnten Höfe liegen weit voneinander entfernt. **Möðrudalur** ist eine kleine Oase mitten in der Einöde und zugleich die am höchsten gelegene Farm Islands (469 m). Hier findet sich auch die gemütliche Café-Pension **Fjalladýrð** (☎471 1858; www.fjalladyrd.is; Stellplatz pro Pers. 900 ISK, DZ/Hütte 9300/12 900 ISK). Für diejenigen, die das eisige Innere der Insel kennenlernen wollen, lohnt sich eine Übernachtung. Wer seinen Schlafsack mitbringt, bezahlt im Einzelzimmer 6200 ISK, im Doppelzimmer 8900 ISK. Die geschäftigen Betreiber, ehemalige Hochlandaufseher, bieten interessante Tagesausflüge mit dem Geländewagen nach Askja, Herðubreið und Kverkfjöll an (S. 312).

Wer einfach nur auf der Durchreise ist, sollte wenigstens die köstlichen Lammgerichte im **Fjallakaffi** (Hauptgerichte 1690–5500 ISK; ⌚Mai–Mitte Okt.) probieren. Es liegt 7 km von der Ringstraße entfernt an der Straße 901 (63 km östlich des Mývatn) und hat auch eine Tanksäule.

ABSTECHER

STRASSE 917

Östlich von Vopnafjörður führt die größtenteils ungeteerte Straße 917 durch spektakuläre Berglandschaften über den 655 m hohen Pass **Hellisheiði** hinunter zur Ostküste. Bei schlechtem Wetter wird sie manchmal unpassierbar, aber im Sommer dürften selbst Kleinwagen keine größeren Probleme haben. Die Straße klettert über diverse Haarnadelkurven stetig in die Höhe und stürzt sich dann todesmutig hinunter zu den eisigen Flussdeltas des **Héraðssandur**. Die Ausblicke auf beiden Seiten werden sich jedem, der diese Fahrt unternimmt, für ewig ins Gedächtnis brennen.

Ostisland

Inhalt »

Gut essen

- » Skaftfell (S. 271)
- » Randulffs-sjóhus (S. 275)
- » Hótel Aldan (S. 272)
- » Klausturkaffi (S. 262)
- » Bókakaffi Hlöðum (S. 260)

Schön übernachten

- » Ferðaþjónustan Mjóeyri (S. 275)
- » Skálanes (S. 272)
- » Hótel Aldan (S. 269)
- » Berunes HI Hostel (S. 279)
- » Kirkjubær (S. 278)

Auf nach Ostisland

Diese stark unterschätzte Region präsentiert sich nicht so lautstark wie andere Landesteile und bietet dezenten Charme statt massentauglicher Attraktionen. Die reizvollsten Ziele der Gegend sind die Ostfjorde. Besonders dramatisch ist die Landschaft rund um die nördlichen Fjorddörfer zu Füßen der kargen Berge, von denen zahllose Wasserfälle hinabstürzen. An schönen Tagen gehören Wanderungen und Kajaktouren hier wohl zu den unvergesslichsten Erlebnissen in Island.

Landeinwärts, südwestlich von Egilsstaðir, erstreckt sich der längste See Islands, dessen Ufer viel Abwechslung bieten. Tiefer im Landesinneren locken die verlassenen Höfe, kahlen Berge und von Rentieren bevölkerten Heiden des einsamen Ostens und natürlich der Snæfell, einer der berühmtesten Gipfel Islands.

Die meisten Besucher treten einfach aufs Gaspedal und folgen der touristischen Ringstraße, die durch Egilsstaðir und dann aus der Region hinausführt. Wenn sie wüssten, was sie verpassen!

Entfernungen (km)

	Djúpivogur	Reykjavík	Egilsstaðir	Borgarfjörður Eystri	Seyðisfjörður	Neskaupstaður
Reykjavík	552					
Egilsstaðir	85	698				
Borgarfjörður Eystri	155	702	70			
Seyðisfjörður	111	660	27	92		
Neskaupstaður	164	703	72	140	96	
Breiðdalsvík	64	612	84	153	109	100

Anreise & Unterwegs vor Ort

Die unter „Travel Guide" aufgeführten Seiten der Website über Tourismus in Ostisland (www.east.is) informieren, wie man in diese Region kommt, welche Reisemöglichkeiten es dort gibt und wohin man weiterreisen kann. Auch die ziemlich komplizierten Fahrpläne der Busse, die zwischen den Fjorden verkehren, werden hier veröffentlicht.

AUTO

Egilsstaðir liegt an der Ringstraße, die jedoch nicht zu den Ostfjorden führt. Wer dorthin fahren will, hat folgende Möglichkeiten:

» **Straße 92** in Richtung Süden nach Reyðarfjörður und zu anderen Orten in der Nähe

» **Straße 93** in Richtung Osten nach Seyðisfjörður

» **Straße 94** in Richtung Norden nach Borgarfjörður Eystri

Die Ringstraße geht erst in südlicher, dann in östlicher Richtung weiter nach Breiðdalsvík und von dort an der Küste entlang nach Djúpivogur. Als Abkürzung bietet sich die ungeteerte, aber landschaftlich schöne Straße 939 über den Öxi-Pass an.

AUTOVERMIETUNG Wer mit dem Flieger oder der Fähre nach Ostisland kommt, findet bei **Avis** (www.avis.is), **Budget** (www.budget.is), **Hertz** (www.hertz.is) oder **Europcar** (Bílaleiga Akureyrar/Höldur; www.europcar.is) einen fahrbaren Untersatz, alle haben eine Agentur in Egilsstaðir.

BUS

AN- & ABREISE Egilsstaðir ist ein wichtiger Knotenpunkt an der Ringstraße. Die meisten Busse halten an der N1-Tankstelle oder an der Touristeninformation, die ganz in der Nähe liegt. Im Winter gibt's keine Busverbindung nach Höfn.

SBA-Norðurleið (☎550 0700/70; www.sba.is) schickt seinen Bus 62/62a von Juni bis Mitte September täglich auf die Strecke Akureyri–Mývatn–Egilsstaðir, in der restlichen Zeit viermal wöchentlich. Die Fahrt Akureyri–Egilsstaðir dauert vier Stunden und kostet 8700 ISK.

Sterna (☎551 1166; www.sterna.is) fährt mit Bus 9/9a von Mitte Mai bis Mitte September einmal täglich von Höfn nach Egilsstaðir (4 Std.) und zurück.

Hópferðabílar Akureyrar (☎898 5156; www.hba.is) pendelt von Juni bis Mitte September mit Bus 1/1a ebenfalls zwischen Höfn und Egilsstaðir (7500 ISK, 4 Std.) und hält u. a. in Reyðarfjörður, Berunes und Djúpivogur. Beliebig viele Fahrten auf dieser Strecke erlaubt der Drei-Tage-Pass für 15 000 ISK.

INNERHALB DER REGION **Austfjarðaleið** (East Iceland Bus Company; ☎477 1713; www.austfjardaleid.is) sorgt für die Verbindung von Egilsstaðir zu den Dörfern entlang der verschiedenen Fjorde. Einzelheiten hierzu stehen in der Beschreibung zu den entsprechenden Orten.

FLUGZEUG

Der Flughafen liegt 1 km nördlich von Egilsstaðir. **Air Iceland** (Flugfélag Íslands; ☎580 3000; www.airiceland.is) fliegt ganzjährig täglich von Egilsstaðir nach Reykjavík (einfach ab 60 €).

DAS LANDESINNERE

Egilsstaðir

2270 EW.

Egal, wie viel Mühe man sich gibt, etwas versteckten Charme zu entdecken – das weitläufige Egilsstaðir ist nicht wirklich eine Schönheit. Die Stadt ist regionaler Verkehrsknotenpunkt sowie Gewerbe- und Industriezentrum. Sorry, das Ganze ist wirklich genauso verlockend, wie es sich anhört.

Etwas Positives kann Egilsstaðir dann aber doch vorweisen: Es liegt am Ufer des wunderbaren Lagarfljót, Islands drittgrößtem See. Seit Sagazeiten erzählt man sich Geschichten von einem Ungeheuer, das tief im See hausen soll. Wer ein bisschen auf Monsterjagd gehen oder den Wald am Ostufer des Sees erkunden will, für den ist Egilsstaðir ein sehr guter Ausgangspunkt.

Sehenswertes & Aktivitäten

Mehrere ambitionierte Industrieprojekte, die in letzter Zeit verwirklicht wurden (Kárahnjúkar-Staudamm, Alufabrik Alcoa) haben Egilsstaðir in Schwung gebracht. Umweltschützer waren zwar nicht begeistert, aber für die Einheimischen bedeutete das neue Jobs. Eine fieberhafte Bautätigkeit brach aus, um für die neu zugezogenen Arbeiter Wohnungen zu schaffen. Das wird sich mit der Zeit sicherlich auch auf das Kultur- und Unterhaltungsangebot der Stadt auswirken, aber momentan sieht's damit noch eher mau aus.

Minjasafn Austurlands MUSEUM
(Museum für ostisländisches Kulturerbe; www.minjasafn.is; Laufskógar 1; Erw./Kind 1000 ISK/frei; ⌚Juni–Aug. Mo–Fr 13–19, Sa 10–16 Uhr, Sept.–Mai Mo–Fr 13–16 Uhr) Ein nettes, kleines Museum mit Schwerpunkt Kulturgeschichte der Region.

Sundlaugin Egilsstöðum SCHWIMMBAD
(Tjarnarbraut 26; Erw./Kind 500/250 ISK; ⌚Juni–Aug. Mo–Fr 6.30–21.30, Sa & So 10–18 Uhr, Sept.–Mai kürzer) Saunen, Hot Pots und Fitnessraum gehören zum Angebot des attraktiven Schwimmbads nördlich der Stadt.

Highlights

1. Anreise mit Stil: Auf der Fähre einen herrlichen, langen Fjord entlanggleiten bis zum Künstlerdorf **Seyðisfjörður** (S. 268)
2. Im wunderschönen **Borgarfjörður Eystri** (S. 264) mit „verborgenen Wesen" plaudern und zu Späßen aufgelegte Papageitaucher knipsen
3. An den bewaldeten Ufern des **Lagarfljót** (S. 261) nach Seeungeheuern Ausschau halten
4. Am ruinenübersäten **Mjóifjörður** (S. 273), im grünen **Skálanes** (S. 272) oder im pferdebegeisterten **Húsey** (S. 260) stille Abgeschiedenheit erleben
5. Die überwältigende Mineraliensammlung in **Stöðvarfjörður** (S. 278) bestaunen
6. Das faszinierende und an längst vergangene Zeiten erinnernde Bootshaus am **Eskifjörður** (S. 274) durchstöbern

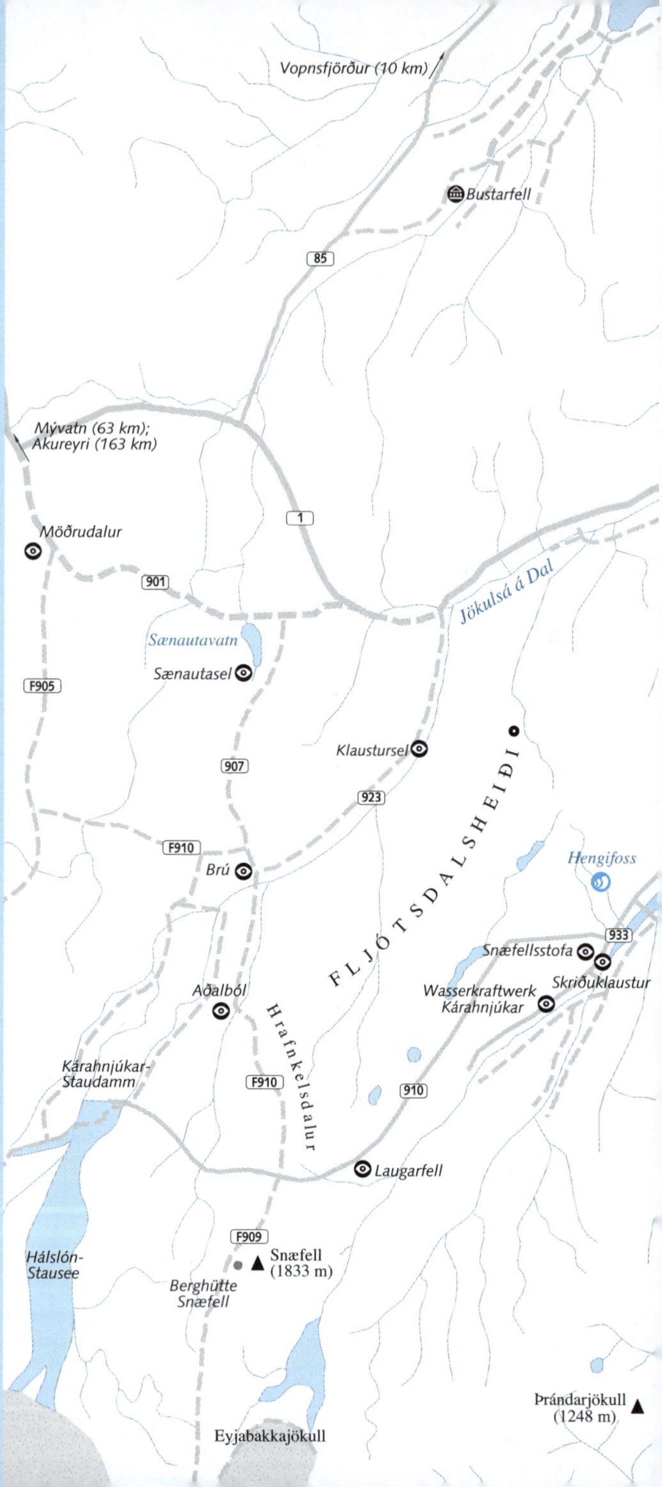

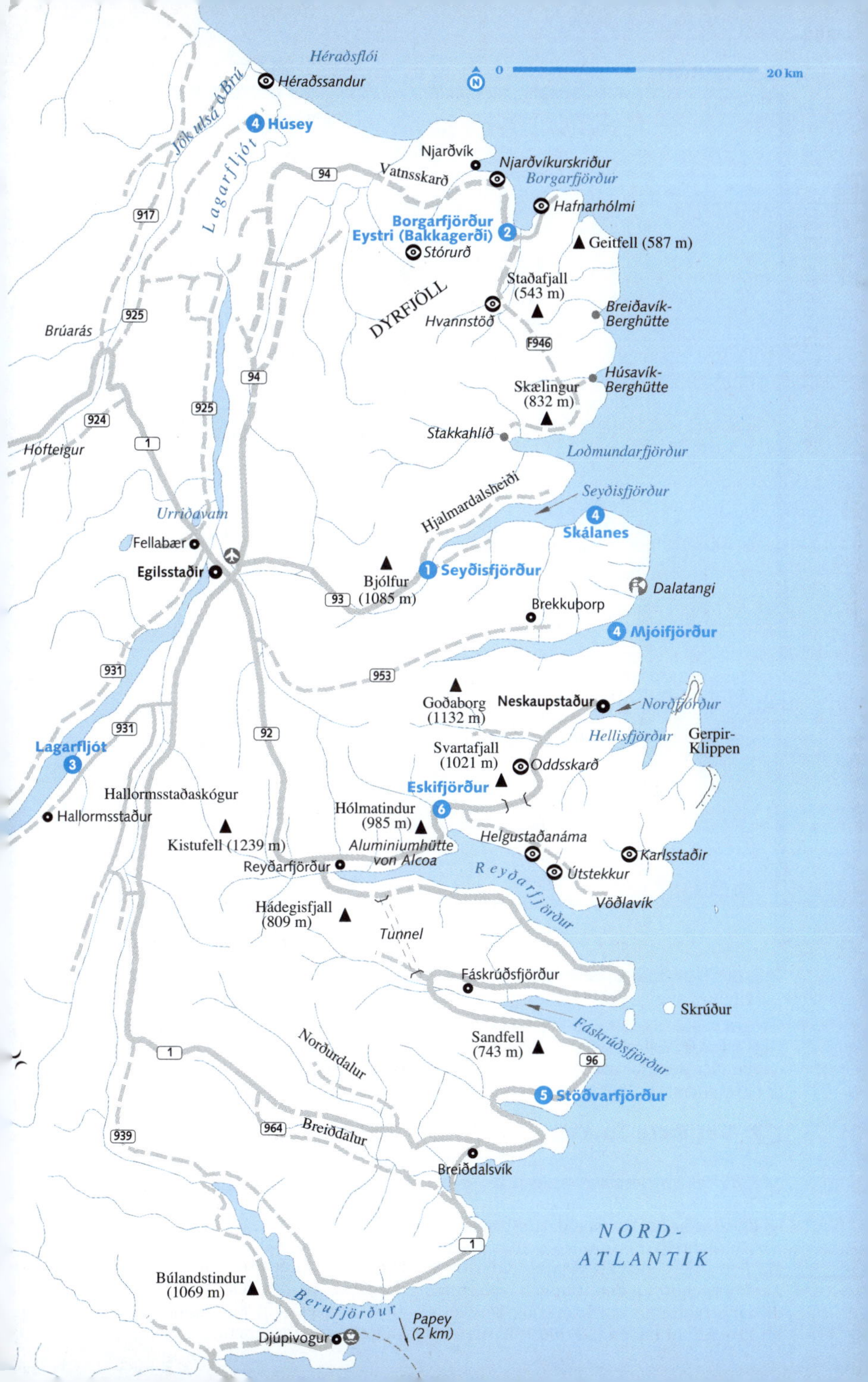

Héraðsflói
0
20 km
N
Héraðssandur
4 Húsey
Jökulsá á Brú
Lagarfljót
Njarðvík
Njarðvíkurskriður
Vatnsskarð
Borgarfjörður
Hafnarhólmi
Borgarfjörður Eystri (Bakkagerði) 2
Stórurð
Geitfell (587 m)
Staðafjall (543 m)
DYRFJÖLL
Hvannstöð
Breiðavík-Berghütte
F946
Brúarás
Húsavík-Berghütte
Skælingur (832 m)
Stakkahlíð
Hofteigur
Loðmundarfjörður
Seyðisfjörður
Hjalmardalsheiði
Urriðavatn
4 Skálanes
Fellabær
Egilsstaðir
1 Seyðisfjörður
Bjólfur (1085 m)
Dalatangi
Brekkuþorp
4 Mjóifjörður
Goðaborg (1132 m)
Neskaupstaður
Norðfjörður
Hellisfjörður
Gerpir-Klippen
Lagarfljót 3
Svartafjall (1021 m)
Oddsskarð
Eskifjörður
6
Hallormsstaðaskógur
Hallormsstaður
Hólmatindur (985 m)
Helgustaðanáma
Kistufell (1239 m)
Aluminiumhütte von Alcoa
Karlsstaðir
Reyðarfjörður
Útstekkur
Reyðarfjörður
Vöðlavík
Hádegisfjall (809 m)
Tunnel
Fáskrúðsfjörður
Skrúður
Norðurdalur
Sandfell (743 m)
Fáskrúðsfjörður
5 Stöðvarfjörður
Breiðdalur
Breiðdalsvík
NORD-ATLANTIK
Búlandstindur (1069 m)
Berufjörður
Papey (2 km)
Djúpivogur
94
917
925
924
1
931
92
93
953
964
939
96

Egilsstaðir

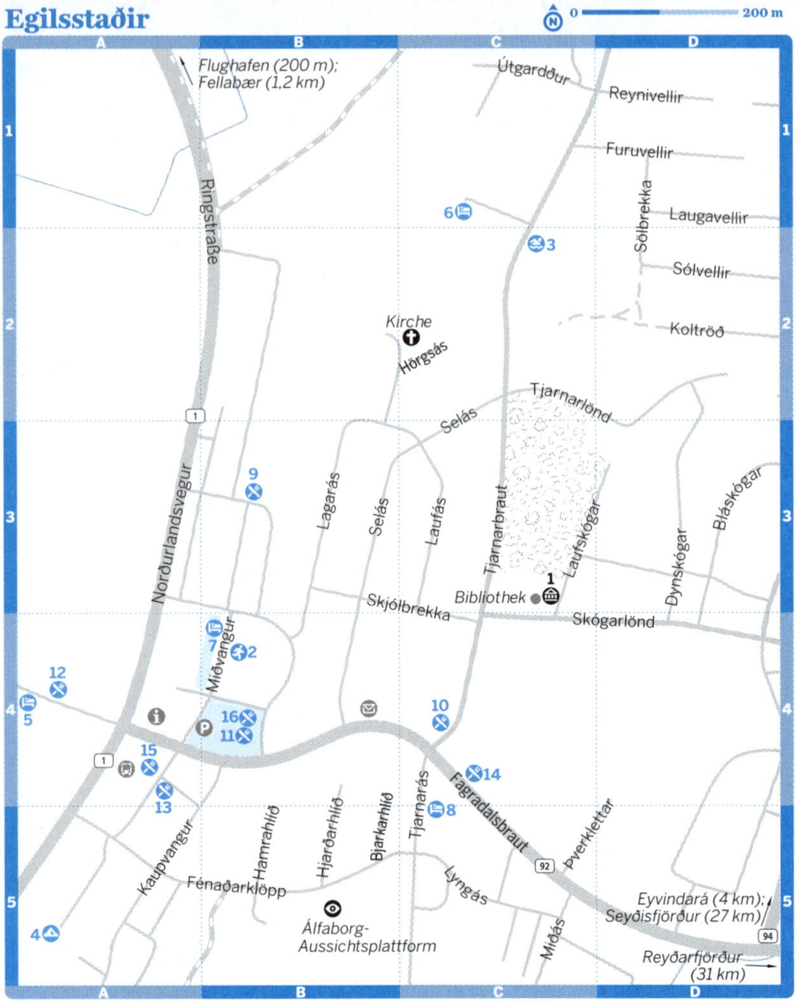

Skógar FAHRRADVERLEIH
(Miðvangur 6; Miete 6/24 Std. 1990/3990 ISK) Gegenüber dem Icelandair-Hotel vermietet der Trampershop Skógar Mountainbikes.

Geführte Touren

Jeep Tours GEFÜHRTE TOUREN
(☎898 2798; www.jeeptours.is) Jeep Tours bietet Tagesausflüge im Geländewagen an, z. B. ab Egilsstaðir ins Hochland, zum Askja und zur Herðubreið (36 000 ISK), zum Snæfell (32 500 ISK), oder als Rentier-Safari. Die Agentur gehört zu den wenigen Anbietern, die eine Tagestour zur Kverkfjöll-Bergkette im Programm haben (36 000 ISK; erst auf der geteerten Straße 910 bis zum Kárahnjúkar-Staudamm, dann über Allradpisten). Welche Touren im Winter angeboten werden, steht auf der Website.

Festivals & Events

Ein Veranstaltungskalender wird unter der Rubrik „What's On" auf www.east.is veröffentlicht.

JEA Jazz-Festival MUSIK
(www.jea.is) Ende Juni steigt in Egilsstaðir das jährliche Jazz-Festival, das mittlerweile auch Konzerte in Seyðisfjörður und Neskaupstaður einschließt.

Egilsstaðir

Sehenswertes

1 Minjasafn Austurlands C3

Aktivitäten, Kurse & Touren

2 Skógar B4
3 Sundlaugin Egilsstöðum C2

Schlafen

4 Campingplatz A5
5 Gistiheimilið Egilsstaðir A4
6 Hótel Edda C1
7 Icelandair Hótel Hérað B4
8 Gistiheimilið Lyngás C5

Essen

9 Bónus-Supermarkt B3
10 Café Nielsen C4
11 Café Valný B4
Gistiheimilið Egilsstaðir .... (siehe 5)
12 Fjóshornið A4
13 Nettó-Supermarkt A4
14 Skálinn C4
15 Söluskálinn A4
16 Vínbúð B4

Ormsteiti KULTUR
(www.ormsteiti.is) Die mögliche Existenz eines Seemonsters ist ein guter Vorwand, um Ende August ein einwöchiges Kulturfestival zu veranstalten.

Dagar Myrkurs KULTUR
Während der „Tage der Dunkelheit" Anfang November feiern Egilsstaðir und die Fjorde zehn Tage lang das abnehmende Tageslicht und den Wintereinzug mit Geistergeschichten, Fackelumzügen und Public Viewing von Polarlicht.

Schlafen

Im Sommer empfiehlt sich eine Reservierung von Unterkünften für die Nacht von Mittwoch auf Donnerstag, da die Fähre vom 27 km entfernten Seyðisfjörður nach Europa am Donnerstagmorgen ablegt und Betten dann Mangelware sind.

LP TIPP **Eyvindará** PENSION €€
(☎471 1200; www.eyvindara.is; DZ mit/ohne Bad, inkl. Frühstück 21 900/16 400 ISK; ⏲März–Okt.; Wi-Fi) 4 km außerhalb der Stadt an der Straße 94 wartet dieser sympathische Familienbetrieb mit hübschen Zimmern, Hütten und Wohncontainern, die sich hinter Tannen verstecken. Im schnuckeligen Frühstücks- und Speisesaal werden köstliche Rentierfleischbällchen serviert, schöne Ausblicke auf Egilsstaðir gibt's gratis dazu.

Lyngás Guesthouse PENSION €
(☎471 1310; www.lyngas.is; Lyngási 5–7; DZ ohne Bad 14 900 ISK; Wi-Fi) Hinter einer nichtssagenden Fassade verbergen sich sechs neue, in Weiß gehaltene Zimmer mit Aussicht, mehrere größere Familienzimmer und eine Gästeküche. Wer den eigenen Schlafsack mitbringt, kann ein paar Kronen sparen. Die tollen Naturaufnahmen an den Wänden stammen vom Vater des Pensionsbesitzers.

Egilsstaðir Guesthouse LANDHOTEL €€
(☎471 1114; www.egilsstadir.com; EZ/DZ inkl. Frühstück 21 890/28 490 ISK; @Wi-Fi) Das herrliche alte Gehöft am Ufer des Lagarfljót, 300 m westlich der Kreuzung, gab der Stadt Egilsstaðir ihren Namen. Mittlerweile ist hier ein Hotel eingezogen; die Zimmer wurden behutsam renoviert, mit antiken Möbeln eingerichtet und mit Bädern versehen, ohne ihnen ihren Charakter zu nehmen.

Icelandair Hótel Hérað HOTEL €€
(☎471 1500; www.icelandairhotels.is; Miðvangur 5–7; Zi. ab 27 600 ISK; @Wi-Fi) Als nobelste Absteige der Stadt bietet dieses im Businessstil eingerichtete, freundliche Hotel den erwarteten Komfort mit allem Pipapo. Ein Gourmetrestaurant lädt zum Schlemmen ein (Hauptgerichte 3000 bis 6000 ISK); seine Spezialitäten sind Wild aus heimischer Jagd (z. B. Rentier und Wildgans).

Campingplatz CAMPINGPLATZ €
(Kaupvangur 17; pro Pers. 1000 ISK; ⏲Juni–Sept.; @) Die Parzellen sind zwar in militärisch anmutenden Reihen abgesteckt, aber die zentrale Lage und die Serviceeinrichtungen (Küche, Waschmaschine, Café) machen das wieder wett.

Vinland PENSION €€
(☎615 1900; www.vinlandhotel.com; Fellabær; DZ 18 000 ISK; Wi-Fi) Nördlich von Fellabær, ein paar Kilometer von Egilsstaðir entfernt, bietet Vinland sechs einfache, aber gut ausgestattete Zimmer (TV, Wasserkocher, Mikrowelle) im Motelstil an. Außen wurden die an Garagen erinnernden Aluboxen mit netter Deko geschickt kaschiert.

Hótel Edda HOTEL €€
(☎444 4880; Tjarnarbraut 25; www.hoteledda.is; EZ/DZ 17 100/20 700 ISK; ⏲Juni–Mitte Aug.; @Wi-Fi) Ein typisches Edda-Hotel, das für die

Ferienzeit in das Schulgebäude gegenüber dem Schwimmbad eingezogen ist. Die Zimmer haben eigene Bäder, die Bar und das Restaurant bieten Panoramablicke.

Essen

Wer gerade einen Tankstopp einlegen muss, kann seinen knurrenden Magen im geschäftigen **Söluskálinn** (11–22 Uhr) in der N1-Tankstelle an der Ringstraße besänftigen oder in Richtung Fjorde weiterfahren und im **Skálinn** (Mo–Fr 8–21, Sa & So 9–21 Uhr) bei der Shell-Tankstelle in der Fagradalsbraut einkehren.

Regionale Produkte bester Qualität bietet das **Fjóshornið** (Juni–Aug. Mo–Fr 11–18, Sa & So 14–17 Uhr) gleich neben dem Egilsstaðir Guesthouse: Der „Kuhstall" verkauft Rindfleisch und Molkereiprodukte direkt vom Erzeuger. Im Hofladen der Biofarm **Vallanes** (www.vallanes.net; Juni–Aug. 13–18 Uhr) stehen Gerste, Gemüse, Marmeladen und Chutneys in den Regalen. Vallanes liegt 15 km südlich von Egilsstaðir an der Straße 931, auf halbem Weg nach Hallormsstaður.

LP TIPP Bókakaffi Hlöðum CAFÉ €
(www.bokakaffi.is; Helgafelli 2; Suppenbuffet 1490 ISK; Mo–Sa 9–18 Uhr;) In Fellabær, auf der Westseite der Brücke von Egilsstaðir, verwöhnt dieses fast perfekte Café mit hochwertigem Kaffee, leckerem Gebäck, Retro-Möbeln, Vinylplatten, kostenlosem Internetzugang und Second-Hand-Büchern. Gewissensfrage am Mittag: Suppenbuffet, Salatbuffet oder gefüllte Crêpes?

Egilsstaðir Guesthouse ISLÄNDISCH €€€
(471 1114; www.egilsstadir.com; Mittagessen 990–2190 ISK, Hauptgerichte abends 2490–5690 ISK) Das Studium der Speisekarte erfordert etwas Zeit: Die regional erzeugten Qualitätsprodukte (Lamm, Rind, Fisch, Wild) werden in allen Einzelheiten beschrieben. Das Rindfleisch stammt sogar direkt von der Farm. Und wenn die Gäste dann satt sind, können sie sich ganz der romantischen Atmosphäre mit Seeblick und Kerzenschein hingeben.

Café Nielsen INTERNATIONALE KÜCHE €€
(Tjarnarbraut 1; kleine Gerichte 1250–2400 ISK, Hauptgerichte abends 2550–6900 ISK; Mo–Fr 11.30–23.30, Sa & So 13–23.30 Uhr) Im ältesten Haus von Egilsstaðir bietet das heimelige Café Nielsen eine riesige Auswahl an Köstlichkeiten an, die von Hummersuppe und Rentierfleisch über Nachos bis zum Barbecue-Sandwich reichen. Im Sommer sind die begrünte Terrasse und der Garten sehr verlockend.

Café Valný CAFÉ €
(Miðvangur 2–4; 11–18 Uhr;) Das kuschelige, kleine Café verwöhnt mit hochwertigem Kaffee oder Tee und hausgemachten Gebäckspezialitäten. Die Öffnungszeiten sind variabel.

Nettó SUPERMARKT €
(Mo–Fr 10–19, Sa 10–18, So 12–18 Uhr) Hinter der N1-Tankstelle.

Bónus SUPERMARKT €
(Mo–Do 11–18.30, Fr 10–19.30, Sa 10–18, So 12–18 Uhr) Nördlich der N1-Tankstelle an der Ringstraße.

ABSTECHER

HÚSEY

Der Weg nach Húsey ist zwar malerisch, aber mühsam: Nach ca. 30 km auf der Ringstraße geht es weitere 30 km auf den ungeteerten Straßen 925 und 926 am Fluss Jökulsá á Dal entlang. Allerdings gibt's einen guten Grund, zu diesem abgelegenen Hof hinauszufahren: das einfache, rustikale **HI-Hostel Húsey** (471 3010; www.husey.de; B/DZ ohne Bad 3800/10 000 ISK). Dort laden Pferde zu Ausritten ein (der zweistündige Reitausflug mit Robbenbeobachtung beginnt täglich um 10 und 17 Uhr und kostet 40 €), verschiedene Fußwege führen zu wahren Vogelparadiesen und in Flussnähe aalen sich die Robben in der Sonne. Die familiäre Atmosphäre des Hostels macht Lust, mehrere Tage zu bleiben. Auf Wunsch werden gerne längere Reitausflüge arrangiert. Es gibt zwar eine Gästeküche, aber keinen Laden in der Nähe, deshalb sollten Vorräte mitgebracht werden (Frühstück kann bestellt werden). Eine rechtzeitige Buchung ist empfehlenswert. Wer keinen fahrbaren Untersatz hat, sollte sich nach Abholmöglichkeiten erkundigen. HI-Mitglieder bekommen 600 ISK Rabatt, Leihbettwäsche kostet 1250 ISK.

Vínbúð ALKOHOL €
(Miðvangi 2–4; ⌚Juni–Aug. Mo–Do 11–18, Fr bis 19, Sa bis 16 Uhr, Sept.–Mai kürzer) Staatlicher Alkoholshop.

Praktische Informationen

Hinter dem Flughafen im Norden, auf der anderen Seite des Sees, liegt Egilsstaðirs Zwillingsstadt Fellabær. Dort gibt's zwar einige Unterkünfte, aber die meisten Läden und Dienstleistungsbetriebe sind in einem großen Gebäudeblock in Egilsstaðirs, nicht weit von der Ringsstraße, untergebracht. Das ist auch die beste Stelle, um zu trampen.

Postamt (Fagradalsbraut 9; ⌚9–16.30 Uhr)

Touristeninformation (☎471 2320; www.east.is; Miðvangur 1–3; ⌚Mitte Mai–Mitte Sept. Mo–Fr 8.30–18, Sa & So 9–17 Uhr, sonst Mo–Fr 9–17, Sa 11–15 Uhr; @) In der ausgezeichneten, für die ganze Region zuständigen Touristeninformation liegen genug Prospekte herum, um damit sein Wohnzimmer zu tapezieren. Auch Karten und Broschüren über die Ostfjorde und Umgebung sind in reicher Auswahl vorhanden. Internetzugang kostet 300/500 ISK für 15/30 Minuten, im Obergeschoss sitzt eine Bank mit Geldautomat. Wer schon mal hier ist, sollte sich auf jeden Fall die Zeit nehmen, um Hús Handanna, den Laden für Design und Kunstgewerbe im selben Gebäude, zu durchstöbern.

An- & Weiterreise

Als Verkehrsdrehscheibe Ostislands hat Egilsstaðir einen eigenen Flughafen und alle Buslinien machen hier Halt. Weitere Infos zu Transportmöglichkeiten stehen auf S. 255.

Lagarfljót

In den graubraunen Fluten des Flusses und Sees Lagarfljót soll seit Wikingerzeiten ein Furcht erregendes Ungeheuer hausen, der **Lagarfljótsormur**. Die letzte Sichtung dieses *wyrm* („Wurms") erregte einiges Aufsehen: Ein Bauer der Gegend machte im Februar 2012 Aufnahmen von einem riesigen Wesen, das sich im Fluss bewegte, und veröffentlichte sie. Sie wurden fast fünf Millionen Mal auf YouTube aufgerufen und sorgten international für Schlagzeilen. Mehr dazu steht auf www.ormur.com.

Ob imaginär oder real, jedenfalls muss das arme Monster ziemlich frieren, denn der Lagarfljót entspringt an der Eiskappe des Vatnajökull und fließt nordwärts zum Arktischen Ozean. Südlich von Egilsstaðir verbreitert sich der Fluss zu einem 38 km langen und 50 m tiefen See, der auch Lögurinn genannt wird.

Auch wenn sich das Monster nicht blicken lässt, ist der See ein hübsches Ausflugsziel. Die teils geteerte, am weniger befahrenen Westufer geschotterte Straße 931 folgt dem Verlauf des Sees auf 67 km von Egilsstaðir bis Fellabær. Im Juli gibt's seit Neuestem einen Bus, der dreimal täglich an der Touristeninformation Egilsstaðir, südlich des Besucherzentrums Kárahnjúkar, losfährt und unterwegs in Hallormsstaður, am Hengifoss und beim Anwesen Skriðuklaustur hält (allerdings nicht am Westufer entlangtuckert). Wenn er gut frequentiert wird, fährt er künftig vielleicht auch im Juni und/oder August. Interessenten sollten sich in Egilsstaðir nach dem aktuellen Fahrplan erkundigen.

HALLORMSSTAÐASKÓGUR

Islands größter **Wald**, der Hallormsstaðaskógur, hat auf der mit Bäumen nicht gerade reich gesegneten Insel quasi Kultstatus. Sowieso würde unsereiner dieses Gestrüpp gar nicht „Wald" nennen (Frage: Was muss man tun, wenn man sich in einem isländischen Wald verirrt? Antwort: Aufstehen!), aber das braucht man den Isländern ja nicht auf die Nase zu binden.

Trotzdem ist der Hallormsstaðaskógur angesichts der kahlen, abweisenden Bergrücken nördlich und südlich von Egilsstaðir eine nette, grüne Abwechslung. Hier wachsen heimische Zwergbirken und Ebereschen sowie rund 50 weitere, aus aller Welt importierte Baumarten.

In einer Bucht am Seeufer versteckt sich der idyllische, sehr beliebte **Campingplatz Atlavík** (pro Pers. 1000 ISK), wo an Sommerwochenenden oft feuchtfröhliche Partys gefeiert werden. Hier gibt es auch Tretboote, Ruderboote und Kanus zu leihen (30 Min. 1500 ISK). Gleich nördlich der Tankstelle liegt der kleinere, ruhigere **Campingplatz Höfðavík** (pro Pers. 1000 ISK).

Der hinter Bäumen versteckte, große Gebäudekomplex des **Hótel Hallormsstaður** (☎471 2400; www.hotel701.is; Hotel EZ/DZ 21 250/27 320 ISK, Pension EZ/DZ ohne Bad 12 350/16 675 ISK, jeweils inkl. Frühstück; @📶🏊) bietet ländlich-idyllische Unterkünfte verschiedener Preisniveaus, von Hütten und Zimmern im Gästehaus bis hin zu modernen Hotelzimmern, dazu zwei Restaurants (mit beliebtem Abendbuffet im Sommer), schöne Außenanlagen mit kleinem Pool und Fahrradverleih (nur für Gäste). Neben der im Sommer zum Gästehaus umfunktionierten Schule werden **Reitausflüge** (☎847 0063; 1/2 Std. 5500/7500 ISK) angeboten.

HENGIFOSS & LÍTLANESFOSS

Hinter der Brücke über den See liegt an der Straße 931 der Parkplatz für die Besucher des zweithöchsten Wasserfalls Islands, des Hengifoss. Wer den Aufstieg nach oben und in die Schlucht hinein geschafft hat, wird von der Macht des Wassers überwältigt sein – nach heftigem Regen hört sich der Hengifoss an wie eine startende Boeing 747! Das Wasser stürzt 120 m tief in eine braun-rot gestreifte, felsige Schlucht.

Der Hengifoss ist nur zu Fuß zu erreichen (hin und zurück ca. 1 Std.). Vom Parkplatz führt ein langer Treppenaufgang den Berg hinauf – der Hengifoss ist dann schon bald in der Ferne zu sehen. Der Aufstieg ist stellenweise recht steil, aber flacht dann in der Schlucht wieder ab. Auf halber Strecke (nach ca. 1,25 km) befindet sich der kleinere Wasserfall Lítlanesfoss, der von spektakulären, senkrechten Basaltsäulen umgeben ist.

SKRIÐUKLAUSTUR

Etwa 5 km südlich des Hengifoss liegt **Skriðuklaustur** (www.skriduklaustur.is; Erw./Kind 700 ISK/frei; ⏲Juni–Aug. 10–18 Uhr, Mai & Anf. Sept. 12–17 Uhr), das im 16. Jh. als Kloster errichtet wurde. Später hat sich der bei den Nationalsozialisten beliebte isländische Schriftsteller Gunnar Gunnarsson (1889–1975) daneben häuslich eingerichtet. Das auffällige, schwarz-weiße Gebäude mit Torfdach von 1939 beherbergt nun ein ihm gewidmetes Kulturzentrum. Gunnarson war sehr produktiv und vor allem in Dänemark und Deutschland populär – in seinen besten Zeiten erreichte er Auflagen, die nur von Goethe übertroffen wurden.

Das Haus zeigt auch eine interessante Ausstellung über das frühere Augustinerkloster, das 1550 während der Reformation zerstört wurde. Zu den archäologischen Fundstücken gehören Knochen, die vermuten lassen, dass Skriðuklaustur als Hospiz genutzt wurde. Berühmtester Kunstgegenstand ist eine Holzstatue der Jungfrau Maria, die in einer alten Scheunenmauer versteckt gefunden wurde. Führungen durch die Ausgrabungsstätte (300 ISK, als Kombiticket mit Skriðuklaustur 800 ISK) beginnen an der Rezeption um 13.30 und 15.30 Uhr.

Das **Klausturkaffi** (Buffet mittags Erw./Kind 2500/1250 ISK) im Skriðuklaustur bietet ein tolles Mittagsbuffet aus lokalen Zutaten (Fischsuppe, Rentierpastete, Brombeerdesserts) an. Noch verlockender ist jedoch das spitzenmäßige „All you can eat"-Kuchenbuffet (Erw./Kind 1750/875 ISK) von 14.30 bis 17.30 Uhr.

> **BOXENSTOPP**
>
> Genau auf halbem Weg zwischen Egilsstaðir und Borgarfjörður taucht eine der schrägsten Erscheinungen der Straßen Ostislands auf: eine pistaziengrüne Bude inmitten endloser Ödnis. Das kleine Gebilde wurde von einem einheimischen Exzentriker errichtet und ist nicht mehr und nicht weniger als ein solarbetriebener Kaltgetränkeautomat. Ist das Gerät gerade abgeschaltet, muss nur der Schalter auf „an" geknipst werden (kein Witz) und schwupps gibt es nach zwei Minuten (beim Warten kann man sich ins Gästebuch eintragen) ein erfrischend kaltes Getränk oder einen Snack.
>
> Es ist nicht ganz klar, wer sich um die kleine Bude kümmert. Aber offensichtlich kommt jemand einmal im Monat vorbei, um nachzufüllen und den Kalender umzublättern …

SNÆFELLSSTOFA

Neben dem Skriðuklaustur liegt das schicke, neue **Besucherzentrum** (☎470 0840; www.vjp.is; ⏲Juni–Aug. Mo–Fr 9–18, Sa & So 10–18 Uhr, Mai & Sept. Mo–Fr 10–16, Sa & So 13–17 Uhr), das sich auf den östlichen Teil des Nationalparks Vatnajökull (mehr dazu auf S. 284) konzentriert. Perfekt gemachte Dokumentationen zeigen die Naturschätze des östlichen Hochlands, es gibt Karten zu kaufen und die Angestellten versorgen Besucher mit Ratschlägen bezüglich Wanderungen und anderer Aktivitäten im Park (Einzelheiten zur Kverkfjöll-Route stehen auf S. 316).

KÁRAHNJÚKAR

Das **Besucherzentrum Végarður** (☎470 2570; vegardur@lv.is; ⏲Juni–Aug. 10–17 Uhr) mit Informationen zum Wasserkraftwerk Kárahnjúkar liegt 2 km hinter Skriðuklaustur. Hier können Besichtigungstouren durch das Kraftwerk und zum Staudamm gebucht werden. Die Touren zum Staudamm werden im Sommer zweimal pro Woche angeboten (am besten per E-Mail anfragen, wann genau).

Snæfell

Niemand scheint zu wissen, ob der 1833 m hohe Snæfell ein erloschener oder ein noch aktiver Vulkan ist, der sich gerade nur eine Ruhepause gönnt. Islands höchster Berg außerhalb des Vatnajökull-Massivs ist relativ gut zugänglich und deswegen bei Wanderern und Bergsteigern beliebt.

Der Snæfell erhebt sich über dem Südteil der Fljótsdalsheiði, einem Gebiet mit sumpfiger Tundra und Grasbüscheln, Geröllhalden, ewigen Schneefeldern und Bergseen, das sich vom Lagarfljót nach Westen ins Hochland erstreckt. Er gehört zum weitläufigen Vatnajökull-Nationalpark, auf dessen Website www.vjp.is viele nützliche Infos stehen. Auch das Besucherzentrum des Parks, Snaefellsstofa, ist eine gute Quelle für Wissenswertes, Tipps und Kartenmaterial. Wer sich gerne durch die Gegend chauffieren lassen will, sollte sich in Egilsstaðir die Angebote von **Jeep Tours** (☎898 2798; www.jeeptours.is) anschauen.

Die Arbeiten am umstrittenen Kárahnjúkar-Damm brachten einen Ausbau der Straßen rund um den Snæfell mit sich, darunter die geteerte Straße 910 ab Fljótsdalur, die gleich nördlich von Skriðuklaustur abbiegt. Sie ist die beste Zufahrt, aber immer noch ziemlich steil und aufregend. Unterwegs gibt's oft wilde Rentiere zu sehen. Wer seine Badehose eingepackt hat, kann an den heißen Quellen von **Laugarfell** (☎857 8842; www.laugarfell.is; B 4000–5000 ISK) Halt machen, wo auch komfortable Unterkünfte und warme Mahlzeiten angeboten werden.

Abseits der Straße 910 ist ein Geländewagen erforderlich, z. B. um zur **Berghütte Snæfell** (☎während der Sommermonate 863 9236, ganzjährig 863 5813; www.fljotsdalsherad.is/ferdafelag; N 64°48.250', W 15°38.600'; Zeltplatz/B pro Pers. 1200/5300 ISK) unterhalb des Gipfels zu kommen. Die Hütte hat 45 Schlafplätze, eine Küche, Duschen und einen Zeltplatz. Von Mitte Juli bis Mitte August bieten die Parkwächter täglich um 9 Uhr eine einstündige Wanderung an, die an der Hütte beginnt.

Der Aufstieg als solcher ist für erfahrene, gut vorbereitete Wanderer zwar nicht schwierig, aber das Wetter kann problematisch werden und technische Ausrüstung ist erforderlich. Am beliebtesten ist die Westroute, die je nach Eisverhältnissen sechs bis neun Stunden dauert. Am besten beim Hüttenwirt Erkundigungen einziehen.

Eine der anspruchsvollsten und lohnenswertesten Trekkingtouren Islands führt vom Snæfell zum Gebiet Lónsöræfi (S. 303) im Südosten Islands. Die fünftägige, 45 km lange Wanderung beginnt an der Snæfell-Hütte und führt über den Gletscher Eyjabakkajökull (einen Arm des Vatnajökull) zu den Hütten Geldingafell, Egilssel und Múlaskáli, bevor die Route zur Küste nach Stafafell abfällt.

Diese Strecke sollte nicht leichtfertig angegangen werden – sie eignet sich nur für erfahrene Wanderer. Notwendig sind ein Satelliten-Navigationsgerät und zur Gletscherüberquerung Erfahrung im Umgang mit Seil, Steigeisen und Eispickel. Wer es sich nicht allein zutraut, sollte die Tour besser im Rahmen einer organisierten Wanderung, z. B. mit **Icelandic Mountain Guides** (IMG; ☎587 9999, www.mountainguide.is) machen. Die angebotene fünftägige Rucksacktour (50 km) durch das Lónsöræfi-Gebiet (ab 113 000 ISK) heißt „Im Schatten des Vatnajökull" und beginnt in Eyjabakkar, östlich des Snæfell. Sie lässt die Gletscherüberquerung aus.

Jökulsá á Dal

Ein schmaler Bach, der von den Rinnsalen aus den Bergen gespeist wird, plätschert durch ein Flussbett, das einst von einem mächtigen Fluss ausgewaschen wurde, der nun den Hálslón-Stausee mit Wasser versorgen muss. Der Abschnitt an der Ringstraße soll von boshaften Kobolden und blutrünstigen nordischen Göttern bevölkert sein.

Wer mit Kindern unterwegs ist, kann die lange Autofahrt in **Klausturse**l (☎471 1085; Erw./Kind 300 ISK/frei; ⌚Juni–Aug. 10–19 Uhr), 12 km abseits der Ringstraße an der holprigen Straße 923 unterbrechen (die kleine Brücke war einst eine amerikanische Eisenbahnbrücke!). Auf dem Hof gibt es Schwäne und Gänse, außerdem kann man hier niedlichen Rentieren die weichen Nasen tätscheln. Unbedingt sehenswert sind Ólavías einzigartige Accessoires aus Leder.

Danach führt die Straße 923 weiter in das Tal **Hrafnkelsdalur** (ca. 100 km von Egilsstaðir entfernt), wo sich viele Schauplätze aus der *Hrafnkell saga* finden. Die

Farm **Aðalból** (☎471 2788; www.simnet.is/samur; Zeltplatz pro Pers. 1500 ISK, Zi. ohne Bad pro Pers. 4500–6500 ISK; ⊙Juni–Mitte Sept.) war die Heimat des Sagahelden Hrafnkell Freysgoði, dessen Grabhügel hier besichtigt werden kann. Ein markierter Sagaweg führt zu den verschiedenen Plätzen, die in der Geschichte erwähnt werden. Auf der Farm gibt's eine Tanksäule sowie Mahlzeiten (auf Vorbestellung). Kurz vor Aðalból verschlechtert sich die Straße und wird zur F910 – etwas rutschig, aber immer noch mit einem normalen Auto zu bewältigen. Hinter Aðalból ist dann allerdings ein Geländewagen angesagt, um zum Snæfell oder zum Kárahnjúkar-Staudamm zu kommen.

Das restaurierte Torfgehöft **Sænautasel** (⊙Juni–Mitte Sept. 10–22 Uhr) von 1843 lässt die Vergangenheit wieder aufleben und bietet Kaffee und Pfannkuchen an. Es ist eine der Farmen in der Jökuldalsheiði, die nach dem Ausbruch des Askja 1875 aufgegeben wurden. Das Anwesen liegt am Sænautavatn, 32 km westlich von Hofteigur und 13 km südlich der Ringstraße, erreichbar über die Straße 907. Die Gegend hat Halldór Laxness zu seinem Meisterwerk *Sein eigener Herr* inspiriert; die Namen vieler Farmen in der Gegend finden sich auch in seinem Buch wieder.

DIE OSTFJORDE

Anders als die wild zerklüfteten Westfjorde präsentieren sich die Ostfjorde bescheidener. Der Unterschied gleicht dem zwischen einem übertrieben agierenden Schauspieler, der sich in den Mittelpunkt drängt, und einer gefühlskalten Figur in einem skandinavischen Kunstfilm.

Trotz (meist) guter Asphaltstraßen und der Aktivitäten rund um das Hüttenwerk Alcoa wirken die Ostfjorde noch immer recht abgeschieden – ein Eindruck, der durch die gewaltigen, dramatischen Berge und die winzigen Fischerdörfer zu ihren Füßen noch verstärkt wird.

Die Fjorde sind das eigentliche Highlight Ostislands. Sie bieten herrliche Wanderwege, Kajaktouren zu fernen Landspitzen und Abertausende von Seevögeln. Es ist gar nicht so einfach, zu entscheiden, welcher der schönste Fjord ist: Am Borgarfjörður erheben sich magische Klippen aus Rhyolitgestein, der Seyðisfjörður verströmt eine fröhliche Bohème-Atmosphäre, der Mjóifjörður ist durchsetzt von zahlreichen Wasserfällen und der Norðfjörður lockt mit einem Schwindel erregenden Auf- bzw. Abstieg. Es bleibt also nur eins: anschauen und den eigenen Favoriten wählen!

Im Folgenden werden die Ostfjorde von Norden nach Süden beschrieben.

Borgarfjörður Eystri (Bakkagerði)

130 EW.

Eingerahmt von schroffen Rhyolitbergen auf der einen und von den spektakulären Dyrfjöll-Bergen auf der anderen Seite bietet das nördlichste Dorf in den Ostfjorden eine atemberaubende Lage. Das Dorf selbst ist nichts Besonderes, auch wenn bizarre Treibholzskulpturen, unsichtbare Elfen, kreischende Seevögel und donnernde Wellen einen skurrilen Charme verströmen.

Information zur der Gegend gibt es auf www.borgarfjordureystri.is oder in den Pensionen Álfheimar und Borg, die mehrere Wanderbroschüren bereithalten. Die Prospekte gibt's auch in der Touristeninformation von Egilsstaðir.

Sehenswertes & Aktivitäten

LP TIPP Hafnarhólmi INSEL

(www.puffins.is) 5 km hinter der kleinen Kirche liegt der malerische Hafen (für kleine Boote) mit der Mini-Insel Hafnarhólmi. Sie beherbergt eine riesige **Papageitaucher-Kolonie**. Auf der (kostenlosen) Aussichtsplattform können Besucher diese rührend tapsigen Tiere wie auch andere Seevögel aus nächster Nähe erleben. Die Papageitaucher nisten hier von Mitte April bis Mitte August, andere Vogelarten bleiben länger.

Lindarbakki HISTORISCHES GEBÄUDE

Das „haarigste" Haus im Dorf ist nicht zu übersehen – das knallrote Lindarbakki (1899) ist fast völlig mit stoppeligem, grünem Gras bewachsen. Nur ein paar Fenster und ein gewaltiges Geweih lugen daraus hervor. Es ist ein privates Wohnhaus und nicht für die Öffentlichkeit zugänglich, aber die Infotafel davor erzählt seine Geschichte. Besonders nett sind die Anmerkungen des Maklers aus dem Jahr 1979 …

Álfaborg NATURSCHUTZGEBIET

Der Álfaborg (Elfenfelsen), ein kleiner, unter Naturschutz stehender Hügel nahe dem Campingplatz, ist der „borg", dem Borgarfjörður Eystri seinen Namen verdankt. Manche Einheimische glauben, dass hier die isländische Elfenkönigin lebt. Von der „Aussichtsscheibe“ ganz oben bietet sich ein großartiger Blick über die umliegenden Felder, die im Sommer mit dem Weiß des blühenden Wollgrases überzogen sind.

Kjarvalsstofa MUSEUM

(Erw./Kind 500 ISK/frei; ⌚Juni–Aug. 13–17 Uhr) Jóhannes Sveinsson Kjarval (1885–1972), Islands bekanntester Maler, wuchs ganz in der Nähe auf dem Hof Geitavík auf und bezog einen Großteil seiner Inspiration aus der Rhyolitlandschaft von Borgarfjörður Eystri. Das Kjarvalsstofa (mit Erklärungen auf Isländisch) im Gemeindezentrum Fjarðarborg ist ihm gewidmet. Viel schöner ist jedoch das von Kjarval gemalte ungewöhnliche Altarbild in der kleinen Kirche **Bakkagerðiskirkja**. Es zeigt die Bergpredigt und richtete sich an die hiesigen Fischer und Bauern: Jesus predigt vor dem Hintergrund des Bergs Dyrfjöll auf dem Álfaborg.

Ævintýraland KINDERLAND

(Kinderland; Eintritt 500 ISK; ⌚Juni–Aug. 13–17 Uhr) Wenn Eltern und Kinder mal eine Pause voneinander brauchen, bietet sich

HRAFNKELLS SAGA

Die Saga von Hrafnkell ist dank ihrer knappen Handlung und der einprägsamen Figuren eine der meistgelesenen Islandsagas. Die Geschichte ist deshalb so interessant, weil sich ihre Grundprämissen gegen alle modernen Ideen von Recht, Unrecht und Gerechtigkeit zu stellen scheinen. Die einzigen Schlussfolgerungen sind „Es ist besser zu leben als zu sterben“ und „Es ist besser, die Unterstützung mächtiger Stammeshäuptlinge zu genießen, als sich auf irgendeinen Gott zu verlassen“.

Die Hauptfigur, Hrafnkell, ist ein religiöser Fanatiker, der auf dem Hof Aðalból im Hrafnkelsdalur einen Tempel für den Gott Freyr baut. Hrafnkells geliebter Hengst Freyfaxi ist dem Gott geweiht und Hrafnkell leistet den Schwur, jeden zu töten, der das Pferd ohne Erlaubnis reitet. Wie zu erwarten, tut das aber jemand. Der Hengst bringt einen jungen Schäfer dazu, sich auf seinen Rücken zu schwingen und loszugaloppieren, um eine versprengte Herde Schafe zu finden. Als Hrafnkell entdeckt, was geschehen ist, erschlägt er den unfolgsamen Jugendlichen mit seiner Axt.

Als der Vater des Jungen, Þorbjörn, für den Tod seines Sohnes Entschädigung fordert, weigert sich Hrafnkell zu zahlen. Stattdessen bietet er an, für Þorbjörn zu sorgen, wenn dieser alt ist. Diesen Vorschlag weist der Vater stolz zurück. Die beiden werden in einen Rechtsstreit verwickelt, der zur Folge hat, dass Hrafnkell geächtet wird. Dieser ignoriert das Urteil und kehrt nach Hause zurück.

Kurze Zeit später taucht Þorbjörns Neffe Sámur Bjarnason auf, um die Familienehre wieder herzustellen. Er hängt Hrafnkell an seinen Achillessehnen auf, bis dieser zustimmt, ihm seinen Hof und seine Güter zu übergeben. Sámur lässt ihm dann die Wahl, ob er ein Dasein in Unterwürfigkeit und Unehre fristen oder auf der Stelle sterben möchte. Man könnte annehmen, dass sich ein Sagaheld für den Tod entscheiden würde, aber Hrafnkell wählt das Leben.

Sámur zieht nach Aðalból und richtet sich ein. Der heidnische Tempel wird zerstört und das Pferd Freyfaxi mit Steinen beschwert und über eine Klippe geworfen, sodass es ertrinkt. Hrafnkell ist mittlerweile davon überzeugt, dass er seinem Lieblingsgott egal ist. Er widerruft seine religiösen Glaubenssätze und lässt sich auf einem neuen Hof nieder, Hrafnkelsstaðir. Er schwört seiner Rachsucht ab und wird zu einem freundlichen, einfachen Bauern, der in seiner Umgebung so beliebt ist, dass er mehr Reichtum und Einfluss gewinnt als je zuvor.

Eines Tages kommen Sámur und sein Bruder Eyvindur auf dem Weg nach Aðalból an Hrafnkells Hof vorbei. Hrafnkells Magd sieht sie und stachelt ihren Herrn dazu an, für die erlittene Erniedrigung Rache zu nehmen. Hrafnkell vergisst seine Rolle als Gutmensch, heftet sich den lästigen Brüdern an die Fersen, tötet Eyvindur und bietet Sámur dieselbe Wahl, die ihm selbst vorher aufgezwungen worden war: Aðalból aufzugeben und in Schande zu leben oder zu sterben. Auch Sámur entscheidet sich für das Leben. Hrafnkell gewinnt seine alten Ländereien zurück und lebt danach glücklich auf Aðalból.

BORGARFJÖRÐUR–SEYÐISFJÖRÐUR-WANDERUNG

Die zerklüftete Landschaft zwischen Borgarfjörður und Seyðisfjörður ist grandios, unerschlossen und eine der schönsten Gegenden für eine mehrtägige Sommerwanderung in dieser Region. Zur Streckenplanung eignet sich am besten die überall erhältliche Karte *Gönguleiðir á Austurlandi Nr. 1*. Wer mit einem Führer wandern möchte, kann sich an die Unterkünfte Álfheimar oder Borg in Borgarfjörður wenden. Informationen über Hütten entlang dieser Route stehen auf www.fljotsdalsherad.is/ferdafelag.

1. Tag: Der Startschuss fällt in Kolbeinsfjara, 4 km außerhalb der Gemeinde Borgarfjörður Eystri. Über den Brúnavíkurskarð-Pass geht es hinauf in die Berge (Weg 19 auf der Karte). An der Notfallhütte in Brúnavík führt ein Abzweig nach Süden (Weg 21), der ein Stück weiter den wunderschönen Gebirgszug Kerlingarfjöll passiert. Nach einem Marsch von sechs bis sieben Stunden (15 km) wird es Zeit für die Übernachtung in den Gästezimmern oder auf dem Zeltplatz des Hofs in Breiðavík.

2. Tag: Am nächsten Tag steht nochmals eine atemberaubende Wanderung von sechs oder sieben Stunden (13,5 km auf dem Weg 30) auf dem Programm. Zunächst geht es durch die Auen unterhalb des Hvítafjall, dann weiter auf der Geländewagenpiste in Richtung Süden zur Húsavík-Hütte, wo man die zweite Nacht verbringt. Im Gebiet zwischen Breiðavík und Húsavík wimmelt es von „verborgenen Wesen" – der Elfenschulze lebt in Sólarfjall und der Elfenbischof in Blábjörg, weiter südlich an der Küste.

3. Tag: Am dritten Tag sind nochmals 14 km auf dem Pfad zu bewältigen (sechs bis sieben Stunden auf dem Weg 37), der am stillen Loðmundarfjörður wieder ans Meer zurückführt. Die Geländewagenpiste endet an der neuen Klyppstaður-Hütte am Flussdelta des Norðdalsá am höchsten Punkt des Fjords.

4. Tag: Am letzten Tag geht es vom Loðmundarfjörður zum Seyðisfjörður (Weg 41). Am höchsten Punkt des Bergpasses gibt es ein Logbuch, in dem sich frühere Wandergruppen verewigt haben. Auf dem Weg nach unten zum Seyðisfjörður werden die müden Wanderer von rauschenden Stromschnellen begrüßt.

das Ævintýraland an: Da können sich die Kids mit einem iPod auf ein buntes Kissen kuscheln und sich verschiedene Interpretationen lokaler Elfengeschichten erzählen lassen. Malen, Verkleiden und magische Steinsammlungen sind weitere Attraktionen, die angeboten werden. Zur Zeit der Recherche war das Kinderland von Schließung bedroht, es empfiehlt sich also, sich vorher zu informieren.

Festivals & Events

Bræðslan MUSIK

(www.braedslan.is) Am dritten Juli-Wochenende findet in einer ehemaligen Heringsfabrik eines der besten Sommermusikfestivals der Insel statt. Es ist sowohl für die exzellenten Darbietungen als auch auch für seine intime Atmosphäre berühmt. Auf der Playlist stehen große isländische und auch einige internationale Stars; in der Vergangenheit sind hier schon Emiliana Torrini (die den Sommer oft in Borgarfjörður verbrachte), Damien Rice, Of Monsters and Men sowie Mugison aufgetreten.

Schlafen

Blábjörg Guesthouse PENSION €

(☎861 1792; www.blabjorg.is; EZ/DZ ohne Bad, inkl. Frühstück 8900/13 900 ISK;) In einer ehemaligen Fischfabrik hat diese Pension frische, in Weiß gehaltene Zimmer, eine Gästeküche und eine Lounge eingerichtet, wo das Frühstücksbuffet aufgebaut wird. Ein großes Plus sind die Sauna im Untergeschoss und der Hot Pot mit tollem Ausblick – beide sind von 17 bis 21 Uhr und auf Anfrage in Betrieb, auch für Nicht-Gäste (2000 ISK).

Guesthouse Álfheimar PENSION €€

(☎861 3677; www.elftours.is; Merkisvegur; DZ 22 900 ISK; ⏲Mai–Sept.; @) Das ist die mit Abstand schickste Pension am Ort (und die einzige, die Zimmer mit Bad anbietet). In langen Anbauten sind 31 motelähnliche Einheiten untergebracht, von denen die mit viel Holz ausgestatteten Zimmer im älteren Teil mehr Atmosphäre haben. Die netten, auskunftsfreudigen Betreiber halten alles perfekt in Schuss und helfen gerne bei der

Organisation von geführten Wanderungen und Ausflügen in die Umgebung (die Bilder auf der Website machen richtig Lust!). Das angeschlossene Restaurant (2 Gänge 4200 ISK) bietet ein Tagesgericht an, die Zutaten stammen von den örtlichen Bauern und Fischern.

Gistiheimilið Borg PENSION €
(☎472 9870, 894 4470; gistingborg@simnet.is; Zi. ohne Bad pro Pers. ab 5000 ISK) Wer ein Bett sucht (mit eigenem Schlafsack wird's billiger), ist bei Borg gut aufgehoben, denn dem Besitzer gehören mehrere Häuser im Ort. Die Zimmer sind zwar etwas altmodisch, aber ganz okay, es gibt Gästeküchen und Aufenthaltsräume. Auf Wunsch werden Touren im Geländewagen, Wanderungen und geführte Ausflüge arrangiert.

Campingplatz CAMPINGPLATZ €
(pro Pers. 750 ISK; ⏲Mitte Mai–Sept.) Der ruhige, grüne Platz neben der Kirche hat eine Gästeküche und Duschen (200 ISK); die dritte Nacht ist gratis.

Borgarfjörður HI Hostel HOSTEL €
(Ásbyrgi; ☎472 9962; www.hostel.is; B/DZ ohne Bad 3800/10 000 ISK; ⏲Juni–Aug.) Bis zu 20 Schlafplätze bietet dieses kleine, etwas abgewetzte, aber urgemütliche Hostel, dazu eine Gästeküche und eine Waschmaschine. HI-Mitglieder bezahlen 600 ISK weniger, Leihbettwäsche kostet 1250 ISK.

Essen

Álfacafé ISLÄNDISCH €
(Fischsuppe 1700 ISK; ⏲Mai–Sept. 10–22 Uhr; WLAN) Die meisten gehen zum Essen hierher: An den breiten Tischen mit Steinplatten wird vor allem Fischsuppe serviert (dazu Fladenbrot mit Forelle oder Hering). Im Vorgarten steht ein riesiger Monolith aus unbearbeitetem roten Jaspis (der größte Findling seiner Art in Island). Wer will, kann sich hier ein steinernes Souvenir mitnehmen.

Fjarðarborg ISLÄNDISCH €
(Gerichte 1400–1800 ISK; ⏲Juni–Aug. 11–24 Uhr) Auf der Karte des simpel eingerichteten Lokals im Gemeindezentrum steht nicht viel, aber dafür kommt man bei Burgern oder Lammeintopf schnell mit Einheimischen in Kontakt.

Samkaup-Strax SUPERMARKT €
(⏲Mo–Do 12.30–17.30, Fr bis 18 Uhr) Wer seine Lebensmittelvorräte aufstocken will, geht in den winzigen Supermarkt am Kai.

An- & Weiterreise

Auto

Das Dorf liegt an der Straße 94, 70 km von Egilsstaðir entfernt (die halbe Strecke ist geteert). Sie klettert steil bergauf in die Vatnsskarð-Berge und fällt dann zur Küste hin wieder ab. Beim Lebensmittelladen Samkaup gibt es eine Zapfsäule (Bezahlung mit Kreditkarte).

Bus

Das einzige öffentliche Verkehrsmittel ist der **Post-Lieferwagen** (☎472 9805, 894 8305), der an Werktagen zwischen dem Campingplatz von Borgarfjörður Eystri (Abfahrt 8 Uhr) und der Touristeninformation von Egilsstaðir (Abfahrt 12 Uhr) pendelt, die einfache Fahrt kostet 2000 ISK.

Rund um Borgarfjörður Eystri

Der Nordosten ist von zahlreichen Wanderwegen durchzogen. Die Palette reicht von einfachen zweistündigen Spaziergängen bis zu echten Bergwanderungen für Schwindelfreie. In Gebieten ohne Pflanzenwuchs sollten Wanderer aufpassen, dass sie nicht den Halt verlieren – auf dem losen Untergrund läuft es sich wie auf Tausenden winziger Kugellager.

Ein guter Helfer ist die überall erhältliche Karte *Gönguleiðir á Austurlandi* Nr. 1. Für die Beschreibung einer reizvollen mehrtägigen Wanderung vom Borgarfjörður zum Seyðisfjörður s. Kasten S. 266.

DYRFJÖLL

Die Dyrfjöll-Berge, eine der dramatischsten Gebirgsregionen Islands, erheben sich zwischen der sumpfigen Héraðssandur-Ebene und Borgarfjörður Eystri steil bis zu einer Höhe von 1136 m. Der Name Dyrfjöll bedeutet „Türberg" und erklärt sich aus der großen, auffälligen Kerbe im höchsten Gipfel – ein isländisches Pendant zum berühmten Lapporten in Schweden. Zwei Wanderwege führen durch das Gebirge, die sowohl Tages- als auch längere Wanderungen ab Borgarfjörður Eystri ermöglichen.

Stórurð an der Westflanke des Dyrfjöll ist ein außergewöhnliches Wandergebiet mit riesigen Felsbrocken und kleinen Gletscherseen. Zu erreichen ist das Areal mit einer bequemen Halbtageswanderung ab der roten Notfallhütte an der Straße 94. Von dort geht's weiter auf dem Weg Nr. 9. Zurück folgt man dem Weg Nr. 8 (deutlich auf der Karte *Gönguleiðir á Austurlandi* gekennzeichnet). Die 15 km lange Tour dauert gute fünf Stunden.

NJARÐVÍKURSKRIÐUR

Früher kam es auf dem Njarðvíkurskriður, einem gefährlichen Geröllhang an der Straße 94 bei Njarðvík, immer wieder zu Unfällen. Für all die Unglücksfälle wurde der Plagegeist Naddi (halb Mensch, halb Tier) verantwortlich gemacht, der unterhalb des Hangs in einer Höhle auf Meereshöhe hauste.

Anfang des 14. Jhs. wurde Naddi von der zuständigen religiösen Obrigkeit exorziert und 1306 errichtete man hier ein Kreuz mit der Inschrift *Effigiem Christi qui transis pronus honora, Anno MCCCVI* („Du, der du hier vorbeieilst, ehre das Bildnis Christi, AD 1306"). Reisende sollten dadurch bei der Durchquerung der Gefahrenzone zum Gebet angehalten und so vor den bösen Mächten geschützt werden. Das Kreuz wurde bereits mehrmals ersetzt, aber es trägt noch immer die Originalinschrift.

Seyðisfjörður

675 EW.

Wer nur Zeit für einen Ort in den Ostfjorden hat, sollte sich für das malerische, freundliche Seyðisfjörður entscheiden. Es ist der historisch und architektonisch interessanteste Ort in Ostisland, besteht aus bunten Holzhäusern und ist von schneebedeckten Bergen und Wasserfällen umgeben. Hier lebt eine gesellige und unkonventionelle Gemeinde aus Künstlern, Musikern und Kunsthandwerkern.

Im Sommer geht es am lebhaftesten zu, besonders wenn die Fähre *Norröna* der Smyril Line den Ort majestätisch über den 17 km langen Fjord ansteuert – die schönste Art, in Island anzukommen.

Bei gutem Wetter ist die Anfahrt von Egilsstaðir auf der landschaftlich schönen Straße 93 ein Vergnügen. Sie erklimmt einen hohen Pass und führt dann bergab am wasserfallreichen Fluss Fjarðará entlang.

Geschichte

Seyðisfjörður begann sein Dasein im Jahr 1848 als Handelsposten, verdankte seinen späteren Reichtum aber dem „Silber des Meeres": dem Hering. Der lange, schützende Fjord verlieh Seyðisfjörður gegenüber anderen Fischerdörfern einen Vorteil und der Ort entwickelte sich zum größten und wohlhabendsten in Ostisland. Die meisten der schönen, eigenwilligen Holzhäuser wurden von norwegischen Kaufleuten erbaut, die von der Heringsindustrie angelockt wurden.

Im Zweiten Weltkrieg war Seyðisfjörður ein Truppenstützpunkt der Briten und Amerikaner. Die einzige Kriegshandlung, die hier stattfand, war ein Bombenangriff dreier deutscher Kampfflieger auf einen Öltanker. Die Bomben verfehlten ihr Ziel, aber eine explodierte so nah am Schiff, dass es dennoch auf den Meeresboden sank, wo es noch heute liegt.

Aufgrund der steilen Bergflanken rund um den Ort ist Seyðisfjörður lawinengefährdet. 1885 tötete eine Lawine vom Bjólfur 24 Menschen und schob mehrere Häuser in den Fjord. 1996 begrub eine Lawine eine Fabrik im Ort unter sich, aber dabei kamen keine Menschen zu Tode. Das Lawinendenkmal nahe der Kirche besteht aus den verdrehten Stahlträgern der Fabrik, die weiß gestrichen und so aufgestellt wurden, wie sie gefunden worden waren.

Sehenswertes

In Seyðisfjörður gibt es viele Holzhäuser aus dem 19. Jh., die als Bausätze aus Norwegen herangeschafft wurden: In der Broschüre *Historic Seyðisfjörður* der Touristeninformation ist alles über sie nachzulesen. Etliche der historischen Gebäude sind heute kleine Werkstätten, in denen einheimische Kunsthandwerker die unterschiedlichsten Dinge herstellen. Einige Ateliers verkaufen Strickwaren, andere Kunst oder Kunsthandwerk. Bei einem schnellen Rundgang durch den Ort kann man ein halbes Dutzend Läden entdecken, in denen leicht eine Menge Krónur ausgeben werden können. Sehenswert ist auch die **Galerie** (Austurvegur 42) über dem Kulturzentrum Skaftfell.

Bláa Kirkjan HISTORISCHES GEBÄUDE

(www.blaakirkjan.is; Ránargata) Das hübsche Bláa Kirkjan, die „Blaue Kirche", sticht unter all den Holzhäusern am meisten ins Auge. Von Juli bis Mitte August dient es mittwochabends als Kulisse für eine beliebte Konzertreihe mit Jazz, Klassik und Folkmusik (Beginn 20.30 Uhr; Karten 2000 ISK). Das Programm wird auf der Website veröffentlicht. Wer mit der Donnerstagsfähre abfährt, kann sich hier einen schönen Abschiedsabend machen.

Tækniminjasafn Austurlands MUSEUM
(www.tekmus.is; Hafnargata 44; Erw./Kind 1000 ISK/frei; ⏲Juni–Mitte Sept. Mo–Fr 11–17 Uhr, Mitte Sept.–Mai Mo–Fr 13–16 Uhr) Einen Einblick in die Fischerei- und Telekommunikationsgeschichte des Ortes bietet dieses lohnenswerte technische Museum. Es ist in zwei Gebäuden in der Hafnargata untergebracht: im imposanten Haus des Reeders Otto Wathne von 1894 und in einer Werkstatt von 1907. Seyðisfjörður war im 19. Jh. auf dem neuesten Stand isländischer Technologie - das erste Unterwasserteleƒonkabel zwischen Island und Europa wurde hier 1906 an Land gezogen.

Aktivititäten

Wandern

Die Berge oberhalb von Seyðisfjörður sind ideal zum Wandern, auch für Anfänger. Am besten beginnt man eine Tour auf der Straße, die am HI-Hostel vorbeiführt, bis eine holprige Piste für Geländewagen links ins Gletschertal abzweigt. Nach ein paar Hundert Metern verläuft sich die Piste, aber zu Fuß geht es weiter bergauf, immer am Ufer des Vestdalsá entlang. Nach ein paar Stunden und etlichen tollen Wasserfällen taucht der kleine See Vestdalsvatn auf, der fast das ganze Jahr über zugefroren ist. Vom See geht es entweder nach links über die Tundra weiter oder wieder zurück, vorbei an den rauschenden Wasserfällen vom Hinweg.

Kajak- & Mountainbikefahren

Wer Lust auf ein unvergessliches Outdoorabenteuer hat, wendet sich an **Hlynur Oddsson** (☎865 3741; hlynur@hotmail.de; www.iceland-tour.com; ⏲Juni–Aug.). Der Mann mit dem Charme eines Robert Redford verbringt hier seine Sommer und bietet maßgeschneiderte Ausflüge an. Sind Kinder dabei, macht die einfache halbstündige Paddeltour in der Lagune Spaß (1500 ISK). Die Bootstouren im Fjord dauern zwischen einer und sechs Stunden und machen Abstecher zu einem Schiffswrack oder zu Wasserfällen (1/3 Std. 3500/8000 ISK). Für erfahrene Kajakfahrer gibt's längere Trips, z. B. in den unbewohnten Nachbarfjord oder ins Naturschutzgebiet Skálanes (ganzer Tag 22 000 ISK, zweitägiger Ausflug mit Camping 35 000 ISK).

Hlynur bietet auch **Mountainbiketouren** an. Eine führt zum Leuchtturm von Brimnes und dauert vier Stunden (5500 ISK), eine andere ins Naturschutzgebiet Skálanes (10 000 ISK, 5 Std.). Alternativ kann auch ein Mountainbike für Touren auf eigene Faust ausgeliehen werden (halber/ganzer Tag 2500/3000 ISK).

Noch mehr Aktivitäten

Sundhöll Seyðisfjarðar SCHWIMMBAD
(Suðurgata 5; Erw./Kind 450 ISK/frei; ⏲Juni–Aug. Mo–Fr 6.30–9 & 17–20, Sa 13–17 Uhr, Sept.–Mai kürzer) Seyðisfjörðurs Hallenbad hat eine Sauna und Hot Pots.

Skigebiet Stafdalur SKIFAHREN
Im Winter können Besucher im Skigebiet Stafdalur die Hänge hinunterwedeln oder langlaufen. Die Pisten liegen 9 km von Seyðisfjörður entfernt an der Straße nach Egilsstaðir - Näheres weiß die Touristeninformation.

Schlafen

Für Mittwochabende empfiehlt sich im Sommer eine Reservierung, da donnerstags die Fähre nach Europa ablegt und Betten dann knapp werden.

LP TIPP **Hótel Aldan** HOTEL €€
(☎472 1277; www.hotelaldan.com; Rezeption in der Norðurgata 2; EZ/DZ inkl. Frühstück ab 15 900/21 900 ISK; 📶) Das wunderbar freundliche Hotel verteilt sich auf drei alte Holzhäuser. Die Rezeption und das Bar-Restaurant (in dem Frühstück serviert wird) sind in der Norðurgata untergebracht. Im alten Postamt in der Austurvegur 3, einem knarrenden Gebäude mit reichlich Charakter, liegen auf drei Stockwerken die billigsten Zimmer in frischem Weiß mit Musselinvorhängen und bunten indischen Tagesdecken. Die „Alte Bank" in der Oddagata 6 ist eine wirklich hinreißende kleine Pension mit allen modernen Annehmlichkeiten. Die luxuriösen Zimmer sind hell, geräumig und mit Antiquitäten eingerichtet, auf den Betten liegen handbestickte Tagesdecken.

Seyðisfjörður HI Hostel HOSTEL €
(Hafaldan; ☎472 1410; www.simnet.is/hafaldan; B/DZ ohne Bad 3800/10 000 ISK; ⏲April–Mitte Okt.; @📶) Seyðisfjörðurs billigste Unterkunft verteilt sich auf zwei Häuser: Eines steht in der Ranárgata 9, etwas außerhalb (hinter der Blauen Kirche), das andere in der zentraleren Suðurgata 8 (nur im Sommer geöffnet). Dort ist auch von Juni bis August die Rezeption (für beide Adressen) untergebracht. Dass die gesichtslosen Zim-

Seyðisfjörður

mer in der Ranárgata sehr dünne Wände haben, wird durch den hübschen Ess- und Aufenthaltsraum mit tollen Ausblicken wieder wettgemacht. Aber in der Suðurgata hat es uns trotzdem besser gefallen: Pflanzen, Räucherstäbchen, originelle Möbel und indische Wandbehänge lassen vergessen, dass das hier einmal ein Krankenhaus war. HI-Mitglieder bekommen 600 ISK Rabatt, Leihbettwäsche kostet 1250 ISK.

Post Hostel PENSION €
(☎898 6242; www.posthostel.com; EZ/DZ ohne Bad 9900/13 900 ISK; 📶) Der Name täuscht,

Seyðisfjörður

Highlights
Bláa Kirkjan B4

Sehenswertes
Galerie .... (siehe 13)
1 Tækniminjasafn Austurlands F1
2 Tækniminjasafn Austurlands F2

Aktivitäten, Kurse & Touren
3 Sundhöll Seyðisfjarðar C6

Schlafen
4 Wohnmobilstellplatz A4
5 Zeltplatz A5
6 Hótel Aldan (Alte Bank) B4
7 Hótel Aldan (Rezeption & Restaurant im Hauptgebäude) B5
8 Hótel Aldan (Snæfell) B5
9 Post Hostel D4
10 Seyðisfjörður HI Hostel – Ránargata A2
11 Seyðisfjörður HI Hostel – Suðurgata C6

Essen
Hótel Aldan .... (siehe 7)
12 Samkaup-Strax-Supermarkt B5
13 Skaftfell D4
14 Skálinn D4
15 Vínbúð D4

denn es handelt sich hier um eine hübsche Pension (die allerdings in einem ehemaligen Postamt residiert) mit nicht allzu großen Zimmern, darunter auch einige für Familien. Es gibt eine gut ausgerüstete Küche und Gelegenheit zum Wäschewaschen. Auch ein geräumiges, luxuriöses Apartment mit drei Schlafzimmern kann gemietet werden.

Campingplatz CAMPINGPLATZ €
(Ránargata; pro Pers. 1000 ISK; ⏲Mai–Sept.) Der Campingplatz besteht aus zwei Arealen: der geschützte Rasenplatz gegenüber der Kirche ist für Zelte gedacht, das andere Areal ganz in der Nähe für Wohnmobile. Duschen (350 ISK), Waschmaschine und Küche sind im gemeinsamen Sanitärblock untergebracht.

Essen

LP TIPP **Skaftfell** INTERNATIONALE KÜCHE €
(www.skaftfell.is; Austurvegur 42; Snacks & Hauptgerichte 890–2690 ISK; ⏲Mai–Aug. 12–23 Uhr oder länger, Sept.–April an Fährentagen & Fr–So 17–2 Uhr; @) Cooles, künstlerisch angehauchtes Ambiente, tolle Musik, kostenloses WLAN und Internetzugang – in diesem wunderbaren Mittelding aus Bistro, Bar und Kulturzentrum kann man herrlich chillen, essen und dabei Kontakte zu Einheimischen knüpfen. Die Speisekarte mit

Currys, Salaten, Pizzas und vegetarischen Gerichten usw. hört sich superlecker an und in der Galerie im Obergeschoss gibt's interessante Ausstellungen. Wenn wir in Seyðisfjörður wohnen würden, kämen wir wahrscheinlich tagtäglich hierher!

Hótel Aldan ISLÄNDISCH €€€
(☎472 1277; Norðurgata 2; Mittagessen 2250–3250 ISK, Hauptgerichte abends 3500–7200 ISK; ⌚Mitte Mai–Mitte Sept. 7–21 Uhr) In dem schick auf ländlich gestylten Lokal gibt's durchgehend Kaffee und köstliches Gebäck, auf der Mittagskarte stehen z. B. Muscheln oder Lamm. Abends sorgen Damasttischdecken und flackernde Kerzen für Atmosphäre und die Küche verarbeitet traditionelle isländische Zutaten (Lamm, Langustinen, Rentierfleisch, Fisch) zu kreativen Gerichten. Reservierung empfohlen.

Skálinn GRILL €
(Hafnargata 2; ⌚12–21 Uhr) Der Grillimbiss an der Tankstelle verkauft Hot Dogs, Burger und preiswerte Tellergerichte für mittags und abends.

Samkaup-Strax SUPERMARKT €
(Vesturvegur 1; ⌚Mo–Fr 9–19, Sa 10–16, So 12–16 Uhr) Für Selbstversorger.

Vínbúð ALKOHOL €
(Hafnargata 4a; ⌚Mo–Do 17–18, Fr 14–18 Uhr) Staatlicher Alkoholshop.

ℹ Praktische Informationen

Im Skaftfell gibt's kostenlosen Internetzugang (und WLAN). Eine wahre Fundgrube an nützlichen Informationen ist die Website www.visitseydisfjordur.com.

Landsbanki Íslands (Hafnargata 2) Bank mit Geldautomat (rund um die Uhr zugänglich), wo sich nach Ankunft der Fähre leicht Schlangen bilden.

Touristeninformation (☎472 1551; ⌚Mo–Fr 8–12 & 13–17 Uhr; 📶) Im Fährenterminal geben hilfsbereite Angestellte Ratschläge für die Weiterreise und verkaufen Bustickets und Landkarten. Bei Ankunft von Fähren und Ausflugsbooten gibt es zusätzliche Öffnungszeiten.

ℹ An- & Weiterreise

Bus

Ferðaþjónusta Austurlands (☎472 1515) unterhält eine Buslinie zwischen Egilsstaðir und Seyðisfjörður (1000 ISK, ca. 45 Min.). Die Busse fahren ganzjährig von Montag bis Samstag ein- bis dreimal täglich (von Mitte Juni bis Mitte August auch sonntags). Bei Ankunft und Abfahrt von Fähren werden zusätzliche Busse eingesetzt. Der aktuelle Fahrplan steht auf der Reiseseite von www.visitseydisfjordur.com.

Schiff

Von April bis Ende Oktober schippert die Autofähre *Norröna* von **Smyril Line** (www.smyrilline.com) einmal wöchentlich von Hirsthals (Dänemark) über Tórshavn (Färöer-Inseln) nach Seyðisfjörður.

Ab Mitte Juni bis Ende August läuft die *Norröna* donnerstags um 9.30 Uhr im Hafen ein und startet zwei Stunden später wieder in Richtung Skandinavien. Von April bis Mitte Juni und im September und Oktober kommt das Schiff dienstags um 9.00 Uhr an und fährt mittwochs um 20 Uhr wieder ab. Mehr dazu steht auf S. 370 und auf der Website.

Rund um Seyðisfjörður

Eigentlich liegt ja schon Seyðisfjörður am Ende der Welt, aber es geht noch weiter: Der abgelegene Hof **Skálanes** (☎690 6966, 861 7008; www.skalanes.com; ⌚Mai–Sept., Okt.–April nach Vereinbarung), etwa 19 km östlich von Seyðisfjörður am Fjordufer, ist ein wunderbares Naturreservat und Zentrum für Heimatkunde. Der Betreiber mit seiner unbändigen Leidenschaft für die Natur hat das einst verlassene Gehöft liebevoll renoviert. Nun ist es ein wahres Paradies für Hobbyforscher und -archäologen (Reste der Siedlung Era wurden hier entdeckt), aber auch für Touristen, die unberührte Vogelfelsen (mit über 40 Vogelarten) entdecken wollen. Die Abgeschiedenheit ist unglaublich erholsam und wird jeden begeistern, der etwas für Ruhe und Natur übrig hat.

Es existieren verschiedene Pauschalangebote für einen Aufenthalt mit geführten Wanderungen, Ausflügen im Geländewagen und Vollpension (aber es gibt auch eine Gästeküche). Nur Übernachtung mit Frühstück in einem der wunderschön restaurierten Zimmer kostet 7500 ISK pro Nacht, mit Vollpension 12 750 ISK.

Die Anreise von Seyðisfjörður nach Skálanes ist ein Abenteuer für sich: entweder zu Fuß (es gibt Fußgängerbrücken über den Fluss) oder mit einem gemieteten Mountainbike bzw. Kajak von Hlynur Oddsson (S. 269). Mit dem Auto kann man 13 km auf einem Weg bis zum Fluss fahren und den Rest zu Fuß zurücklegen (noch etwa 4 km), ein Geländewagen schafft die ganze Strecke (Vorsicht bei der Durchquerung des Flusses!). Das Zentrum holt Besucher auf Wunsch auch in Seyðisfjörður bzw. am Fluss ab (8000 bzw. 4000 ISK pro Fahrzeug).

Mjóifjörður

35 EW.

Der nächste Fjord südlich von Seyðisfjörður ist der von spektakulären Klippen und vielen rauschenden Wasserfällen umgebene Mjóifjörður. Die ungeteerte Straße 953 in den Fjord verlangt einem normalen PKW einiges ab. Aber wer sich durchkämpft, dem eröffnen sich üppig grüne Berge mit faszinierenden Ruinen und Fischfarmen im eisigen Fjordwasser. Unten im Fjordbecken liegt ein verrosteter Heringsfänger wie ein riesiger ockerfarbener Kadaver am Ufer. Interessant sind auch die vor sich hingammelnden Überreste der norwegischen Walfangstation aus dem frühen 20. Jh. in Asknes (nur mit Geländewagen zu erreichen) und die Ruine des Dalatangi, des ersten **Leuchtturms** Islands.

Das **Sólbrekka** (☎476 0020; mjoi@simnet.is; Hütte ohne Bettwäsche 14 000 ISK; ⌚Juni–Sept.) an der Nordseite des Fjords in Brekkuþorp (das als kleinstes Dorf Islands gilt) ist die einzige Unterkunft der Gegend und eine willkommene Station für Wanderer. Es gibt ein altes Schulhaus in Meeresnähe (von Mitte Juni bis Mitte August bietet es Camping/Schlafplätze mit eigenem Schlafsack für 1000/3500 ISK pro Person an), aber wirklich toll sind die beiden wunderschönen Holzhäuschen für jeweils sechs Personen oben auf dem Hügel (Vorräte mitbringen!). Am Schulhaus öffnet nachmittags ein kleines **Café** (⌚Mitte Juni–Mitte Aug. 13–18 Uhr), zu den Holzhäuschen gehört ein überdachter Hot Pot, der gegen eine kleine Gebühr auch Nicht-Gästen zur Verfügung steht. Frühstück, Angelmöglichkeiten und Bootsfahrten werden auf Wunsch auch organisiert.

Rund um den Mjóifjörður gibt es klasse Möglichkeiten zum **Wandern**. Die Leute im Sólbrekka schippern Wanderer gegen ein kleines Entgelt über den Fjord, von wo es in vier Stunden auf einem herrlichen Weg bis nach Neskaupstaður geht. Möglich ist auch die Überquerung der nördlichen Berge bis nach Seyðisfjörður, ein Marsch von sechs Stunden.

Von Egilsstaðir bis zum Beginn des Mjóifjörður sind es 30 km und nochmal 12 km bis Brekkuþorp. Die Strecke wird nicht von öffentlichen Verkehrsmitteln bedient. Im Winter ist die Straße von/nach Mjóifjörður unpassierbar und der Ort kann nur per Boot ab Neskaupstaður (zweimal wöchentlich) erreicht werden.

Reyðarfjörður

1100 EW.

Beim Schönheitswettbewerb um den hübschesten Fjord hätte der Reyðarfjörður nie eine Chance. Die Siedlung hier ist relativ neu und entstand erst im 20. Jh. als Handelshafen. In jüngerer Zeit jedoch erhielt Reyðarfjörður die ersehnte Aufmerksamkeit, als Alcoa eine riesige, 2 km lange Aluminiumhütte gleich hinter dem Ort am Fjordufer errichtete. Umweltschützer gingen auf die Barrikaden, aber der Zuzug ausländischer Arbeiter brachte einen Hauch internationales Flair nach Reyðarfjörður und in die umgebenden Orte. Dass mit den Jobs bei Alcoa auch Geld in die Gegend kam, beweisen die Häuser der neu Zugezogenen (meist Isländer, die der Arbeit wegen hier sind).

Sehenswertes

Íslenska Stríðsárasafnið MUSEUM
(Spítalakampur; Erw./Kind 1000 ISK/frei; ⌚Juni–Aug. 13–17 Uhr) Im Zweiten Weltkrieg waren in Reyðarfjörður etwa 3000 alliierte Soldaten stationiert – etwa zehnmal so viele wie Einwohner. Das Isländische Kriegsmuseum am oberen Ende des Heiðarvegur dokumentiert die Jahre dieser eigentümlichen Besatzung. Das Gebäude ist von Minen, Jeeps und Flugzeugpropellern umgeben und birgt im Innern weitere Kriegsrelikte. Fotos und szenische Darstellungen bieten einen guten Einblick in die Rolle Islands während des Kriegs. Das Museum liegt versteckt hinter rostenden Armeebaracken, die 1943 als Teil eines Lazaretts gebaut, aber nie für diesen Zweck genutzt wurden. Kein einziger Isländer hat im Zweiten Weltkrieg tatsächlich gekämpft, aber viele sind auf See umgekommen.

Schlafen & Essen

Die Tankstellen von Shell und Olís haben einen Grill-Imbiss, Selbstversorger können sich im **Krónan-Supermarkt** (Hafnargata 2; ⌚Mo–Do 11–18, Fr bis 19, Sa bis 17, So 12–16 Uhr) eindecken.

LP TIPP **Reyðarfjörður HI Hostel** HOSTEL €
(Hjá Marlín; ☎474 1220, 892 0336; www.hostel.is; Vallagerði 9 & 14; B 3800 ISK, DZ mit/ohne Bad 14 000/10 000 ISK; @☜) Marlín ist Belgier, lebt aber seit über 20 Jahren in Island, spricht alle möglichen Sprachen und ist der perfekte Gastgeber in diesem einladenden Hostel. Das Haupthaus hat ein gutes

Zimmer-Bäder-Verhältnis und ein gemütliches Restaurant (17–20 Uhr geöffnet) in der zweiten Etage. In einem recht großen zweiten Gebäude die Straße runter liegen die einfacheren Zimmer, dazu gibt's dort einen Grill und eine Sauna. 2013 sind noch sechs Zimmer mit eigenem Bad sowie eine brandneue Gästeküche mit Essbereich hinzugekommen. HI-Mitglieder bezahlen 600 ISK weniger; Leihbettwäsche ist für 1250 ISK zu haben.

Tærgesen PENSION €€
(☎470 5555; www.taergesen.com; Búðargata 4; EZ/DZ ohne Bad, inkl. Frühstück 50/85 €; 📶) Die mit Kiefernholz und weißen Fensterläden aufgehübschten Zimmer haben viel Hüttencharme. Sie befinden sich in einem schwarzen Wellblechgebäude von 1870. In der Etage unter den Zimmern serviert ein gutes Restaurant traditionelle Küche (Snacks und Gerichte 650–4450 ISK, 10–22 Uhr geöffnet).

Fjarðahótel HOTEL €€
(☎474 1600; www.fjardarhotel.is; Búðareyri 6; EZ/DZ inkl. Frühstück 100/125 €; @📶) Das einzige Hotel des Orts hat stereotype Zimmer im Businessstil. Im angeschlossenen Restaurant (Hauptgerichte 2900–4700 ISK) sollen die Steaks und Pizzas recht gut sein.

Sesam Brauðhús BÄCKEREI, CAFÉ €
(Hafnargata 1; ⏲Mo–Fr 7.30–17.30, Sa 9–16 Uhr) Die ansprechende Bäckerei mit Café in der Nähe des Krónan-Supermarkts hat eine verlockende Auswahl an Sandwiches, Salaten und Gebäck sowie ein täglich wechselndes Mittagessen.

An- & Weiterreise

Austfjarðaleið (East Iceland Bus Company; ☎477 1713; www.austfjardaleid.is) schickt ganzjährig die nachstehenden Busse mit dem Ziel Reyðarfjörður auf die Piste. Sie fahren täglich (am Wochenende seltener) und sind vor allem für die Pendler von Alcoa gedacht, aber auch für Traveller ohne eigenes Fahrzeug äußerst praktisch (einfache Fahrt 1500 ISK).

» **Linie 1** Reyðarfjörður–Eskifjörður–Neskaupstaður (Nordfjörður)

» **Linie 2** Egilsstaðir–Reyðarfjörður

» **Linie 3** Reyðarfjörður–Fáskrúðsfjörður–Stöðvarfjörður–Breiðdalsvík

Aktuelle Fahrpläne sind im Internet abrufbar (www.east.is nennt entsprechende Links) oder können in den Touristeninformationen der Gegend erfragt werden.

Eskifjörður

1000 EW.

Der freundliche, aufstrebende Ort erstreckt sich an einer kleinen Einbuchtung des Hauptfjords Reyðarfjörður. Seine Lage ist erstklassig: Der Blick fällt direkt auf den mächtigen Hólmatindur (985 m), der sich steil aus dem schimmernden blauen Wasser erhebt.

Sehenswertes

Sjóminjasafn Austurlands MUSEUM
(Strandgata 39b; Erw./Kind 1000 ISK/frei; ⏲Juni–Aug. 13–17 Uhr) Das schwarze Holzhaus „Gamlabuð" ist ein Warenlager von 1816 und beherbergt heute das Ostisländische Meeresmuseum, das die zweihundertjährige Geschichte des lokalen Herings-, Wal- und Haifischfangs nacherzählt. Noch mehr Seemannsgarn spinnt das Randulffssjóhus (S. 275).

Helgustaðanáma STEINBRUCH
Die Reste der weltgrößten Kalkspatmine befinden sich östlich von Eskifjörður hinter dem Mjóeyri. Kalkspat (*silfurberg* auf Isländisch) ist eine Art Kalzitkristall, der völlig durchsichtig ist und das Licht in zwei parallele Strahlen brechen kann. Er spielte eine wichtige Rolle beim Bau der ersten Mikroskope. Vom 17. Jh. bis zur Schließung der Mine 1924 wurden große Mengen Kalkspat an europäische Spitzenwissenschaftler geliefert. Der größte Brocken aus der Helgustaðanáma-Mine wiegt 230 kg und ist im British Museum in London ausgestellt. In den Felsen der Mine ist immer noch glitzerndes Kalzit zu sehen. Das ganze Gebiet steht unter Naturschutz, daher dürfen keine Kristallstücke ausgegraben und mitgenommen werden. Um hier herzugelangen, folgt man der holprigen Piste 8 km am Fjordufer entlang bis zu einer Infotafel. Zur Mine sind es dann noch 400 m zu Fuß bergauf.

Útstekkur HISTORISCHE STÄTTE
1,5 km hinter der Mine liegen die Ruinen von Útstekkur, einst unter dänischer Herrschaft ein geschäftiger Handelsposten. Zu seiner Glanzzeit lebten hier über 2400 Menschen, die Waren aus dem ländlichen Island an Frachter aus Europa verkauften. Handelsposten wurden auch in Vopnafjörður und Djúpivogur betrieben. Hinter den Siedlungsruinen wird die Straße zur holprigen Piste für Geländewagen und führt

zum **Vöðlavík**, einem großen, schwarzen Sandstrand.

Aktivitäten

Halbinsel Hólmanes WANDERN

Die Südküste der Halbinsel Hólmanes unterhalb des Hólmatindur ist ein Naturschutzgebiet. Eine Wanderung in der Gegend bietet großartige Ausblicke aufs Meer – Delphinschulen tummeln sich hier – und die Möglichkeit, geschützte Pflanzen und Vögel hautnah zu erleben. Der Hólmaborgi-Weg südlich der Hauptstraße ist eine beliebte Rundwanderung von nur ein bis zwei Stunden.

Es gibt auch zahlreiche längere Wanderstrecken in den nahen Bergen Kistufell (1239 m), Goðaborg (1132 m), Svartafjall (1021 m) und Hádegisfjall (809 m).

Mehrtägige Wanderungen bieten sich vor allem auf den Halbinseln östlich von Eskifjörður an (z. B. zu den beeindruckenden Gerpir-Klippen am östlichsten Punkt Islands). Die Wanderwege sind auf der Karte *Gönguleiðir á Austurlandi II* eingezeichnet, die die Touristeninformation von Egilsstaðir bereithält. Die Gönguvikan (Wanderwoche) ist ein Highlight im örtlichen Veranstaltungskalender und findet in der Woche nach der Sommersonnenwende statt.

Oddsskarð SKIFAHREN

Skifahren kann man von Weihnachten bis Mitte April an den Hängen in der Nähe des Passes Oddsskarð nach Neskaupstaður. Die längste Abfahrt ist 327 m lang und von Flutlicht beleuchtet. Näheres steht auf www.oddssk ard.is (Teile der Website werden regelmäßig aktualisiert).

Schlafen & Essen

Der Ort bietet gute Unterkünfte sowie einen einfachen, hübsch gelegenen **Campingplatz** (pro Pers. 1000 ISK). Da auch viele Alcoa-Angestellte hier übernachten, empfiehlt es sich, vorab zu reservieren.

Für einen schnellen Happen gibt's den **Grill-Imbiss** (9–22 Uhr) der Tankstelle und einen **Samkaup-Strax-Supermarket** (Mo–Fr 10–18, Sa bis 14 Uhr).

LP TIPP **Ferðaþjónustan Mjóeyri** PENSION, HÜTTEN €€

(477 1247, 696 0809; www.mjoeyri.is; Strandgata 120; EZ/DZ ohne Bad 10 000/13 500 ISK, Hütten 23 000 ISK;) Das bezaubernde Holzhaus am Ostrand der Stadt bietet unvergleichliche Ausblicke. Es steht tatsächlich am äußersten Ende einer winzigen Landzunge direkt über dem Wasser. Die sauberen Zimmer rund um den Gemeinschaftsraum und die fünf familienfreundlichen Hütten sind wirklich erste Wahl. Seit Neuestem gibt's auch einen Sanitärblock für Camper, eine Sauna sowie einen der schönsten Hot Pots, die uns bis jetzt untergekommen sind (in einem umgebauten Boot). Die Pensionsbesitzer bieten zahlreiche Führungen und Ausflüge an: Wandern, Skifahren, Höhlenklettern, Jagen, Angeln, Vogelbeobachtung. Der Hüttenpreis versteht sich ohne Bettwäsche, ein Schlafplatz (mit eigenem Schlafsack) in der Pension kostet 6000 ISK, Frühstück wird für 1500 ISK serviert.

Hotel Askja PENSION €

(477 1247, 696 0809; www.hotelaskja.is; EZ/DZ ohne Bad 9700/13 300 ISK; @) Direkt am Wasser steht dieses Wellblechgebäude mit sagenhaftem Panoramablick auf den Hólmatindur und einfachen, sauberen Zimmern, einer gut eingerichteten Gästeküche und einer ansprechenden Lounge. Wer seinen Schlafsack mitbringt, bezahlt nur 5100 ISK.

Hótelíbúðir APARTMENTS €€

(892 8657; www.hotelibudir.net; Strandgata 26; Apt. 19 900 ISK;) Vier geräumige, moderne und gut ausgestattete Apartments mit einem Schlafzimmer (max. vier Schlafplätze) warten hier in zentraler Lage. Die zweite Nacht kostet nur 15 000 ISK.

Kaffihúsið PENSION €€

(477 1150; www.kaffihusid.is; Strandgata 10; EZ/DZ ohne Bad 8900/11 900 ISK;) Die riesige Kaffeetasse, die auf dem Weg in die Stadt als Hinweisschild dient, ist wirklich nicht zu übersehen. Eigentlich handelt es sich beim „Kaffeehaus" um ein Bar-Restaurant (Hauptgerichte 1600–4100 ISK, von 12 bis mind. 22 Uhr geöffnet), oft mit Livemusik, wo sich Alcoa-Angestellte treffen. Aber nach hinten raus liegen auch ein paar einfache Zimmer mit Waschbecken und Flachbildschirm.

LP TIPP **Randulffs-sjóhus** ISLÄNDISCH €€

(Strandgata 96; Hauptgerichte 1900–3200 ISK; Juni–Aug. 17–21 Uhr oder nach Vereinbarung) Als die neuen Besitzer 2008 dieses ungewöhnliche, 1890 erbaute Bootshaus in Beschlag nahmen, stellten sie fest, dass sich hier seit gut 80 Jahren nichts getan hatte. Die Schlafkammern der Fischer in der oberen Etage sind erhalten geblieben;

im Untergeschoss hat ein gemütliches, mit Marine-Accessoires dekoriertes Restaurant Einzug gehalten. Auf der Karte stehen hauptsächlich Fischgerichte. Wer das Bootshaus außerhalb der Öffnungszeiten besichtigen will (1000 ISK), kann sich an die Pension Mjóeyri wenden, die hier auch Boote vermietet.

Neskaupstaður (Norðfjörður)

1500 EW.

Schon die Anreise nach Neskaupstaður ist die reinste Odyssee. Die Fahrt geht über den höchsten Straßenpass (632 m) Islands, durch einen Furcht einflößenden, einspurigen, 630 m langen Tunnel und stürzt dann wie im freien Fall hinab in den Ort. Weiter im Osten sind Straßen Fehlanzeige. Neskaupstaður ist zwar einer der größten Fjordorte, aber die Lage am Ende der Welt lässt ihn sehr klein und verlassen wirken.

Wie die meisten Orte in den Ostfjorden entstand Neskaupstaður im 19. Jh. als Handelsposten und florierte während des Heringsbooms zu Beginn des 20. Jhs. Die Zukunft des Ortes wurde durch den Bau von Síldarvinnslan (SNV), des größten Fischverarbeitungs- und -gefrierwerks Islands am Ende des Fjords, gesichert.

Busverbindungen ab Reyðarfjörður sind auf S. 274 aufgeführt.

Sehenswertes & Aktivitäten

Safnahúsið MUSEUM
(Egilsbraut 2; Erw./Kind 1000 ISK/frei; ⏲Juni–Aug. 13–17 Uhr) Die drei kleinen Museen Neskaupstaðurs sind alle in einem knallroten Speicher am Hafen, dem Museumshaus, untergebracht. Die Kunstgalerie **Tryggvasafn** zeigt beeindruckende Bilder des herausragenden modernen Künstlers Tryggvi Ólafsson, der 1940 in Neskaupstaður geboren wurde. Seine farbenfrohen, abstrakten Gemälde, von denen einige in den Nationalgalerien in Reykjavík, Schweden und Dänemark hängen, zeigen isländische Motive und bestechen durch ihre Eindringlichkeit.

Das **Meermuseum** in der ersten Etage stellt die Objekte eines meerbegeisterten Sammlers aus, im Obergeschoss hält das **Naturkundemuseum** eine große Auswahl an lokalen Gesteinsarten (darunter Kalkspat aus der Helgustaðanáma-Mine) sowie eine bunte Menagerie präparierter Landtiere, Vögel, Fische und auf Nadeln gespießter Insekten bereit.

Spazierengehen & Wandern

Am östlichen Orts- und Straßenende liegt das Naturschutzgebiet **Folksvangur Neskaupstaðar** – ideal für kurze Spaziergänge. Verschiedene Pfade führen durch hohes Gras, über winzige Holzbrücken und an Felsen, Torflöchern, Klippen und dem tosenden Meer vorbei. Zahllose Papageitaucher sowie Möwen und Raben sind hier zu sehen.

Für ernsthaftere Wanderer lohnt sich die Strecke vom Kirkjuból-Hof 8 km westlich der Stadt hinauf zum **Goðaborg** (1132 m). Vom Gipfel gelangt man auch hinab zum Mjóifjörður, dem nächsten Fjord im Norden. Die Tour dauert sechs Stunden und sollte wegen später Schneefälle in höheren Lagen nur im Hochsommer unternommen werden.

Reiten

Skorrahestar (☎477 1736; http://skorrahestar.123.is; Skorrastaður) westlich der Stadt bietet Reitmöglichkeiten vom Tagesausflug bis hin zum sechstägigen Farmaufenthalt mit Ausritten in die unvergleichliche Umgebung. Angesichts der schwierigen Bodenverhältnisse sind diese Touren allerdings nichts für Reitanfänger.

Festivals & Events

Eistnaflug MUSIK
(www.eistnaflug.is) Immer am zweiten Wochenende im Juli findet im Ort das wüste Metal- und Punkfestival Eistnaflug statt, was übersetzt so viel heißt wie „Flug der Hoden“. Hier lässt sich jede Rockband blicken, die etwas auf sich hält, wenn nicht auf der Bühne, dann wenigstens zum Zuhören und Trinken!

Schlafen & Essen

Neskaupstaðurs Angebot ist ziemlich bescheiden – unserer Meinung nach eignet sich Eskifjörður besser als Standquartier.

Das übliche Fastfood brutzelt im Imbiss der **Olís-Tankstelle** (Hafnarbraut 19). Picknickzutaten gibt es in den Supermärkten **Samkaup-Úrval** (Hafnarbraut 13; ⏲Mo–Fr 10–19, Sa & So 12–18 Uhr) bei der Tankstelle und **Nesbakki** (Bakkavegur 3; ⏲10–19 Uhr) nicht weit vom Campingplatz.

Hótel Edda HOTEL €€
(☎444 4860; www.hoteledda.is; Nesgata 40; EZ/DZ 17 100/20 700 ISK; ⏲Anf. Juni–Mitte Aug.;

(@ wifi) Am Ostende der Stadt, direkt am Wasser, bietet dieses Sommerhotel sagenhafte Ausblicke und saubere, aber eher nichtssagende Zimmer (alle mit Bad) sowie ein annehmbares Restaurant, das den Fjord genau im Visier hat.

Tónspil PENSION €
(☎477 1580; www.tonspil.is; Hafnarbraut 22; EZ/DZ ohne Bad 5900/9900 ISK; wifi) Wie im Film *High Fidelity* müssen Gäste den Typen im Musikladen nach den Zimmern darüber fragen! Die sind sehr, sehr einfach, aber es gibt einen praktischen Fernseh- und Küchenbereich. Wer seinen Schlafsack mitbringt, bezahlt nur 3900 ISK. Der Musikladen (nicht uninteressant) hat montags bis freitags von 10 bis 18 Uhr geöffnet, am Samstag bis 15 Uhr.

Campingplatz CAMPINGPLATZ €
(pro Pers. 1000 ISK) Bei den Lawinenzäunen hoch über der Stadt (wohin sich ein Aufstieg schon wegen der Aussicht lohnt) finden Camper ihr Plätzchen zum Schlafen. Duschen kostet nichts, der Weg ist ab dem Krankenhaus ausgeschildert.

Hótel Capitanó HOTEL €€
(☎477 1800; www.hotelcapitano.is; Hafnarbraut 50; EZ/DZ 108/134 €) ZIemlich abgewohnte Hotelzimmer verstecken sich in dieser leuchtend blauen Wellblechbaracke – nur als Notlösung akzeptabel!

Nesbær Kaffihus CAFÉ €
(Egilsbraut 5; Mittagessen 800–1500 ISK; ⌚Mo–Mi & Fr 9–18, Do bis 22.30, Sa 10–18 Uhr; @) Das Flair dieser Bäckerei mit Café und Kramladen ist der Inbegriff des Kleinstädtischen; sie dient auch als Informationszentrum und hat ein paar Prospekte ausliegen. Es gibt Kuchen, Sandwiches und Suppe.

Fáskrúðsfjörður

660 EW.

Das Dorf Fáskrúðsfjörður, manchmal auch Búðir genannt, wurde ursprünglich von französischen Seeleuten besiedelt, die ab Ende des 19. Jhs. bis 1914 zum Fischen an die isländische Küste kamen. Als Verbeugung vor dem gallischen Erbe sind alle Straßenschilder auf Isländisch und auf Französisch. Ein Restaurierungsprojekt soll den französischen Touch noch verstärken – das Krankenhaus und andere Gebäude von damals werden bald in neuem Glanz erstrahlen und ein Hotel sowie ein Restaurant beherbergen. Die Eröffnung des **Franski spítalinn** (französisches Spital) ist für Sommer 2014 geplant.

Die komplette Geschichte der französischen Seeleute in Fáskrúðsfjörður wird im Museum **Fransmenn á Íslandi** (Franzosen in Island; Búðarvegur 8; Erw./Kind 700 ISK/frei; ⌚Juni–Aug. 10–18 Uhr) oben auf dem Berg beleuchtet. Anhand von Fotos und Dokumenten zeichnet das Museum ein detailliertes Bild der Beziehungen zwischen den Franzosen und den Einheimischen nach – die Isländer tauschten eingesalzenen Fisch gegen den Rotwein der Franzosen (kein schlechter Handel!). Im Museum gibt es auch ein uriges Café mit wunderbarem Rhabarberkuchen, die andere Spezialität ist Quiche Lorraine. Nach Fertigstellung des französischen Spitals wird das Museum dorthin umziehen.

Auf der Insel **Skrúður** an der Fjordmündung gibt es jede Menge Vögel und eine gigantische „Papageitaucherhöhle", in der früher ein Riese gehaust haben soll.

Geologen werden vom Lakkolithberg **Sandfell** (743 m) oberhalb des Südufers des Fáskrúðsfjörður begeistert sein. Er wurde durch geschmolzenes Rhyolit gebildet, das sich durch ältere Lavaschichten seinen Weg bahnte – weltweit eines der schönsten Beispiele für diese Art glühender Intrusion (auch wenn der Zuckerhut in Rio vielleicht noch etwas eindrucksvoller aussieht). Bis zur Spitze ist es ein Zwei- bis Dreistundenmarsch.

Das **Café Sumarlina** (Búðavegur 59; Hauptgerichte 1000–2500 ISK; ⌚So–Do 10–23, Fr & Sa bis 3 Uhr; wifi) am Ortseingang ist ein kleines, freundliches Lokal in einem knarrenden Holzhaus. Selbstversorger finden alles, was sie brauchen, im **Samkaup-Strax** (Skólavegur 59; ⌚Mo–Fr 10–18, Sa bis 14 Uhr).

Neben dem **Campingplatz** (pro Pers. 1000 ISK) am Westrand des Dorfs liegt das skurrile **Hótel Bjarg** (☎475 1466; www.hotelbjarg.is; Skólavegur 49; DZ mit/ohne Bad, inkl. Frühstück 130/110 €; ⌚Juni–Aug.), das wie eine Sammelstelle für ungeliebte Kunstgegenstände wirkt. Besser gefiel uns das **BandB Guesthouse** (☎868 2687; elinhelgak99@gmail.com; Stekkholt 20; Zi. ohne Bad pro Pers. 4900 ISK) hoch über der Stadt (erreichbar über die Skólavegur und die Holtavegur) mit seiner Kiefernholzgemütlichkeit, der netten Gastgeberin Elín Helga und den wunderschönen Ausblicken.

Busverbindungen ab Reyðarfjörður stehen auf S. 274.

Stöðvarfjörður

190 EW.

Selbst wer Geologie zum Gähnen langweilig findet, sollte sich das **Steinasafn Petru** (www.steinapetra.is; Fjarðarbraut 21; Erw./Kind 900 ISK/frei; ⌚9–18 Uhr) anschauen. Die außergewöhnliche Steinsammlung ist das Ergebnis der lebenslangen Leidenschaft von Petra Sveinsdóttir. Ihr Haus ist vom Boden bis zur Decke mit Steinen und Mineralien vollgestopft – 70 % davon stammen aus der direkten Umgebung. Darunter sind unglaublich schöne Jaspiswürfel, polierte Achate, lilafarbene Amethyste, leuchtendmilchige „Geistersteine", glitzernde Quarze ... eine wahre Schatztruhe. Der Garten ist ein wunderbar idyllischer Ort mit noch mehr Steinen, Gartenzwergen und allerlei Strandgut. Weitere Kollektionen (z. B. von Streichholzschachteln, Kugelschreibern und ausgestopften Vögeln) zeigen, was für eine manische Sammlerin Petra war.

Die meisten Menschen flüchten nach Besichtigung der Steine wieder aus dem Ort, dabei gibt es dort durchaus noch ein paar Hingucker wie den **Kunstgewerbemarkt** (Fjarðarbraut 40; ⌚Juni–Aug. 11–17 Uhr) im „Blauen Haus" oder die **Gallerí Snærós** (Fjarðarbraut 42; ⌚Juni–Mitte Aug. 11–17 Uhr), eine der ältesten ländlichen Galerien Islands. Sie ist das Atelier zweier einheimischer Künstler, die sich in den unterschiedlichsten Kunstformen austoben.

Es gibt zwar einen netten, unbemannten **Campingplatz** (pro Pers. 1000 ISK) am Ostrand des Dorfs, aber viel toller ist das **Kirkjubær** (☎892 3319, 846 0032; www.simnet.is/brigiral; Fjarðarbraut 37a; B 4000–5000 ISK), eine der beeindruckendsten Unterkünfte des ganzen Landes. Die winzige alte Kirche von 1925 befindet sich in Privatbesitz und wurde zu einem schnuckeligen Hostel mit einem Raum umgebaut. Kanzel und Altar sind noch vorhanden und einige der Kirchenbänke gehören jetzt zum Mobiliar. Es gibt eine voll ausgestattete Küche und ein Bad. Die Betten (meist nur Matratzen) befinden sich im oberen Zwischengeschoss. Hier sollen zehn Personen Platz finden, aber das wäre dann doch etwas sehr kuschelig! Am besten eignet sich das Hostel für Familien oder Gruppen, die den kompletten Raum mieten (16 000 ISK, ohne Bettwäsche). Der Besitzer Birgir wohnt in dem gelben Haus unterhalb der Kirche (Skolúbraut 1) und weiß auch gut Bescheid, was Boots- und Angeltouren auf dem Fjord angeht.

Moderne, komfortable (wenn auch etwas gesichtslose) Zimmer vermietet die neue Pension **Saxa** (☎511 3055; www.saxa.is; Fjarðarbraut 41; Zi. 16 000–29 600 ISK), die ein Vorleben als Supermarkt (!) hinter sich hat und am Wochenende auch als Café fungiert. Gegenüber auf der anderen Straßenseite liegt das **Brekkan** (Fjarðarbraut 44; Gerichte 650–1550 ISK; ⌚Mo–Fr 9.30–22, Sa 10–22, So 1–21 Uhr), die örtliche „Futterstelle" mit Burgern und getoasteten Sandwiches. Im Hinterzimmer werden Lebensmittel verkauft.

Busverbindungen ab Reyðarfjörður stehen auf S. 274.

Breiðdalsvík

190 EW.

Das Fischerdörfchen Breiðdalsvík liegt wunderschön am Ende von Islands breitestem Tal, dem Breiðdalur. Es ist ein sehr ruhiger Ort – mehr eine Basis für Wanderungen in den nahen Bergen und zum Angeln in den Flüssen und Seen als selbst ein sehenswertes Ziel.

Im Zentrum des „Dorfs" (wenn man es denn so nennen kann) liegt das **Hótel Bláfell** (☎475 6770; www.hotelblafell.is; Sólvellir 14; DZ inkl. Frühstück 21 900–26 900 ISK; 📶) mit neu eingerichteten, in einer Grundfarbe gehaltenen Zimmern, kostenloser Gästesauna und schöner Lounge mit Kamin. Die einfallslose Einrichtung des Restaurants sollte keinen abschrecken, hier zu essen – das Abendbuffet im Sommer ist zu Recht sehr beliebt. Camper können ihr Zelt auf dem kostenlosen Platz hinter dem Hotel aufschlagen. Nicht weit davon serviert das Café **Kaupfjelagið** (Sólvellir 23; ⌚Juni–Aug. 10.30–17 Uhr) leckere Pizzas und als „Beilage" Souvenirs aus dem angeschlossenen Kunstgewerbeladen. **Breiðdalssetur** (www.breiddalur.is; Ásvegí; ⌚Juni–Aug. 10.30–18 Uhr) ist ein kleines Museum mit Touristeninformation.

Außerhalb von Breiðdalsvík, an der Straße *96* nach Stöðvarfjörður, liegt die elegante, an ein Boutique-Hotel erinnernde Pension **Café Margret** (☎475 6625; cafemargret@simnet.is; EZ/DZ inkl. Frühstück 75/120 €; 📶). Sie wird von Deutschen betrieben und bietet vier hübsche, durch finnisches Kiefernholz gemütliche Zimmer voller Antiquitäten und Quilts. Das ebenso schmucke Restaurant (Hauptgerichte 1900 bis 3500 ISK) mit seiner deutsch inspirierten Küche und köstlichen Kuchen ist es wert, eine Pause einzulegen – auch wenn Gäste dort eher frostig empfangen werden.

Busverbindungen ab Reyðarfjörður stehen auf S. 274.

Von Breiðdalsvík nach Djúpivogur

BREIÐDALUR

Auf ihrem Weg zurück zur Küste passiert die Ringstraße das liebliche, zwischen bunten Rhyolitfelsen hingekuschelte Tal Breiðdalur. **Odin Tours Iceland** (☎849 2009; www.odintoursiceland.com) bietet in dieser Gegend Ausritte, Wanderungen und Unterkünfte auf dem Bauernhof an. **Strengir** (☎660 6890; www.strengir.com) zeigt Anglern, wo's hier die meisten Lachse gibt, und bietet ihnen eine luxuriös-zünftige Unterkunft an (ganzjährig geöffnet) – Genaueres steht auf der Website.

In einem ehemaligen Schulhaus logiert das **Hótel Staðarborg** (☎475 6760; www.stadarborg.is; EZ/DZ inkl. Frühstück ab 13 900/18 600 ISK; @📶) mit ordentlichen, modernen Zimmern plus Sauna und Angelmöglichkeiten am See. Wer mit eigenem Schlafsack kommt, bezahlt 6000 ISK, Abendessen wird für 4500 ISK angeboten, auch Camper sind willkommen. Das Hotel Staðarborg liegt 7 km westlich von Breiðdalsvík an der Ringstraße.

BERUFJÖRÐUR

Südlich vom Breiðdalur-Tal, an der Ringstraße, liegt der Berufjörður, ein länglicher Fjord zwischen Rhyolitbergen. Das Südwestufer wird von dem auffälligen, pyramidenförmigen Berg **Búlandstindur** dominiert, der sich 1069 m über dem Wasser erhebt. Der westlichste Bergrücken wird Goðaborg („Gottesfelsen") genannt. Als Island im Jahr 1000 offiziell zum Christentum konvertierte, sollen die Einheimischen ihre heidnischen Bildnisse zum Berggipfel geschleppt und von dort in die Tiefe geworfen haben.

Rund um den Berufjörður verlaufen mehrere historische Wanderwege durch das abschüssige und zerklüftete Terrain. Die bekannteste Bergtour beginnt am Hof Berufjörður am Ende des Fjords und führt über den 700 m hohen Berufjarðarskarð ins Breiðdalur-Tal.

LP TIPP **Berunes HI Hostel** (☎478 8988, 869 7227; www.berunes.is; B/DZ ohne Bad 3800/10 000 ISK, Hütten ab 18 000 ISK, inkl. Frühstück; ⏲April–Sept.; @📶) Laut dem leutseligen Besitzer Ólafur steht die 100-jährige Farm unter dem Schutz eines „guten Geistes". Das herrlich knarzende, alte Bauernhaus hat kleine Zimmer und Nischen, dazu eine Küche und eine Lounge, weitere Zimmer befinden sich im neueren Haus. Camper können draußen für 1200 ISK pro Person ihr Zelt aufstellen, außerdem stehen einige Hütten und zwei motelähnliche Unterkünfte mit gemachten Betten und eigenem Bad (DZ 20 000 ISK) zur Wahl. Zum Frühstück (1500 ISK) gibt's leckere hausgemachte Pfannkuchen, im Sommer nimmt auch ein Restaurant den Betrieb auf (Selbstversorger sollten ihre Vorräte mitbringen). Wer will, kann in der Kirche nebenan (19. Jh.) Orgel spielen. Für HI-Mitglieder gibt's 600 ISK Ermäßigung, für Leihbettwäsche werden 1250 ISK berechnet. Das Hostel liegt an der Ringstraße, 25 km südlich von Breiðdalsvík; Busse auf der Strecke Egilsstaðir-Höfn machen hier Halt.

ABSTECHER

PAPEY

Der Name der vor der Küste liegenden Insel Papey (Mönchsinsel) lässt vermuten, dass sie einst eine Niederlassung irischer Mönche war, die wahrscheinlich für kurze Zeit in Island lebten, bevor sie vor den eindringenden Nordmännern fliehen mussten. Früher wurde die nur 2 km² große, friedliche Insel landwirtschaftlich genutzt, heute leben hier nur noch Robben und Seevögel, darunter eine riesige Horde Papageitaucher. Weitere Highlights sind der Fels Kastali („Burg"), auf dem „verborgene Wesen" leben, ein Leuchtturm von 1922 und Islands älteste und kleinste Holzkirche (von 1807).

Papeyjarferðir (☎478 8838, 866 1353; www.djupivogur.is/papey; Erw./Kind 6500/3500 ISK) bietet von Juni bis August eine vierstündige Tour zur Insel an, die auf diversen Wanderwegen durch die hier heimische Tierwelt führt. Sie beginnt täglich um 13 Uhr im Hafen von Djúpivogur – vorausgesetzt, das Wetter stimmt. Bei Sonnenschein ist es ein wirklich hinreißender Ausflug. Ohne ordentliches Schuhwerk läuft allerdings nichts, denn die Insel ist das ganze Jahr über sumpfig und nass.

Djúpivogur

460 EW.

Das nette kleine Fischerdorf an der Mündung des Berufjörður bietet Sommergästen einen idyllischen Rückzugsort. Die adretten historischen Häuser, das Museum und der kleine Hafen lohnen eine Stippvisite. Hauptsächlich kommen Besucher jedoch hierher, weil hier das Boot zur Insel Papey ablegt.

Djúpivogur (*dju*-pi-vor) ist der älteste Hafen der Ostfjorde – ihn gab es schon im 16. Jh., als deutsche Kaufleute Handelswaren importierten. Das letzte aufregende Ereignis fand 1627 statt, als Piraten aus Nordafrika an Land ruderten, das Dorf und die umliegenden Höfe plünderten und Dutzende Einwohner als Sklaven verschleppten.

Der Ort bietet alles Notwendige (Supermarkt, Bank, Postamt, Schwimmbad). Touristenprospekte und eine Landkarte gibt's im Langabúð, weitere Informationen stehen auf www.djupivogar.is. In der Gegend wimmelt es nur so von Vögeln und wer sich dafür interessiert, sollte mal auf www.birds.is nachschauen – die Website ist nicht immer auf dem neuesten Stand, bietet aber viele allgemeine Infos.

Sehenswertes & Aktivitäten

Einige der hübschen **Holzhäuser** stammen vom Ende des 19. Jhs. Das älteste Haus, das lange, leuchtend rote **Langabúð**, ist ein hölzerner Speicher aus dem Jahr 1790 am Hafen, in dem heute die Touristeninformation, ein Café und ein ungewöhnliches **Heimatmuseum** (Erw./Kind 500/300 ISK; ⏲Juni–Aug. 10–18 Uhr) untergebracht sind. Unten sind Werke des renommierten Bildhauers Rikarður Jónsson (1888–1977) ausgestellt: naturalistische Büsten prominenter Isländer, Spiegel mit Meerjungfrauen, Reliefs von Sagagestalten und mehr. Oben auf dem Speicher, wo es nach Teer riecht, werden Objekte mit Bezug zur Ortsgeschichte gezeigt.

Es lohnt sich, einmal durch den Ort zu bummeln und unterwegs im Kunstgewerbe- und Designladen **Bakkabuð** (⏲Juni–Aug. Mo–Fr 10–18, Sa & So 12–16 Uhr) nicht weit vom Langabúð reinzuschauen. Hinter dem Langabuð geht's zu Fuß oder im Auto auf der Straße westwärts in Richtung Wasser weiter bis zum verblüffenden Kunstobjekt **Eggin í Gleðivík** („Die Eier der fröhlichen Bucht"): Jedes der 34 überdimensionalen Eier repräsentiert eine heimische Vogelart. Unterwegs lädt ein witziger kleiner **Skulpturengarten** voller Mineralien, Knochen und Treibgut zum Kurzbesuch ein.

Schlafen & Essen

Hótel Framtíð HOTEL €€

(☎478 8887; www.simnet.is/framtid; Vogaland 4; DZ mit/ohne Bad 24 000/16 950 ISK; 📶) Für so ein winziges Dorf ist dieses Hotel am Hafen wirklich beeindruckend! Es hat schon ein paar Jahre auf dem Buckel (das Gebäude stand ursprünglich in Kopenhagen und wurde 1906 in Einzelteile zerlegt und hier wieder aufgestellt), aber ein Anbau neueren Datums sorgt für modernen Komfort. Das Angebot umfasst Schlafsackbetten (DZ 9100 ISK), Pensionszimmer, mit Holz verkleidete Hotelzimmer, vier putzige Hütten mit je vier Schlafplätzen und drei relativ neue Apartments. Es gibt auch Leihfahrräder.

Das elegante Hotelrestaurant (Mittagessen 1590–2420 ISK, Hauptgerichte abends 4650–5960 ISK) ist auf jeden Fall die attraktivste Essadresse am Platz. Gegrillte Hummerschwänze und Lammfilet aus dem Ofen sind für Gaumen und Geldbeutel das Nonplusultra, aber es gibt auch Pizza ab 2000 ISK.

Campingplatz CAMPINGPLATZ €

(pro Pers. 1050 ISK) Der Platz hinter dem Laden Við Voginn gehört zum Hótel Framtíð, weshalb sich Gäste an der Rezeption dort anmelden müssen. Er ist mit Duschen, Kochgelegenheiten und Waschmaschine ausgestattet.

Langabúð Kaffihús CAFÉ €

(Mittagessen 1350–1590 ISK; ⏲Juni–Aug. Mo–Do 10–18, Sa & So bis 23 Uhr) Das quirlige Café im Langabúð mit passend nostalgischer Atmosphäre bietet Kuchen, Suppen und hausgemachtes Brot an.

Við Voginn GRILL €

(Vogaland 2; Hauptgerichte ab 950 ISK; ⏲Mo–Fr 9–21, Sa & So 10–21 Uhr) Ob Einheimischer oder Tourist, wer es eilig hat, freut sich über das Fast-Food-Lokal mit angeschlossenem Lebensmittelladen.

Samkaup-Strax SUPERMARKT €

(Búland 2; ⏲Mo–Fr 10–18, Sa bis 16, So 12–16 Uhr) Der Supermarkt liegt an der Hauptzufahrtsstraße des Orts und hat einen angeschlossenen **Vínbúð** (⏲Mo–Do 17–18, Fr 16–18 Uhr).

An- & Weiterreise

Die zwischen Egilsstaðir und Höfn pendelnden Sommerbusse halten in Djúpivogur (S. 255).

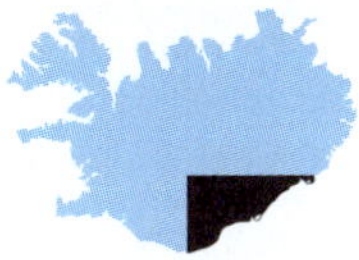

Südostisland

Inhalt »

Gut essen

» Humarhöfnin (S. 301)
» Pakkhús (S. 301)
» Systrakaffi (S. 286)
» Jöklasel (S. 282)
» Þórbergssetur (S. 297)

Schön übernachten

» Hrífunes (S. 287)
» Guesthouse Dyngja (S. 299)
» Viking Cafe (S. 303)
» Árnanes Country Lodge (S. 300)

Auf in den Südosten

Der 200 km lange Abschnitt der Ringstraße zwischen Kirkjubæjarklaustur und Höfn ist überwältigend. Er führt durch riesige Deltas aus grauem Gletschersand, um zerklüftete Bergketten herum und vorbei an verwaist wirkenden Höfen, Gletscherzungen und mit Eisblöcken gefüllten Lagunen. Ortschaften sucht man hier allerdings vergeblich.

Die dominierende Landmarke in der Region ist der imposante Vatnajökull. Seine Gletscherflüsse ergießen sich über Steilhänge ins Meer. Die Gletscherlagune Jökulsárlón derweil ist ein Traum für Fotografen. Wind und Wasser formen hier aus strahlend blauen Eisbergen phantastische Skulpturen.

Die tristen Küstenwüsten aus Gletschersand sind Mahnmale der verhängnisvollen Zusammenstöße zwischen Feuer und Eis. Weiter im Landesinneren liegt das Epizentrum des schlimmsten Vulkanausbruchs in der Geschichte des Landes, die Laki-Krater (Lakagígar). Bei so viel Trostlosigkeit und Verwüstung verwundert es kaum, dass Skaftafell ein beliebtes Reiseziel ist, vor allem bei Wanderern. Diese geschützte Enklave zwischen Gletschern und Sandwüste strotzt im Vergleich geradezu vor Lebendigkeit und Farbe.

Entfernungen (km)

	Höfn	Reykjavík	Jökulsárlón	Skaftafell
Reykjavík	459			
Jökulsárlón	79	378		
Skaftafell	135	323	57	
Kirkjubæjarklaustur	200	257	122	69

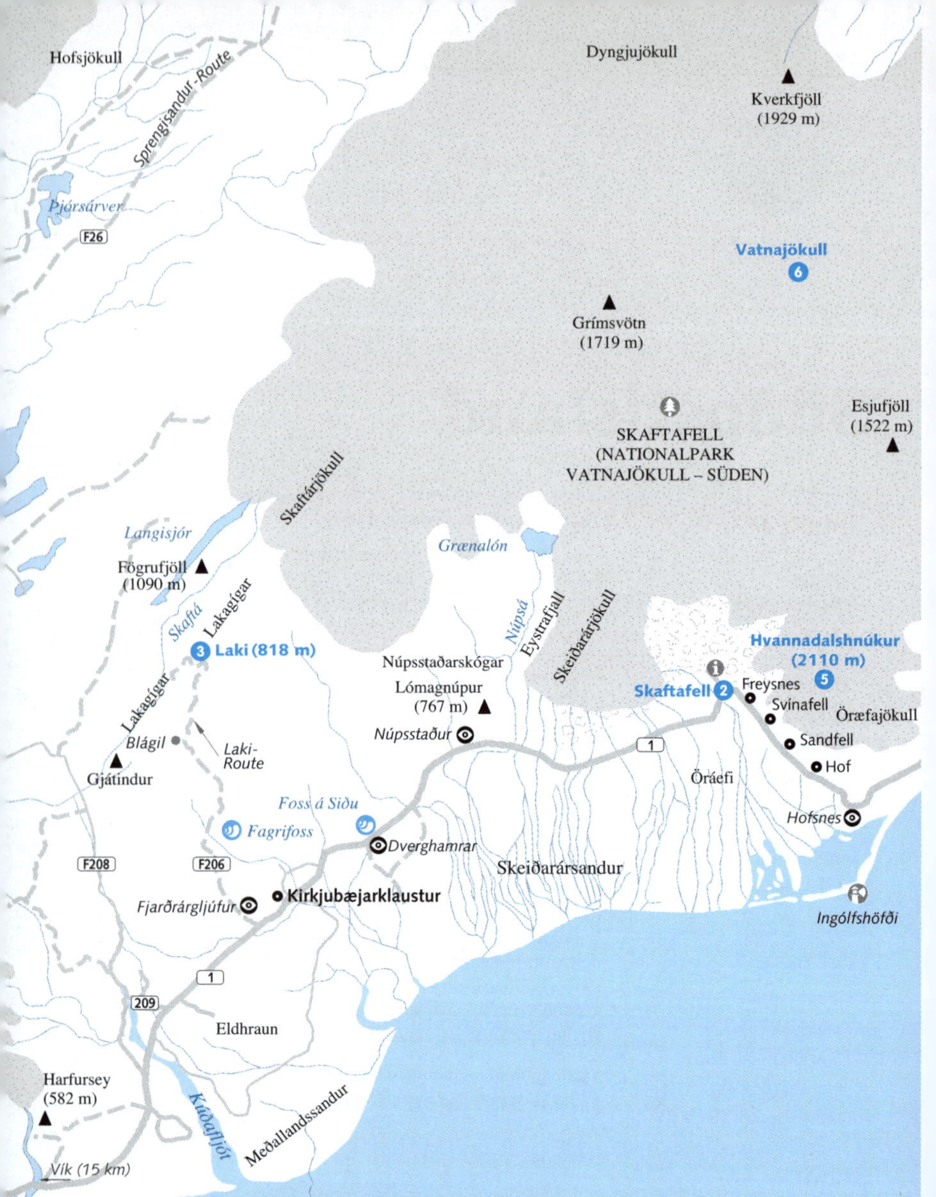

Highlights

1 Die phantasievollen Eisskulpturen am **Jökulsárlón** (S. 296) bestaunen

2 **Skaftafell** (S. 290), den beliebtesten Nationalpark Islands, besuchen, eine artenreiche Grünfläche inmitten ausgedehnter Gletschersanddeltas

3 Auf den **Laki** (S. 288) kraxeln und einen Blick auf drei Gletscher und das verheerende Ausmaß vulkanischer Aktivität ringsum erhaschen

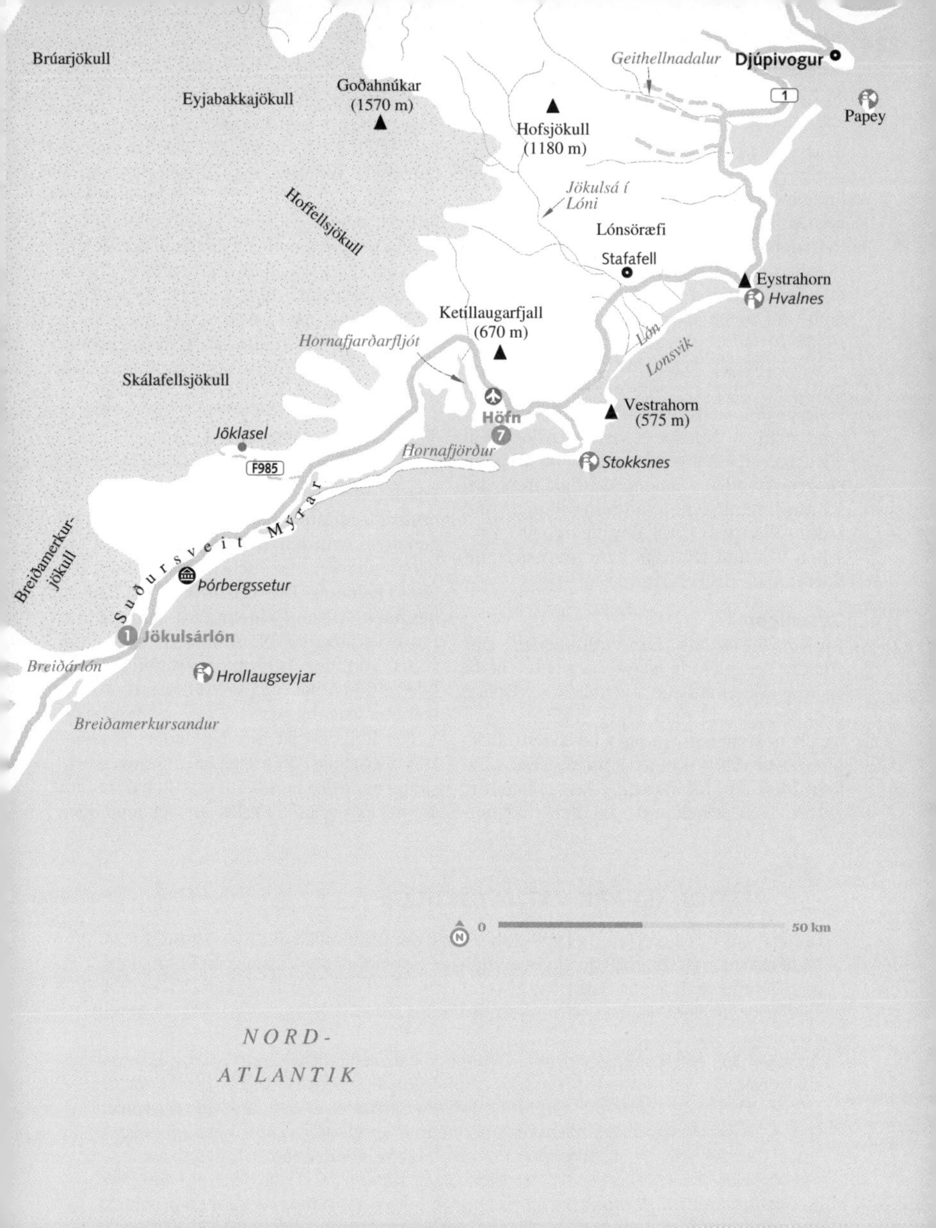

4 Die Steigeisen unterschnallen und eine **Gletscherwanderung** (S. 292) unternehmen

5 Den **Hvannadalshnúkur** (S. 294) erklimmen, Islands höchsten Berg

6 Mit einem Schneemobil über den **Vatnajökull** (S. 302) brausen

7 In den Restaurants von **Höfn** (S. 299) fangfrische Köstlichkeiten genießen

Kirkjubæjarklaustur

120 EW.

Schon so mancher Ausländer hat sich die Zunge verknotet bei dem Versuch, Kirkjubæjarklaustur auszusprechen. Hier eine kleine Hilfestellung: Am besten zerlegt man den Namen in seine Einzelteile: *Kirkju* (Kirche), *bæjar* (Hof) und *klaustur* (Kloster). Die Einheimischen machen es sich einfach und sagen „Klaustur" (ausgesprochen „Klöüstür").

Klaustur ist sogar für isländische Verhältnisse winzig - ein paar Häuser und Höfe liegen verstreut inmitten einer leuchtend grünen Kulisse - und dennoch ein wichtiger Knotenpunkt auf dem Weg zu eindrucksvollen Sehenswürdigkeiten im Landesinneren wie Landmannalaugar und Laki. Außerdem ist es der einzige Ort zwischen Vík und Höfn, in dem man sich mit Vorräten eindecken kann.

Geschichte

Im *Landnámabók* (Landnahmebuch), das von der Besiedelung Islands berichtet, heißt es, das beschauliche Dörfchen zwischen den Bergen und dem Fluss Skaftá sei von irischen Mönchen *(papar)* besiedelt gewesen, bevor die Wikinger kamen. Ursprünglich hieß es Kirkjubær. Das „klaustur" wurde 1186 angehängt, als Benediktinernonnen hier ein Kloster gründeten (neben der heutigen Kirche).

Durch den verheerenden Laki-Ausbruch im späten 18. Jh. wurde die Region schwer getroffen. Westlich von Kirkjubæjarklaustur sind heute noch die Ruinen von Höfen zu sehen, die von ihren Bewohnern verlassen oder vom Lavastrom vernichtet wurden. Das Lavafeld, Eldhraun genannt, ist durchschnittlich 12 m dick. Es umfasst 12 km³ Lava und erstreckt sich über ein Gebiet von 565 km². Damit ist es der größte dokumentierte Lavastrom aus einer einzigen Eruption.

Sehenswertes & Aktivitäten

Die Basaltsäulen von **Kirkjugólf** (Kirchenboden), geglättet und von Moos zusammengehalten, wurden früher für einen alten Kirchenboden und nicht für das Werk der Natur gehalten. Die wabenförmigen Platten befinden sich auf einem Feld etwa 400 m nordwestlich der N1-Tankstelle (ein Pfad führt von der Informationstafel dorthin oder einfach der Straße 203 folgen, wo ein weiterer Zugang ist).

Die Religion ist hier besonders präsent. Die Felssäule **Systrastapi** (Schwesternsäule) nahe der Bergkette westlich der Stadt kennzeichnet eine Stelle, an der angeblich

NATIONALPARK VATNAJÖKULL

Der Vatnajökull ist das größte Eisfeld außerhalb der Polarregionen. Er ist mit 8100 km² mehr als dreimal so groß wie Luxemburg, die Eisdecke ist stellenweise fast 1 km dick (der Durchschnitt liegt bei 400 bis 600 m). Darunter liegen zahllose Gipfel, Täler und eine Reihe aktiver Vulkane und Seen sowie der höchste Punkt des Landes: der Hvannadalshnúkur (2110 m).

Gewaltige, von Rissen zerfurchte Gletscher wälzen sich vom Zentrum des Vatnajökull herab. Am bekanntesten ist der Skaftafellsjökull, ein relativ kleiner Gletscher, der 1,5 km vor dem Campingplatz im Nationalpark Skaftafell endet. Eine weitere Naturschönheit von Rang und Namen ist der Breiðamerkurjökull. Die von ihm abgebrochenen Eisblöcke sind in der atemberaubenden Lagune Jökulsárlón zu bewundern.

2008 wurde der Nationalpark Vatnajökull geschaffen, der das Eisfeld und die einstigen Nationalparks Skaftafell und Jökulsárgljúfur zu einem Megapark zusammenfasst. Zusammen mit ein paar neueren Bereichen hat dieser eine Fläche von 13 600 km² – das entspricht 13 % des Landes. Die landschaftliche Vielfalt ist erstaunlich: Flüsse, Gletschereis, Vulkane und geothermische Aktivität haben ganze Arbeit geleistet.

Große Besucherzentren befinden sich in Skaftafell im Süden, in Jökulsárgljúfur (Ásbyrgi, S. 246) im Norden und in Snæfellsstofa (S. 262) im Osten. Im Südosten arbeiten die Infozentren in Höfn und Kirkjubæjarklaustur mit dem Park zusammen.

Die besten Webseiten für Reisende, die den südlichen Teil des Parks besuchen wollen, sind **Vatnajökull National Park** (www.vjp.is) und **Visit Vatnajökull** (www.visitvatnajokull.is).

HÖLLENFEUER & SCHWEFEL

Die Eruptionen des Vulkans Laki im 18. Jh. brachten Tod und Verwüstung über weite Teile Südostislands, vor allem über Kirkjubæjarklaustur. Am 20. Juli 1783 drohte ein besonders schnell fließender Lavastrom die Stadt unter sich zu begraben.

Pastor Jón Steingrímsson war fest überzeugt, dass dies die Strafe für die Verdorbenheit seiner Schäfchen sei. Deshalb beorderte er die verängstigten Gläubigen in die Kirche. Hier hielt er eine flammende Rede über Höllenfeuer und Schwefel, die draußen von den entsprechenden Special Effects eindrucksvoll untermalt wurde. Am Ende seiner Predigt kam der Lavafluss an einem Felsvorsprung kurz vor der Stadt zum Stehen. Heute heißt diese Stelle Eldmessutangi (Landzunge der Feuerpredigt). Die dankbaren Bewohner vergolten es ihrem Pfarrer, indem er fortan von besten gesellschaftlichen Beziehungen profitierte.

zwei Nonnen hingerichtet wurden, weil sie mit dem Teufel Unzucht getrieben hatten.

Am Westende des Dorfes ergießt sich der wunderschöne, doppelstromige Wasserfall **Systrafoss** über die Klippen in die Schlucht Bæjargil. Im See **Systravatn**, der durch einen netten Bummel zu den Felsen oberhalb des Wasserfalls zu erreichen ist, badeten früher Nonnen.

Die ungewöhnliche **Steingrímsson Gedenkkapelle**, eine dreieckige, Kapelle aus Holz und Stein am Klausturvegur, wurde 1974 geweiht. Sie erinnert an Jón Steingrímssons Eldmessa (Feuerpredigt), die die Stadt am 20. Juli 1783 vor dem Lavastrom gerettet haben soll.

Südlich der Ringstraße liegt das riesige Pseudokraterfeld **Landbrotshólar**. Die Krater entstanden 1783 bei Eruptionen der Lakagígar. Lava ergoss sich über das Sumpfland und der schnell verdunstende Dampf stieg explosionsartig auf, sodass hügelgrabähnliche Erhebungen entstanden.

Geführte Touren

Hólasport JEEPTOUREN
(☎660 1151; www.holasport.is; ⌚Mai–Okt.) Hólasport hat seinen Sitz im Hótel Laki, gleich südlich von Klaustur, und bietet verschiedene Jeeptouren mit hohem Spaßfaktor (Ganztagestour zum Laki: 28 500 ISK, kürzere Fahrten in die Berge oder zu schwarzen Sandstränden ab 13 500 ISK) sowie Ausflüge mit Quads.

Slóðir WANDERN
(☎852 2012; www.slodir.is; ⌚Mitte Juli–Mitte Aug.) Ein Trio fachkundiger Biologen leitet Wanderungen, bei denen sie auch auf die Geologie und Geschichte der Gegend eingehen (zweistündige Abendwanderung: 2000 ISK, Tagestour entlang von Weidepfaden der Schafe: 10 000 ISK).

Flandur Trips JEEPTOUREN, WANDERN
(☎899 8767; www.flandur.is) Maßgeschneiderte Jeep- und/oder Wandertouren durch die Wildnis für bis zu vier Personen (halber/ganzer Tag ab 16 600/28 800 ISK; ganzjährig).

Schlafen & Essen

Klausturhof PENSION €
(☎567 7600; www.klausturhof.is; Klausturvegur 1–5; B 3800–4300 ISK, DZ mit/ohne Bad 16 200/13 500 ISK; 📶) Die helle, neue Anlage hat einen attraktiven Nachbarn, den Wasserfall Systrafoss, und bietet kompakte Zimmer zu vernünftigen Preisen, eine Gästeküche und ein Café. Die Tarife beziehen sich auf fertig bezogene Betten, wer den eigenen Schlafsack mitbringt, spart Geld.

Kirkjubæ II ZELTPLATZ €
(☎894 4495; www.kirkjubaer.com; Stellplätze 1100 ISK pro Pers.; ⌚Juni–Sept.) Ordentlicher Zeltplatz mit schützenden Hecken mitten im Ort. Zu den netten Einrichtungen gehören eine Küche, Warmwasserduschen und Waschmaschinen.

Icelandair Hótel Klaustur HOTEL €€
(☎487 4900; www.icelandairhotels.is; Klausturvegur 6; DZ ab 27 600 ISK; ⌚Mitte Dez.–Mitte Jan. geschl.; 📶) Ein liebenswertes Management, ein ansprechendes Businesshotel-Dekor sowie eine sonnige Essterrasse und eine Bar-Lounge zeichnen das Hótel Klaustur aus. Im Restaurant gibt's typisch isländische Küche, formvollendet zubereitet.

Kleifar ZELTPLATZ €
(Stellplätze 800 ISK pro Pers.; ⌚Juni–Aug.) Es gibt noch einen zweiten, sehr einfachen Campingplatz mit Toiletten und fließendem Wasser 1,5 km an der Straße 203 entlang (Richtung Geirland ausgeschildert). Er liegt sehr malerisch neben einem Wasserfall.

Systrakaffi INTERNATIONAL €€
(www.systrakaffi.is; Klausturvegur 12; Hauptgerichte 900–3600 ISK; ⌚Juni–Aug. 12–22 Uhr, Mitte April–Mai & Sept. 18–22 Uhr) Am meisten los ist in dieser heiß und innig geliebten Café-Bar. Auf der abwechslungsreichen Karte stehen Pizzas und Burger, die Spezialität sind aber Forelle und Lamm aus der Region.

Kaffi Munkar CAFÉ €€
(Klausturvegur 1–5; Hauptgerichte 1250–3200 ISK; ⌚8–21 Uhr) Am westlichen Ende der Stadt findet man dieses nette Café in der Pension Klausturhof. Dort gibt's Frühstück, aber auch große Portionen Fischeintopf.

Skaftárskáli IMBISS €
(N1; ⌚8.30–21 Uhr) Soll es ein schneller Happen zwischendurch sein, ist dieser Tankstellenimbiss die richtige Adresse.

Kjarval SUPERMARKT €
(Klausturvegur 13; ⌚Juni–Aug. 9–20 Uhr, Sept.–Mai Mo–Fr 10–18, Sa 10–14 Uhr) Für Selbstversorger. Bank und Post sind gleich nebenan.

Praktische Informationen

Die **Touristeninformation** (☎487 4620; www.klaustur.is; Klausturvegur 10; ⌚Juni–Aug. Mo–Fr 9–19, Sa & So 10–18 Uhr, 1.–15. Sept. tgl. 10–18 Uhr) befindet sich im lokalen Besucherzentrum Skaftárstofa, das nicht nur über die nähere Umgebung, sondern auch über den Katla Geopark und den Nationalpark Vatnajökull informiert und einen kurzen Film über den Laki-Ausbruch zeigt.

An- & Weiterreise

Alle Busse zwischen Reykjavík und Höfn halten in Klaustur. Der Ort ist ein wichtiger Verkehrsknotenpunkt auf der Route nach Landmannalaugar und zum Laki. Die Busse halten an der N1-Tankstelle.

Von Mitte Mai bis Mitte September bedient **Sterna** (☎551 1166; www.sterna.is) die Strecke Reykjavík–Höfn (Bus 12/12 a) einmal täglich. Das Stück von Reykjavík nach Klaustur kostet 8100 ISK (5¼ Std.).

Strætó (☎540 2700; www.straeto.is) bietet von Juni bis August zweimal täglich eine Verbindung von Reykjavík nach Höfn (Bus 51). Im Winter verkehren nur drei Busse pro Woche und Sitzplätze müssen vorab reserviert werden. Von Reykjavík bis Klaustur zahlt man 5950 ISK.

Reykjavík Excursions (Kynnisferðir; ☎580 5400; www.re.is) hat folgenden Streckenplan:

BUS 10/10 A Skaftafell–Klaustur–Eldgjá–Landmannalaugar; Mitte Juni bis Mitte September einmal täglich. Kann auch für eine Tagestour genutzt werden (Klaustur–Landmannalaugar: 5200 ISK).

BUS 16/16 A Skaftafell–Laki; Juli bis Mitte September einmal täglich. Kann als Tagestour ab Skaftafell oder Klaustur mit vier Stunden Aufenthalt am Laki genutzt werden (ab Klaustur: 10 400 ISK).

BUS 20/20 A Reykjavík–Skaftafell; Juni bis Mitte September einmal täglich. Längere Unterbrechungen in den Orten an der Südküste. In Skaftafell bestehen weitere Verbindungen in den Osten.

Rund um Kirkjubæjarklaustur

Sehenswertes

Fjarðrárgljúfur SCHLUCHT
Die malerische und düstere Schlucht, die der Fluss Fjarðrá grub, ist beeindruckende 2 Mio. Jahre alt. Ein Wanderweg verläuft ein paar Kilometer an ihrem Südrand entlang. An vielen Stellen blickt man in gähnende, felsige Abgründe.
Die Schlucht liegt 3,5 km nördlich der Ringstraße. Der Weg hierher führt entweder zu Fuß über Lavafelder oder über die Straße 206 (an dem Schild nach Laki der linken Gabelung folgen), bevor sie zu einer F-Straße wird.

Foss á Síðu & Dverghamrar WASSERFALL
Der Foss á Síðu 11 km östlich von Kirkjubæjarklaustur ist ein bildhübscher Wasserfall, der normalerweise von den Klippen herabstürzt. Wenn aber der Wind vom Meer her besonders heftig bläst, fließt er tatsächlich aufwärts! Gegenüber dem Wasserfall liegt die Steilklippe Dverghamrar („Trollfelsen") mit klassischen **Basaltsäulen**. Hier leben angeblich Vetreter des isländischen Huldufólk (Elfen).

Schlafen & Essen

In der Gegend um Kirkjubæjarklaustur gibt es jede Menge rustikal-ländliche Schlafgelegenheiten.

Hörgsland ZELTPLATZ, HÜTTEN €
(☎487 6655; www.horgsland.is; Stellplätze 1000 ISK pro Pers., Hütten für 2/6 Pers. 13500/25 500 ISK, Pension DZ mit/ohne Bad inkl. Frühstück 19000/16000 ISK) An der Ringstraße, ca. 8 km nordöstlich von Klaustur, liegt dieses Minidorf mit makellos sauberen, geräumigen, voll ausgestatteten Hütten, in denen mindestens sechs Personen übernachten können. Die nigelnagelneuen Pensionszimmer sind als Letztes hinzugekommen. Alternativ kann man auch sein Zelt aufschlagen. Draußen laden Hot Pots zum Entspannen

ein. Außerdem gibt's ein einfaches Laden-Café, in dem Frühstück und Abendessen serviert werden.

Hótel Laki LANDGASTHOF **€€**
(☎487 4694; www.hotellaki.is; DZ inkl. Frühstück ab 195 €; 📶) Was als einfache Unterkunft im Bauernhaus begann, hat sich zu einem riesigen Hotel gemausert. Es steht 5 km südlich von Klaustur (der Straße 204 folgen) auf einem Stück Ackerland. Neben den komfortablen 64 Zimmern gibt es voll ausgestattete Hütten für Familien und einen Golfparcours (9 Löcher), einen Hot Pot und ein Restaurant. Als Aktivitäten werden Quad- und Superjeeptouren (S. 285) sowie Fischen im See angeboten.

LP TIPP **Hrífunes** PENSION **€€**
(☎863 5540; www.hrifunesguesthouse.is; DZ mit/ohne Bad inkl. Frühstück 24 000/19 000 ISK; ⏲Juni–Mitte Sept.; 📶) An der Straße 209, etwa 7 km von der Ringstraße entfernt und auf halber Strecke zwischen Kirkjubæjarklaustur und Vík, steht diese nette Pension in einem ehemaligen Gemeindehaus. Es hat sehr viel Flair (Marke Landhausschick plus umwerfende Fotografien des Besitzers, der auch Fototouren organisiert) und ist mit einer Gästeküche (in einem anderen Gebäude) und einer gemütlichen Lounge ausgestattet. Die Gäste werden mit köstlichen zwei- oder dreigängigen Abendmenüs verwöhnt (4200/5200 ISK). In der Nebensaison dürfen sich kleine Gruppen (mind. 4 Pers.) hier einquartieren oder gleich das ganze Haus mieten.

Lakagígar

Schier unbegreiflich ist das Ausmaß der Laki-Eruptionen, des katastrophalsten Vulkanausbruchs der Menschheitsgeschichte.

Im Frühjahr 1783 riss eine Feuerspalte auf und aus 135 Kratern wurde geschmolzenes Gestein bis zu 1 km hoch in die Luft geschleudert. Diese Skaftáreldar (Feuer des Skaftá) dauerten acht Monate und spie mehr als 30 Mrd. Tonnen Lava aus, die ein Gebiet von 500 km^2 mit einer bis zu 19 km dicken Lavaschicht bedeckten. 50 Höfe in dieser Region wurden vernichtet.

Noch verheerender waren die Hunderte Mio. Tonnen Asche und Schwefelsäure, die aus den Vulkanspalten aufstiegen. Ihre Wolken verdunkelten die Sonne und vernichteten das Gras. Zwei Drittel des isländischen Viehs starben entweder den Hungertod oder wurden vergiftet. Über 9000 Menschen – ein Fünftel der damaligen Landesbevölkerung – wurden getötet. Der Rest fiel der nachfolgenden Móðuharðindi (Hungersnot) zum Opfer.

Doch der Schaden blieb nicht auf Island begrenzt. Auf der gesamten Nordhalbkugel verdunkelten Aschewolken die Sonne. Die Temperaturen kühlten ab und saurer Regen fiel vom Himmel, was zu verheerenden Missernten in Japan, Alaska und Europa führte (die vielleicht ein Mitauslöser für die Französische Revolution waren).

Heute ist dem Lavafeld das apokalyptische Szenario, aus dem es vor über 230 Jahren entstand, kaum noch anzusehen. Seine gewundenen, schwarzen Lavaformationen sind mit weichem, grünem Moos überwuchert.

Das gesamte Lakagígar-Gebiet gehört heute zum Nationalpark Vatnajökull (www.vjp.is). In der Hauptsaison (Mitte Juli–Mitte Aug.) stehen von 11 bis 15 Uhr Parkranger am Parkplatz bereit. Vor Kurzem wurde ein 500 m langer Naturlehrpfad eröffnet. Dazu gibt es eine Broschüre, die auch online heruntergeladen werden kann. Sie informiert über die faszinierende Geschichte, Geologie und Biologie der Gegend. Achtung: In dieser ökologisch fragilen Region ist es wichtig, sich an die ausgewiesenen Wege zu halten!

Campen ist im Laki-Reservat verboten. Der nächstgelegene Campingplatz mit Toilette und Frischwasser ist in Blágil, etwa 11 km von Laki entfernt. Seit einiger Zeit ist der Bau eines Informationszentrums und mehrerer Hütten für Touristen in Galti im Gespräch. Die aktuellesten Infos findet man auf der Webseite des Nationalparks.

Geführte Touren

Hólasport JEEPTOUREN
(☎660 1151; www.holasport.is) Hólasport ist im Hótel Laki, gleich südlich von Kirkjubæjarklaustur, zu finden und hat Jeeptouren zu den Laki-Kratern im Angebot (Juni–Ende Sept., 28 500 ISK).

Reykjavík Excursions WANDERN
(Kynnisferðir; ☎580 5400; www.re.is) Bei der Tagestour hat man etwa vier Stunden Zeit, um in der Kratergegend wandern zu gehen. Sie findet von Juli bis Mitte September täglich statt. Los geht's um 8 Uhr in Skaftafell (13 800 ISK) und um 9 Uhr an der N1-Tankstelle in Kirkjubæjarklaustur (10 400 ISK). Proviant fürs Mittagessen einpacken!

An- & Weiterreise

Von Mitte Juni bis Mitte September ist die F206 gleich westlich von Kirkjubæjarklaustur gewöhnlich problemlos passierbar (www.vegagerdin.is konsultieren). Bis zur Kraterreihe sind es 50 lange und holprige Kilometer. Die Straße ist für Autos mit Zweiradantrieb ungeeignet, weil sie durch einige Flüsse führt. Selbst Geländewagen mit niedrigem Radstand könnten im Frühling bei Tauwetter oder nach Regen Probleme haben, wenn die Flüsse viel Wasser führen. Gegebenenfalls ist eine Tour die bessere Option.

LAKI

Owohl der als Laki bekannte Vulkangipfel (818 m) erloschen ist, ist die noch immer aktive, 25 km lange Lakagígar-Kraterreihe nach ihm benannt. Sie erstreckt sich von seinem Fuß in nordöstlicher und südwestlicher Richtung. Der Laki lässt sich vom Parkplatz aus in ca. 40 Minuten besteigen und ist absolut sehenswert. Vom Gipfel reicht der Blick über die aktive Vulkanspalte, riesige Lavafelder und glitzernde weiße Gletscher in der Ferne.

DIE LAKAGÍGAR-KRATER

Die Lakagígar-Krater sind faszinierend zu erkunden. Das gesamte Gebiet ist von schwarzen Sanddünen und Lavatunneln durchzogen, viele davon mit winzigen Stalaktiten. Am Fuß des Laki führen gekennzeichnete Wanderwege in die beiden nächstgelegenen Krater und zu einem interessanten Lavatunnel. Eine weitere Höhle, in zwei Stunden zu Fuß südlich des Laki-Parkplatzes zu erreichen, beherbergt einen geheimnisvollen See.

FAGRIFOSS

Der Name Fagrifoss („Schöner Fall") ist absolut berechtigt: Der Wasserfall ist einer der spektakulärsten Islands und stürzt über einen riesigen schwarzen Felsen in die Tiefe. Die Abzweigung liegt auf dem Weg zum Laki nach ca. 24 km an der F206. Der Fagrifoss ist ein Programmpunkt bei sämtlichen Lakagígar-Touren.

Die Sander

Die Sander sind trostlos-flache Einöden an der Südostküste Islands. In den Bergen sammeln Gletscher Schlick, Sand und Kies, die durch Gletscherflüsse oder (deutlich dramatischer) Gletscherbrüche zur Küste transportiert werden und sich dort in Form von riesigen, wüstenähnlichen Ebenen ablagern. Die Sander sind so beeindruckend riesig und erschreckend, dass der isländische Begriff (Singular: Sandur) sich zur Beschreibung dieses topografischen Phänomen international durchgesetzt hat.

Der Skeiðarársandur ist ein besonders spektakuläres Beispiel und erstreckt sich über gut 40 km zwischen Eisfeld und Küste von Núpsstaður bis Öræfi – ausgedehnte Ebenen von grauschwarzem Sand, heftige, schneidende Winde (ein Albtraum für Radfahrer) und schnell fließende, graubraune Gletscherflüsse.

Das **Hvoll Guesthouse** (☎487 4785; www.road201.is; DZ ohne Bad ab 14 300 ISK; ⏱Mitte März–Okt.) am Rande des Skeiðarársandur, 3,5 km südlich der Ringstraße (über eine Schotterpiste zu erreichen), gehörte früher zum Internationalen Jugendherbergsverband. Es wirkt trotz seiner Größe sehr abgeschieden, hat aber eine betriebsame Atmosphäre. Zur Anlage gehören mehrere Gästeküchen. (Lebensmittel mitbringen! Der nächste Supermarkt befindet sich im 25 km entfernten Klaustur.) Außerdem kann man Wäsche waschen, es gibt allerdings weder Internet noch WLAN. Ein Doppelzimmer (Übernachtung im Schlafsack) kostet 11 800 ISK. Im Sommer wird Frühstück zubereitet (1600 ISK). Das Road

ANGRIFF DER SKUAS

Die großartigen Sanderregionen an Islands Südküste sind das weltgrößte Brutgebiet der Skuas (Große Raubmöwen, lateinisch *Stercorarius skua*, isländisch *skúmur*). Die großen, kräftigen und schmutzig-braunen Vögel mit ihren weiß gefleckten Flügeln bauen ihre Nester in den Grasbüscheln im Aschensand. Oft zwingen sie Möwen, ihr Futter auszuspeien, töten und fressen Papageitaucher und andere kleinere Vögel oder stoßen auf Menschen herab, die sich zu nah an ihre Nester wagen.

Glücklicherweise (im Gegensatz zu den angriffslustigen arktischen Küstenseeschwalben) lassen die Skuas einen in Ruhe, sobald man sich aus dem Gebiet entfernt, das sie verteidigen. Luftangriffe lassen sich auch mit Stöcken oder durch das Tragen von Hüten abwehren.

JÖKULHLAUP!

Ende 1996 erschütterte der verheerende Ausbruch des Grímsvötn – Islands viertgrößte Eruption im 20. Jh. nach Katla 1918, Hekla 1947 und Surtsey 1963 – Südostisland und führte zu einem dramatischen Gletscherlauf *(jökulhlaup)* über den gesamten Skeiðarársandur. Die Ereignisse, die ihm vorausgingen, waren eine ernüchternde Mahnung daran, wie instabil die Konstellation aus Feuer und Eis in Island ist.

Am Morgen des 29. September 1996 erschütterte ein Erdbeben der Stärke 5,0 den Vatnajökull. Magma aus einem neuen Vulkan im Gebiet der Grímsvötn unterhalb des Vatnajökull hatte sich seinen Weg durch die Erdkruste ins Eis gebahnt und brach eine 4 km lange Spalte (bekannt als Gjálp) unter der Oberfläche auf. Am nächsten Tag brach das Wasser durch die Oberfläche. Eine 10 km hohe Dampfsäule wurde in den Himmel geschleudert.

Wissenschaftler waren besorgt, als sich der Untergletschersee im Grímsvötn-Krater aufgrund der Eruption mit Schmelzwasser füllte. Vorhersagen am 3. Oktober gingen davon aus, dass sich das Eis heben und sich der See über den Skeiðarársandur ergießen und die Ringstraße und ihre Brücken bedrohen würde. In der Hoffnung, das Flutwasser von den Brücken ableiten zu können, wurden am Skeiðarársandur umfangreiche Deichbauprojekte gestartet.

Am 5. November, über einen Monat nach Beginn der Eruption, hob sich das Eis tatsächlich, und der Grímsvötn-Krater entlud sich in einem gewaltigen *jökulhlaup*, bei dem bis zu 3000 Mrd. Liter Wasser innerhalb von ein paar Stunden austraten. Das Flutwasser, das Eisberge in der Größe von dreistöckigen Häusern mit sich riss, zerstörte die 375 m lange Gígjukvísl-Brücke und die 900 m lange Skeiðará-Brücke über den Skeiðarársandur. Ein Video von dem Ausbruch und den tonnenschweren Eisblöcken, die über den Skeiðarársandur fegen, ist im Skaftafell-Besucherzentrum zu sehen.

Der Ausbruch des Grímsvötn schuf auch die Ásbyrgi-Schlucht (S. 247), die in nur wenigen Tagen durch verheerende Wassermassen ausgewaschen wurde. 1934 setzte eine Eruption einen *jökulhlaup* von 40 000 m³ Wasser pro Sekunde frei, der den Fluss Skeiðará auf 9 km Breite anschwellen ließ und riesige landwirtschaftliche Flächen vernichtete.

Der Grímsvötn ist seither wiederholt ausgebrochen, im Dezember 1998, im November 2004 und zuletzt im Mai 2011. Eine gewaltige Aschefahne wurde in die Atmosphäre geschleudert und behinderte den Flugverkehr (das war aber nichts verglichen mit dem Ausbruch des Eyjafjallajökull 2010). Keine der drei Eruptionen zog einen *jökulhlaup* nach sich.

201 (so das Alter Ego dieser Unterkunft) ist die perfekte Ausgangsbasis für Ausflüge nach Skaftafell und zu den Sandern. Es sollte kein Problem sein, sich von den Busfahrern an der Abzweigung auf der Ringstraße absetzen zu lassen.

Westlich des Hvoll Guesthouse ist noch eine Unterkunft, das **Islandia Hotel Núpar** (☎517 3060; www.islandiahotel.is; EZ/DZ inkl. Frühstück 150/175 €; ⊙Mitte Mai–Mitte Sept.). Dort nächtigt man in modernen, minimalistischen Zimmern mit schöner Aussicht. In dem wenig anheimelnden Restaurant wird abends ein Buffet aufgebaut.

MEÐALLANDSSANDUR

Das Gebiet erstreckt sich über den Bezirk Meðalland südlich der Eldhraun und östlich des Flusses Kúðafljót. Diese Sandwüste ist so flach und ohne jede sichtbare Erhebung, dass schon einige Schiffe an der Küste auf Grund liefen, weil sie nicht erkannten, dass sie sich dem Land näherten. Schiffbrüchige Seeleute starben bei dem Versuch, an Land zu kommen, im Treibsand. Heute ist die Küste von einigen kleinen Leuchttürmen flankiert.

SKEIÐARÁRSANDUR

Der Skeiðarársandur, der größte Sander der Welt, bedeckt ein 1000 m² großes Areal und wurde von dem mächtigen Skeiðarárjökull gebildet. Seit der Besiedlungszeit hat der Skeiðarársandur schon eine Menge Ackerland unter sich begraben und wächst weiter. Das Gebiet war (für isländische Verhältnisse) relativ dicht bevölkert, aber 1362 brach der Vulkan Öræfi unter dem Öræfajökull aus und der nachfolgende *jökulhlaup* („Gletscherlauf"; durch vulkanische Aktivität entleeren sich unter einer Eiskappe befindliche Gewässer und verursachen Flutwellen) verwüstete den gesamten Bezirk.

Der Abschnitt der Ringstraße, der durch den Skeiðarársandur führt, wurde als letzter vollendet – übrigens erst 1974 (bis dahin mussten die Einwohner von Höfn über Akureyri nach Reykjavík fahren). Lange Kiesdeiche wurden so positioniert, dass sie Flutwasser von der stark gefährdeten Verkehrsader wegleiten. Sie nützten aber wenig, als Ende 1996 die Brücken der Ringstraße wie Streichhölzer unter dem gewaltigen *jökulhlaup* wegknickten, den die Eruption der Grímsvötn (oder Gjálp) ausgelöst hatten. Verbogene Brückenträger und eine Infotafel an der Ringstraße westlich von Skaftafell erinnern noch daran.

Der Sander ist ein wichtiges Brutgebiet für Skuas – diese Vögel sind besonders gut an die unwirtliche Natur angepasst.

NÚPSSTAÐUR & NÚPSSTAÐARSKÓGAR

Bizarr erodierte Felsen und Spitzen ragen über dem alten, unglaublich fotogenen Torfhof in Núpsstaður auf. Die Hofgebäude stammen aus dem frühen 19. Jh. Bei der idyllischen **Kirche** handelt es sich um eine der letzten Torfkirchen des Landes. Bei Redaktionsschluss war der Hof gesperrt; man darf nicht mit dem Auto auf das Gelände fahren, aber immerhin hinaufspazieren. Er soll 2014 seine Pforten wieder öffnen. Die beste Informationsquelle zum Status quo ist das **Hvoll Guesthouse** (☎487 4785).

Landeinwärts liegt das bildschöne Waldgebiet Núpsstaðarskógar an den Hängen des Berges Eystrafjall. Den Fluss Núpsá zu überqueren ist nicht ganz ungefährlich, deshalb bucht man besser eine Tour in diese Gegend.

Im Juli und August organisieren die **Icelandic Mountain Guides** (☎587 9999; www.mountainguide.is) eine viertägige Wanderung (60 km) durch den Núpsstaðarskógar, zur Lagune Grænalón, über den Gletscher Skeiðarárjökull und zum Morsárdalur im Nationalpark Skaftafell. Die Tour kostet ab 99 000 ISK. Verpflegung, Zelt und Gletscherausrüstung sowie der Transport ab Skaftafell sind inbegriffen.

GRÆNALÓN

Vom Südende des Núpsstaðarskógar aus führt eine zweitägige Wanderung über die Bergkämme und Täler des riesigen Skeiðarárjökull zum Grænalón. Dieser **Eisstausee** kann wie eine Badewanne abfließen. Der „Stöpsel" ist der Westrand des Skeiðarárjökull. Wenn sich der Wasserdruck bis zu einer bestimmten Schwelle aufbaut, bricht der Gletscher und Wasser entweicht aus dem See.

Wer dort hinwandern möchte, muss sich der Tour der Icelandic Mountain Guides von Núpsstaðarskógar nach Skaftafell anschließen, da es unmöglich ist, die Flüsse Núpsá und Súlaá zu Fuß zu durchqueren.

Skaftafell (Nationalpark Vatnajökull – Süden)

Wenn der Nationalpark Vatnajökull eine Krone ist, dann ist Skaftafell der schönste Edelstein darin. Er umfasst atemberaubende Berggipfel und Gletscher und ist das beliebteste Wildnisgebiet des Landes: 170 000 Besucher pro Jahr bestaunen tosende Wasserfälle, knorrige Birkenwälder, ein verworrenes Netz aus Flüssen, die sich durch den Sander schlängeln, und den strahlend blauweißen Vatnajökull mit seinen sich windenden Eiszungen.

Skaftafell ist zu Recht berühmt und nur wenige Isländer – sogar solche, die sonst die freie Natur scheuen – können dem Park widerstehen. An langen Sommerwochenenden scheint ganz Reykjavík (inklusive seiner lautstarken Partys bis in die frühen Morgenstunden) hier einzufallen. Wer jedoch bereit ist, sich auf etwas abgelegenere Pfade zu wagen und die fabelhaften Wanderrouten über Heide- und Hinterland nutzt, lässt die Menschenmengen weit hinter sich.

Flora und Fauna sowie alle Naturerscheinungen des Parks sind geschützt. Offenes Feuer ist verboten und Müll muss mitgenommen werden. In dem gut besuchten Gebiet Skaftafellsheiði muss man auf den befestigten Wegen bleiben, um Schäden an den empfindlichen Pflanzen zu vermeiden.

Wanderer dürfen sich nicht zu nah an die Gletscher heranwagen oder sie ohne geeignete Ausrüstung oder Training besteigen – ein durchschnittlich großer Eisblock, der sich vom Skaftafellsjökull abspaltet, würde jeden im Umkreis von einigen Metern zermalmen.

In Parknähe gibt es nur sehr wenige Übernachtungsmöglichkeiten. Für gründliche Erkundungstouren des Parks also am besten ein Zelt mitbringen oder ein Hotelzimmer buchen.

Geschichte

Historisch war Skaftafell ein großer Bauernhof am Fuß der Berge westlich des heutigen Campingplatzes. Sandflächen begruben allmählich die Felder und drängten den Bauernhof in das besser geeignete Heidegebiet 100 m oberhalb des Sanders. Der Bezirk wurde bekannt als *Hérað milli sandar* (Bezirk zwischen den Sandern), aber nachdem alle Höfe durch die Eruptionen von 1362 dem Erdboden gleichgemacht worden waren, wurde es zum „Land unter den Sandern" und bekam seinen neuen Namen Öræfi (Ödland). Als wieder Pflanzen zu wachsen begannen, wurde der Hof Skaftafell wieder an seiner ursprünglichen Stelle errichtet.

1967 erklärten die isländische Regierung und der WWF Skaftafell zum Nationalpark. Im Juni 2008 wurde er mit dem Nationalpark Jökulsárgljúfur im Norden Islands zusammengelegt. So entstand der riesige, unberührte Nationalpark Vatnajökull.

Aktivitäten

Mittlerweile gibt es einen Weg, der auch für Mountainbikes freigegeben ist. Er ist 13 km lang, führt durch das ausgetrocknete Flussbett des Skeiðará und durch das Tal Morsárdalur zu den Wäldern von Bæjarstaðarskógur.

Glacier Guides (☎571 2100; www.glacierguides.is) unterhält ein Büro in Skaftafell (neben dem Besucherzentrum), verleiht Mountainbikes (2/7/24 Std. 1000/6000/7500 ISK) und organisiert eine sechsstündige Radtour („Skaftafell auf Rädern") auf dem zuvor beschriebenen Pfad inklusive einer Waldwanderung. Sie findet Mitte Mai bis Mitte September viermal pro Woche statt (15 990 ISK).

Skaftafell ist ideal für Tageswanderungen, bietet aber auch längere Wanderstrecken. Die meisten Besucher halten sich an die bekannten Wege durch die Skaftafellsheiði. Wanderungen in anderen zugänglichen Gebieten wie im oberen Morsárdalur und Kjós erfordern mehr Zeit, Motivation und Planung.

Wild zu campen ist im Park nicht erlaubt. Campinglizenzen für Kjós (kostenlos) gibt es im Besucherzentrum. Hier ist auch zu erfragen, wo auf der geplanten Strecke Flussübergänge liegen.

Eine weitere Option ist der Tagestrip über den Bæjarstaðarskógur hinaus in die zerklüfteten Skaftafellsfjöll. Ein lohnenswertes Ziel ist der 862 m hohe Gipfel des

Nationalpark Skaftafell

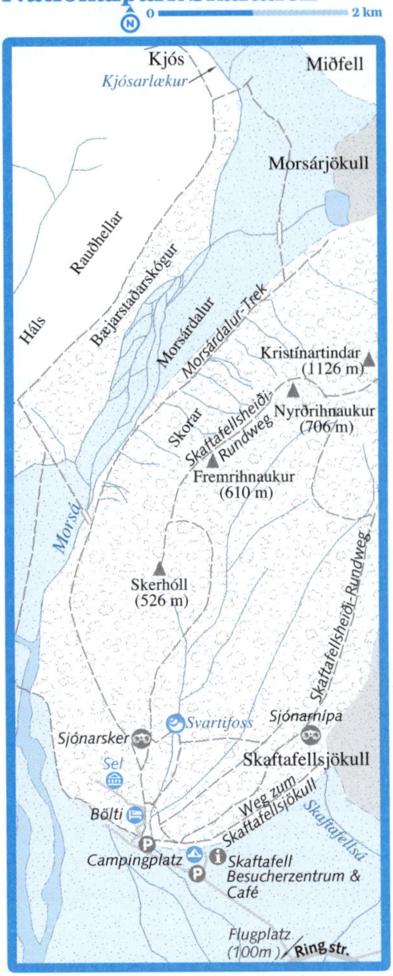

Jökulfell-Kamms, der einen phantastischen Blick auf die endlosen Weiten des Skeiðarárjökull bietet. Noch besser ist ein dreitägiger Ausflug in die Gegend von Kjós.

Unser Tipp: Im Besucherzentrum nach der besten Karte fragen, denn viele sind ein wenig veraltet und seitdem der neue Nationalpark geschaffen wurde, hat sich eine Menge getan. Auch die Parkverwaltung selbst gibt gute Karten mit kürzeren Wanderrouten heraus (250–350 ISK) und verkauft topografische Karten anderer Verlage.

Und noch ein Hinweis: Die Parkranger leiten von Mitte Juni bis Mitte August täglich kostenlose **Wanderungen**, bei denen man viel über die Gegend lernen kann. Los geht's am Besucherzentrum. Auf der Webseite nachschauen oder die Angestellten fragen.

SVARTIFOSS

Das Starmotiv auf Hunderten von Ansichtskarten ist der düstere Svartifoss („Schwarzer Wasserfall"), der von schwarzen Basaltsäulen flankiert wird. Ein einfacher Wanderweg führt vom Besucherzentrum über den Campingplatz hinauf (1,8 km, etwa 1½ Std. für Hin- und Rückweg). Vom Wasserfall aus geht's in Richtung Westen nach **Sjónarsker** mit einer Aussichtsplattform hinauf. Der Blick über den Skeiðarársandur ist unvergesslich. Außerdem kann man den traditionellen Torfhof **Sel** besuchen. Die leichte Wanderung dauert 2½ Stunden (hin & zurück). Eine Alternative ab Svartifoss ist der Aussichtspunkt **Sjónarnípa** mit Blick über den Skaftafellsjökull. Er liegt östlich des Wasserfalls. Diese Wanderung ist allerdings schwieriger (hin & zurück 3 Std.).

SKAFTAFELLSJÖKULL

Ebenfalls beliebt ist der Weg zum Skaftafellsjökull, der hin und zurück leicht in einer Stunde zu bewältigen ist. Der befestigte, markierte Weg (3,7 km) startet am Besucherzentrum und führt zur **Gletscherfläche**, wo die Ächzer und Stöße des Eises deutlich zu hören sind. Allerdings ist der Gletscher hier ziemlich grau und kiesig. Das Eis ist in den letzten Jahrzehnten stark zurückgegangen und hat den Boden darunter Schritt für Schritt wieder freigegeben. Eine Broschüre informiert über die geologischen Eigenheiten entlang des Wanderwegs.

SKAFTAFELLSHEIÐI-RUNDWEG

An schönen Tagen ist die fünf- bis sechsstündige Wanderung (15,5 km) rund um die Skaftafellsheiði ein Paradies für Wanderer. Sie beginnt mit einem Aufstieg vom Campingplatz vorbei an Svartifoss und Sjónarsker und weiter über das Moor zum 610 m hohen **Fremrihnaukur**. Von dort aus einfach am Rand des Plateaus entlang bis zur nächsten Erhebung wandern, dem **Nyrðrihnaukur** (706 m), der einen traumhaften Blick auf das Morsárdalur, den Morsárjökull und die mit Eisblöcken übersäte Lagune bietet. An diesem Punkt dreht der Weg ab nach Südosten zu einem Aussichtspunkt auf dem Felsen über dem Skaftafellsjökull (Gláma).

Um die beste Aussicht auf den Skaftafellsjökull, das Morsárdalur und den Skeiðarársandur zu genießen, lohnt es sich, den Gipfel des **Kristínartindar** (1126 m) zu erklimmen. Der beste Weg folgt einer gut markierten 2 km langen Route der Kategorie „schwierig" das markante Tal südöstlich des Aussichtspunkts Nyrðrihnaukur hinauf und nahe Gláma zurück.

MORSÁRDALUR & BÆJARSTAÐARSKÓGUR

Der siebenstündige Treck (20,6 km) vom Campingplatz zum Gletschersee im Morsárdalur ist nichts Besonderes, macht aber trotzdem Spaß. Alternativ überquert man die Morsá am Fuß der Skaftafellsheiði und durchquert dann das kiesige Flussbett bis zum Birkenwald Bæjarstaðarskógur. Die Bäume erreichen (für isländische Verhältnisse) umwerfende 12 m Höhe. 80 °C heiße Quellen fließen in den kleinen, schönen **Heitulækir** in der Vestragil (Westschlucht) im Westen. Der Hin- und Rückweg nach Bæjarstaðarskógur dauert etwa sechs Stunden (hin & zurück 13 km), wer Heitulækir besichtigen will, muss eine Stunde extra einplanen.

☞ Geführte Touren

Absoluter Höhepunkt des Besuchs in Skaftafell sind die **Gletscherwanderungen**. Mit Steigeisen die Eisdecke hinaufzukraxeln, hat etwas wunderbar Befreiendes. Außerdem gibt es natürlich eine ganze Menge zu sehen, von Eishöhlen und Gletschermäusen (das sind keine Nager, sondern Moospolster) bis zu verschiedenfarbiger Asche, den Überresten uralter Explsionen.

In der Umgebung arbeiten diverse Touranbieter. Die größten Unternehmen, Icelandic Mountain Guides und Glacier Guides, unterhalten Infostände auf dem Parkplatz am Besucherzentrum Skaftafell. Dort kann man sich mit Fachleuten unterhalten und alles für ein Gletscherabenteuer besorgen (ein Muss sind warme Kleidung und Wanderschuhe, wasserdichte Ausrüstung wird verliehen). Beide Anbieter haben neben einfachen Spaziergängen auf dem Eis technisch anspruchsvollere Wanderungen, Eisklettern oder Touren auf den höchsten Gipfel Islands im Programm. Kombinierte Exkursionen wie Gletscherwanderung plus Bootsfahrt auf dem Jökulsárlón oder Besuch des Ingólfshöfði sind ebenfalls möglich. Man kann sich am Campingplatz Svínafell und am Fosshótel Skaftafell abholen lassen. Die Webseiten liefern Anregungen en masse.

Icelandic Mountain Guides ABENTEUERTOUREN
(☎Reykjavík 587 9999, Skaftafell 894 2959, 478 2559; www.mountainguide.is) Alteingesessenes Unternehmen mit sehr gut ausgebildeten Guides, die verschiedene Gletscherwanderungen leiten. Der Bestseller ist die familienfreundliche Tour „Blaueis-Erlebnis", bei der die Teilnehmer 1½ bis 2 Stunden auf dem Eis des Svínafellsjökull verbringen (Erw./Kind 7200/4600 ISK, Mindestalter 8 J.). Von März bis Oktober starten diese Touren täglich bis zu viermal ab Skaftafell. Weitere Ausflüge werden an Weihnachten angeboten. Auf demselben Gletscher können auch längere, anstrengendere Wanderungen durchgeführt werden (3–6½ Std.).

Über das beeindruckende Programm von IMG (mehrtägige Rad- oder Jeeptouren und Wanderungen, darunter der fünftägige Rucksacktrip „Flüsse und Gletscher von Vatnajökull") informiert die Webseite.

Glacier Guides ABENTEUERTOUREN
(☎571 2100; www.glacierguides.is) Außer unterschiedlich langen und schwierigen Gletscherwanderungen stellt Glacier Guides auch Kletter- und Mountainbikeexkursionen ab Skaftafell auf die Beine.

Die familienfreundliche Wanderung für Einsteiger heißt „Gletscherwunder", dauert 2½ Stunden und führt auf den Falljökull (Erw./Kind 7500/5500 ISK, Mindestalter 10 J.). Von Mitte Mai bis Mitte September findet diese Tour viermal täglich statt; Ausgangspunkt ist Skaftafell. Die anstrengendere fünfstündige Wanderung auf demselben Gletscher kostet 11 500 ISK pro Person (Mindesalter 15 J.).

Local Guide ABENTEUERTOUREN
(Öræfaferðir; ☎894 0894; www.localguide.is) Dieser Familienbetrieb hat seinen Sitz auf dem Bauernhof Hofsnes. Er führt ganzjährig Gletscherwanderungen, Eisklettern und Langlauftouren durch. Ein Dauerbrenner sind die Ausflüge zum Ingólfshöfði (im Sommer).

Atlantsflug RUNDFLÜGE
(☎478 2406, 899 2532; www.atf.is) Wer sich all die Naturpracht mal aus einer anderen Perspektive ansehen möchte, ist mit einem Rundflug gut beraten. Die winzige Start- und Landebahn befindet sich an der Ringstraße, gleich neben der Abzweigung zum Besucherzentrum des Parks. Sieben verschiedene Touren stehen zur Auswahl. Sie führen zum Vatnajökull, Grímsvötn, Lakagígar, Jökulsárlón oder den Gletschern (ab 145 € für 30 Min.).

Schlafen & Essen

Das Essensangebot im Park ist auf das nur im Sommer geöffnete Café im Besucherzentrum begrenzt, wo es Kaffee, Suppen, Sandwiches und eine sehr übersichtliche Anzahl von Lebensmitteln gibt.

Das nächstgelegene Hotel befindet sich in Freysnes, 5 km östlich vom Nationalparkeingang. Ein anderes liegt in Hof, zusätzliche 15 km weiter östlich.

Zeltplatz am Besucherzentrum ZELTPLATZ
(☎470 8300; www.vjp.is; Stellplätze 1300 ISK pro Pers. plus 100 ISK pro Zelt; ⌚Mai–Sept.; 📶) Die meisten Besucher stellen ihr Zelt auf diesem großen, kiesigen Campingplatz auf (mit Waschmaschinen und Warmwasserduschen für 400 ISK). Im Sommer wird es hier sehr voll und laut. Der einzige andere Platz, wo Campen erlaubt ist, ist in Kjós. Der ist kostenlos, aber wer dorthin aufbricht, muss vorher beim Besucherzentrum eine Campinglizenz erwerben.

Bölti PENSION
(☎478 1626; bolti123@gmail.com; Skaftafellsheiði; B 3700 ISK, 2BZ ohne Bad und ohne Bettwäsche 9800 ISK; ⌚März–Okt.) Der nette Bauernhof steht auf dem Hügel über dem Westteil des Skaftafell-Campingplatzes (es geht 2 km über eine schmale, gewundene Straße). Geschlafen wird im Schlafsack in Hütten für sechs Personen mit einfacher Küche und Sitzgelegenheiten im Freien mit umwerfendem Blick auf die Sander sowie in klitzekleinen Zimmern im Bauernhaus. Reservieren! Die Zukunft der Pension sei ungewiss, hieß es allerdings bei unserem Besuch.

Praktische Informationen

Das **Besucherzentrum** (Skaftafellsstofa; ☎470 8300; www.vjp.is; ⌚Juni–Aug. 8–21 Uhr, Mai & Sept. 9–19 Uhr, März–April & Okt. 10–17 Uhr, Nov.–Feb. 11–15 Uhr; @) mit interessanten Darstellungen zur Öræfi-Gegend und Ausstellungen ist ganzjährig geöffnet. Am Infoschalter sind Broschüren (kostenlos) und Karten erhältlich. Außerdem wird ein faszinierender Film (10 Min.) über den *jökulhlaup* am Grímsvötn von 1996 gezeigt. Im Sommer ist das Café geöffnet. Die Internetnutzung kostet 500/700/1000 ISK für 20/40/60 Minuten. Und die Mitarbeiter hier sind wirklich fit!

An- & Weiterreise

Busse, die die Route zwischen Reykjavík und Höfn bedienen, halten vor dem Besucherzentrum in Skaftafell. Von Skaftafell aus kann man in entlegene Wildnisregionen wie Landmannalaugar und Laki weiterreisen.

Sterna (☎551 1166; www.sterna.is) bedient die Route Reykjavík–Höfn (Bus 12/12a) von Mitte Mai bis Mitte September einmal täglich. Die Strecke Reykjavík–Skaftafell kostet 10 100 ISK (6½ Std.).

Die Reykjavík–Höfn-Verbindung (Bus 51) von **Strætó** (☎540 2700; www.straeto.is) verkehrt zwischen Juni und August zweimal täglich, im Winter hingegen nur dreimal pro Woche (nur mit Reservierung). Von Reykjavík bis Skaftafell zahlt man 7700 ISK.

Hier die Verbindungen von **Reykjavík Excursions** (Kynnisferðir; ☎580 5400; www.re.is):

BUS 10/10A Skaftafell–Kirkjubæjarklaustur–Eldgjá–Landmannalaugar; Mitte Juni bis Mitte September einmal täglich. Kann als öffentliches Verkehrsmittel genutzt werden oder auch für eine Tagestour. Die Strecke Skaftafell–Landmannalaugar kostet 6600 ISK.

BUS 15/15A Skaftafell–Jökulsárlón; der Bus fährt von Juni bis Mitte September täglich.

BUS 16/16A Skaftafell–Laki; Juli bis Mitte September einmal täglich. Als Tagestour ab Skaftafell mit vier Stunden Aufenthalt am Laki (13 800 ISK).

BUS 19/19A Skaftafell–Höfn; 4500 ISK, 1¾ Std., Juni bis Mitte September einmal täglich.

BUS 20/20A Reykjavík–Skaftafell; Juni bis Mitte September einmal täglich. Längere Unterbrechungen in den Orten an der Südküste.

Von Skaftafell zum Jökulsárlón

Glitzernde Gletscher und bedrohliche Berge säumen den 60 km langen Streckenabschnitt zwischen Skaftafell und der Lagune Jökulsárlón, auf der Eisblöcke trudeln. Angesichts der traumhaften Kulisse fällt es schwer, sich aufs Fahren zu konzentrieren.

FREYSNES, SVÍNAFELL & SVÍNAFELLSJÖKULL

Der Bauernhof **Svínafell** 8 km südöstlich von Skaftafell war einst das Haus von Flosi Þórðarson, der in der *Njáls Saga* Njáll und seine Familie verbrannte. An diesem Schauplatz versöhnten sich Flosi und Njálls Familie und beendeten eine der blutigsten Fehden in der Geschichte Islands (S. 117). Viel zu bieten hat die Siedlung heute nicht mehr, aber es gibt immerhin einen Zeltplatz und Übernachtungsmöglichkeiten.

Im 17. Jh. begrub der Gletscher **Svínafellsjökull** den Bauernhof fast unter sich, inzwischen ist er aber wieder zurückgegangen. Auf der Nordseite des Gletschers (in Richtung Skaftafell) führt ein Feldweg 2 km weiter zu einem Parkplatz. Von dort aus ist es nur noch ein kurzes Stück bis zur Gletscherzunge. Reiseveranstalter in Skaftafell organisieren Gletschertouren.

Schlafen & Essen

An der **Tankstelle** (Mo–Fr 9–22, Sa & So bis 20 Uhr) gegenüber vom Fosshótel Skaftafell bekommt man Burger, Pizzas und eine vernünftige Auswahl an Lebensmitteln.

Svínafell ZELTPLATZ €
(☎478 1765; www.svinafell.com; Stellplätze 1150 ISK pro Pers., Hütten 3700–4300 ISK pro Pers.; WLAN) Ein gut organisierter Campingplatz mit sechs einfachen Hütten für jeweils vier Personen, blitzsauberen sanitären Anlagen und einem großen Speisesaal. Für Reisende mit eigenem Wagen eine brauchbare Alternative zum Zeltplatz in Skaftafell. Darüber hinaus vermietet der Besitzer Apartments und Zimmer im Ort.

Fosshótel Skaftafell HOTEL €€
(☎478 1945; www.fosshotel.is; Freysnes; EZ/DZ ab 155/172 €; @ WLAN) Dieses dem Besucherzentrum Skaftafell am nächsten gelegene Hotel befindet sich 5 km östlich in Freysnes. Die 63 Zimmer sind eher funktionell als luxuriös, dafür ist das Personal sehr hilfsbereit. Im Restaurant (Hauptgerichte 2690–4690 ISK) werden Gerichte aus lokalen Zutaten aufgetischt. Unbedingt das Vatnajökull-Bier gebraut mit 1000 Jahre altem Gletscherwasser probieren, das mit wildem Thymian gewürzt ist.

ÖRÆFAJÖKULL & HVANNADALSHNÚKUR

Islands höchster Berg Hvannadalshnúkur (2110 m) überragt den Gletscher Öræfajökull, einen Ableger des Vatnajökull. Der schwindelerregende Gipfel liegt am Nordwestrand eines riesigen Kraters mit 5 km Durchmesser, dem größten aktiven Vulkan Europas nach dem Ätna. Bei seinem Ausbruch 1362 erzeugte er den größten Tephra-Auswurf in der isländischen Geschichte. Alle Gletscher in der Umgebung wurden großzügig mit gelber Asche gesprenkelt. Die gesamte Region war verwüstet – daher auch der Name Öræfi (Ödland).

Den besten Zugang für eine Besteigung des Hvannadalshnúkur bietet die Sandfellsheiði, etwa 12 km südöstlich von Skaftafell. Wer den Aufstieg wagt, sollte Erfahrungen mit Gletschertouren haben. Die meisten geführten Expeditionen schaffen die Strecke zwar in einem langen, mühsamen Tagesmarsch (los geht's gegen 5 Uhr morgens), aber wer auf eigene Faust loszieht, sollte genügend Proviant und Ausrüstung für mehrere Tage mitnehmen. Die Tour verlangt kein technisches Klettern, ist aber eine Herausforderung für Körper und Geist – man muss sich nur vergegenwärtigen, dass man insgesamt mehr als 2000 Höhenmeter gewinnt!

Die beste Zeit für den Aufstieg ist April oder Mai, bevor die Eisbrücken, ohne die die Wanderung unmöglich wäre, schmelzen. Leider schwinden sie jedes Jahr ein bisschen früher und schneller, die Klettersaison wird also zusehends kürzer. Theoretisch könnte man diese Tour noch im September unternehmen, doch ab Juni machen die Bedingungen zuweilen zusätzliche Guides erforderlich, was die Preise erheblich in die Höhe treibt. Mehr Infos online.

Geführte Touren

Die folgenden drei Veranstalter mit Sitz in Skaftafell und Umgebung (S. 290) organisieren Besteigungen des Hvannadalshnúkur; am Abend vor der Wanderung findet ein Informationsgespräch statt.

Icelandic Mountain Guides ABENTEUERTOUREN
(☎Reykjavík 587 9999, Skaftafell 894 2959, 478 2559; www.mountainguide.is) Eine geführte 12- bis 15-stündige Gipfelbesteigung kostet ab 26 900 ISK pro Person (mind. 2 Teilnehmer), Transport und Ausrüstung sind inklusive. Die Touren werden von April bis September dreimal wöchentlich angeboten, wenn die Gegebenheiten es zulassen. Vorher reservieren und im Idealfall ein paar zusätzliche Tage einkalkulieren, falls einem das Wetter einen Strich durch die Rechnung macht.

Glacier Guides ABENTEUERTOUREN
(☎571 2100; www.glacierguides.is) Die Gipfelerstürmung (29 990 ISK, Mindestteilnehmerzahl: 2 Pers.) findet von Mitte Mai bis Mitte September täglich statt, wenn es genug Interessenten gibt.

Local Guide ABENTEUERTOUREN
(Öræfaferðir; ☎894 0894; www.localguide.is) Skifahrend und bergsteigend bezwingt man den Gipfel (März–Mai). Der Preis hängt von der Teilnehmerzahl ab (2 Pers. zahlen 45 000 ISK). Der Besitzer hält den Weltrekord für Aufstiege zum Hvannadalshnúkur (über 270!).

HOF

In Hof steht eine malerische **Kirche** aus Holz und Torf auf den Fundamenten eines Gebäudes aus dem 14. Jh. Sie wurde 1884 wiederaufgebaut und liegt nun besonders schön in einem Birken- und Eschendickicht. Auf dem Grassodendach wachsen sogar Blumen.

Das gutbürgerliche **Hof 1 Hotel** (☎478 2260; www.hof1.is; DZ mit/ohne Bad inkl. Frühstück 25 500/20 100 ISK; ⏱Mai–Sept.) hieß früher Frost & Funi (Frost & Feuer) und liegt wunderschön: gleich unterhalb vom Öræfajökull-Gletscher. Es beherbergt eine beeindruckende Sammlung moderner isländischer Kunst. Außerdem gehört ein toller Sauna- und Hot-Pot-Bereich zur Anlage. Verschiedene Arten von Zimmern sind auf mehrere Gebäude verteilt. Abendessen gibt's auch (2 Gänge ab 4500 ISK).

Im nahe gelegenen **Lækjarhús** (☎616 1247; www.laekjarhus.is; Hütten 16 000 ISK; ⏱Feb.–Okt.) übernachtet man in einer von drei ausgesprochen gemütlichen Hütten mit Etagenbetten für bis zu vier Personen. Für Bettwäsche werden noch mal 1500 ISK pro Person fällig.

INGÓLFSHÖFÐI

Der 76 m hohe Felsvorsprung Ingólfshöfði erhebt sich aus dem Flachland wie ein bizarres Traumgebilde. Im Frühjahr und Sommer ist das schöne, abgelegene **Naturschutzgebiet** mit nistenden Papageitauchern, Skuas und anderen Seevögeln übersät. Außerdem werden vor der Küste manchmal Robben und Wale gesichtet. Auch historisch ist der Ort bedeutsam – hier verbrachte Ingólfur Arnarson, Islands erster Siedler, 874 n. Chr den Winter auf seiner ersten Erkundungsreise des Landes. Das Reservat ist für Besucher geöffnet, aber die 9 km lange Piste durch die flache Tidenlagune sollte lieber nicht befahren werden, auch nicht mit Allradfahrzeugen.

Zum Glück gibt es hier aber Heuwagenfahrten. Der Hofbesitzer holt seinen verlässlichen Traktor zwischen Mai und Mitte August täglich aus dem Schuppen und fährt damit Touren zum Reservat. Auf die halbstündige Fahrt durch den Sand folgt eine 1½-stündige geführte Wanderung rund um die Landzunge. Dabei geht es schwerpunktmäßig um Vogelbeobachtung. Entweder über **Local Guide** (Öræfaferðir; ☎894 0894; www.localguide.is; Erw./Kind 5000/1000 ISK;

⌚Mai–Mitte Aug. Mo–Sa 12 Uhr) buchen oder 15 Minuten vor Abfahrt am Hof in Hofsnes (ausgeschildert, unweit der Ringstraße) erscheinen. Mitte Juni bis Anfang August finden zusätzliche Touren um 9 und 15 Uhr statt.

BREIÐAMERKURSANDUR

Der östlichste Teil des großen Sanders Breiðamerkursandur ist eine der wichtigsten Brutstätten für Skuas (Kasten S. 288). Dank der zunehmenden Anzahl der am Boden nistenden Vögel nimmt auch die Population an Polarfüchsen zu. Historisch taucht Breiðamerkursandur auch in der *Njáls Saga* auf, die damit endet, dass Kári Sölmundarson an diesem idyllischen Fleckchen ankommt und fortan „glücklich bis in alle Ewigkeit" lebt – was in einer Saga fast an ein Wunder grenzt.

Der Sander liegt vor einem eindrucksvollen Panorama aus gletschergekrönten Bergen, zu deren Füßen sich Gletscherlagunen erstrecken. Der **Kvíárjökull-Gletscher** schlängelt sich zum Fluss Kvíár hinab und ist von der Ringstraße aus leicht zu erreichen. Das Auto einfach auf dem kleinen Parkplatz jenseits der Ringstraße stehen lassen (weiter geht's hier sowieso nicht) und dem Wanderweg ins Tal folgen. Der Ort wirkt unheimlich: Felsbrocken säumen wie Wachposten die riesige Moräne im Westen, das vermooste Gras ist durchsetzt von Hexenringen und ein eisiger Gletscherwind fegt vom vereisten Berggipfel herab.

Der 742 m hohe **Breiðamerkurfjall** war früher ein Nunatak, eingeschlossen von Breiðamerkurjökull und Fjallsjökull, aber die Gletscher gingen zurück und gaben ihn wieder frei.

Ein kleines Schild an der Ringstraße weist den Weg zum Fjallsárlón. Man hat Zugang zu zwei Gletscherlagunen, zwischen denen ein winziger Fluss fließt. Die linke Weggabelung führt zum **Fjallsárlón**; dort kalbt der Fjallsjökull in den See. Nimmt man die rechte Abzweigung, gelangt man nach einer Weile zum **Breiðárlón**, einem weiteren Gletschersee des Breiðamerkurjökull, der auch die Quelle des Jökulsárlón ist. Ganz so bombastisch wie dieser sind die beiden Seen zwar nicht, aber dafür angenehm, weil nicht so überlaufen. Die sehr holprige Piste schreckt viele Leute ab. Es ist trotzdem möglich, mit dem Auto hierherzukommen (aber bitte nicht beschweren, wenn der Wagen doch stecken bleibt). Ansonsten besteht immer noch die Möglichkeit zu laufen. Von der Ringstraße aus ist es 1 km bis zum ersten Parkplatz am Fjallsárlón.

Jökulsárlón

Spektakuläre, leuchtend blaue Eisblöcke treiben auf der **Gletscherlagune** Jökulsárlón direkt neben der Ringstraße zwischen Höfn und Skaftafell. Selbst wer auf diesen surrealen Anblick vorbereitet ist, reagiert im ersten Moment überrascht. Es lohnt sich, hier ein paar Stunden zu verbringen und die herrlichen Eisskulpturen zu bestaunen (manche sind von Aschestreifen durchzogen, Zeugnisse früherer Vulkanausbrüche), nach Robben Ausschau zu halten oder eine Rundtour in einem Amphibienboot zu machen.

Die Eisblöcke stammen vom Breiðamerkurjökull, einem Ableger des Vatnajökull, krachen ins Wasser und treiben hinaus auf den Atlantik. Sie können bis zu fünf Jahre lang in der 18 km² großen und 250 m tiefen Lagune vor sich hin dümpeln, schmelzen, wieder gefrieren und gelegentlich auch mit einem kräftigen Klatschen umkippen und die Vögel erschrecken. Dann treiben sie weiter, erst auf Islands kürzestem Fluss Jökulsá und zuletzt ins Meer hinaus.

Obwohl sie aussieht, als gäbe es sie seit der letzten Eiszeit, ist die Lagune gerade einmal 80 Jahre alt. Bis Mitte der 1930er-Jahre reichte der Breiðamerkurjökull noch bis zur Ringstraße. Inzwischen geht der Gletscher rasch zurück (beängstigende 200 bis 300 m pro Jahr) und entsprechend flott dehnt sich die Lagune aus.

Jökulsárlón ist die geborene Filmkulisse und taucht häufig als Hintergrund in Werbespots auf. Vor einigen Jahren war sie in *Tomb Raider* (2001) zu sehen. Im Film sollte sie allerdings Sibirien darstellen, sodass selbst die Amphibienboote für Touristen grau angepinselt und als russische Schiffe verkleidet wurden. Vielleicht hat der eine oder andere sie auch in *Batman Begins* (2005) gesehen oder kennt den James-Bond-Streifen *Stirb an einem anderen Tag* (2002), für den die Lagune eingefroren und sechs Aston Martins auf dem Eis zu Schrott verarbeitet wurden.

Aktivitäten

Die Bootsfahrten sind spaßig, doch zu Fuß kommt man fast genauso nah an die eisblauen Kunstwerke heran. Bei einem Spaziergang am Ufer kann auch ein bisschen uraltes Gletschereis aus dem Wasser gefischt und gekostet werden. An der Ringstraße westlich des Parkplatzes befinden sich weitere ausgewiesene Parkbereiche. Von diesen gelangt man zu weniger überlaufenen Uferabschnitten. Schön ist auch die Wanderung zur Flussmündung. Dort hocken Eisblöcke auf dem schwarzen Sand, der letzten „Raststätte“, bevor es hinaus aufs Meer geht.

Amphibienboote BOOTSFAHRTEN

(☎478 2222; www.icelagoon.is; Erw./Kind 3700/1000 ISK; ⏲Juni–Aug. 9–19 Uhr, Mai & Sept. 10–17 Uhr) Wie wäre es mit einer 40-minütigen Fahrt mit einem Amphibienfahrzeug? Sie tuckern ein Stück am Ufer entlang, bis sie aufs Wasser abschwenken. An Bord informieren Guides über die Lagune und verteilen Kostproben des 1000 Jahre alten Eises. Es gibt keinen festen Fahrplan, im Juli und August finden aber regelmäßig Touren statt (mindestens halbstündlich) ebenso wie im April, Oktober und November, wenn das Wetter es zulässt und sich genug Leute anmelden (den Anbieter kontaktieren). Startpunkt ist der östliche Parkplatz (neben dem Café).

Derselbe Veranstalter hat auch einstündige Lagunenfahrten in Schlauchbooten im Programm (Erw./Kind 5900/2900 ISK; ab 10 J.), die meisten Touristen bevorzugen aber die Amphibienfahrzeuge.

Ice Lagoon BOOTSFAHRTEN

(☎860 9996; www.icelagoon.com; Erw./Kind 6200/3900 ISK; ⏲Juni–Aug. 9–18 Uhr, Mai–Sept. 10–17 Uhr) Ein zweiter, kleinerer Tourveranstalter ist auf dem Parkplatz an der Westseite der Brücke zu finden. Er arrangiert Schlauchbootfahrten (1 Std.) mit kleinen Gruppen (höchstens 10 Pers. pro Boot) bis zum Rande des Gletschers (so nah trauen sich die Amphibienboote nicht ans Eis heran). Eine der Fahrten startet um 20 Uhr, wenn Ruhe eingekehrt ist (8900 ISK, mind. 4 Teilnehmer; nur mit Reservierung).

Schlafen & Essen

Wer ein Wohnmobil mit Toilette sein Eigen nennt, kann auf dem Parkplatz stehen bleiben. Ansonsten wird Campen in der Nähe der Lagunen nicht gebilligt (vor allem nicht auf der Ostseite, wo viele Vögel nisten). Das nächstgelegene Hotel ist das Hali (S. 289) 12 km weiter östlich.

Das kleine **Café** (⏲Juni–Aug. 9–19 Uhr, Sept.–Mai 10–17 Uhr) neben der Lagune ist das ganze Jahr über geöffnet und eine gute Anlaufstelle für einen Imbiss oder um einfach nur ein paar Infos einzuholen. Im Sommer platzt es manchmal förmlich aus den Nähten.

An- & Weiterreise

Es gibt jede Menge Jökulsárlón-Touren.

Buslinie 12/12a von **Sterna** (☎551 1166; www.sterna.is) verkehrt von Mitte Mai bis Mitte September täglich zwischen Reykjavík und Höfn und hält eine Stunde an der Lagune (genug Zeit für eine Bootsfahrt).

Von Juni bis Mitte September bietet **Reykjavík Excursions** (Kynnisferðir; ☎580 5400; www.re.is) zwei interessante Verbindungen: Bus Nr. 15/15a macht täglich seine Runde zum Besucherzentrum Skaftafell und Jökulsárlón, Linie 19/19a fährt von Skaftafell nach Höfn und hält unterwegs kurz an der Lagune.

Vom Jökulsárlón nach Höfn

Den malerischen Abschnitt der Ringstraße zwischen dem Jökulsárlón und Höfn säumen mindestens ein Dutzend Landgüter (Gletscher reichen in einige der Hinterhöfe!) mit hochwertigen Übernachtungsmöglichkeiten und netten, familienfreundlichen Extras wie Streichelzoo, Eiscremehersteller, Museum, Feuchtgebiete für tolle Vogelbeoachtungen und Hot Pots im Freien). Wer sich ein bisschen auspowern möchte, kann zu (oder gleich auf) Gletscherzungen wandern, Fahrten mit Quads oder Schneemobilsafaris unternehmen.

Sehenswertes & Aktivitäten

Þórbergssetur MUSEUM

(www.thorbergur.is; Erw./Kind 700 ISK/frei; ⏲Mai–Sept. 9–21 Uhr, Okt.–April Di–So 12–17 Uhr) Das Museum mit dem cleveren Design (die Fassade sieht aus wie ein Bücherregal) ist dem berühmtesten Sohn dieser ziemlich dünn besiedelten Gegend gewidmet – dem Schriftsteller Þórbergur Þórðarson (1888–1974), der in Hali in Suðursveit geboren wurde. Þórbergur war ein echter Tausendsassa (seine Interessen: Yoga, Esperanto und Astronomie). Sein erstes Buch *Bréf til Láru (Brief an Laura)* war wegen seiner radikal-sozialistischen Ansichten anfangs sehr umstritten. Þórbergssetur dient auch als eine Art Kulturzentrum mit Wechselausstellungen und einem sehr guten **Café-Restaurant** (mittags 1500–2900 ISK, abends

Buffet 4900 ISK). Die dortige Spezialität ist Seesaibling.

Glacier Jeeps ABENTEUERTOUREN

(☎478 1000, 894 3133; www.glacierjeeps.is) Für alle, die auf dem Vatnajökull, der „Mutter aller Gletscher", mit dem Schneemobil oder einem Geländewagen herumdüsen wollen: In dieser Gegend geht's senkrecht hoch in die Berge. Die F985 führt 35 km östlich des Jökulsárlón nach Jöklasel hinauf. Siehe hierzu den Kasten auf S. 302.

Schlafen & Essen

Die folgenden Unterkünfte sind geografisch von Westen nach Osten geordnet. Selbstversorger sollten sich in Kirkjubæjarklaustur oder Höfn mit Lebensmitteln eindecken.

Hali LANDGASTHOF €€

(☎478 1073; www.hali.is; DZ mit/ohne Bad inkl. Frühstück 28 200/19 800 ISK; @) Das Þórbergssetur-Museum dient als Empfang und Restaurant dieses schicken Landhotels. Das Ufer nebenan ist mit schwarzem Sand bedeckt. Man nächtigt in Zimmern mit Hotel- oder Pensionsstandard (alle mit Zugang zu Küche und Lounge). Von Oktober bis Mitte Mai wird auch die Schlafsackvariante angeboten (4000 ISK pro Pers.).

Vagnsstaðir HI Hostel HOSTEL €

(☎478 1048; www.hostel.is; B/DZ ohne Bad 3800/10 000 ISK; ⏲April–Mitte Okt.;) Auf diesem Gelände an der Ringstraße stehen zig Schneemobile; es ist das Hauptquartier von Glacier Jeeps. Das kleine Hostel voller Etagenbetten hat einen sonnigen abgeschlossenen Speisebereich. Gäste mit gültigem Jugendherbergsausweis erhalten einen Rabatt von 600 ISK pro Person, das Bettzeug kostet 1100 ISK.

Smyrlabjörg LANDGASTHOF €€

(☎478 1074; www.smyrlabjorg.is; EZ/DZ inkl. Frühstück 18 200/26 800; ISK) Ein toller Ort für alle, die sich nach modernem Komfort sehnen, aber Schafe auf dem Parkplatz, Bergblick und Ruhe und Frieden nicht missen möchten. Das Restaurant des großen, anheimelnden Hotels ist für die gastfreundliche Atmosphäre und das üppige Buffet am Abend bekannt (6000 ISK).

Skálafell PENSION €€

(☎478 1041; www.skalafell.net; DZ mit/ohne Bad inkl. Frühstück 20 000/17 000 ISK;) In dem netten Bauernhof am Fuß des Skálafellsjökull werden ein paar Zimmer im Wohnhaus der Familie sowie ein paar Apartments im Motelstil vermietet. Kochgelegenheiten gibt es nicht, aber dafür wird auf Wunsch Abendessen zubereitet. Die Besitzer haben einen Wanderweg vom Hof zum Gletscher markiert. Außerdem starten hier die mittelschweren vierstündigen Gletscherwanderungen des lokalen Tourveranstalters **Ice Guide** (☎661 0900; www.iceguide.is; Wanderung 9900 ISK).

Hólmur PENSION €

(☎478 2063; www.eldhorn.is/mg/gisting; EZ/DZ ohne Bad 9000/12 000 ISK; @) Eine tolle Option für Familien. Geschlafen wird im Bauernhaus. Außerdem gibt's ein kleines Café und einen **Streichelzoo** (Erw./Kind 700/500 ISK) voller goldiger gefiederter und pelziger Viecher. Ein weiteres Bonbon ist die phantastische Aussicht.

Lambhús ZELTPLATZ, HÜTTEN €€

(☎662 1029; www.lambhus.is; Stellplätze 800 ISK pro Pers., Hütten ohne Bettwäsche 14 000–18 500 ISK; ⏲Juni–Aug.) Enten, Schafe und Pferde, dazu ein Campingplatz und acht kompakte Hütten für vier bis sechs Personen (ideal für Familien!), verteilt auf ein Grundstück mit wunderschöner Aussicht. Die Besitzer, eine liebenswerte deutsch-isländische Familie, haben sehr viel Erfahrung als Guides.

Brunnhóll LANDGASTHOF €€

(☎478 1029; www.brunnholl.is; DZ mit/ohne Bad inkl. Frühstück ab 22 900/20 500 ISK; ⏲April–Okt.; @) Ca. 30 km von Höfn entfernt steht ein Milchbetrieb mit angeschlossenem Hotel. Die Zimmer haben eine gute Größe. Was an Schnickschnack fehlt, wird durch den Blick wieder wettgemacht. Außerhalb der Hauptsaison (Juni–Aug.) kann man günstig im Schlafsack übernachten (ab 4000 ISK). Die netten Leute von Brunnhóll stellen auch das Jöklaís (Gletschereiscreme) her, das kugel- und topfweise verkauft wird (den ganzen Tag über), aber auch Bestandteil des sommerlichen Abendbuffets (5500 ISK) ist, an dem sich nicht nur die Gäste laben dürfen.

Hoffell PENSION €€

(Gletscherwelt; ☎478 1514; www.glacierworld.is; DZ ohne Bad inkl. Frühstück 15 100 ISK) Die Pension in Hoffell bietet helle, frische Zimmer, eine Gästeküche und ein Frühstücksbuffet, der wichtigste Trumpf sind aber die gebotenen Aktivitäten (auch für Nichtgäste), darunter **Quad-Touren** (ab 12 500 ISK) zum Gletscher, und die **Heißwasserbecken** im Freien (500 ISK; ⏲7–23 Uhr).

Von der Pension führt eine unbefestigte Straße bis zum Hoffellsjökull-Gletscher (4 km) – am besten ist die holprige Route in einem Wagen mit Allradantrieb zu bewältigen, da eine kleine Furt überquert werden muss. Alternativ den Wagen abstellen und laufen. Die Pension organisiert auch Tretbootfahren auf dem Gletschersee.

Höfn

1640 EW.

Obwohl kaum größer als viele Dörfer im Rest Europas, wirkt Höfn, die Hauptstadt des Südostens, nach den endlosen, menschenleeren Weiten wie eine pulsierende Metropole. Es liegt phantastisch: An klaren Tagen einfach zum Wasser wandern, sich auf eine Bank setzen und in aller Stille den Vatnajökull und seine benachbarten Gletscherbrüder bestaunen.

„Höfn" bedeutet nichts anderes als „Hafen" und klingt korrekt ausgesprochen wie ein Schluckauf. Der Name passt – der moderne Ort lebt noch immer größtenteils von Fischfang und -verarbeitung und ist berühmt für *humar* (Kaisergranat oder Norwegischer Hummer).

Höfn ist ein wichtiger Verkehrsknotenpunkt für Busreisende. Die meisten Touristen mit eigenem Wagen legen hier einen Stopp ein, um die vielen Dienstleistungen zu nutzen. Im Sommer ist es daher keine schlechte Idee, Unterkünfte vorab zu reservieren.

Sehenswertes & Aktivitäten

Das Lagerhaus von 1864, das früher als regionales Heimatmuseum diente, ist von der Peripherie an den Hafen umgezogen. Es sollte inzwischen den Betrieb als nigelnagelneues **Besucherzentrum** aufgenommen haben. Vielleicht sind auch die einen oder anderen Exponate und die Gletscherausstellung aus dem alten Besucherzentrum zu sehen. Ganz sicher spielt der Vorzeige-Nationalpark der Region eine besonders große Rolle. Die aktuellsten Infos, Öffnungszeiten und Kontaktdaten stehen auf der Webseite (www.visitvatnajokull.is).

Küstenpfade

Einige kurze Küstenpfade eignen sich hervorragend zum Umherschlendern und Staunen. Einer verläuft am Hótel Höfn, ein weiterer führt um die Marschen und Lagunen am Ende des Kaps Ósland vorbei (etwa 1 km hinterm Hafen; einfach das Seefahrerdenkmal auf der Anhöhe ansteuern). Letzterer Weg ist perfekt geeignet, um Seevögel zu beobachten. Wer ihn allerdings in der Nistsaison betritt, kann sich auf eine Attacke der Küstenseeschwalben à la Hitchcocks Die Vögel gefasst machen.

Noch mehr Aktivitäten

Ein Besuch in dieser Gegend wäre nicht komplett ohne eine Pilgerfahrt zum Vatnajökull.

Hornafjödur Bay Cruise (☎894 2391; www.baycruise.is; Erw./Kind 3500/2000 ISK) hat eine einstündige Abendfahrt auf dem malerischen Hornafjördur im Angebot (je nach Nachfrage Abfahrt um 18 und 20 Uhr). Am Hafnarbuðin-Grill nachfragen.

Zum Freibad **Sundlaug Hafnar** (Víkurbraut 9; Erw./Kind 500/180 ISK; ⏲Mo–Fr 6.45–21, Sa & So 10–19 Uhr) gehören Wasserrutschen, Hot Pots und ein Dampfbad. Außerdem gibt's einen **Golfplatz** mit neun Löchern am Ende der Dalabraut ganz im Norden des Orts.

Festivals & Events

Humarhátíð KULINARISCHES FEST

Jedes Jahr Ende Juni oder Anfang Juli findet in Höfn das **Humarhátíð** zu Ehren des köstlichen Kaisergranats statt, den die lokalen Fischer in rauen Mengen aus dem Meer ziehen. Normalerweise gibt es zu diesem Anlass einen Jahrmarkt, Flohmärkte, Tanz, Musik, Eisskulpturwettbewerbe, Alkohol in Strömen und sogar das eine oder andere Schalentier.

Schlafen

Einige der hier angegeben Preise datieren vom Sommer 2012 und sind wahrscheinlich inzwischen gestiegen.

LP TIPP **Guesthouse Dyngja** PENSION €€

(☎690 0203; www.dyngja.com; Hafnarbraut 1; DZ ohne Bad inkl. Frühstück 15 500–19 700 ISK; @📶) Ein liebenswertes, junges Pärchen hat diese niedliche Pension mit nur fünf Zimmern in toller Lage am Hafen eröffnet. Sie hat jede Menge Charme und verströmt gute Laune mit kräftigen Farben, einer Schallplattensammlung, leckerem Frühstück und einer Terrasse. Außerdem werden großzügig Insiderinfos verteilt.

Höfn Camping & Cottages ZELTPLATZ €

(☎478 1606; www.campsite.is; Hafnarbraut 52; Stellplätze/B pro Pers. 1100/3500 ISK, Hütten

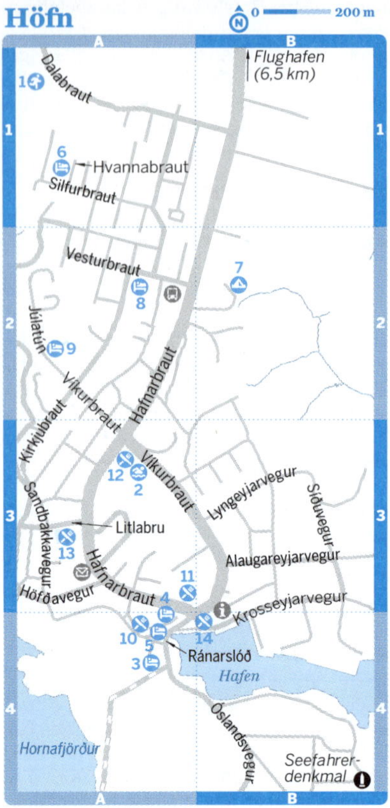

Höfn

Aktivitäten, Kurse & Touren

1 Golfplatz ... A1
2 Sundlaug Hafnar ... A3

Schlafen

3 Gistiheimilið Ásgarður ... A4
4 Gistiheimilið Dyngja ... A4
5 Gistiheimilið Hvammur ... A4
6 HI Hostel ... A1
7 Campingplatz Höfn ... B2
8 Höfn Inn ... A2
9 Hótel Höfn ... A2

Essen

Bäckerei ... (siehe 13)
10 Hafnarbuðin ... A4
11 Humarhöfnin ... A3
12 Kaffi Hornið ... A3
Miðbær-Einkaufszentrum ... (siehe 13)
13 Nettó-Supermarkt ... A3
Ósinn ... (siehe 9)
14 Pakkhús ... B4
Vinbuð ... (siehe 13)

12 000 ISK; ⏲Mai–Mitte Okt.; @) Viele Besucher übernachten auf dem Campingplatz an der Hauptstraße in den Ort. Das liegt vermutlich an den sehr hilfsbereiten Besitzern, die ihre Gäste massenweise mit Informationen versorgen. Die elf Hütten sind preiswert und bieten bis zu sechs Personen Platz. Weitere Pluspunkte gibt's für den Spielplatz, die Waschmaschinen, die Leihräder und den Laden mit Campingausrüstung.

Árnanes Country Lodge LANDGASTHOF €€
(☎478 1550; www.arnanes.is; DZ mit/ohne Bad inkl. Frühstück 24 900/19 900 ISK; @) An der Ringstraße 6 km westlich von Höfn steht diese aufgemöbelte Lodge mit Motel- und Pensionszimmern. Von September bis Mai darf auch im Schlafsack übernachtet werden (5300 ISK). Weiterhin wird ein großes Einfamilienhaus in einem nahe gelegenen Wohngebiet vermietet (mit fünf Schlafzimmern mit Bad). Im Sommer ist das nette Restaurant geöffnet (Hauptgerichte 3100–5500 ISK). Dort werden hervorragende Zutaten aus der Region verwendet. Außerdem kann man einen Ausritt unternehmen (auch für Anfänger und Nicht-Gäste).

HI Hostel HOSTEL €
(☎478 1736; www.hostel.is; Hvannabraut; B/DZ ohne Bad 3800/10 000 ISK;) Die beste Budgetunterkunft Höfns ist an der N1 ausgeschildert. Sie liegt versteckt in einem Wohngebiet. Das frühere Altersheim (ein weitläufiger Komplex) gewährt z. T. großartige Ausblicke. Im Sommer ist hier gewöhnlich die Hölle los. Die Gäste übernachten in großen Zimmern und können die Waschmaschinen und die Küche nutzen (Gemeinschaftsbereiche sind aber begrenzt). Wer einen Jugendherbergsausweis hat, zahlt 600 ISK weniger (pro Pers.). Die Bettwäsche kostet 1200 ISK.

Hótel Höfn HOTEL €€€
(☎478 1240; www.hotelhofn.is; Víkurbraut; EZ/DZ inkl. Frühstück ab 23 300/31 850 ISK; @) Im Sommer bevölkern Reisegruppen Höfns Businesshotel. Die hübsch renovierten Zimmer inklusive Flachbildfernsehern sind in neutralen Farben gehalten. Die Aussicht ist der Hammer – unbedingt nach einem

Gletscherblick fragen (aber: den wollen die anderen Gäste natürlich auch). Zur Anlage gehört ein Restaurant, das **Ósinn** (mittags 1690–2250 ISK, abends Hauptgerichte 3800–6450 ISK).

Höfn Inn HOTEL €€
(☎478 1544; www.hofninn.is; Vesterbraut 3; EZ/DZ inkl. Frühstück ab 15 500/21 800 ISK; 📶) Dieser Neuzugang bietet ein Dutzend geräumiger Zimmer neben der N1 an der Straße in den Ort. Das eine oder andere Dekoelement fällt aus dem Rahmen (Kiesböden, kitschige Kunst, bizarre „Hand"-Stühle), generell ist die Einrichtung aber absolut okay. Jedes Zimmer ist mit Bad, Flachbild-TV und Wasserkocher ausgestattet.

Guesthouse Hvammur PENSION €€
(☎478 1544; www.hvammurinn.is; Ránarslóð 2; EZ/DZ ohne Bad inkl. Frühstück 10 800/16 500 ISK; 📶) Wird von demselben Pärchen betrieben, dem auch das Hostel und das Höfn Inn gehört. Das Hvammur ist ein verwinkelter Kaninchenbau von einer Pension mit 30 einfachen Zimmern (meist mit Waschbecken und TV) nahe dem Hafen.

Ásgarður Guesthouse PENSION €€
(☎478 1365; www.asgardurhofn.is; Ránarslóð 3; EZ/DZ inkl. Frühstück 15 000/21 000 ISK; @📶) Das Ásgarður am Hafen ist eher ein Hotel als ein Gästehaus. Die Zimmer sind mit Bad und Fernseher ausgestattet, ein paar blicken zudem auf den Gletscher. Das Dekor ist etwas fad, dafür entschädigt aber die Lage.

Hótel Jökull HOTEL €€
(☎478 1400; www.hoteljokull.is; Nesjaskóli; DZ mit/ohne Bad 20 700/13 000 ISK; ⏲Mai–Sept.; @📶) Höfn ist als einzige „Großstadt" des Südostens im Sommer oft ausgebucht. Wenn man ein eigenes Auto hat und alles andere voll ist, stellt das Hótel Jökull 8 km weiter in Nesjaskóli ein gutes Ausweichquartier dar. Das ehemalige Edda-Hotel nimmt ein altes Schulgebäude ein und hat ein eigenes Restaurant und nette Betreiber.

Essen & Ausgehen

Humar (Kaisergranat) ist die lokale Spezialität; sie landet gewöhnlich gegrillt und mit Knoblauchbutter auf dem Teller. Entweder wird das komplette Tier oder nur der Schwanz serviert und der Preis liegt zwischen 5000 und 6500 ISK. Zu teuer? Es gibt auch günstigere Optionen wie Kaisergranatcremesuppe oder Pizza bzw. Pasta mit Schalentieren. Sehr fein.

LP TIPP **Humarhöfnin** ISLÄNDISCH €€€
(☎478 1200; www.humarhofnin.is; Hafnarbraut 4; Hauptgerichte 3900–6700 ISK; ⏲Juni–Aug. 12–22 Uhr, April–Mai & Sept. 18–22 Uhr) Das Humarhöfnin bietet „Hummer-Gastronomie" in einem niedlichen, französisch angehauchten Lokal, das von viel Liebe zum Detail zeugt – da wären z. B. die Kräutertöpfe auf den Fenstersimsen und Rosen auf den Tischen. Die Hauptgerichte bestehen vor allem aus zangenbewehrten kleinen Schalenviechern (ab 6000 ISK), es gibt aber auch „kleinere Portionen", z. B. ein köstliches Kaisergranatbaguette.

LP TIPP **Pakkhús** ISLÄNDISCH €€€
(☎478 2280; www.pakkhus.is; am Hafen; Hauptgerichte 2790–5990 ISK; ⏲Mai–Mitte Sept. 12–22 Uhr) Das gut besuchte Lokal in einem Lagerhaus am Hafen wurde 2012 eröffnet und ist stolz auf die lokalen Zutaten, die hier verwendet werden. Eine derart kreative Küche ist keineswegs selbstverständlich im ländlichen Island. Superleckerer Kaisergranat, Lamm und Seesaibling kitzeln die Geschmacksknospen. Zum Abschluss gibt es dann noch ein aufwändig zubereitetes Dessert.

Kaffi Hornið ISLÄNDISCH €€
(☎478 2600; www.kaffihorn.is; Hafnarbraut 42; Hauptgerichte 2120–5250 ISK; ⏲11.30–23 Uhr) Die Blockhütte birgt ein anspruchsloses Bar-Restaurant, in dem die Portionen die Magenkapazität voll ausschöpfen. In punkto Atmosphäre sind der Humarhöfnin und das Pakkhús gediegener, dafür ist Kaffi günstiger. Mittags wird ein Suppen- und Salatbuffet aufgebaut (1980 ISK) und auf der Speisekarte steht alles vom Burger bis zur Forelle.

Hafnarbuðin GRILLRESTAURANT €
(Hauptgerichte 290–1350 ISK; ⏲12–21 Uhr) Dies ist die Art Lokal, in dem sich die Fischer aus der Gegend treffen und über die Arbeit reden. Ein wunderbar altmodisches Relikt mit fröhlicher Atmosphäre und einer Speisekarte voller Leibspeisen vom Grill. Sogar mit Fensterverkauf!

Selbstversorger

Im Miðbær-Einkaufszentrum in der Nähe der Bücherei gibt's einen Geldautomaten,

NICHT VERSÄUMEN

FAHRT ÜBER DEN VATNAJÖKULL

Obwohl der Vatnajökull und seine benachbarten Gletscher schon von der Ringstraße aus spektakulär ausschauen, wollen die meisten Reisenden ihn aus nächster Nähe sehen. Der Vatnajökull kann nur mit geführten Touren besichtigt werden – es sei denn, jemand plant so etwas wie eine Polarexpedition. Die Eiskappe ist von tiefen Rissen durchzogen, die durch die Schneedecke praktisch unsichtbar sind. Außerdem kommt es oft zu heftigen Schneestürmen. Aber bloß nicht abschrecken lassen! Es ist schon ein tolles Erlebnis, sich das Ganze aus der Nähe anzusehen, und Fahrten über die weißen Weiten sind mit organisierten Schneemobil- und Geländewagentouren möglich.

Die einfachste Route zum Vatnajökull hinauf ist die Allradstrecke F985 (34 km östlich des Jökulsárlón, 45 km westlich von Höfn) zu der breiten Gletscherroute des Skálafellsjökull. Die 16 km lange Strecke verläuft an einigen Stellen praktisch senkrecht und manche Abschnitte sind im Winter komplett vereist. Auf keinen Fall sollte man sich mit einem zweiradgetriebenen Fahrzeug dorthin wagen – die Bergungskosten wären horrend!

Auf der Spitze, 840 m über dem Meeresspiegel, liegt Jöklasel, der Sitz von **Glacier Jeeps** (☎478 1000, 894 3133; www.glacierjeeps.is). Der Ausblick vom hiesigen **Restaurant** (Mittagsbuffet 2800 ISK; ⊙Juni–Mitte Sept. mittags 11.15–14 Uhr) muss der schönste in ganz Island sein! (Achtung: keine Übernachtungsmöglichkeiten in Jöklasel)

Die beliebteste Tour hier oben ist die einstündige **Schneemobilfahrt** (19 500 ISK pro Pers.). Mit Schneeanzug, Stiefeln und Handschuhen ausstaffiert folgt man dem Führer auf einer festen Piste. Das macht viel Spaß und verschafft einen Eindruck davon, wie es ist, einen Gletscher zu befahren. Eine Stunde lang übers Eis jagen mit Benzingestank in der Nase – das reicht den meisten. Die Preise gelten pro Person für zwei Leute auf einem Skidoo. Wer allein auf einem Skidoo fahren will, muss noch 8000 ISK zusätzlich hinblättern. Geruhsamer ist eine Fahrt im **Superjeep** (19 500 ISK pro Pers.) über das Eis. Möglich sind auch längere Skidoo-Trips und Gletscherwanderungen.

Wer einen Wagen mit Allradantrieb hat, zahlt 18 000 ISK für die Schneemobil- oder Jeepfahrt. Für 19 500 ISK wird man von der Ringstraße abgeholt und nach Jöklasel gebracht. Täglich um 9.30 und 14 Uhr (Mai–Okt.) sammelt Glacier Jeeps Teilnehmer auf dem Parkplatz am Anfang der F985 ab. Auf jeden Fall vorher reservieren.

Glacier Jeeps führt diese Touren auch im Winter durch. Die Zeiten variieren. Los geht's am Hostel Vagnsstaðir (S. 298).

Leider fahren die Nahverkehrsbusse nicht so, dass man zu einem günstigen Zeitpunkt auf dem Parkplatz an der F985 abgesetzt wird. Wer kein Auto hat, könnte sich von **Vatnajökull Travel** (☎894 1616; www.vatnajokull.is) in Höfn nach Jöklasel und anschließend für eine Bootsfahrt zum Jökulsárlón bringen lassen. Preise beim Anbieter erfragen.

eine Bäckerei, einen **Nettó-Supermarkt** (⊙Juni–Aug. Mo–Fr 11–19, Sa 10–18, So 12–18 Uhr, den Rest des Jahres kürzere Öffnungszeiten) und einen **Vínbúð** (⊙Juni–Aug. Mo–Do 14–18, Fr 11–19, Sa 11–16 Uhr, den Rest des Jahres kürzere Öffnungszeiten).

ℹ Praktische Informationen

Auf der Hafnarbraut befinden sich zwei Banken, die Landsbanki Íslands und Sparisjóðurinn, und im Einkaufszentrum gibt's einen Geldautomaten.

Bücherei (Internet 200 ISK für 30 Min.; ⊙Juni–Aug. Mo–Fr 10–16 Uhr, Sept.–Mai Mo–Fr 9–17 Uhr) Internetzugang hat man hier, im Gemeindezentrum gegenüber vom Supermarkt.

Post (Hafnarbraut; ⊙Mo–Fr 9–16.30 Uhr)

Touristeninformation (☎478 1500; www.visitvatnajokull.is) Die Touristeninformation sollte inzwischen an den Hafen umgezogen sein, neben das Restaurant Pakkhús. Geplant war, dass sie das ganze Jahr über geöffnet sein wird. Die Öffnungzeiten stehen auf der Website.

ℹ An- & Weiterreise

Bus

Die Bushaltestelle ist die N1-Tankstelle (ein zehnminütiger Fußweg vom Stadtzentrum).

Hópferðabílar Akureyri (☎898 5156; www.hba.is) betreibt von Juni bis Mitte September einen Bus pro Tag von Höfn nach Egilsstaðir (Linie 1/1a, 7500 ISK, 4 Std.). Haltepunkte sind Reyðarfjörður, Breiðdalsvík, Berunes und Djúpivogar. Mit dem Buspass für 15 000 ISK kann man diese Route drei Tage lang abfahren.

Bus Nr. 51 von **Strætó** (☎540 2700; www.straeto.is) fährt zwischen Juni und August zweimal am Tag von Reykjavík nach Höfn (10 150 ISK, 7 Std.). Im Winter besteht diese Verbindung nur dreimal pro Woche (nur mit Reservierung).

Reykjavík Excursions (Kynnisferðir; ☎580 5400; www.re.is) bedient die Strecke Höfn–Skaftafell (Bus 19/19a) von Juni bis Mitte September einmal täglich (4500 ISK, 2 Std.). Ab Skaftafell gibt es Busverbindungen weiter in den Westen.

Sterna (☎551 1166; www.sterna.is) betreibt folgende Buslinien:

BUS 12/12A Reykjavík–Höfn; 13 700 ISK, neun Stunden, Mitte Mai bis Mitte September einmal täglich.

BUS 9/9A Höfn–Egilsstaðir; vier Stunden, Mitte Mai bis Mitte September einmal täglich.

Flugzeug

Der Flughafen von Höfn liegt 6,5 km nordwestlich der Stadt. **Eagle Air** (☎562 2640; www.eagleair.is) pendelt ganzjährig zwischen Reykjavík und Höfn (einfache Strecke 179 €).

Lónsöræfi

Wer nach Island kommt, um wahre Einsamkeit zu finden, sollte sich in das Naturschutzgebiet Lónsöræfi östlich von Höfn aufmachen. Es ist mit 320 km² eines der größten Islands und hat Rhyolithberge in spektakulären Farben sowie die Stafafellsfjöll-Berge zu bieten.

Campen ist auf ausgewiesenen Plätzen im Naturschutzgebiet möglich und an der Wanderstrecke zwischen Lónsöræfi und Snæfell gibt es einige Wanderhütten. Der Weg beginnt am Parkplatz Illikambur. Die einzige Straße durch das Gebiet ist die F980, eine holperige Piste, die von der Ringstraße abgeht und nach 25 km in Illikambur endet. Sie kann nur von erfahrenen Fahrern in *schweren* Wagen mit Allradantrieb bewältigt werden, denn unterwegs muss ein schnell fließender Strom überquert werden.

Viele einfache Tageswanderungen führen durch die Hügel und Täler nördlich von Stafafell, aber es gibt auch längere Touren zum Südosten des Vatnajökull und Richtung Nordwesten nach Snæfell. Einige Wanderungen führen durch Flüsse (Tipps dazu auf S. 374), deshalb ist absolute Vorsicht geboten, vor allem bei warmem und nassem Wetter.

Lónsöræfi gehört zwar nicht zum Nationalpark Vatnajökull, aber auf der Parkwebseite (www.vjp.is) finden sich dennoch Informationen zu Wanderungen in der Gegend und auch die Besucherzentren in Skaftafell, Höfn und Skríðuklaustur haben viele Tipps auf Lager. Prima Planungshilfen sind weiterhin www.stafafell.is und www.stafafell.com.

Man sollte sich die neue Wanderkarte für das Schutzgebiet zulegen (ab Anfang 2013 im Handel). Die Gegend wird immer beliebter. Deshalb gibt es jetzt mehr Übernachtungsmöglichkeiten in Berghütten und Fußgängerbrücken.

Was fehlt, sind Lokale und Einkaufsmöglichkeiten, deshalb ausreichend Proviant aus Höfn oder Djúpivogur mitbringen.

STAFAFELL

Mitten im Nirgendwo liegt Stafafell, ein einsamer Bauernhof, ganz versteckt unterhalb der Berge. Er ist eine tolle Ausgangsbasis für die Erkundung von Lónsöræfi. Hier können im Sommer Touren und Mitfahrgelegenheiten für Wanderer gebucht werden. Die Bauern (drei Brüder) kennen die Gegend in- und auswendig. Die Webseite des Hofs (www.stafafell.is) liefert jede Menge Infos. Es gibt verschiedene Übernachtungsmöglichkeiten.

ABSTECHER

DAS WIKINGERCAFÉ

Etwa 7 km östlich der Abzweigung nach Höfn, kurz bevor die Ringstraße in den Almannaskarð-Tunnel mündet, führt eine ausgeschilderte Straße zur Stokksnes-Radarstation. Nach 4,5 km liegt ein cooles kleines Lokal in wildromantischer Umgebung unter dem düsteren Berg Litla Horn: Das **Viking Cafe** (%849 4627; www.vikingcafe-iceland.com; ⌚Juni–Aug. 9–21 Uhr) mit dem „Berlin goes Isländisch"-Flair trumpft mit leckerem Kaffee, Waffeln und Kuchen auf. Anschließend lockt das benachbarte Wikingerdorf des Regisseurs Baltasar Kormakúr mit Filmkulissen oder ein Spaziergang an den schwarzen Sandstränden, um nach Robben Ausschau zu halten. Mit Genehmigung darf gezeltet werden. Im Sommer 2013 sollen ein paar Hütten dazukommen.

Die vielleicht schönste Tageswanderung ist gut ausgezeichnet und führt von Stafafell nach **Hvannagil** (hin & zurück 14,3 km, 4–5 Std.), zur farbenprächtige Rhyolithschlucht am Ostufer des Flusses Jökulsá í Lóni. Die Brüder nach einer Wegbeschreibung fragen.

LÓN

Der Name Lón („Lagune") passt auf diese seichte Bucht, die von zwei großen Sandbänken zwischen den Bergen Eystrahorn und Vestrahorn (auf manchen Karten als Austurhorn und Vesturhorn eingezeichnet) umschlossen wird. Im Nordwesten liegt das Delta des Jökulsá í Lóni. Hier nistet im Frühjahr und Sommer eine riesige Kolonie von Schwänen.

Wie andere Berge in der Region wurde auch der batholithische **Eystrahorn** am Ostende von Lón durch eine unterirdische Vulkaneruption gebildet und dann allmählich durch Erosion freigelegt. Es ist der beste Zugang für Spaziergänge auf der Sandbank Fjörur, die den Ostteil von Lón umgibt.

Am Westende von Lón stehen der **Vestrahorn** und der benachbarte Gipfel **Brunnhorn**. Sie bilden ein Kap zwischen Skarðsfjörður und Papafjörður. Ruinen der Fischersiedlung Syðri-Fjörður, die 1899 von ihren Einwohnern verlassen wurde, sind noch immer sichtbar. Wer sich das genauer ansehen möchte, muss auf der ausgeschilderten Straße nach Stokksnes fahren.

Geführte Touren

Stafafell WANDERN
(☎699 6684; www.stafafell.com) Von Juli bis Mitte August stellt einer der Landwirte preisgünstige Tagestouren inklusive Jeepfahrt und einer dreistündigen Wanderung in Lónsöræfi auf die Beine (8000 ISK). Teilnehmer können sich zum Ausgangspunkt der Wanderwege fahren bzw. dort abholen lassen oder einen vierstündigen Ausritt am Abend unternehmen (8000 ISK).

Icelandic Mountain Guides RUCKSACKWANDERUNGEN
(☎587 9999, www.mountainguide.is) IMG macht sich im Sommer regelmäßig mit dem Rucksack auf den Weg: fünf Tage und 50 km quer durch Lónsöræfi (ab 109 000 ISK). Übernachtet wird in Berghütten. Diese Tour heißt „Im Schatten des Vatnajökull".

Schlafen

Stafafell ZELTPLATZ, PENSION €
(☎478 1717; www.stafafell.is; Zi. 3000–4500 ISK pro Pers., Hütten 12 000 ISK) Das rustikale Bauernhaus neben der winzigen Kirche beherbergt eine einfache Pension mit Gästeküche. Auf Wunsch nächtigt man in fertig bezogenen Betten, außerdem gibt's ein paar voll ausgestattete Hütten für vier Personen. Neben dem Haus erstreckt sich ein Zeltplatz, ausgezeichnet als „Stafafell Naturpark". Die Stellplätze kosten 1000 pro Kopf.

Brekka í Lóni PENSION €€
(☎849 3589; olgaf@simnet.is; DZ inkl. Frühstück 17 600 ISK) *Die* Adresse, wenn es etwas luxuriöser sein soll. Brekka verfügt über vier schicke Apartments im Motelstil gleich westlich von Stafafell neben dem Gletscherfluss. Das Abendessen kostet 4000 ISK.

An- & Weiterreise

Die Busse zwischen Höfn und Egilsstaðir halten auf Wunsch in Stafafell.

[redacted]

Das Hochland

Inhalt »

Sagenhafte Naturwunder

- » Askja (S. 315)
- » Herðubreið (S. 314)
- » Hveravellir (S. 309)
- » Kverkfjöll (S. 316)
- » Drekagil (S. 315)
- » Kerlingarfjöll (S. 309)

Traumhafte Badeplätze

- » Víti (S. 315)
- » Hveravellir (S. 309)
- » Laugafell (S. 311)
- » Kerlingarfjöll (S. 309)

Auf ins Hochland

Wer auf der Ringstraße unterwegs ist, denkt sicherlich, dass es in Island nicht viele Städte und mehr Schafe als Menschen gibt und dass schon seit vielen, vielen Kilometern keine Tankstelle mehr zu sehen war. Aber das ist noch gar nichts im Vergleich zum Hochland, wo es praktisch keine Versorgungseinrichtungen, Unterkünfte, Brücken oder Absicherungen bei Notfällen gibt.

Wenn man den Blick über die öden Weiten schweifen lässt, könnte man meinen, dies sei das australische Outback oder vielleicht sogar der Mond, was gar nicht so weit hergeholt ist. Schließlich haben die *Apollo*-Astronauten hier für ihre Mondlandung trainiert.

Im Grunde kommen die meisten Leute aber gerade wegen dieser Abgeschiedenheit hierher. Einige Reisende sind angesichts der totalen Leere vom Hochland enttäuscht, andere empfinden bei der Begegnung mit der Natur in ihrer rauesten Ausprägung Demut. Die Einsamkeit ist umwerfend, der Blick unendlich weit und Wanderungen oder Fahrradtouren auf den Hochlandrouten sind anstrengend, aber ebenso lohnenswert.

Gut zu wissen

Kjölur-Route (Straße F35) Nord-Süd-Route quer durchs Land. Linienbusse im Sommer. Keine Flüsse zu durchqueren.

Sprengisandur-Route (Straße F26) Nord-Süd-Route quer durchs Land. Linienbusse im Sommer.

Öskjuleið-Route (Straßen F88 oder F905/910) Strecke aus dem Norden Islands zum Askja-Krater und dem Berg Herðubreið; wird von mehreren Touranbietern bedient (vor allem vom Mývatn aus).

Kverkfjöll-Route (Straßen F905, F910, dann F902) Strecke aus dem Norden (bzw. Osten) Islands zu den Eishöhlen von Kverkfjöll. Einige Touranbieter wagen sich hierher.

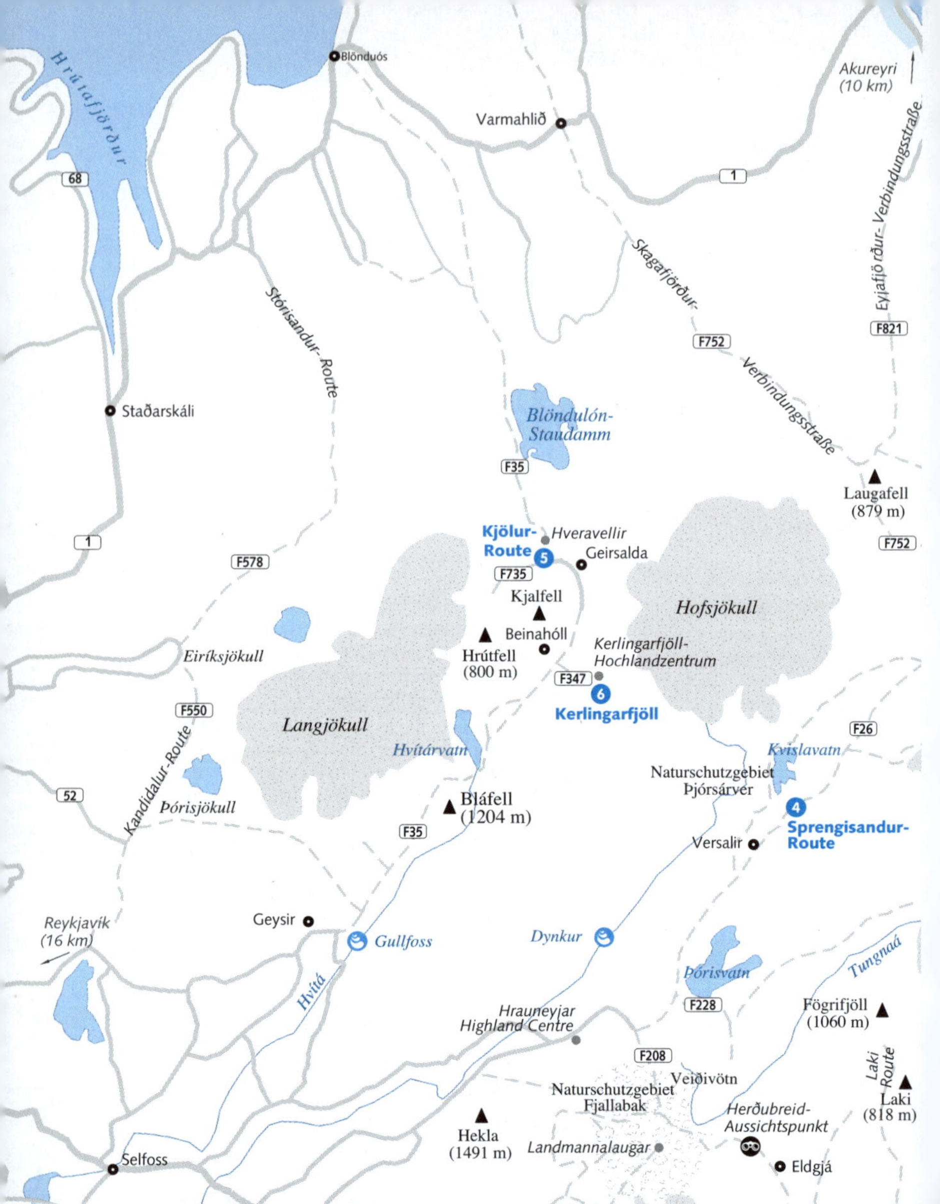

Highlights

1 Am stürmischen **Askja** (S. 315) über die Lavafelder wandern und danach ins lauwarme Wasser des Víti-Kraters hüpfen

2 Die erstaunlichen Eisskulpturen in den geothermischen Höhlen in den **Kverkfjöll** (S. 316) besuchen

3 Die Königin der Berge, die **Herðubreið** (S. 314), gebührend würdigen

4 Auf Islands längstem und einsamstem Nord-Süd-Weg, der **Sprengisandur-Route** (S. 311), Mitgefühl für die traurigen Geister und Geächteten empfinden

5 Mit Zwischenstopps an heißen Quellen und an Kletterfelsen die unendliche Ödnis an der berüchtigten **Kjölur-Route** (S. 308) aufpeppen

6 Die Wanderstiefel überziehen, um die neuen, verbesserten Wanderwege rund um das majestätische Gebirgsmassiv **Kerlingarfjöll** (S. 309) zu erkunden

Kjölur-Route (Kjalvegur)

Für alle, die die Wüsten im Hochland kennenlernen möchten, aber keine Lust auf Flussdurchquerungen haben, eignet sich die 200 km lange Kjölur-Route, auf der alle Flüsse überbrückt sind. Im Sommer fährt planmäßig täglich ein Geländebus, der die Straße als Abkürzung zwischen Reykjavík und Akureyri befährt. Der Bus mag zunächst als verlockende Möglichkeit erscheinen. Allerdings berichteten mehrere Leser, dass die erste Stunde in der trostlosen Einsamkeit zwar spannend sei, die restlichen neun Stunden hingegen einschläfernd wirkten, falls nicht unterwegs ein Ausstieg auf dem Plan stehe.

Aus südlicher Richtung beginnt die F35 bei Gullfoss, führt zwischen zwei riesigen Gletschern entlang und endet bei Blönduós an der Nordwestküste. Den höchsten Punkt (etwa 700 m) erreicht sie zwischen dem Langjökull und dem Hofsjökull in der Nähe des Berges Kjalfell. Der nördliche Teil der Strecke verläuft landschaftlich herrlich bis nach Blöndulón, einem riesigen Stausee, der das Blanda-Wasserkraftwerk versorgt. Die Straßenverhältnisse im Norden sind besser als im Süden.

Die Kjölur-Route öffnet in der Regel Mitte Juni und wird irgendwann im September wieder geschlossen, abhängig von der Wetterlage. Vorsicht: Auf einigen Island-Karten ist die Strecke als Straße 35 (nicht F35) aufgeführt. Auch wenn es technisch möglich ist, sie mit einem Zweiradantrieb zu befahren, ist das nicht zu empfehlen. Denn die Strecke bleibt doch eine Gebirgsstraße. Der Weg ist gespickt mit Schlaglöchern/Pfützen, in denen ein Kleinfahrzeug versinken könnte. Es besteht die Gefahr, die Fahrzeugunterseite auf der äußerst langsamen und holprigen Fahrt zu beschädigen. Autovermietungen verbieten den Mietern ihrer zweiradangetriebenen Fahrzeuge ausdrücklich, auf dieser Strecke zu fahren.

Geführte Touren

Die Linienbusse können für eine Tour entlang der Strecke genutzt werden. Von Mitte Juni bis Anfang September bietet **Sterna** (☎551 1166; www.sternatravel.com) täglich eine 13-stündige Fahrt von Reykjavík über den Goldenen Kreis, inbegriffen ist eine zweistündige Wanderung am Kerlingarfjöll (24 000 ISK).

Wer sich im Internet umschaut, wird Angebote für Wanderungen, Fahrradtouren und Reitausflüge entlang der Kjölur-Route finden (auch nach Kjalvegur suchen). Die Website der **Icelandic Mountain Guides**

UNTERWEGS VOR ORT

Vor der Reise durch das Hochland sollten unbedingt einige Dinge bedacht werden.

» Das Wetter hier ist sehr launisch; selbst zu Mitsommer kann hier noch Schnee fallen. Auf www.vedur.is gibt es aktuelle Wetterberichte.

» Die Öffnung der Straßen hängt vom Wetter ab; meist werden die Wege irgendwann zwischen Anfang Juni und Anfang Juli freigegeben. Aktuelle Infos stehen auf www.vegagerdin.is.

» Die in diesem Kapitel beschriebenen Strecken sind ausschließlich für leistungsstarke Hochrad-Geländewagen geeignet, da schroffes Gelände und tückische Flussdurchquerungen keine Seltenheit sind.

» Es ist ratsam, dass immer zwei Fahrzeuge gemeinsam reisen. Falls nämlich eines stecken bleibt oder eine Panne hat, kann das andere es herausziehen, Hilfe holen oder die Insassen zu einem Unterschlupf fahren.

» Im Hochland gibt es nur im Hveravellir auf der Kjölur-Route und in Hrauneyjar im südlichen Abschnitt der Sprengisandur-Route Tankstellen.

» Busse und/oder organisierte Touren sind eine gute Alternative zum Mietauto. Die Tourenanbieter verfügen über komfortable Fahrzeuge und haben versierte Fahrer/Führer.

» Wie überall in Island ist es ratsam, auf den befestigten und markierten Wegen zu bleiben. Durchs Gelände zu brausen ist äußerst schädlich für die anfällige Umwelt und verstößt außerdem gegen das Gesetz.

DAS ÖDLAND

Früher standen Geächtete außerhalb des Schutzes der Gesellschaft und wer einen Groll gegen sie hegte, konnte sie nach Gutdünken töten. Viele Vogelfreie oder *útilegumenn* wie der bekannte Eiríkur Rauði (Erik der Rote) gingen freiwillig ins ausländische Exil. Andere konnten einem Rachemord entkommen, indem sie in die Berge, Täler und Weiten des rauen Hochlands flohen, wohin sie nur wenige zu verfolgen wagten.

Zweifellos musste jeder, der in den harten, kargen Wüsten überleben konnte, eine außergewöhnliche Person sein. Klar, dass den isländischen Geächteten alle möglichen schrecklichen Taten zugeschrieben wurden und die normale Bevölkerung sich vor dem endlosen Ödland fürchtete, von dem sie glaubte, dass dort übermenschliche böse Kräfte walteten. Die *útilegumenn* schafften es so in dieselbe Kategorie wie Riesen und Trolle und lieferten den Stoff für beliebte Geschichten wie etwa die phantastische *Grettis saga*.

Ein Geächteter wurde zum Gegenstand unzähliger isländischer Volksmärchen: Fjalla-Eyvindur (Eyvindur der Berge), ein charmanter, aber unheilbarer Kleptomane aus dem 18. Jh. Er floh mit seiner Frau ins Hochland und machte sich weiterhin Feinde, weil er Schafe stahl, um zu überleben. Im gesamten Hochland sind Unterstände und Verstecke zu finden, die mit ihm in Verbindung gebracht werden. Überall hört man Geschichten darüber, wie er unter unmöglichen Bedingungen überlebte und seinen Verfolgern immer einen Schritt voraus war.

(☎587 9999; www.mountainguides.is) bietet ausgezeichnete Tipps für Wanderungen.

HVÍTÁRVATN

Der blassblaue Hvítárvatn 35 km nordöstlich vom Gullfoss ist die Quelle des Gletscherflusses Hvítá, der bei Anbietern von Wildwasserfahrten aus Reykjavík ganz oben im Programm steht. Eine Gletscherzunge von Islands zweitgrößtem Gletscher Langjökull kalbt in den See hinein, wodurch Eisberge entstehen, die die Schönheit des Sees noch verstärken.

Gletschersee Hvítárvatn (☎822 1005; www.glacierlake.is) bietet Bootstouren (15 900 ISK) auf dem Hvítárvatn mit der Möglichkeit einer kurzen Gletscherwanderung auf dem Langjökull. Die Fahrten starten zwischen Mitte Juni und Mitte September täglich um 14 Uhr; auf der Website stehen Infos über Zubringerdienste von Reykjavík und Gullfoss, für alle, die keinen Geländewagen zur Verfügung haben.

Im marschigen Grasland nordöstlich des Hvítárvatn liegt die älteste Ferðafélag-Íslands-Hütte Hvítárnes. Sie wurde 1930 errichtet. Vom Kjölur, wo man sich vom Bus absetzen lassen kann, sind es auf einer Allradpiste 8 km zu Fuß zur Hütte.

KERLINGARFJÖLL

Bis in die 1850er-Jahre glaubten die Isländer, dass dieser Gebirgszug 10 km jenseits der Straße F35 an der F347 die übelsten Gesetzlosen beherbergte. Sie sollen tief im Herzen der 150 km² großen Bergregion in einem abgeschiedenen und paradiesartigen Tal gehaust haben. Dieser Glaube war so stark, dass sich erst gegen Mitte des 19. Jhs. jemand in die Kerlingarfjöll wagte. Erst 1941 wurde der Gebirgszug von Ferðafélag Íslands gründlich erkundet.

Auf jeden Fall ist das Gebirge atemberaubend. Die vielfarbige Landschaft voller heißer Quellen wird von schroffen Bergen und Höhenrücken unterbrochen, von denen der Snækollur (1477 m) der höchste ist.

Das **Kerlingarfjöll Highland Centre** (☎Sommer 664 7878, ganzjährig 664 7000; www.kerlingarfjoll.is; Platz pro Pers. 1500 ISK, DZ mit Bad inkl. Frühstück 28 800 ISK; ⌚Mitte Juni–Mitte Sept.; 📶) bietet einige Hütten und Häuser mit Übernachtungsmöglichkeiten – verschiedene Kombinationen mit/ohne Bad, mit/ohne Bettzeug (SU zwischen 4800 und 6400 ISK). Außerdem gibt es einen großen Campingplatz, eine Gästeküche, ein einfaches Restaurant und Hot Pots. Auf der Website steht eine ausführliche Liste (inkl. Karten) aller örtlichen Wanderwege von 1 km bis zu 50 km Länge. Hier gibt es keine Tankstellen (obwohl das in einigen Karten und auf Schildern noch angezeigt wird).

HVERAVELLIR

Hveravellir ist ein beliebtes Geothermalgebiet mit Fumarolen und heißen Quellen 30 km nördlich des Abzweigs zur Kerlingarfjöll (und 60 km nördlich des Gullfoss).

Zu den warmen Becken zählen das strahlend blaue Bláhver, das Öskurhólshver, das einen zischenden Dampfstrahl ausstößt, sowie ein phantastisches künstliches Schwimmbecken. Eine weitere heiße Quelle, Eyvindurhver, ist nach dem Gesetzlosen Fjalla-Eyvindur benannt. Hveravellir war angeblich eines der vielen Verstecke dieses Banditen aus dem 18. Jh.

Hveravellir verfügt über zwei **Wanderhütten** (☎Sommer 452 4200, ganzjährig 894 1293; www.hveravellir.is; SU/B 1200/4000 ISK pro Pers.; ⌚Mitte Juni–Mitte Sept.) mit 50 Betten (Bettwäsche für 1200 ISK). Außerdem befinden sich dort ein Campingplatz, Küchen und ein einfaches Café. Die Mitarbeiter geben Auskünft über die örtlichen Wanderwege und organisieren auch Ausflüge zum Höfsjökull oder Ausritte.

Im Sommer wird in Hveravellir eine Tankzapfsäule betrieben – die einzige an der Kjölur-Route.

Schlafen

Ebenso wie die beiden oben genannten Übernachtungsmöglichkeiten in Kerlingarfjöll und Hveravellir betreiben zwei Organisationen Hütten entlang der Strecke (Selbstversorgung, Schlafsack). Es ist sinnvoll, vorab zu buchen.

Ferðafélag Íslands BERGHÜTTEN €
(☎568 2533; www.fi.is; B 3500-4000 ISK) Die folgenden Hütten verfügen über Toiletten und eine Küche (allerdings ohne Kochgeschirr) und die meisten haben fließend Wasser. Die Hütten sind von Süd nach Nord aufgelistet: **Hvítárnes** (N 64°37.007', W 19°45.394'; SU 30), nordöstlich des Sees Hvítárvatn; von Juli bis August ist die meiste Zeit ein ehrenamtlicher Hüttenwart dort; **Þverbrekknamúli** (N 64°43.100', W 19°36.860'; SU 20), rund 4 km südöstlich der winzigen Eisspitze des Hrútfell; und **Þjófadalir** (N 64° 48.900', W 19°42.510'; SU 12) am Fuße des Raudkollur.

Gljásteinn BERGHÜTTEN €
(☎486 5757; www.gljasteinn.is; SU/B pro Pers. 800/4000 ISK; ⌚Mitte Juni–Aug.) Verfügt über drei gut ausgestattete Hütten am Weg oder in seiner Nähe. Zeltwanderer sind willkommen. Von Süden nach Norden: **Fremstaver** (N 64°45.207', W 19°93.699'; SU 25), am südlichen Abhang des Bláfell; **Árbúðir** (N 64° 609.036', W 19°702.947'; SU 30), am Ufer des Flusses Svartá, direkt an der Straße F35, etwa 42 km nördlich von Gullfoss; hier gibt's eine warme Dusche, ein kleines Café und die Busse von Sterna (Nr. 35/35a) halten hier; sowie **Gíslaskáli** (N 64°744.187', W 19°432.508'; SU bis zu 50), 4 km nördlich am Abzweig nach Kerlingarfjöll und 1 km jenseits der Straße F35; mit Café und Gemeinschaftsraum plus heißen Duschen.

An- & Weiterreise

Auto

Mit dem Geländewagen lässt sich die Kjölur-Route problemlos befahren. Allerdings gibt es keine Autovermietung, die Versicherungsschutz für normale Mietautos auf dieser Strecke gewährt.

Wen die Neugier dennoch mit einem normalen Auto ins Hochland treibt, darf sich freuen, dass die ersten 14 km der Strecke (nördlich von Gullfoss) asphaltiert sind.

Bus

Von Mitte Juni bis Anfang September fahren täglich Linienbusse entlang der Kjölur-Route zwischen Reykjavík und Akureyri (in beide Richtungen). Die Busverbindungen sind in einigen Buspässen enthalten (S. 375).

SBA-Norðurleið (☎550 0700/70; www.sba.is) Bus 610/610a braucht 10½ Std. für die gesamte Strecke, mit jeweils halbstündigen Pausen an Geysir und Gullfoss. Außerdem hält der Bus 15 Minuten an der Unterkunft von Kerlingarfjöll und eine ganze Stunde in Hvera-

KJÖLUR-WANDERUNG

Für alle, die nach einer mehrtägigen, individuellen Wanderroute in dieser Gegend suchen:

» **Alt Kjalvegur-Route** (www.fi.is/en/hiking-trails) Eine leichte und landschaftliche schöne Dreitageswanderung (39 km) von Hvítarvatn nach Hveravellir. Sie folgt dem originalen Kjölur-Reitweg (westlich der heutigen Piste) und führt über die Berghütten Hvítárnes, Þverbrekknamúli und Þjófadalir.

» **Hringbrautin** (www.kerlingarfjoll.is/routes) Ein anspruchsvoller Dreitagesrundweg (47 km) um den Kerlingarfjöll. Start und Ziel ist das Kerlingarfjöll Highland Centre. Erst kürzlich wurden entlang der Strecke Hütten in Klakkur und Kisubotnar eröffnet.

vellir (das reicht für ein paar Schwimmzüge). Die ganze Strecke Reykjavík–Akureyri kostet 13 000 ISK, Fahrräder werden für weitere 3000 ISK mitgenommen.

Sterna (☎551 1166; www.sterna.is) Der Bus 35/35a von Reykjavík ist einen langen, 15-stündigen Tag unterwegs. Wenn man die gesamte Strecke bis nach Akureyri fährt, ähnelt die Fahrt eher einer Tour. Es gibt längere Aufenthalte in Þingevllir, an Geysir, Gullfoss und Kerlingarfjöll. Die Reise in umgekehrter Richtung ist mit weniger Unterbrechungen drei Stunden kürzer. Das Ticket für die gesamte Strecke kostet 12 900 ISK; die Fahrradmitnahme 3000 ISK.

Fahrrad

Die Kjölur-Route ist von allen Hochlandstrecken vermutlich am besten zum Radfahren geeignet. Lesenswert ist der humoristische Bericht von Tim Moore *Frost on My Moustache*.

Sprengisandur-Route

Bei Isländern ruft der Name Sprengisandur Bilder von Geächteten, Geistern und langen Schafstrieben über die karge Ödnis hervor. Die Sprengisandur-Route (F26) ist die längste Nord-Süd-Strecke und durchquert trostlose Ödlandmoore, die einem selbst heute noch im Allradfahrzeug Schauer über den Rücken jagen können!

Die Sprengisandur-Route bietet wunderbare Ausblicke auf die Gletscher Vatnajökull, Tungnafellsjökull und Hofsjökull sowie von Westen her auf Askja und Herðubreið. Eine ältere, jetzt aber aufgegebene Route liegt ein paar Kilometer westlich der jetzigen.

Die Sprengisandur-Route beginnt beim Goðafoss in Nordwestisland als Straße 842. Nach ca. 41 km hinter einem roten Metalltor geht die Straße in die F26 über. Dort steht ein riesiges Schild, das die Sehenswürdigkeiten und Streckendetails der Route erläutert. 3 km weiter kommt der fotogenste Wasserfall Islands in Sicht, der **Aldeyjarfoss**. Das Wasser braust durch eine schmale, von wabenförmigen Basaltsäulen gesäumte Klamm und donnert schäumend den Felshang hinab.

Nach dem Wasserfall führt die Sprengisandur-Route 240 km durch unwirtliches Terrain weiter nach Südwesten bis nach Þjórsárdalur. Es gibt auf halber Strecke zwei weitere Zugangswege zur Sprengisandur-Route.

Die Strecke öffnet in der Regel Anfang Juli.

LAUGAFELL

Der interessanteste Punkt an der Skagafjörður-Verbindungsstraße ist der Laugafell, ein 879 m hoher Berg mit einigen heißen Quellen an den Nordwesthängen. Übernachtungsmöglichkeiten bietet die nahe gelegene Ferðafélag-Akureyrar-**Hütte** (☎Juli–Aug. 854 9302; www.ffa.is; N 65°01,614', W 18°19,923'; B 4500 ISK) mit 35 Betten, einer Küche und einem schönen Thermalbecken. Von Juli bis August kümmert sich ein Hüttenwart um die Unterkunft.

NÝIDALUR

Nýidalur (auch Jökuldalur), der Gebirgszug südlich des Tungnafellsjökull-Eisfelds, wurde 1845 von einem Reisenden entdeckt, der sich verirrt hatte. Mit Campingplatz, zwei Ferðafélag-Íslands-**Hütten** (☎Juli–Aug. 860 3334; N 64°44,130', W 18°04,350'; B 5000 ISK) und einer Unmenge von Wandermöglichkeiten eignet sich das Gebiet gut, um die Fahrt über den Sprengisandur zu unterbrechen. Die Hütten haben Kochgelegenheiten und Duschen und im Sommer gibt es einen Hüttenwart. Von Mitte Juli bis Mitte August bieten die Park-Ranger um 20.30 Uhr eine Abendwanderung von der Hütte an.

Es gibt zwei Flüsse – der eine, 500 m von der Hütte entfernt, ist unter Umständen selbst mit einem Allradfahrzeug nur schwer zu durchfahren. Vor Ort nach den Bedingungen erkundigen!

ÞÓRISVATN

Bevor für das Tungnaá-Wasserkraftwerk in Südwestisland Wasser vom Kaldakvísl in den Þórisvatn umgeleitet wurde, war der See nur 70 km² groß. Nun ist er mit 85 km² Islands zweitgrößter See. Er liegt 11 km nordöstlich der Kreuzung der F26 mit der Fjallabak-Piste.

HRAUNEYJAR

In der ödesten Gegend überhaupt (westlich des Þórisvatn in der Hrauneyjar-Region) tauchen unerwartet ein Gästehaus und ein nagelneues Hotel auf! Sie liegen an der Kreuzung der Sprengisandur-Route (F26) mit der F208 nach Landmannalaugar, sind also ideal, um viele der Sehenswürdigkeiten im Hochland zu erkunden. In der Gegend gibt es außerdem gekennzeichnete Wanderwege.

Hrauneyjar Highland Centre (☎487 7782; www.hrauneyjar.is, DZ mit/ohne Bad inkl. Frühstück 155/119 €; 📶) bietet kleine, einfache Gästezimmer und eine überteuerte Schlafsackunterkunft (einzel/doppel 64/79 €).

Zwischen Mitte Juni und Mitte September können Gäste eine Küche nutzen; außerdem gibt es ein einfaches Restaurant.

Wer es gerne etwas luxuriöser hat, geht ins **Hotel Highland** (☎487 7782; www.hotelhighland.is; EZ/DZ inkl. Frühstück 209/238 €; @). 1,4 km vom Gästehaus entfernt gibt es komfortable Zimmer, eine Bar und ein gutes Restaurant (Hauptgerichte 3900 bis 5100 ISK), Hot Pot und Sauna.

Hier gibt es auch Benzin und Diesel. Die Straße nach Hrauneyjar aus westlicher Richtung ist asphaltiert.

VEIÐIVÖTN

Dieses schöne Gebiet nordöstlich von Landmannalaugar besteht aus einer Serie kleiner Seen in einem vulkanischen Becken, eine Fortsetzung derselben Spalte, die auch den Lavastrom Laugahraun im Naturschutzgebiet Fjallabak erzeugte. Hier kann man zwischen den zahlreichen Seen (beliebt bei Forellenanglern) entlang der Allradpisten durch die Tephra-Sandgebiete wunderbar kleine Erkundungen machen.

ℹ An- & Weiterreise

Auto

Entlang der Route gibt es keine Tankmöglichkeiten. Für die Verbindung vom Eyjafjörður sind die nächsten Tankstellen in Akureyri, für die Zufahrt vom Skagafjörður in Varmahlíð, für die Hauptroute aus dem Norden durchs Tal Bárðardalur in Fosshóll beim Goðafoss und aus dem Süden in Hrauneyjar.

» **Anfahrt vom Eyjafjörður** Von Norden trifft die F821 vom südlichen Eyjafjörður (südlich von Akureyri) beim Laugafell auf die Verbindungsstrecke vom Skagafjörður. Diese Route ist sehr angenehm, mit wenigen Touristen, aber sie ist schwieriger zu befahren.

» **Anfahrt vom Skagafjörður** Aus nordwestlicher Richtung verbindet die 81 km lange F752 den südlichen Skagafjörður (der nächstgelegene Ort ist Varmahlíð an der Ringstraße) mit der Sprengisandur-Route. Die beiden Strecken treffen beim Fjórðungsvatn 20 km östlich des Hofsjökull aufeinander.

Bus

Von Juli bis August betreibt **Reykjavík Excursions** (Kynnisferðir; ☎580 5400; www.re.is) zwei Linienbusse entlang der Sprengisandur-Route zwischen Reykjavík bzw. Landmannalaugar und dem See Mývatn. Die Linien werden von einigen Buspässen abgedeckt.

» **Bus 14/14a** Landmannalaugar–Mývatn; 10 Stunden, sonntags, dienstags und donnerstags um 9.30 Uhr. Busse in entgegengesetzter Fahrtrichtung starten montags, mittwochs und freitags um 8 Uhr in Mývatn. Auch wenn dies ein regulärer Linienbus ist, hat er etwas von einer Exkursionstour, mit ausgedehnten Pausen in Hrauneyjar, Nýidalur, Aldeyjarfoss und Goðafoss. Ein Ticket für die gesamte Strecke kostet 13 300 ISK.

» **Bus 17/17a** Reykjavík–Mývatn; 11½ Stunden, sonntags, dienstags und donnerstags um 8 Uhr. In Mývatn fahren die Busse montags, mittwochs und freitags um 8 Uhr ab. Auch diese Linie eignet sich für eine Tour mit längeren Aufenthalten in Nýidalur, Aldeyjarfoss und Goðafoss. Das Ticket für die gesamte Strecke kostet 17 600 ISK.

Öskjuleið-Route (Askja-Weg)

Die Öskjuleið-Route führt quer durchs Hochland zur Herðubreið, der von den Isländern geliebten „Königin der Berge", und zum gigantischen Askja-Krater. Die normale Anfahrtsstraße ist die F88, die 32 km östlich vom Mývatn bei Hrossaborg von der Ringstraße abzweigt, aber der Askja ist auch weiter östlich über die F910 zu erreichen. **Hrossaborg** ist ein 10 000 Jahre alter Krater in der Form eines Amphitheaters. Er diente im Science-Fiction-Film *Oblivion* (2013) mit Tom Cruise als Kulisse.

Der größte Teil der Strecke ist flach. Sie folgt dem Westufer der Jökulsá á Fjöllum und schlängelt sich über Tephrawüsten und auf Umwegen durch raue, die Reifen strapazierende Abschnitte des 4400 km² großen Lavastroms mit dem treffenden Namen **Ódáðahraun** (Missetatenlava).

Nach einer langen Fahrt durch die von Lava und Fluten verwüstete Ebene ist die hübsche Oase Herðubreiðarlindir am Fuß der Herðubreið eine Wohltat. Von hier führt die Route Richtung Westen durch Dünen und Lavaströme vorbei an den Dreki-Hütten und bergan Richtung Askja, wo das Auto abgestellt werden muss. Die restlichen 2,5 km bis zum Krater können nur zu Fuß bewältigt werden.

MONDLANDSCHAFTEN

Die endlos graue Sandwüste und die zerklüfteten Lavagebilde von Ódáðahraun haben etwas Außerirdisches. Es ist also nicht verwunderlich, dass die NASA ihre Astronauten der Apollo-Mission zum Einstimmen zweimal in das Gebiet rund um Askja (genauer, das Gebiet südlich der F90, östlich von Askja) geschickt hat.

Askja gehört zum weiten Nationalpark Vatnajökull. Auf der Website des Parks (www.vjp.is) gibt es hervorragende Informationen.

Aktivitäten

Wandern

Mehrmals im Jahr (meist im Juli) organisiert **Ferðafélag Akureyrar** (FFA; ☎462 2720; www.ffa.is), der Wanderverein von Akureyri, viertägige Wandertouren von Hütte zu Hütte (pro Pers. 55 500 ISK) in der Umgebung; aktuelle Informationen stehen auf der Website unter „Touring Program".

Wanderer, die lieber auf eigene Faust losziehen, finden auf der FFA-Website genaue Informationen über den **Askja-Weg**, einen FFA-Wanderweg durch das Ódáðahraun-Feld. Der Weg startet in Herðubreiðarlindir und endet am Svartákot-Hof im oberen Teil des Bárðardalur-Tals (Straße 843); es gibt Hütten entlang der Strecke.

Die **Icelandic Mountain Guides** (☎587 9999; www.mountainguides.is) bieten geführte, mehrtägige Wanderungen durch das Gebiet an, darunter auch eine fünftägige Durchquerung von Mývatn nach Askja (ab 99 900 ISK).

Geführte Touren

Immer mehr Veranstalter bieten Superjeep-Touren nach Askja an, ab Mitte Juni (wenn der Weg geöffnet wird) bis spät in den September, solange es das Wetter zulässt. Von Akureyri ist das ein langer Tagesausflug (bis zu 15 Stunden); günstiger ist es, von Reykjahlíð am Mývatn zu starten (auch wenn die Tour zwischen 11 und 12 Stunden dauert). Bei allen Touren wird erwartet, dass die Teilnehmer sich selbst um das Mittagessen kümmern (mitnehmen oder bestellen); einige Veranstalter (Geo, Saga) legen einen Stopp für einen späten Nachmittagskaffee in Möðrudalur (S. 253) ein. Wer vorhat, im Víti schwimmen zu gehen, sollte Badezeug und Handtuch einpacken.

Für alle mit strammer Reiseplanung sind die am Mývatn startenden Landschaftsflüge über Askja eine Alternative (S. 230)

Hier einige Veranstalter (einige Preise stammen von 2012; für aktuelle Preise s. Websites):

Fjalladýrð TOUR
(☎471 1858; www.fjalladyrd.is) Sitz auf dem Möðrudalur-Hof, an der Straße 901, praktisch gelegen für den Weg zum Askja über F905 und F910. Touren zum Askja kosten 28 900 ISK. Außerdem im Angebot: Tagesausflüge mit Klettern am Herðubreið (31 000 ISK) oder Besuch der Eishöhlen von Kverkfjöll (31 000 ISK) sowie zweitägige Ausflüge zum Askja, Kverkfjöll und Vatnajökull (65 800 ISK).

Fjallasýn TOUR
(☎464 3941; www.fjallasyn.is) Bietet einige Male in der Woche Touren von Reykjahlíð (27 500 ISK), startet aber auch vom Standort des Unternehmens in Húsavík; außerdem zahlreiche Wanderausflüge in der Gegend, einschließlich Kverkfjöll, im Programm.

Geo Travel TOUR
(☎864 7080; www.geotravel.is) Empfehlenswerte Touren mit kleinen Gruppen von Reykjahlíð (172 €); auch Tagesausflüge zum Klettern am Herðubreið (218 €).

Jeep Tours TOUR
(☎898 2798; www.jeeptours.is) Organisiert Touren außerhalb von Egilstaðir im Osten (36 000 ISK). Einer der wenigen Anbieter von Tagestouren zum Kverkfjöll (36 000 ISK); Anfahrt über die (asphaltierte) Straße 910 bis zum Kárahnjúkar-Damm, wo es auf die Geländestrecken geht. Bietet auch Mittagsproviant.

Mývatn Tours TOUR
(☎464 1920; www.askjatours.is) Touren in einem großen Geländebus; von Mitte Juli bis Mitte August täglich und den restlichen Sommer dreimal wöchentlich (130 €). Dies ist der beste Anbieter für alle, die in ein Wandergebiet gebracht und am nächsten Tag wieder abgeholt werden möchten.

Saga Travel TOUR
(☎558 888; www.sagatravel.is) Verlässlicher Anbieter aus Akureyri; Teilnehmer können auch in Mývatn zusteigen (39 000/33 000 ISK von Akureyri/Mývatn) oder sich vom Hotel abholen lassen; Mittagssnacks müssen bestellt werden.

SBA-Norðurleið TOUR
(☎550 0700/70; www.sba.is) Bietet von Juli bis Mitte August wöchentlich die beliebte dreitägige Tour Askja–Kverkfjöll–Vatnajökull von Akureyri und Mývatn (S. 316).

HERÐUBREIÐARLINDIR

Die Oase Herðubreiðarlindir, ein Naturschutzgebiet mit dichtem grünen Moos, Engelwurz und den rosavioletten Blüten des Arktischen Weidenröschens *(Epilobium latifolium)* wurde durch Quellen geschaf-

Herðubreið-Askja-Region

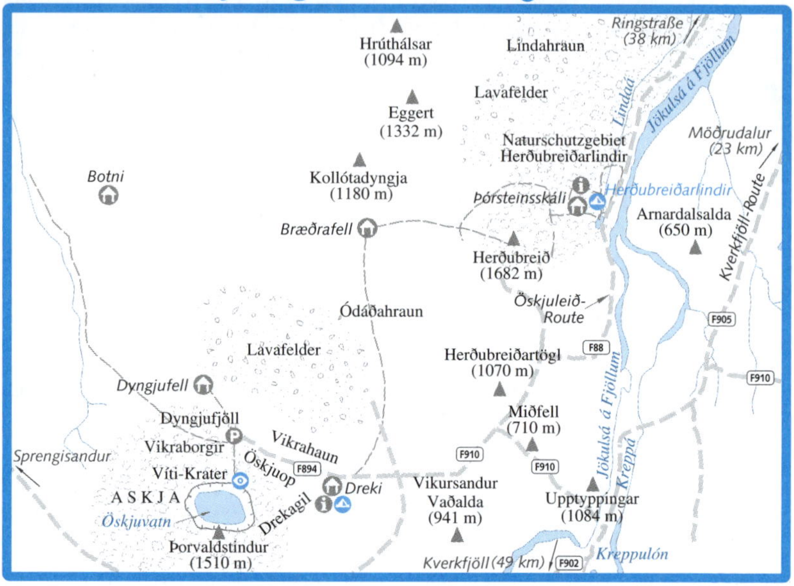

fen, die unterhalb der Lavawüste Ódáðahraun herausfließen. Von hier bietet sich ein phantastischer Blick auf die Herðubreið – es sei denn, man wird von einer Wand aus dichtem Nebel und/oder dem vom Wind aufgewühlten Sand begrüßt, was oft der Fall ist.

Zum kleinen Touristenkomplex gehören ein Informationsbüro, ein **Campingplatz** (pro Pers. 1100 ISK) und auch die komfortable **Þorsteinsskáli-Hütte** (☎ Mitte Juni–Aug. 854 9301; www.ffa.is; N 65°11.544', W 16°13.360'; B 4500 ISK) mit 30 Betten, Duschen, Küche und im Sommer einem Hüttenwart. Kostenlose, geführte Wanderungen von einer Stunde starten zwischen Mitte Juli und Mitte August täglich um 11 Uhr an der Hütte.

Hinter der Hütte befindet sich ein weiteres „Banditenversteck" von Fjalla-Eyvindur, das kaum Platz zum Atmen lässt. Die Hütte wurde 1922 auf den Überresten der Originalhütte errichtet. Eyvindur soll hier im Winter 1774–1775 gehaust und sich von Engelwurzwurzeln und rohem Pferdefleisch ernährt haben, das er oben auf der Hütte lagerte, um drinnen ein bisschen Wärme zu speichern.

HERÐUBREIÐ

Islands markantester Berg (1682 m) ist schon als Geburtstagstorte und Lampenschirm beschrieben worden, aber die Isländer nennen ihn respektvoll „Königin der Berge". Der Tafelberg taucht immer wieder in den Werken einheimischer Dichter und Maler auf, die von seiner Schönheit hingerissen sind.

Doch wenn die Herðubreið (das bedeutet „breite Schultern") den Eindruck macht, in einer Kuchenform entstanden zu sein, ist das nicht ganz falsch. Sie ist ein Beispiel für einen Tuffberg, der durch subglaziale Vulkaneruptionen gebildet wurde. Würde vom Vatnajökull plötzlich das Eis entfernt, so würden die Grímsvötn und die Kverkfjöll wahrscheinlich fast genauso wie die Herðubreið aussehen.

Wer die Herðubreið besteigen möchte, kann sich nicht auf eine topografische Karte verlassen. So himmlisch schön die Königin auch sein mag, die Wanderung kann bei ungenügender Vorbereitung erbarmungslos und frustrierend sein. Im Frühjahr, wenn das Wetter etwas wärmer wird, verändern zahlreiche Steinschläge Pfade und Gelände. Der Berg ist oft in Wolken gehüllt, was die Orientierung erschwert. Ohne GPS geht gar nichts; zur Grundausstattung gehören außerdem Helm, Steigeisen und Eispickel – und natürlich Erfahrung im Umgang damit.

Von der Þórsteinsskáli-Hütte führt ein markierter Weg zur Herðubreið; von hier aus lässt sich der Berg an einem Tag gänzlich umrunden. Die Herðubreið galt einst als unbezwingbar, wurde aber schließlich 1908 doch erklommen. Bei optimalen Bedingungen kann der Berg im Sommer an einem einzigen, langen Tag bestiegen werden. Der Weg zum Gipfel führt über den Westhang. Um jedoch Missverständnisse auszuräumen: Der Aufstieg ist anspruchsvoll und die Gefahr von Schnee, Steinschlag, Erdrutschen oder schlechtem Wetter macht es unmöglich, ihn ohne ordentliche Bergsteigerausrüstung zu bezwingen. Allein sollte niemand hier hochsteigen, auch muss mit schlechtem Wetter gerechnet werden und es sollten die Ranger in Herðubreiðarlindir oder Askja über die Wanderung informiert werden. Sicherer ist es, sich einer geführten Tour anzuschließen.

DREKAGIL

Ihren Namen verdankt die Schlucht Drekagil („Drachenschlucht") 35 km südwestlich der Herðubreið der Gestalt eines Drachens in den schroffen Felswänden. Die Schlucht hinter den **Dreki-Hütten** (Askja-Camp; ☎ Mitte Juni – Aug. 853 2541; www.ffa.is; N 65°02.503', W 16°35.690'; SU/B 1100/5000 ISK pro Pers.) des Wandervereins Ferðafélag Akureyrar erinnert ein bisschen an Arizona oder den Sinai – allerdings passen schneidender Wind und eisige Temperaturen einfach nicht zu einer Wüstenlandschaft.

Die Dreki-Hütten sind der ideale Ausgangspunkt für ein- oder zweitägige Exkursionen. So sind einfache Spaziergänge in der dramatischen Drekagil-Schlucht bis zu einem imposanten Wasserfall möglich, aber auch eine 9 km lange Wanderung über die Straße und einen markierten Weg bis zum Askja. Einen markierten Weg gibt es auch zur Bræðrafell-Hütte. In den Hütten können insgesamt bis zu 60 Personen nächtigen. Sie haben Duschen, eine Küche, eine Touristeninformation und im Sommer einen Hüttenwart. Auch Zelten ist erlaubt (vermutlich stehen dort reihenweise weiße Zelte für einheimische Wandergruppen), aber mit Wind und Kälte kann es ganz schön ungemütlich werden.

Kostenlose, geführte Wanderungen von 1½ Stunden starten von Mitte Juli bis Mitte August täglich um 13 Uhr vom Askja-Parkplatz.

In Dreki zweigt die Gæsavatnaleið-Route (F910) von der Öskjuleið-Route ab, durchquert Furcht einflößende Weiten und stößt dann nach etwa 125 km in Nýidalur auf die Sprengisandur-Route.

ASKJA

Der Askja-Krater ist kalt, windig und trostlos, aber trotzdem das Hauptziel aller Touren in diesem Teil des Hochlands. Obwohl er karg und furchtbar wirkt, sollte sich tatsächlich niemand diesen riesigen 50 km² großen Kessel entgehen lassen. Es ist schwer, sich die Urgewalten vorzustellen, die ihn geschaffen haben.

Die Naturkatastrophe, die den See im Askja-Krater (und dem Víti-Krater) schuf, geschah vor gar nicht allzu langer Zeit (1875). 2 km³ Vulkanasche wurden mit solcher Macht aus dem Askja hochgeschleudert, dass Teile davon sogar auf dem europäischen Kontinent landeten. Die Asche vergiftete in Nordisland eine große Anzahl Rinder, was eine Auswanderungswelle nach Amerika auslöste. Es ist ziemlich beängstigend, sich vor Augen zu führen, dass sich solch verheerende Katastrophen jederzeit wiederholen können.

Nach der ersten Eruption brach eine Magmakammer zusammen und so entstand 300 m unterhalb des ursprünglichen Eruptionskraterrandes ein 11 km² großes Kraterloch. Diese neue Kuhle füllte sich mit Wasser und wurde zum saphirblauen **Öskjuvatn**, dem mit 220 m zweittiefsten See Islands.

1907 ruderten die deutschen Forscher Max Rudloff und Walther von Knebel auf den See hinaus und verschwanden spurlos; ihre Leichen wurden nie gefunden. Es wurde gemutmaßt, dass es im See gefährliche Strömungen oder Strudel gibt, aber ein unsicheres Segeltuchboot und eisiges Wasser sind wohl als Erklärung für ihren Tod ausreichend. Am Rand des Kraters erinnert ein Steinhügel an die beiden Männer.

Beim Ausbruch von 1875 explodierte an der Nordostecke des Sees ein Schlot und bildete den Aschenkrater **Víti**, in dem sich geothermisches Wasser sammelte. Für ein erholsames Bad ist es zwar etwas kühl (die Temperaturen liegen zwischen 22 °C und 30 °C), aber ein Sprung in das milchigblaue Wasser gehört zu den Highlights jeder Askja-Tour. Der Weg hinab ist rutschig, doch nicht so steil wie er ausschaut.

ℹ An- & Weiterreise

Auf der Öskjuleið-Route verkehren keine öffentlichen Verkehrsmittel, aber einige Touren führen hierher. Natürlich kann man sich auch einen großen Geländewagen mieten, sollte sich dann aber auf felsiges Gelände einstellen (auf S. 374 stehen Ratschläge zur Durchquerung von Flüssen). Die Strecke wird in der Regel Mitte oder Ende Juni geöffnet.

Wer über die F88 zum Askja fährt, sollte über die F910 zurückfahren, um nicht nochmals denselben Weg nehmen zu müssen. Weitere Möglichkeiten wären, vom Askja ostwärts Richtung Egilsstaðir zu fahren oder westwärts auf der Gæsavatnaleið-Route (F910) zur Sprengisandur-Route (vor Ort nach den Bedingungen und Ratschlägen fragen). Zu den Kverkfjöll-Eishöhlen geht's auf der F910 Richtung Osten, danach auf der F902 südwärts.

Auf der ganzen Route gibt es keine Tankstellen. Die nächsten sind in Möðrudalur (87 km vom Askja) und am Mývatn (100 km nördlich des Askja).

Kverkfjöll-Route

Wie der Name schon andeutet, zieht sich diese 108 km lange Route Richtung Süden bis zu den faszinierenden Kverkfjöll-Eishöhlen. Sie verbindet Möðrudalur (65 km östlich vom Mývatn abseits der Ringstraße) über die F905, F910 und F902 mit der 3 km von den unteren Höhlen entfernten Sigurðarskáli-Hütte. Nach dem Besuch des Askja bietet sich die Weiterfahrt nach Kverkfjöll entlang der F902 in südlicher Richtung an.

An der Strecke liegen mehrere interessante Orte, darunter die pyramidenförmigen **Upptyppingar-Zwillingsberge** in der Nähe der Brücke über die Jökulsá á Fjöllum sowie die **Oase Hvannalindir**, wo sich ein weiteres Winterversteck unseres alten Freundes Fjalla-Eyvindur befindet. Hvannalindir liegt etwa 20 km nördlich der Sigurðarskáli-Hütte.

Bei den Kverkfjöll handelt es sich eigentlich um einen Bergausläufer, der vom Eis der Kverkjökull bedeckt ist, einer nördlichen Zunge des Vatnajökull. Seit geraumer Zeit bezieht sich der Name auch auf die mit warmen Quellen gefüllten Eishöhlen, die sich oft unterhalb des Ostrandes des Dyngjujökull-Eises bilden.

Die Kverkfjöll sind nicht nur das Ursprungsgebiet der reißenden Jökulsá á Fjöllum, des mächtigsten Flusses Zentralislands, sondern auch eines der größten Geothermalgebiete der Welt. Die unteren **Kverkfjöll-Eishöhlen** liegen zwischen 2 und 3 km von der Sigurðarskáli-Hütte entfernt, jeweils eine halbe Stunde Fußweg hin und zurück vom Ende der Allradpiste.

Hier fließt unterhalb des kalten Gletschereises ein warmer Fluss. Dampfwolken wirbeln darüber und malen glitzernde Schmelzmuster auf die Eiswände – und fertig ist die spektakuläre Touristenattraktion. Vielleicht war dies die Quelle des überstrapazierten Klischees von Feuer und Eis, das in fast allem vorkommt, was je über Island geschrieben wurde. Häufig krachen riesige Eisblöcke von der Decke – die Eishöhlen also nicht betreten, sonst begibt man sich mitten in diese heiße Kampfzone. Die gewaltigen Eisblöcke können auch den Eingang zur Höhle verändern. Es ist also besser, sich nach dem aktuell sichersten Zugang zu erkundigen (es gibt nur einen Eingang und bei geführten Touren ist es kein Problem). Weiter drinnen in der Höhle besteht die Gefahr, Schwefeldämpfe einzuatmen. Von den unteren Eishöhlen gehen geführten Touren weiter hinauf auf den eigentlichen Gletscher.

Die große **Sigurðarskáli-Hütte** (Kverkfjöll-Hütte; ☎Sommer 863 9236, ganzjährig 863 5813; www.fljotsdalsherad.is/ferdafelag; N 64° 44.850', W 16°37.890'; SU/B 1300/5500 ISK pro Pers.; ⏲Mitte Juni–Anfang Sept.) verfügt über komfortable Unterkünfte und einen gut gepflegten Campingplatz. Eine markierte Wanderung (2 km hin und zurück) von der Hütte aus führt hoch zum **Virkisfell** (1109 m), von wo sich ein spektakulärer Blick über die Kverkfjöll und das Quellgebiet der Jökulsá á Fjöllum bietet.

Die Straße nach Kverkfjöll öffnet meist Mitte bis Ende Juni. Es ist günstiger, früh in der Saison zu kommen, weil dann die Chancen größer sind, in die Höhlen hineinzukommen (warmes Wetter bedeutet herabfallende Eisblöcke und Schmelzwasser vom Gletscher). Es ist eine gute Idee, vor dem Aufbruch in das Gebiet den Ranger nach den Bedingungen und seinen Empfehlungen zu fragen. Wer sich einer Tour anschließt, erfährt vor Ort allerlei Wissenswertes.

Kverkfjöll gehört zum weiten Nationalpark Vatnajökull; auf der Website des Parks (www.vjp.is) gibt es weitere Informationen.

Geführte Touren

Ohne einen robusten Geländewagen lassen sich die Kverkfjöll nur auf einer geführten Tour erkunden. Autofahrer können jedoch hier parken und bis zu den Eishöhlen hinauflaufen – weiter zu gehen, ist absolut leichtfertig. Die Ranger bieten an allen Schönwettertagen kurze Spaziergänge und Wanderungen von der Ausgangshütte zu den Geothermalfeldern und Gletschern an (eine vier-/neunstündige Wanderung kostet 7500/13 500 ISK). Im Sommer gibt es unter ☎863 9236 weitere Informationen.

Zusätzlich zu den Touren der Ranger werden Tourenpakete angeboten, inklusive Transport und Führung –Veranstalter sind unter Geführte Touren auf S. 313 angegeben. Fjallasýn bietet Wanderungen in diesem Gebiet an; Jeep Tours hat einen Tagesausflug von Egilsstaðir im Programm; und Fjalladyrð organisiert zweitägige Touren von Möðrudalur.

Eine andere Möglichkeit ist die beliebte Askja–Kverkfjöll–Vatnajökull-Tour des Busunternehmens **SBA-Norðurleið** (☎5500700/70; www.sba.is). Sie findet von Anfang Juli bis Mitte August jeden Montag ab Akureyri (8.15 Uhr) und Mývatn (10 Uhr) statt und dauert drei Tage. Die Tour kostet inklusive Transport und Führer 39 500 ISK. Teilnehmer müssen Lebensmittel mitbringen und sich auch selbst um eine Unterkunft kümmern (entweder man bucht einen Platz in der Sigurðarskáli-Hütte oder bringt ein Zelt mit).

ℹ An- & Weiterreise

Wichtig für Autofahrer: die Tankstelle in Möðrudalur ist die letzte Möglichkeit, die Tanks zu füllen.

Island verstehen

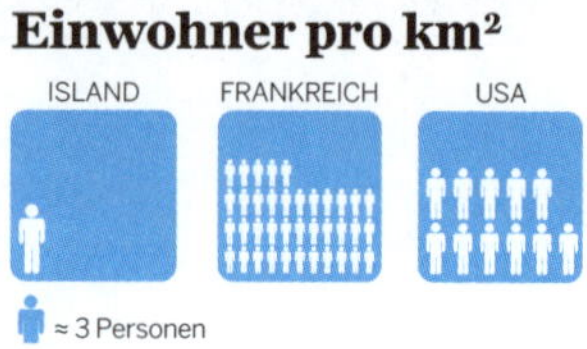

Island aktuell

Einbruch

Ah, der berühmte Währungscrash – Protzen mit unanständigem Reichtum ist den Einheimischen zufolge zwar seit 2007 vollkommen out, aber immer noch das beliebteste Gesprächsthema. Mittlerweile ist seit der Krise allerdings so viel Zeit vergangen, dass das Land seine Wunden lecken und analysieren konnte, wie das Kartenhaus überhaupt entstehen konnte. Führende Ökonomen haben etliche Theorien entwickelt – viele gaben der Privatisierung der Fangquote und der Fischerbootkredite die Schuld.

Auf internationaler Ebene gab es reichlich Ärger unter ausländischen Investoren, die ihre Geldanlagen über Nacht auf spektakuläre Weise verschwinden sahen. Ähnlich empfanden auch die Isländer, als die skrupellose Kreditvergabe konservativer Banken ans Licht kam.

Da die isländische Regierung die Banken in die Pleite stürzen ließ und lieber ihren sorgsam ausgearbeiteten Sozialplan rettete, scheint das Land wieder auf dem Weg zum wirtschaftlichen Wohlstand zu sein. Der Arbeitsmarkt wächst, entlassene Arbeitnehmer werden wieder eingestellt und jedem ist bewusst, dass sich die früheren Fehler im Finanzsektor nicht wiederholen dürfen. Mehr zu Islands berüchtigtem Währungscrash s. S. 330.

- » Bevölkerung: 319 800
- » Arbeitslosigkeit: 5,8 %
- » BIP pro Kopf: 29 600 €
- » Fischfang pro Monat: 100 400 t
- » Anzahl der McDonald's-Filialen: 0

Ausbruch

Erderschütternde Eruptionen sind in Island stets zu erwarten, aber der Vulkanausbruch des Eyjafjallajökull machte international Schlagzeilen: Dichte Rauchwolken verursachten Anfang 2010 in ganz Europa Flugausfälle in Rekordhöhe. Die Luftfahrtbranche verbuchte einen Verlust von schätzungsweise 200 Mio. US$ pro Tag. Sie atmete erleichtert auf, als die Aschewolke am 23. Mai zurückging – ebenso die Nachrichtensprecher und Kommentatoren in den Medien, die sich kläglich abmühten, den Namen des Gletschers richtig auszusprechen.

Playlist

- » Little Talks – Of Monsters and Men
- » Big Jumps – Emiliana Torrini
- » Boy Lilikoi – Jónsi
- » Inside Your Head – Eberg
- » Crystalline – Björk
- » I'm 9 Today – múm

Top-Bücher

Kältezone (Arnaldur Indriðason; 2004) Ein Bestseller in Island

Am Gletscher (Halldór Laxness; 1968) Eins seiner besten Werke

Sagas aus Island: Von Wikingern, Berserkern und Trollen (Rudolf Simek und Reinhard Hennig; 2011) Vier der schönsten Sagas Islands

Top-Filme

101 Reykjavík (2000) Komödie mit amourösen Verwicklungen

Der Tote aus Nordermoor (2006) Geschickt umgesetzter Kriminalfilm mit Schauplatz in einer windumtosten Kleinstadt

Heima (2007) Dokumentarfilm über Sigur Rós auf Island-Tournee

Religionszugehörigkeit
(% der Bevölkerung)

Hätte Island nur 100 Einwohner, wären ...

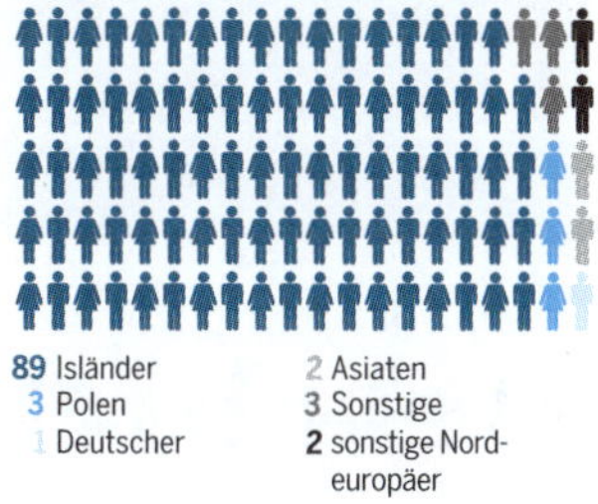

Für die Isländer sind feuerspeiende Ausbrüche ziemlich normal und so machten sie sich sofort daran, der direkt von der Katastrophe betroffenen Gegend zu helfen. Die internationale Beachtung des Ausbruchs war für sie jedoch absolut ungewöhnlich. Die isländische Tourismusbehörde schlug daraus mit der Werbekampagne „Inspired by Iceland" gleich Kapital. Der Vorstoß, mehr Touristen anzulocken, erwies sich als Bombenerfolg – der Ärger auf dem Kontinent verwandelte sich rasch in Neugier und verbilligte Flüge brachten massenhaft Europäer ins Land, die unbedingt sehen wollten, was hinter dem ganzen Wirbel steckt.

Umbruch

Die isländische Krone hat zwar nur noch einen Bruchteil des Wertes von vor der Währungskrise von 2008, aber das Land ist keineswegs billig. Der zufällige Doppeleffekt aus Währungseinbruch und Vulkanausbruch verlieh der isländischen Tourismusindustrie unerwarteten Auftrieb. Seit Sommer 2009 verzeichnet Island Rekordzahlen von Touristen; 2015 werden es vermutlich eine Million Besucher pro Jahr sein.

Die Regierung hat das Potenzial für eine fette Geldspritze erkannt und gleich etliche Gesetze erlassen, um vom Tourismus zu profitieren. Zur Zeit der Recherche war die Steuererhöhung für das Gastgewerbe Hauptthema in den meisten Medien. Und auch die Unternehmen und Betriebe haben gleich nachgezogen und sich ebenfalls dem Prinzip verschrieben, den Touristen das Geld aus der Tasche zu ziehen, was eigentlich im krassen Gegensatz zur traditionellen isländischen Gastfreundschaft steht. Das Ganze wirkt wie die Gier im Goldrausch, wenn Unterkünfte jede Saison mit beängstigender Geschwindigkeit ihre Preise erhöhen. Island wird zweifellos an seine Grenzen stoßen – wenn die Preise die Reize der Natur des Landes wieder übersteigen – und das kann schneller passieren als erwartet, wenn die Kosten für eine Islandreise weiterhin jedes Jahr um 15 bis 20 % steigen.

Die meisten Isländer haben keinen Familiennamen. Sie bekommen einen Vornamen und nehmen den Namen ihres Vaters als Nachnamen an. Daher ist das isländische Telefonbuch nach Vornamen angeordnet.

Etikette

» Vor jedem Bad im Hot Pot oder Pool gründlichst (nackt) duschen

» In öffentlichen Gebäuden, Bars und Restaurants nicht rauchen

» Beim Betreten einer Wohnung immer die Schuhe ausziehen

» Kein Trinkgeld in Restaurants geben – es ist hier nicht üblich

» Beim Besuch von Boutiquen und Cafés den Kinderwagen samt Baby draußen stehen lassen (doch, richtig gelesen)

» Niemals am Rand von Vogelklippen stehen, sondern sich auf den Bauch legen, um die Vögel nicht zu erschrecken

Top-Internetfilme

Inspired by Iceland (http://vimeo.com/12236680) Eine fröhliche Tour über die ganze Insel

London to Iceland (http://vimeo.com/45120368) Eine inspirierende Stop-Motion-Animation in 52 000 Fotos über eine Reise nach Island

Geschichte

Nach geologischen Begriffen blutjung, voll störrischem Unabhängigkeitsdrang, von Natur- (und in jüngerer Zeit auch wirtschaftlichen) Katastrophen gebeutelt: Island blickt auf eine wild bewegte Geschichte zurück, zu der nordische Besiedlung und literarisches Genie ebenso gehören wie erbitterte Fehden, Fremdherrschaft und Unterdrückung. Einfach war das Leben in dieser rauen, unwirtlichen Landschaft nie. Die Herausforderungen und Härten des Alltags haben den Nationalcharakter geprägt. Die Isländer haben ihre stürmische Vergangenheit keineswegs vergessen: Sie sind unverwüstlich, extrem individualistisch, auf stille Weise innovativ und zu Recht stolz.

Frühe Entdecker & irische Mönche

Die Geschichte Islands von Jón R. Hjálmarsson ist eine lebendige, fesselnde Darstellung der Entwicklung der isländischen Nation von der Besiedlung bis zur Gegenwart.

Vom geologischen Standpunkt aus betrachtet steckt Island noch in den Windeln: Die Insel ist gerade einmal 17 Mio. Jahre alt. Doch erst als der griechische Forschungsreisende Pytheas um 330 v. Chr. über die Insel Ultima Thule sechs Tagesreisen nördlich von Britannien schrieb, erfuhren die Europäer von einer Landmasse jenseits ihrer Seekarten in einem „zu dickflüssigem Gallert erstarrten" Meer.

Jahrhundertelang schreckten Gerüchte, Mythen und Phantasiegeschichten über wilde Stürme, heulende Winde und barbarische, hundsköpfige Bewohner Entdeckungsreisende ab, den großen nördlichen Ozean, *oceanus innavigabilis*, zu erkunden. Vielleicht waren es irische Mönche, die es als Erste nach Island verschlug: Damals segelten diese auf der Suche nach Einsamkeit und Abgeschiedenheit regelmäßig zu den Färöern. Der irische Mönch Dicuil berichtete 825 n. Chr. von einem Land, in dem es im Winter kein Tageslicht gab, während in Sommernächten „jede Aufgabe, und sei es, Läuse vom Hemd abzulesen, genauso leicht zu bewerkstelligen ist wie bei hellem Tageslicht". Das dürfte sich auf die isländische Mitternachtssonne beziehen.

ZEITACHSE

600–700

Irische Mönche stoßen auf das unbewohnte Island und lassen sich vorübergehend dort nieder. Dafür gibt es zwar keine archäologischen Zeugnisse, aber das Wort *papar* (Priester) ist in einigen Ortsnamen überliefert.

850–930

Norwegische und schwedische Siedler geben der Insel den Namen Snæland (Schneeland), dann Garðarshólmi (Garðars Insel) und schließlich Ísland (Eisland). Auf der ganzen Insel entstehen Bauernhöfe.

871

Der norwegische Wikinger Ingólfur Arnarson, der als der erste dauerhafte Bewohner der Insel gilt, segelt zur Südwestküste Islands und lässt sich in einer vielversprechend aussehenden Bucht nieder, die er Reykjavík tauft.

Wahrscheinlich ließen sich um 700 irische *papar* (Priester) auf Island nieder. Als im frühen 9. Jh. die ersten Nordmänner eintrafen, flohen sie jedoch.

Die Wikinger kommen!

Islands erste dauerhafte Siedler nach den irischen Mönchen kamen aus Norwegen. Als Besiedlungs- oder Landnahmezeit gilt der Zeitraum zwischen 870 und 930. Damals vertrieb politischer Unfriede viele Menschen vom skandinavischen Festland. Die meisten, die sich in der Folgezeit in der Nordatlantikregion ansiedelten, waren wohl eher einfache Bürger: Bauern, Hirten und Händler, die sich überall in Westeuropa niederließen und Mischehen mit der englischen, irischen und schottischen Bevölkerung eingingen.

Wahrscheinlich entdeckten die Nordmänner Island zufällig, als sie auf der Fahrt zu den Färöern vom Kurs abgetrieben wurden. Der erste Ankömmling war der Schwede Naddoddur. Er landete um 850 an der Ostküste der Insel und nannte sie Snæland (Schneeland), bevor er wieder Kurs auf sein ursprüngliches Ziel nahm.

Der nächste Islandbesucher, Garðar Svavarsson, umsegelte die Insel und überwinterte bei Húsavík an der Nordküste. Als er im Frühjahr wieder absegelte, blieben einige Mitglieder seiner Mannschaft – ob freiwillig oder unfreiwillig – zurück und wurden damit die ersten Dauerbewohner der Insel.

Um 860 packte der Norweger Flóki Vilgerðarson seinen Hof und seine Familie zusammen und brach nach Snæland auf. Er benutzte dabei Raben als Navigationshilfe, die ihn nach einigen Fehlversuchen auch ans Ziel führten. Dieser eigenwilligen Methode verdankte er seinen Spitznamen Hrafna-Flóki (Raben-Flóki). Hrafna-Flóki landete im Vatnsfjörður an der Westküste, hatte aber bald die Nase voll von der Gegend. Als er Eisberge im Fjord sichtete, taufte er die Insel in Ísland (Eisland) um und fuhr heim nach Norwegen. Jedoch kehrte er schließlich nach Island zurück und ließ sich im Skagafjörður an der Nordküste nieder.

Die erste planmäßige Landnahme ging dem *Íslendingabók* aus dem 12. Jh. zufolge auf das Konto von Ingólfur Arnarson, der zusammen mit seinem Blutsbruder Hjörleifur aus Norwegen geflohen war. Er landete 871 in Ingólfshöfði (im Südosten) und zog dann an der Küste entlang bis zu einem Ort, den er nach dem Dampf der dortigen Thermalquellen Reykjavík (Rauchbucht) nannte. Hjörleifur ließ sich in der Nähe der heutigen Stadt Vík nieder, wurde aber kurz darauf von seinen Sklaven ermordet.

Ingólfur wählte seinen Wohnsitz gemäß einem faszinierenden heidnischen Ritual: Neue Siedler mussten bei der Anlandung ihre Hochsitz-

Spuren der Wikinger

- Nationalmuseum, Reykjavík
- Reykjavík 871 +/-2 Museum, Reykjavík
- Nationalpark Þingvellir, bei Selfoss
- Grettirs Schlupfwinkel, Drangey
- Eiríksstaðir (Rekonstruktion), Haukadalur
- Stöng-Gehöft, Þjórsárdalur
- Hrafnkells Grabhügel, Aðalból
- Stätten aus *Njáls saga*, Hvolsvöllur

930
In Þingvellir wird das älteste noch existierende Parlament der Welt, das Alþing, gegründet. Ein gewählter Gesetzessprecher, der bei den Versammlungen juristische Streitigkeiten schlichtet, lernt die Gesetze auswendig.

986
Erik der Rote gründet die erste ständige Kolonie in Grönland und errichtet im Südwesten des Landes die Siedlungen Eystribyggð and Vestribyggð.

1000
Island wird auf Druck des norwegischen Königs offiziell christlich. Der heidnische Götterglaube aber hält sich noch lang. Leifur der Glückliche landet in Neufundland und ist der erste Europäer, der Amerika erreicht.

1100–1200
Das goldene Zeitalter der isländischen Literatur, in dem die altnordischen Sagas entstehen. Mehrere davon werden Snorri Sturluson zugeschrieben – Historiker, Dichter und gerissenster Politikstratege seiner Zeit.

DIE WIKINGER

Den größten Einfluss auf die Weltgeschichte hatte Skandinavien in der Wikingerzeit. Im 8. Jh. gab es im westlichen Norwegen einen Überschuss an ruhe- und landlosen jungen Männern. Gleichzeitig wurden im Schiffsbau entscheidende Fortschritte gemacht: Die nordischen Schiffsbauer entwickelten einen schnellen und wendigen Schiffstyp, der stabil genug für Ozeanüberquerungen war.

Schon ab 780 ließen sich norwegische Bauern friedlich auf den Orkney- und Shetlandinseln nieder. Die Wikingerzeit wird aber offiziell erst ab 793 datiert, als die „Nordmänner" das Kloster des hl. Cuthbert auf der Insel Lindisfarne vor der Küste des englischen Northumberland überfielen.

Die Wikinger nahmen sich besonders gern die Klöster vor, da ihre Blitzüberfälle dort reiche Beute brachten. Sie legten christliche Gemeinden in Schutt und Asche und massakrierten englische und irische Mönche, die sich hilflos fragten, durch welche Sünde sie diese heidnische Heimsuchung verdient hatten. Die Grausamkeiten der Wikinger waren jedoch wohl kaum schlimmer, als es damals üblich war – was ihnen ihren furchterregenden Ruf einbrachte, war die Plötzlichkeit und das Ausmaß ihrer Überfälle.

In den folgenden Jahren kehrten die räuberischen Wikinger mit größeren Flotten zurück, terrorisierten, ermordeten, versklavten und vertrieben die einheimische Bevölkerung und eroberten ganze Regionen in Britannien, Irland, Frankreich und Russland. Sie reisten bis ins maurische Spanien und in den Nahen Osten, griffen Konstantinopel sechsmal an und verdingten sich sogar als Söldner für das Heilige Römische Reich.

Die isländische Überlieferung führt die nordische Besiedlung der Insel auf den tyrannischen Harald Hårfagre (Harald Schönhaar), König von Vestfold im Südosten Norwegens, zurück. Harald, der voller Expansionsdrang steckte, gewann 890 eine wichtige Seeschlacht bei Hafrsfjord (Stavanger). Die besiegten Häuptlinge zogen es vor, zu fliehen statt sich ihm zu unterwerfen, und landeten zum großen Teil in Island.

Während die Wikinger weiter raubend und mordend durch Europa zogen, brach Eiríkur Rauði (Erik der Rote) mit rund 500 Leuten nach Westen auf und gründete 986 die erste dauerhafte europäische Siedlung in Grönland. Eiríkurs Sohn Leifur der Glückliche segelte sogar noch weiter und erkundete im Jahr 1000 die Nordostküste Amerikas. Das neue Gebiet nannte er Vínland (Weinland). Eine dauerhafte europäische Besiedlung scheiterte jedoch an den *skrælingar* (den nordamerikanischen Indianern), die sich alles andere als gastfreundlich zeigten.

Die Raubzüge der Wikinger wurden immer seltener. Ihre Ära endete mit dem Tod von König Harald Harðráði, dem letzten großen Wikingerkönig, der 1066 in England in der Schlacht von Stamford Bridge fiel.

pfosten – Symbol der Autorität bei den Häuptlingen – ins Meer werfen und ihr Heim dort errichten, wo die Götter die Pfosten an Land treiben ließen. Dieser Tradition folgten auch die anderen Siedler vom norwegischen Festland, die in der Folge verstärkt nach Island kamen.

1104

Erster historisch verbürgter Ausbruch der Hekla. Der Vulkan begräbt das Tal Þjórsárdalur mit seinen florierenden Bauernhöfen unter einer dicken Schicht aus Asche, Stein und Schlacke.

KLAUS VEDFELT / GETTY IMAGES ©

» Hekla (S. 114)

1200

In der Sturlungenzeit gleitet Island in Anarchie ab. Die Regierung löst sich auf und das Land wird 1281 von Norwegen annektiert.

Das Alþing

Als Ingólfurs Sohn Þorsteinn das Erwachsenenalter erreichte, war bereits die ganze Insel von Bauernhöfen übersät. Nun machte sich das Gefühl breit, man brauche allmählich so etwas wie eine Regierung. Islands Grundbesitzer trafen sich zunächst auf regionalen Versammlungen, um zu handeln und Streitigkeiten beizulegen, aber es wurde schnell deutlich, dass eine gesamtisländische Versammlung gebraucht wurde. Eine landesweite Regierung war damals eine völlig neuartige Idee, aber die Isländer fanden, sie könne nur besser sein als die grausame Tyrannei der norwegischen Monarchie.

Im frühen 10. Jh. hielt Þorsteinn Ingólfsson bei Reykjavík die erste große Bezirksversammlung ab. Gegen 920 wurde der selbst ernannte Rechtsgelehrte Úlfljótur nach Norwegen entsandt, um die norwegischen Gesetze zu studieren und etwas Ähnliches für Island zusammenzustellen.

Gleichzeitig beauftragte man Grímur Geitskör, einen Ort für ein Alþing („Althing" – allgemeine Volksversammlung) ausfindig zu machen. Bláskógar an der Ostgrenze von Ingólfurs Ländereien schien mit seinem herrlichen See und seiner bewaldeten Ebene ideal. An einer Seite der Ebene erhob sich eine lange Felswand mit erhöhtem Sockel (der Mittelatlantische Rücken), von dem sich die Sprecher an das unten versammelte Volk wenden konnten.

930 wurde Bláskógar in Þingvellir (Thingfeld) umgetauft. Þorsteinn Ingólfsson erhielt den Ehrentitel *allsherjargoði* (Oberhäuptling) und Úlfljótur wurde zum ersten *lögsögumaður* (Gesetzessprecher) ernannt. Dessen Aufgabe war es, das gesamte Recht des Landes auswendig zu lernen und jährlich auf dem Alþing mündlich vorzutragen. Der Gesetzessprecher verkörperte zusammen mit den 48 *goðar* (Häuptlingen) die gesetzgebende Gewalt.

Es gab zwar Streitereien wegen der Auswahl von Anführern, auch wurden Gefolgschaften ständig neu überdacht, aber das neue parlamentarische System erwies sich als erfolgreich. Auf der Jahresversammlung im Jahr 1000 war das Alþing in zwei erbitterte Lager aufgeteilt, in Heiden und Christen – ein Bürgerkrieg lag in der Luft. Zum Glück war der amtierende Gesetzessprecher Þorgeir ein Meister der Diplomatie. Das *Íslendingabók* berichtet, dass er sich in seine Zelle zurückzog und einen Tag und eine Nacht mit niemandem sprach, während er über die Angelegenheit sinnierte. Als er wieder zum Vorschein kam, verkündete er, dass Island die neue Religion akzeptieren und zum Christentum übertreten solle. Heiden (wie ihm selbst) sollte jedoch die Ausübung ihrer Religion im Stillen gestattet sein. Diese Entscheidung bescherte den bislang getrennten Gruppen zumindest den Anschein nationaler Einheit. Schon

Iceland's 1100 Years: The History of a Marginal Society von Gunnar Karlsson ist eine aufschlussreiche moderne Geschichte Islands von der Landnahme bis zur Gegenwart.

Das Wort „Wikinger" ist von *vík* abgeleitet (altnordisch für „kleine Bucht") und bezog sich vermutlich auf die Ankerplätze der Wikinger bei ihren Raubzügen.

1241

70 bewaffnete Männer tauchen in Snorri Sturlusons Haus in Reykholt auf, um ihn wegen Hochverrats nach Norwegen zu bringen. Snorri verlässt das Haus nicht und wird in seinem Keller erstochen.

1397

Am 17. Juni 1397 wird in Schweden die Kalmarer Union besiegelt, wodurch Norwegen, Schweden und Dänemark unter einer Krone vereinigt werden. Somit gelangt Island unter dänische Kontrolle.

1402–1404

50 Jahre nach ihrer verheerenden Ausbreitung auf dem europäischen Festland wütet in ganz Island die Pest; etwa die Hälfte der Bevölkerung fällt ihr zum Opfer.

1550

König Christian III. schafft es schließlich, in Island den Protestantismus einzuführen: Der katholische Bischof Jón Arason wird im Kampf gefangen genommen und zusammen mit zweien seiner Söhne in Skálholt geköpft.

bald entstanden die ersten Bischofssitze: in Skálholt im Südwesten und Hólar im Norden.

In der Folgezeit wurde die zweiwöchige Volksversammlung in Þingvellir das gesellschaftliche Ereignis des Jahres. Teilnahmeberechtigt waren alle freien Männer. Unverheiratete suchten hier einen Partner, Ehen wurden ausgehandelt und geschlossen, Geschäfte besiegelt, Zweikämpfe ausgetragen und Hinrichtungen vollzogen. Das Berufungsgericht erließ Urteile in Fällen, die von den untergeordneten Gerichten nicht beigelegt werden konnten.

Das Althing in Thingvellir von Helmut Lugmayr erklärt die Funktion und Geschichte des ältesten Parlaments der Welt und enthält auch einen Abschnitt über die einzigartige Geologie von Þingvellir.

Anarchie & Sturlungenzeit

Gegen Ende des 12. Jhs. begann die Sagazeit, in der Geschichtsschreiber und Dichter monumentale Erzählungen über Islands Besiedlung, Familienfehden, Liebesgeschichten und tragische Helden aufzeichneten. Das meiste Wissen über diese Zeit stammt aus zwei gewichtigen Werken: *Íslendingabók*, einem historischen Abriss der frühen Besiedlungszeit, im 12. Jh. von dem Gelehrten Ari Þorgilsson (Ari der Gelehrte) verfasst, und *Landnámabók*, einem detaillierten Bericht über die Landnahme.

Doch trotz dieser kulturellen Errungenschaften ging es mit Island bergab. Zu Beginn des 13. Jhs. näherte sich die Friedenszeit, die immerhin 200 Jahre gedauert hatte, ihrem Ende. Ständige Machtkämpfe zwischen rivalisierenden Häuptlingen führten zu blutigen Fehden. Wikingerähnliche Privatarmeen plünderten Bauernhöfe im ganzen Land. Dieses finstere Kapitel der isländischen Geschichte nennt sich Sturlungenzeit und ist in der dreibändigen *Sturlunga saga* anschaulich dokumentiert.

In der *Saga Bibliothek der altnordischen Literatur*, herausgegeben von Kurt Schier, sind mehrere Neuübersetzungen altisländischer Sagas erschienen, darunter die *Egils saga*, die *Laxdæla saga* und die *Grettis saga*.

Während Island im Chaos versank, zwang der norwegische König Hákon Hákonarson Häuptlinge, Priester und die neue Schicht reicher Aristokraten dazu, seine Autorität anzuerkennen. Die Isländer sahen schließlich keine Alternative mehr: Sie demontierten ihre Regierung bis auf die Fassade und schworen dem König den Treueid. 1262 wurde ein Bündnisvertrag geschlossen. 1281 lancierte der König eine neue Gesetzessammlung, das Jónsbók, und verleibte Island dem norwegischen Königreich ein.

Norwegen ging umgehend daran, norwegische Bischöfe in Hólar und Skálholt einzusetzen und unmäßige Steuern zu erheben. Die ehemaligen Häuptlinge gerieten sich über die Verteilung hoher Ämter in die Haare, insbesondere über das des *jarl* (Grafen). Diesen Titel ergatterte der skrupellose Gissur Þorvaldsson, der 1241 Islands bekanntesten Geschichtsschreiber und Dichter, Snorri Sturluson, ermordete (Kasten S. 149).

Zwischenzeitlich brach der Vulkan Hekla dreimal aus und bedeckte ein Drittel des Landes mit Asche. Es folgte eine Mini-Eiszeit, deren grausame Winter Vieh und Ernten vernichteten. Und zu guter Letzt löschte

1590

Die recht genaue Landkarte Islands von Bischof Guðbrandur Þorláksson erscheint. Das Meer ist darauf von walartigen Ungeheuern bevölkert und sie vermerkt, dass die Hekla „unter furchtbarem Getöse Steine erbricht“.

1602

Dänemark verhängt ein Handelsmonopol, das dänischen und schwedischen Firmen exklusive Handelsrechte in Island gewährt. Das haltlose Profitstreben der dänischen Kaufleute führt zur Verarmung Islands.

1625–1685

Die Zeit der Hexenjagd in den Westfjorden: Jón Rögnvaldsson ist der Erste von 21 hingerichteten Isländern. Wegen „Anrufung eines Geistes“ und Besitzes einer okkulten Runenschrift wird er auf dem Scheiterhaufen verbrannt.

1627

Die „Türkischen Entführungen“: Algerische Piraten überfallen die Ostküste Islands und die Vestmannaeyjar, nehmen Hunderte Bewohner gefangen und töten alle, die Widerstand leisten.

eine Pestepidemie die halbe Bevölkerung aus. Der einst so unbeugsame Geist der Isländer schien gebrochen.

Auftritt der Dänen

Islands Schicksal lag jetzt in den Händen des höchsten norwegischen Bieters, der die Verwaltung der Insel für je drei Jahre erwerben konnte. 1397 brachte die Vereinigung Norwegens, Schwedens und Dänemarks in der Kalmarer Union Island unter dänische Herrschaft. Nach Auseinandersetzungen zwischen Kirche und Staat beschlagnahmte die dänische Regierung den Kirchenbesitz und führte im Rahmen der Reformation von 1550 zwangsweise das Luthertum ein. Als sich der dickköpfige katholische Bischof von Hólar, Jón Arason, dem widersetzte und eine Gefolgschaft hinter sich sammelte, wurden er und seine beiden Söhne nach Skálholt geschafft und enthauptet.

1602 verhängte der dänische König ein lähmendes Handelsmonopol. Es räumte schwedischen und dänischen Kaufleuten jeweils für zwölf Jahre exklusive Handelsrechte in Island ein. Die Folge waren Wucherpreise, die Einfuhr verdorbener oder minderwertiger Ware und noch mehr Leid und Not für die Bevölkerung – ein Zustand, der weitere 250 Jahre andauern sollte. Die Monopolstellung hatte jedoch ein Gutes. Um die Handelsblockade zu umgehen und das heimische Gewerbe anzukurbeln baute der isländische Landvogt Skúli Magnússon Webereien, Gerbereien und Wollfärbereien – die Grundlagen der modernen Stadt Reykjavík.

Die schönsten isländischen Sagas, übersetzt von Rolf Heller, erzählt die großen Sagas Islands nach, darunter die von Njal, Egil und Grettir.

Elend ohne Ende

Den Isländern blieb aber auch gar nichts erspart. Als wäre die Verelendung unter den dänischen Herren nicht schon schlimm genug, schlugen nun auch noch Berberpiraten zu: Sie überfielen die Ostfjorde und die Halbinsel Reykjanes und machten sich schließlich 1627 über die Vestmannaeyjar her. Die wehrlose Bevölkerung versuchte, sich in den Klippen und Höhlen von Heimaey zu verstecken. Doch die Piraten durchkämmten die Insel, töteten wahllos alles und jeden und verbrachten 242 Menschen auf ihre Schiffe. Die unglückseligen Isländer wurden nach Algier verschleppt, wo die meisten als Sklaven verkauft wurden. Daheim wurde Geld zusammengekratzt und gespart, mit dem schließlich 13 der Gefangenen freigekauft werden konnten. Die berühmteste Gefangene war Guðríður Símonardóttir, die nach ihrer Rückkehr Hallgrímur Pétursson heiratete, einen der bekanntesten Dichter Islands – die drei Glocken der Hallgrímskirkja sind nach dem Paar und ihrer Tochter benannt.

Im gleichen Zeitraum schwappte der Hexenwahn aus Europa auch auf Island über. Bei den isländischen Hexen handelte es sich jedoch statt um weise alte Frauen überwiegend um Männer – von den 130 Fällen, die

Bis 1903 zierte das isländische Wappen ein silberner Stockfisch (gespaltener getrockneter Kabeljau) mit einer goldenen Krone.

1703
Islands erste Volkszählung ergibt, dass die Insel nur 50 358 Einwohner hat, davon 55 % Frauen und 45 % Männer. Die körperlich arbeitenden Männer sind von Mangelernährung und Hunger stärker betroffen.

1783–1784
Die Laki-Krater brechen aus; ein Viertel der Bevölkerung und die Hälfte des Viehs werden getötet. Die Dunstwolke hängt über ganz Europa und führt zu Unwettern, Überschwemmungen und Hungersnöten.

1786
Offizielle Gründung von Reykjavík (mit knapp 200 Einwohnern). Die Siedlung erhält einen Handelsfreibrief und Kaufleute werden mit Steuervergünstigungen angelockt.

1855–1890
Erste Schritte in Richtung Unabhängigkeit: Wiederherstellung des freien Handels und eine eigene Verfassung für Island. Gleichzeitig wandern aber viele Isländer nach Nordamerika aus.

in den Gerichtsakten auftauchen, waren nur 10 % Frauen. Hatten die Beschuldigten Glück, wurden sie brutal ausgepeitscht; 21 der Unglückseligsten wurden auf dem Scheiterhaufen verbrannt, meist, weil sie ihre Nachbarn krank gemacht haben sollen oder magische Schriften oder verdächtige Amulette besaßen.

1783 brachen die Laki-Krater aus und stießen acht Monate lang Milliarden Tonnen Lava und giftige Gaswolken aus. 50 Bauernhöfe in der unmittelbaren Umgebung wurden völlig ausgelöscht, der giftige Staub und Dunst und die folgende „Dunsthungersnot" töteten um die 9000 Isländer – erst starben die Pflanzen, dann das Vieh und schließlich die Menschen. Die Aschewolken beeinträchtigten ganz Europa. Sie führten zu ungewöhnlichen Wettererscheinungen wie saurem Regen und Überschwemmungen.

Zurück zur Unabhängigkeit

Der auf Tatsachen beruhende historische Roman *Das Feueropfer* von Vilborg Davidsdóttir spielt im Island des 14. Jhs.

Nach fünf Jahrhunderten Fremdherrschaft und Unterdrückung hatten die Isländer, an denen das Freiheitsstreben im übrigen Europa nicht spurlos vorübergegangen war, endgültig die Nase voll: Im 19. Jh. erblühte der isländische Nationalismus. 1855 erwirkte der isländische Gelehrte Jón Sigurðsson die Wiederherstellung des freien Handels. 1874 erhielt Island eine Verfassung und die Kontrolle über seine inneren Angelegenheiten zurück.

In dieser Zeit entstanden Islands erste politische Parteien und in dem bis dahin sehr ländlich geprägten Land wuchsen nun die Städte. 1918 unterzeichnete Island den Unionsvertrag. Er befreite das Land von der dänischen Herrschaft und machte es zu einem unabhängigen Staat im Königreich Dänemark.

Island profitierte wirtschaftlich vom Ersten Weltkrieg durch hohe Preise für Woll-, Fleisch- und Fischexporte. Vor dem Zweiten Weltkrieg erklärte sich Island für neutral, um seine wichtigen Handelsbeziehungen zu Großbritannien und Deutschland nicht zu gefährden.

Am 9. April 1940 marschierten die Deutschen in Dänemark ein. Daraufhin übernahm das Alþing die Zuständigkeit für Islands Außenpolitik. Ein Jahr später, am 17. Mai 1941, forderten die Isländer ihre volle Unabhängigkeit ein. Am 17. Juni 1944 wurde in Þingvellir offiziell die Republik Island ausgerufen – dieser Tag wird heute als Unabhängigkeitstag gefeiert.

Der Zweite Weltkrieg & das Eingreifen der USA

Dass Island überhaupt kein eigenes Militär besaß, beunruhigte die Alliierten. Großbritannien, das von einer deutschen Besatzung der Insel am meisten zu fürchten hatte, entsandte im Mai 1940 Truppen, um Island

1917–1918

Island leidet unter dem „Winter des Großen Frosts". Die Temperaturen sinken auf nie dagewesene –38° C; alle Häfen sind von Eisbergen blockiert

1918

Nach der Einführung der Selbstverwaltung 1904 wird am 1. Dezember 1918 der Unionsvertrag unterzeichnet, durch den Island zu einem unabhängigen Staat innerhalb des dänischen Königreichs wird.

1940–1941

Nach der Besetzung Dänemarks durch die Nazis besetzen britische Truppen aus Angst davor, dass Deutschland sich auch hier militärisch festsetzt, das neutrale Island. Später wird in Keflavík eine US-Militärbasis eingerichtet.

1944

Eine Mehrheit der Isländer spricht sich für die Unabhängigkeit von Dänemark aus; am 17. Juni wird die Republik Island formell ausgerufen. König Christian X. telegrafiert seine Glückwünsche.

vorbeugend zu besetzen. Den Isländern blieb nichts anderes übrig, als die Situation zu akzeptieren. Letztlich profitierte die Wirtschaft des Landes von den Bauprojekten und sonstigen Ausgaben der Briten.

Als die Briten 1941 wieder abrückten, gestattete die Regierung US-amerikanischen Truppen, ihren Platz einzunehmen – gegen die Zusage eines Truppenabzugs nach Kriegsende. Tatsächlich zog das US-Militär 1946 ab, behielt sich aber das Recht vor, bei Kriegsgefahr wieder einen Stützpunkt in Keflavík einzurichten. Nach dem Krieg und der zurückerlangten Unabhängigkeit widerstrebte es den Isländern, sich wieder einer fremden Macht zu unterwerfen. Als sich die Regierung 1949 nötigen ließ, Gründungsmitglied der NATO zu werden, brachen in Reykjavík Krawalle aus. Die Regierung machte allerdings zur Bedingung, dass sich Island nie an einem Angriffskrieg beteiligen würde und zu Friedenszeiten keine ausländischen Truppen im Land stationiert werden dürften.

Doch diese Bedingungen wurden sehr bald hinfällig. 1950 begann der Koreakrieg und auf Ersuchen der NATO überließ die isländische Regierung 1951 den durch die sowjetische Bedrohung verschreckten USA erneut die Verantwortung für die Verteidigung der Insel. Im Laufe der nächsten vier Jahrzehnte bauten die USA ihre Truppenstärke und ihre Einrichtungen auf der Militärbasis in Keflavík immer weiter aus und Island diente während der Zeit des Kalten Krieges als wichtiger Stützpunkt zur Überwachung der Sowjetunion. Die umstrittene amerikanische Militärpräsenz in Island endete erst im September 2006 mit der endgültigen Stilllegung des Keflavíker Stützpunktes.

Island heute

Nach dem Kalten Krieg erlebte Island eine Zeit des Wachstums, des Umbaus und der Modernisierung. 1974 wurde die Ringstraße fertig und erschloss verkehrstechnisch auch den abgelegenen Südosten. Außerdem wurden Projekte wie das Krafla-Kraftwerk im Nordosten und das Svartsengi-Kraftwerk bei Reykjavík vorangetrieben. Bestärkt durch einen Boom der Fischfangindustrie weitete Island seine Schutzzone in den 1970er-Jahren auf 200 Seemeilen (322 km) aus. Das jedoch führte zum schlimmsten der „Kabeljaukriege", da sich Großbritannien weigerte, die neue Fischereizone anzuerkennen. In dem sieben Monate andauernden Konflikt zerschnitten isländische Schiffe die Netze britischer Trawler, es fielen Schüsse und Schiffe beider Parteien wurden gerammt.

Die Fischereiwirtschaft war für Island immer lebenswichtig gewesen, auch wenn ihre Lage nicht immer rosig gewesen war. In den 1990er-Jahren wurden Islands Fischfangquoten gesenkt, damit sich die überfischten Bestände erholen konnten. Daraufhin kam die Fischfangindustrie ins Trudeln, die Arbeitslosenquote stieg auf für Island unerhörte 3 % und die isländische Krone verlor stark an Wert. Als sich die Fischfang-

1974

Mit Eröffnung der Skeiðarárbrú-Brücke am 14. Juli ist die Ringstraße rund um die Insel vollendet. Bis dahin war Höfn einer der abgelegensten Orte Islands.

ARCTIC-IMAGES / GETTY IMAGES ©

» Ringstraße

1986

Der Anfang vom Ende des Kalten Kriegs? Generalsekretär Gorbatschow und Präsident Ronald Reagan vereinbaren ein Gipfeltreffen im Höfði-Haus in Reykjavík.

ISLANDS ÖKONOMISCHER ZUSAMMENBRUCH

Alles sah so rosig aus: Von 2003 bis 2008 strotzte Island nur so vor Zuversicht. Aber der Reichtum des Landes basierte zum großen Teil auf einem riesigen Schuldenberg: Die Verbindlichkeiten der isländischen Banken waren zehnmal so hoch wie das jährliche Bruttoinlandsprodukt. Als die weltweite Finanzkrise schließlich auch Island erreichte, hatte sie sich zu einem Tsunami ausgewachsen und brachte die gesamte Wirtschaft des Landes zum Einsturz.

Im Oktober 2008 brach der isländische Aktienmarkt zusammen, die isländische Krone stürzte ins Bodenlose und verlor fast über Nacht die Hälfte ihres Wertes, alle drei Großbanken wurden unter Insolvenzverwaltung gestellt und das Land stand am Rand des Bankrotts.

Nach dem Zusammenbruch von Icesave, einer Tochter der isländischen Staatsbank Landsbanki, war das Verhältnis zwischen Island und Großbritannien angespannt – 300 000 britische Kunden hatten hier ihre Ersparnisse angelegt. Der britische Premierminister ließ isländische Vermögen unter Zuhilfenahme der Anti-Terror-Gesetze einfrieren, was viele Isländer als übermäßig drakonisch empfanden.

Ein zusätzlicher Skandal war die Verwicklung von zwei mächtigen Milliardären. Jón Ásgeir Jóhannesson (ehemaliger Chef der Baugur Group, die britische Firmen wie Woolworths, Karen Millen Iceland, Marks & Spencer und Hamleys aufgekauft hatte) und Thor Björgólfsson waren jeweils Großaktionäre der Glitnir-Bank sowie der Landsbanki und der Straumur-Bank. Beiden Männern wurde vorgeworfen, mit den Banken rücksichtslos umgegangen zu sein und sie unangemessenen Risiken ausgesetzt zu haben – die Anschuldigungen wurden von beiden bestritten.

Im November 2008 half der Internationale Währungsfond (IWF) Island mit einem Darlehen in Höhe von 2,1 Mrd. US$ und die skandinavischen Nachbarn legten noch einmal 3 Mrd. US$ drauf. Trotzdem fiel das Realeinkommen der Isländer durch die galoppierende Inflation und durch Lohnkürzungen und Entlassungen um ein Viertel. In Reykjavík randalierten Demonstranten, die wütend waren auf ihre Regierung, von der sie sich betrogen fühlten, weil sie das aufgeblähte Bankensystem nicht gesundgeschrumpft hatte. Premierminister Geir Haarde trat im Januar 2009 zurück.

Einer der ersten Schritte der neuen Regierung war der Antrag auf Mitgliedschaft in der EU, mit der Absicht, die Krone durch den Euro zu ersetzen (was aber aus dem Blickwinkel von 2013 gar nicht mehr so verlockend wirkt).

Der Crash war für die Isländer ein harter Schlag. Aber erstaunlicherweise ist die Wirtschaft auf dem besten Weg, sich zu erholen. Während andere Länder mit finanziellen Schwierigkeiten lieber ihre Geldinstitute retteten, weigerte sich die isländische Regierung, Steuergelder zur Stützung der Banken zu verwenden. Stattdessen machte sie die Sozialfürsorge zur Priorität, half jenen Bürgern, die von dem Crash am schlimmsten betroffen waren, und ließ die Gläubiger privater Banken die Konsequenzen tragen. Diese ungewöhnliche Entscheidung scheint sich auszuzahlen – andere Länder stecken noch tief in der finanziellen Patsche, aber mit Island scheint es wieder bergauf zu gehen.

2006

Die umstrittene US-Militärbasis in Keflavík wird nach 45 Jahren geschlossen. Die Regierung beschließt die Wiederaufnahme des kommerziellen Walfangs.

2008

Die weltweite Finanzkrise trifft Island besonders hart und führt zur schwersten Bankenkrise des Landes – alle drei isländischen Großbanken brechen zusammen.

2010

Der Vulkan unter dem Gletscher Eyjafjallajökull bricht aus. Seine 9 km hohe Aschenwolke bringt im April für sechs Tage den europäischen Flugverkehr zum Erliegen. Im Oktober wird die Eruption als beendet erklärt.

2012

Der ehemalige Premierminister Geir Haarde wird für schuldig befunden, keine Krisensitzungen des Kabinetts vor dem Finanzcrash einberufen zu haben, wird aber von drei schwereren Anklagen freigesprochen.

industrie wieder stabilisierte, begann eine Phase der allmählichen wirtschaftlichen Erholung. Heute wird durch den Fischfang etwa die Hälfte des isländischen Bruttoinlandsproduktes erwirtschaftet – der Fang des Jahres 2011 hatte einen geschätzten Wert von 150 Mrd. Kronen.

2003 nahm Island trotz des weltweiten Walfangmoratoriums den Walfang im Rahmen eines wissenschaftlichen Forschungsprogramms wieder auf. 2006 kehrte Island schließlich zum kommerziellen Walfang zurück – trotz empörter Proteste aus aller Welt. Die USA drohten wegen des Fangs von Finnwalen mit diplomatischen Konsequenzen, worauf das Unternehmen, das für den Großteil der Finnwalfänge zuständig war, 2012 den Walfang einstellte. Der Fang von Minkwalen geht jedoch weiter und wird wohl ein größerer Streitpunkt sein, wenn Islands Antrag auf EU-Mitgliedschaft formal überprüft wird.

Islands massive Abhängigkeit von der Fischindustrie und von Importen war schon immer der Grund für die relativ hohen Preise und eine schwankende Währung. Das Ausmaß ihrer Anfälligkeit zeigte sich im September 2008, als die Weltwirtschaftskrise das Land voll erwischte. Reykjavík wurde monatelang von heftigen Protesten erschüttert, als die Popularität der damaligen Regierung sich ebenso wie der Reichtum des Landes verflüchtigte.

Premierminister Geir Haarde trat im Januar 2009 zurück. Seine Nachfolgerin Jóhanna Sigurðardóttir machte als erste offen lesbische Regierungschefin der Welt internationale Schlagzeilen. Ihre erste wichtige Handlung war der Antrag auf die EU-Mitgliedschaft, mit dem Ziel, schließlich auch der Euro-Zone beizutreten. Es ist ein kontroverses Thema: Eine Gallup-Umfrage vom Februar 2012 ergab, dass 44 % der Befragten für eine Rücknahme des Antrags sind, 43 % wollen ihn aufrechterhalten.

Im April 2010 beherrschte die isländische Vulkanaktivität die internationalen Nachrichten, als die Aschewolke aus der Eruption unter dem Gletscher Eyjafjallajökull den europäischen Flugverkehr sechs Tage lang zum Erliegen brachte und auf dem Kontinent für Chaos sorgte. Im Vergleich zum Ausbruch des Eyjafjallajökull war die Eruption des Vulkans Grímsvötn im folgenden Jahr nur ein Klacks – die Aschewolke behinderte den Flugverkehr nur drei Tage lang.

Die Führungskräfte der bankrotten isländischen Banken erhielten 2009 den Ig-Nobelpreis (Antinobelpreis) für Wirtschaft, da sie „vorführten, wie sich kleine Banken rasch in große Banken und wieder zurück entwickeln können".

Wunder der Natur

Die ungeheure Vielfalt der isländischen Natur beeindruckt jeden. Entgegen einem weitverbreiteten Irrtum ist die Insel weder komplett eisbedeckt noch eine karge Mondlandschaft aus erkalteten Lavaströmen und windgepeitschter Tundra. Beides gibt es zwar, aber auch steil zum Meer hin abfallende Fjorde, üppig grünes Ackerland, sanfte Hügel, von Gletschern geformte Täler, dampfende Ebenen, blubbernde Schlammtöpfe und ausgedehntes, wüstenähnliches Ödland. Dieser abwechslungsreiche Mix und die Möglichkeit, Extreme auf engstem Raum zu erleben, machen das Land für alle, die schon einmal dort waren, so faszinierend, verblüffend und atemberaubend.

Island ist ungefähr so groß wie England, aber mit 22 aktiven Vulkanen, 250 geothermischen Gebieten, 780 heißen Quellen und der weltweit drittgrößten Eiskappe (nach der Antarktis und Grönland) bietet die Insel reichlich Anschauungsmaterial für Wissenschaftler und ist auch für alle anderen ein überwältigendes Reiseziel.

Der reich bebilderte Naturführer *Die Tiere und Pflanzen Islands* von Benny Génsböl und Jon Feilberg deckt die gesamte Flora und Fauna Islands ab, inklusive Vögeln, Meerestieren und 220 Pflanzenarten.

Unberechenbares Island

Island liegt auf dem Mittelatlantischen Rücken, einem 18 000 km langen Gebirgskamm zwischen zwei tektonischen Platten unterhalb des Meeresspiegels. Die Insel ist eine einzige brodelnde, dampfende Lektion in Geografie. Plötzlich zermartert man sich hier das Hirn, um längst vergessenes Schulwissen über Vulkantätigkeit, Solfataren oder den Unterschied zwischen Lava und Magma wieder auszugraben.

Geologisch gesehen ist Island noch ein Baby: Es ist das jüngste Land Europas und wurde vor 17 bis 20 Mio. Jahren durch unterseeische Vulkanausbrüche entlang der Grenze zwischen der nordamerikanischen und der eurasischen Platte gebildet. Die Erdkruste hat in Island nur ein Drittel ihrer normalen Stärke. Magma (geschmolzenes Gestein) steigt noch immer von tief unten herauf und drückt die beiden Platten auseinander. Das Ergebnis lässt sich besonders deutlich in Þingvellir beobachten, wo die große Schlucht Almannagjá jährlich um 1 bis 18 mm auseinanderdriftet. In Námafjall kennzeichnen Solfatarenfelder die Linie.

Vulkane

Die dünne Erdkruste und die knirschenden Platten sind verantwortlich für reihenweise vulkanische Aktivitäten. Island hat viele verschiedene Vulkane – einige sind aktiv, einige erloschen und andere sind eingeschlafen und träumen wahrscheinlich von ihren zukünftigen Ausbrüchen. Spalteneruptionen und ihre Krater sind vermutlich die häufigste Form des Vulkanausbruchs in Island. Am ätherischsten wirken die immer unruhigen Laki-Krater, die sich rund um den Berg Laki aneinanderreihen.

Sie haben im 18. Jh. den größten Lavastrom der Menschengeschichte verursacht, der ein Gebiet von 565 km² bis zu 12 m hoch überzog.

Einige der aktivsten Vulkane Islands befinden sich unter Gletschern. Wenn flüssige Lava und Eis aufeinandertreffen führt das immer zu besonders dramatischen Ausbrüchen, wie 2010 beim Ausbruch des Eyjafjallajökull: Es kam zu einem *jökulhlaup,* einem Gletscherlauf (Überschwemmung durch einen Vulkanausbruch unterhalb der Eisdecke), der einen Teil der Ringstraße wegspülte, gefolgt von der berühmten Aschenwolke, die schließlich den Flugverkehr in Europa lahmlegte. Der aktivste Vulkan der Insel, Grímsvötn, liegt unter dem Vatnajökull-Gletscher und hat sich 2011 ähnlich aufgeführt.

Auf Island gibt es aber nicht nur subglaziale Ausbrüche, sondern auch Eruptionen unter Wasser. 1963 entstand die Insel Surtsey bei einem untermeerischen Vulkanausbrauch. Sie bietet Forschern die Möglichkeit zu verfolgen, wie Pflanzen und Tiere neues, noch schwelendes Gelände besiedeln. Surtsey darf nicht besucht werden. Aber dafür können Touristen auf zahlreichen anderen, typisch aussehenden Vulkantrichtern herumklettern, wie auf der Hekla, die man früher für den Eingang zur Hölle hielt, auf dem Eldfell, der 1974 sein Bestes gab, um die Stadt Heimaey zu begraben, und auf dem Snæfellsjökull auf der Halbinsel Snæfellsnes.

Hintergrundinfos über die vielfältigen Landschaftsformen Islands liefert *Iceland – Classical Geology* von Þor Þordarson und Armann Hoskuldsson (auf Englisch).

Die letzten Ausbrüche waren eher harmlos – Einheimische nennen sie „Touristenausbrüche", weil ihre Magmafontänen, elektrischen Stürme und dramatischen Aschenwolken perfekte Fotomotive sind, aber vergleichsweise geringen Schaden anrichten. Das liegt zum Teil an dem dünn besiedelten Land, aber auch daran, dass die besonders zerstörerischen Kräfte, wie schnell fließende Lava, Lahare (Schlammabrutsche) und pyroklastische Ströme (die einst Pompeji und Herculaneum ausradierten) in diesem Teil der Erde kaum vorkommen. Die größte Gefahr geht von den austretenden Gasen aus: erstickendes Kohlendioxid, hochgradig säurehaltige Schwefelgase und das tödliche Fluor, das Menschen und Tiere während der Laki-Ausbrüche vergiftete. Der **Isländische Wetterdienst** (Veðurstofa Íslands; www.vedur.is) verfolgt die Spur der Eruptionen und Erdbeben, die den Ausbrüchen meist vorangehen.

Geysire, Quellen & Fumarole

Islands Großer Geysir ist der Namensgeber für alle speienden heißen Quellen der Welt. Zu seiner aktivsten Zeit hat der Große Geysir das Wasser bis auf eine Höhe von über 100 m in die Luft gespritzt. Aber Erdbeben haben den Druck innerhalb des unterirdischen Röhrensystems verändert, sodass der Geysir heute wesentlich ruhiger ist. Die Wasserfontänen entstehen tief unterhalb des Geothermalfelds, wenn in einer Magmakammer Regen- und Schmelzwasser erhitzt werden. Durch den Druck des darüberliegenden Wassers und der Felsen kann das kochende Wasser keinen Dampf ablassen und wird überhitzt. Wenn dann nur ein bisschen von diesem Wasser freigesetzt wird, fällt der Druck im System vorübergehend ab und das überhitzte Wasser verwandelt sich schlagartig in Wasserdampf. Der Dampf benötigt bis zu 1600-mal mehr Platz als das Wasser vorher, sodass die plötzliche Ausdehnung des Gases das darüberliegende Wasser in den Himmel drückt. Besonders schön lässt sich dieser Vorgang am Geysir Strokkur beobachten, der alle sechs Minuten eine Dampfsäule in die Luft bläst.

2002 haben Wissenschaftler die zweitkleinste Kreatur der Welt entdeckt: *Nanoarchaeum equitans* lebt in fast kochendem Wasser in einem hydrothermalen Schlot vor der isländischen Nordküste.

Geysire sind seltene Phänomene. Es gibt weltweit nur etwa 1000. In Island kann Wasser, das durch die Felsen eingesickert ist und von Magma überhitzt wurde, aber auf viele verschiedene Weisen an die Oberfläche gelangen.

An einigen Stellen brodelt das Wasser in heißen Quellen, Bädern und Flüssen – natürliche, heiße Quellen gibt es überall auf der Insel, dazu

GEOLOGISCH GESPROCHEN

Überall in Island werden Besucher mit geologischem Fachchinesisch bombardiert, wenn es darum geht, die Landschaft zu beschreiben. Wer die folgenden Begriffe kennt, ist anderen Geologiemuffeln schon einen kleinen Schritt voraus.

Basalt Häufigste Form erstarrter Lava: stark verdichtetes, hartes, dunkles Vulkangestein, meist zu Säulen aufgetürmt.

Eruptivgestein Aus heißer, flüssiger Lava oder Magma entstanden.

Moräne Von Gletschern angehäufte Schutt- und Geröllablagerung.

Obsidian Schwarzes vulkanisches Gesteinsglas aus Lava, die rasch abgekühlt ist, ohne regelmäßige Kristallstrukturen.

Rhyolit Helles, feinkörniges Vulkangestein mit ähnlicher Zusammensetzung wie Granit.

Schlacke Poröses Vulkangeröll, das während der Fließbewegung abrupt abgekühlt ist und eine glasige Oberfläche erhalten hat, die eisenhaltige Kristalle zum Schimmern bringt.

Tephra (auch: Pyroklastika) Lockermaterialien, die bei einem Vulkanausbruch in die Luft geschleudert werden.

gehören z. B. die Quellen von Landmannalaugar, der Fluss bei Hveragerði und das warme, blau-weiße Becken unten im Víti-Krater. Die Isländer haben sich dieses entspannende Geschenk der Natur schon lange zunutze gemacht und die Quellen in Geothermalbäder und -spas verwandelt. Am besten ist ihnen das beim Naturbad Mývatn und der Blauen Lagune gelungen.

Fumarolen sind Orte, wo überhitztes Wasser als Dampf an der Erdoberfläche austritt – die sonderbarsten Beispiele der Insel sind bei Hverir zu finden, wo sich die Gase ihren Weg aus den Schwefelspalten förmlich herausschreien. In Schlammlöchern geht's da träger und chaotischer zu, z. B. in Krýsuvík auf der Halbinsel Reykjanes, wo sich erhitztes Wasser mit Schlamm und Lehm vermischt. Die bunten Spritzer rund um einige der Schlammlöcher werden von Mineralien verursacht (schwefelgelb, eisenrot) und auch von extremophilen Bakterien und Algen, die irgendwie in diesen kochenden, säurehaltigen Umgebungen überleben.

Island ist streng genommen kein arktisches Land – der nördlichste Punkt des Festlands liegt einige Kilometer vom nördlichen Polarkreis entfernt. Diese imaginäre Grenze überschreitet man allerdings, wenn man die Insel Grímsey (S. 214) besucht – Islands einziges echtes Stück Arktis.

Eis & Schnee

Gletscher und Eiskappen bedecken über 15 % des Landes. Viele sind Überreste aus einer Kälteperiode, die vor 2500 Jahren begann. Eiskappen bilden sich durch jahrtausendelange Anhäufung von Schneemassen in Gebieten, in denen es für die Schneeschmelze nicht warm genug wird. Das Gewicht des Schnees komprimiert die darunter liegenden Schichten zu Eis, bis das Land unter der Eiskappe zermalmt wird.

Der Vatnajökull im Südosten bedeckt fast 13 % des Landes und ist das drittgrößte Eisfeld der Welt. Dieser mächtige, glitzernde Koloss aus Eis scheint unbeweglich, aber an seinen Kanten fließen unmerklich gemächlich Eismassen den Berghang hinab. Wie Flüsse tragen sie Sedimentgestein mit sich, das sie in schlackeartigen Moränen am Fuß des Berges oder auf weiten Kiesfeldern, wie dem Skeiðarársandur in Südost-Island, ablegen. Dies kann aber auch ganz schnell gehen, wenn Vulkane unter dem Eis ausbrechen und einen *jökulhlaup* auslösen: 1996 zerstörte der vom Ausbruch des Grímsvötn ausgelöste *jökulhlaup* die längste Brücke Islands und spülte Felsbrocken in Größe von Jeeps auf die Ebene hinab.

Zu vielen isländischen Gletschern gehört ein See. Jökulsárlón ist ein toller Ort, um zu beobachten, wie sich Eisberge aus dem Breiðamerkurjökull herauslösen. Leuchtend blaue Stücke sind ein Zeichen für das hohe Alter des Eises, denn jahrhundertelanger Druck hat die Luftblasen aus dem Eis gepresst, die ihm normalerweise ihren typisch silber-weißen Glanz verleihen.

Gletscher haben einen Großteil der isländischen Landschaft seit ihrer Entstehung geprägt und geformt. So entstanden Gletschertäler und Fjorde, die heute für die Ansichtskartenpanoramen sorgen. Über die Jahrhunderte und mit den einzelnen Jahreszeiten ging das Eis mal zurück, mal wuchs es wieder an, aber inzwischen gibt es beunruhigende Zeichen dafür, dass die wichtigsten Eisfelder Islands – Vatnajökull und Mýrdalsjökull im Südwesten sowie Langjökull und Hofsjökull im Hochland – seit 2000 in beispiellosem Maße abgeschmolzen sind. Gletscherexperten des isländischen Wetterdienstes glauben, dass einige der beobachteten Gletscher, wie der Snæfellsjökull im Westen, innerhalb von wenigen Jahrzehnten vollständig verschwinden könnten.

Die Winkinger haben das reinrassige Islandpferd *(Equus scandinavicus)* nach Island gebracht. Die kleinen, kräftigen Tiere passten perfekt zu den schwierigen Bedingungen des Landes. Islandpferde haben fünf Gangarten, darunter auch den *tölt* – eine gelaufene Gangart, die so weich ist, dass der Reiter ein Glas Bier trinken kann, ohne einen Tropfen zu verschütten.

Tiere & Pflanzen

Säugetiere & Meeresbewohner

Wer außer Schafen, Kühen und Pferden noch weitere Säugetiere in Island zu Gesicht bekommt, kann sich glücklich schätzen. Das einzige große einheimische Säugetier ist der scheue Polarfuchs, der am besten wohl in Hornstrandir in den Westfjorden zu beobachten ist. Echte Tierfans können sich im Arctic Fox Centre genauer mit diesen edlen Geschöpfen beschäftigen und sogar freiwillige Arbeit leisten. In Ostisland gibt es manchmal von der Straße aus Rentierherden zu sehen. Sie wurden im 18. Jh. aus Norwegen mitgebracht und leben heute in den Bergen. Eisbären kommen gelegentlich auf Eisschollen von Grönland herüber, doch bewaffnete Bauern sorgen dafür, dass sie nicht allzu lange überleben.

Aber dafür gibt es rund um Island eine Vielfalt an Meerestieren, vor allem Wale. Bei Walbeobachtungstouren, die in Húsavík in Nordisland starten, hat man gute Chancen, Waltiere *(Cetacea)* zu erspähen, insbesondere Delphine, Schweins-, Zwerg- und Buckelwale. Außerdem berichten Touristen von Pottwalen, Finnwalen, Seiwalen, Grindwalen, Orcas (Killerwalen) und Blauewalen rund um Island. Weitere Infos über Islands Wale stehen im Kasten auf S. 243. Viele Robben leben in den Ostfjorden, auf der Halbinsel Vatnsnes in Nordwestisland, in der Region Mýrar an der Südostküste (auch in Jökulsárlón), im Breiðafjörður im Westen und in den Westfjorden.

Küstenseeschwalben verfügen über einen Kamikazeinstinkt und zögern nicht, Wanderer zu attackieren, die in der Nähe ihrer Nester auftauchen. Wer in Seeschwalbengebieten unterwegs ist, sollte einen Hut tragen, eine Hand über den Kopf heben oder einen langen Stock hochhalten. Küstenseeschwalben stürzen sich bei ihren Attacken immer auf den höchsten erreichbaren Punkt.

Vögel

Vögel gibt es zuhauf, zumindest von Mai bis August. Auf den Küstenfelsen und den Inseln vor Island hocken oft riesige Kolonien von Seevögeln. Schon rein zahlenmäßig beeindruckend sind Tölpel, Trottellummen, Tordalken, Dreizehenmöwen, Eissturmvögel und Papageitaucher. Nicht ganz so zahlreich sind Bruchwasserläufer, Küstenseeschwalben, Raubmöwen, Sturmtaucher, Goldregenpfeifer, Sturmschwalben und Wellenläufer. Außerdem gibt es viele Arten von Enten, Alpenschneehühnern, Singschwänen, Rotdrosseln, Tauchern und Gerfalken sowie zwei Eulenarten zu bestaunen. Für mehr Infos über Vögel s. S. 37.

Blumen & Pilze

Obwohl an einigen Stellen spärlich, ist die isländische Vegetation überraschend vielfältig – wer etwas näher herangeht, kann sich leicht davon überzeugen. Meistens sind es niedrig wachsende, bodendeckende Pflanzen, die sich so weit wie möglich ausbreiten, um besseren Halt auf dem erosionsgefährdeten Boden zu finden. Sogar die Bäume – sofern es sie denn gibt – sind eher kleinwüchsig. Wie ein alter isländischer Witz schon sagt: Wer sich hier im Wald verirrt, muss einfach nur aufstehen!

Marimo-Kugeln (Algenkugeln in Golfballgröße) gibt es in der Natur nur an zwei Orten auf der Welt: im Akansee in Japan und im See Mývatn in Island.

Im Sommer werden Besucher im ganzen Land von einer ungeheuren Pracht blühender Wildblumen begrüßt. Die meisten der 440 Blütenpflanzen Islands sind eingeführte Arten, so auch die allgegenwärtige lila Lupine, die ursprünglich die Umwelt unterstützen sollte und heute ein Nachteil ist. Überall im Land sind an den Flussufern auch die leuchtend rosafarbenen Weidenröschen zu entdecken oder die charakteristische, purpurfarbene arktische Glockenblume. Verschiedene Arten des bunten Steinbrechs und Gänseblümchen stehen an jedem Wegesrand. Im grasbedeckten Tiefland gibt es die blasse, grüne nordische Orchidee zu bewundern und im Hochland die weißen Köpfe des arktischen Wollgrases, die gelben Blüten der Primeln und die hübschen kleinen Blüten des Heidekrauts. Typisch für die Küstengebiete sind niedriges Grasland, Torfmoor und Sumpfland, in höheren Lagen bedeckt harte oder weiche Tundra den Boden.

Auf Wanderungen stößt man überall auf diverse Pilzarten. Rund 1500 verschiedene Sorten wachsen in Island, von weißen, rundkappigen bis hin zu leuchtend orangefarbenen, schwammartigen Pilzen. Sie wuchern an den Wegesrändern oder auf den Feldern.

Im südlichen und östlichen Island werden neu entstandene Lavafelder zuerst von Moosen kolonisiert, die das raue Gestein mit einem samtigen Teppich überziehen. Ältere Lavaflüsse im Osten und in höheren Lagen werden zuerst von Flechten bewachsen. Verwirrenderweise ist Isländisches Moos *(Cetraria islandica)*, das wirklich überall graugrün oder blassbraun wuchernde Gewächs, eigentlich eine Strauchflechte. Isländer haben es in Zeiten des Hungers sogar gegessen – es enthält viele Nährstoffe. Aber man muss schon sehr hungrig sein, um das schleimige, bitter schmeckende Kraut herunterzubekommen.

Die Blütenpflanzen und Farne Islands von Hörður Kristinsson ist der beste Allroundführer zu Islands Blumenwelt.

Ganz putzig war 2004 die Volksbefragung zur Wahl einer nationalen Blume. Der Weiße Silberwurz (*Dryas octopetala* oder auf Isländisch *holtasóley*) war ein würdiger Sieger. Er ist auf Kiesflächen und in felsigem Gelände zu finden; die Blüte hat einen Durchmesser von 3 cm, mit acht grazilen, weißen Blütenblättern um eine strahlende, sonnengelbe Mitte.

ARKTISCHE BRÜDERCHEN

Knuffig, tollpatschig und anrührend komisch ist der Papageitaucher (*Fratercula arctica*, zu Deutsch „arktisches Brüderchen", *lundi* auf Isländisch), einer der beliebtesten Vögel Islands. Berühmt ist er vor allem für seine ungeschickten Flugmanöver und seine Bruchlandungen. Unter Wasser zeigt sich dieser Vogel aber überraschend anmutig, weshalb er einst als Mischwesen aus Vogel und Fisch galt.

Der Papageitaucher gehört zur Familie der Alke und verbringt die meiste Zeit des Jahres auf dem Meer. Nur für vier oder fünf Monate kommt er zum Brüten an Land und bleibt dabei jahrein, jahraus Partner und Brutstätte (die aus mehreren Kammern besteht) treu.

Bisher brüten 60 % der Weltpopulation der Papageitaucher in Island. Von Ende Mai bis August kann man sie in großer Zahl an den Küsten beobachten. Während der letzten sieben Jahre ist der Papageitaucherbestand im Süden Islands allerdings schlagartig zurückgegangen. Die Gründe dafür sind nicht bekannt, aber es wird vermutet, dass die veränderte Meerestemperatur dafür verantwortlich ist, dass ihre Hauptnahrungsquelle, der Sandaal, aus der Reichweite der Vögel verschwunden ist. Es ist aber auch möglich, dass die Jagd und das Einsammeln von Eiern dazu beigetragen haben; 2012 wurde für beides ein absolutes Verbot vorgeschlagen.

Erfreulich ist es da, dass es im Norden bisher zu keinen Veränderungen in der Papageitaucherpopulation gekommen ist. Die Vögel flattern weiter rund um die Klippen von Grímsey, ebenso wie in Borgarfjörður Eystri und in den Westfjorden.

WALFANG IN ISLAND

Ende des 19. Jhs. hatte sich der Walfang dank Dampfschiffen und explosiver Harpunen zu einem ertragreichen Wirtschaftszweig entwickelt. Norwegische Jäger bauten 13 große Walfangstationen auf Island und jagden, bis die Fanggründe 1913 praktisch leer waren. Die Isländer bauten ihre eigene Walindustrie von 1935 bis 1986 aus, bis die Zahl der Wale wieder einmal bedrohlich gesunken war und die Internationale Walfangkommission (IWC) den Walfang stoppte. Zum Erschrecken von Umweltaktivisten auf der ganzen Welt kehrte Island 2006 zum kommerziellen Walfang zurück. Wer danach fragt, warum Island heute noch Walfang betreibt, darf keine einfache Antwort erwarten.

Einer Gallup-Umfrage von 2010 zufolge essen nur 5 % der Isländer regelmäßig Walfleisch. Der Export ist begrenzt: Japan war lange der wichtigste Markt für das Fleisch des Finnwals. Fehlende Nachfrage hat 2012 aber dazu geführt, dass der Handel eingestellt wurde. Zu den größten Gegnern des kommerziellen Walfangs gehören Mitglieder der isländischen Tourismusbehörde, die betonen, dass die isländische Walindustrie den Waltourismus beeinträchtigt (dies wird wiederum vom Fischerei- und Landwirtschaftsministerium bestritten). Der Walfang hat auch zu einer internationalen Ächtung geführt: Im Oktober 2009 forderten 26 Nationen – darunter die USA, Großbritannien, Australien, Frankreich, Schweden, Spanien und Deutschland – auf diplomatischem Wege die Einstellung des isländischen Walfangs

Die Argumente gegen den Walfang haben nur wenig Einfluss in Island. Eine aktuelle Umfrage hat ergeben, dass 67 % der Isländer den Walfang unterstützen, nur 20 % sind dagegen. Die Fischindustrie ist für das Land von größter Wichtigkeit und viele glauben, dass das Töten der Wale die Fischbestände schützt (das wird aber von Studien der Gesellschaft zum Schutz der Wale & Delphine abgestritten). Ältere Isländer blicken mit Wehmut auf die isländische Walfanggeschichte und erinnern sich, dass sie von der Arbeit auf den Walstationen ihr Leben bestritten. Vor allem aber ist der Walfang untrennbar mit dem nationalen Stolz verbunden. Auf Island gibt es eine lange Tradition, sich nichts von anderen vorschreiben zu lassen. Da ist – vor dem Hintergrund der weltweiten Kritik – die Frage, warum die Isländer den Walfang unterstützen, gleichbedeutend mit der Frage, ob sie für Island sind.

Ironischerweise wird das meiste Walfleisch, das von isländischen Walfängern gefangen wurde, heute vor allem von neugierigen Touristen verzehrt. 2012 haben der Internationale Tierschutz-Fonds und die isländische Vereinigung der Walbeobachter eine spektakuläre Kampagne gestartet mit dem Slogan: „Meet us, don't eat us", um Touristen davon zu überzeugen, auf Walbeobachtungstouren zu gehen anstatt die Tiere zu probieren.

Nationalparks & Naturschutzgebiete

Island verfügt über drei Nationalparks und mehr als 80 Naturreservate, Naturdenkmäler, Landschaftsparks und Wildtierreservate. Viele dieser Schutzgebiete werden von der **Umhverfisstofnun** (Umwelt- und Lebensmittelbehörde; www.ust.is) betrieben. Die Website enthält umfassende Informationen zu jedem Nationalpark. Die Arbeit zum Erhalt der Parks scheint sich auf das Bauen von Wegen und die Entfernung von Lupinen zu konzentrieren; s. Website für Informationen über ehrenamtliche Praktika.

Wer ein Allradfahrzeug mietet, sollte auf den markierten Wegen bleiben; Querfeldeinfahren ist verboten und schädigt die fragile Natur auf unwiederbringliche Weise.

Þingvellir (www.thingvellir.is), Islands ältester Nationalpark, ist ebenso berühmt für seinen beschaulichen 84 km² großen See und die geologisch bedeutsame Schlucht Almannagjá wie als Sitz des früheren Alþing (isländisches Parlament). Der Park wird direkt vom Büro des Ministerpräsidenten verwaltet und gehört zum Unesco-Welterbe. Näheres S. 98.

Snæfellsjökull (www.ust.is) in Westisland wurde im Juni 2001 eröffnet. Der Park schützt den durch Jules Verne zur Berühmtheit gewordenen Gletscher Snæfellsjökull und die umgebenden Lavafelder und Küsten; S. 159.

Vatnajökull (www.vatnajokulsthjodgardur.is) ist der größte Nationalpark in ganz Europa und nimmt etwa 13 % der Fläche Islands ein. Er entstand 2008 durch die Zusammenlegung zweier bestehender Nationalparks, Skaftafell (S. 290) in Südostisland und Jökulsárgljúfur (S. 245) weiter nördlich. Kürzlich hat im Osten direkt neben Skriðuklaustur (S. 262) mit Snæfellsstofa ein drittes Besucherzentrum eröffnet. Der Park umfasst den gesamten Vatnajökull-Gletscher, den Dettifoss (den mächtigsten Wasserfall Europas) und verschiedenste geologisch bedeutsame Stätten.

Die Überweidung durch Schafe hat zu verheerenden Bodenerosionen geführt. In den 1950er- und 1960er-Jahren war es ein patriotischer Akt, Samen der Alaska-Lupine über dem kahlen Land zu verteilen, um das Problem zu beheben. Große Gebiete wurden erfolgreich wieder begrünt. Aber heute bedrohen die hohen Blumen die Artenvielfalt auf Island, da sie den einheimischen Moosen, Flechten und Sträuchern das Licht nehmen.

Energiedilemma

Geringe Bevölkerungsdichte, unberührte Wildnis, fehlende Schwerindustrie und die breite Nutzung von Erdwärme und Wasserkraft machen Island zu einem beneidenswerten Vorbild in Sachen Umweltschutz. Das Land nutzt die Erdwärme kreativer als irgendein anderes Land der Welt. Isländische Energieexperten beraten inzwischen die chinesische und indische Industrie über Möglichkeiten, geothermische Quellen anzuzapfen. Auch bei der Forschung zum Wasserstoffantrieb von Fahrzeugen ist Island ganz vorne mit dabei und plant benzin- und dieselbetankte Autos bis 2050 abzuschaffen.

Allerdings sind die reichen natürlichen Energiereserven des Landes nicht nur für Isländer interessant. Auch ausländische Industrieunternehmen haben auf der Suche nach günstiger Energie ihr Auge auf die Gletscherflüsse und geothermischen Brennpunkte geworfen. Für einen der umstrittensten Pläne Islands war mit Alcoa ein amerikanischer Aluminiumhersteller verantwortlich. Das Kárahnjúkar-Wasserkraftwerk in den Ostfjorden war das größte Bauprojekt in der isländischen Geschichte und wurde 2009 fertiggestellt. Es besteht aus einem Netzwerk aus Dämmen und Tunneln, einem riesigen Staubecken, einem Kraftwerk und kilometerlangen Hochspannungsleitungen, die Strom zu einer 80 km entfernt liegenden Aluminiumhütte im Fjord von Reyðarfjörður liefern. Alcoa wurde auf dem Weltwirtschaftsforum in Davos in der Schweiz zu einem der am nachhaltigsten wirtschaftenden Unternehmen der Welt erklärt. Allerdings hat der Damm die traumhaft schöne Landschaft auch irreparabel geschädigt. Einige grandiose Naturphänomene, die es sonst nirgends auf der Welt gab, sind für immer verloren gegangen.

Das Staudammprojekt und die Aluminiumhütte machen recht deutlich, in welchem Dilemma sich Island befindet. Für zahlreiche Gebiete des Landes gibt es ähnliche Pläne. Wovon sollen die Isländer in Zukunft leben – vom Tourismus und einer blühenden Kulturlandschaft oder von der Öffnung großer Teile des Landes für industrielle Großprojekte?

Isländische Kultur: von Sagas bis Sigur Rós

Island liegt zwar am Rand der Arktis, es kann seine Isolierung und die niemals endenden Winter aber mit einer glühenden Leidenschaft für alles Kulturelle ausgleichen. Das einzigartige literarische Erbe des Landes beginnt mit den prägnanten mittelalterlichen Sagas und reicht bis zu den aktuellen Krimibestsellern aus dem Norden. Jeder Isländer scheint in einer Band zu spielen und das Land hat eine überproportional hohe Anzahl erstklassiger Musiker hervorgebracht. Die umstrittene neue Konzerthalle von Reykjavík, Harpa, die während der schlimmsten Zeit der Finanzkrise gebaut wurde, ist ein glitzernd-trotziges Symbol für den Glauben an die Künste.

Wer die von Helmut Hinrichsen übersetzten *Isländischen Volkssagen* für eine bloße Sammlung von Kindermärchen hält, irrt: Die leichtfüßig erzählten Juwelen der volkstümlichen Erzählkunst geben einen tollen Einblick in Islands Geschichte, Humor und Mystik. Diese Geschichten erzählt man sich im Land seit Hunderten von Jahren.

Literatur

Blutrünstig, düster und kraftvoll – die Sagas des 12. und 13. Jhs. sind zweifellos die größte kulturelle Errungenschaft Islands. Aber die Isländer ruhen sich nicht auf ihren literarischen Lorbeeren aus: In Island werden heute weltweit die meisten Autoren und literarischen Übersetzungen pro Kopf publiziert.

Die Sagas

Islands mittelalterliche Familiensagas werden häufig als die ersten Romane der Welt bezeichnet. Sie gehören zu den einfallsreichsten und dauerhaftesten Werken der frühen Literatur, und ihre epischen, oft grausamen Geschichten strotzen an vielen Stellen vor Weisheit, Melancholie und Leidenschaft.

Aufgeschrieben wurden sie zwischen dem späten 12. und späten 13. Jh., aber sie erzählen von Fehden, tragischen Romanzen und mutigen Helden zur Besiedlungszeit. Die meisten Sagas stammen von unbekannten Verfassern, auch wenn die *Egils saga* Snorri Sturluson zugeschrieben wird (Kasten S. 149).

In Island wird pro Kopf die größte Anzahl von Büchern weltweit veröffentlicht. Die Alphabetisierung liegt bei exakt 100 %.

Die Sagas entstanden in den langen, verzweifelten Jahrhunderten der norwegischen und dänischen Herrschaft und festigten die kulturelle Identität der Isländer zu einer Zeit, als sie selbst nicht viel anderes hatten. An Winterabenden versammelten sich die Leute in den Bauernhäusern zur *kvöldvaka* (Abendwache). Während die Männer aus Pferdehaaren Seile knüpften und die Frauen Wolle spannen oder strickten, las ein Familienmitglied aus den Sagas vor und rezitierte *rímur* (epische Gedichte).

Bis heute sind die Sagas sehr lebendig. Da sich die isländische Sprache seit der Wikingerzeit kaum verändert hat, können sie in Altnordisch –

der Sprache, in der sie vor 800 Jahren niedergeschrieben wurden – von Isländern aller Altersklassen gelesen werden. Die meisten können Passagen daraus zitieren, kennen die Höfe, auf denen die Figuren lebten und starben, und strömen in Scharen in die Kinos, um sich die neuesten Verfilmungen anzusehen.

Einige der Originalschriften der Sagas werden im Þjóðmennigarhúsið (Kulturhaus S. 50) von Reykjavík ausgestellt.

Die isländischen Langhäuser der Wikinger haben vor den Kräften der Zeit kapituliert. Dennoch wurden die traditionellen Torfdächer und Holztechniken bis ins 19. Jh. hinein angewandt. Es gibt gute Beispiele in Skógar (Südwest Island) und Glaumbær (Nordisland). In *A Guide to Icelandic Architecture* (herausgegeben von der isländischen Architektenvereinigung) werden 250 isländische Gebäude und Entwürfe vorgestellt.

Edda & Skaldendichtung

Die ersten Siedler brachten ihre mündliche Dichtkunst vom skandinavischen Festland mit, in Form von Gedichten, die im 12. Jh. auf Pergament geschrieben wurden.

Die Verse der Edda wurden in freien, variablen Metren geschrieben, die in ihrer Struktur stark an die deutsche Dichtkunst angelehnt waren. Am bekanntesten ist wohl das Götterlied *Hávamál*, das die Tugenden des einfachen Lebens preist – seine weisen, alten Bauernregeln über das gute Benehmen als Gast werden noch heute zitiert.

Die Skaldendichtung wurde von den norwegischen Hofpoeten (den Skalden) entwickelt und rühmte die Heldentaten der skandinavischen Könige. Die ausführlichen Beschreibungen wurden in exakt komponierte Zeilen mit strengen Alliterations-, Silbenzählungs- und Betonungsregeln gepackt. Besonders kompliziert werden sie durch die *kenningar*, eine Art verdichtetes Wortspiel. Blut heißt hier „Wundentau" und ein Arm kann als „Falkenstange" bezeichnet werden.

Der bekannteste Skalde war der Saga-Anti-Held Egill Skallagrímsson. Anno 948, nachdem er verhaftet und zum Tode verurteilt worden war, komponierte Egill die Ode *Höfuðlausn* (Haupteslösung) für seinen Kidnapper Eirík Blutaxt. Der geschmeichelte Monarch ließ ihn daraufhin unbeschadet frei.

Literatur des 20. Jhs.

Das unangefochtene Genie der isländischen Literatur ist der Nobelpreisträger Halldór Laxness. Ein weiterer erwähnenswerter Autor ist der Kinderbuchautor Jón Sveinsson (genannt „Nonni"), dessen altmodischen Geschichten von tollkühnen Heldentaten ein eindeutig isländisches Flair

WIKINGERSAGAS

Egils saga Handelt von dem vielschichtigen Egill Skallagrímsson – einem renommierten Dichter und Rechtsgelehrtern, aber auch Enkel eines Werwolfs und eines schweren Trinkers.

Grettirs saga Tapfer, unbesonnen, vom Pech verfolgt und dem Untergang geweiht; Grettir der Starke wird in dieser fesselnden Ganovensaga verflucht und verbannt.

Njáls saga Zwei der größten isländischen Helden, Njál und Gunnar, werden in eine verhängnisvolle, 50-jährige Familienfehde hineingezogen.

Laxdæla Saga Eine tragische Generationensaga, die im Nordwesten Islands spielt: unglückliche Ehen, hintertriebene Liebe und Mord im Überfluss.

Völsungasaga Teile dieser Saga mögen bekannt erscheinen – sowohl Richard Wagner *(Der Ring der Nibelungen)* als auch J.R.R. Tolkien *(Der Herr der Ringe)* haben sich einiger Episoden bedient.

Eyrbyggja Saga Eine kleinere Saga, die wegen ihres unüblichen, übernatürlichen Tons lesenswert ist; sicherlich die einzige mittelalterliche Geschichte Islands, in der Geister wegen ihrer Spukerei vor Gericht gebracht werden ...

HALLDÓR LAXNESS – DER LETZTE NATIONALDICHTER

Während seiner langen Lebenszeit schaffte es der Literaturnobelpreisträger Halldór Laxness (1902–98), die Welt der isländischen Literatur wiederzubeleben. Er ist der berühmteste isländische Autor des 20. Jhs.

Geboren wurde er als Halldór Guðjónsson, legte sich aber den Namen des familieneigenen Hofes Laxnes (plus ein zusätzliches „s") als Künstlernamen zu. Von Ehrgeiz und Wissbegier getrieben veröffentlichte er sein erstes Werk im Alter von 14, mit 17 fing er an zu reisen. Seinen ersten Roman, *Undir Helgahnúk (Am heiligen Berg)*, schrieb er während einer Phase glühenden Katholizismus im Kloster. Danach machte Laxness sich auf den Weg nach Italien, wo er sich immer mehr von der Kirche lossagte und zunehmend eine linkspolitische Haltung annahm, was schließlich in dem Roman *Vefarinn mikli frá Kasmír (Der große Weber von Kaschmir)* mündete. In den 1930er-Jahren zog er nach Amerika, um sein Glück in der florierenden Filmindustrie von Hollywood zu versuchen, bevor er sich ganz dem Kommunismus zuwandte und längere Zeit durch den Ostblock reiste. 1962 kehrte er für den Rest seines Lebens nach Laxnes (heute ein Museum – s. Kasten S. 84) zurück. Hier verfasste er die Essays *Skáldatími (Zeit zu schreiben)* – eine scharfe Abrechnung mit allem, was er je zu Ehren der Kommunistischen Partei geschrieben hatte.

Die Bücher von Laxness sind ironische Meisterwerke. Seine Figuren, wie verschroben sie auch sein mögen, zeichnet er mit großer Sympathie. Sein wichtigstes Werk ist möglicherweise *Sjálfstæt folk (Sein eigener Herr)*, eine düstere Komödie über die harten Lebensbedingungen in Island zu Anfang des 20. Jhs. Im Mittelpunkt steht die Geschichte des sturen Bauern Bjartur í Sumarhúsum. Faszinierend ist auch *Íslandsklukkan (Die Islandglocke)*, ein sagaähnliches Portrait äußerster Armut und unbarmherziger Justiz zur Zeit der dänischen Herrschaft über Island. Weitere in deutscher Übersetzung erhältliche Werke sind z. B. *Ljós heimsins (Weltlicht)*, *Brekkukotsannáll (Das Fischkonzert)*, *Paradísarheimt (Das wiedergefundene Paradies)* und *Kristnihald undir Jökli (Am Gletscher)*.

Laxness' Werke wurden nach Erscheinen häufig kontrovers diskutiert. Seine Darstellung Islands als armes und rückwärtsgewandtes Land verletzte den Nationalstolz der Isländer. Aber als er 1955 den Literaturnobelpreis bekam, wurde er – typisch isländisch – zum Held des Volkes.

haben. Sie wurden in 40 Sprachen übersetzt. Zwei weitere Großmeister der isländischen Literatur sind Gunnar Gunnarsson (1889–1975) und Þórbergur Þórðarson (1888–1974), der im Rennen um den Nobelpreis von Laxness geschlagen wurde. Ihre Werke sind vor allem in Antiquariaten zu finden.

Leichter zu haben ist Einar Kárasons rasante Trilogie *Die Teufelsinsel, Die Goldinsel* und *Das gelobte Land*. Darin geht es um das Leben in Reykjavík in den 1950er-Jahren. Auf *101 Reykjavík* von Hallgrímur Helgason basiert der gleichnamige Kultfilm, eine schwarze Komödie über das stumpfsinnige Leben und die blühende Phantasie des arbeitslosen Hlynur, der mit seiner Mutter in der Reykjavíker Innenstadt lebt. Noch schwärzer ist die schräge Geschichte *Engel des Universums* von Einar Már Guðmundsson über die schizophrenen Wahnideen eines Mannes in einer psychiatrischen Klinik.

Auf der Erfolgswelle der Nordischen Krimis schwimmt zurzeit Arnaldur Indriðason, dessen Reykjavík-Krimis dauerhaft die Bestsellerlisten anführen. Außerdem lesenswert: die Autorinnen Steinunn Sigurðardóttir und Kristín Marja Baldursdóttir, die Krimiautoren Viktor Arnar Ingólfsson und Yrsa Sigurðardóttir, historische Romane von Vilborg Davíðsdóttir und Steinunn Jóhannesdóttir sowie die wunderbaren Bücher von Jón Kalman Stefánsson, Bragi Ólafsson und Sjón.

Ein altes isländisches Sprichwort sagt *Betra er berfættum en bókarlausum að vera* (Lieber barfuß sein als ohne Buch). Die Isländer haben eine Leidenschaft für das geschriebene Wort, da ist es kein Wunder, dass Reykjavík 2011 von der Unesco zur Literaturstadt erklärt wurde.

Musik

Pop

Zu den international berühmten isländischen Musikern zählt (ganz klar) Björk. Wer in Reykjavík ist, sollte nach dem Album *Gling Gló* Ausschau halten – von Björk gesungene Jazzklassiker und traditionelle isländische Songs. Außerhalb des Landes ist es schwer zu bekommen.

Sigur Rós sind mit ihrem fremdartigen, ätherischen Sound inzwischen in Björks Fußstapfen getreten. Ihr meistverkauftes Album *Takk* (2005) erntete begeisterte Kritiken auf der ganzen Welt. Ihm folgte das poppigere *Með suð í eyrum við spilum endalaust* (2007). Nach einer langen Auszeit hat die Band 2012 ihr sechstes Studioalbum *Valtari* herausgebracht. Der Sänger Jónsi hatte außerdem mit seinem munteren Soloalbum *Go* (2010) Erfolg.

Die Indie-Rock-Aufsteiger Of Monsters and Men stürmten 2011 die US-Charts mit ihrem Debütalbum *My Head is an Animal.* Der eine oder andere erinnert sich sicher auch an die isländisch-italienische Sängerin Emiliana Torrini, die den gespenstischen *Gollum's Song* im Herr-der-Ringe-Film *Die zwei Türme* sang.

Die Musikszene in Reykjavík wächst und gedeiht. Ständig tauchen neue Bands und Sounds auf den Bühnen auf. Die Website www.icelandmusic.is gibt einen Überblick über die Vielfalt der isländischen Musikproduktionen. Im Land beliebt sind FM Belfast (die für ihr erstes Album *How to Make Friends* ihr eigenes Label gründeten); múm (schräge Elektroklänge, gemixt mit echten Instrumenten), Mínus (deren trashige Gitarrenriffs schon als Support-Act für die Foo Fighters und Metallica dienten), Hafdís Huld (skuriller Frauenpop); und die überschwenglichen Garagenrocker von Benny Crespo's Gang.

2011 wurde die neue Konzerthalle Harpa eröffnet. In den schimmernden Achtecken der Fassade spiegelt sich das wechselhafte nordische Licht, während im Inneren vier supermoderne Bühnen darauf warten, bespielt zu werden. Das Bauprojekt war sehr umstritten und hat immer noch Gegner. Aber selbst die kritischsten Stimmen verstummen, wenn es um die wunderbare Akustik geht.

Die Musikkneipenszene in Reykjavík ist ständig in Bewegung; am besten ist es, das kostenlose Magazin *Grapevine* zu konsultieren. Als computerbesessene Internetjunkies verbreiten viele Isländer ihre Musik über Portale wie Myspace.

Beim fabelhaften isländischen Musikfestival Airwaves (im Oktober in Reykjavík) treten die Besten der Besten aus der isländischen Musikszene und internationale Acts auf.

Traditionelle Musik

Bis der Rock 'n' Roll im 20. Jh. das Land erreichte, kam Island praktisch ohne Instrumente aus. Die Wikinger brachten *fiðla* und *langspil* aus Skandinavien mit: beides Holzkästen mit zwei Saiten, die der Musiker auf den Knien hielt und mit einem Bogen spielte. Sie waren nie als Solo-Instrumente gedacht, sondern begleiteten ausschließlich den Gesang.

In einem Land, in dem die Bevölkerung ständig vom Hungertod bedroht war, gehörten Musikinstrumente zum überflüssigen Luxus. Musik wurde vor allem mit der Stimme gemacht. Die bekanntesten Gesangsstile sind *rímur*, volkstümliche Reimgedichte in düsterem Sprechgesang (Sigur Rós experimentieren teilweise mit dieser Form), und *fimmundasöngur*, von zwei Personen im Gleichklang gesungen. Da Island von äußeren Einflüssen praktisch abgeschnitten war, veränderte sich der Gesangsstil vom 14. bis ins 20. Jh. fast gar nicht. Es blieben sogar Harmonien erhalten, die im restlichen Europa von der Kirche als Teufelswerk verbannt worden waren!

Kino

Islands Filmindustrie ist noch jung – eine regelmäßige Filmproduktion begann erst Anfang der 1980er-Jahre –, hat aber bereits einige eindrucksvolle Werke auf die Leinwand gebracht. Besonders isländische Kurzfilme

ISLÄNDISCHES DESIGN

Isländische Designer und Künstler sind locker im **Iceland Design Centre** (Hönnunarmiðstöð; www.icelanddesign.is; Vonarstræti 4b, Reykjavík) organisiert, das sich auch um die Vermarktung der Künstler kümmert und vom Bildungsministerium finanziert wird. Das Ministerium hat auch den jährlichen **DesignMarch** (www.designmarch.is) ins Leben gerufen, ein Design-Event in Reykjavík, bei dem Hunderte von Ausstellungen gezeigt werden und das Publikum die Ateliers besuchen kann.

Das Design Centre betreibt einen regelmäßig akualisierten **Blog** (http://blog.icelanddesign.is), auf dem die wichtigsten und besten Neuigkeiten der isländischen Designszene veröffentlicht werden. Wer sich für Design interessiert, sollte während seines Aufenthalts einen Blick drauf werfen; vieles dreht sich um das Geschehen in der Hauptstadt. Die Seite veröffentlicht einen jährlichen Design Guide für Reykjavík und führt mehrere praktische Listen mit Designern (von Architekten bis zum Goldschmied) – eine tolle Ergänzung zum Shopping-Abschnitt im Reykjavík-Kapitel (S. 77). Touristen sind herzlich willkommen im Design Centre (leicht zu erkennen an den witzigen Cartoon-Briefmarken von Siggi Eggertsson an der Fassade), um sich über die Design-Attraktionen von Reykjavík zu informieren.

In den letzten Jahren wurde das **Designers and Farmers Project** (www.designersandfarmers.com/en) gegründet, um die im Land geernteten landwirtschaftlichen Produkte mit dem klaren und durchdachten Designs der Isländer zu vereinen. Der größte Erfolg des Projekts – ein leckerer *skyr*-Bonbon – wurde von Erpsstaðir (S. 165) geschaffen.

Brandon Presser

haben schon diverse internationale Preise abgeräumt. Abendfüllende Spielfilme sind seltener. Oft haben sie eine seltsam-düstere Thematik – grandios in Szene gesetzt vor dem Hintergrund der eindrucksvollen isländischen Naturkulisse.

Die aktuellsten isländischen Spielfilme, Dokumentationen und Trickfilme werden auf der Website www.icelandicfilmcenter.is aufgeführt.

1992 nahm die Filmwelt erstmals von Island Notiz, als *Kinder der Natur* (1991) als bester ausländischer Film für den Oscar nominiert wurde. Ein altes Paar flieht darin aus einem Altenheim in Reykjavík aufs Land. Der Regisseur des Films, Friðrik Þór Friðriksson, hat in isländischen Filmkreisen Legendenstatus, obwohl definitiv nicht alle seine Filme Meisterwerke sind. *Cold Fever* (1994), *Engel des Universums* (2000) und *The Sunshine Boy* (2009) zählen zu den sehenswerten.

Wenn *ein* isländischer Film Reykjavík ins Rampenlicht der Filmwelt gerückt hat, dann ist es *101 Reykjavík* (2000) unter der Regie von Baltasar Kormákur nach dem Roman von Hallgrímur Helgason: eine schwarze Komödie über Sex, Drogen und das Leben eines Faulenzers in der Reykjavíker City. In Kormákurs *Der Tote aus Nordermoor* (2006) spielt der immer sehenswerte Schauspieler Ingvar E. Sigurðsson Islands beliebtesten Detektiv, Kommissar Erlendur; die Krimiverfilmung lief bereits im deutschen Fernsehen.

Ein anderer isländischer Regisseur, der ebenfalls im Ausland erfolgreich ist, ist Dagur Kári; zu seinen Filmen zählen *Nói Albinói* (2003), die Geschichte eines rastlosen Teenagers in einem verschneiten Fjordstädtchen, und der englischsprachige Film *The Good Heart* (2009), der bei seiner Premiere beim Toronto International Film Festival 2009 mit stehenden Ovationen bedacht wurde. Interessant ist auch Hilmar Oddssons eindringlicher Film *Kaldaljós* (*Kaltes Licht*, 2004) mit der beeindruckenden schauspielerischen Leistung eines kleinen Jungen.

Islands traumhaft schöne, außerirdisch wirkende Kulisse und 20 % Produktionspreisnachlass für Filmemacher haben auch Hollywoodregisseure geködert. So mancher Blockbuster ist teilweise vor isländischem

Hintergrund gedreht: *Tomb Raider* (2001), *Stirb an einem anderen Tag* (2002), *Batman Begins* (2005) sowie *Flags of Our Fathers* (2006), *Stardust* (2007) und *Reise zum Mittelpunkt der Erde* (2008), *Prometheus – Dunkle Zeichen* (2012), *Oblivion* (2013), *Star Trek: Into Darkness* (2013) und die Fernsehserie *Games of Thrones*.

Malerei & Bildhauerei

Die erfolgreichsten isländischen Künstler haben im Ausland studiert (in Kopenhagen, London, Oslo oder anderswo in Europa), ehe sie nach Hause zurückkehrten und sich mit der rätselhaften Nationalseele auseinandersetzten. Das Ergebnis ist ein europäisch beeinflusster Stil mit isländischen Landschaften und von den Sagas inspirierten Szenen als Schlüsselsujets.

Der erste große isländische Landschaftsmaler war der äußerst produktive Ásgrímur Jónsson (1876–1958), der eine erstaunliche Vielzahl von impressionistischen Öl- und Aquarellgemälden schuf, auf denen isländische Landschaften und Volksmärchen dargestellt waren. Seine Werke sind in der Nationalgalerie in Reykjavík ausgestellt.

Ein Schüler von Ásgrímur war der berühmte Jóhannes Kjarval (1885–1972), der im entlegenen ostisländischen Borgarfjörður Eystri aufwuchs. Seine ersten Auftragsarbeiten waren Zeichnungen von Bauernhöfen für Auswanderungswillige, doch am berühmtesten sind seine frühen Kohleskizzen von Dorfbewohnern und seine surrealen Landschaften.

Der berühmteste zeitgenössische Künstler ist wahrscheinlich die Pop-Art-Ikone Erró (Guðmundur Guðmundsson), der sein gesamtes Werk dem Kunstmuseum Hafnarhúsið in Reykjavík gestiftet hat.

Auch die Bildhauerei ist in Island gut vertreten. Viele Werke zieren Parks, Gärten und Galerien im ganzen Land. Die bekanntesten Bildhauer besitzen ihnen eigens gewidmete Museen in Reykjavík. Die sehenswertesten Künstler sind: Einar Jónsson (1874–1954), dessen mystische Werke sich mit Tod und Auferstehung befassen, Ásmundur Sveinsson (1893–1982), der vor allem Island, seine Geschichten und sein Volk feiert, und Sigurjón Ólafsson (1908–92), der vorrangig Büsten entwarf, aber auch mit abstrakten Formen experimentierte.

Der dänisch-isländische Künstler Olafur Eliasson (geb. 1967) schaffte kraftvolle Installationen, wie *The Weather Projekt* (2003) für die Tate Modern in London und *The New York City Waterfalls* (2008) im Hafen von New York. Er hat auch die atemberaubende Fassade der neuen Konzerthalle Harpa (2011) entworfen.

Isländische Lebensart

Isländer sind ungewöhnliche Menschen. Jahrhunderte der Isolation und ein entbehrungsreiches Leben haben ihre Spuren in der kleinen und homogenen isländischen Bevölkerung hinterlassen. Die 320 000 Seelen des Landes reagieren auf die Herausforderungen des Lebens mit einer überzeugenden Mischung aus Mut, Aufrichtigkeit und Kreativität, gewürzt mit einem schwarzen, kühlen Humor. Das Versagen der Politiker, 2008 die Finanzkrise zu verhindern, löste überall im Land mächtige Wut aus. Und es scheint typisch isländisch zu sein, daraufhin einen Comedian zum neuen Bürgermeister von Reykjavík zu wählen.

Mentalität

Isländer gelten als zähe, urige Naturburschen. In den ländlichen Gebieten leben tatsächlich immer noch die meisten vom Fischfang oder von der Landwirtschaft. Wie es sich für ein Volk gehört, das auf einer entlegenen Insel unter kargen Bedingungen lebt, sind die Isländer eigenwillige Individualisten, die sich nur ungern reinreden lassen. Die aktuelle Walfangdebatte ist dafür das beste Beispiel. Obwohl es den meisten Isländern nicht mal im Traum einfallen würde, Walfleisch zu essen, befürwortet die große Mehrheit die Jagd – ein stiller Protest gegen die missbilligende Haltung der Außenwelt.

Aber diese unerschütterlichen äußeren Bedingungen verbergen häufig eine verträumte innere Welt. Island besaß schon immer eine reiche Kultur, eine unglaublich hohe Alphabetisierungsrate und eine echte Leidenschaft für alles Künstlerische. Dies gilt für das ganze Land, macht sich aber vor allem in Reykjavíks Zentrum bemerkbar. Obwohl die jungen Isländer mit einer gehörigen Portion Fatalismus durchs Leben zu gehen scheinen, reicht es oft schon, sie auf ein Thema anzusprechen, das sie begeistert, und ihre positive Grundhaltung und Erfindungsgabe kommen zum Vorschein. Die meisten jungen Bewohner des Landes spielen in irgendeiner Band, betätigen sich künstlerisch oder schreiben Gedichte oder Prosa. Sie platzen geradezu vor kreativen Impulsen.

Diese schwungvolle Wer-nicht-wagt-der-nicht-gewinnt-Mentalität war während des Finanzkollapses stark strapaziert. Suppenküchen sprossen aus dem Boden von Reykjavík und Tausende junge Menschen verließen Island, um ihr Glück in Norwegen zu versuchen. Aber Isländer haben die Widerstandskraft in ihrer DNA. Innerhalb weniger Jahre sind die Auswanderungsraten wieder zurückgegangen und man kann spüren, wie die Zuversicht sich wieder überall in der Hauptstadt breit macht. Das Land gewinnt den Glauben an das alte Sprichwort *Þetta reddast* (sinngemäß übersetzt: „Das wird schon schiefgehen“) wieder zurück.

Auch wenn das isländische Selbstbewusstsein in letzter Zeit vielleicht einen kleinen Knacks bekommen hat, bleiben die Isländer doch in sich ruhende, aufrechte Patrioten. Es ist kein Zufall, dass Icelandair seinen

Die Online-Ausgabe der *Iceland Review* (www.icelandreview.com) liefert täglich einen Überblick über aktuelle Nachrichten und Kulturereignissen. Das gleichnamige vierteljährlich erscheinende Hochglanzmagazin präsentiert unterhaltsame, leicht verdauliche Artikel über Leute, Kultur, Geschichte und Natur Islands.

Es ist offiziell! Island ist das friedlichste Land der Welt – dem Global Peace Index 2012 zufolge. Der Index berechnet sich aus Faktoren wie Kriminalitätsrate, politischer Stabilität und dem Anteil der in Haft sitzenden Bevölkerung.

Passagieren bei der Landung in Keflavík ein leidenschaftliches „Willkommen zu Hause" entgegenschmettert! Isländer, die international erfolgreich sind, werden still gefeiert: im Ruhm von Berühmtheiten wie Björk und Sigur Rós strahlt auch ihre Heimat mit.

Stadtgrundrisse, der ehemalige US-Militärstützpunkt, populäre TV-Sendungen wie *Desperate Housewives* und *American Idol* sowie die Allgegenwärtigkeit von Hotdogs und Coca Cola zeugen von einem ausgeprägten amerikanischen Einfluss. Noch wichtiger sind den Isländern jedoch ihre Beziehungen zu den anderen skandinavischen Ländern.

Obwohl sie dem kühlen und ruhigen Stereotyp der Nordländer zu entsprechen scheinen, sind sie ausgesprochen neugierig auf Besucher und brennen darauf, zu erfahren, was die Leute von auswärts über sie denken. „How do you like Iceland?" – mit dieser Frage werden Besucher oft gleich zu Anfang bombardiert. Und am Freitag- und Samstagabend findet eine unglaubliche Verwandlung statt, wenn alle Hemmungen über Bord geworfen werden und die Gespräche genauso munter sprudeln wie der Alkohol.

Bis 1988 hatte Island nur einen staatlichen Fernsehsender. Donnerstags war Sendepause, damit die Bürger stattdessen einem vernünftigeren Zeitvertreib nachgehen konnten. Es wird erzählt, dass vor 1988 die meisten Kinder an einem Donnerstag gezeugt wurden …

TV

Arbeite hart und habe Spaß

Im letzten Jahrhundert hat sich der isländische Lebensstil von isolierten Familienverbänden, die auf verstreut liegenden Höfen und in Küstendörfern lebten, hin zu einer eher städtischen Gesellschaft entwickelt. Die meisten Leute wohnen inzwischen im Südwestzipfel der Insel rund um Reykjavík. Trotz der dadurch bedingten stärkeren Außenorientierung wird Familie in Island noch immer großgeschrieben. Allerdings sind junge Leute, die auf dem Land aufwachsen, heute eher bereit, für Studium und Beruf nach Reykjavík zu gehen.

Die Isländer arbeiten hart – das Renteneintrittsalter liegt bei 70 – und sie genossen am Ende des 20. und zu Beginn des 21. Jhs. einen hohen Lebensstandard. Doch der gesellschaftliche Druck und das Bedürfnis, mit all den anderen Jónssons und Jónsdóttirs Schritt zu halten, hatte einen hohen Preis: Jahrzehntelang nahmen junge Isländer direkt nach dem Uniabschluss Kredite auf, um sich ein Haus oder einen Geländewagen leisten zu können, sodass sie den Rest ihres Lebens ihre Kredite abbezahlten. Als 2008 die weltweite Finanzkrise einsetzte und die gigan-

WAS DER NAME AUSSAGT

Isländische Namen sind eine Kombination aus eigenem Vornamen und Vornamen des Vaters (seltener auch der Mutter). Bei Mädchen wird an den Namen des Vaters der Zusatz *dóttir* (Tochter) angehängt, bei Jungen *son* (Sohn). Jón, der Sohn von Einar, hieße also Jón Einarsson. Guðrún, die Tochter von Einar, hieße Guðrún Einarsdóttir.

Weil die isländischen Nachnamen nur darüber Auskunft geben, wie der Vater heißt, halten sich die Isländer nicht mit formalen Anreden wie „Herr Einarsson" oder „Frau Einarsdóttir" auf. Stattdessen werden auch Fremde grundsätzlich mit Vornamen angesprochen. Das sorgt für wunderbar demokratische Verhältnisse: Sogar Staatspräsidenten oder Kriminalhauptkommissare werden hier mit „Horst" oder „Peter" begrüßt!

Nur 10 % der Isländer haben richtige Familiennamen, die meisten stammen aus der Zeit der ersten Besiedlung. Sie werden aber nur selten gebraucht. Um das System weiter zu vereinheitlichen, untersagt die Regierung ihren Bürgern per Gesetz, neue Familiennamen oder den Namen des Ehepartners anzunehmen.

In puncto Vornamensgebung gibt es in Island wie hierzulande eine offizielle Liste mit zugelassenen Vornamen. Namen, die nicht auf dieser Liste stehen, müssen erst von der isländischen Namensbehörde genehmigt werden. Deshalb muss hier auch niemand als Lourdes, April oder Pumuckl herumlaufen! Bei der Namensgebung für Neugeborene sind die Leute abergläubisch: Der Name des Babys wird erst zur Taufe bekannt gegeben. Diese findet manchmal erst einige Monate nach der Geburt statt.

AHNEN- & GENFORSCHUNG AUF ISLÄNDISCH

Biotechnologieforschung wird ganz großgeschrieben in Island – unter anderem dank Ari dem Gelehrten, einem Historiker aus dem 12. Jh. Seine *Landnámabók* und *Íslendigabok* ermöglichen, dass die Isländer ihre Familienstammbäume bis ins 9. Jh. zurückverfolgen können. 1996 erkannte der Neurowissenschaftler Dr. Kári Stefánsson, dass sich dieses genealogische Material mit der ungewöhnlich homogenen Bevölkerung Islands zu etwas Einzigartigem – einem landesweiten Genforschungslabor – zusammenfügen ließe.

Sehr umstritten war 1998 der Beschluss der isländischen Regierung, eine Datenbank mit allen genealogischen, genetischen und medizinischen Daten der Isländer zu schaffen. Noch umstrittener war die Entscheidung im Jahr 2000, Káris Biotechfirma deCODE die Zugriffsrechte darauf zu übertragen.

Diese Entscheidung entfachte in der isländischen Öffentlichkeit einen Sturm der Entrüstung und weltweit Diskussionen über die menschenrechtlichen und medizinethischen Folgen. Sollte eine Regierung die medizinischen Daten ihrer Bürger verkaufen dürfen? Ist es zulässig, dass ein Privatunternehmen diese Daten zu kommerziellen Zwecken nutzt?

Während der Streit immer weiter hochkochte, fing die Biotechfirma mit der Arbeit an und verwendete die Datenbank zum Aufspüren von Erbkrankheiten und den dafür verantwortlichen Genen. 2004 wurde die Datenbank für verfassungswidrig erklärt und deCODE ging 2010 in Konkurs. Bis dahin war es der Firma aber gelungen, 15 Gene zu isolieren, die mit Herzinfarkt, Schlaganfall und Asthma in Verbindung gebracht werden konnten. Unter neuem Management hat deCODE mittlerweile wieder begonnen, die Geheimnisse des menschlichen Genoms weiter zu enträtseln. 2012 wurde ein Gen entdeckt, das Menschen vor Gehirnschäden schützt und Aufschluss über die Voraussetzungen von z. B. Alzheimer geben kann.

tische Staatsverschuldung plötzlich zurückgezahlt werden musste, fragten sich viele, wie Island jemals wieder aus dem wirtschaftlichen schwarzen Loch herauskommen sollte. Aber mit ihren typischen Eigenschaften Mut, Widerstandskraft, Anpassungsfähigkeit und Kreativität ziehen die Isländer ihr Land erfolgreich aus dem Unglück heraus.

Das Gegengewicht zur isländischen Arbeitswut bildet ein ausgeprägter Hang zu Freizeitaktivitäten. Die Saufgelage, die in Reykjavík an Freitag- und Samstagabenden stattfinden, sind ein Beispiel für die wahnsinnige Amüsierwut. Das Gleiche gilt für die unzähligen Sommerhäuser am Goldenen Kreis, aber auch für die vielen Schwimmbäder, die einen sozialen Mittelpunkt des isländischen Lebens darstellen.

Frauen in Island

Das amerikanische Magazin *Newsweek* führte Island 2011 als das Land an, in dem es sich als Frau am besten lebt – gemessen daran, wie es Frauen in den Bereiche Justiz, Gesundheit, Bildung, Wirtschaft und Politik erging.

Island hat weltweit eine der höchsten Lebenserwartungen – 79,5 Jahre bei Männern, 83,5 Jahre bei Frauen.

Die Wikingersiedlungen in Island erforderten ganz klar Charakterstärke und die Sagas sind voll von resoluten Frauen (z. B. Hallgerður Höskuldsdóttir, die sich weigert, das Leben ihres Ehemannes zu retten, wegen eines Schlags, den er ihr Jahre vorher verpasst hatte). Frauen und Männer kämpften sich hier gleichermaßen durch die lange und dunkle Geschichte Islands; die moderne Geschlechtergerechtigkeit ist ein eher junges Phänomen.

Frauen erhielten 1919 das vollständige Wahlrecht, aber erst als die Proteste der Frauenbewegung die Insel in den 1970er-Jahren erreichten, veränderten sich die Einstellungen. Besonders machtvoll war der Generalstreik der Frauen am 24. Oktober 1975: als 90 % der isländischen Frauen der Arbeit fernblieben und die Mütter die Kinder bei ihren Männern ließen, hörte das Land auf zu funktionieren.

ISLAND ÜBERNATÜRLICH: GEISTER, TROLLE & VERBORGENE WESEN

Wer die Lavafelder, gespenstischen Naturformationen und abgelegenen Höfe in der isländischen Landschaft gesehen hat, wundert sich kaum mehr über den Volksglauben der Isländer, dass ihr Land von *huldufólk* (verborgenen Wesen) und Geistern bewohnt ist.

Auf den Lavafeldern leben *jarðdvergar* (Gnome), *álfar* (Elfen), *ljósálfar* (Feen), *dvergar* (Zwerge), *ljúflingar* (wörtlich „Lieblinge", eine Elfenart), *tívar* (Berggeister) und *englar* (Engel). Ihre Geschichten werden von Generation zu Generation weitererzählt und viele moderne Isländer behaupten, schon einmal einen Geist gesehen zu haben – oder wenigstens jemanden zu kennen, der einen gesehen hat.

Wie in Irland erzählt man sich auch hier Geschichten von Bauvorhaben, die scheiterten, als die Arbeiter versuchten, Straßen durch die Behausungen verborgener Wesen zu bauen. Plötzlich spielte das Wetter verrückt, Maschinen fielen aus oder Arbeiter wurden krank. 2011 traf es Tunnelarbeiten in Bolungarvík. Also taten sich zwei Baufirmen mit örtlichen Sehern zusammen und entschuldigten sich beim Feenvolk im Berg. Selbst Politiker zeigen Respekt: Der Abgeordnete Árni Johnson brachte 2012 einen 30 t schweren Fels in seinen Garten, um den übernatürlichen Mitbewohnern dafür zu danken, dass sie sein Leben retteten, als er einen Autounfall hatte.

Isländische Geister sind ausgesprochen körperhaft und keine wabernden Schattenwesen wie anderswo in Europa. Írafells-Móri (Die Begriffe *móri* und *skotta* werden für männliche bzw. weibliche Geister verwendet) braucht z. B. abends immer noch eine Spätmahlzeit und eines der berühmtesten Spukwesen des Landes, Sels-Móri, wurde seekrank, als er auf einem Schiff eingesperrt war. Ungewöhnlich ist auch, dass sich zwei Geister, die im selben Gebiet ihr Unwesen treiben, miteinander verbünden, um für noch mehr Unheil zu sorgen. Außerdem können isländische Geister altern – eine besonders traurige *skotta* beklagte einmal, sie sei inzwischen so gebrechlich, dass sie auf Knien kriechen müsse.

Bizarren Lavaformationen und Felsen überall im Land wird häufig nachgesagt, sie seien Trolle, die vom Sonnenaufgang überrascht und für immer versteinert wurden. Lebendige Trolle werden eher selten gesichtet – sie sind vor allem Stoff für Kindergeschichten.

Noch eine Warnung: Viele Isländer haben die Nase gestrichen voll davon, nach ihrem Glauben an übernatürliche Wesen gefragt zu werden. Das ständige „Ach, wie süß, die Isländer glauben ja an Gespenster!" verletzt ihren Stolz. Deshalb würden auch durchaus abergläubische Leute dies Fremden gegenüber nie zugeben!

1980 war Island das erste Land, das eine Frau an die Staatsspitze wählte – die überall beliebte Vigdís Finnbogadóttir. 2009 übernahm mit Jóhanna Sigurðardóttir die erste offen lesbisch lebende Frau die Regierungsgeschäfte; die Hälfte ihrer Regierung besteht aus Frauen.

Ein hervorragendes Sozialsystem sorgt dafür, dass sich alleinerziehende Isländerinnen keine Gedanken darüber machen müssen, wie sie finanziell über die Runden kommen: die Kinderbetreuung ist erschwinglich und Alleinerziehende werden hier nicht stigmatisiert. Das Land ist kein Paradies – sexuelle Gewalt und Lohnunterschiede sind noch immer ein Thema –, aber isländische Frauen sind gut ausgebildet und unabhängig. Sie haben die gleichen Möglichkeiten wie isländische Männer und sie haben eine Regierung, die sich für ihre Interessen einsetzt.

Sportsgeist

Fußball ist eine nationale Leidenschaft, sowohl für Zuschauer als auch für Aktive. Auch wenn die isländische Nationalmannschaft nicht gerade viele ihrer internationalen Begegnungen gewinnen kann, haben es einige isländische Fußballer in europäische Spitzenvereine geschafft. Das größte Stadion des Landes ist das 14 000 Zuschauer fassende Laugardalsvöllur-Stadion in Reykjavík.

Auch Handball ist eine besonders beliebte Mannschaftssportart. Island gewann bei den Olympischen Spielen in Peking die Silbermedaille – 85 % der Isländer verfolgten das Finale live am Fernseher. Der Mannschaftskapitän Ólafur Stefánsson ist für viele junge Isländer ein Held und wurde viermal zum Sportler des Jahres gewählt. Wer sich ein Handballspiel ansehen möchte, hat in den Sporthallen überall im Land gute Chancen, vor allem aber in Reykjavík, Hafnarfjörður und Akureyri.

Islands traditionellster Sport ist *glíma* (isländisches Ringen), ein einzigartiger Nationalsport, dessen Geschichte bis in die Zeit der Besiedlung durch die Wikinger im 9. Jh. zurückreicht. Die Isländer betreiben diesen Sport noch immer, auch wenn Wettkämpfe heutzutage nicht mehr so häufig anzutreffen sind. Vorführungen sind häufiger bei traditionellen Festen zu erleben.

Obwohl Isländisch von allen lebenden Sprachen dem Wikinger-Idiom am nächsten kommt, ist Island von allen nordischen Staaten am wenigsten rein skandinavisch. DNA-Studien haben gezeigt, dass ein Großteil des isländischen Erbguts keltischen Ursprungs ist, was darauf hindeutet, dass viele Wikingersiedler mit ihren britischen und irischen Sklaven Kinder gezeugt haben.

Religion

Nordische Mythologie

Zur Zeit der Besiedlung Islands war Ásatrú die herrschende Religion, wörtlich bedeutet Ásatrú „Glaube an die Asen (die altnordischen Götter)". Óðinn, Þór (Thor) und Freyr waren das führende Dreigestirn, dem ganz Skandinavien huldigte. Óðinn, der höchstrangigste Gott, ist der Gott des Krieges und der Dichtkunst und eine düstere, Ehrfurcht gebietende Erscheinung. Þór ist der Gott, der in Island am meisten verehrt wird (isländische Namen wie Þórir, Þórdís und Þóra sind noch immer sehr beliebt). Der stämmige, rothaarige Gott der einfachen Leute herrscht über Donner, Wind, Sturm und Naturkatastrophen. Für die Bauern und Fischer war es deshalb immer von entscheidender Bedeutung, ihn gnädig zu stimmen. Freyr und seine Zwillingsschwester Freyja gelten als Götter der Fruchtbarkeit und Sexualität. Freyr bringt Mensch und Tier den Frühling – mit allem, was an romantischem Firlefanz dazugehört – und ist für die Arterhaltung zuständig.

Vor über 1000 Jahren konvertierten die Isländer zum Christentum, aber die alten Götter sind geblieben. Die moderne Ausprägung des Ásatrú entwickelte sich in den 1970er-Jahren fast gleichzeitig in Island, den USA und Großbritannien. Dem Bauerndichter und Hohepriester Sveinbjörn Beinteinsson gelang sogar das Kunststück, den Íslenska Ásatrúarfélagið (www.asatru.is) 1973 von der isländischen Regierung anerkennen zu lassen.

Die wichtigsten Rituale des Ásatrú sind *blót* (Opfer) und *sumbel* (Trinkspruch). Heutzutage bestehen die Opfergaben zur Winter- und Sommersonnenwende, zum Winter- und Sommeranfang, sowie an Þorrablót (Kasten S. 352) aus Trankopfern mit Met, Bier oder Apfelwein. *Sumbel* ist ein ritualisierter, dreiteiliger Trinkspruch: Der erste wird auf den Gott Óðinn ausgesprochen (es empfiehlt sich, auch ein paar Tropfen für den trickreichen Loki zu vergießen, um böse Überraschungen zu vermeiden), die zweite Runde geht an die Ahnen und ehrbaren Toten und in der dritten kann beliebig geehrt werden, wer einem in den Sinn kommt.

In Island ist es besonders wichtig, dass sich die Besucher von Schwimmbädern gründlich ohne Badekleidung duschen, bevor sie ins Becken hüpfen, denn das hiesige Badewasser enthält keine chemischen Reinigungszusätze. Die sonst so entspannten Isländer können es auf den Tod nicht ausstehen, wenn man sich daran nicht hält.

Während die Mitgliederzahlen der anderen Religionen relativ konstant sind, wächst der Ásatrúarfélagið. Inzwischen hat die Gemeinde 1951 eingetragene Mitglieder und acht Priester (von denen fünf auch Eheschließungen vornehmen können) und bildet damit die größte nichtchristliche Religionsgemeinschaft Islands.

Christentum

Traditionell wird das Datum des Erlasses, durch den Island offiziell zum Christentum konvertierte, mit dem Jahr 1000 angegeben. Forschungen haben jedoch ergeben, dass er wohl schon 999 in Kraft trat. Schon länger bekannt ist, dass der Wechsel der Religionszugehörigkeit eine politische

Entscheidung war. Im isländischen Alþing (Nationalversammlung) spalteten sich Christen und Heiden in zwei radikale Lager und drohten, das Land zu entzweien. Þorgeir, der *lögsögumaður* (Gesetzessprecher), bat um Mäßigung auf beiden Seiten. Schließlich kamen alle überein, dass das Christentum offiziell zur neuen Religion erklärt werden sollte, die Heiden aber weiterhin privat ihre Rituale abhalten dürften.

Heute gehören die meisten Isländer (etwa 77 %), ähnlich wie die Festlandskandinavier, der Evangelisch-lutherischen Kirche an.

Isländische Küche

Lange Zeit war die Bevölkerung im abgelegenen Island bettelarm. Die Bauern und Fischer hatten es nicht leicht: Der spärliche Boden und die ungünstigen Wetterverhältnisse bedeuteten kümmerliche Ernten. Schafe, Fische, Seevögel und deren Eier bestimmten den Speiseplan. Alle Körperteile eines Tieres wurden gegessen: frisch oder haltbar gemacht durch Trocknen, Einsalzen, Räuchern, Einlegen in Molke oder sogar – wie bei Haifischen – durch Verbuddeln in der Erde.

Die Grundnahrungsmittel sind bis heute weitgehend gleich geblieben: Fisch, Meeresfrüchte, Lamm, Brot und einfache Gemüsesorten bilden die Basis der landestypischen Küche. Die Zubereitung jedoch hat sich in den letzten 25 Jahren stark verändert. Mittlerweile setzen die Isländer alles daran, die traditionellen Zutaten so schmackhaft und phantasievoll wie möglich aufzutischen, und haben sich kulinarische Kunstgriffe aus den berühmten Küchen dieser Welt abgeschaut. Die starke Slow Food-Bewegung fordert, landeseigene Produkte Importen vorzuziehen und die Restaurants setzen selbstbewusst und stolz regionale Spezialitäten auf die Karte.

Essengehen ist hier zweifellos ein teures Vergnügen, aber es lohnt sich, etwas mehr auszugeben und in dem einen oder anderen Spitzenrestaurant zu speisen. Wer sich das absolut nicht leisten mag oder kann, wird sich wohl mit Pommes frites, Hotdogs, Hamburgern und Pizza begnügen müssen.

Foodies lassen sich vielleicht dazu verlocken, die von Saga Travel (www.sagatravel.is) angebotene gastronomische Tour zu buchen, bei der Kostproben von Miesmuscheln, Rind- und Lammfleisch, Bier und Eiscreme von einheimischen Produzenten auf der Insel Hrísey (bei Akureyri) angeboten werden.

Typisches & Spezialitäten

Fisch & Meeresfrüchte

„Die Hälfte unseres Landes ist Meer" sagt ein altes isländisches Sprichwort. Fisch war schon immer das wichtigste Standbein der isländischen Küche. Was in Restaurants oder auf Märkten angeboten wird, ist immer fangfrische Ware, die dann gekocht, gebraten, gebacken oder gegrillt auf den Tisch kommt.

Früher aßen die Isländer nur die als Delikatessen geltenden Bäckchen und die Zunge des *þorskur* (Kabeljau), der Rest wurde exportiert. Mittlerweile stehen aber auch Kabeljaufilets auf der Karte, außerdem *ýsa* (Schellfisch), *bleikja* (Seesaibling) und der beliebte, in der Konsistenz fleischähnliche *skötuselur* (Seeteufel). Außerdem gibt's oft *lúða* (Heilbutt), *steinbítur* (Seewolf), *sandhverfa* (Steinbutt; kein einheimischer Fisch), *síld* (Hering), *skarkoli* (Scholle) und *skata* (Rochen). Im Sommer werden *silungur* (Bachforelle) und *lax* (Lachs) angeboten. Wildlachs heißt *villtur lax*, Zuchtlachs *eldislax*.

Salzfisch (luftgetrocknete, gesalzene Kabeljaufilets) war für die Isländer so wichtig, dass er früher mitten auf der Landesflagge prangte.

Harðfiskur ist ein beliebter Snack, der mit Butter gegessen und in Supermärkten und an Marktständen zu haben ist. Dahinter verbirgt sich in Streifen geschnittener Schellfisch, der ausgenommen und so lange an der Luft getrocknet wird, bis er gedörrt und mürbe ist.

Auch Krabben, Austern und Muscheln werden in isländischen Gewässern gefangen – Muscheln sind zu Beginn und am Ende des Sommers am besten. Der *leturhumar* ist ein echter Leckerbissen. Die Isländer bezeichnen ihn zwar als „Hummer", aber andernorts sind diese Tiere als Kaisergranat bekannt. Besonders beliebt sind die aus Höfn in Südostisland. Dort gibt's sogar jedes Jahr ein Hummerfest.

Fleisch

Isländisches Lamm ist schwer zu toppen. Im Sommer streifen die Schafe durch Berge und Täler, wo ihnen kein Weidezaun in die Quere kommt, und fressen garantiert chemiefreies Gras. Im September werden sie beim *réttir* zusammengetrieben und überwintern in Ställen. Ergebnis dieses luxuriösen Lebens ist ein unglaublich zartes Lammfleisch mit leichtem Wildaroma. In den meisten Restaurants stehen Lammfilet, Lammkotelett und geräuchertes Lamm auf der Karte.

Auch Rind schmeckt ausgezeichnet, ist aber seltener und daher teurer. Pferdefleisch hat ebenfalls seine Liebhaber und gilt als Delikatesse. Auf Speisekarten kann durchaus auch Fohlenfilet auftauchen.

Das ostisländische Hochland ist das Revier der Rentiere, die dort als Steaks auf dem Teller landen. Die Rentiersaison dauert von Ende Juli bis weit in den September hinein.

Vögel bereichern seit jeher den isländischen Speisezettel. Sehr beliebt ist *lundi* (Papageitaucher), der meist geräuchert oder gekocht (erinnert an Leber) serviert wird. Allerdings wird dieser Leckerbissen aufgrund des besorgniserregenden Rückgangs der Bestände immer seltener. *Svartfugl,* ein weiterer Seevogel, wird auf englischsprachigen Speisekarten oft mit „blackbird" (Amsel) übersetzt; tatsächlich handelt es sich dabei aber um Trottellumme *(langvía)*. Spitzenrestaurants, die auf saisonale Zutaten Wert legen, bieten im Herbst oft saftig gebratene *heiðagæs* (Kleine Rietgans) an.

Wo gibt's frische(n/s)

» **Kaisergranat** Höfn

» **Tomaten** Flúðir

» **Rentierfleisch** Ostfjorde

» **Lavabrot** Mývatn

» **Muscheln** Stykkishólmur und Hrísey

» **Fohlen** Skagafjörður

Süßigkeiten & Desserts

Ein absolutes Muss ist *skyr*, eine joghurtähnliche Leckerei aus pasteurisierter Magermilch. Trotz des sahnigen Geschmacks enthält sie wenig Fett und wird durch die Zugabe von Zucker, Früchten (vor allem Blau-

HIER KOMMT ALLES AUF DEN TISCH!

Wer einen Teller mit einem althergebrachten isländischen Gericht betrachtet, muss damit rechnen, dass es zurückstarrt. Früher wurde nämlich nichts weggeworfen und manche traditionellen Spezialitäten erinnern eher an Requisiten für einen Horrorfilm als an Lebensmittel. Zum Glück sind sie auf den Speisekarten kaum zu finden – sie werden meist nur während des Mittwinterfests Þorrablót (in der 13. Winterwoche) gegessen.

» **Svið** – abgesengter, gekochter halber Schafskopf (mit Auge), manchmal eingelegt

» **Sviðasulta** (Schafskopfsülze) – Stücke von *svið*, in glibberige Laibe gepresst und in Molke eingelegt

» **Slátur** – gekochter Schafsmagen, gefüllt mit einem Mischmasch aus Gedärmen, Leber und Fett (ähnlich dem schottischen *haggis*)

» **Blóðmör** – ähnlich wie *slátur,* aber zusätzlich noch mit Blut und mit Roggenmehl eingedickt

» **Súrsaðir hrútspungar** – Widderhoden, in Molke eingelegt und zu einem Kuchen gepresst

» **Hákarl** – Islands berühmtestes Brechmittel besteht aus Grönlandhai, der so schwer verdaulich ist, dass er erst einmal sechs Monate lang in Erde eingebuddelt vergammeln muss. Die meisten Ausländer finden schon den Gestank (eine Mischung aus Ammoniak und verrotteter Tierleiche) unerträglich, aber das Zeug schmeckt besser, als es riecht. Der Nachgeschmack ist allerdings bestialisch; ein kräftiger Schluck *brennivín* (Schnaps) wird traditionell als Gegengift gereicht.

PREISE

Die in diesem Buch aufgeführten Lokale wurden in drei Preiskategorien unterteilt; ausschlaggebendes Kriterium war, was ein durchschnittliches Hauptgericht jeweils kostet.

€ Unter 1500 ISK (10 €)

€€ Von 1500–4000 ISK (10–25 €)

€€€ Über 4000 ISK (25 €)

beeren) und Rahm zu einer herrlich cremigen Köstlichkeit. Jeder Supermarkt hat *skyr* im Kühlregal (ein toller Snack für Kinder) und Restaurants bieten ihn als Dessert an.

Isländer mögen ihre *pönnukökur* (Pfannkuchen) dünn, süß und mit Zimt. *Kleinur* (Schmalzgebäck) und ihre würzigere Abart *ástarpungar* („Liebesbällchen") sind leckere, in Fett ausgebackene Krapfen. Bäckereien verkaufen diese und viele weitere köstliche Kalorienbomben – als süße Überbleibsel der dänischen Fremdherrschaft.

In jüngster Zeit hat sich Eiscreme aus heimischer Produktion zu einem echten Renner entwickelt. Die isländischen Milcherzeuger produzieren Unmengen davon und die Restaurants in ihrer Umgebung bringen es unter die Leute. Neben dem guten, alten Vanilleeis sind so bizarre neue Sorten wie Bier, Lakritze oder sogar *slátur* (mit Innereien gefüllter Schafsmagen) im Angebot.

Getränke

Alkoholfreies

Ein Leben ohne *kaffi* (Kaffee) ist in Island undenkbar. In jedem Café und jeder Tankstelle steht immer eine Kanne Filterkaffee auf dem Tresen bereit und in manchen Läden gibt's für Kunden eine Tasse gratis. Ein Kaffee kostet rund 300 ISK, aber meist ist mindestens einmal Nachschenken im Preis enthalten. Mittlerweile tauchen immer mehr trendige Cafés auf, die Espresso, Latte, Cappuccino, Mokka und andere Kaffeespezialitäten anbieten, selbst in den entlegensten Winkeln der Insel. Es gibt auch Tee, aber wer ein echter Fan davon ist, bringt sich seinen Vorrat besser mit. Die in den Supermärkten verbreitetste Marke ergibt nur eine schwache, trübe Brühe.

Und koffeinsüchtig sind sie wirklich, die Isländer. Sie können nämlich auch den weltweit höchsten Coca-Cola-Konsum pro Kopf vorweisen. Ebenfalls gern getrunken werden Egils Appelsín (eine Orangenlimonade) und Egils Malt Extrakt, ein sehr süßes, typisch isländisches Malzbier.

Flaschenwasser zu kaufen, ist in Island eigentlich ein Verbrechen, denn das Leitungswasser kommt hier normalerweise vom nächsten Gletscher und ist so rein wie sonst kaum irgendwo.

Alkoholisches

Manchen Isländern kommt es beim Alkohol weniger auf den Geschmack an – Hauptsache, er haut rein. Vor allem in Reykjavík heißt Ausgehen am Wochenende „Saufen bis zum Umfallen". Trotzdem war das Trinken unter der Woche bis vor Kurzem noch gesellschaftlich verpönt. Mittlerweile ist es nicht mehr ganz so selten, aber wer auf dem Land werktags ein Bier bestellt, muss damit rechnen, schief angesehen zu werden.

Das Mindestalter für den Kauf von Bier, Wein oder Spirituosen ist 20 Jahre. Alkohol gibt es nur in Kneipen und Restaurants mit Schanklizenz sowie in den Vínbúð, den staatlichen Spirituosengeschäften (www.vinbud.is). Davon gibt's landesweit rund 50 – eines in fast jedem größe-

BIER

Der Löwenanteil isländischen Biers stammt aus drei Großbrauereien. Wer sich für Nischenprodukte interessiert, sollte mal in der 2012 eröffneten, winzigen Micro Bar in Reykjavík vorbeischauen – dort läuft Gerstensaft aus Islands besten Mikrobrauereien aus dem Hahn, u. a. Gæðingur, Ölvisholt und Kaldi.

ren Ort und im Großraum Reykjavík ein rundes Dutzend. In der Regel haben sie montags bis donnerstags und samstags von 11 bis 18 Uhr und freitags von 11 bis 19 Uhr geöffnet (So geschl.). In kleinen Gemeinden öffnen die Schnapsläden nur ein oder zwei Stunden am Spätnachmittag. Freitags bilden sich dort gegen 17 Uhr oft lange Schlangen. Die Preise für eine Flasche Wein fangen bei 1200 ISK an, für Bier wird ein Drittel des Kneipenpreises verlangt.

Fast während des gesamten 20. Jahrhunderts war Bier in Island illegal. Einige Kneipen in Reykjavík peppten alkoholfreies Bier mit einem Schuss Wodka auf. Als selbst das 1985 verboten wurde, gingen die Isländer auf die Barrikaden und inszenierten von Grabgesängen begleitete symbolische Beerdigungen. Mit Erfolg: Seit dem 1. März 1989 darf endlich wieder Bier getrunken werden!

Tankstellen und Supermärkte verkaufen die verwässerte Light-Bier-Version namens Pilsner mit 2,2 % Alkohol – aber da verzichten die meisten Isländer lieber ganz.

Die drei größten Brauereien der Insel, Egils, Thule und Víking, brauen durchschnittliches helles Bier und Pils. Es gibt auch einige Importmarken wie Carlsberg und (in den Irish Pubs) Guinness. In Kneipen kostet ein Bier (½ l) 700 bis 800 ISK, eine Flasche Wein (Hausmarke) mindestens 3000 ISK.

Das traditionelle alkoholische Getränk der Isländer ist der *brennivín* (wörtlich: Branntwein), ein starker Schnaps aus Kartoffeln und Kümmel mit dem nicht gerade verheißungsvollen Beinamen *svarti dauði* (schwarzer Tod).

Wohin zum Essen & Trinken?

Restaurants

Die meisten der besseren Restaurants befinden sich in Reykjavík, aber in letzter Zeit schießen Gourmettempel auch außerhalb der Hauptstadt wie Pilze aus dem Boden. Die Preisunterschiede zwischen hervorragenden und durchschnittlichen Restaurants sind oft nicht sehr groß. Es lohnt

ESSEN AN FESTTAGEN

Februar ist der Monat der heidnisch anmutenden Rituale: In Islands steilsten Fjorden verschwindet die Sonne im November und zeigt sich erst wieder im folgenden Jahr. An dem Tag, an dem sie dann endlich auftaucht, trifft sich die Dorfbevölkerung, um bei Pfannkuchen und mit Kümmel gewürztem Kaffee *Sólarkaffi* (Sonnenkaffee) zu feiern. Das berühmt-berüchtigte Winterfest Þorrablót findet ebenfalls im Februar statt (Kasten S. 352).

An Ostern war es üblich, Getreidebrei zu essen, denn mehr gab der Geldbeutel nicht her. Diese Sitte ist etwas in Vergessenheit geraten, aber zwei ungewöhnliche Esstraditionen der Fastenzeit halten sich wacker: Am Bolludagur (Gebäcktag; Montag vor Aschermittwoch) stopfen sich die Isländer bis zum Abwinken mit Creme gefüllte Blätter- und Brandteigteilchen rein. Die Kids stehen ganz früh auf, um aus ihren Eltern die süßen Teilchen mit einem *bolluvöndur* (wörtlich „Gebäckschläger") herauszuklopfen. Der folgende Tag heißt Sprengidagur (Tag des Platzens; Dienstag vor Aschermittwoch), an dem sich alle bis zum Platzen mit *saltkjöt og baunir* (Salzfleisch und Spalterbsen) mästen.

Die Exzesse gehen noch weiter: Am Biertag (1. März), der eingeführt wurde, als Bier 1989 in Island endlich wieder legal wurde, lassen es die Bars und Kneipen Reykjavíks so richtig krachen.

Am 23. Dezember ist Þorláksmessa (St. Þorlákurs-Tag) und dem Schutzpatron der Insel wird die zweifelhafte Ehre zuteil, mit einem Festessen aus halb verwestem Rochenfleisch gefeiert zu werden.

Das Traditionsgericht an Weihnachten heißt *hangikjöt* (geräuchertes Lamm), das mit sauer eingelegtem Rotkohl und *flatkökur* (Chapati-ähnliches Fladenbrot oder auf einem Grill aufgebackener Pfannkuchen) serviert wird. Im November machen Traditionalisten Jagd auf das (unter Naturschutz stehende) *rjúpa* (Alpenschneehuhn), das dann ebenfalls auf der Weihnachtstafel prangt. Da die Jagd nur für den persönlichen Verzehr erlaubt ist, erscheint *rjúpa* auf keiner Restaurantkarte. Der gute alte *jólaglögg* – mit Wodka aufgepeppter Glühwein – wird ebenfalls gerne in der *yuletide* (Weihnachtszeit) gebechert.

ISLÄNDISCHE SNACKS

» **Skyr** Cremiges, an Joghurt erinnerndes Milchprodukt, manchmal mit Zucker und Beeren angereichert.

» **Hangikjöt** Abgehangenes Fleisch, meist geräuchertes Lamm, in dünnen Scheiben serviert.

» **Harðfiskur** Krümelige Stückchen von luftgetrocknetem Schellfisch, werden oft mit Butter gegessen.

» **Pýlsur** Isländischer Hotdog aus Lammfleisch, wahlweise garniert mit rohen oder frittierten Zwiebeln, Ketchup, Senf oder pikanter Remouladensauce (wer „ein með öllu" bestellt, bekommt einen mit allem).

» **Lakritze** Salzige wie auch mit Schokolade überzogene Lakritzespezialitäten füllen die Süßigkeitenregale der Supermärkte.

» **Hverabrauð** Kräftiges, dunkles Roggenbrot, das im Erdofen mit Erdwärme gebacken wird, schmeckt am besten am Mývatn.

sich also durchaus, ab und zu ein besseres Lokal zu besuchen. Auf dem Land gibt's meist nicht viel Auswahl – das einzige Restaurant im Ort ist fast immer das des lokalen Hotels (oder der Imbiss in der Tankstelle).

Die Speisekarten enthalten normalerweise mindestens ein Fischgericht, ein vegetarisches Gericht (ausnahmslos Pasta) und mehrere Fleischgerichte. Zahlreiche Restaurants bieten auch billigere Mahlzeiten für Zwischendurch wie Hamburger oder Pizza an. In Reykjavík und (etwas seltener) in Akureyri gibt's thailändische, japanische, italienische, mexikanische, indische, chinesische und andere ausländische Spezialitätenlokale.

Restaurants sind in der Regel täglich von 11.30 bis 14.30 und von 18 bis 22 Uhr geöffnet.

Die süßlich-scharfen Kümmelsamen würzen in Island nicht nur *brennivín*, sondern auch Käse, Kaffee und Roggenbrot. Nach der Blüte der Kümmelpflanze Mitte August machen viele Reykjavíker einen Ausflug zur Insel Viðey, um Kümmelsamen zu sammeln.

Cafés & Kneipen

Die vielen hippen Café-Kneipen in der Innenstadt Reykjavíks sind ideal, um gemütlich einen Kaffee zu schlürfen und dabei zu quatschen, Leute zu beobachten, Ansichtskarten zu schreiben oder mit dem Laptop die Zeit zu vertrödeln. Das Angebot dort reicht von einfachen Suppen und Sandwiches bis zu Fischgerichten und opulenten Hamburgern. In den letzten Jahren ist auf den Speisekarten der Cafés ein echter Trend zur Restaurantküche erkennbar, mit entsprechend höheren Preisen.

Die meisten Cafés in Reykjavík verwandeln sich abends (meist freitags und samstags) in turbulente Kneipen, wo plötzlich DJs auftauchen, Bier ausgeschenkt wird und ausgelassenes Partyvolk bis irgendwann zwischen 3 und 6 Uhr morgens tanzt, kreischt und herumtorkelt.

Würstchenbuden & Tankstellen

Isländer lieben Fastfood – wenn sich in Reykjavík irgendwo eine Schlange bildet, steht dort höchstwahrscheinlich eine Bude, die *pýlsur* (Hotdogs) verkauft. Viele große Tankstellen haben einen angeschlossenen Imbiss mit Cafeteria – meist günstig, gut und von Einheimischen belagert. Normalerweise gibt's Sandwiches und Fastfood von 11 bis 21 oder 22 Uhr und um die Mittagszeit manchmal auch herzhafte Tellergerichte wie Fleischsuppe, fangfrischen Fisch oder Lamm.

Maike Hannecks liebevoll zusammengestelltes *Island-Kochbuch* gewährt einen Einblick in die isländische Küche von damals und heute, mit über 70 Rezepten und Hintergrundinfos

Supermärkte & Bäckereien

Jede Stadt und jedes Dorf hat zumindest einen kleinen Supermarkt. Die teuersten sind die der Ketten 10-11 und 11-11. Bónus (leicht erkennbar an dem schrillen gelben Schild mit rosa Sparschweinchen) ist der isländische Billigsupermarkt. Weitere Ketten heißen Hagkaup, Krónan, Nóatún, Samkaup-Strax und Samkaup-Úrval. Die Öffnungszeiten sind sehr uneinheitlich. In Reykjavík sind die meisten Supermärkte täglich von 9 bis 23 Uhr geöffnet, außerhalb der Hauptstadt normalerweise nicht so lange.

Die isländischen Bäckereien *(bakari)* kann man gar nicht hoch genug in den Himmel loben. Es gibt sie in jedem Ort und in der Regel haben sie werktags von 7 oder 8 bis 17 Uhr geöffnet (manchmal auch samstags). Die *bakari* verkauft ein breites Sortiment an preiswertem, frischem Brot, Kleingebäck, Kuchen, Sandwiches und Kaffee, meist gibt's dort auch Tische und Stühle.

Die meisten Lebensmittel werden importiert und zu astronomischen Preisen angeboten – oft zwei- oder dreimal so hoch wie im restlichen Europa. Überraschend günstig sind qualitativ gute Fisch- (in der Dose oder geräuchert) und Milchprodukte. Etwas Obst und Gemüse kommt aus lokalem Anbau und ist frisch und aromatisch, während Importware meist schon ziemlich angegammelt aussieht, wenn sie in den Ladenregalen landet.

Vegetarier & Veganer

In Reykjavík haben Vegetarier keine Probleme: Mehrere ausgezeichnete Café-Restaurants in der Innenstadt servieren fleischfreie Biokost und in vielen Lokalen steht auch reichlich Vegetarisches auf der Karte. Im Rest des Landes haben die meisten Restaurants zumindest ein Angebot für Fleischverächter auf der Karte – leider fast ausnahmslos Pasta mit Käse und Tomatensauce oder Pizza, was auf die Dauer ziemlich langweilig werden kann. Veganer müssen sich selbst versorgen.

Für den unwahrscheinlichen Fall, dass mal niemand Deutsch oder Englisch versteht: *„Ég er grænmetisæta"* heißt „Ich bin Vegetarier" und *„Ég borða ekki kjöt"* heißt „Ich esse kein Fleisch".

Praktische Informationen

Allgemeine Informationen

Aktivitäten

Islands spektakuläre Landschaft, unberührte Natur und einzigartige Atmosphäre machen das Land zu einem erstklassigen Reiseziel für Outdoorfans, für weitere Informationen s. Abschnitt „Outdoor-Abenteuer" S. 32.

Botschaften & Konsulate

Aktuelle Informationen zu den Botschaften und Konsulaten in Island und Übersee können auf der Website des **isländischen Außenministeriums** (www.mfa.is, auf Englisch) abgerufen werden.

Deutschland (☎530 11 00; www.reykjavik.diplo.de; Laufásvegur 31)

Österreich (☎557 54 64; arni-siemsen@simnet.is; Orrahólar 5)

Schweiz (☎551 71 72; jvh@ruv.is; Laugavegi 13)

Essen

Informationen zum Essen und zu speziellen Gerichten gibt es im Kapitel Isländische Küche (S. 351).

» Übliche Öffnungszeiten für Cafés und Restaurants s. S. 362.

Feiertage

Die isländischen gesetzlichen Feiertage werden oft als Anlass für Familienzusammenkünfte genutzt. Wenn sie auf ein Wochenende fallen, ziehen die Isländer in Scharen aufs Land und gehen campen. Wer in den Ferienzeiten unterwegs ist, vor allem im August, sollte Campingplätze, Berghütten und Busfahrten weit im Voraus buchen.

Die meisten isländischen Hotels und Pensionen haben zwischen Weihnachten und Neujahr geschlossen.

Gesetzliche Feiertage in Island:

Neujahr 1. Januar

Ostern März oder April (Gründonnerstag und Karfreitag bis Ostermontag, jährlich wechselnd)

Erster Sommertag Erster Donnerstag nach dem 18. April

Tag der Arbeit 1. Mai

Himmelfahrt Mai oder Juni (jährlich wechselnd)

Pfingsten Mai oder Juni (jährlich wechselnd)

Nationalfeiertag 17. Juni

Handelsfeiertag 1. Montag im August

Weihnachten 24.–26. Dezember

Sylvester 31. Dezember

Schulferien

» Die Sommerferien dauern von Juni bis August. In dieser Zeit sind die meisten Edda- und Sommerhotels geöffnet.

» Am Ende des Schuljahres und zum Schulbeginn finden große Schüler- und Studentenpartys statt, sodass beliebte Campingplätze zu dieser Zeit komplett ausgebucht sein können.

» Die Schulferien im Winter dauern zwei bis drei Wochen über die Weihnachtszeit (Dez.–Jan.).

Freiwilligenarbeit

Freiwilligenarbeit im Ausland ist eine gute (und relativ günstige) Möglichkeit, Land und Leute kennenzulernen.

Volunteer Abroad (www.volunteerabroad.com) gibt einen Überblick über mögliche Projekte in Island. Viele der aufgeführten Projekte fallen in die Zuständigkeit der isländischen Umweltbehörde (Umhverfisstofnun), werden aber von verschiedenen internationalen Freiwilligenorganisationen vermittelt.

Umhverfisstofnun (UST; www.ust.is/the-environment-agency-of-iceland/volunteers/) Die isländische Umweltbehörde stellt jeden Sommer über 200 ehrenamtliche Helfer für Naturschutzprojekte im ganzen Land ein. Hauptsächlich handelt es sich um Bau- oder Instandhaltungsarbeiten an Wanderwegen im Nationalpark Vatnajökull. Plätze in den kürzeren Programmen (weniger als vier Wochen) werden gewöhnlich durch Partnerorganisationen vermittelt, wie die britische Organisationen **The Conservation Volunteers** (www.tcv.org.uk) und **Working Abroad** (www.workingabroad.org) oder die isländischen

Organisationen SEEDS und Worldwide Friends. Wer länger mitarbeiten möchte, kann im Sommer elf Wochen in sogenannten Trail-Teams an Wanderwegen arbeiten; Infos stehen auf der UST-Website.

SEEDS (SEE beyonD borders; www.seeds.is) Die isländische Organisation arrangiert Workcamps und Urlaub mit Freiwilligenarbeit, vor allem in der Natur und in Umweltprojekten (Wege bauen, ökologische Forschung etc.), aber auch beim Bau und der Renovierung von öffentlichen Gebäuden oder zur Unterstützung bei Festivals und Events.

Worldwide Friends (Veraldarvinir; www.wf.is) Die isländischen Worldwide Friends betreiben Workcamps, die sich vor allem um Natur und Umwelt kümmern. Es gibt aber auch die Möglichkeit, sich in kommunalen Projekten und bei Kunst- und Kulturveranstaltungen zu engagieren.

Geld

In Island funktioniert praktisch alles bargeldlos, die Kreditkarte ist hier König. Die Einheimischen zahlen selbst Kleineinkäufe mit Plastik. Wer eine gültige Karte dabei hat, muss eigentlich nur wenig Bares mitführen und lediglich kleine Beträge aus den Geldautomaten ziehen.

Wer aber lieber traditionell bezahlt und Bargeld bei sich hat, kann ausländische Banknoten und Reiseschecks bei allen großen Banken gegen isländische Währung umtauschen.

Geldautomaten

» Fast jeder Ort in Island hat eine Bank mit einem Geldautomaten, an dem mit Master Card, Visa-, Maestro- oder Cirrus-Karten Geld abgehoben werden kann.

» Karten von Diners Club und JCB, die zum Cirrus-Netzwerk gehören, werden von den Geldautomaten auch akzeptiert.

» Geldautomaten gibt es auch an allen größeren Tankstellen und in Einkaufszentren.

Kredit- & Kundenkarten

» Visa und MasterCard (etwas seltener American Express, Diners Club und JCB) werden in den meisten Läden, Restaurants und Hotels akzeptiert.

» Sogar der Flybus vom internationalen Flughafen in Keflavík nach Reykjavík kann mit Plastikgeld bezahlt werden – praktisch für alle, die gerade erst im Land angekommen sind.

» Wer auf einem Bauernhof übernachtet oder abgelegene Dörfer besucht, sollte vorsichtshalber genug Bargeld bei sich haben, um über die Runden zu kommen.

Trinkgeld

» Weil Service und Mehrwertsteuer immer im Preis inbegriffen sind, sind Trinkgelder in Island überflüssig.

Währung

» Die isländische Währung ist die Króna, Plural Krónur (ISK).

» Es gibt 1-, 5-, 10-, 50- und 100-Kronen-Münzen.

» Banknoten gibt es im Wert von 500, 1000, 2000 und 5000 ISK.

» Einige Unterkünfte und Tourenanbieter geben ihre Preise in Euro an.

» Im Juli 2009 beantragte das isländische Parlament die EU-Mitgliedschaft; Mitte 2010 begannen die Verhandlungen. Doch mit dem Erfolg der Konservativen bei der Wahl im April 2013 hat sich Island vom bisherigen Kurs abgewendet und setzt auf Unabhängigkeit. Ein Beitritt zur EU und zum Euro scheint in weite Ferne gerückt zu sein.

» Wechselkurse s. S. 17 oder www.xe.com.

Gesundheit

Reisen in Island ist nicht mit besonderen gesundheitlichen Risiken verbunden. Leitungs-

STEUERFREI EINKAUFEN

» Jeder mit einem permanenten Wohnsitz außerhalb Islands kann sich bei einem (einzelnen) Einkauf von über 4000 ISK die Mehrwertsteuer von 15 % erstatten lassen. Nach dem Schild „tax-free shopping" im Schaufenster Ausschau halten und an der Kasse nach dem Formular für die Steuererstattung fragen.

» Überschreitet eine einzelne Erstattung 5000 ISK, müssen die Waren bei der Abreise auch dem Zoll vorgelegt und das Formular muss abgestempelt werden (das gilt nicht bei Wollprodukten).

» Es gibt drei Wege der Rückerstattung:

- Kreditkarte – die Kreditkartennummer auf dem Formular vermerken und es an die Kreditkartenfirma schicken, die das Geld einzieht.
- Bar – das Formular bei der Ausreise an einer Auszahlungsstelle vorlegen (an Flughäfen oder an Bord der Smyril-Line-Fähren).
- Vorauszahlung – die Erstattung noch vor der Ausreise in der Touristeninformation in Reykjavík oder in den größeren Einkaufszentren auszahlen lassen und das Formular am Flughafen oder von zu Hause per Post abschicken.

» Alle Informationen dazu stehen auf www.taxfree worldwide.com/iceland.

wasser kann ohne Bedenken getrunken werden, die Hygienestandards sind hoch und es gibt keine einheimischen Schädlinge. Reisende in Island benötigen keine besonderen Impfungen.

Medizinische Versorgung

Die medizinische Versorgung in Island ist ausgezeichnet; viele Ärzte und Pflegekräfte sprechen Englisch. Außerhalb von größeren Städten können die Wege zum nächsten Arzt aber sehr lang sein. Gegen kleinere Wehwehchen haben die meisten Apotheker gute Ratschläge und rezeptfreie Medikamente parat. Sie können auch beurteilen, wann ärztliche Hilfe vonnöten ist (nach dem Schild *apótek* oder *pharmacy* Ausschau halten).

Bürger der anderen nordischen Staaten müssen nur ihren Pass zeigen, um behandelt zu werden. Bürger des Europäischen Wirtschaftsraums (EWR) erhalten auf Vorzeigen der Europäischen Krankenversicherungskarte (EHIC, European Health Insurance Card) kostenlose medizinische Versorgung bei Unfällen und akuten Erkrankungen. Auskünfte über die EHIC geben die Gesundheitszentren und Krankenkassen zu Hause, Reisebüros oder (in einigen Ländern) die Postämter.

Bürger aus anderen Ländern können sich medizinisch behandeln lassen, müssen die Behandlung aber selbst bezahlen (die eigene Krankenversicherung erstattet den Betrag). Eine Auslandsreiseversicherung ist ratsam. Informationen über die medizinische Versorgung von Touristen stehen auf www.sjukra.is/english/tourists/.

Unterkühlung & Erfrierung

Die größten Gesundheitsgefahren gehen von dem extremen Klima aus; eine gute Vorbereitung kann die Risiken begrenzen. Selbst an heißen Tagen kann das Wetter in den Bergen blitzartig umschlagen, deshalb immer wasserdichte, warme Kleidung mitnehmen und andere über die geplante Route informieren.

» Akute Unterkühlung stellt sich ein, wenn die Temperatur innerhalb kürzester Zeit erheblich sinkt; allmählicher Temperaturabfall über mehrere Stunden hinweg ruft chronische Unterkühlungen hervor. Erste Anzeichen von Unterkühlung sind Zittern, abnehmendes Urteilsvermögen und verminderte Reaktionsfähigkeit. Werden keine Gegenmaßnahmen ergriffen, wird der Betroffene apathisch, geistig verwirrt und fällt schließlich ins Koma. Deshalb unbedingt einen Unterschlupf suchen, warme, trockene Kleidung tragen, heiße, süße Getränke trinken und durch Körperkontakt aufwärmen.

» Erfrierungen treten an den Körperextremitäten auf; ihr Grad variiert je nach Wind, Temperatur und Dauer der Frosteinwirkung. Zuerst erscheinen auf der Haut weiße, taube Stellen, die meist wieder komplett verschwinden, sobald der Betroffene ins Warme kommt. Im nächsten Stadium treten Frostbeulen auf und schließlich färbt sich das Gewebe schwarz. In solchen Fällen kann es zu irreparablen Schäden kommen. Warme, trockene Kleidung, viel Flüssigkeit und ausreichende Kalorienzufuhr sind die besten Vorbeugemaßnahmen gegen Erfrierungen. Wer erste Anzeichen feststellt, muss so schnell wie möglich ins Warme.

Internetzugang

» In diesem Buch sind Orte, an denen es WLAN gibt, mit dem Symbol 📶 gekennzeichnet. Das Symbol @ zeigt an, wo Computer zur Nutzung durch Gäste bereitstehen.

PRAKTISCH & KONKRET

» **Ermäßigungen** Studenten und Rentner bekommen für Inlandsflüge, einige Fähren und Busstrecken, Touren und den Eintritt ins Museum Ermäßigungen, wenn ein entsprechender Nachweis vorgelegt wird.

» **DVDs & Videos** Island nutzt wie Deutschland das PAL-Videosystem und gehört zur DVD-Zone 2.

» **Zeitungen & Magazine** Die Tageszeitung *Morgunblaðið* (www.mbl.is) erscheint auf Isländisch, aber auf der Website stehen Lokalnachrichten auch auf Englisch. Touristische, englischsprachige Artikel über das, was in Island los ist, bieten die kostenlosen Zeitungen *Iceland Review* (www.icelandreview.is) und *Reykjavík Grapevine* (www.grapevine.is).

» **Radio** RÚV (Isländischer Nationalsender; www.ruv.is) sendet zwei Programme: Rás 1 (Nachrichten, klassische Musik) und Rás 2 (Popmusik, Aktuelles). Rás 1 (in Reykjavík auf FM 92,4 und 93,5) sendet von Juni bis August wochentags um 7.30 Uhr kurze Nachrichten in englischer Sprache. BBC World Service kann auf FM 94,3 empfangen werden.

» **Rauchen** ist in öffentlichen Gebäuden verboten. Dazu gehören auch Cafés, Bars, Clubs, Restaurants und öffentliche Verkehrsmittel. Auch die meisten Unterkünfte sind Nichtraucher-Unterkünfte.

» **Gewichte & Maße** Metrisch

» WLAN ist in Island weit verbreitet: Mit einem Laptop oder Smartphone kann man in den meisten Cafés, Bars und Hotels im Zentrum Reykjavíks sowie auf vielen Höfen, in Pensionen und Hotels im ganzen Land ein Signal empfangen. Gäste können es häufig kostenlos nutzen, nur manchmal wird eine kleine Gebühr fällig. Meistens muss der Zugangscode bei den Mitarbeitern erfragt werden. Viele N1-Tankstellen bieten kostenloses WLAN.

» In den meisten isländischen Bibliotheken stehen Computer, die von Besuchern genutzt werden können; auch in den kleineren Städten (hier wird häufig eine kleine Gebühr von ca. 200 ISK/30 Min. fällig). Auch viele Touristeninformationen verfügen über einen öffentlichen Internetzugang, bei kurzer Nutzung (15 Min.) meist kostenlos.

Karten

» Islandkarten sind im Allgemeinen nicht gerade überwältigend. Nur wenige können mit den Veränderungen im Straßenbau und den aktuellen Neuasphaltierungen der Schotterpisten mithalten.

» In den Touristeninformationen gibt es nützliche kostenlose Karten der jeweiligen Städte und Regionen. Sie haben auch die kostenlose Broschüre *Rund um Island* vorrätig, mit massenhaft Infos und Stadtplänen. Straßenkarten werden in Touristeninformationen, Tankstellen und Buchläden verkauft.

» Der Kartenhersteller **Ferðakort** (www.ferdakort.is) verkauft seine Karten online und führt eine eigene Kartenabteilung im **Iðnú Buchladen** (Brautarholt 8, Reykjavík; ⏲Mo–Do 9–17, Fr 9–16 Uhr).

» Eine gute allgemeine Straßenkarte für Island ist die *Tourenkarte Island* im Maßstab 1:500 000 von *Ferðakort* (1790 ISK). Sie zeigt alle größeren Dörfer und Straßen, außerdem viele kleine Bauernhöfe und B&Bs. Der detailliertere *Straßenatlas* (3970 ISK) im Maßstab 1:200 000 zeigt ein vollständiges Straßennetz sowie Infos zu Unterkünften, Museen und Schwimmbädern.

» Noch detaillierter sind Ferðarkort-Karten vom Nordwesten, Nordosten, Südwesten und Südosten Islands im Maßstab 1:250 000 (jeweils 2190 ISK) und die Wanderkarten für Hornstrandir, Skaftafell, Húsavík und Mývatn, Þórsmörk und Landmannalaugar im Maßstab 1:100 000 (zwischen 1440 und 1965 ISK).

» Profiwanderer fragen am besten bei der örtlichen Touristeninformation oder den Besucherzentren der Nationalparks nach. Dort werden häufig ausgezeichnete regionale Wanderkarten verkauft. Im Besucherzentrum des Nationalparks Vatnajökull gibt es z. B. hervorragende Karten, die die Wanderwege in bestimmten Teilen des Parks kennzeichnen (250 bis 350 ISK).

Kinder

Reisen mit Kindern ist in Island einfach. Obwohl es nicht viele Extra-Aktivitäten für die jungen Gäste gibt, sind die eindrucksvolle Landschaft, die vielen Schwimmbäder und die Freundlichkeit der Einheimischen die beste Voraussetzung dafür, mit Kindern im Schlepptau über die Runden zu kommen. Wissbegierige Kinder werden die Vogelkolonien, Wasserfälle, Vulkangebiete und Gletscher lieben und lassen sich mit Aktivitäten, wie kurzen Wanderungen, Superjeeptouren, Reitausflügen, Walbeobachtungen, Schiffsfahrten und leichten Gletscherwanderungen (hierfür sollten die Kids mindestens 8 bis 10 Jahre alt sein) leicht beschäftigen.

Wer sich für einen Familienurlaub in Island entscheidet, sollte im Voraus genau planen, was er besichtigen und wohin er fahren will, da die Entfernungen zwischen den einzelnen Attraktionen oft ziemlich groß sind. Es ist sinnvoll, sich auf ein bestimmtes Teilgebiet zu beschränken, um Langeweile und Übelkeit im Auto auf ein Mindestmaß zu begrenzen. Reykjavík ist der kinderfreundlichste Ort in Island mit der größten Auswahl an entsprechenden Angeboten.

Praktisch & Konkret

» Kinder zahlen für den Eintritt in Museen und Schwimmbädern die Hälfte oder gar nichts. Erwachsenenpreise gelten von Ort zu Ort unterschiedlich ab einem Alter von 12 bis 18 Jahren.

» Auf In- und Auslandsflügen mit Air Iceland zahlen Kinder zwischen zwei und elf Jahren den halben Preis, Kleinkinder unter zwei reisen kostenlos.

» Die meisten Tourenveranstalter gewähren 50 % Ermäßigung für Kinder von vier bis elf Jahren; die Touren von Reykjavík Excursion sind für Kinder unter elf Jahren kostenlos; Kinder im Alter von zwölf bis 15 zahlen die Hälfte.

» Alle internationalen Autovermietungen bieten gegen Aufpreis Kindersitze an (nur gegen Vorbestellung).

» Das wechselhafte, oft nasskalte Wetter schreckt sicher viele von einem Familien-Campingurlaub ab, aber auf Campingplätzen oder Ferienbauernhöfen, in Hostels und anderen Unterkünften zahlen Kinder von zwei bis zwölf Jahren normalerweise nur den halben Preis. Für unter Zweijährige ist der Aufenthalt kostenlos.

» Viele Unterkünfte, auch Hostels, Pensionen und Bauernhöfe, bieten Familienzimmer. Größere Hotels haben häufig Kinderbetten, bei kleineren ist das eher unüblich.

» Viele Restaurants in Reykjavík und anderen größeren Orten bieten günstige Kin-

Klima

Akureyri

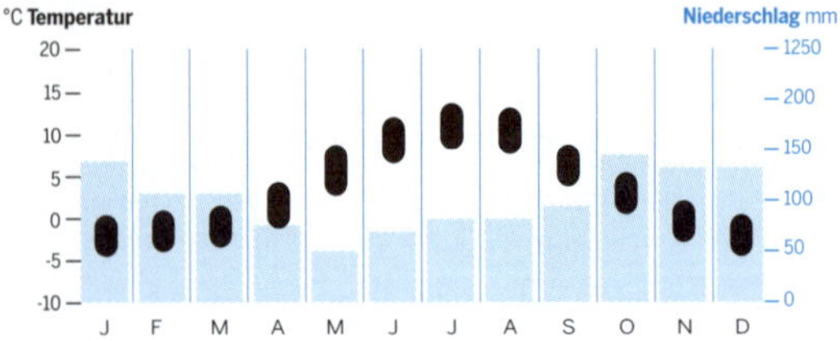

Reykjavík

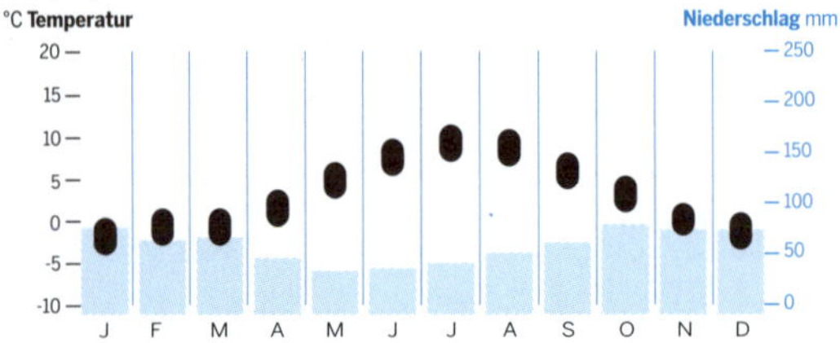

Vík

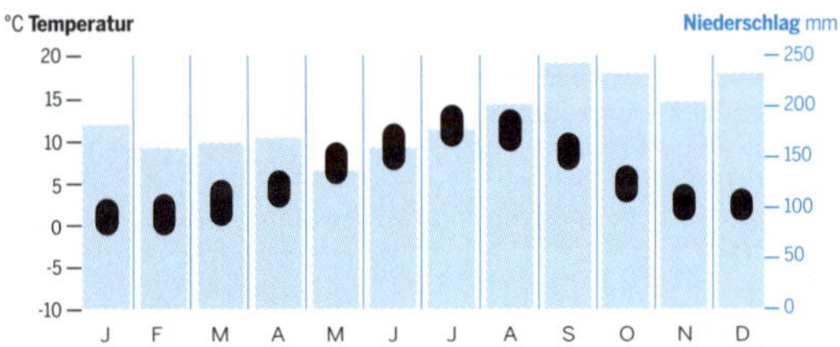

Kindermenüs an und haben Kinderstühle.

» Toiletten in Museen und anderen öffentlichen Einrichtungen haben in der Regel einen Wickelraum. Anderswo muss improvisiert werden.

» Stillen in der Öffentlichkeit ist absolut salonfähig.

» Babynahrung, Windeln und andere wichtige Dinge sind überall erhältlich.

Öffnungszeiten

Viele Attraktionen und Geschäfte für Touristen sind in Island nur für eine kurze Zeit während des Sommers, normalerweise von Juni bis August, geöffnet. Da die Touristenzahlen schnell anwachsen, geben viele Geschäfte nur ungenaue Öffnungszeiten an. Immer mehr Restaurants und Pensionen öffnen irgendwann im Mai oder sogar schon im April – wenn genügend Touristen im Lande sind. Entsprechend bleiben sie bis Ende September geöffnet, wenn die Nachfrage besteht.

Die meisten Museen (vor allem außerhalb der Hauptstadt) haben im Sommer (Juni–Aug.) regelmäßige Öffnungszeiten. Von September bis Mai kündigen sie eingeschränkte Öffnungszeiten an (z. B. einige Stunden einmal in der Woche), aber viele öffnen gerne auf Nachfrage – es müssen sich nicht einmal viele Besucher ankündigen, einfach über die Website des Museums oder die örtliche Touristeninformation anfragen.

Die meisten Hotels und Pensionen schließen zwischen Weihnachten und Neujahr.

Von Juni bis August sind die Öffnungszeiten grundsätzlich länger als zwischen September und Mai. Übliche Öffnungszeiten:

» **Banken** Mo–Fr 9.15–16 Uhr

» **Café-Bars** So–Do 10–1, Fr & Sa 10–zwischen 3 & 6 Uhr

» **Cafés** 10–18 Uhr

» **Ämter** Mo–Fr 9–17 Uhr

» **Tankstellen** 8–22 oder 23 Uhr

» **Postämter** Mo–Fr 9–16 oder 16.30 Uhr (in größeren Städten bis 18 Uhr)

» **Restaurants** 11.30–14.30 und 18–22 Uhr

» **Geschäfte** Mo–Fr 10–18, Sa 10–16 Uhr; einige Einkaufszentren und Einkaufsstraßen in Reykjavík auch sonntags

» **Supermärkte** 9–20 Uhr (in Reykjavík länger)

» **Vínbúð (staatliche Alkoholläden)** Unterschiedlich; außerhalb von Reykjavík öffnen einige Läden nur ein paar Stunden am Tag

Post

» Die **Isländische Post** (Pósturinn; www.postur.is) ist verlässlich und effizient. Die Gebühren sind vergleichbar mit denen in anderen westeuropäischen Staaten.

» Eine Postkarte/Luftpostbrief ins europäische Ausland kostet 175/300 ISK, in außereuropäische Länder 230/475 ISK. Eine vollständige Liste der Portogebühren gibt es online.

Rechtsfragen

Die isländische Polizei tritt eher selten in Erscheinung und die meisten werden kaum in ihre Fänge geraten. Gut zu wissen:

» Die Gesetzgebung bei Alkohol am Steuer ist sehr

streng– schon ein alkoholisches Getränk reicht, um die gesetzliche Promillegrenze von 0,5 zu überschreiten. Als Strafe drohen Führerscheinentzug und eine saftige Geldbuße.

» Wer sich andere Verkehrsdelikte zuschulden kommen lässt – überhöhte Geschwindigkeit oder fahrlässiges Verhalten im Straßenverkehr –, kann dazu verdonnert werden, unverzüglich auf dem Polizeirevier ein Bußgeld zu zahlen.

» Betrunkene und Randalierer landen unter Umständen für eine Nacht in einer Zelle, werden aber in der Regel am nächsten Morgen wieder auf freien Fuß gesetzt.

» Die Strafen für Besitz, Konsum oder Handel illegaler Drogen sind streng – es drohen lange Haftstrafen und hohe Bußgelder.

Reisen mit Behinderung

Für Behinderte sind Reisen in Island komplizierter als in den meisten nordeuropäischen Ländern.

» Informationen über barrierefreie Einrichtungen gibt **Sjálfsbjörg** (☎550 0360; www.sjalfsbjorg.is; Hátún 12, IS-105 Reykjavík). Die Website von Sjálfsbjörg (auf „Englisch" klicken, dann „for travellers") bietet ausgezeichnete Informationen über Hilfsmittel und Organisationen.

» Eine weitere gute Informationsquelle ist die Website **God Adgang** (www.godadgang.dk), eine dänische Initiative, die in Island 2011 übernommen wurde. Die Seite führt Anbieter auf, deren Barrierefreiheit registriert und geprüft wurde.

» Die meisten Museen und anderen Sehenswürdigkeiten haben einen ermäßigten Eintritt für Reisende mit Behinderung. Air Iceland und Smyril Line bieten für Behinderte Ermäßigungen für Flüge und Fähren an.

» Die Stadtbusse in Reykjavík sind Niederflurbusse mit Kneeling-Funktion zum leichteren Einstieg für Rollstuhlfahrer. In anderen Orten haben die Busse weder Rampen noch Hebebühnen.

» **Hertz** (www.hertz.is) vermietet einen rollstuhlgeeigneten Minivan.

» **All Iceland Tours** (www.allicelandtours.is/Disabled_Travel.html) bietet individuell zugeschnittene Touren durch Island. Auf der Website stehen gute allgemeine Infos.

» Sjálfsbjörg vermietet Gästeappartements. Die Website www.whenwetravel.com führt barrierefreie Hotels auf. (Unter der Rubrik Hotels sind barrierefreie Unterkünfte, geordnet nach Zielorten, aufgelistet.) Alle Bauernhöfe des Netzes **Icelandic Farm Holidays** (www.farmholidays.is) wurden auf Barrierefreiheit geprüft; auf der Website ist Barrierefreiheit ein Suchkriterium.

Schwule & Lesben unterwegs

» Die Isländer sind Schwulen und Lesben gegenüber aufgeschlossen, obwohl die Schwulenszene kaum in Erscheinung tritt, selbst in Reykjavík nicht. Aggressives Verhalten gegenüber Schwulen und Lesben ist selten.

» Die wichtigste LGBT-Organisation ist **Samtökin '78** (☎552 7878; www.samtokin78.is; 4. OG, Laugavegur 3, Reykjavík; ⏲Büro Mo–Fr 13–17 Uhr), die auch ein schwules Gemeindezentrum mit Café betreibt (ganzjährig Do 20–23 Uhr).

» Am zweiten Wochenende im August findet in Reykjavík jedes Jahr die **Gay Pride** (www.gaypride.is) statt.

» **Pink Iceland** (www.pinkiceland.is) hat sich auf Touren für Lesben und Schwule spezialisiert; auf der Website gibt es ein paar gute Tipps.

» Eine nützliche Informationsquelle für Neuigkeiten, Events und Veranstaltungsorte ist www.gayice.is

Sicherheit

Island hat eine sehr niedrige Kriminalitätsrate. Die größte Gefahr für Reisende geht von den Straßenbedingungen, der unberechenbaren Witterung und den geologischen Besonderheiten aus.

Eine gute Informationsquelle zur Vermeidung von Gefahren bei der Reise durch Island ist die Website von **Safetravel** (www.safetravel.is). Sie entstand auf der Initiative der isländischen Lebensrettungsgesellschaft (ICE-SAR). Auf der Website wird die Smartphone-App 112 Iceland vorgestellt und erklärt, was man machen muss, um mit ICE-SAR oder einem Freund/Bekannten einen Reiseplan aufzustellen.

Straßensicherheit

» Vorsicht: Die Einheimischen halten sich oft nicht an Geschwindigkeitsbegrenzungen, achten nicht auf scharfe Kurven und wechseln überraschend die Spur.

» Spezielle Gefahrenquellen für Fahrer sind Tiere auf den Straßen, einspurige Brücken, nicht einsehbare Steigungen und ruppige Schotterpisten.

» Aktuelle Straßenbedingungen: www.vegagerdin.is oder Anruf bei ☎1777.

» Weitere Infos über das Fahren in Island s. S. 371.

Wetterbedingungen

» Das Wetter darf niemals unterschätzt werden. Geeignete Kleidung und Ausrüstung sind absolut notwendig.

» Besucher sollten sich das ganze Jahr über auf unbarmherzige Wetterverhältnisse gefasst machen; das Wetter kann ohne Vorwarnung plötzlich wechseln. Für Wanderer ist es absolut notwendig, vor dem Start eine zuverlässige Wettervorhersage einzuholen. Wettervorhersagen auf Englisch gibt es unter ☎902 0600 (nach der Begrüßung die 1 drücken) oder auf www.vedur.is/english.

» Notfallhütten gibt es überall, wo Reisende problematischen Wetterverhältnissen ausgesetzt sein können.

» Wer im Winter mit dem Auto unterwegs ist, sollte unbedingt Lebensmittel, Wasser und Decken einpacken.

» Die Autovermietungen stellen im Winter Winterreifen oder Schneeketten zur Verfügung.

Geologische Gefahren

» Auf Wanderungen können Flussdurchquerungen gefährlich werden, da an warmen Sommertagen Gletscherschmelzwasser harmlose Rinnsale schnell in reißende Ströme verwandelt. Zur sicheren Flussdurchquerung s. S. 374.

» Heftige Winde können in Gebieten mit vulkanischem Sand zu unangenehmen Sandstürmen führen.

» Wanderwege in Küstengebieten sind häufig nur bei Ebbe zugänglich. Daher ist es unbedingt notwendig, sich vor Ort zu informieren und sich die entsprechende Gezeitentabelle zu besorgen.

» Auf Geothermalfeldern unbedingt auf den Holzstegen oder dem sichtbar festen Boden bleiben und dünnere Erdschichten mit hellerem Boden um dampfende Spalten und Schlammlöcher meiden.

» Vorsicht ist auch vor dem Wasser in heißen Quellen und Schlammlöchern geboten – es tritt oft mit 100° C aus dem Boden.

» In Gletschergebieten ist auf Treibsand an den Gletscherausläufern zu achten. Grundsätzlich nie ohne Steigeisen und Eispickel aufs Eis wagen (und einen Bogen um Spalten machen).

» Felsspalten, scharfe Lavabrocken oder glitschige Schlackeabhänge können durch Schneefelder verborgen werden.

» Vor Wanderungen in Gebieten mit aktiven Vulkanen Erfahrung haben, sich vorher bei Einheimischen erkundigen und/oder einen Führer engagieren.

» In Gegenden, wo leicht Unfälle geschehen können (große Wasserfälle, Gletscherfronten, Klippen), fehlen häufig Warnhinweise. Aufmerksam bleiben und Kinder nicht aus den Augen lassen.

Strom

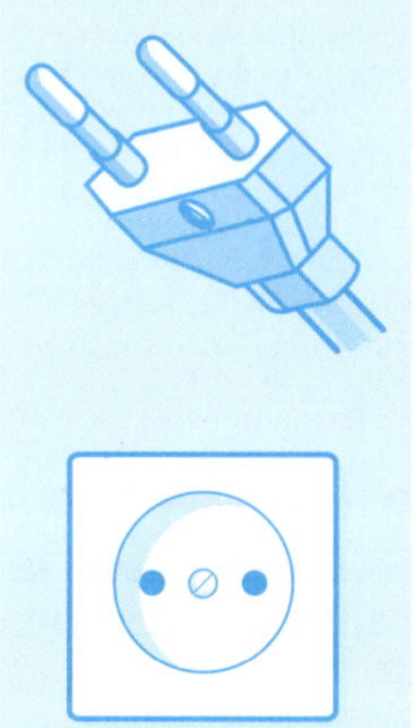

230 V / 50 Hz

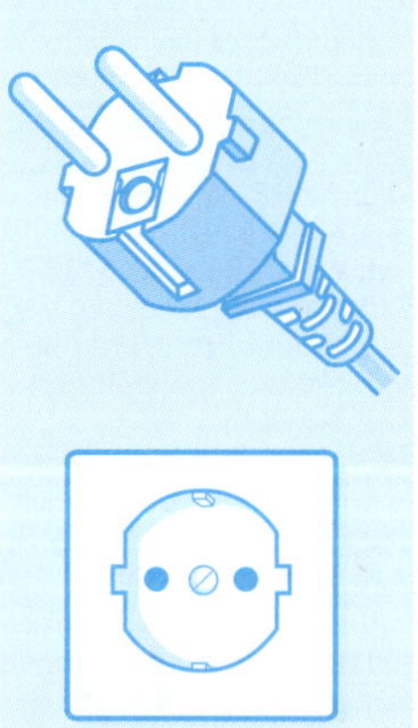

230 V / 50 Hz

Telefon

Öffentliche Telefonzellen gibt es im handyverrückten Island nur noch selten. Vor der Post, an Bushaltestellen oder Tankstellen kann man noch die eine oder andere finden. Viele Münztelefone akzeptieren auch Kreditkarten. Ortsgespräche kosten um 20 ISK pro Minute.

» Für Auslandsanrufe erst die ☎00, dann die Landesvorwahl, die Ortsvorwahl ohne 0 und die Telefonnummer wählen.

» Aus dem Ausland nach Island den jeweiligen internationalen Zugangscode, dann die Landesvorwahl ☎354 und am Ende die siebenstellige Telefonnummer wählen (Island hat keine Ortsvorwahlen).

» Gebührenfreie Nummern beginnen in Island mit ☎800 und die meisten siebenstelligen Handynummern fangen mit ☎8 an.

» Eine Onlineversion des Telefonbuchs gibt's unter http://en.ja.is.

» Nützliche Nummern:

- Telefonauskunft (Inland) ☎118
- Telefonauskunft (Ausland) ☎1811
- Auslands-R-Gespräche ☎800 8050

Handys

» Die günstigste und praktischste Möglichkeit, Anrufe zu Ortsgebühren zu führen, ist es, eine isländische SIM-Karte zu kaufen und in das eigene Handy zu stecken. Vor der Abreise bei der eigenen Mobilfunkgesellschaft klären, ob das Handy dafür zugelassen ist. Reisende aus

NOTRUF-NUMMERN

Für Polizei, Notruf und Feuerwehr in Island die ☎112 wählen.

ÜBRIGENS ...

Aufgrund der einzigartigen isländischen Bildung der Nachnamen (Mädchen erhalten die Endung -dóttir, Tochter, am Vornamen des Vaters, Jungen die Endung -son) ist das Telefonbuch nach Vornamen sortiert. Guðrun Halldórsdóttir stünde demnach vor Jón Einarsson.

einem nicht europäischen Land sollten prüfen, ob ihr Telefon im europäischen GSM 900/1800-Netzwerk funktioniert.

» Prepaid-SIM-Karten sowie Prepaid-Guthaben können in Buchhandlungen, Lebensmittelläden, Postämtern und Tankstellen erworben werden. Die beiden Hauptanbieter von SIM-Karten sind: Iceland Telecom **Síminn** (www.siminn.is) mit der besten Netzabdeckung und gleich danach **Vodafone** (www.vodafone.is). Beide Anbieter bieten Einsteigerpakete mit einer lokalen SIM-Karte für gerade mal 2000 ISK (inkl. 2000 ISK Anrufguthaben).

Telefonkarten

» Die günstigsten Telefonkarten (für öffentliche Telefonzellen) kosten 500 ISK und können in Lebensmittelläden, Postämtern, Tankstellen und Síminn-Telefonämtern gekauft werden.

» Günstige Auslandstelefonkarten gibt's auch in vielen Geschäften und Hostels.

Touristeninformation

Die isländischen Touristeninformationen sind hilfsbereit, freundlich und gut informiert. Sie helfen bei der Vermittlung von Unterkünften, Tourenbuchungen und geben Auskunft über regionale Sehenswürdigkeiten. Die Mitarbeiter sprechen meist mehrere europäische Sprachen, vor allem Englisch.

Die örtlichen Touristeninformationen sind in den jeweiligen Kapiteln des Buchs aufgeführt. Wenn die Touristeninformationen bei Ankunft im Ort schon geschlossen sind, gibt es bei den lokalen Tankstellen oft nützliche Infos und Karten über die Gegend.

Websites

Die offizielle Tourismusseite des Landes ist **Visit Iceland** (www.visiticeland.com), auf der es ausführliche Informationen und Broschüren zum Download gibt.

Auch die einzelnen Regionen haben nützliche Websites:

Reykjavik (www.visitreykjavik.is)

Südwestisland (www.visitreykjanes.is, www.south.is)

Westisland (www.westiceland.is)

Die Westfjorde (www.westfjords.is)

Nordisland (www.northiceland.is, www.visitakureyri.is)

Ostisland (www.east.is)

Südostisland (www.south.is, www.visitvatnajokull.is)

Broschüren

Die folgenden nützlichen Broschüren werden jährlich herausgegeben und kostenlos von den Touristeninformationen verteilt:

Áning – Herbergsverzeichnis

Around Iceland – Allgemeiner Touristenführer

The Ideal Holiday – Verzeichnis der Bauernhofunterkünfte

Tjaldsvæðl Íslands – Campingplatzführer von Island

Unterkunft

Island verfügt über ein breites Angebot an Unterkünften, von der spartanischen Berghütte über Hostels, Bauernhöfe, Pensionen und Sommerhotels in Schulen bis hin zur Luxusherberge. Anzumerken ist jedoch, dass der Standard der Unterkünfte oft niedriger ist als in anderen westeuropäischen Ländern. Die Zimmer sind zwar in der Regel sauber, aber meist klein, hellhörig und nur mit dem Nötigsten ausgestattet.

Für die Übernachtungsabschnitte in diesem Buch ist Folgendes zu beachten:

» Zwischen Juni und August sollten Unterkünfte im Voraus gebucht werden (dies gilt nicht für Campingplätze).

» Dieses Buch listet nicht sämtliche Übernachtungsmöglichkeiten in Island auf. Dies hat Platzgründe, entspricht aber auch dem Anliegen, eine Auswahl der Besten zu bieten. Außerdem eröffnen ständig neue Herbergen, um die schnell steigenden Touristenzahlen unterbringen zu können.

» Touristeninformationen geben Auskunft über Unterkünfte in ihrer Stadt/Region. Größere Touristeninformationen bieten gegen eine kleine Gebühr (meist um 500 ISK) einen Buchungsservice für Touristen vor Ort. Buchungen per E-Mail sind nicht möglich.

» In den Besprechungen sind die Preise der Hochsaison 2012 (Juni–Aug.) aufgeführt – oder Preise für den Sommer 2013, wenn sie vorlagen. Reisende sollten sich auf jährlich steigende Über-

PREISE

Die Unterkünfte sind in diesem Buch in drei Kategorien eingeteilt; Grundlage ist der Preis für ein Doppelzimmer während der Hochsaison:

€ unter 15 000 ISK (ca. 100 €)

€€ 15 000–30 000 ISK (100–200 €)

€€€ über 30 000 ISK (200 €)

ONLINE BUCHEN

Noch mehr Beschreibungen von Unterkünften von Lonely Planet Autoren stehen auf http://hotels.lonelyplanet.com. Die Besprechungen sind unabhängig und es gibt Empfehlungen für die besten Herbergen. Und das Beste ist, man kann online buchen.

nachtungspreise einstellen. Die aktuellen Preise stehen jeweils auf den Websites der Unterkünfte.

» Zwischen September und Mai bieten die meisten Pensionen und Hotels Rabatte von 20 bis 50 % auf die Sommerpreise. Auch hier lohnt ein Blick auf die Websites.

» Viele Hotels und Pensionen haben im Winter geschlossen, die Termine der Wiedereröffnung stehen jeweils im Text zur Herberge. Zwischen Weihnachten und Neujahr haben die meisten geschlossen. Ganzjährig betriebene Unterkünfte sind ohne Öffnungszeiten aufgeführt.

» Einige isländische Hotels geben ihre Preise nur in Euro an.

» Viele Pensionen und Bauernhöfe bieten verschiedene Varianten: Camping, Zimmer mit/ohne Bad, mit gemachten Betten oder Schlafsackplätze; Hütten mit/ohne Küche und/oder Bad. Soweit es ging, wurden die Varianten aufgeführt; aber alle Preise und Kombinationen zu nennen, hätte den Umfang des Buchs gesprengt. Ausführliche Infos stehen auf den Websites.

» In den Besprechungen steht jeweils, ob ein eigenes Bad oder Bettwäsche zum Angebot gehören, ob es eine Schlafsackunterkunft gibt und ob Frühstück im Preis inbegriffen ist.

Bauernhofunterkünfte

» Viele Bauernhöfe überall auf der Insel bieten Campingmöglichkeiten, Schlafsackunterkünfte, Pensionszimmer und Hütten. Einige der sogenannten Bauernhöfe haben sich mit der Zeit in größere Landhotels verwandelt.

» Das Angebot ist vielfältig: einige Bauernhöfe bieten Mahlzeiten oder haben eine Gästeküche, andere haben Hot Pots oder sogar einen Thermalpool und viele bieten Reitmöglichkeiten oder organisieren Aktivitäten wie Angelausflüge. Hinweisschilder an den Straßen weisen auf Bauernhöfe mit Übernachtungsmöglichkeiten hin und geben Auskunft über die Ausstattung.

» Die Preise sind ähnlich wie bei Pensionen in Städten: Schlafsackunterkünfte kosten um 6000 ISK, Pensionszimmer zwischen 9000 und 14 000 ISK pro Person. Die Frühstückspreise (wenn nicht im Zimmerpreis enthalten) liegen um 2000 ISK, ein Abendessen (das oft zu einer festen Zeit serviert wird) kostet etwa 8000 ISK.

» Etwa 180 Bauernhöfe sind Mitglied bei **Icelandic Farm Holidays** (www.farmholidays.is), das das jährlich aktualisierte Verzeichnis *The Ideal Holiday* herausgibt und kostenlos von den Touristeninformationen abgegeben wird.

Camping

» *Tjaldsvæði* (geregelte Campingplätze) gibt es in fast jeder Stadt, in ländlichen Gebieten neben Bauernhöfen sowie an den wichtigsten Wanderrouten. Die besten Plätze haben Waschmaschinen, Kochgelegenheiten und heiße Duschen, manche aber nur kaltes Wasser und Toilettenhäuschen. Einige liegen direkt an einem *sundlaug* (Schwimmbad) mit Duschmöglichkeiten, die man für einen kleinen Obolus nutzen kann.

» Es ist selten notwendig einen Campingplatz im Voraus zu buchen. Viele Campingplätze in kleineren Orten haben kein Personal – am Waschraum hängt meist die Telefonnummer vom Platzwart oder die Aufforderung, die Gebühr bei der Touristeninformation oder im Schwimmbad zu zahlen. Es kann auch vorkommen, dass der Platzwart abends auftaucht, um die Gebühren einzusammeln.

ACHTUNG – STEIGENDE PREISE

Mitte 2012 äußerte die Regierung die Idee, die Mehrwertsteuer für Essen in Restaurants, für Touristenattraktionen und Hotelzimmer von 7 % auf enorme 25 % zu erhöhen. Die Mehrwertsteuer ist immer gleich im Endbetrag enthalten und wird nicht gesondert ausgewiesen. Innerhalb der Tourismuswirtschaft stieß der Vorschlag auf wenig Gegenliebe, weil befürchtet wurde, dass die Touristenzahlen wegen der angestiegenen Preise zurückgehen könnten.

Es wurde schließlich ein Kompromiss geschlossen: Ende 2012 verkündete die Regierung, dass die Mehrwertsteuer bei Bewirtungen zum September 2013 von 7 % auf 14 % angehoben wird. Es kann also davon ausgegangen werden, dass die Preise ab September 2013 andere sein werden, als hier angegeben. Aktuelle Infos sollten auf den jeweiligen Websites zu finden sein.

» Wild Campen ist in manchen Gegenden möglich, aber nicht gern gesehen. In Nationalparks und Naturschutzgebieten muss auf den vorgesehenen Plätzen gecampt werden. In anderen Gegenden ist eine Erlaubnis erforderlich, um auf eingezäunten Grundstücken zu campen.

» Beim Campen in Naturparks und Schutzgebieten gilt die übliche Regel, den Platz so zu verlassen, wie er vorgefunden wurde. Das heißt: Biologisch abbaubare Seifen verwenden, Müll wieder mitnehmen und Fäkalien nicht in der Nähe von Wasserstellen entsorgen.

» Offenes Feuer ist nicht erlaubt, also einen Kocher mitbringen. Butangaspatronen und Petroleum gibt's an Tankstellen und in Haushaltswarengeschäften. Oft können auf den Campingplätzen in Reykjavík und Keflavík auch die halbvollen Kartuschen von abreisenden Campern übernommen werden.

» Campen mit Zelt oder Wohnmobil bzw. Wohnwagen kostet normalerweise zwischen 800 und 1200 ISK pro Person. Strom wird häufig mit weiteren 800 ISK berechnet, einige Campingplätze lassen sich auch die Nutzung der Duschen bezahlen.

» 2012 wurde eine neue „Übernachtungssteuer" von 100 ISK pro Platz und Nacht eingeführt. Bei einigen Campingplatzen wird sie gleich in den Übernachtungspreis pro Person eingerechnet, bei anderen muss man die Steuer zusätzlich zahlen.

» Der Kauf einer **Camping Card** (www.campingcard.is) für 99 € (2013) könnte sich lohnen. Damit kann man unbegrenzt auf 44 Campingplätzen überall im Land übernachten; sie gilt für zwei Erwachsene und bis zu vier Kinder (die neue Steuer von 100 ISK pro Platz ist nicht enthalten). Alle Infos stehen auf der Website. Das isländische Wetter ist ziemlich unberechenbar – wer einen Campingurlaub plant, sollte in ein gutes Zelt investieren.

» Die meisten Campingplätze sind nur von Juni bis August oder Anfang September geöffnet. Größere Plätze, die außerdem Hütten anbieten, haben evtl. auch ganzjährig geöffnet.

» Das kostenlose Verzeichnis *Tjaldsvæði Íslands* (erhältlich in den Touristeninformationen) listet viele Campingplätze in Island auf.

Hostels

» Island hat 36 gut geführte Hostels, die zu **Hostelling International Iceland** (www.hostel.is) gehören. In Reykjavík und Akureyri gibt es außerdem unabhängige Backpacker-Hostels. Es ist immer empfehlenswert zu buchen, vor allem aber von Juni bis August.

» Einige Hostels schließen im Winter; die Öffnungszeiten stehen bei den Beschreibungen im Buch und Online.

» Alle Hostels bieten warme Duschen, Kochgelegenheiten, Gepäckaufbewahrung und Schlafsackunterkünfte, die meisten haben auch Einzelzimmer. Wer keinen Schlafsack dabei hat, kann Bettzeug leihen (1250 ISK in HI Hostels).

» Frühstück (wo im Angebot) kostet zwischen 1500 und 2000 ISK.

» Wer Mitglied bei **Hostelling International** (HI; www.hihostels.com) im Heimatland ist, profitiert von der Preisermäßigung für Mitglieder (600 ISK pro Person). Nichtmitglieder zahlen für ein Bett im Schlafsaal etwa 3800 ISK, für ein Einzel-/Doppelzimmer 6200/10 000 ISK (mit eigenem Bad noch mehr). Kinder im Alter von fünf bis zwölf Jahren zahlen den halben Preis.

Hotels

» Jede größere Stadt hat mindestens ein Hotel der Businessklasse mit komfortablen, aber unspektakulären Zimmern mit eigenem Bad, Telefon, Fernseher und manchmal Minibar. Zu jedem Hotel gehört ausnahmslos ein passables Restaurants.

» Die Sommerpreise für Einzel- und Doppelzimmer beginnen bei 17 000 bzw. 22 000 ISK und sind inklusive Frühstücksbüffet. Außerhalb der Hochsaison (Juni– Aug.) können die Preise erheblich fallen. Wer online bucht, bekommt meist Sonderpreise.

» Zwei der größten einheimischen Hotelketten sind **Fosshótel** (www.fosshotel.is) und **Icelandair Hotels** (www.icelandairhotels.is).

SOMMERHOTELS

» Sobald die Schulferien beginnen, werden viele Schulen, Hochschulen und Tagungszentren in Sommerhotels umgewandelt und bieten einfache Unterkünfte an. Die meisten sind von Anfang Juni bis Ende August geöffnet, zwölf gehören zu **Hótel Edda** (www.hoteledda.is), einer Kette, die zu Iceland air Hotels gehört.

» Die Unterkünfte sind einfach: die Zimmer sind schlicht

ÜBERNACHTEN BEI EINHEIMISCHEN

Wer eine private Übernachtungsmöglichkeit sucht, sollte sich auf diesen beiden Websites umschauen:

AirBnB (www.airbnb.com) Private Zimmer, Hütten, Appartements und Häuser zur Miete überall in Island; die größte Auswahl gibt es in der Hauptstadt.

CouchSurfing (www.couchsurfing.com) Großes Netzwerk von Reisenden, die andere Reisende bei sich übernachten lassen.

und funktional eingerichtet, meist mit zwei Einzelbetten, einem Waschbecken und Gemeinschaftsbad. Einige Hotels bieten auch Zimmer mit eigenem Bad und manchmal auch „Edda Plus"-Zimmer, mit Bad, Fernseher und Telefon.

» Einige Edda-Hotels haben außerdem Schlafsackunterkünfte, die meisten ein eigenes Restaurant.

» Die Preise: von 3000 bis 4500 ISK für eine Schlafsackunterkunft, 10 600/12 900 ISK für ein Einzel-/Doppelzimmer mit Waschbecken und 19 500/23 900 ISK für ein „Edda Plus"-Einzel-/Doppelzimmer.

Notfallhütten

» Es gibt leuchtend orangefarbene Rettungshütten auf Hochgebirgspässen und an entlegenen Küstenabschnitten (auf Geländekarten meist irgendwie gekennzeichnet). Die Hütten sind mit Notfallrationen, Benzin und Decken ausgestattet – und einem Funkgerät, um Hilfe holen zu können. Sie darf nur in Notfällen genutzt werden.

Pensionen

» Die isländische Bezeichnung *gistiheimilið* (Gästehaus) deckt ein ziemlich breites Spektrum ab – von Familien, die ein paar Zimmer vermieten, bis zu speziell gebauten Motels.

» Die Unterschiede sind entsprechend riesig – vom schicken, modernen Ambiente bis hin zu plüschigem Charme und Kitsch. Überraschend viele Pensionen haben nur Zimmer mit Gemeinschaftsbad.

» Die meisten sind komfortabel und gemütlich eingerichtet mit Gästeküchen, Fernsehzimmer und Frühstücksbüfett (entweder im Übernachtungspreis enthalten oder extra für etwa 1500 bis 2000 ISK).

» Einige Pensionen haben auch erheblich günstigere Schlafsackunterkünfte, weisen aber nicht gezielt darauf hin. Es lohnt sich nachzufragen (vor allem außerhalb der Hochsaison, wenn die Betreiber ihre Gäste bereitwilliger in Schlafsäcken übernachten lassen).

» Faustregel für die Preise: Schlafsackunterkünfte kosten zwischen 4500 und 6000 ISK pro Person, Doppelzimmer 12 000 bis 20 000 ISK und separate Unterkünfte für Selbstversorger ab 14 000 ISK pro Nacht.

» Einige Pensionen sind nur von Juni bis August geöffnet. Manche nehmen in den Wintermonaten Studenten auf – vor allem in Reykjavík.

Wanderhütten

» Private Wandervereine oder Veranstalter unterhalten sogenannte *sæluhús* (Schutzhütten) an vielen beliebten Wanderrouten im ganzen Land. Sie stehen jedem offen und bieten Schlafsackunterkünfte in einfachen Schlafsälen. Manche haben Kochgelegenheiten, Campingplätze und einen Hüttenwart.

» Die Hütten in Landmannalaugar, Þórsmörk und rund um Askja sind nur mit Allradfahrzeugen zu erreichen, die Hütten in Hornstrandir nur per Boot. Die meisten sind jedoch ausschließlich zu Fuß zugänglich. Es ist sinnvoll, Plätze über die zuständige Organisation zu reservieren, denn die Hütten sind schnell ausgebucht.

» Der größte Betreiber von Wanderhütten ist **Ferðafélag Íslands** (Isländischer Wanderverein; ☎568 2533; www.fi.is; Mörkin 6, IS-108 Reykjavík) mit 38 Hütten im ganzen Land (einige in Verbindung mit einem lokalen Wanderverein). Die besten Hütten haben Duschen, Küche, Personal und Trinkwasser. Für Nichtmitglieder kosten sie 4000 bis 5000 ISK pro Person. Einfachere Hütten mit Bett, Toilette und Kochnische kosten für Nichtmitglieder 3500 ISK. Campingplätze gibt es an manchen Hütten für rund 1100 ISK pro Person. Die GPS-Koordinaten der Hütten sind in den Regionalkapiteln angegeben.

» Weitere Hüttenbetreiber:

- **Ferðafélag Akureyrar** (Wanderverein Akureyri; ☎462 2720; www.ffa.is; Strandgata 23) Betreibt Hütten im Nordosten, auch entlang des Askja-Wanderwegs.
- **Útivist** (☎562 1000; www.utivist.is; Laugavegur 178, IS-105 Reykjavík) Hütten in Básar und am Fimmvörðuháls-Pass im Þórsmörk.

SCHLAFSACKUNTERKÜNFTE

Ein Geheimtipp sind Schlafsackunterkünfte. Hostels, viele Pensionen und einige Hotels bieten diese Übernachtungsvariante an. Für einen Bruchteil des üblichen Preises wird ein Bett ohne Decke und Bezug zur Verfügung gestellt: Einfach den eigenen Schlafsack mitbringen – das schont die Reisekasse enorm. Eine Schlafsackunterkunft bedeutet nicht, dass man in einem Schlafsaal übernachtet – meist kann man trotzdem ein Einzel- oder Doppelzimmer buchen, nur ohne Bettwäsche. Normalerweise muss man auch ein eigenes Handtuch mitbringen (und auch ein eigenes Kissen ist keine schlechte Idee). Frühstück ist niemals im Preis enthalten, man kann es aber separat bestellen.

Versicherung

» Obwohl Island ein sehr sicheres Reiseland ist, kommt es gelegentlich zu Diebstählen und Krankheiten und Unfälle sind prinzipiell immer möglich. Eine Reiseversicherung gegen Diebstahl, verlorene Wertsachen und Krankheit ist zu empfehlen.

» Dabei immer das Kleingedruckte lesen, ob die Police auch Schäden durch potenziell gefährliche Sportarten wie Wandern, Klettern, Reiten, Ski- und Schneemobilfahren abdeckt.

» Informationen zur Autoversicherung s. S. 373.

Visa

Island hat das Schengen-Abkommen unterzeichnet, mit dem die EU-Länder (alle bis auf Bulgarien, Rumänien, Zypern, Irland und Großbritannien) sowie Island, Norwegen, Liechtenstein und die Schweiz vereinbart haben, Kontrollen an gemeinsamen Grenzen abzuschaffen.

Es gelten folgenden Visa-Regelungen:

» Bürger aus Dänemark, Finnland, Norwegen, Schweden und von den Färöer Inseln benötigen weder Visum noch Pass.

» Bürger anderer EU-Staaten und der Schengen-Länder benötigen keine Visa bei Aufenthalten von maximal drei Monaten.

» Um in Island zu arbeiten oder zu studieren, ist meist ein Visum nötig – Infos gibt's bei den isländischen Botschaften und Konsulaten oder online.

Zeit

» Island liegt in derselben Zeitzone wie London (Greenwich-Zeit), also eine Stunde früher als in Mitteleuropa (MEZ –1 Std.).

» Da es aber in Island keine Sommerzeit gibt, ist es dort ab Ende März bis Ende Oktober zwei Stunden früher als in Mitteleuropa.

Zoll

» Island hat ziemlich strenge Einfuhrbestimmungen. Sämtliche Regelungen stehen auf www.customs.is.

» Zollfreie Alkoholmengen für Reisende über 20 Jahre:

- 1 l Spirituosen und 1 l Wein und 6 l Bier ODER
- 3 l Wein und 6 l Bier ODER
- 1 l Spirituosen und 9 l Bier ODER
- 1,5 l Wein und 9 l Bier ODER
- 12 l Bier

» Personen über 18 Jahre dürfen 200 Zigaretten oder 250 g Tabak mitbringen.

» Die Höchstgrenze für Lebensmittel liegt bei 3 kg (Ausnahmen: rohe Eier, Fleisch- und Milchprodukte), vorausgesetzt, sie sind nicht mehr als 18 500 ISK wert. Selbstversorger können auf diese Weise Kosten sparen.

» Um das Einschleppen von Krankheiten zu vermeiden, sind bei mitgebrachter Angel- und Reitkleidung tierärztliche Nachweise über eine Desinfektion vorzulegen. Andernfalls muss für die Desinfektion der Kleidung bei Ankunft gezahlt werden. Das Mitbringen von gebrauchter Reitausrüstung (Sattel, Zaumzeug usw.) ist illegal.

» Viele Leute reisen auf der Fähre mit dem eigenen Auto an. Eine Befreiung vom Einfuhrzoll für die Fahrzeuge gilt nur für Aufenthalte bis zu einem Jahr (S. 359).

Verkehrsmittel & -wege

AN- & WEITERREISE

Dank einem breiteren Angebot an Flügen und Flugzielen ist Island in den letzten Jahren viel besser erreichbar geworden. Auch die Anreise mit der Fähre ist möglich und eine tolle Alternative für alle, die gerne ihr eigenes Fahrzeug mitnehmen möchten.

Flüge, Touren und Bahnfahrkarten können auch online auf www.lonelyplanet.com/travel services gebucht werden.

Einreise

» Die Einreise ins Land ist normalerweise nur eine kurze Formalität. Reisende aus Deutschland, Österreich und der Schweiz brauchen für die Einreise einen Reisepass oder Personalausweis, der noch drei Monate über das geplante Ausreisedatum hinaus gültig ist. Nähere Informationen s. S. 369.

Flugzeug

Flughäfen & Fluglinien

FLUGHÄFEN

» Islands größter internationaler Flughafen ist der **Flughafen Keflavík** (www.kefairport.is) 48 km südwestlich von Reykjavík.

» Für Flüge im Inland, nach Grönland und auf die Färöer ist der kleine **Flughafen Reykjavík** (www.reykjavikairport.is) im Stadtzentrum zuständig.

» Ein paar internationale Flüge (meist von Kopenhagen) landen auf dem winzigen **Flughafen Akureyri** (www.flugstodir.is) – Islands zweitgrößter Stadt im Norden.

FLUGLINIEN MIT FLÜGEN VON/NACH ISLAND

Immer mehr Fluglinien bieten Flüge nach Island; einige aber nur in den Sommermonaten Juni bis August.

Air Berlin (www.airberlin.com)
Air Greenland (www.airgreenland.com)
Air Iceland (Flugfélag Íslands; www.airiceland.is)
Atlantic Airways (www.atlantic.fo)
Austrian (www.austrian.com)
Delta (www.delta.com)
easyJet (www.easyjet.com)
Germanwings (www.germanwings.com)
Iceland Express (www.icelandexpress.com)
Icelandair (www.icelandair.com)
Lufthansa (www.lufthansa.com)
Norwegian (www.norwegian.com)
SAS (www.flysas.com)
Transavia France (www.transavia.com)
WOW air (www.wowair.com)

Übers Meer

» **Smyril Line** (www.smyrilline.com) betreibt eine teure, aber beliebte wöchentliche Autofähre; die *Norröna* fährt eine etwas umständliche

KLIMAWANDEL & REISEN

Jede Form des motorisierten Reisens, die von fossilen Brennstoffen abhängig ist, produziert CO_2 – die Hauptursache des von Menschen verschuldeten Klimawandels. Modernes Reisen ist von Flugzeugen abhängig, die vielleicht pro Kilometer und Person weniger Kraftstoff verbrauchen als Autos, aber viel weitere Strecken zurücklegen. Dass die Flugzeuge Gase (einschließlich CO_2) und Partikel in hohen Luftschichten ausstoßen, verstärkt ihren Anteil am Klimawandel. Zahlreiche Websites bieten sogenannte Emissionsrechner, mit denen Flugreisende die Emissionen ihrer Reise ermitteln können. Wer möchte, kann seine Emissionen mit einer Spende an klimafreundliche Initiativen in aller Welt ausgleichen. Alle Reisen von Mitarbeitern und Autoren von Lonely Planet werden ausgeglichen.

Route von Hirsthals (Dänemark) über Tórshavn (Färöer Inseln) nach Seyðisfjörður in Ostisland.

» Die Schiffe verkehren ganzjährig, laufen Island aber nur von April bis Ende Oktober an. (Zwischen November und März pendelt die Fähre nur zwischen Dänemark und den Färöern.)

» Die Fahrpreise variieren stark, abhängig von der Reisezeit, von der gewählten Kabine und davon, ob ein Auto/Campingwagen/Motorrad usw. mitfährt.

» Eine einfache Fährfahrt von Hirsthals nach Seyðisfjörður (Dauer ca. 47 Std.) mit einem Auto und zwei Personen in der Hochsaison (Mitte Juni bis Mitte August) kostet 738 €, ohne Kabine. Einzelreisende (ohne Auto) zahlen für eine einfache Fahrt 203 €.

» In der Hochsaison beginnen die Preise bei 58 € pro Person für einen Liegesitz und bei 92 € für eine Koje in einer 4-Betten-Kabine (inkl. Bettwäsche und Bad).

» Es ist möglich, die Überfahrt von Dänemark nach Island für einen Aufenthalt auf den Färöer Inseln zu unterbrechen. Für Informationen über Reisepakete Smyril Line kontaktieren oder auf ihrer Website recherchieren.

WICHTIGE INFOS IM INTERNET

Vier Websites, die jeder Reisende kennen sollte:

Safetravel (www.safetravel.is) Alles, was man wissen muss, um die Risiken bei einer Reise durch Island zu minimieren.

Mitfahrzentrale in Island (www.samferda.is) Praktische Website, die Fahrer und Mitfahrer im ganzen Land zusammenbringt – eine clevere Alternative zum Trampen. Mitfahrer zahlen meist Benzingeld.

Isländischer Wetterdienst (www.vedur.is) Das Wetter in Island und seinen Einfluss auf die Reisemöglichkeiten darf man niemals unterschätzen. Die Website bietet zuverlässige Vorhersagen für jedes Reiseziel. Telefonische Auskunft gibt's unter der ☎902 0600; nach der Ansage die 1 drücken.

Vegagerdin (www.vegagerdin.is) Islands Straßenverkehrsamt informiert über Straßenöffnungen und -schließungen im ganzen Land. Unverzichtbar bei Fahrten in wenig besuchten Gegenden.

UNTERWEGS VOR ORT

Auf Island gibt es keine Eisenbahnlinien. Der einfachste Weg, sich auf der Insel fortzubewegen, ist mit einem Mietauto (Tipps s. Ringstraßen-Planer, S. 30). Zwischen Mitte Mai und Mitte September kann man auch das gute Busliniennetz nutzen, um zu den größeren Orten zu gelangen. Und für Reisende mit wenig Zeit sind Inlandsflüge die beste Alternative.

Auto & Motorrad

» Wer mit dem eigenen Fahrzeug in Island unterwegs ist, hat natürlich viel mehr Freiheiten, das Land zu erkunden. Dank guter Straßen und geringer Verkehrsdichte ist das Fahren in Island recht unproblematisch. Tipps und Infos für die Streckenplanung bietet der Ringstraßen-Planer (S. 30).

» Die Ringstraße (Straße 1) führt einmal um die Insel und ist größtenteils asphaltiert. Von ihr zweigen zu den meisten Ortschaften Asphalt- oder Schotterstraßen ab. Abseits der Ringstraße wird einem am Tag wahrscheinlich nicht mehr als eine Handvoll Autos begegnen, auch nicht in der Hochsaison.

» Besonders an der Küste ist die Landschaft oft außergewöhnlich spektakulär, aber es geht nur langsam voran, da unbefestigte Bergpässe zu überwinden sind und sich die Straßen an den langen Fjorden entlangschlängeln. Trotzdem ist im Sommer mit einem normalen PKW fast alles erreichbar (bis auf Ziele im Hochland).

» Im Winter sind viele Straßen nach schweren Schneefällen unpassierbar. Hochlandstraßen sind in der Regel bis Juni gesperrt. Einige von ihnen werden bereits im September nach den warmen Sommermonaten geschlossen. Die aktuellsten Informationen zum Straßenzustand gibt's auf www.vegagerdin.is.

Mit dem eigenen Fahrzeug

» Ein Auto zu mieten ist in Island erschreckend teuer. Den eigenen Wagen mitzunehmen ist also vielleicht nicht so verrückt, wie es sich zunächst anhört. Die Fähren der Smyril Line bringen im Sommer Autos aus allen Teilen Europas von Dänemark auf die Insel.

» Für eine befristete steuerfreie Einfuhr müssen Fahrzeugpapiere und der Führerschein mitgebracht werden. Ein gültiger Versicherungsnachweis („grüne Versicherungskarte") ist eigentlich nicht mehr notwendig (außer wenn das Auto nicht in einem der nordischen Staaten oder in einem EU-Mitgliedsland angemeldet ist), erleichtert aber die Schadensabwicklung, falls es einen Unfall gibt.

» Die Genehmigung für die befristete steuerfreie Einfuhr eines Kraftfahrzeugs wird bei der Ankunft für eine Dauer von zwölf Monaten erteilt und ist verbunden mit der Auflage, das Fahrzeug nicht zu verleihen oder zu verkaufen. Weitere Informationen gibt es beim **Zollamt** (www.customs.is).

Führerschein

Für das Fahren in Island genügt der deutsche, österreichische bzw. Schweizer Führerschein. Wer einen Führerschein hat, der nicht in lateinischen Buchstaben geschrieben ist, benötigt einen Internationalen Führerschein.

Benzin & Ersatzteile

» Im ganzen Land gibt es in regelmäßigen Abständen Tankstellen, aber im Hochland sollte vor einer längeren Fahrt geprüft werden, wie viel Benzin noch im Tank und wie weit die nächste Tankstelle entfernt ist.

» Zum Zeitpunkt der Buchrecherchen kostete bleifreies Benzin etwa 260 ISK (1,70 €), Diesel etwa 265 ISK pro Liter. Verbleites Benzin gibt es nicht.

» Die meisten kleineren Tankstellen haben kein Personal und fast alle Zapfsäulen sind automatisiert. Es gibt aber auch noch die zeitaufwendige Variante, bei der die Angestellten der Tankstelle die Zapfsäule manuell anstellen müssen, bevor man sie bedienen kann; bezahlt wird dann nach dem Auftanken.

» Automatisches Tanken funktioniert so: Die Kreditkarte in die Säule schieben (nur Karten mit PIN) und dann den Anweisungen folgen. Den PIN eingeben, danach den Maximalbetrag, für den man tanken möchte, dann warten, bis die Säule den Kauf freigegeben hat. (Man zahlt nur den Betrag, für den man wirklich tankt, nicht den eingegebenen Maximalbetrag.). Für eine Quittung muss die Karte noch mal in den Automaten gesteckt werden. Es ist sinnvoll, die Kreditkarte vorher einmal an einer normalen Tankstelle mit Personal geprüft zu haben, um sicherzugehen, dass es keine Probleme gibt.

» Einige isländische Straßen können sehr einsam sein – Wagenheber, Ersatzreifen und Überbrückungskabel gehören auf jeden Fall ins Auto. Im Falle einer Panne oder eines Unfalls sollte sofort die Autovermietung angerufen werden.

» Obwohl der isländische Automobilclub **Félag Íslenskra Bifreiðaeigenda** (FIB; www.fib.is) nur in Island ansässige Mitglieder hat, können unter Umständen auch Personen, die beim ADAC (oder bei einem anderem dem ARC Europe angeschlossenen Automobilclub) Mitglied sind, den Pannenhilfsdienst des FÍB in Anspruch nehmen – beim heimischen Automobilclub nachfragen.

» Der FÍB ist rund um die Uhr unter der Pannennummer ☎511 2112 erreichbar. Auch Nicht-Mitgliedern werden Informationen und Telefonnummern von Abschlepp- und Pannendiensten überall in Island vermittelt.

Mietwagen

» Teile Islands sind nur mit dem Auto zu erreichen. Mietwagen sind hier zwar im internationalen Vergleich teuer, aber immer noch günstiger als Bus oder Flugzeug, vor allem, wenn man nicht alleine reist und sich die Kosten teilen kann.

» Wer ein Auto mieten möchte, muss mindestens 20 Jahre alt sein (23–25 Jahre für einen Geländewagen) und einen gültigen Führerschein vorlegen können.

» Die billigsten Mietwagen, meist ein Hyundai i10, Toyota Yaris oder ähnliche Kleinwagen, kosten in der Hochsaison (Juni–August) um 16 000 ISK pro Tag, für einen kleinen Geländewagen ist mit etwa 25 000 ISK zu rechnen. Im Preis enthalten sind unbegrenzte Kilometer, Mehrwertsteuer und meist auch eine Teilkaskoversicherung. Zwischen September und Mai sollte es möglich sein, erheblich günstigere Angebote zu finden.

» Auf jeden Fall immer das Kleingedruckte lesen, da zusätzliche Kosten für Versicherungen, Abholung vom Flughafen und Gebühren für Einwegmieten sich summieren können.

» Man sollte meinen, dass es bei solch hohen Preisen einfach sei, ein Auto zu bekommen. Irrtum. Im Hochsommer haben viele Vermie-

F-STRASSEN

Es können einem für diese holprigen, kaum erkennbaren Wege schon einige F-Wörter einfallen, aber tatsächlich steht „F" für *fjall* – das isländische Wort für Berg. Die meisten F-Straßen sind nur für Geländewagen geeignet und obwohl einige kaum von der sie umgebenden Landschaft zu unterscheiden sind, ist das Verlassen der Straße überall strikt verboten.

Vor der Fahrt auf einer F-Straße sollte sich jeder danach erkundigen, was einen erwartet (Flussdurchquerungen, Felsbrocken usw.) und ob die gesamte Strecke freigegeben ist. Infos zu Straßenschließungen siehe www.vegagerdin.is. Wer mit einem normalen Mietfahrzeug auf einer F-Straße fährt, setzt damit womöglich seine Versicherung außer Kraft. Davon abgesehen wäre es eine schrecklich holprige, langsame und unangenehme Fahrt – F-Straßen sind nicht für normale Autos gedacht. Man tut sich selbst keinen Gefallen, es dennoch zu versuchen. Also: Für die Fahrt auf F-Straßen einen Geländewagen mieten.

ter absolut kein Auto mehr zur Verfügung. Es lohnt sich, vorab zu buchen.

» Es gibt Dutzende registrierte Autovermietungen in Island. Wer noch keinen Mietwagen vor der Ankunft reserviert hat, sollte die Konditionen vergleichen und in der Unterkunft fragen, ob Kooperationen mit Autovermietungen bestehen, die einen Preisnachlass gewähren.

» Viele Reiseorganisationen (z. B. Hostelling International Iceland, Icelandic Farm Holidays, Air Iceland) haben Pauschalangebote, die ein Mietauto einschließen.

» Die meisten Autovermietungen befinden sich in und um Reykjavík und Keflavík und haben Büros in der Stadt und am Flughafen. Größere Unternehmen betreiben möglicherweise auch eine Filiale am Inlandsflughafen von Reykjavík und haben außerdem Mietstationen in weiteren Orten (meist in Akureyri und Egilsstaðir).

» Wer mit der Fähre über Seyðisfjörður einreist, findet Autovermietungen im nahen Egilsstaðir.

AUTVERMIETUNGEN

Eine kleine Auswahl:

Átak (www.atak.is)

Avis (www.avis.is)

Budget (www.budget.is)

Europcar (Bílaleiga Akureyrar/Höldur; www.europcar.is) Die größte Autovermietung in Island.

Geysir (www.geysir.is) Die Sommer- und Winterpreise pro Tag/Woche werden für jedes Auto auf der Website aufgeführt.

Go Iceland (www.goiceland.com) Vermietet auch Campingausrüstungen (Zelte, Luftmatratzen, Kocher).

Hasso (www.hasso.is)

Hertz (www.hertz.is)

SADcars (www.sadcars.com) Nicht mehr die jüngsten Fahrzeuge, aber dafür günstige Preise.

Saga (www.sagacarrental.is)

VORSICHT IM STRASSENVERKEHR

Verkehrsregeln

» Rechtsverkehr

» Gurtpflicht auf Vorder- und Rücksitzen

» Immer mit Abblendlicht fahren

» Alkoholgrenze liegt bei 0,5 ‰

» Handys beim Fahren nur mit Freisprechanlage benutzen

» Kinder bis sechs Jahre müssen im Kindersitz sitzen

» Nur auf (gekennzeichneten) Straßen fahren

Geschwindigkeitsbeschränkungen

» Innerhalb von Ortschaften 50 km/h

» Auf unbefestigten Straßen 80 km/h

» Auf asphaltierten Straßen 90 km/h

WOHNMOBILVERMIETUNG

Ein Wohnmobil zu mieten, ist eine beliebte und kostengünstige Lösung für Unterkunft und Transport. Die größeren Autovermietungen haben meist auch Wohnmobile im Angebot, die folgenden Anbieter haben ausgefallenere Exemplare parat.

Camper Iceland (www.campericeland.is)

Happy Campers (www. happycampers.is)

JS Camper Rental (www.campers.is) Camperaufsatz auf Gelände-Pickups.

Kúkú Campers (www.kukucampers.is) Bemalte Camper (mit Berühmtheiten wie Chuck Norris oder The Hoff) sowie Vermietung von Ausrüstung fürs Zelten, Fischen, Grillen, Musikmachen (Akustikgitarre), Surfen usw.

Snail.is (www.snail.is)

MOTORRADVERMIETUNG

Biking Viking (www.bikingviking.is) Vermietung von Motorrädern, Touren und Reparaturen.

Versicherung

» Von Fahrzeugen, die in den nordischen Staaten oder einem EU-Mitgliedsland angemeldet sind, wird angenommen, dass sie eine gültige Versicherung haben. Wenn das Fahrzeug in einem Nicht-Mitgliedsland der EU oder nicht nordischem Staat angemeldet ist, braucht man eine grüne Versicherungskarte als Beleg dafür, dass das Fahrzeug versichert ist. Grüne Karten werden von den Versicherungsunternehmen des Heimatlandes ausgestellt; beim Versicherer nachfragen.

» Wer ein Auto mietet, sollte sich das Kleingedruckte sorgfältig ansehen. Die meisten Mietfahrzeuge haben eine Haftpflicht- und Teilkaskoversicherung, sodass Schäden am Mietwagen abgedeckt sind. Auf jeden Fall sollte die Höhe der Selbstbeteiligung geprüft werden, da diese überraschend hoch sein kann.

» Bei Mietfahrzeugen sind Schäden an Reifen, Scheinwerfern, Windschutzscheibe und an der Unterseite des Fahrzeugs, die durch das Fahren auf unbefestigten Straßen, durch Wasser oder in Sandstürmen entstehen, nicht abgedeckt. Viele Autovermietungen versuchen zusätzliche Versicherungen zu verkaufen, die solche Schäden abdecken.

» Manche Versicherungen verbieten das Fahren „abseits der Straßen". Dies bezieht sich normalerweise auf Hochlandstraßen (mit dem

FLUSSDURCHQUERUNG

Wer im Hochland von Island wandert oder fährt, wird sehr wahrscheinlich auf Flüsse ohne Brücken treffen – eine beängstigende Aussicht für Unerfahrene. Aber alles halb so schlimm – es gibt einige einfache Regeln zu beachten.

» Schmelzender Schnee und Eis lassen die Wassermenge im Fluss ansteigen. Die beste Zeit für die Durchquerung ist früh am Morgen, bevor es richtig warm wird; meiden sollte man die ersten 24 Stunden nach einem heftigen Regenguss.

» Schmale Abschnitte vermeiden, die sind meistens tief – die breiteste Furt ist sehr wahrscheinlich auch die seichteste. Die schnellste und stärkste Strömung befindet sich in der Mitte von geraden Abschnitten und in den Außenkurven. Am besten sind die Stellen, an denen sich das Wasser möglichst wenig oder kaum spürbar bewegt.

» Niemals versuchen, einen Fluss oberhalb eines Wasserfalls zu überqueren oder bei Hochwasserströmen (leicht erkennbar an schmutzigen, leicht fließendem Wasser, in dem Schutt und Äste treiben). Eine glatte Oberfläche deutet an, dass der Fluss zu tief ist, um zu Fuß durchquert werden zu können. Alles, was tiefer geht als bis zum Oberschenkel, ist ohne Erfahrung und besondere Ausrüstung nicht durchquerbar.

» Bevor man versucht tiefe oder schnell fließende Ströme zu durchqueren, sollte man sich versichern, dass man das Gepäck in der Strommitte abwerfen kann, wenn nötig. Den Hüftgurt lösen und die Schulterriemen lockern, außerdem lange Hosen und dicke Klamotten ausziehen, die einen beim Schwimmen behindern. Einzeln Wandernde sollten den Wanderstab benutzen, um das Flussbett nach der besten Route abzusuchen und um sich im Wasser Halt zu verschaffen.

» Niemals einen Fluss barfuß durchqueren – an scharfen Felsen aufgerissene Füße verderben den Urlaub. Wer nicht mit den Wanderstiefeln ins Wasser möchte, sollte sich wasserdichte Schuhe oder Sandalen einpacken.

» Während der Durchquerung sollte man flussaufwärts schauen und auf keinen Fall nach unten sehen; es besteht die Gefahr, dass einem schwindlig wird und man das Gleichgewicht verliert. Zwei Wanderer können sich gegenseitig Halt geben, indem sie ihre Arme auf den Schultern des anderen ablegen.

» Wer während der Durchquerung hinfällt, sollte nicht versuchen aufzustehen. Den Rucksack abnehmen (aber festhalten), auf den Rücken drehen und die Füße flussabwärts ausrichten. So versuchen, zu einer seichten Stelle oder zum Ufer zu gelangen.

» Gletscherflüsse mit einem Fahrzeug zu durchqueren kann gefährlich sein. Am besten die beabsichtigte Strecke erst einmal zu Fuß durchwaten, so wie oben beschrieben, um die Tiefe zu prüfen. Dann mit dem Wasser arbeiten – diagonal in Richtung der Strömung mit niedrigem Gang fahren. Gleichmäßig fahren, ohne zu stoppen oder den Gang zu wechseln, nur etwas schneller, als das Wasser fließt (wer zu langsam fährt, läuft Gefahr, stecken zu bleiben und Wasser in den Auspuff zu bekommen). Wer nicht mit anderen Fahrzeugen unterwegs ist, sollte eventuell auf ein anderes Fahrzeug warten. Beobachten, wo und wie erfahrene Fahrer einen Fluss durchqueren.

Buchstaben F) und Geländewagenpisten; man sollte sich vorher beim Autoverleiher entsprechend vergewissern.

» Schäden nach Zusammenstößen mit Tieren sind ebenfalls nicht abgedeckt.

Parken

» Außerhalb des Zentrums von Reykjavík ist Parken in Island kein Problem und kostenlos. Informationen über das Parken in der Hauptstadt gibt's auf S. 80.

» In Akureyri gelten andere Regeln fürs Parken (Achtung Parkscheiben!), s. S. 227 für weitere Informationen.

Straßenzustände & Gefahren

Dank guter Straßenbeläge und geringer Verkehrsdichte ist das Fahren in Island recht einfach, aber es gibt auch einige Gefahrenquellen, auf die Autofahrer gefasst sein müssen. Einen Eindruck gibt das Video „How to Drive in Iceland“ auf www.drive.is (auf Englisch).

» **Tiere** Im Sommer grasen Schafe überall im Land und laufen häufig auf die Straße. Wenn in der Nähe der Straße Tiere auftauchen, abbremsen und langsam fahren.

» **Malbik Endar** Nicht alle Straßen sind asphaltiert. Der Übergang von asphaltierten zu Schotterstraßen ist mit dem Warnschild „Malbik endar“ gekennzeichnet – hier sofort die Geschwindigkeit verringern, um nicht auf dem Schotter ins Schleudern zu geraten.

Die meisten Unfälle ausländischer Fahrer in Island passieren, weil sie auf unbefestigten Straßen zu schnell fahren. Wenn das Fahrzeug ins Schleudern kommt: Fuß vom Gaspedal nehmen und das Lenkrad langsam in die Richtung drehen, in die die Vorderreifen gehen sollen. Nicht bremsen!

» **Blindhæðir** In den meisten Fällen haben Straßen zwei Fahrspuren mit abschössigem Straßenrand ohne Seitenstreifen. Gegenverkehr kann einem in der Straßenmitte entgegenkommen. Unübersichtliche Bergkuppen sind mit den Schildern „Blindhæð" gekennzeichnet, hier sollte man die Geschwindigkeit verringern und sich rechts halten.

» **Einbreið Brú** Wer auf eine einspurige Brücke zufährt (gekennzeichnet als „Einbreið Brú"), sollte die Geschwindigkeit drosseln. Vorfahrt hat das Fahrzeug, das der Brücke am nächsten ist.

» **Blendendes Sonnenlicht** Die Sonne scheint häufig niedrig am Horizont, eine Sonnenbrille ist beim Fahren unerlässlich.

» **Winterbedingungen** Im Winter sollte man sich vergewissern, dass der Wagen mit Winterreifen und Schneeketten ausgerüstet ist; außerdem eine Schaufel, Decken, Proviant und Wasser dabeihaben und auf festgefahrenem Schnee besonders umsichtig fahren.

» **Asche und Sandstürme** Vulkanasche und starke Sandstürme können den Autolack abscheuern und die Fensterscheiben zerkratzen; bei starkem Wind kann der Wagen umkippen. Besonders gefährliche Zonen werden mit orangefarbenen Warnschildern gekennzeichnet.

» **F-Straßen** Straßen, die nur für Allradfahrzeuge geeignet sind, haben vor der Nummer den Buchstaben F. Diese Straßen sollten immer in Fahrzeugpaaren befahren werden. Ins Auto gehören Notvorräte und ein vollständiger Werkzeugsatz. Es sollte immer jemand wissen, wohin man unterwegs ist und wann man zurück sein möchte.

» **Flussdurchfahrten** Nur wenige Straßen im Landesinneren haben Brücken. Furten sind auf Karten mit einem „V" gekennzeichnet. Vor der Durchfahrt sollten auf jeden Fall die Tiefe und die Geschwindigkeit des Flusses geprüft werden, indem man einmal durchwatet.

Bus

» Island hat ein umfassendes Netz an Langstreckenbussen, das von zahlreichen Unternehmen bedient wird. Alle Busunternehmen werden vom **BSÍ** (Bifreiðastöð Íslands; www.bsi.is) mit Sitz im BSÍ-Busbahnhof in Reykjavík betreut.

» Am Ticketschalter des BSÍ gibt's neben Fahrkarten auch die kostenlose Broschüre *Ísland á Eigin Vegum* (Island auf eigene Faust) mit Fahrplänen für einige Linien.

» Von ungefähr Mitte Mai bis Mitte September verkehren zu den meisten Orten an der Ringstraße und zu den größeren Orten in den Westfjorden und auf den Halbinseln Reykjanes und Snæfellsnes planmäßig Busse. Auch auf den Hochlandrouten Kjölur und Sprengisandur (unbefahrbar für normale PKW) verkehren Busse. In den übrigen Monaten gibt es zum Teil tägliche Verbindungen, manchmal auch gar keine.

» In kleineren Orten oder Dörfern halten die Busse gewöhnlich an der größten Tankstelle.

Unternehmen

Die wichtigsten Busunternehmen:

Reykjavík Excursions (Kynnisferðir; ☎580 5400; www.re.is) Fährt zur Halbinsel Reykjanes und betreibt auch den Flybus von/nach Keflavík International Airport sowie einige planmäßige Strecken in den Süden und im Sommer Busse durch das Landesinnere.

SBA-Norðurleið (☎550 0700/70; www.sba.is) Nordisland.

Sterna (☎551 1166; www.sterna.is) Betreibt landesweit Linien.

Stjörnubílar (☎456 5518; www.stjornubilar.is) Westfjorde.

Buspässe

Islands Busunternehmen bieten jedes Jahr neue und bessere Buspässe an, um den öffentlichen Verkehr auf der Insel so einfach wie möglich zu gestalten. (Dennoch ist es wesentlich praktischer ein Auto zu mieten.)

Längere Listen von Buspässen sind auf den Websites www.re.is/IcelandOnYourOwn/Passports/ und www.sterna.is/en/bus-passport zu finden.

Eine Auswahl (Preise aus dem Sommer 2012):

Beautiful South Passport (3/7/11 Tage 20 700/37 600/51 000 ISK) Gültig von Juni bis Mitte September. Unbegrenzte Fahrten an der Südküste sowie nach Þórsmörk, Landmannalaugar und Lakagígar. Angebot von Reykjavík Excursions.

Combo Passport (7/11/15 Tage 49 000/65 000/77 000 ISK) Der Meister aller Pässe von Reykjavík Excursions (in Kooperation mit SBA-Norðurleið), gilt von Anfang Juni bis Mitte September für die Ringstraße, den Nordosten (Húsavík bis Þórshöfn), den Goldenen Kreis und beide Hochlandrouten (aber nicht die Westfjorde oder Snæfellsnes).

Full Circle Passport (37 000 ISK) Der Pass von Sterna gilt von Mitte Mai bis Mitte September für eine Runde auf der Ringstraße (eine Richtung), mit Zwischenstopps, wo immer man will. Reykjavík Excursions bietet einen ähnlichen Pass für 35 000 ISK (Ring

Road Passport), mit etwas kürzerer Gültigkeit.

Golden Circle Passport (9000 ISK) von Sterna. Gültig von Juni bis Mitte September und eine gute Alternative zu einem Tagesausflug. Deckt die Strecken nach Þingevellir, Geysir, Gullfoss und Selfoss ab.

Highland Circle Passport (35 600 ISK) Gültig von Mitte Juni bis Anfang September (je nachdem, wann die Hochlandrouten öffnen) für eine Rundfahrt inklusive Sprengisandur- und Kjölur-Routen; Angebot von Reykjavík Excursions.

Hiking Passport (10 500 ISK) Angebot von Reykjavík Excursions an Wanderer, Busshuttle zu Start und Ziel der Wanderung im Südwesten, man kann zwischen zwei der drei Zielen wählen: Skógar, Landmannalaugar und Þórmörk.

Snæfellsnes & National Park Passport (17 000 ISK) Gültig von Mitte Juni bis August, für eine Rundfahrt auf der Snæfellsnes Halbinsel, Start und Endpunkt in Reykjavík; Angebot von Sterna.

West & Westfjords Passport (27 000 ISK) Gültig von Juni bis August für eine Rundfahrt entlang der Westfjorde, Start und Endpunkt ist Reykjavík, einschließlich der Fähre über den Breiðafjörður. Angebot von Sterna (zusammen mit Stjörnubílar).Sterna bietet auch einen Pass für die Ringstraße, dessen Gültigkeit auf die Westfjorde ausgeweitet werden kann (59 000 ISK).

Fahrrad

» Mit dem Rad durch die dramatischen Landschaften Islands zu fahren ist eine phantastische Art und Weise, das Land zu erleben, aber unterwegs erwarten Radler teilweise raue Bedingungen. Orkanartige Winde, peitschender Regen, Sandstürme, Graupelschauer und plötzliche Schneefälle sind zu jeder Jahreszeit möglich.

» Eine prima Informationsquelle ist die (auch englischsprachige) Website des **Icelandic Mountain Bike Club** (http://fjallahjolaklubburinn.is).

» Auf jeden Fall sollten Radfahrer die wichtigsten Reparaturen selbst ausführen können und ausreichend Flickzeug, Ersatzschläuche usw. dabeihaben, da außerhalb von Reykjavík nur schwer an Ersatzteile heranzukommen ist.

» In Reykjavík gibt es mehrere gut sortierte Fahrradgeschäfte. Zu den besten gehören **Örninn** (☎588 9890; www.orninn.is; Skeifan 11d, IS-108 Reykjavík) und **Markið** (☎517 4600; Ármúli 40, IS-108 Reykjavík).

» Wer es mit dem Hochland aufnehmen möchte: Auf der Kjölur-Route sind die größeren Flüsse überbrückt, sodass die Route für Radfahrer recht gut zugänglich ist. Eine weniger anspruchsvolle Strecke ist die F249 nach Þórsmörk. Auch die Westfjorde bieten einige wunderbare Radfahrgebiete, obwohl es hier wegen der kurvenreichen Straßen und steilen Pässe nur langsam vorwärts geht.

Fahrradtransport

» Die meisten Fluglinien befördern Fahrräder im Frachtraum, wenn sie richtig verpackt sind: Pedale abnehmen, Sattel absenken, Lenkstange parallel zum Rahmen stellen und Luft aus den Reifen lassen.

» Die Fähren der Smyril Line von Dänemark berechnen für den Fahrradtransport 15 € pro Fahrt.

» Busse verlangen pro Fahrrad zwischen 2500 und 3000 ISK – falls Platz ist; also früh am Bus sein oder vorab buchen.

» Wer sein eigenes Fahrrad mitgebracht hat, kann den Transportkarton für die Dauer des Aufenthaltes auf der Insel umsonst auf dem Zeltplatz in Keflavík (am Gasthaus Alex) unterstellen.

Mieträder

» An verschiedenen Orten im Land werden Mountainbikes vermietet, die aber nur für kürzere Strecken geeignet sind. Wer einen richtigen Radurlaub machen möchte, sollte sein eigenes Rad von zu Hause mitbringen oder eines bei der Ankunft kaufen.

Flugzeug

» Island hat ein ausgedehntes Inlandsflugnetz, das die Einheimischen fast wie Linienbusse benutzen. Im Winter ist ein Flug manchmal die einzige Möglichkeit, ein bestimmtes Ziel zu erreichen, jedoch kann das Wetter zu dieser Jahreszeit die Flugpläne komplett durcheinanderbringen.

» Fast alle Inlandsflüge starten vom kleinen Reykjavík International Airport im Stadtzentrum (Achtung: nicht vom Internationalen Flughafen in Keflavík).

» Es gibt eine Handvoll Flugplätze, von denen Rundflüge starten – z. B. in Mývatn und Skaftafell.

Isländische Fluglinien

Air Iceland (Flugfélag Íslands; www.airiceland.is) Flugziele sind: Reykjavík, Akureyri, Grímsey, Ísafjörður, Vopnafjörður, Egilsstaðir und Þórshöfn. Außerdem im Angebot Tagesausflüge von Reykjavík (auch nach Grönland). Online-Tickets für Inlandsflüge kosten ab 60 € (einfach).

Eagle Air (www.eagleair.is) bietet planmäßige Flüge zu kleineren Flughäfen: Vestmannaeyjar, Húsavík, Höfn, Bíldudalur und Gjögur. Flüge kosten zwischen 130 und 180 € (einfach). Außerdem: einige Tagesausflüge.

Flugpässe

Air Iceland bietet eine Reihe von ganzjährig geltenden Flugpässen, die außerhalb Islands oder in isländischen Reisebüros für ausländische Besucher gekauft werden müssen.

» Der Air-Iceland-Pass mit 4/5/6 Abschnitten kostet in der Hauptsaison (Mitte Juni bis Mitte August) 384/445/512 €.

» Der Pass „Fly As You Please“ bietet an zwölf aufeinanderfolgenden Tagen unbegrenztes Fliegen innerhalb Islands für 508 €, dazu kommen noch die Flughafengebühren (8 € pro Abflug).

Geführte Touren

Siehe Abschnitt „Reiseplanung“, S. 38, für Informationen über das Tourenangebot innerhalb Islands.

Nahverkehr

Fahrrad

» Einige Touristeninformationen, Hotels, Pensionen und Hostels vermieten Fahrräder für Touren in der Umgebung. Die Kosten liegen bei etwa 3000 ISK pro Tag plus Kaution (normalerweise reicht ein Abdruck der Kreditkarte). Kinder unter 15 Jahren müssen einen Helm tragen.

Bus

» Reykjavík hat ein umfassendes Stadtbusnetz mit Verbindungen zu sämtlichen Vororten und sogar bis nach Akranes, Borgarnes, Hveragerði, Selfoss und Hvalfjarðarsveit. Fahrpläne, Fahrziele und Strecken sind auf www.straeto.is verzeichnet.

» In Akureyri und Ísafjörður fahren kostenlose Stadtbusse. Auch in und um Reykjanesbær (www.sbk.is) gibt es einen städtischen Nahverkehr.

Taxi

» Die meisten Taxis gibt es rund um Reykjavík, aber auch in vielen anderen, größeren Städten werden Taxidienste angeboten. Außerhalb Reykjavíks ist es meist eine gute Idee, ein Taxi zu bestellen.

» Sie bieten auch Sightseeingtouren in der Stadt und zu nahen Sehenswürdigkeiten an. Weitere Informationen stehen in den Regionalkapiteln.

» Taxis haben Taxameter und sind – wie alle Verkehrsmittel in Island – oft recht teuer. Trinkgeld wird nicht erwartet.

Schiff/Fähre

In Island gibt es mehrere Fähren, die das ganze Jahr fahren. Informationen stehen in den jeweiligen Regionalkapiteln.

Die wichtigsten Strecken:

» Autofähre *Herjólfur* zwischen Landeyjahöfn (etwa 20 km südöstlich von Hvolsvöllur, von der Ringstraße Abfahrt auf Straße 254) und Vestmannaeyjar (s. www.herjolfur.is). Bei rauer See kann die Fähre nicht immer den Hafen von Landeyjahöfn ansteuern und fährt dann zurück zu seinen alten Docks bei Þorlákshöfn (die viel längere Seeroute zu den Inseln).

» Autofähre *Baldur* zwischen Stykkishólmur auf der Halbinsel Snæfellsnes und Brjánslækur in den Westfjorden, mit einem Zwischenstopp auf der Insel Flatey (s. www.seatours.is).

» Autofähre *Sæfari* zwischen Dalvík und Hrísey oder Grímsey (s. www.landflutningar.is).

» Passagierfähre *Sævar* zwischen Arskógssandur und Hrísey (s. www.hrisey.net).

Von Juni bis August fahren regelmäßig Fähren von Bolungarvík und Ísafjörður zu verschiedenen Stellen auf Hornstrandir. Es gibt keine Fähre von der Strandir-Küste nach Hornstrandir.

Trampen

» Trampen ist nirgends in der Welt ganz ohne Risiko. Dennoch sind uns massenhaft Touristen begegnet, die einmal quer durch Island getrampt sind. Die meisten berichteten von sehr guten Erfahrungen. Alleinreisende Frauen und Paare werden meist am schnellsten mitgenommen.

» Voraussetzung beim Trampen ist neben Geduld auch eine gewisse Logik – also wo der beste Platz zum Trampen ist. Nicht so gut ist es, sich mitten an einem langen geraden Straßenabschnitt hinzustellen, da dort die Fahrer vorbeibrausen, bevor sie einen Tramper überhaupt bemerken. Günstiger sind Abzweigungen, Tankstellen oder sogar Parkplätze an Bónus-Supermärkten.

» Es ist auch nicht schlecht, nach Eintreffen in der Unterkunft allen mitzuteilen, wo es am nächsten Tag hingehen soll. Aller Wahrscheinlichkeit nach fährt einer der anderen Gäste in die gleiche Richtung und bietet eine Mitfahrgelegenheit an.

» Der Sommer ist einfach die beste Zeit zum Trampen, da Einheimische und auch Touristen dann gerne Tramper mitnehmen. Im Winter wird man aus Mitleid mitgenommen – allerdings fahren zu dieser Jahreszeit nicht sehr viele Leute durch die Gegend.

» Wer nicht gerne trampt, sollte unter www.samferda.is nachschauen, einer recht praktischen Mitfahrervermittlung im Internet.

Sprache

NOCH MEHR ISLÄNDISCH?

Zusätzliche Informationen zur Sprache und nützliche Wendungen für diejenigen, die fit in Englisch sind, bieten die Phrasebooks von Lonely Planet. Sie können online auf **shop.lonelyplanet.com** oder als Lonely Planet iPhone Phrasebook im Apple App Store erworben werden.

Isländisch ist eine germanische Sprache, so wie Deutsch, Englisch, Niederländisch und die skandinavischen Sprachen. Es stammt vom Altnordischen ab und hat die Buchstaben „eth" (*ð*) und „thorn" (*þ*) bewahrt, die auch im Altenglischen existieren. Die komplexe isländische Grammatik kann verwirrend sein, besonders wenn man versucht, Busfahrpläne oder Ortsnamen zu lesen, denn auch Orts-, Straßen- und Personennamen werden dekliniert.

Die meisten Isländer sprechen Englisch und ohne Isländisch kommt man gut durch, aber jeder Versuch, ein paar Brocken Isländisch zu sprechen, wird begeistert aufgenommen.

Viele Buchstaben werden wie im Deutschen ausgesprochen; die Unterschiede sind unten aufgelistet. Die Betonung liegt immer auf der ersten Silbe. Vokale sind lang, wenn einer der Konsonanten p, t, k, j, r oder v folgt oder aber eine Kombination der Konsonanten p, t, k mit j, r oder v (pr, tr, kj usw.). In fast allen anderen Fällen ist der Vokal kurz.

GRUNDLAGEN

Hallo	*Halló*	*ha*·llou
Auf Wiedersehen	*Bless*	bless
Bitte	*Takk*	takk
Vielen Dank	*Takk fyrir*	takk *fi*·rir
Entschuldigung	*Afsakið*	*af*·sa·kith
Das tut mir leid	*Fyrirgefðu*	*fi*·rir·gjäw·thö
Ja	*Já*	jau
Nein	*Nei*	nej

Wie geht es Dir?
Hvað segir þú gott? — kwath *sej*·ir thu gott

Gut. Und selbst?
Allt fínt. En þú? — alt fiint en thu

Wie heißt Du?
Hvað heitir þú? — kwath *haj*·tir thu

Ich heiße ...
Ég heiti ... — yäch *hej*·ti ...

Sprichst Du Englisch?
Talar þú ensku? — *ta*·lar thu *ens*·kö

Ich verstehe nicht.
Ég skil ekki. — jäch skil *ähk*·ki

RICHTUNGSANGABEN

Wo ist das Hotel?
Hvar er (hótelið)? — kwar er (*hou*·te·lith)

ALPHABET

Buchstabe	Aussprache
Á á	au (wie in laut)
Ð ð	englisches th (stimmhaft wie in that)
É é	je (wie in jemand)
Í í	ie (wie in Lied)
Ó ó	o (wie in Note)
Ú ú	u (wie in Du)
Ý ý	ie (wie in Lied)
Þ þ	englisches th (stimmlos wie in think)
Æ æ	ei (wie in Leid)
Ö ö	ö (wie in Moers)

Kannst Du mir das (auf der Karte) zeigen?
Geturðu sýnt mér (á kortinu)? — gjä·tör·thö siint mjär (au *kor*·ti·nu)

Wie ist Deine Adresse?
Hvert er heimilisfangið þitt? — kwärt er *hej*·mi·lis·fain·gith thitt

ESSEN & TRINKEN

Was können Sie empfehlen?
Hverju mælir þú með? — *kwär*·jö *mai*·lir thu meth

Haben Sie vegetarisches Essen?
Hafið þið grænmetisrétti? — *ha*·with thith *grain*·mä·tis·rjät·ti

Ich nehme ein ...
Ég ætla að fá — jäch *aicht*·la ath fau ...

Prost! *Skál!* — skaul

Ich hätte gerne einen ..., bitte	*Get ég fengið ..., takk*	gjät jäch *fejn*·gith ... takk
Nichtraucher-tisch	*reyklaust borð*	*rejk*·löist borth
Rauchertisch	*borð þar sem má reykja*	borth thar sem mau *rejk*·ja
Tisch für (vier)	*borð fyrir (fjóra)*	borth *fi*·rir (*fjou*·ra)

Ich hätte gerne ..., bitte	*Get ég fengið takk.*	get jäch *fejn*·gith ... takk
die Rechnung	*reikninginn*	*rejk*·nin·ginn
die Weinkarte	*vínseðillinn*	*viin*·sä·thi·dlinn
die Karte	*matseðillinn*	*mat*·sä·thi·dlinn
dieses Gericht	*þennan rétt*	*the*·nan rjätt

eine Flasche (Bier)	*(bjór)flösku*	(*bjour*)·*flös*·kö
(eine Tasse) Kaffee/Tee	*kaffi/te (bolla)*	*kaf*·fe/tä (*bo*·dla)
ein Glas (Wein)	*(vín)glas*	(*viin*)·glas
Wasser	*vatn*	*wa*·tn

Frühstück	*morgunmat*	*mor*·gün·mat
Mittagessen	*hádegismat*	*hau*·de·jis·mat
Abendessen	*kvöldmat*	*kvöld*·mat

Schilder

Inngangur	Eingang
Útgangur	Ausgang
Opið	Geöffnet
Lokað	Geschlossen
Bannað	Verboten
Snyrting	Toiletten

Nummern

1	*einn*	e(i)dn
2	*tveir*	tvejr
3	*þrír*	thriir
4	*fjórir*	*fjour*·ir
5	*fimm*	fimn
6	*sex*	sex
7	*sjö*	sjö
8	*átta*	*auch*·ta
9	*níu*	*nii*·ö
10	*tíu*	*tii*·ö
20	*tuttugu*	*tüch*·tu·gu
30	*þrjátíu*	*thrjau*·tii·ö
40	*fjörutíu*	*fjörö*·tii·ö
50	*fimmtíu*	*fimm*·tii·ö
60	*sextíu*	*sex*·tii·ö
70	*sjötíu*	*sjö*·tii·ö
80	*áttatíu*	*auch*·ta·tii·ö
90	*níutíu*	*nii*·tii·ö
100	*hundrað*	*hün*·drath

NOTFÄLLE

Hilfe!	*Hjálp!*	chjälp
Geh weg!	*Farðu!*	*far*·thö

Rufe ...!	*Hringdu á ... !*	*chring*·dö au ...
einen Arzt	*lækni*	*laik*·ni
die Polizei	*lögregluna*	*löch*·reg·lö·na

Ich habe mich verlaufen.
Ég er villtur/villt. (m/f) — jäch er *vil*·tür/villt

Wo sind die Toiletten?
Hvar er snyrtingin? — kwar er *snir*·tin·gin

SHOPPEN & SERVICE

Ich suche ...
Ég leita að ... — jäch *lej*·ta ath ...

Wie viel kostet das?
Hvað kostar þetta? — kwath *kos*·tar *the*·tta

Das ist zu teuer.
Þetta er of dýrt. — *the*·htta er ov diirt

Das ist fehlerhaft.
Það er gallað. — thath er *ga*·dlath

Die Rechnung stimmt nicht.
Það er villa í reikningnum. — thath er *vi*·dla ii *rejk*·ning·nöm

Akzeptieren/Nehmen Sie Kreditkarten?
Tekur þú kreditkort? — *tä*·kür thu *kre*·dit·kort

Wo ist ...?	*Hvar er ...?*	kwar er ...
eine Bank	*bankinn*	*baun*·kinn
der Markt	*markaðurinn*	*mar*·ka·thü·rinn
eine Post	*pósthúsið*	*poust*·hu·sith

VERKEHRSMITTEL & -WEGE

Gibt es einen Bus dorthin?
Er hægt að taka rútu þangað? — er haicht ath *ta*·ka ru·tö *thaun*·gath

Wo kann ich einen Fahrschein kaufen?
Hvar kaupi ég miða? — kwar *köi*·pi jäch *mi*·tha

Ist dies ... nach (Akureyri)	*Er þetta til (Akureyrar)?*	er *the*·tta ... til (*a*·kö·rej·rar)
das Schiff	*ferjan*	*fer*·jan
der Bus	*rútan*	*ru*·tan
das Flugzeug	*flugvélin*	*flöch*·wje·lin

Wann fährt der ... Bus?	*Hvenær fer strætisvagninn?*	*kwe*·nair fer ... *strai*·tis·wag·ninn
erste	*fyrsti*	*firs*·ti
letzte	*síðasti*	*sii*·thas·ti

Eine ... Fahrkarte (nach Reykjavík), bitte.	*Einn miða ... (til Reykjavíkur), takk.*	e(i)dn *me*·tha ... (til *rej*·kja·vii·kür) takk
einfache	*aðra leiðina*	*ath*·ra *lej*·thi·na
Rück-	*fram og til baka*	fram och til *ba*·ka

Ich hätte gerne ein Taxi	*Get ég fengið leigubíl*	gjät jäch *fejn*·gith *lej*·gö·biil ...
um (9 Uhr)	*klukkan (níu fyrir hádegi)*	*klü*·kkan (*nii*·ö *fi*·rir *hau*·dej·ji)
morgen	*á morgun*	au *mor*·gün

Wie viel kostet (die Fahrt) nach ...?
Hvað kostar til ? — kwath *kos*·tar til ...

Bitte, halten Sie hier.
Stoppaðu hér, takk. — *stop*·pa·thö chjär takk

Bitte, bringen Sie mich (zu dieser Adresse).
Viltu aka mér til (þessa staðar)? — *wil*·tö *a*·ka mjär til (*the*·sa *sta*·thar)

GLOSSAR

Im Kapitel Isländische Küche (S. 351) stehen nützliche Wörter und Wendungen rund ums Essen und im Kapitel Verkehrsmittel & -wege (S. 370) Begriffe zu Straßenverkehrsregeln und Straßenschildern.

á – Fluss (wie in Laxá, wörtlich „Lachsfluss")
álfar – Elfen
austur – Osten

Basalt – hartes vulkanisches Gestein, bildet oft sechseckige Säulen
bíó – Kino
brennivín – einheimischer Kartoffelschnaps mit Kümmelgeschmack
bær – Bauernhof

Caldera – kesselförmiger Vulkankrater

dalur – Tal

Edda – altnordische Götter- und Heldenlieder

ey – Insel

fell – s. *fjall*
fjall – Berg
fjörður – Fjord
foss – Wasserfall
Fumarole – Austrittsstelle von Wasserdampf und vulkanischen Gasen

gata – Straße
Geysir – heiße Springquelle, Name stammt vom Großen Geysir in Island
gistiheimilið – Pension
gjá – Schlucht
goðar – politische und religiöse Führer bestimmter Landesteile vor der Christianisierung (Singular *goði*)

hákarl – fermentierter Hai
hestur – Pferd
Hot Pot – heiße Quelle oder Spabereich, auf Isländisch *heitur pottur*
hraun – Lavafeld
huldufólk – übernatürliche, verborgene Wesen
hver – Geysir, Springquelle
höfn – Hafen

Eiskappe – permanenter Gletscher oder eisbedeckte Gebirgsspitze
Íslands – Island

jökull – Gletscher

kirkja – Kirche
kort – Karte

Landnámabók – Landnahmebuch, historischer Text über die Besiedlung Islands
laug – warme Quelle; zum Schwimmen geeignet
Lavatunnel – unterirdischer Tunnel, der von flüssiger Lava unter einer festen Erdkruste „gegraben" wurde
lón – Lagune
lopapeysa/lopapeysur (sg/pl) – isländischer Wollpullover

lundi – Papageitaucher
Schlammtopf – blubbernder, heißer Schlamm
mörk – Wald; umgangssprachlich steht *mörk* auch für Tore beim Fußball und die Ohrmarke der Schafe

nes – Landspitze, Halbinsel
norður – Norden

puffling – junger Papageitaucher

reykur – Rauch, wie in Reykjavík (wörtlich „Rauchbucht")
safn – Museum
Sagas – altisländische Erzählungen
sandur – Sander, Sedimente aus Gletscherflüssen
Scoria – glasiger Lavastein
Schildvulkan – schildartig aufgewölbter Vulkan aus dünnflüssigem, gasarmem Magma
sími – Telefon
skáli – Hütte, Snackbar
stræti – Straße
suður – Süden
sumar – Sommer
sundlaug – beheiztes Schwimmbad
Tephra – von einem Vulkan ausgestoßene Lockermaterialien
tjörn – Teich
torg – Platz

vatn – See, Wasser
vegur – Weg, Straße
vestur – Westen
vetur – Winter
vík – Bucht
vogur – kleine Bucht, Meeresarm

Hinter den Kulissen

WIR FREUEN UNS ÜBER EIN FEEDBACK

Post von Travellern zu bekommen, ist für uns ungemein hilfreich – Kritik und Anregungen halten uns auf dem Laufenden und helfen, unsere Bücher zu verbessern. Unser reiseerfahrenes Team liest alle Zuschriften genau durch, um zu erfahren, was an unseren Reiseführern gut und was schlecht ist. Wir können solche Post zwar nicht individuell beantworten, aber jedes Feedback wird garantiert schnurstracks an die jeweiligen Autoren weitergeleitet, rechtzeitig vor der nächsten Auflage.

Wer uns schreiben will, erreicht uns über **www.lonelyplanet.de/kontakt**.

Hinweis: Da wir Beiträge möglicherweise in Lonely Planet Produkten (Reiseführer, Websites, digitale Medien) veröffentlichen, ggf. auch in gekürzter Form, bitten wir um Mitteilung, falls ein Kommentar nicht veröffentlicht oder ein Name nicht genannt werden soll. Wer Näheres über unsere Datenschutzpolitik wissen will, erfährt das unter www.lonelyplanet.com/privacy.

DANK VON LONELY PLANET

Vielen Dank an folgende Leser, die mit unserer letzten Auflage unterwegs waren und uns nützliche Hinweise und interessante Anekdoten geschickt haben:
Irisa Albion, Greg Barbutti, Paul Bennett, Amy Billings, Greta Maria Bjornsdottir, Maja Branovacki, Douglas Buck, Benoit Cambron, Ling Chan, Natalie Cherchas, Dan Chiasson, Kit Conn, Lianne Damen, Inge De Kort, Clive Deacon, Paul Dest, Silke Diedenhofen, Anke Dijkhuis, D. Drake, Elisabet Engdahl, Val Featherby, Irini Gavrielidou, Mario Giaquinto, Steve Glennie-Smith, Koen Goorman, Maria Gough, Elísa Gyrðisdóttir, Julia Haag, Marije Hettinga, Ben Hosford, Jelly Julia, Trip Kennedy, Stephanie Klempfner, Martin Kooiman, Matthias Kranke, Alastair Learmont, Jenny Littlefield, Janine Luck, Siobhan Madden, Meghan Makielski, Coco Manson, Ilse Marien, Ruben Mooijman, Christian R Musil, Serge Nadeau, Ivo Nemec, Karvel Ogmundsson, Mary Paul, Dalia Petersil, Laurel Plewes, Juri Rebkowetz, Charles Scheim, Sam Simonds-Gooding, Katarzyna Skawińska, Pétur Snaebjornsson, Marijana Sostaric, Pnina Spector, Rebecca Stephany, Lucy and Stuart Stirland, Ondrej Valina, Pieter Van Der Woude, Matt Vitug, Kristi Weidlein, Ed Weiss, Simon Wickens, Moritz Ziegler, Hrafnhildur Ævarsdóttir

DANK DER AUTOREN

Brandon Presser

Ein riesiges Dankeschön an drei sehr besondere Menschen: Manny, Pálli und Nanna Hlín – ohne euch hätte ich es nicht geschafft. *Takk fyrir* an die inspirierende Vilborg Árna, den unerschütterlichen Siggi Bjarni, den nachdenklichen Sigursteinn, und an Ester Rut, Bergþór Karlsson, Rósa Björk, Kristján Pálsson, Gústaf Gústafsson, Addý Ólafssdóttir und Jón Trausti. Bei Lonely Planet, danke an alle im Redaktions- und Herstellungsteam, die halfen, dieses Buch zu produzieren, besonders Katie, Kristin, Fran, Sasha und James. Ein dickes Danke an Joanne dafür, dass du immer da bist, und schließlich an Carolyn Bain, meine geniale Koautorin für eine spaßige Zeit.

Carolyn Bain

Tausend Dank an Katie O'Connell bei Lonely Planet dafür, dass sie mich mit meinem Traumjob beauftragt hat, und an Arktis-Kundschafterin Jenny Blake dafür, dass sie für ein paar Tage nach Island gekommen ist. Angesichts der übergroßen Anzahl freundlicher, großzügiger und kundiger Einheimischer, die mir auf dieser Reise geholfen haben, könnte ich das halbe isländische Telefonbuch auflisten – stattdessen hier ein aufrichtiges *takk fyrir* an alle, aber besonders an Bergþór Karlsson,

Ásbjörn Björgvinsson, Cosima Zewe, Regína Hreinsdóttir, Helga Árnadóttir, Sigrún Lóa Kristjánsdóttir, Arny Bergsdóttir, Egill und Sæmundur Þór Sigurðsson, Kristján von Glacier Jeeps, Mirjam und Halldóra, Emilia und Juan Carlos, Kiwis Karen sowie Diane und Cathy Josephson. Schließlich ein herzliches Dankeschön an meinen Koautoren und Freund Brandon Presser. Brandon, von der Reiseplanung in Tallin bis zur Begrüßung in Djúpavík und der Einsatzbesprechung in der Blauen Lagune, es war ein Vergnügen, mit dir zusammenzuarbeiten. Tausend Dank für deine professionelle Großzügigkeit, dafür, dass du Wissen und Kontakte mit mir geteilt hast, mich während der Schreibphase unterstützt hast, und nicht zu vergessen, für viele Lacher unterwegs.

Fran Parnell

Dank an meine Mitautoren Brandon Presser und Carolyn Bain für all ihren Input, und an das Büro-Team von Lonely Planet, besonders Katie O'Connell und Kristin Odijk für ihre Geduld angesichts der Prokrastination. Herzlichen Dank an Erpur S. Hansen von Náttúrustofa Suðurlands für einen beredten und umfassenden Überblick über die Vogelwelt Islands.

QUELLENNACHWEIS

Die Daten für die Klimakarte stammen aus Peel MC, Finlayson BL & McMahon TA (2007) „Updated World Map of the Köppen-Geiger Climate Classification", *Hydrology and Earth System Sciences*, 11, 163344.
Titelfoto: Strokkur, Geysir; Richard l'Anson/LPI

ÜBER DIESES BUCH

Dies ist die 3. deutsche Auflage des Lonely Planet Reiseführers *Island*, basierend auf der 8. Auflage der englischen Ausgabe von Brandon Presser, Carolyn Bain and Fran Parnell. Die 7. Auflage schrieben Fran und Brandon, die 6. Auflage Fran und Etain O'Carroll. Dieser Reiseführer wurde vom Lonely Planet Büro in London beauftragt, an der Produktion waren folgende Personen beteiligt:

Verantwortliche Redakteurin Katie O'Connell
Koordinierende Redakteure Carolyn Boicos, Kristin Odijk
Koordinierender Kartograf James Leversha
Koordinierende Layoutdesignerin Mazzy Prinsep
Leitende Redakteurin Sasha Baskett
Redakteure Andi Jones, Catherine Naghten
Leitende Kartografen Anita Banh, Adrian Persoglia
Leitende Layoutdesignerin Jane Hart
Redaktionsassistenz Janet Austin, Pat Kinsella, Rosie Nicholson, Christopher Pitts
Bildredaktion Umschlag Naomi Parker
Bildredaktion Chris Girdler
Redaktion Sprachführer Branislava Vladisavljevic
Dank an Joe Bindloss, Bruce Evans, Ryan Evans, Larissa Frost, Trent Paton, Kirsten Rawlings, Raphael Richards, Jessica Rose, Kerrianne Southway, Gerard Walker, Clifton Wilkinson

Register

000 Kartenverweise
000 Fotoverweise

H

000 Kartenverweise
000 Fotoverweise

M

N

O

P

000 Kartenverweise
000 Fotoverweise

T

U

V

000 Kartenverweise
000 Fotoverweise

W

Z

Æ

Þ

Auf einen Blick

Mit diesen Symbolen sind wichtige Kategorien leicht zu finden:

- Sehenswertes
- Strände
- Aktivitäten
- Kurse
- Geführte Touren
- Festivals & Events
- Schlafen
- Essen
- Ausgehen
- Unterhaltung
- Shoppen
- Praktische Informationen/ Transport

Diese Symbole bieten wertvolle Zusatzinformationen:

- Telefon
- Öffnungszeiten
- Parkplatz
- Nichtraucher
- Klimaanlage
- Internet verfügbar
- WLAN verfügbar
- Swimmingpool
- Vegetarische Auswahl
- englischsprachige Karte
- Kinder willkommen
- Haustiere willkommen
- Bus
- Fähre
- Metro
- Subway / U-Bahn
- Straßenbahn
- Bahn

Empfehlungen von Lonely Planet:

- LP TIPP – Das empfiehlt unser Autor
- GRATIS – Hier bezahlt man nichts
- Nachhaltig und umweltverträglich

Diesen Einrichtungen bescheinigen unsere Autoren ein starkes Engagement für die Nachhaltigkeit – zum Beispiel indem sie regionale Erzeuger unterstützen, ökologisch wirtschaften oder Umweltprojekte unterstützen.

Kartenlegende

Sehenswertes

- Strand
- buddhistisch
- Burg
- christlich
- hinduistisch
- islamisch
- jüdisch
- Denkmal
- Museum/Galerie
- Ruine
- Weingut/Weinberg
- Zoo
- Sehenswürdigkeit

Aktivitäten, Kurse & Touren

- tauchen/schnorcheln
- Kanu/Kajak fahren
- Ski fahren
- surfen
- Swimmingpool
- wandern
- windsurfen
- sonstige Aktivitäten/ Kurse/Touren

Schlafen

- Hotel/Hostel
- Camping

Essen

- Restaurant

Ausgehen

- Bar/Kneipe
- Café

Unterhaltung

- Unterhaltung

Shoppen

- Shoppen

Praktisches

- Bank/Geldautomat
- Botschaft/ Konsulat
- Krankenhaus/Arzt
- Internet
- Polizei
- Post
- Telefon
- Toilette
- Touristeninformation
- sonstige Information

Transport

- Flughafen/Flugplatz
- Grenzübergang
- Busbahnhof
- Seilbahn/ Standseilbahn
- Rad fahren
- Fähre
- Metro
- Schwebebahn
- Parkplatz
- Tankstelle
- Taxistand
- Eisenbahn
- Straßenbahn
- sonstiger Transport

Verkehrswege

- Autobahn
- Fernverkehrsstraße
- Hauptstraße
- Landstraße
- Nebenstraße
- Feldweg
- unbefestigte Straße
- Platz/Promenade
- Treppe
- Tunnel
- Fußgänger- überführung
- Spaziergang
- Abstecher vom Spaziergang
- Pfad

Geografie

- Hütte/Unterstand
- Leuchtturm
- Aussichtspunkt
- Berg/Vulkan
- Oase
- Park
- Pass
- Rastplatz
- Wasserfall

Städte

- Hauptstadt (Staat)
- Hauptstadt (Region/Provinz)
- Großstadt
- Stadt/Ort

Grenzen

- Staatsgrenze
- Provinzgrenze
- umstrittene Grenze
- Bezirksgrenze
- Meeresschutzgebiet
- Klippen
- Mauer

Gewässer

- Fluss/Bach
- periodischer Fluss
- Sumpf/Mangroven
- Riff
- Kanal
- Gewässer
- Salzsee/trockener periodischer See
- Gletscher

Gebietsform

- Strand/Wüste
- christlicher Friedhof
- sonstiger Friedhof
- Park/Wald
- Sportplatz
- Sehenswertes (Gebäude)
- Highlight (Gebäude)

Lonely Planet Publications
Locked Bag 1, Footscray
Melbourne, Victoria 3011
Australia

Verlag der deutschen Ausgabe:
MAIRDUMONT, Marco-Polo-Str. 1, 73760 Ostfildern,
www.mairdumont.com, lonelyplanet@mairdumont.com

Chefredakteurin deutsche Ausgabe: Birgit Borowski

Redaktion: Bintang Buchservice GmbH, www.bintang-berlin.de
Übersetzung: Petra Dubilski, Valeska Henze, Dagmar Klotz, Inga-Brita Thiele, Katja Weber
An früheren Auflagen haben außerdem mitgewirkt: Christel Klink, Gunter Mühl, Nicole Stange
Lektorat: Kirsten Gleinig, Katharina Grimm, Katja Rasmus,
Satz: Anja Krapat

Island
3. deutsche Auflage September 2013,
übersetzt von *Iceland, 8th edition*, Mai 2013
Lonely Planet Publications Pty

Printed in China

FSC
www.fsc.org
MIX
Paper from responsible sources
FSC® C021256

DIE LONELY PLANET STORY

Ein ziemlich mitgenommenes, altes Auto, ein paar Dollar in der Tasche und Abenteuerlust – 1972 war das alles, was Tony und Maureen Wheeler für die Reise ihres Lebens brauchten, die sie durch Europa und Asien bis nach Australien führte. Die Tour dauerte einige Monate, und am Ende saßen die beiden – erschöpft, aber voller Inspiration – an ihrem Küchentisch und schrieben ihren ersten Reiseführer *Across Asia on the Cheap*. Innerhalb einer Woche hatten sie 1500 Exemplare verkauft. Lonely Planet war geboren. Heute hat der Verlag Büros in Melbourne, London und Oakland mit mehr als 600 Mitarbeitern und Autoren. Und alle teilen Tonys Überzeugung, dass ein guter Reiseführer drei Dinge erfüllen sollte: informieren, bilden und unterhalten.

DIE AUTOREN

Brandon Presser

Koordinierender Autor; Reykjavík, Südwestisland & der Goldene Kreis, Westisland, Die Westfjorde, Island: Wunderland der Natur, Island aktuell Brandon, der in Nordkanada aufgewachsen ist, waren die weiten, menschenleeren Landschaften, die einen bibbern lassen, sehr vertraut. Aber keine Schneewehe war groß genug, um ihn auf die schiere Großartigkeit entlegener isländischer Regionen vorzubereiten. Es war eine einfache Zwischenlandung, die aus harmloser Neugier eine ausgewachsene Vernarrtheit werden ließ. Heute, zehn Jahre später, hat er beinah jede Fjordspitze und jeden Bergpass auf seiner To-Do-Liste abgehakt. Er hat sogar schon Komplimente für seine isländische Aussprache gekriegt! (Seine Grammatik verbessert sich allerdings eher in glazialem Tempo.) Brandon verbringt die meiste Zeit des Jahres schreibend rund um den Globus – er hat an etwa 40 Lonely Planet Reiseführern mitgeschrieben und über 75 Länder bereist. Weitere Infos über Brandon sind unter www.brandonpresser.com zu finden.

Mehr über Brandon auf:
lonelyplanet.com/members/brandonpresser

Carolyn Bain

Monat für Monat, Nordisland, Ostisland, Südostisland, Das Hochland, Allgemeine Informationen, Verkehrsmittel & -wege Die in Melbourne geborene Carolyn verbindet eine anhaltende Liebesbeziehung mit Nordeuropa, eine Liebe, die begann, während sie als Teenager in Dänemark lebte, und über 12 Jahre regelmäßig neu entfacht wurde, in denen sie Reiseführer über Länder wie Dänemark, Schweden und Estland schrieb. Für dieses Buch zu recherchieren, erfüllte einen langgehegten Traum und hat ihrer Bewunderung für alles Nordische zu schwindelerregenden neuen Höhen verholfen. Zu ihren neuen und/oder neu entflammten Leidenschaften gehören *skyr*, Schneemobile, Fjorde, Hot Pots, Polarlicht, Papageitaucher, *lopapeysur* und Of Monsters and Men.

Mehr über Carolyn auf:
lonelyplanet.com/members/carolynbain

Fran Parnell

Geschichte, Wunder der Natur, Isländische Kultur, Isländische Lebensart, Isländische Küche Frans Leidenschaft für Skandinavien begann, während sie ihren Master in Altenglisch, Altnordisch und Keltisch machte. Eine seltsame Diashow in der Uni, bei der erhabene isländische Berge und ein praktisch veranlagter Mann, der im Wortsinn sein eigenes Grab gebraben hatte, eine Rolle spielten, weckte eine Faszination, die seither beständig gewachsen ist. Sie fühlt sich in verlassenen Tälern und auf explodierten Berggipfeln pudelwohl, und Hekla ist ihr Lieblingsvulkan. Fran hat auch an den Lonely Planet Reiseführern für Skandinavien, Schweden, Finnland, Dänemark und Reykjavík mitgearbeitet.